THiNKr
新思

新 一 代 人 的 思 想

十种人性

The TEN TYPES of HUMAN

A New Understanding of Who We Are and Who We Can Be

谁在决定我们的善恶选择？

[英] 德克斯特·迪亚斯 著
杨红梅 译

DEXTER DIAS

中信出版集团 | 北京

图书在版编目（CIP）数据

十种人性：谁在决定我们的善恶选择 /（英）德克斯特 · 迪亚斯著；杨红梅译 . —北京：中信出版社，2021.8（2022.7重印）

书名原文：The Ten Types of Human: A New Understanding of Who We Are, and Who We Can Be

ISBN 978-7-5217-2294-9

Ⅰ. ①十… Ⅱ . ①德… ②杨… Ⅲ . ①人性－研究 Ⅳ . ① B038

中国版本图书馆 CIP 数据核字（2020）183722 号

十种人性——谁在决定我们的善恶选择
著者：［美］德克斯特 · 迪亚斯
译者：杨红梅
出版发行：中信出版集团股份有限公司
（北京市朝阳区惠新东街甲 4 号富盛大厦 2 座　邮编　100029）
承印者：天津丰富彩艺印刷有限公司

开本：880mm×1230mm 1/32　印张：23.25　字数：513 千字
版次：2021 年 8 月第 1 版　印次：2022 年 7 月第 2 次印刷
京权图字：01–2019–3735　书号：ISBN 978–7–5217–2294–9
定价：98.00 元

服务热线：400–600–8099
投稿邮箱：author@citicpub.com

献给凯蒂、法比和赫尔迈厄尼

目录

第五种人 侵略者

The Aggressor

第六种人
部落主义者

The Tribalist

第七种人
养育者

The Nurturer

第八种人
求爱者

The
Romancer

第九种人
施救者

The
Rescuer

第十种人 亲缘主义者

The Kinsman

在谎言帝国里如何能写出
一本抵抗之书，一本真理之书？
自由与独立是否可能
在新的条件下以新的方式出现？

菲利普·K. 迪克

作者的话

若不是有许多人的参与、合作与慷慨贡献，本书就不可能问世。他们当中不少人都出现在了正文的叙述里，在后文中，我会花适量篇幅向他们致敬，并解释他们不可或缺的独特贡献。同时，我还要感谢帮助推进本项目的所有朋友和同事。不过，请允许我首先感谢给予我支持和建议的剑桥大学的同事们，尤其是洛兰·盖尔斯索普教授，他是社区、性别与社会公正研究中心的主任，我很自豪能加入该中心。除此之外，我还要特别感谢我的学术合作者——犯罪学研究所的卡洛琳·兰斯凯博士。

我同样要感谢哈佛大学的同事们，尤其是威廉·詹姆斯心理学教授兼群际关系实验室主任詹姆士·斯达纽斯先生，是他为我提供了访问研究的机会。感谢同在 14 楼办公的隔壁邻居玛瑞斯卡·卡帕迈尔教授，以及盛情邀请我在其开创性的道德认知实验室做研究报告的乔舒亚·格林教授。

我还要感谢那些在撒哈拉以南非洲地区、海地、中亚、伦敦、纽约、联合国儿童基金会及司法协会人权委员会工作的同人。尤其是联合国儿童基金会的朱迪思·勒威易和萨布丽娜·阿瓦基安，还有司法协会人权委员会主席柯斯蒂·布赖姆洛，以及与我并肩反抗女性生殖器割礼（FGM）的欣兰·塞缪尔。

不过，还有一点我必须补充：在我为写作本书而开展研究的过程中，我采访、追踪、咨询、折磨过无数人，还曾与许多人争论和同行，其中实际上只有很少一部分人出现在了正文中。另外，上面未提及的其他一些通信对象、同行、学术同人和参与者，对我的想法和研究方法亦有启发，因此也在正文中出现。

本书末尾附上我能列出的全部名单。然而，考虑到这项调查的特殊性，有些人以真名出现，而其他一些人不得不采用化名。有时候，我不得不改写某些明显可辨的特征和特定的情境，以便保护当事人——既是保护他们的隐私，在某种情况下也是保护他们（或身边人）的人身安全。

他们当中，有些人经历过或仍将面临相当大的风险，有些人受到过生命威胁，有些人被伤害过，还有少数人冒着巨大的风险讲述了自己的故事。他们之所以这么做，是希望能对他人有所帮助，这同样是我的心愿，也是写作本书的初衷之一。

有些人踏上了危险的征程，穿越常有危险分子出没的危险地带，这堪称我们这个时代最伟大而又不为人知的旅途。而另一些人则返回危险国家或地区，即便那是被国际机构认定为高危、不稳定的地方。所以在此我明确告诉读者，在必要的地方，我会像欧文·亚隆在《爱情刽子手》中所写的那样，努力创造出一种无法穿透的“伪装”。

如亚隆在书中所言，某些情况下，保护当事人身份的最佳途径是通过所谓的“象征性替代”，或者用他的话说，是将一个人的背景或身份“嫁接”到另一个人身上。巴拉克·奥巴马在《我父亲的梦想》中就采用这种方法处理了某些人物。在做类似的删改时，我努力保留了奥利弗·萨克斯在《错把妻子当帽子》中所说的“他们生活中的基本‘感觉’”。所有这样的处理，都是为了确保所涉人物的隐私和个人安全得到最大限度的保护。因此，本书涵盖各种类型的素材，从披露真实细节的具名叙述，到不得不虚构的叙述，再到那些已经过融合或拼贴的叙述。

在最后一种情况下，我采取的方案是创造连接性素材，并努力开创一种不同的写作方式，将虚构与非虚构元素融合在一起。基于保密性或敏感性的原因，全书从头到尾的对话部分都经过了必要的编辑。有些对话经过了修改，或是在回忆基础上重新整理而来，或是由于长度所限进行了压缩或改写，或是为了保证行文连贯性而从背景事件中演绎出来。

我会试着传达不同口音和说话方式的感觉。我与当事人在讨论中常常使用到不止一种语言，而我通常（但并不总是）将对话简化成单一语种。在当事人描述与第三方的对话或场景时，我努力本着整体叙述的精神，尽可能真实地还原这些场景。

由于叙述上存在缺环，或者出于保密性和安全性的原因，在有些地方我不得不寻找替代性内容。我的方法论源自约翰·伯兰特那本影响深远的《午夜善恶花园》，即将“严格的非虚构性”与“忠实于人物和事件核心走向”所建构的元素相结合。但有必要强调的是，这些做法必须同时运用到调查能力和想象力，约翰·勒卡雷（在另一种语境下）将其简洁地描述为“融合经验与想象力”的实践。

因此，本书的某些部分就必然是依托于最可靠的现有证据而做出的虚构再想象。这样做的目的很明确，即保护当事人的个人安全或隐私。非科学性叙述基于的都是人们对自身生活的描述。这些叙述既不属于新闻报道，也不属于官方调查。否则，这将是一本全然不同的书，也许会很有趣，但全然不同。现在这本书包含的叙述，表现了人们如何思考和谈论自己的生活，并试图展现这些生活的面貌。在这样的调查中，被提升至中心位置的是奥利弗·萨克斯在《觉醒》中所称的“这些人所处的生存环境”，它需要我们“积极探索图像、观点……以及想象的运动”。因此，我尝试探索一种不同类型的书，将科学与叙事、非虚构与虚构元素融为一体。

这不是探讨认识论（或其他任何问题）的专著，但需要表明的是，过去30年里的两个重要思想家——皮埃尔·布迪厄和华康德（包括与后者宝贵的通信，尤其涉及我在剑桥的研究），以及他们倡导的积极的、沉浸式的主题研究，深刻影响了我的方法论。此外还要指出，我赞同批判学派的观点，认为社会力量以及对个人和社会的社会性建构都极其重要。但我同样相信，在这些已然错综复杂的过程之外，还存在其他超出或与之复杂交织的东西。本书试图探索（但并不自诩能解决）这种纠葛。简而言之：先天和后天都很重要。

我们的行为不取决于生物学或环境，也不取决于遗传或社会学习，而是两者兼而有之，并且，我们在任何情况下的社会学习机制都可能是由进化塑造的。这本书的方法论和道德立场与“社会达尔文主义”相去甚远，事实上可谓截然对立。进化是事实，而不是价值。因此，这本书旨在服务于哲学家彼得·辛格清晰阐述过的一个项目：纠正进步论者对达尔文思想的解释力。书中偶尔会出现完全依赖二手资料的人物小传，对于这种情况，所有引用的原始材料都在参考文献中列出。书中出现的一些思想实验或假设是完全虚构的，除非文中提到了启发它们的特定案例或事件。

这本书基于一项始于九年前、扩展至四大洲的研究，同时也基于我作为人权律师超过 25 年的实践经验。书中采取的所有保护措施都依照当事人的意愿。我感激他们所有人，尤其我在国外的那几个月里，在每一个令人震惊和大开眼界的日子里，感激他们的陪伴。他们过去是、现在仍是这本书的心脏和脉搏。

德克斯特・迪亚斯御用大律师

2017 年 1 月于伦敦 / 剑桥

序言

有些书始于一个想法，有些书始于一个事件。本书属于后者。触发这本书的事件发生在英格兰乡村寂静的一隅雷恩斯布鲁克（Rainsbrook），它的名字让人联想到荫蔽的溪流伴着雨水静静流淌。那个地方，其实是一座监狱。事件是一个孩子的死亡。

一个身高 1.47 米、体重 41 千克的小男孩轻手轻脚地穿过走廊。我的视角来自一架监控摄像头，它被金属支柱高高固定在光滑的砖墙上，黑白影像（不能确定，但我印象中如此），没有声音。男孩背对着我慢慢走向一个房间，那是他的牢房。他向左拐，进去了。我始终没看到他的脸。你会被一张从未看见过的脸困扰吗？他消失了，关上了门。几分钟后，两名狱警快步穿过同一条走廊。他们走得悄无声息，但与男孩相比，光是他们的体形似乎就令画面充满了杂音和混乱。他们也左拐进入房间，关上了门。又来了第三个狱警，进去，关门。几分钟后，男孩死了。他的名字叫加雷斯·迈亚特（Gareth Myatt）。

那个房间里发生了什么？

查明真相是我的职责，也成了我的追求。3 月里的一天，高悬在威斯敏斯特宫尖塔之上的天空一片蔚蓝。当我被任命为王室法律顾问时，我的思绪不停地飘向加雷斯和他的母亲帕姆。在加雷斯死亡案的审理过程中，我担任他们一家的代理律师，帕姆问了我一个问题："他们为什么要这样做，他们为什么要这样对待我的儿子？"

帕姆问的问题，我没有答案，或者说没有令她信服的答案。法庭上的真理只是人类真理的一部分。帕姆并非要刻意那样影响我。她是个勇敢的人，默默承受着重负，不想给任何人增添麻烦。她真正想要的是让她的儿子回来，这我无法做到，但我可以试着找到一个更好的答案。于是，我休了长假，重新回到大学。人们不理解我的行为，我也不确定自己能否理解，但我决心要弄清楚那个房间里发生了什么。

律师们办案，结案，再接新案子，但有时在他们心里并没有结案。我接下来的调查（是案件调查，也是悬疑推理故事）是要追寻一个行踪不定的逃犯，这个罪犯兼猎物同时也是本书的主人公——我们，或确切而言，是我们隐藏的部分。为此我首先去了剑桥大学犯罪学研究所。那些画面让我无法释怀—— 一条走廊，一个消失的男孩，一扇关上的门，以及一个问题：那个房间里发生了什么？

当我在大洋彼岸的哈佛大学心理学系实验室继续这个研究时，人们问我："你在做什么？"这很难简要地回答。我总是这样回应：我想知道在那个房间里发生了什么，这很有必要知道。我从未道出自己真正的感受：这个真相是我欠某个人的。

在我的脑海中，随着时间的推移，帕姆的问题开始慢慢发生变化。问题不是他们为什么这么做，而是我们为什么这么做。她的问题背后隐藏着更大的真相。为什么我们要伤害最脆弱的东西？我们是什么？我们是谁？

在某种程度上，这个研究是为了拯救一个无法拯救的男孩。现在我才明白，可以用一个听上去不那么吉利的法律原则来批判我，即“不能犯未遂”*。我要做的是一种不可能的尝试。接下来九年里，这些数据、线索和证据牵引着我进行了一连串“长途旅行”，前往人类居住的六个大陆中的四个，范围从古希腊、罗马帝国延伸到现代的南西伯利亚、冥王星的冰山。我必须一再尝试深入大脑内部，洞悉其中的秘密圣殿。这使我遇到了像道恩·费兹·韦伯斯特这样的人，在难以想象的情况面前毫不畏惧；还有帕特里斯和赛拉、凯西和乌巴、瓦西里和哈尼法，我敢打赌，这些人是我们见过的人当中最为杰出的。记住这个赌，我会坚守它。到书的最后，由你来评判。

我越是研究科学，探究人类经验的广阔边疆——在这些难以捉摸的边缘地带，探索我们知道什么，我们是什么，生命和人类的渴望——就越是意识到自己研究的不仅是那个房间里、那条走廊上发生的事，也是很多其他地方发生的事。在我们的头脑中有许多这样的房间和走廊，其中甚至居住着许多常常反复出现的人，他们有各种类型。在这本书中，你就将遇见他们。

在某种程度上，你已经认识他们了，但又不算认识——并不真正了解。他们就在你的身体里，你却可能没有意识到。在某种意义上，他们就是你，但又不算是——并不完全是。他们影响并塑造了你生活中各种最重要的决定，你却几乎完全意识不到他们的干预。

---

* 不能犯未遂，犯罪未遂的表现形式之一。行为人已着手实施刑法分则规定的某一具体犯罪构成要件的行为，但由于行为的性质、行为人的认识等原因，致使该行为不可能完成犯罪，难以达到犯罪既遂。——编者注

他们是你遇到的人的本质和本能，他们就是人类的十种类型。

他们是谁？他们为何存在？他们何以进入我们的大脑？

多年来，人们认为大脑就像一台通用电脑，有点像黑白电影里的老式电话系统，所有的东西都要经过一个中央总机。这一观点正在受到挑战，因为神经科学和进化生物学的新发现表明，大脑可能要更加片断化，更加难以捉摸。大脑不是电脑，更好的方法是将它理解成一系列高度专业化的“模块”，即神经元和神经递质的集合体，以及它们之间的连接通路。每个模块都被用来满足特定的适应性问题或进化目标，换句话说，就是帮助解决人类生活中反复出现的一些关键问题。这就是“模块化”的概念。

事实上，大脑可能不仅仅是模块化的，还可能呈大规模模块化，大脑可能拥有许多这样的机制。接下来，我们要限定关注点，着重聚焦一些关键的生活问题，以及我们应对这些问题的流程。我们要关注十个问题。

我们的大脑不可避免地在进化。它今日的运作方式记述着我们祖先的过去，就像常见于世界各地博物馆的早期人类骨头那样。正如生物物理学家马克斯·德尔布鲁克（Max Delbrück）所说：“任何活细胞都带有其祖先十亿年试验而来的经验。”过去几千年我们赖以生存的模块，仍在以重要的方式塑造着我们的生活。于是有了：

十大人生关键问题

十个大脑模块

十种典型的人类行为

十种“类型”的人

这些行为中，有些能被一眼识别，有些则令人惊骇。后面我们就会看到。

事实证明，我们并不完全是孤身一人。我们的身体里携带着许多进化而来的模块，在一些重要的方面，我们是这些模块影响下的决策的集合。我们把这些模块称为“类型”，记住，这是一个概念：一种试图理解复杂过程的方法。它不是对世界的精确描述，而是思考世界的一种方式。正如我们在接下来的解释中将要看到的，神经科学和遗传学至关重要，却并没有给我们提供一个完整的图景。当然，文化也很重要。我们不愧是社会动物，我们的行为受环境、教育、知识和经历的影响。后天因素很重要。生物学同样重要。

那么，这些“类型”是做什么的？为何我们仍需要它们？它们对于我们了解人类本性有什么启示？

我当人权律师已经超过 25 年了，经手的案子一直与杀戮有关。本书讨论的内容——我们身上隐匿的部分——极大影响了人类的成就和悲剧。正如哈佛大学教授爱德华·威尔逊所言：“我们本性中至善与至恶共存”，就如“热沼地里的怪物”。这想法并不新颖，事实上，它古老至极。索福克勒斯就很清楚。在不朽巨著《安提戈涅》中，他告诉我们：“许多事物都既美妙又可怕，但人类尤为如此。”我们希望相信人类是善良的，但周围充斥着太多恶行，比如杀戮。真相在哪里？每当混乱来临，它都既令人陌生又令人熟悉。

所有这些引出了本书提出的三个核心问题。它们是：

我们是谁？

我们是什么？

我们的内在有谁?

最后，这本书带来了最新的前沿科学研究，提供了一种不同的方式来思考这些问题，以及由此产生的一系列相关问题：**我们为什么会这样？我们为什么要这样做？我们有什么选择？到底是谁（或什么）做出了选择？**

让我们开始寻找答案吧！为此，我要带你去另一条走廊——学校里的走廊。但这是一所非常特殊的学校。我还要把你介绍给一个人，一类非常特殊的人。**亲缘主义者**。

引子：亲缘主义者

这是每个家长的噩梦。

清晨的阳光下，当你眨巴着睡眼走出咖啡馆时，你意识到手机一直处于静音状态。就像每天重复一百次的那样，你本能地瞥了一眼屏幕——得好好清洁一下了。进来一条短信，然后又是一条，一大堆短信。你注意到一连串的未接来电提示。出事了，但出了什么事？你读了第一条短信，然后是下一条——内容都差不多，信息惊人地一致。你做梦也想不到自己会收到这样的消息。

咖啡溅到了鞋子上，你根本没有留意。有个男人在你孩子的学校游荡，那人带着枪。

就在几条街开外，你急匆匆地冲到那里，却发现一切都安静得令人忐忑。夏日的阳光下，校园的树木投下柔和的阴影，一只孤独的鸟掠过淡蓝色天空，但在视线边缘，你看到教室的门被踢开了。

两名警察趴在入口处的水泥地上，死了。当那只鸟消失在树林里时，你步入你女儿教室所在的走廊。接着你听到了隔壁走廊传来的枪声。

于是你更加急切地向前走，直到透过教室门上的玻璃瞥见许多学生时才停下来。那些受惊的学生眼睛瞪得大大的，挤成一团，躲在课桌下面。你用目光搜寻女儿，却怎么也找不到。你向孩子们打手势，但他们都被吓呆了，恐怕你只能把他们从桌子底下拽出来拖走。可你的女儿在哪里？接着，你听到了沉重的呼吸声和脚步声……子弹在上膛。时间不多了。突然，你听到一个声音从出口旁的扫帚柜里传出来，就在走廊另一端，喊着你的名字。正是你的女儿。你该怎么办？

你会放弃这个教室里的 24 个孩子吗？你会留下来保护他们吗？放眼走廊尽头，你看到另一具尸体，那是一名试图阻止枪手未果的老师。除此之外，还有一个人，四肢摊开，一动不动。显然，另一名老师也遭遇了同样的命运。

这可能关乎英雄主义。我们每个人都有展现强大勇气的能力，但如果面对的是持枪歹徒，后果可想而知，就像前面的警察和两名老师一样，你肯定会被杀死。对抗枪手是徒劳的。他会向你开枪，再向所有的孩子包括你的女儿开枪，但你做了英雄般的尝试——我们都希望自己是英雄。不过话说回来，还有哪些其他选择？如果去到教室，你可以带着孩子们从窗户爬出去，脱离危险；如果去找女儿，你就能在枪手到来之前救出她。但问题是，你没时间同时做这两件事。

你会怎么做？这并不容易。类似的选择从来都不容易。但身在其中的人必须做出选择。你，会怎么选？

是救 24 个别人家的无辜孩子呢，还是救 1 个你自己的孩子？这是你的困境，你生命中最糟糕的时刻，也许换成任何人都是如此。但事实就是这样。

你能听到枪手逼近的脚步声，武器上膛的咔嗒声，你能看见孩子们的眼睛，听见女儿的声音在呼唤和恳求你。你打算怎么办？

那一刻，你可能感觉五味杂陈，心乱如麻。为了更清楚，我将你的选择简化为三个等式：

与枪手对抗，所有人死 = 26 人死（24+1+1）

放弃教室，其他孩子死 = 24 人死

放弃女儿，只有她死 = 1 人死

你怎么做？

你不是一个人

我知道你会怎么做，因为换了我也会这么做，因为我们认识的几乎每个人都会这么做。

不过，我能试着改变你的想法吗？

想象一下在你的孩子和 50 个孩子之间做选择，情况会有改变吗？肯定会：毕竟是 50 条命换 1 条命。下面有 50 个圆点，想象每个圆点上都有一个孩子的名字。我从互联网上随机抽取了一些名字：托德，萨拉，苏雷什。艾伦，大卫，贾辛丝。阿斯顿，提瑞西阿斯（底比斯盲人先知的名字——真的是随机选的）。

想象每个名字都是不同孩子的脸。

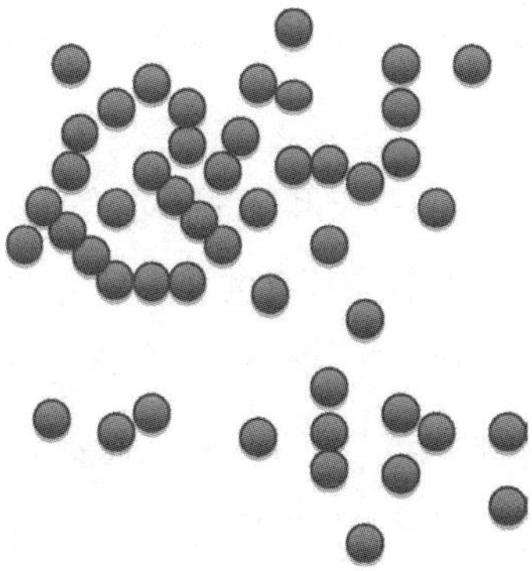

50 个圆点

你会救这 50 个圆点，这 50 个孩子吗？还是只救自己的孩子？

如果换成 100 个孩子，你的选择不变吗？如果是 1 000 个孩子呢？满满 20 箱圆点，全是孩子，你的选择还是不变吗？

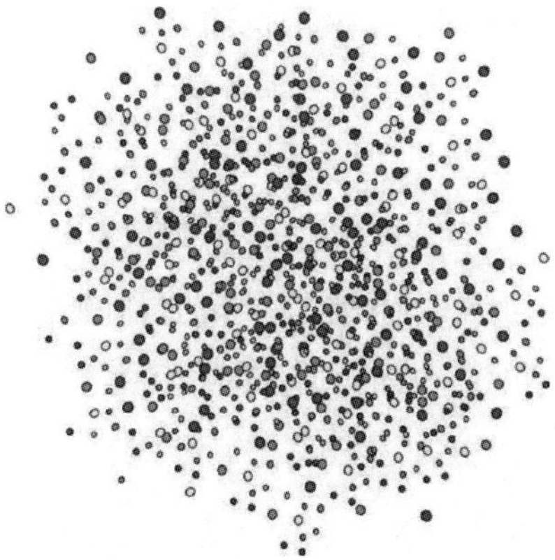

1 000 个圆点

那么100万个孩子呢？肯定会改变你的决定吧？让我们用数字写下它，这样你就能看到危在旦夕的生命的绝对数值：1 000 000——所有这些零，就是你能拯救的生命数量，只要你放弃那一个。

还不够？若是在你的孩子和一个年轻有为的科学家之间选择呢？这位科学家无意中攻克了癌症的疗法，只是她还没来得及告诉任何人这项改变世界的发现。想一想，你将能够挽救一代代病人，使他们免遭难以言表的痛苦与不幸。还是你要救自己的孩子？如果选择了自己的孩子，你能忍受世世代代的谴责吗？如果不这样选择，你又能忍受自己的煎熬吗？

如果可以，退后一步，想想你正在认真考虑要去做的事。仅仅为了救一个孩子，你打算让未来的一代又一代人持续遭受癌症的摧残。你会怎么做？

我知道你会怎么做。我知道我也会这样做。但原因是什么？

这个问题，以及类似的问题，就是本书的内容。事实上，当你沿着走廊奔向扫帚柜时，有件事你可能并没有意识到：

你不是一个人。

这本书的论点是，见证你每一步的包括前进、后退、踌躇，事实上是帮助你走出每一步的，是人类十种类型中的第一种。这十种类型正是接下来的主题，你刚刚见识到了第一个。让我们给它取个名字——**亲缘主义者**。

这个角色是怎样进入你头脑的？它的作用是什么？它是什么样

的？本书认为，这是一种心理机制，在我们进化的历史长河中不断演化，以应对某些反复出现的生活难题。这一心理机制与我们的习得行为——社会化——交互作用。因此，先天与后天这两种因素相互联结，错综复杂。在学校走廊里，你可能会发现自己嘴上说着应该做某件事，但内心深处却想做别的事：去教室，回扫帚柜。你很快会对**亲缘主义者**有更多的了解，但你已经知道了一件极其重要的事——它会牺牲几十个、几百个甚至上千个其他孩子来换取自己的一个孩子。我们都愿意保护自己的孩子，每个人都如此。但我们真的认可这种内驱力的可怕力量吗？为了选择自己的孩子而牺牲其他孩子，这有多无情我们能够认识到吗？为什么会这样？

你“崩溃”了吗？在与我的研究团队讨论这个问题时，我们很快选定了“崩溃”这个词。达到哪个数字会让你抛弃自己的孩子？为数不多的几个人在达到 24 这个数字时便已崩溃，许多人在孩子数量达到 50 个时会崩溃，而更多人的极限值则接近 100。我一个朋友是那种即便世界上其他孩子都死了也不会崩溃的人，直到她意识到需要有个孩子陪自己的女儿玩。那么，从其他所有孩子中减去一个，便是她的崩溃数字。那个朋友（我们现在仍然是朋友）是一名律师。

我们心里都有一个数字。你的是多少？这些数字说明了什么？我们的数字能说明我们是哪种人吗？这些就是本书要讨论的内容。各种问题，各种类型，比如说**亲缘主义者**。以上只是对**亲缘主义者**的一个简短介绍，我们还会谈到它。不过，有必要先认识一下十种类型中的其他类型，就如下一章的主题：**痛苦感知者**。按本书中的出场顺序，这些类型依次为：

痛苦感知者

驱逐者

恐惧驯服者

观看者

侵略者

部落主义者

养育者

求爱者

施救者

亲缘主义者——最后我们将回到这里

不过，为了理解这十种类型，我们必须举一些例子。因此，在本书接下来的十章中（每章主讲一个类型），我会用到三种方法。

首先是科学方法，借助心理学和神经科学的最新研究成果，帮助你全方位了解相关心智模块。

其次是个人叙述，是与我共事过和打过交道的一些杰出人士的故事。这些叙述将展示各种类型在日常生活中是如何影响人们的，他们又是如何找到办法来面对和降低其破坏性影响的。

最后是一些假设，让你有机会去亲身体验其中一些机制。

通过这种方式，我希望你不仅能听说这些类型，还能看到它们，体会它们，从而对如下核心问题得出更丰富的答案：我们是谁？我们是什么？我们的内在有谁？

因此，我希望接下来的内容能够揭示为什么我们不是我们所想的那样——以及这是一件多么好的事情。它开启了如此迷人的可能性，让我们以全新的方式认识自己，以不同的方式看待世界。我们将看到世界上一些有问题的事情，本书将提供挑战它们的方法。这些解决方案基于卡斯特的方法，他告诉我们，要想挑战有害的权力及其滥用行为，就必须在我们的头脑中披露它的存在——这正是本书最根本的使命。

本书提供了对人性本质的一种全新审视。这是一项探究，旨在以新的方式看待人类如何对他人施加伤害，并在此过程中找到改变这种状况的方法。归根结底，这就是《十种人性》一书的意义所在：找到获得自由的新路径。

在这本书的创作过程中，我的手边始终摆着一份日渐泛黄的新闻报道，关于那个我从未谋面也无法拯救的男孩。有时，那几帧自高处俯瞰的监控画面会在我脑海里闪过；有时，屏幕会变成一片空白，随后画面慢慢地重组起来：一条走廊，一个消失其间的男孩，一扇关上的门，以及一个问题：那个房间里发生了什么？

紧随我左右的另一个“同伴”，是男孩母亲帕姆的一个简单问题：为什么？

The Perceiver of Pain

第一种人

痛苦感知者

我曾被囚禁在“受难者”雅各布的堡垒，千真万确。

理查德·弗朗西斯·伯顿
《中非湖区探险记》
1860

1. 立论

正是其中一种类型——**亲缘主义者**构成了你心智的一部分，让你在保护教室里的 24 个孩子和救你自己的孩子之间左右为难。这些类型都是什么？在日常生活中，它们由哪些神经和功能构成？它们是什么东西？

为方便理解，我们以一个名叫安东尼的男孩为例。

“你为什么要跟我说话？”他问我，“我什么也不是。”

我承认，起初我对交流所用的语言掌握的确生疏，没能解释清楚为什么我认为我们需要从他那里了解某些至关重要的东西。这是我的错，我本该做得更好。不过我坚持下来了，确切来说，是安东尼坚持下来了。于是有了这个故事：一个认为自己无足轻重的男孩的故事。我们在一间旧棚屋里见面，棚屋离海岸很近，近得能感受到海风的吹拂，但它几乎无力遮挡非洲无情的阳光。这就是非洲：古老稀树草原的另一面，但它还是非洲。

“事情发生时，我什么也没做。”安东尼说。

一只小鸡从我们脚边经过，忙着做自己的事。所以说，这是一个自认为无足轻重的男孩，没有做什么出格之事。故事的开头听上去还可以。几年前，在故事发生的时候，安东尼才 11 岁。像很多 11 岁的孩子一样，他愿意做很多事，只为得到渴望的那样东西。虽然全世界的人都知道那是一种标志性的美国产品（1886 年由亚特兰大药剂师约翰·彭伯顿发明），但很少有人意识到，其成分之一的可乐果实际上原产非洲。不过，在生命中的那个特定时刻，安东尼毫不在意，一心只想着不惜任何代价来得到它。事情就是这样开始的：源于可口可乐。

我们第一次见面是在几内亚湾附近的一间棚屋里，棚屋四周环绕着拳击馆和印着阿华田饮料和上帝永恒之爱的广告牌，旁边还有一个古老的奴隶贸易站（所有这些都有联系）。面对这些，我一时无所适从。安东尼让人联想到一个球，并非因为他是圆的，他当然不是圆的，而是他就像一个橡皮球，带着某种弹性和韧劲儿，某种必定会反弹的东西。他最大的爱好是拳击，他发现自己很难保持安静，身体总是不停地上下摆动，仿佛始终处于想象的拳击比赛之中。他的四肢看起来像意式扁面条，实际上却坚如钢丝。他长着一双大大的杏仁眼，后来有时候，当他告诉我到底发生了什么时，那双眼睛里饱含情绪，而他会极力克制，对抗自己以及所知的一切。对一个十几岁的男孩来说，他知道的实在太多了：奇怪的水下森林、蛇、雷雨交加的那天以及船上的尸体。不过，一切的开始是快乐的，因为有希望喝到可乐。

对于贩卖人口的虚构描写往往以团伙抢夺、绑架和诱拐开始。有时的确如此，但其他时候，它就显得平平无奇。对安东尼来说，它发生在去商店的路上。这家商店位于加纳安东尼家所在的镇子上，“我爸爸让我去商店。”他说。安东尼和我主要用法语交流——他的母亲来自沿海更远的法语国家贝宁，他来加纳是为了和父亲在一起。

第一次见面后，我在笔记本上写道：

> 他喜欢我吗？他需要喜欢我吗？
>
> 英国的大律师，贝宁的男孩。
>
> 他需要信任我。
>
> 信任是什么？

在海滨附近的棚屋里，安东尼告诉我："你知道，我爸爸给了我钱。他说我可以买可乐。"

改变他一生的那天正处于漫长的旱季，每个人都很渴。仿佛连雨都忘了该怎么下。安东尼去商店买可乐。一去不返。

你即将读到安东尼的故事：他为何一去不返，在门的那一边发生了什么。这个故事将呈现出我们是谁的一个关键部分。但最开始，我需要明确一下本书的目标：本书将描述人性，但这不是对人性唯一的描述，只是一种描述。

我们都有关于人性的理论偏好。所有宗教和政党也一样。想想那些对性别不那么敏感的时代提出的一些真理：

> 人人皆有罪。（理论偏好）
>
> 人生而自由，却无往不在枷锁之中。（理论）
>
> 我们认为如下真理不言而喻：人人生而平等。（理论）
>
> 所有动物一律平等，其中某些比另一些更平等。（反理论）

这本书并不是作为“唯一真理”提供给你的，它的成立基于科学事实和科学理论。科学理论是比上述简单的真理更为广泛的一种理论，它是一系列命题，从中能够得出可检验的预测。这本书的主理论建立在大量科学研究的基础上，汇集了进化生物学、神经科学和实验心理学几个分支的证据，这几门科学被称为第二次达尔文革命。且看看第一次革命给我们带来的影响吧！我们的主理论如下：

理论 1

人类的思维是模块化的。

这句话的意思是，大脑构造包括特定的、专门的信息处理和计算程序。大脑没有发生变化，变化的只是对它的理解方式，越来越多的科学家认为这是一种更好的方式。下面是这一论点如何导向主理论，又如何从主理论扩展开来的：

1. 我们的身体由进化塑造。
2. 它由一系列高度专门化（适应性）的组件或器官构成。
3. 思维也由进化塑造。
4. 它也由一系列高度专门化的组件构成。
5. 在应对某些重复、真实以及与生存和生殖高度相关的挑战时，这些组件或模块得以进化。

命题 1 和 2 对多数人来说都显而易见，恕我不再赘述。如果你对它们感兴趣……事实上，有什么理由不感兴趣呢？有什么比生命为何存在更有趣？地球上为什么会有生命存在？以及为什么以这种形式存在？为了理解上述问题，我们有幸能读到理查德·道金斯的《自私的基因》、丹尼尔·丹尼特的《达尔文的危险思想》、史蒂芬·杰伊·古尔德的《奇妙的生命》（该书权威地记述了前寒武纪时期新生命形式惊人的爆发）。更近些年，杰里·科因的《为什么要相信达尔文》是对进化论又一个简洁而醒目的文献补充。

这些著作是背景，也是先头部队。鉴于接下来的篇幅中，进化的概念如此普遍和重要，我们需要简要回顾一下科因的观点：

> 地球上的生命是从一种生活在 35 亿年前的原始物种（也许是一种自我复制的分子）逐渐进化而来的。随着时间的推移，生命不断发展壮大，产生了许多新的、多样的物种，而多数（但不是所有）进化的机制是自然选择。

本书无意去证明进化论，只考察它对人类思想的影响。本书不对人体及其功能性亚单位或器官做解剖学或生理学上的探讨。相反，它考虑的是，与之对等的功能专门化如何作用于我们的大脑，进而作用于我们的思想。因此，本书使用命题 1 和 2 作为论述的基础，由此推论我们的大脑可能是什么样的。这是一个类比论证。从身体如何随时间的推移由基因构建和发展起来，我们可以推断出大脑的一些特质。有些基因突变更优良，有些则对生存和繁殖更不利。微小的优势放到漫长的时间跨度来看意义重大。于是，经过恢宏凛然的宇宙分拣过程，一些安排得以幸存，继而复制、兴盛并在种群中传播下来。这是在匮乏和有限的世界中为生存而进行的一场无情的战斗。于是有了我们，我们的身体中充满了模块。可我们的思想又是怎样的呢？

我最开始理解这一点是因为安东尼。很快我会说回他的故事，以便你能亲自了解。不过，在我们去到水蛇出没的水下森林之前，在我们努力攻克英国法律界最著名的案子中提出的问题之前，你还需要知道：谁是我的"邻居"？——我们彼此间承担什么责任？首先，我们必须把主线论证进行到底，并理解两件事：进化的思维和模块化。然后，我们将前往一个不算是湖的湖，去认识那些不算是孩子的孩子。其中之一便是安东尼。

让我们进入命题 3：进化的思维。

越来越多的证据表明，思维也是由同样的宇宙分拣过程即自然选择的进化所塑造的。事实上，本书中的证据和研究正支持了这一论点。但不论如何，我邀请你以开放的心态阅读相关材料并得出自己的结论。达尔文预见了人类思想的这些发展。在改变世界的《物种起源》一书的结论部分，他写道：

> 在遥远的将来，我会看到关于更重要的研究的广阔领域。心理学将建立在新的基础上，每一种心智力量和能力都会渐进获得。

是的，心智力量是渐进获得的，通过逐步的、递增的改变，经由自然选择的进化。一个简单的问题足以直指要点——如果我们身体中的一切差不多都进化了，为什么大脑不会呢？大脑是一个运算装置，包含上亿级神经元，即携带和传输信息的神经细胞（大概有1 000 亿）。通过神经元网络，大脑处理来自外部环境和我们自身的信息，与我们身体的其他部分一样，大脑也由基因构成，这个过程归根结底是遗传进化。有些基因被“选择”是因为它们能带来持久的生存优势，而另一些被淘汰只因不具备这种优势。自然选择是一个简单的过程，它控制着哪些基因被传递给下一代，下一代中的哪些得以存活，最终，它决定了是什么能够成功适应特定的环境。如果我们的身体进化了，我们的大脑也进化了，那么为何大脑的功能不会进化呢？简而言之，一些大脑功能的变体可能不太起作用，那么就很可能没办法“留下来”。从这个角度来看，有什么理由说我们的思维不受进化影响呢？换句话说，难道几乎所有对身体意义重大的组件都进化了，唯独除了大脑及其功能吗？

迄今为止，这种方法的最佳表述来自澳大利亚哲学家彼得·辛格，我们很快就会讲到他的著作。辛格说，是时候“认真对待我们是进化的动物这一事实了，我们不仅在解剖结构和基因上存在遗传特征，在行为上也存在”。

关于命题 4，即模块化，我们不妨放眼四周。

模块化无处不在。我们开始有意构建复杂的系统来执行复杂的任务时，就是在以模块化的方式进行构建的，会运用到很多更小的组成部分。汽车、电话、冰箱、飞机和政治体系都是如此。这样做，我们是在模仿自然。任务的划分和细分原则所产生的最终效益随处可见，比如在工程学、计算机科学和编码学中，比如钞票背面的编码，仔细想想 20 英镑纸币背面的样子。

可见英格兰银行十分欢迎功能模块化。亚当·斯密在《国富论》中写到制针工厂的劳动分工以及由此导致的工作量大幅增加的问题。制针的元任务被拆分成更小的专业化单位或模块。在这里提及亚当·斯密是恰当的，因为达尔文在剑桥大学时就读过《国富论》。后来，当达尔文写《物种起源》时，亚当·斯密形容市场的“看不见的手”变成了“时间之手”和自然选择两种悄无声息的运作方式。正是这个难以察觉的过程，在达尔文所谓的“漫长的岁月流逝”中造就了思维模块。单个模块只是一个功能子单元，其职责是执行一项特定任务，就像制针工序中的一环。你会发现模块在自然界中无处不在。那么，人类的思维呢？自然选择能创造出类似**亲缘主义者**这样的专门化程序吗？

所有这些给了我们两点重要的启示。第一，模块在自然界中无处不在。第二，已知的宇宙中最精密复杂的机制之一——人类的思维，很可能也呈模块化。而我们将看到，这一点是有证据支持的。

严谨细致的神经生理学实验表明，大脑有不同的区域参与不同的功能。不过，请注意两点：大脑的每个区域并不局限于执行单一功能，同样，每个区域都与其他区域形成协同工作的网络。例如，视觉信息通过眼睛进入视网膜，经由丘脑传递至大脑后部，再由位于大脑后下方的枕叶进行解读（从那里再传向顶叶和颞叶）。一套被称为“边缘系统”的结构与四类行为有关：进食、战斗、逃跑和性爱。边缘系统是我们考察的完美范例：它是一个结构网络，包括协同工作的杏仁核、海马体和下丘脑。因此，毫无疑问，大脑内部功能在一定程度上是局域化的。

所以，越来越多的科学证据表明，人类思维具有各种组织单元或模块。但它们又是什么样的呢？

命题 5：这些模块的进化是为了应对某些重要的、反复出现的生活问题。这些模块是什么样的，以及它们如何影响我们的行为，正是本书的主旨。

这些心智模块嵌入人类神经系统，负责处理信息，特别是那些来自环境中的刺激和挑战。我们的论点是：这些模块在进化过程中形成，就像许多迫于选择压力而发生变化的事物一样，始终致力于满足两个基本的进化需求：生存和繁殖。因此，这些模块是自然选择的结果。它们遭遇、面对并帮助我们解决生活中的问题，即生存和繁殖面临的重大威胁。它们具有专门的功能，分别针对关键的适应性问题。它们增强了“适应度”，即宿主的基因在相关种群后代（基因库）中的相对频率。它们不会机械地决定行为，但会影响我们的情感、思想和行动，尤其当我们面临生存和繁殖的衍生问题时，比如择偶、抚养后代、群居生活、躲避捕食者和惩罚违规者。在本书的十章中，我们将探讨十个这样的问题。

以上就是我们讨论的五个论点。对此，进化心理学的两位创始人（传奇人物）勒达·科斯米德斯和约翰·图比有精辟的见解：

> ……我们能看见，能说话，能辨别美丑，能懂得回报，会畏惧疾病，会坠入爱河，会发动攻击，会义愤填膺，会浏览风景，会阅人无数——这一切之所以成为可能，只因有一系列庞

杂的复合计算装置在支持和调控这些活动。

在这五个命题中，毫无疑问，命题 1 和 2 是前提假设，二者是论证展开的基础。其余三个更有趣和更具争议的部分，我将在本书中分十个部分来探讨。命题 1 至命题 5 共同构成了构建人性理论的要素。之所以称之为一种理论，是因为它可以帮助解释证据，并对人类可能的行为做出一些预测。“十种类型”正是建立在该理论的基础上。

这是我们加以扩展后的主理论：

理论 1A

> 人类思维是一系列高度专门化的心智模块，分别执行不同的功能，并通过自然选择下的进化，来解决我们祖先在漫长的进化过程中反复面临的生活挑战。

以这个理论为基础，“十种类型”作为一种工具，用以了解我们进化的本性中一些独特而非凡的东西。正如丹尼尔·丹尼特提醒我们的那样，在思想史上，思想家们总是使用小品文、模型和故事，例如柏拉图的洞穴隐喻或笛卡儿的恶魔故事，来帮助我们思考特定问题，并发现和识别问题。十种类型也是同样的东西：一个概念，一个猜想，一种启发法（heuristic）。它们有助于思考、探索、发现并理解模块化思维理论的一些特征，以及它作用在人的层面上可能会是什么样子。

因此，模块化思维是一种广博而宏大的理论，将我们与生活在非洲稀树草原上的早期祖先联系在一起。这有助于解释人类行为的一些奥秘，尤其是人类对待其他人的行为，不论是善行还是恶行。安东尼就是我们的例子。

要想理解安东尼的遭遇，理解这个撒哈拉以南非洲的孩子，这个自称无足轻重也没有做出格之事的人的重要性，理解为何他能帮助揭示**痛苦感知者**这一进化而来的思维模块，那你就必须了解一个地方。而要想了解这个地方，你就必须了解它的地理位置。它在地球上独一无二。

2. 21 000 名童工

如果你展开一张老式世界地图，比如1886年的帝国邦联地图（该地图是帝国时期的遗物，大英帝国领土都被涂成了橙红色），然后用手指慢慢从英国向南移动3 000英里*，你将经过摩洛哥、毛里塔尼亚和马里，奇怪的是，它们竟然就在曼彻斯特的正下方。如果继续往下，你最终会到达撒哈拉以南非洲广阔的沃尔特河流域。

沃尔特河流域是由几百条支流和水道组成的复杂网络，触角一直延伸到六个西非国家：马里、科特迪瓦、布基纳法索、多哥、贝宁和加纳。在加纳，有一片巨大而沉闷的水体——沃尔特湖。穿过沃尔特湖看似平静的湖面（该地区会有突如其来的雷暴天气，使湖

---

* 1英里 ≈ 1.609千米。——编者注

泊变得危险），光秃秃的树枝伸出来，像纤细的化石手指一样指向天空。不过，沃尔特湖不是真正的湖，至少在1915年之前并不存在。而在1915年，带着殖民主义的狂妄自大，英国地质学家基特森勋爵产生了一个想法："让我们筑坝拦截那条河吧。"

阿尔伯特·欧内斯特·基特森，朋友都叫他"基蒂"，有着卓越非凡的一生。他出生在奥登肖，一个原属于柴郡的棉花小镇，如今已被扩张的大曼彻斯特郡所吞并。他的父亲是曼彻斯特人，母亲是苏格兰人，一家人先是移民到印度的那格浦尔，接着又搬到澳大利亚的乡下，基特森在那里学会了与蛇打交道的本领，他后来遇到的加纳人认为这一壮举赋予了基特森神秘的力量。基特森是一位杰出的地质学家，1927年被授予爵位。他以他的才能和巨大的想象力提出了一个简单而惊人的建议——在沃尔特河上筑坝，全方位拦截。就像大英帝国做的许多事情一样，基特森的想法关乎"转化"。将河水的自然能量转化为电能，利用电能将夸胡山区的铝土矿转化成氧化铝，再转化为铝锭，这样一来，加纳的土壤和物资才会转化为财富。

1937年，基特森在白金汉郡比肯斯菲尔德死于肺炎和流感。一种桉树和一块桉树化石都以他的名字命名；还有一种爬行动物，一种滑溜溜的、像长着腿的鳗鱼一样的小蜥蜴，也以他的名字命名。不过在1965年，距他最初的想法过去整整50年后，基特森留下了一笔更为重要的遗产。加纳独立后的第一任总统克瓦米·恩克鲁玛授权修建基特森提议的大坝。在阿科松博，一堆又一堆的石头被投入水中，结果是毁灭性的：地球上面积最大的人工湖诞生了。沃尔特湖有200多英里长，这个事实陈述起来很简单，但想象一下，一个湖泊从伦敦延伸到利物浦，或者从布鲁克林大桥延伸到波士顿，那便是沃尔特湖的长度。

白沃尔特河和黑沃尔特河均受阿科松博坝所限，该大坝有六条奔涌的泄洪道，不仅为加纳发电，也为东部邻国多哥发电，甚至还惠及了更往东的一个国家：贝宁（我们还会谈到贝宁）。按规划，大坝将在加纳的社会经济发展中发挥关键作用，计划每年生产 20 万吨铝。的确，现在沿海的特马港建起了一座冶炼厂。但从另一方面来讲，计划实施的结果却是毁灭性的。

大坝上游地段的河流坡度非常平缓，大约每 1.6 千米只有 0.3 米落差。这意味着蓄水会导致 740 个村庄被淹没，共 7.8 万人在自己的土地上成为难民。然而，人类有着惊人的复原力。不久以后，在新形成的湖泊周围出现了一连串小渔村，迄今为止数目已达 1 200 多个。其中一些居民是曾经从事放牧和农业的本地人，而来自加纳其他地区的移民也不断涌入，主要是吃苦耐劳的沿海居民。他们掌握专业的捕鱼技能，打算捕捞湖中的 120 种鱼类，包括许多种类的罗非鱼。现在，新移民的数量超过了世代居住于此的本地人，尽管有危险，他们还是来到了这里。该地区因盘尾丝虫病而臭名昭著，该病也称河盲症，是由黑蚊反复叮咬引起的一种疾病。

从湖中捕鱼极为特殊：长长的箭形木船、极少的渔获物，以及由于水域过度开发而变得越来越小的鱼。鱼是渔民们勉强维持生计的东西，因此，他们必须把成本降到最低。从渔网里抓小鱼需要用细细的手指头，这就需要用到孩子。

但由于利润微薄，对一些渔民来说，他们不仅要雇用童工，还要雇用最廉价的童工：奴隶童工。情况就是这样。关于童工数量的估计各不相同，但据说得有 21 000 个儿童在湖边冒险工作，生命处于威胁之中。在这一数字中，尚不清楚有多少人被卖为奴隶。

这和我们有什么关系？在见到安东尼之前，我只知道其中很少的细节。回到那个问题：这和我们有什么关系？在一片我们几乎完全不了解的土地上，湖上的奴隶儿童在箭形木船上捕鱼。因为安东尼，我开始理解这个问题。虽然他自己并不知道，但这是他给我的礼物。

你本来不必早起的。

这是一种逃离的快感，远离城市，清新的空气让人只想安静地陶醉其中。你就这样在清晨的阳光下漫步，心情放松，甚至都没有给手机充电。这片湖是当地一处风景区，距离大都市区非常近，但一座树木繁茂的小山将它与塞满进城汽车和通勤人群的主干道隔开了。这里简直是一处避风港，一片绿洲，有点儿像一个小小的奇迹。一切似乎都很完美，其实不然。事情有些不对劲儿。

你听说，当地的孩子会在假日去湖边夜钓，一些稀有的鸟类在飞去南方之前会在那里休憩，它们当中有些会飞越 3 000 英里去往撒哈拉以南的非洲和赤道。你穿过树林的外缘，那里长着栗子树、山毛榉树和成熟的橡树。你朝水里瞥了一眼，阳光从平静的水面反射回来，分外耀眼。突然，有两样东西闯入了你的大脑。是的，肯定有什么不对劲儿。

首先，你注意到一辆小自行车随意地靠在了一棵树上。它滑了下来，车把歪向一边。水面反射的耀眼光芒让你什么也看不清，一束光低低地照向你的脸。你把手掌窝起来遮挡眼睛，随后你注意到了另一个东西。

水里有什么，在水面上突然浮现，然后又突然消失。或许只是你的幻觉吧。

在远处，早高峰的通勤车辆开始排成一串，引擎的轰鸣声越来越响。你看到湖边有一把户外折叠椅，花色是俗艳的黄白条纹，但莫名显得喜庆。湖水的平静被什么东西打破了。你眯起眼睛，见水里有东西在动。你使劲儿眨了一下眼，左右晃动脑袋，以便看得更清楚——水里的确有东西。

是一个人。

一个孩子，溺水了。

你的头四处乱转，扫视树林。周围一个人都没有，黎明刚刚过去。在树林旁边，湿滑的堤岸通向水面，湖水又黑又危险。那是个男孩，他的头一会儿露出水面，一会儿沉入水下。湖里遍布芦苇和菖蒲。他呛咳着，嘴巴和鼻子里满是水。他的头从水面消失了。他不能呼救，但你可以，于是你大声呼叫，可周遭都没有人。男孩的双手露出水面，手指张开。你只能看到他的头顶，甚至连眼睛也看不见。他在挣扎，但似乎有什么东西拖住了他，把他向下拽——是芦苇吗？还是淤泥？男孩距离河岸不到10米。就靠你了，除了你没人能救他。他快要淹死了。就靠你了，你得下水去救他。

你冲到水边。湖岸很陡，非常危险，清晨的露水还挂在上面。你失足滑倒，摔了个倒栽葱。你滑下湖岸，整个人朝水面直冲而去。你看到了另一处滑行痕迹，他也是这样落水的吗？你看见一块红色的三角警示牌，牌子上画着两只手正在被险恶的黑色波浪吞没，下有一行字：“危险！小心溺水——禁止游泳。”

男孩不是在游泳。他溺水了。

在这生死攸关的瞬间，你的目光和男孩的目光碰触。没有言语交流，但你知道他在说什么：你会救我吗？

你会吗？

你可以救他。除你之外没人能救他。你眼睛的余光不自觉地又看了一眼那块警示牌：“危险！小心溺水——禁止游泳。”

岸边更远处还立着另一块红色警示牌：“淹死只要几秒钟。”你要拿自己的生命去冒险吗？你要救他吗？你的双脚都被打湿，膝盖以下的牛仔裤也湿透了，但仅此而已。你不必非要去男孩溺水的地方，也不必非要下水。那是他的生命，不是你的。你没必要只身涉险，他的溺水又不是你造成的。你只是来散步的，你甚至根本不必早起。但你还是想做点什么。你想到了自己的手机，把它从口袋里掏出来。手机没电了，没有其他办法了。你再一次大声呼救，声音消失在树林里。不会有别人来帮忙了，你和男孩的目光再次碰上。你看了看那辆车把歪斜的自行车，又看了看他的脸，他正注视着你。你感觉到他的目光，感觉到他的恐惧，对即将到来的死亡的恐惧（如果你不救他的话）。这里只有两个人，一个在水里，一个在岸上；一个就要淹死，而另一个可以试着阻止。

你想到了那些你爱的人，他们难道不希望你去帮助他吗？

再想想那些依靠你的人，他们会希望你去冒生命危险吗？“淹死只要几秒钟。”可还有那么多人要依靠你。“危险！小心溺水——禁止游泳。”

你跳下水了吗？

3. 恶龙出没

这几乎正是迪伦·艾伦的朋友们在2010年面临的困境。迪伦当时17岁，淹死在了“约翰坑”水塘，那是威根大都市区附近的一个本地景点。水塘里的水黑黑的，十分危险。水下长着芦苇和其他一些植物，它们连同附着力极强的泥浆一起，会绊住游泳者的腿脚。很多人死在那里，当地人管它叫“深坑”。

迪伦的家族与另一个当地家族——麦克格雷尔家族长期不和。一连串小冲突之后，事情在2010年5月的一场决定性对峙中达到了高潮。凌晨3点，迪伦和朋友们出去玩了一晚上，之后回到了家。他看到自家汽车的挡风玻璃被石板砸穿了。他知道谁是肇事者，他的判断没错。

那天晚上，德鲁·麦克格雷尔和弟弟在“深坑”钓鱼。当迪伦靠近时，一场打斗便爆发了。两个人从陡峭的湖岸朝水边滚去，接着，比迪伦大10岁的麦克格雷尔把迪伦扔进了湖里，嘴里还说着：“淹死你这个小杂种。”迪伦挣扎着把头露出水面，喊道：“帮帮我，我的腿踢不动了。”麦克格雷尔说：“让他去死吧。如果他出来，我还是会杀了他。”

迪伦的朋友们绝望地试图下水。起初，麦克格雷尔阻止了他们，但其中一个朋友设法跳了进去。一切都太迟了。迪伦的脑袋和伸出的手臂消失在“深坑”的水中，他淹死在那里。

我之所以提及这件事，是出于两个原因。首先是为了说明这个湖的致命性——在那种地方很容易淹死，不管风景是否美丽。其次，面对明摆着的危险，迪伦的一个朋友还是试图去救他。更令人震惊的是，三年前在“约翰坑”水塘就发生过一起溺亡事件，曾引发全国关注，但他还是试图去救迪伦。

在改变安东尼人生的那一天，他只是做了一件曾做过无数次的事：走到当地的商店。在路上，他能闻到有人在煮鸡肉。诱人的香味飘进他的鼻子，直钻进他的脑海。他觉得肚子好饿，饥肠辘辘。虽然天气很热，但他的双脚还是被一个念头驱使着往前走——可口可乐。安东尼 11 岁。父亲说他可以去买一瓶可乐。如果他能喝到可乐，还能吃到鸡肉，那生活可就美了。在贝宁的时候，生活一直不好过，他们只能勉强度日，而他的母亲已经尽力了。不过，现在的生活很美好。虽然有时父亲会揍他，但这也是为了让他更坚强。安东尼想做一个坚强的人。

有时候当你和他说话时，他会眯起那双杏眼，斜斜地看你，一副枪手的表情。后来，他对我讲了他在我们第一次见面时的真实感受。“我当时在想：‘这人是谁啊？法语说得比我还糟糕。’”

一点儿没错，我的法语很不熟练。

“你为什么到这儿来？”他真诚地问道。

坦白说，我不知该从何谈起。我说有个男孩死在英国的监狱里，我想弄清楚发生了什么，这意味着我要和很多不同的人谈论很多不同的事情。我的回答让他惊讶，不是惊讶于我漫无目的的调查，而是惊讶于死亡发生的地点。他对英国的了解仅限于英超足球联赛。

“英国人也杀孩子吗？”他说，一副难以置信的表情。

“这很复杂。”我说，说完马上就后悔了。事实上，在离家这么远的地方不得不承认这个事实，令我感到惭愧。但这是实情：是的，我们的确做过这种事。我该把它讲出来。

“可你为什么要做这些呢？”安东尼问。

我试图向他解释，说我是那家人的代理律师，但我不确定自己能否让他理解律师的工作。在西非炽热的阳光下，我说得越多，就越觉得奇怪，不知道律师到底意味着什么。在那一刻，我们似乎都离家很远。“我想弄清楚他为什么会死。”我说。

“为了谁？”安东尼问。

这是任何律师都应该思考的问题。答案也很复杂。生活就像法律一样，不是一门精确的科学。“是我自己想知道。”最后，我这样回答。

后来，我们相处的时间快结束时，安东尼告诉我：“第一次见面时，我本来打算离开，然后我又想：‘好吧，给他一次机会。’”

这很有意思。从没有人给过安东尼什么机会。我在笔记中写道：“机会。我们什么时候能给彼此机会？”

2007年5月3日，乔登·里昂和同母异父的8岁妹妹贝瑟妮一起外出，在“深坑”边上抓蝌蚪玩儿。湖岸陡峭而危险，贝瑟妮脚下打滑，跌进了又脏又臭的泥水里。乔登不假思索地跳进去救她。两个垂钓者把贝瑟妮拉了出来，但乔登却越陷越深，直至消失不见。

接到报警，两名社区警察骑着自行车出现了。他们在乔登消失于水下几分钟后到达现场。他们接下来的所作所为引发了各大报纸所谓的“举国哗然”，其行为受到保守党领袖戴维·卡梅伦的严厉批评。卡梅伦称这是一场“非同寻常的闹剧”。两名社区警察没有下水去救10岁的乔登。

随着争议的加剧，英国内政部一位发言人出面为这两名饱受非议的警察辩护。发言人说："遇到未经训练而又危及生命的情况，社区警察最好不要贸然行事。"这是官方的说法。他们没有受过训练，所以没有救人的义务。

但是，这种官方立场回避了最根本的重要问题——受过什么训练？他们可能没有接受过警察的干预训练，但他们也没有接受过生活的训练吗？我们呢？换了你，你会怎么做？正如乔登的继父安东尼·盖顿所说："看到溺水的孩子，你就算没受过训练也能跳下去救。"事实上，该地区警察联合会主席保罗·凯利也承认："每天都有人跳进河里和池塘里救人，因为这是应该做的事。"

乔登·里昂的落水引发了一个问题：我们对彼此负有什么责任？我们应该为周围的人做什么？我们进化的心智结构又如何影响了它？这是英国司法界最著名的案例，即"多诺霍诉史蒂文森案"中的核心问题；就连许多对法律一无所知的人都听说过这个案子，它启动了现代过失法的建立。案件的起因是佩斯利的维尔米德咖啡馆的一名顾客在姜汁啤酒里发现了一只蜗牛。当这个案子被上诉至最高法院即上议院时，阿特金勋爵干脆利落地以最简单的形式提出了关键问题："谁是我的邻居？"

阿特金勋爵的问题与一个更古老的问题产生了共鸣，这个问题经常被引用，但很少被理解，更多的人只是听说过而已。这一古老的问题便是：我岂是看守我兄弟的吗？

为了理解你是否（以及以何种方式）是你兄弟的看守者，我们即将见到你进化出的另一个自我，另一种类型——**痛苦感知者**。

加纳的安东尼走进了商店。

那家商店只比棚屋略大，有着砖墙和铁皮屋顶。店主告诉安东尼，在他的后屋里有几件盗版足球服。并不是真货，但对一个生活在痴迷英超的国家中的 11 岁男孩来说，这是无法抗拒的。安东尼的背景很复杂，其家族是埃维人，这个族群分布在加纳东部、多哥南部和东部邻国贝宁。安东尼的父亲是加纳人，安东尼出生在那里。但他母亲是贝宁人，在他的父亲抛弃家庭后，母亲就带着安东尼和三个妹妹回到贝宁。贝宁人一般讲当地语言和法语。自 17 世纪末法国在贝宁建立奴隶贸易站以来，贝宁与法国的关系就一直错综复杂。该地区在 19 世纪正式成为法国的保护国。

贝宁本身是西非中部的一片狭长地带。它从贝宁湾向北延伸 400 英里，就像一根粗胖的手指，指向撒哈拉沙漠。1960 年，前法国殖民地达荷美共和国独立后，就以贝宁湾的名字来命名新国家。* 该国位于非洲大陆的弯角附近，在那里，西非垂直地向大西洋凸出。虽然它的海岸线很窄，只有 75 英里，但海洋在贝宁的历史上扮演了重要的角色。贝宁的海滨是臭名昭著的“奴隶海岸”（大西洋奴隶贸易的中心）的一部分。旧时的水手号子曾这样警告：

> 当心，当心贝宁湾，
> 进去的多来出去的少。

这像是古代地图绘制者的一种变相警告：有恶龙出没。在海滨

* “贝宁”作为国名始于 1975 年。——编者注

城市维达（Ouidah）的海滩上，有一座纪念拱门，悼念所有从家乡被掳走并运往美洲的奴隶。那扇“不归门”就矗立在大西洋汹涌的波涛之上，纪念数百万死于大西洋奴隶贸易的人。

贝宁的经济严重欠发达，国际货币基金组织将其列为世界上最贫穷的国家之一，其国内生产总值与南苏丹和卢旺达相当。极端贫困极大影响了贝宁人的生活。贫穷也是造成许多社会弊病的关键因素之一，包括营养不良以及死于疟疾、腹泻等若干可预防疾病。贫穷还促成了一种现代形式的奴隶制。

不过，安东尼的父亲说要把儿子接回加纳。他要供他上学，给他一个未来，让他过上好日子。“我会想念妈妈和妹妹们的，”安东尼告诉我，“但我也很高兴，因为我想学习，我想上学。”于是，安东尼被送回加纳和父亲一起生活。而现在，父亲差他前往那个带铁皮屋顶的商店。

安东尼穿过那扇门，再也没有回来。

4. 更彻底的黑暗

简单回顾一下：这本书的论点是，我们进化出了许多心智模块，这些模块与人类行为的典型类型相关。借由安东尼，我们正探索着其中一种类型——**痛苦感知者**。但这些模块是什么样子的？我们能看到它们吗？如果能，它们在哪里？

虽然这些模块像功能分立的子单元一样运作，但请记住它们是系统。因此，它们不是手机卡或汽车火花塞那样的插件，而是可能分布在大脑里几处相互连接的区域：重要的是结构网络。如史蒂芬·平克令人难忘的比喻一样，它们看起来就像“路毙的动物”。

它们不太可能依赖单一基因，更可能与许多基因都有关联。它们不太可能完全孤立存在，更可能杂乱地与其他系统集成、重叠、连接和合并在一起，所以我们不太可能用镊子去触碰和探测它们。然而，它们在运转，并带动我们的运转。因此，正如肉体已经进化到拥有许多为特定任务而定制的器官（眼睛用来看东西，心脏负责输送珍贵的携氧血液），大脑很可能也进化出了配合特定目的的特殊单位——为专项任务而设计。

毫不夸张地说，类似的观点曾经极具争议性，当然，近年来也一样。1616 年，罗马宗教裁判所审判伽利略时宣称，地球围绕静止的太阳公转的说法“在哲学上既愚蠢又荒谬，在理论上就是异端邪说，因为它在许多地方与《圣经》的含义相矛盾”。

伽利略被勒令停止传授或捍卫他亵渎神明的“异端邪说”。他在众人面前认罪，把自己从盲目信仰的淬火中拯救出来。据传，伽利略在被迫放弃之后低声说：“但它仍在运动啊。”我常希望这个说法是真的。达尔文最终于 1859 年出版了《物种起源》，但如果在伽利略的时代，一些早熟的远见者胆敢说：“哦，顺便提一句，除了地球绕着太阳转，在无数个千年的时间里，我们的身体和思想通过一个似乎支配着整个自然界的生物过程，冰冷而缓慢地演进着。”那他们一定会被烧死在火刑柱上，就像捷克牧师扬·胡斯 1415 年在康斯坦茨因宣扬异端而被烧死一样。我们将在第五章谈到扬·胡斯的悲惨命运。

在 20 世纪，另一种正统学说大行其道，这一次是在学术界。其观点是：作为智人的我们没有与生俱来的本性。西班牙哲学家奥尔特加·盖塞特曾说过："人没有本性，人所拥有的是历史。"中世纪哲学家（也是天主教圣徒）托马斯·阿奎那说："没有之前的感知，智力就空无一物。"这就是"白板"理论。此论点建立在牛津大学哲学家约翰·洛克的思想基础上，洛克虽然从未使用过这个精确的术语，却帮助发展了这一思想。我们是且只是社会学习和经验的产物。我们白板一张来到这个世界上，因此，我们的行为源自学习，而非与生俱来的遗传。20 世纪 70 年代，一些学者开始提出，我们的行为可能只是遗传的一部分，这种观点引起了众怒。隐喻上的私刑和学术界的火刑依然存在。

没错，我想与你们分享的观点曾被认为极具颠覆性。不过这未必是件坏事。当用来反对迷信、偏执、成见或简单但有破坏性的错误时，颠覆性是正当且必要的。

如今，尽管这些观点可能不被普遍接受，但在研究人类生活的各个领域时，它们的争议性就没那么大了。耶鲁大学心理学家安妮·韦茨和凯伦·韦恩在 2014 年发表的一项研究表明，6 个月大的婴儿天生就具有一种进化的学习机制，能够识别哪些植物可以食用。这种能力出现在"任何正规的教导之前，反映了人类祖先曾反复面临识别可食用植物资源的问题"。

同样的道理，就在今天早上的第四电台，有一段节目讲到"挑食"和"新食物恐惧症"（拒绝吃不熟悉的食物）是如何遗传的。不管是谁，只要试图向孩子们介绍一些有益身体健康的新食物，都会在这个特殊的战场上败下阵来。就像我试着说服一个孩子吃苜蓿芽时，这个孩子就说："这种东西和草有什么区别？"第四电台的

《今日》节目对 1 921 个有双胞胎的家庭进行了研究，当时这些双胞胎才 16 个月大。该研究考察了遗传和环境因素（先天和后天）在多大程度上导致了对食物的挑剔和对新食物的恐惧。

双胞胎之间的对照在揭示基因和环境的贡献方面格外有效。同卵双胞胎有相同的基因，但如果各自在不同的环境中长大，他们是否有一些共同的行为模式呢？他们各自都对花椰菜有极强的厌恶情绪吗？研究结果表明，厌恶吃某种特定食物可能显示出“相当大的遗传可能性”。然而，沮丧的父母们也看到了希望：如果营造鼓励和培养的环境，这些内在的厌恶均有望得到“克服”。后天教养可以帮助改善一些先天缺陷。研究者大胆建议，要让孩子“反复接触新食品”。祝他们好运。

所以说，基因遗传和社会学习对我们的行为都有影响。结论就是这样，有那么可怕吗？

正如史蒂芬·杰伊·古尔德所说：“先天遗传是存在的，当然……但遗传并不意味着你不能改变它。我有先天的视力缺陷，于是我就去药店买了这个……”他戴上眼镜。所以，先天遗传并不总是或不一定是最终定论。

不过先别高兴太早，因为我要把论证再推进一步。在理论 1A（扩充版）的基础上，我将进一步提出，人类行为的遗传成分是由大脑中各种进化的专业计算模块决定和影响的。

顺便提及（我们还会回过头来讨论）一个重要但悬而未决的争论，争论焦点在于这些模块中哪些是主要的进化适应，哪些是二级的连带效应。展开激烈辩论的双方，一方是进化心理学家，另一方则是警惕“适应主义”（认为所有事物都是一种适应的谬论）的学者，后者代表人物是史蒂芬·杰伊·古尔德。那么何为适应呢？简而言之，适应是人类普遍具有的一种进化特征，可能带来了功能改善或生存优势。关键在于差异性的成功：在下一代中留下更多基因的趋势。

举例来说，人类对上帝、对精神世界的信仰或宗教实践本身（无论何种形式）属于进化适应吗？对卡尔·马克思来说，宗教是麻痹大众的鸦片，是一种社会控制形式。完整的引语是："宗教是被压迫生灵的叹息，是无情世界的感情，正像它是没有精神的制度的精神一样。宗教是人民的鸦片。"* 是这样吗？当然，宗教可以是社会控制形式，又能提供生存优势。或者，如古尔德所称，宗教只是一种"拱肩"（spandrel），是另一种适应的副产品？在理查德·道金斯看来，宗教情感可能是其他心理系统的"失灵"。另一些人则认为，宗教可能是群体偏好和（或）联盟行为的一个变体分支。

我们不需要在这里解决宗教问题，这点你放心。但它巧妙地阐明了学术上的争论。我们应该明白，这些都是备受争议的主张。在学术界内部，所有的书籍都围绕着这种有局限却吸引人的复杂事物写就，但本书不是这样。事实上，本章我们正在研究一种被众多学者视为在进化上有利的适应特征，即我们感知痛苦的能力。尤其是我们感知他人痛苦的能力，毕竟我们是社会性动物。

让我们开始探讨吧。为着手了解这些想法，让我们以另一种方式重新审视这个男孩在湖里溺水的问题。

假设你有 1 000 英镑要捐给慈善机构。你可以把它捐给一个声

---

* 译文出自《马克思恩格斯全集》（第一版）第一卷，第 453 页。北京：人民出版社，中共中央马克思恩格斯列宁斯大林著作编译局编译，1956 年 12 月。——编者注

誉良好的非政府组织，这笔钱将为罗马尼亚两名孤儿的生活带来巨大的改变，你有机会在物质上改善两个弱势儿童的生活，这一切似乎合情合理。不过，让我提出一个简单的替代方案。

方案就是：把这些钱捐给一个同样声誉良好的慈善机构，为一名孤儿的生活带来巨大改变，怎么样？不同之处在于：这名孤儿就身处你的家乡。

你会怎么选择？让两个外国孩子受益，还是让一个家乡孩子受益？

研究表明，你很难会选择把这笔钱捐给罗马尼亚的慈善机构。即使这样做了，你也不得不对抗一些强烈的反对意见，他们反对把钱捐给远方的孩子，哪怕你要帮助的人数是当地的两倍。为什么会这样？

再想想湖泊的问题。如果是你的家人在水里挣扎，你一定会去救；如果是一个朋友，一个你认识的人，你也会去救。但如果是陌生人呢？

当我们与他人之间的社会距离增加时，干预的可能性就会降低。这个问题是由澳大利亚哲学家彼得·辛格提出的，当时他试图分析为什么在20世纪70年代初，世人对发生在东孟加拉（今孟加拉国）的那次灾难性饥荒的反应如此漠然。虽然估计数字不尽相同，但死于饥荒的人数可能超过100万。辛格的观点是，虽然远方的人与我们认识和爱的人在道德层面上是平等的，但我们并不会依此行事。换句话说，本能引导着我们把钱捐给本地的而非罗马尼亚的慈善机构。

辛格通过一个小女孩在湖中溺水的思想实验，提出了这一困境。你可以去救小女孩。这会毁了你的鞋子和衣服，耗费你几百美元，但你将救下一个孩子，一个近在眼前的孩子。几乎每个人都会这么做。而用同样的钱（实际上几乎可以肯定更少），你就可以拯救南半球一个患病的孩子，那里每年有数百万人死于疟疾、麻疹和腹泻等可预防性疾病。但是，我们不会或很少去捐款。为什么？这与**痛苦感知者**和我们的大脑构成又有什么关系？

在第一章的余下部分，我们将研究一些概念，以便深入了解我们在湖边所面临的困境。它们就是痛苦的三个原则。

首先是情绪盲视原则——即使我们看不见，我们也能看得到。这是一种奇怪的现象，与我们所有的直觉相悖，是一种由进化构建的机制，使我们能够看到别人的痛苦，即使我们实际上什么也看不见。

其次是有效隐形定律——我们如何让看得到的东西变隐形。我们将考察大脑受到严重损伤后，一些中风患者如何对世界上的半数事物产生一种异乎寻常的冷漠，即使他们都看在眼里。我们将探究该现象如何帮助理解我们的如下行为，即面对他人的痛苦和苦难时表现得好像它们根本不存在。

最后，我们将研究同情的认知成本，审视一个被普遍误解的概念。我们将探究向他人敞开心扉和富有同情心所带来的风险和回报。

结合这些认知，我们就有能力剖析面对溺水男孩的困境：我们头脑中可能上演的活动，以及我们在下述另一种情境中的反应。因为我要带你们去一个我最近去过的地方，那里有世界上最大的湖泊之一——沃尔特湖。我将向你们介绍我遇到的一些孩子，他们每天都真实地面临溺水的危险。安东尼和迈克尔将为我们提供一种方法来理解这个心智模块，这种类型，就是住在我们大脑中的**痛苦感知者**。

这位志愿者（我们姑且称他为病人甲）在实验开始时保持着警觉和专注。他是一名医生，各项能力正值巅峰，惯用右手。不过，保持警觉并不等于能够看到。实验前不到 6 个月时，52 岁的他中风了。36 天之内，病情又一次发作，悄无声息地撕裂了他的大脑。结果是灾难性的。

病人甲的情况是：第一次中风破坏了其大脑左侧的主要视觉区域，第二次中风摧毁了大脑右侧的相同部位，破坏了右枕叶，使他的视野尽失。结果令人遗憾，他失明了。

中风对他的视觉皮层造成了严重的损伤，以至于他无法察觉颜色和移动的物体，也无法看到直射到眼睛里的低强度聚光灯。如果你给他看各种形状的图片（三角形或一堆圆形，甚至多达 200 个），无论图形大小，他都无法分辨。就像弥尔顿描写自己失明时所说的那样，病人甲的“光明已经耗尽”。很遗憾，但考虑到中风的严重程度，这是不可避免的。但病人甲彻底的皮质性眼盲并非故事的最后结局，让他的医生艾伦·佩格纳感到困惑的还有另一件事。

佩格纳是一个极为和蔼可亲的人，面部轮廓柔和，令人安心，与他那舒缓的声音很相配。他有无限的热情，正是你理想中的那类医生。当他滔滔不绝地说出他的想法和兴趣时，你会被吸引住，感到振奋。而病人甲的不同寻常之处就在于此，因为那天，佩格纳一反常态地安静。佩格纳对大脑有深入的思考，并对大脑是什么（我们是什么）这一问题有非常前沿的想法。

“在我十几岁时，我就梦想着问一些当时鲜有人问的问题。我开始对生物学和哲学的交叉领域感兴趣，关于大脑如何决定我们看待这个世界的方式，以及世界对我们意味着什么。这些始终让我感到惊奇。”

更令佩格纳震惊的是，有一天，指向其研究生涯中某个最深刻发现的实体证据突然间就出现在他眼前。

“那天，我像往常一样走进诊室，查看这位病人。没有什么异常，但我当时在想着别的事，就没打招呼，只是冲他微笑着点点头。没想到，神奇的事情发生了，病人也对着我点头和微笑。他和我同时点头，并在我微笑后不到一秒钟就对我回以微笑，但他明明是失明的。我问道：‘你为什么这样？你怎么做到的？’病人回答说他不知道我在说什么。我告诉他，他刚才对我微笑，说明视力肯定有所恢复，因为他肯定看到了我。病人表示完全不明白我在说什么：‘我眼前一片漆黑。’可我想说，他是怎么做到的？怎么会回应我的微笑呢？他是怎么‘看到’的呢？”

科学上的意外发现有着漫长而非凡的历史。1928 年，亚历山大·弗莱明正在进行金黄色葡萄球菌的培育实验，这是他流感研究的一部分。8月，他去度假了，但在9月回到帕丁顿的圣玛丽医院时，弗莱明注意到培养皿中长出了一种罕见的霉菌。“真稀奇！”他说。更奇怪的是，霉菌周围的细菌都已死亡，原来是这个“不速之客”杀死了它们。弗莱明就这样发现了青霉素。

1964 年，罗伯特·威尔逊和阿诺·彭齐亚斯正在使用一种射电望远镜从新泽西州的霍姆德尔扫描天空，当时有一种讨厌的嗡嗡声在不停地响，无论怎样都无法消除。但嗡嗡声并不是系统出了问题，而是系统本身的问题。嗡嗡声来自宇宙微波背景辐射，它是宇宙诞生时穿越时空的热辐射，是大爆炸的残余。

就在21世纪刚来临之际，艾伦·佩格纳医生正在检查他的一位临床病人，这位病人罹患皮质性眼盲，也就是完全看不见东西。意外就在此刻来临，佩格纳迎来了他的“真稀奇”时刻。他逐渐意识到，病人不知何故“看到”了他脸上的笑容。

作为一名研究人员和临床医生，佩格纳立即决定测试这个奇怪的现象。“科学上的意外发现”还有另一种运作方式：一系列复杂而巧合的事件使得病人甲来到日内瓦的观察室里，而主治医生碰巧还是神经学研究的开拓者。

当佩格纳开始研究解剖学和情绪之间的联系时，导师曾告诉他，情绪是无法测量的，它太主观了，并不属于真正的科学。然而佩格纳没有放弃，时间（以及技术）证实了他的直觉。

病人甲来自非洲中部大湖区的布隆迪共和国，也是乍得世界卫生组织的一名医生。他在乍得患了严重的中风，由于当时他刚好在联合国卫生协调机构工作，因此被送到日内瓦接受治疗。

但是，如果没有遭受第二次中风，病人甲也不会表现出这种不寻常的症状。巧合的是，第二次中风导致的大脑受损区与第一次的几乎相同，恰好在相对的一侧。我称之为巧合是经过深思熟虑的，因为这种程度的对称性破坏实属罕见。尽管双侧损伤导致彻底的皮质性眼盲，但同样意外的是，他的大脑中有一个至关重要的部位仍然完好无损，功能健全，正是那部分改变了一切。

最后，当病人甲在日内瓦大学医院里无意识地效仿临床医生的微笑时，站在他面前的恰好是艾伦·佩格纳医生，后者的另一重身份是研究员，尤其注重探索人脑的秘密通道。有时，科学发现就是这样一系列偶然事件的集合。

“我眼前真的一片漆黑，”病人甲对佩格纳说，“我看不见你。但出于某种原因，我感觉你在微笑。”

一个盲人怎么会有这样的感觉呢？出于“某种”原因？那是何种原因？

5. 我曾失明

艾伦·佩格纳尽可能让病人甲感到舒服。该办的手续办完了，在他的妻子（也是一名医生）把伦理授权协议书念给他听，这位来自布隆迪的医生表示知情同意后，测试便开始了。

在他面前两把尺子的距离外，放着一台笔记本电脑。屏幕上闪现出“刺激物”：在白色背景上依次展示的 200 个黑色方块或圆形。病人需要猜出眼前的形状，显然，纯粹凭运气，他可能有 50% 的概率猜对。事实证明，他的正确率还不及那么高（45%），但整体任务表现从统计角度来说与纯粹的随机并无二致。然后，屏幕上的刺激物变了。现在他面前的不再是几何形状，而是人的面孔。

这些面孔选自著名的 IAPS 数据库，该数据库由位于盖恩斯维尔的佛罗里达大学的情绪与注意力研究中心开发。IAPS 即国际情绪图片系统（International Affective Picture System）由彩色照片数据库组成，旨在提供一组标准化的情绪唤起图像，以测试各种情绪状态。该数据库包括一系列人脸，从一张无表情的脸开始，依此经历高兴、惊讶、悲伤、厌恶、愤怒和恐惧的情绪转变。

佩格纳最初给病人看的是带有两种情绪的脸：愤怒和高兴。每张脸的展示时间为 2 000 毫秒，两次展示的间隔时间也是 2 000 毫秒。虽然病人是盲人，但还是被要求睁大眼睛；虽然他看不见，却仍被要求直视前方。佩格纳要求病人多次猜测，这张脸是愤怒还是高兴？没有计时，但病人需要快问快答。就在那时，不同寻常的事发生了。

病人的分数不断升高。在识别高兴和恐惧这组面孔的测试中，病人的得分为 58%。到了高兴和愤怒组，他的得分为 59%。而在高兴和悲伤组，病人的得分上升到了 61.5%。一时间，数据呈现出统计显著性。一定是发生了什么。

艾伦·佩格纳及其同事阿赛德·哈特布、弗朗索瓦·赖泽拉斯和穆罕默德·赛格需要做一个对照实验来交叉检验这些惊人的结果。他们让病人甲看了另一组面孔，这一组既有男性的面孔，也有女性的面孔，但全都没有表情，不展露任何情绪。病人被要求说出这些人的性别。这一次，得分又跌回了 44.5%，回到了他在识别圆形和方块测试中的得分。那么，在视力受损的情况下，病人是否能够对描绘情绪的图像做出某种反应呢？佩格纳和同事们需要对照组来进行对比。

为此，佩格纳选择了 IAPS 数据库中的动物面孔。“我们把数据库里所有的威胁性动物搜了个遍，”他告诉我，“有一条龇牙咧嘴的狗，有一条面目可憎的德国牧羊犬，可能还有一只熊。我们也选择了一些不那么危险的动物，比如四只小兔子。”这些动物面孔被展示在病人面前。现在他表现如何？

成功率只停留在概率层面，他无法区分不同的动物情绪。到底发生了什么？虽然双目失明，但病人不是任何一种情绪都能探测到的，只有人脸上的人类情绪。

下一步是识别出这种神经机制，它促成了这种看起来像是魔术的把戏。但是，计算机分析需要时间。佩格纳希望分析结果会有所发现，但也不敢确定。与此同时，他从瑞士调往威尔士就任新的学术职位。他在威尔士等待着分析结果。

为了确定哪些大脑结构被激活，佩格纳使用了功能性磁共振成像。大脑扫描以一种 X 射线呈现，科研人员在其间仔细搜寻指示性光点。彻底的大脑扫描旨在寻找体素（voxel）。

体素是像素和体积的交叉，是三维结构在计算机上的显示。经功能性磁共振成像后，它会以彩色闪光的形式呈现，表明大脑结构被各种刺激激活的反应。佩格纳回忆说："我已调到班戈大学，所以是我的研究助理最先看到结果，我急切地等待着，终于助理联系上了我，但他告诉我并没有什么发现。我想，哦，好吧，也不枉一试，不过说实话，我有点失望。后来我有时间亲自查看扫描结果，然后我真的……欢呼雀跃。真的是欢呼雀跃，因为扫描图上确实有一些东西。"

实际上，在轴向扫描中，也就是病人大脑的水平切面图像中，出现了一束很小但很明显的橘黄色光点。佩格纳是对的：确实发生了什么——病人甲虽然失明了，但他正在使用另一种神经通路来"看到"情绪。

"最初我担心这是个错误发现，"佩格纳说，"但我对它检查得越仔细，就越发清楚这是个可靠的科学发现。这是我最大的希望。"

安东尼中了埋伏。在一刹那，他所有的希望都破灭了。

安东尼发现自己身处一间杂乱的储藏室。那里没有足球衫。他吃不到鸡肉，也喝不到可乐，相反，还有两个男人在盯着他看。其中一个男人拿着一根骨头般煞白的棍子，另一个拿着一条链子。不是用来捆人的锁链，而是一条未上油的自行车链条，绕在那人的拳头上，长长的一端像一条骇人的尾巴垂下来。他们每人抓住男孩的一只胳膊，安东尼悬在离地面十几厘米的地方，双脚在半空中挣扎。

"第一个男人，拿棍子的，他说：'你爸爸要送你去上学。'第二个男人接着说：'你得工作来付学费。'我不明白。为什么爸爸没告诉我这些？他们说：'你爸爸说你跟其他男孩子打架。'（安东尼告诉我确有此事。他喜欢拳击。）他们还说：'如果你敢和我们对着干，我们就狠狠揍你。'我对那两个男人说：'为什么爸爸没跟我说这些呢？'拿棍子的男人回答说：'这是你爸爸吩咐的。'拿链条的男人也说：'这是他的意思，我们必须带你去接受教育。'我说我妈妈永远不会同意的，链条男说：'谁？'"

就像世界上所有其他孩子一样，当他们把安东尼拖出商店的时候，他大声呼喊着要妈妈，但他的妈妈还在遥远的贝宁。当我们第二次见面时，他讲了这个细节，因为第一次见面时，他不好意思提自己哭着喊妈妈的事。"我踢了他一脚，然后他用链条使劲儿抽我。唰！把我的腿都抽裂了……"他在裤子上比画出一条拉链拉开的样子。

他们把他扔进停在商店后面的货车后厢里，然后关上了门。安东尼不敢相信自己的父亲会做出这样的事，他挣扎着想从车后门出去。在小笼子一样的货厢（就像一辆运狗货车的后部）里，空气中弥漫着陈腐的烟味儿。"里面有抽过的香烟，还有一些鸟笼。我当时想：难道他们除了抓小孩子，还抓鸟吗？"紧接着，安东尼的心沉了下去。

当引擎轰隆着发动、轮胎滚过车辙纵横的路面时，安东尼看见了他。在通往商店那条路的旁边，他双手插兜，站在一棵棕榈树下，那正是他的父亲。安东尼不再挣扎着去捣鼓货厢的门把手，他明白了这一切是真的。链条男说的没错，这正是他父亲的意思。

他们开出了很远很远。一路上，安东尼不停地在想妈妈和贝宁，自己还能不能再看见那里，再见到妈妈。他曾经听说过那个国家北部的高山，母亲说，那里是祖先灵魂游荡的地方。他一直想去那里——他很害怕，但也很好奇，好奇多于害怕。这怎么可能是真的？他的父亲不以为然：世上没有魔法，只有人。

货车里酷热难耐。两个陌生人什么也没告诉他。去哪里，他不知道；为什么，他们也不说，只说他要干活来挣自己的学费。有时，他会看到一些高大的树木，树上盘绕的攀缘植物直冲云霄，有时又什么都看不到。透过货车的后窗，他看到世界消失在汽车的扬尘中，仿佛自己被风暴席卷而去。

“然后我们停了下来，”他说，“那里有许多卡车。他们把我交给另外两个男人，我听不懂那两个人说话的语言。他们不停地对我说一个词，反反复复。”这个词既像是威胁又像是诅咒，“奴隶”。

艾伦·佩格纳发现的神经信号来自病人甲大脑的一个特定部位——杏仁核。

杏仁核是位于颞叶深处的一个大脑结构，其名称 amygdala 源自希腊语的“杏仁”一词。然而，19 世纪解剖学家为之着迷的独特的杏仁形状，实际上只是它复杂结构的一部分。后来，我们对其范围和重要性的理解又有所加深。在脑袋里定位一下它，想象一条线连接两只耳朵，另一条线从两眼中间穿过，两条线的交会处就是杏仁核所在的位置。我们的大脑两侧各有一个杏仁核，男性的比女性的略大。当然，对于成年人和成年老鼠来说都是如此。

众所周知，杏仁核与记忆和情绪有关。20 世纪中叶，人们发现杏仁核受损与情绪行为的转变密切相关，尤其关乎恐惧反应、恐惧症和恐慌。

对 52 岁的病人甲来说，中风导致的大脑损伤发生在实验前的五个月内，因此大脑网络几乎没有时间进行自我重组。艾伦·佩格纳和同事观察到的是由进化构建的神经网络的产物，它帮助人类“看到”他人的快乐和痛苦——即使在他们什么也看不见的情况下。它或许不是传递和处理感官信息的主要途径，但正如佩格纳所说：“它可能掌握较少却意义重大的信息，并且反应会更快。在面临危险时，它可能会赋予我们小小的进化优势。”病人甲的情况就是所谓的“盲视”。

随之而来的是一个非凡的设想：如果他离得足够近，即使看不见那个男孩，看不见车把歪扭的自行车、树林边缘和芦苇，甚至看不见湖，他仍能发现湖中溺水的男孩脸上的恐惧。虽然病人甲患了皮质性眼盲，但通过盲视，他极有可能会告诉你，那个男孩感到害怕。为什么会发生这种情况？这对我们有什么意义？这正是艾伦·佩格纳关注的问题。

6. 有效隐形定律

加纳的腹地是撒哈拉以南非洲地区儿童贩卖和强迫性劳动人口

最密集的地区之一。就比例而言，撒哈拉以南非洲的童工发生率远远高于世界上任何其他地区。

国际劳工组织2012年估计，全球有1.68亿童工。该组织还估计，在全世界的现代奴隶制人口（这个数字超过2 000万）中，约有25%是儿童。国际劳工组织由此估计，目前大约有550万儿童过着奴隶的生活。

我们很难理解这意味着什么。正如心理学家保罗·斯洛维奇所说，当我们听到这些措辞时，问题的严重性会导致某种“精神麻木”。我们的**痛苦感知者**，也就是我们监测他人困境的机制，无法消化这些信息。这导致我们产生了某种认知瘫痪，正如斯洛维奇所言，我们遭遇了“同情心的彻底崩溃”。

安东尼不知道父亲把他卖为奴隶赚到了多少钱。根据我认识的该地区的几个奴隶儿童及救援安置工作者来判断，最多大概有80加纳塞地，也就是20美元左右。

他父亲联系的这些人很可能是所谓的“劳工中介”。他的父亲会拿走这笔钱，然后儿子就任由那些“劳工中介”处置。他甚至可能不知道他的儿子会遭遇什么：他到底要去哪里？他未来会被奴役去做什么？又或者，他对这一切心知肚明，只是不在乎罢了。

我听着安东尼的讲述，他的经历在我眼前慢慢鲜活起来，就像一卷电影胶片，放映着坐在汽车里的道具假人以慢镜头撞上一堵墙。我有心阻止将要发生的事情，但同时又意识到它已经发生了。我想，这就是悲剧的结构。

在一个初冬的下午，微弱的夕阳在蒙蒙细雨下渐渐暗淡，我前往伦敦西部的一家临时诊所。各种圣诞装饰开始出现在肯辛顿大街上，窗户上都蒙着一层雾，就像狄更斯的小说里描写的那样。我告诉诊所的护士我打算去加纳腹地，想知道需要接种什么疫苗，护士听完笑了，简单说道："所有。"她只是在夸张罢了。

在乘地铁来肯辛顿大街的路上，我用谷歌快速查了一下接种要求。谷歌上说我必须注射伤寒疫苗，而且可能会很不舒服。

"能打在右臂上吗？"我说，"我是左撇子。"

"两个袖子都卷起来。"护士回答。

除了伤寒疫苗，我还接种了白喉疫苗、骨髓灰质炎疫苗、黄热病疫苗（需要有效的医疗证明才能入境加纳）、破伤风疫苗、甲肝疫苗，还必须带上疟疾药片、杀伤性防虫剂。我还接到警告，要小心登革热和舌蝇传播的昏睡病，这类病会侵袭中枢神经系统，造成神经损伤，使人彻夜难眠。

沿着安东尼所走的路线，司机一路暴露在酷暑之下。对他们的"货物"——被贩卖的儿童来说，情况更糟糕。因为他们没有疫苗、医疗、药片或喷雾剂。在许多方面，加纳是儿童贩运的中转站，其中一些线路穿过此地，在贝宁与多哥、尼日尔、马里和布基纳法索等国之间往返。不过也有几个例外，加纳境内就有一个著名的儿童贩卖点：沃尔特湖。

在西方人看来，这些地方似乎是遥不可及的神秘之地。我们当中很少有人了解马里、尼日尔、布基纳法索和贝宁，很少有人了解聚居在那里的大量人口。1759 年，苏格兰政治经济学家亚当·斯密在他的《道德情操论》一书中假设了中国发生灾难性地震的案例。斯密认为，纵使有成千上万活生生的人被顷刻吞噬，那些高尚正派的欧洲人仍"将照旧轻松安宁地生活——该追求事业的继续追求事业，该寻欢作乐的继续寻欢作乐，该休息的休息，该消遣的消遣，就像没有发生过这样的意外一样”。

说回布基纳法索、贝宁和沃尔特湖。我们在乎什么？我们为什么要在乎？也许我们不在乎，无法在乎，永远不会真正在乎。或许就是这样。

“我快被逼疯了。”佩吉说。

佩吉·帕尔默是一位上了年纪的英国女性，留着一头得体的花白头发，利落的波波头，完美的左偏分。她脖子上挂着一副老花镜，镜架悬在长长的项链上。她可以走进阿加莎·克里斯蒂笔下的马普尔小姐在英格兰中部探案的场景，而毫无违和感。不过，当佩吉试图描述周围世界的时候，比如当她画雏菊的时候，我们最能看出她为何心烦意乱。

几乎人人都会画雏菊。当小孩子第一次画花朵时，基本上都会选雏菊。简单普通的事物，像草坪或英国雏菊，总有一种迷人的魅力。雏菊的白色花瓣呈对称的扇形，中间是黄色的太阳状小团。雏菊（daisy）的名字本身是“白天的眼睛”（day's eye）的变体，反映了花瓣在夜间紧紧裹成一团，又在清晨时打开。然而，在一次严重的中风后，佩吉的雏菊和我们熟悉的那些雏菊永远不一样了。她画的雏菊只有一半的花瓣会打开——右侧的部分。

为了理解她的情况，想象一下钟表的表盘：一根秒针从 12 点走到 2 点，再走到 4 点，接着走到 5 点和 6 点。然后，秒针继续走，却突然不见了，令人不安地消失了，表盘左半边一片空白。佩吉以及像她一样的中风患者，遭受着与盲视相反的痛苦。她这样的患者，即视觉忽略症（或偏侧空间忽略症）患者，即使能看，也看不见。半个世界在他们眼里实际上是隐形的。

举个例子，艾伦·伯吉斯曾是绘图员，后来又当过司机，他59岁时得了中风，右脑顶叶受损。大多数患有视觉忽略症的人都遭受了这种右脑损伤。由此产生的效应通常表现在“病灶对侧”，即大脑一侧的损伤影响的是身体另一侧。因此，像佩吉和其他许多人一样，当艾伦·伯吉斯被问到，以鼻子至肚脐为中线的身体另一侧有什么时，答案简短而惊人：“什么也没有。”仿佛左半边的世界已经消失了。

伯吉斯的眼睛没有任何毛病。他的视网膜很健康，功能正常，能接收视觉信息，然后传递出去。问题不在于此，而在于接下来发生的事情。因为大脑中的一个关键部位忽略了眼睛传达的信息。顶叶是大脑中帮助我们建构周围空间的部位，顶叶受损会导致我们对世界的某一部分完全忽略，仿佛这部分世界不再重要，或不再存在。

如果给视觉忽略症病人吃比萨，他们可能只会吃半个，但总是同样的那半边，就像铺满芝士的另一半比萨根本不存在一样。他们可能只会剃下巴一侧的胡子，涂口红也只涂一半的嘴唇——永远是同一半侧。视觉忽略症患者仿佛生活在一个只有右侧门可供出入的半月形长廊，因此，对他们而言，看着却看不到的那半个世界，已经不复存在了。

他们遇到的是一种生理上的信息处理问题。但当我们从理智上知道他人在受苦却忽略时，当我们表现得好像它并不存在时，这些痛苦是否也被处理掉了？如果是这样，我们是怎么做到的？为什么要这样做？我们大脑中的什么机制在起作用？

安东尼不知道这段行程要持续多久，也不知道何时能结束——如果真的会结束的话。然后货车突然停住了，又来了两个他不认识的男人，猛地打开车门，示意他下车。其中一个男人（安东尼永远记得那一幕）“向我鞠躬，就像是我的仆人一样”。他们把安东尼送到某个人家的院子外面，那是一堆简陋的小屋和棚户。一切都结束了，旅程结束了，这是他一生中最糟糕的经历。安东尼环顾四周，在突如其来的阳光下眯起眼睛。他终于能够伸直双腿了，晕车症状开始好转，可以呼吸新鲜空气了。然而过不了一会儿，他一定想要不惜任何代价回到卡车上。

这个新地方有水，他不知道那是什么。“我在想是不是大海，”安东尼说，“太多水了，我从来不知道会有这么多脏水。”事实上，那是一个湖。湖水在等着他。

在水面上，他看见了又长又细的木船，一艘独木舟，形似锋利的尖弓，穿梭在这个世界上最大的人工湖湖面上。几个小时后，安东尼就上了其中一艘。他开始干活儿，心里满是恐惧。

“我害怕上船，害怕下船，害怕待在船上。我游泳游得不好。我害怕睡着，害怕醒来。我不敢吃任何东西，又害怕饿死，我老是感觉肚子饿。”

在湖边的这个地方，没有什么是安全的，而最让他害怕、让他恐惧万分的，是这里的人。现在，他又认识了新的陌生人，一个男人和一个女人，以及他们的两个女儿和一个儿子。他们是他的主人。

男人是一个渔夫，他被称为“主人”，而女人——主人的妻子，则是“女主人”。两个女儿都比安东尼的年龄小，几乎没有注意到他的存在，仿佛他是幽灵一样。还有儿子科尔库，安东尼来到这里后，科尔库便成了这个“大家庭”的三个男孩中年龄最大的一个：安东尼 11 岁，科尔库 13 岁，还有一个 12 岁男孩——另一个奴隶，名叫迈克尔。安东尼搞不懂科尔库。“我不知道他真正想要的是什么。后来，迈克尔向我解释了这一切。”

奥地利著名精神病学家维克多·弗兰克尔经常问那些认为自己快活不下去的病人：“好吧，既然生活如此残酷，那你为什么不自杀呢？”弗兰克尔有资格这样直截了当地问话，因为他是大屠杀期间四个集中营的幸存者，对坚持活下去有深刻的体会。他发现，当人们面对这个简单的问题，迫切需要一个答案时，他们总会发现一些东西—— 一种才能、一段珍贵的回忆、一个他们不忍离开的人，以及他们必须忍受痛苦的理由。他们找到了继续活下去的理由。如果你问安东尼同样的问题，问他怎么能继续在沃尔特湖做奴隶时，他会立刻回答：因为迈克尔。

7. 同情的认知成本

每对志愿者夫妇中的女性伴侣都被小心翼翼地安置到这个巨大的甜甜圈状的装置里，就像烤箱里的烤肉一样。一旦完成这一步，实验就可以开始了。

伦敦大学学院影像神经科学系的研究人员做出的假设并不奇怪。作为实验依托的假设，它完全符合情理。它假设每对实验志愿者中的每一个人都可能对坐在身旁的人产生同情。这种预期并不过分，因为他们都遭受着某种痛苦而普遍的、广为讨论却鲜为理解的人类状况。安布罗斯·比尔斯在《魔鬼辞典》里把这种可以经由婚姻治愈的暂时性失智称为“爱情”。

研究人员找来了 16 对志愿者。其中的女性伴侣被小心翼翼地塞入磁共振成像仪，这是一台庞大、笨重又无比昂贵的机器（售价可能超过 100 万英镑）。仪器会产生一个磁场，然后把一阵又一阵无线电波脉冲发射进你的体内深处。在本研究中，无线电波进入的是女性志愿者的大脑。

因为大脑内部是可解剖结构，再内部是原子，而原子内部，在它的核心部位，是质子。磁共振成像仪的磁场将头部的质子连成一排，就像一排罗盘针一样，而无线电波将它们冲击到移位。然后，无线电波被突然切断，质子在没有干扰的情况下又很快返回来，发出一个信号。这个信号出现在扫描仪上，继而被读取。在此过程中，带着爱意和一丝不安坐在她身边的，是她的伴侣。而且，两个人的右手手背上都巧妙地放置了电极，这更强化了双方的焦虑。这些金属薄片用来传递另一种信号——痛感脉冲信号。

有时，两个人根本感觉不到疼痛，但有时又感觉“异常”疼痛。有时是丈夫感到疼，有时是妻子感到疼，而这些现象都会呈现在一面大屏幕上。当女性伴侣受到电击时，其大脑中的疼痛矩阵就会被激活，在扫描仪上出现闪烁的信号。被激活的大脑区域包括前岛叶和前内侧扣带回皮质。这正是伦敦大学学院研究人员预期的结果，教科书式的结果。但是，当丈夫受到电击时，不寻常的事情发生了。

在实验之前，首席研究员塔妮亚·辛格（现任莱比锡著名的马克斯·普朗克人类认知与脑科学研究所社会神经科学系教授）说，一些怀疑论者认为她的研究团队的努力将会白费——他们将发现“一个空的大脑”。然而，当计算机扫描仪上的数据被如实分析时，却出现了一个细小而明确的信号——质子泄露的信息。质子告诉了我们什么？

对沃尔特湖的童工来说，工作日通常从凌晨3点或4点开始，而且可能持续到下午6点或7点，这完全取决于鱼的情况。不过，有时渔民会在水面上待到第二天早上，试图在这艘又摇晃又漏水的小船上睡上一晚。就像自古以来的渔夫一样，他们的生活全凭鱼来决定，所有的人都逐鱼而居。安东尼和迈克尔每周工作7天，连一天的休息日也没有。主人捕鱼的劲头很足，仿佛他的个人使命就是把湖里的鱼通通捞光。正如安东尼所说："主人说了，'什么时候鱼不游了，你们就不用游了'。所以我们每天都得干活。"

孩子们在湖上干活的原因各不相同。有些本地渔民的孩子和家人一起干活，有些孩子则是投奔这里的远房亲戚而来，他们中的大多数都多多少少接受过一些教育。除此之外，还有一些是父母通过中介卖过来的孩子，他们是底层中的底层，安东尼的情况便是这样。他们很难或根本没可能接受教育，只能干活。

不过，一个在湖上捕鱼的童工能干些什么呢？这些渔船是平底船，而且很多都没有发动机，需要童工来划船。他们日复一日地推动船只穿过夹杂泥沙的湖水，小男孩的身上都长出了奇怪的肌肉。孩子们还得撒网，再把网拖回来，即便里面装满了鱼。一旦拖出了水面，就要从网里把鱼捞出来。在这期间，他们暴露在户外，风吹日晒不说，还缺少食物和水。但最糟糕也是他们最害怕的事，就是潜水。我稍后会再谈到潜水。

"迈克尔什么事情都帮我，"安东尼说，"他来自加纳的一个小镇，他妈妈把他卖了五年期限，他也不知道自己被卖了多少钱。我来的时候他已经在那儿四年了。他是游泳高手，还教我如何游得更好，但我从来都不喜欢游泳，我怕水。”

“怕水，那你怎么能在湖上干活呢？”我问。

“我总是想着贝宁。”安东尼说，“而且迈克尔很照顾我。他给我讲捕鱼的事，给我讲科尔库。有一次，我们站在湖边树荫下，他说要小心科尔库。”

有的时候，这位奴隶主的儿子也会对他们友好，但那持续不了多久。随后他就会无事生非地挑起争斗。

“我恨他。”安东尼说。

“想想他也不容易，”迈克尔回答，“毕竟家里又多了两个男孩。”

“我们不是一家人。”

“我们和他们住在一起。”迈克尔强调说，“如果你跟他打架，主人就会揍你。你绝不能和他打架。如果你这样做，主人会揍你的，你明白吗？”

“我说我明白，但我不害怕。”安东尼告诉我，“我喜欢拳击。迈克尔抓住我的手臂，把我按到树上。接着，他转过身去，给我看他背上的疤痕——他被打过的地方。‘你明白了吗？’他问。我说明白了。”

沃尔特湖是一片树林和村庄遭洪水泛滥后形成的，所以水面下危机四伏。水下有森林，多是乌木、红木等热带硬木，会缠住渔网。当渔网被缠住时，孩子们的任务便是潜入船底，解开渔具。他们必须潜入水的深处去解渔网的结，在那里，肺部都要炸裂，得努力憋住那口活命的气息。但是，水下森林不单单绊住渔网，有时还绊住孩子。

所有在船上干活的男孩都知道这些，但知道的途径来自另一个孩子的作弄。安东尼知道这些，便是缘于科尔库。

安东尼来了几个月后，科尔库蹑手蹑脚地走进安东尼和迈克尔合住的那间小木屋。

“有一天晚上，迈克尔睡着了，我躺在床上，想着我的妹妹们，然后科尔库就来了。他凑到我耳边低声说：‘当你潜到水下时，就会看到他们。’他用一只手做出潜水的动作，眼睛睁得老大。我什么都没说，因为他想让我害怕，所以我什么也不说。于是他又说：‘你能看见他们，那些死去的男孩。’我什么也没说，但感到害怕。我开始梦见死去的男孩在树木间游泳。

“第二天早上我们醒得很早，我问迈克尔是否害怕那些死去的男孩。‘为什么要怕？’他说。我说因为他们死了。迈克尔说：‘我们很幸运，我们还活着。他们都死了。我为他们感到难过，而不是害怕。’”

迈克尔时刻准备好跳水，潜水，游过黑暗的湖水，在黑漆漆的泥沙里干活。但这是一项极其危险的任务，随时有可能被渔网绊住和溺水。所以我问安东尼，我一定要问这个问题：“为什么迈克尔总是要干潜水的活儿？”安东尼耸了耸肩。我继续问：“这个活儿最危险，不是吗？但他还一直干，你知道为什么吗？”安东尼摇了摇头。他的身体不再上下晃动，而是一反常态地一动不动。

当他摇头时，我也有了属于自己的“真稀奇”时刻，但并不是正面的。这是安东尼唯一没能让我信服的事。

塔妮亚·辛格的研究团队发现，在这对志愿者情侣中，无论女方被电击还是男方被电击，女方大脑中同一区域都会闪烁。当她接受电击时，这些区域会闪烁，当她知道自己的伴侣被电击时，这些区域也会闪烁。这些意味着什么？它说明了**痛苦感知者**的什么特点？

当我们说“我能感受到你的痛苦”时，这句话通常是空洞夸大的陈词滥调。但有时，这是真实的。你的痛苦在我的头脑里留下了印记。辛格和她的研究团队意识到这是个意义深远的重大启示。

我们有“感受”他人感受的能力——同理心，而这种能力似乎是从我们用来监控自己的大脑结构进化而来的。它们提供了一个桥梁，把我们内心的幸福或不幸投射到他人内心的幸福或不幸上。我们并不孤单，我们并非独自生存，我们的感受并不孤独。这一切听起来不错。它提供了一种可能性，即超越我们存在的边界，超越我们表象的边界，与人类建立起一种看不见的认知联系。然而，其中存在一个问题。

帮助他人是有代价的。研究科学表明，比起彼得·辛格的假设中为救溺水儿童跳入湖中而毁掉的昂贵鞋子或新衣服，这种代价更加高昂。敞开心扉帮助别人会带来痛苦，这一点已得到神经科学数据的支持。大多数理性之人的说法相当正确，同理心总是被认为是一种值得称赞的感受。

移情共鸣，即将自身置于一个观察、理解进而“感受”他人痛苦的位置，可能会导致我们精疲力竭。它有可能成为一种令人极端厌恶的体验，换句话说，是我们习惯性地想要避免的体验。我们之所以退缩或疏离，是为了保护核心自我不受消极和痛苦情绪的影响。这一点我们都知道，也能理解。当我们看到电视上令人揪心的公益片或纪录片时，会马上切换频道。当我们拿着手机和外带拿铁走过地铁站拱门时，会把目光从那个衣衫褴褛的年轻乞丐身上移开。我们身体里的一部分想做点什么，但又能做什么呢？世界上有那么多人需要帮助。

这就是我们无法与其他许多人的痛苦产生联结的一个原因：我们有一种防御机制来保护自己免受超负荷的伤害。很可能，除了发热情洋溢的贺卡问候和积极追随精神和道德领袖外，我们表达真正同情的能力是有限的，因为我们缺乏处理同情的认知配备。

人脑不过是三斤肉，如果你张开手指，保持不动，就能把它握在手掌里。大脑外表层布满褶皱和沟壑，就像《全面回忆》中阿诺德·施瓦辛格饰演的角色梦到的“火星山脉”一样，类似于美国国家航空航天局（NASA）的“新视野号”太空探测器 2015 年在冥王星上拍摄的怪奇山峰。穿过表层，你就进入了白色领域，凝胶状物质在这里蔓延，而人脑的核心则是黑色的。

然而，你能一手握住的这个东西，却能让你思考外太空的无垠，原子无穷小的构造，罗马帝国灭亡的原因，以及（偶尔，不完美的情况下）为什么你挚爱的人会生你的气。大脑是三斤会思考的肉，但思考不是随随便便就发生的。它需要付出代价，需要消耗热量。大脑虽然通常只占我们体重的 2%~3%，却消耗了我们热量摄入的 20%。大脑是个很难伺候的东西。

据说，沃尔特地区到处都是鬼魂。这是一个充满民间传说和超自然信仰的地方，因此科尔库关于死孩子的不祥故事与根深蒂固的传统产生了共鸣。沃尔特附近的“托克西”（trokosi）奴役便是一例。

在埃维语中，“托克西”一词的意思是“神的奴隶”。在这一传统习俗中，年轻的女孩子被送进神龛，以安抚神明，为其他家庭成员所犯下的错误赎罪。这类信仰构成了当地乡村生活的一部分，也为奴隶主的剥削提供了环境。奴隶主向孩子们灌输这样一种信念：如果他们试图摆脱奴役，鬼魂就会在湖边的灌木丛中抓住他们，把他们拖下水。

被抓住的逃犯将受到严厉的惩罚。“在他 11 岁的时候，”安东尼说，“迈克尔试图逃跑。他们在湖边的一个村子里抓住了他。他太饿了，想偷点儿吃的。他们把他绑起来，然后主人来了。他们把迈克尔的手摁在一个木桩上，主人用刀割掉他的手指，不全割掉，而是留一个断痕让他长记性。”

然后，主人再用另一种方式伤害了迈克尔。主人告诉他：“你妈妈不想要你。”

而对付安东尼，主人又增加了一种威慑方式，另一种心理战术。“主人说：‘如果你敢逃跑，我就用桨打迈克尔，打死为止。’”

我问迈克尔是否知情，安东尼说知道。我问他俩是否谈论过这件事。

“我们在小屋的时候，迈克尔给我看过他的手指。他说：‘你向我保证，如果你逃跑，一定要比我做得好，答应我一定要获得自由。’”

“但是他们会打你的。”安东尼说。

迈克尔耸了耸肩。“反正你自由了。”他回答。

在为英国国家医疗服务系统工作之前，凯特·丹弗斯（Kate

Danvers）医生在牛津大学获得了临床心理学从业资格。我在加纳沿海的温尼巴遇见了她。她在一个名为“挑战高度”（Challenging Heights）的非政府组织工作两年了，这个组织主要负责解救和治疗在湖边被奴役的儿童。

“我们发现，孩子们受到的惩罚五花八门。”丹弗斯说，“比如，用桨重重地打他们的头，甚至打昏过去；把他们的手放到火里烧伤，把胡椒粉撒在开裂的伤口上。”

“对孩子们？”我说。

“这是严重的虐待行为，目的是控制和奴役孩子们，阻止他们逃跑，”她停顿了一下，“极其残忍。”

“潜水不仅仅是为了解网。”安东尼告诉我。我不明白，还能为了什么？“有时，我们潜入水中摸鱼。”我没说话，有些困惑。“你明白吗？”他继续说。这是我未曾想到的，我只能用法语含糊地回应：“真的吗？”

“不过，迈克尔以前经常干这个活儿。”他说。

“你没干过吗？”

“有时候，但一般是迈克尔干。”

“水下有树吗？”

“有，还有蛇呢。”

“这么危险，迈克尔还是潜下去了？”

“是的。”他说。

这些危险让我想起我与一位解救队成员的谈话。当我问及渔民使用儿童的原因，他的回答是：成年人希望得到报酬，但孩子不会；成年人想要分成，但孩子不会；成年人拒绝潜水，但孩子不会。那么，为什么奴隶主使用儿童呢？因为他们能使用。从那时起，我就一直在想迈克尔，这个男孩跳进浑浊的水中，他看着鱼，鱼也看着他。

安东尼的湖上生活就这样进入了第二个年头。我问他，那时的迈克尔为什么没有获得自由，他 5 年的劳工期已经满了。“奴隶主还要留迈克尔 5 年，”安东尼说，“他付给迈克尔的妈妈更多的钱。他说最后会给迈克尔弄一艘船，但迈克尔不相信。”

迈克尔告诉安东尼他知道的真相：母亲不想要他，没有人想要他。他将在湖边一直生活下去，他会死在湖里，就是那样。

卖掉孩子的父母再次把孩子卖出去，这种情况并不罕见。家里的经济压力不大会有改善，实际上很可能变得更糟。家里可能多出了几张嘴要吃饭，因此，用自己 5 年没见过面的孩子再换取一大笔钱，这种诱惑难以抗拒。据我所知，这就是发生在迈克尔身上的事。就这样，他继续在湖边生活。两个男孩又长大了一岁——安东尼现在 13 岁，迈克尔 14 岁。他们忍受着日复一日的工作，没有周末或假期，食物很少，经常挨打。除此之外，他们还面临生病和重伤的风险，忍受雷暴天气和水蛇袭击，而最大的危险，则是潜水。

不管看起来怎样，不管多少人认定周围存在大量头脑空空的人，我们每个人都会进行大量思考。人类的思考非常特殊，它消耗了过多的能量。用牛津大学的罗宾·邓巴及其同事的话来说，“在计算方面非常昂贵”。邓巴的团队赢得了英国科学院探索“何为人类”的研究竞赛。他们研究了我们在认知方面与其他灵长类动物的不同之处，设计并绘制出在进化上与我们有或亲或疏关系的动物的大脑规模和社会群体。他们特别关注了一个因素，它将我们与几乎所有其他生物区别开来：我们的“新皮质比”高得不可思议。

新皮质是大脑中“较新”的那部分（其名 neocortex 中的 neo 是“新”的意思，cortex 是“壳”或“皮”的意思，源自拉丁语的“树皮”）。新皮质由额叶和颞叶区组成，这些区域对人类经常做的事情至关重要——读心，进入他人的大脑。这种巧妙的技巧，即预测他人的想法和动机，与我们生活其间的社会群体的规模密切相关。新皮质越强，社会群体就越复杂，而没有什么比我们智人更复杂的了。简单地说，新皮质比越高，物种就越聪明。不过，邓巴的团队发现，这些都是有代价的，在计算上的代价很高。

原因是，当生活在同等规模的社会群体（比如一个由 6 名成员组成的大家庭）中时，人类大脑中的神经元会比猕猴的更为活跃。人类新皮质中的神经元将会高速运转，测量或想象家庭生活中所有的变动和问题。这是要花力气的，很消耗能量，是项累人又费劲的活动。欢迎进入人类大家庭。现在想象一下，将群体范围扩展到周围的人，扩展到与我们没有血缘关系的人，扩展到与我们没有密切社会联系的人。随着同心圆的波纹扩散开来，越来越多的人进入邓巴所说的“亲密圈”，我们动用了越来越多的认知资源。正如哈姆雷特推测的那样，我们的能力并不是无限的。更谨慎地说，邓巴声称我们达到了极限——我们撞上了大脑的缓冲区。

当这种扩展超过特定的某个点之后，我们再怎么也无法进行有意义的处理了。因为我们可以有上千个脸书（Facebook）好友或推特（Twitter）关注者，但有效社交圈的上限是 150 人，这就是所谓的“邓巴数字”（他本人不知道这个术语的确切起源，但欣然接受）。我们从中能推断出什么？为他人着想是有代价的，它存在认知成本，而这影响了我们如何看待和对待他人。

一旦我们开始担心、关心，或者只是简单地想到我们家庭和熟人圈之外的其他人，我们的系统就开始负荷。正如邓巴的团队得出的结论，这种认知负荷“阻碍了我们的社交抱负”。了解到这一点并非坏事，我们不必视其为消极之物，它原本就是如此。我们并不是不在乎，只是不能无限地在乎，这点至关重要。正如萨曼莎·鲍尔在谈到人们对大屠杀的淡漠反应时所指出的那样，我们就是无法“全身心地去体会它”。

对此，我们也不应该感到挫败。因为一个存在的风险就是：了解到我们无法照顾众多的人，无法大规模地采取行动，这可能会阻止我们在一个更适度但本质上更可行的层面（人性的层面）去帮助他人。当我们向他人伸出援手时，我们就将自己暴露于痛苦之中。这就是“同情”一词的拉丁词根 compati 的经典含义：与他人共苦。不过，事情远非如此。

最新的科学研究或许掌握了另一个更加精微的密钥，对于我们向他人表现出同情心的能力有着更加惊人的洞见。并且，它也可以解释发生在湖边的安东尼和迈克尔的故事。

8. 承诺

安东尼时常觉得，如果那件事发生时他在场，在那艘船上，就好了。

他们一直生活在饥饿的状态中，这是司空见惯的事。凯特·丹弗斯告诉过我，孩子们常常吃的是一种叫“可可粥”的稀泥粥，或是掺拌湖水的干木薯粉。湖水携带多种疾病，包括由水中寄生虫引起并损伤肝脏的血吸虫病。有时候，安东尼和迈克尔会冒着挨打的危险从邻近的大院里寻找食物。他们前一天找的食物肯定是坏了，因为这导致安东尼的身体一直不舒服。他的体温骤然上升，身体虚弱，在去小船的路上昏倒了。

“什么？你想让鱼跑掉吗？”主人冲安东尼喊道。主人不想放过任何一条属于自己的“猎物”，一条也不行。但安东尼连站都站不起来。主人骂骂咧咧地说这是诡计，想要剥夺他应得的收入。安东尼放了一天假，这是他记忆中第一次不用干活。他不明白这些问题食物为什么没有影响迈克尔，不过，迈克尔已经在湖边待了四年多，所以对此更加适应。

“我躺在小屋里，”安东尼说，“迈克尔出发去湖边，他对我说：‘我也给你抓点儿鱼。’”

躺在那里时，安东尼不禁想起了鱼。有时，它们会像烟雾一样穿梭在水里，然后迈克尔会突然浮出水面，水从他的鼻子和嘴里流出来。“我找到了，我找到了。”迈克尔会高兴地说。那是过去的美好时光。

这一天非常奇怪，风雨交加，还有可怕的闪电。安东尼最先从女主人那里得知出事了。女主人跑向邻居求助，大声喊叫，惊慌失措。

安东尼冲到外面。他抓住人们，问发生了什么事。人人都往水边跑。虽然安东尼仍然感到恶心，但还是跟了过去。在湖岸上，一些人用绳子把主人的船向上拉，村民们都聚在周围。

“主人的衣服湿透了，”安东尼说，“我就知道出事了，因为主人不喜欢下水。”

船一靠岸，就像一头巨大的野兽慢慢地翻倒在地。在小船的深处，迈克尔张开四肢一动也不动地躺着。没有人对安东尼说什么，没有人需要这么做。

在湖上干活的孩子们很容易遭受各种各样的严重伤害。有些孩子的身体发育畸形，他们的背部畸形是由于从小（有时只有 4 岁）骨骼尚在形成时期就过度蹲伏和划水。还有一些孩子的双手不能完全张开，因为手指已习惯了紧握船桨，所以他们的手总是呈爪状。康复中心的工作人员使用“润发油”来试着帮助孩子们慢慢恢复背部的肌腱。

从湖边救下的孩子通常会染上三大疾病：伤寒、疟疾，当然还有血吸虫病。除此之外，还有一些无形的损害，如因深受创伤而产生的行为障碍。孩子们不仅自己受到虐待，还会目睹他人的严重受伤甚至死亡。其中就有他们的朋友。

迈克尔死后数日，安东尼也说不出具体几天，科尔库又来到了他的小屋。

“科尔库特别高兴，他简直无法让自己安静下来。他说：‘让我们看看，看看你现在是不是能在水下看见你的朋友了。’”

安东尼猛地朝那个大男孩扑过去，这正是科尔库一直等待的反应。迈克尔警告过他，科尔库想和他们打架，这样他父亲就会揍他们。“迈克尔对我说过：‘你向我承诺，永远不会和他打架。’我向他承诺过。”

但现在，安东尼心甘情愿地落入他的圈套，“我不在乎，我不在乎会怎样。”

安东尼开始攻击科尔库，在他脸上重重地打了两拳，第二拳打得科尔库的鼻子都流血了。起初，科尔库被打蒙了：剧烈的疼痛，鲜血直流。接着，他一定意识到他脸上的血便是最好的证据。科尔库早有预谋，提前把一支桨藏在了渔网后。有了船桨这一武器，科尔库进行了猛烈的反击，把厚厚的木板砸在安东尼的头上。头上挨了四五下后，安东尼的双腿站不住了。瘫倒在地时，他意识到有其他人来到了小屋里。“我听见女主人在尖叫，但我看不见她。主人拿起了船桨，把它拿走了。”奴隶主开始解决儿子挑起的事端。在安东尼的意识逐渐消失之前，用他自己的话说，在眼睛“充满了水”之前，他看到了一些人的脚，还看见了渔网，之后便什么也看不见了。

不知道过了多久，安东尼被火辣辣的太阳“唤醒”了。他发现自己一动不动地在小屋外的院子里趴着。科尔库的朋友们不时会过来，起初，他们兴奋地盯着他看，但他们不知该如何理解安东尼所遭受的伤害，于是又走开了。安东尼头上的血痕现在被无情的太阳晒成了硬硬的血块。他没有力气移动，但是这种撕心裂肺的疼痛教会了他人生中决定性的一课：如果他继续待在那个地方，他必死无疑，他们会杀了他。他可能会死得很慢，也可能会死得很快，死得很痛苦；他可能会死在他们的手里，也可能会死在湖边，但不管怎样，他是不会有活路的。趴在小屋外的院子里，安东尼学到了湖上的一条生存铁律：奴隶儿童什么都不是。他们中许多人的父母都曾得到承诺，说他们的孩子会接受教育，但这根本不可能。奴隶身份没有尽头，除非有朝一日成为奴隶主，买来奴隶儿童划船捕鱼和潜水解渔网。他永远不会干这样的事情。

“于是我向自己承诺，”他说，“我会逃走的。但我不知道该怎么逃。如果你想坐船走，船主认识你的主人，他会把你带回去，主人就会打你，或割断你的手指头。我不知道该怎么逃，但我向迈克尔承诺过，总有一天我会逃脱。”

最近的一项重要研究，一直在探索我们集中和保持注意力的能力与不同形式的动机之间的联系。得到诱人奖赏的可能性在多大程度上会使健康的人集中注意力？不出所料，它的作用相当显著。研究人员利用这一线索来探究，在注意力因身体因素而受损的情况下，类似的奖励机制是否还能发挥作用，比如患有视觉忽略症的情况下。

伦敦国王学院的夏洛特·拉塞尔与他在布鲁内尔学院的同事们系统地探讨了这一有趣的智识问题。他们测试了 10 名右半脑中风后患上视觉忽略症的病人。就像佩吉·帕尔默和艾伦·伯吉斯一样，对这些病人来说，左半侧的空间已经消失了。拉塞尔让他们坐在一张纸面前，纸上印有 106 个圆形，在这些圆形中，大约一半是充当“干扰项”的金色圆形，而真正目标则是除此之外的那些圆形，即 1 英镑硬币的图像。病人们被要求圈出他们能看到的所有硬币。当然，由于左侧空间忽略问题，他们在很大程度上漏掉了左边的那些硬币。任务完成后，病人们会收到一张 15 英镑的代金券。关键的一点是，病人们被告知这基于他们圈出 1 英镑硬币时的表现。在接下来的一天，同样的病人再次执行相同的任务，他们被提醒说圈出硬币的数量将决定获得的奖励。这一次，他们明显发现了更多的硬币，但在“隐形”的左手边，硬币数量也几乎翻了一倍（从 6 枚增加到 11 枚）。拉塞尔的结论是，有了正确的动机，那个不可见的世界也可以被重新塑造和认识。不过，这里还存在着一个问题。

在这 10 名患者中，有两位病人对奖励的诱惑没有任何反应。你无法激励他们，他们不吃“贿赂”这一套。就像其他病人一样，这两位病人也患有左侧空间忽略症，也经历过右半脑中风，但他们的情况有所不同。他们的另一个大脑结构即纹状体（我们后面还会谈到）也受过损伤，而这条线索把他们的故事和湖边的孩子们联系了起来。

当我见到安东尼的时候，他并不确定自己的实际年龄。他说他觉得自己 18 岁了。他之所以用“觉得”这个词，是因为忘记了自己的确切年龄。凯特·丹弗斯告诉我，这种情况并不罕见。许多孩子出生时父母没有登记，而这些孩子也没有多少算术能力。数字对他们来说几乎没有意义，他们压根没有接触过。她遇到的一个男孩，据他们估计大概有十七八岁，却自称 8 岁。

几年来（对此他同样不能确定），安东尼勉强维持着生活，最后终于在加纳首都阿克拉结束了自己的“职业生涯”。我们在历史悠久的市中心老城区相遇。阿克拉老城是一座海滨城市，欧洲商人（来自荷兰、丹麦、葡萄牙和英国）的贸易站都是沿这片海岸建造的，这里地理位置极为优越，将欧洲人不断扩张的海上活动与深入撒哈拉以南非洲和萨赫勒地区的贸易路线连接了起来。

我们第一次见面是在詹姆斯敦，它以 1673 年英国人建造的詹姆斯堡命名。起初它是交易象牙和黄金的地方，但到了 18 世纪初，詹姆斯堡开始了一种利润丰厚的新型国际贸易——奴隶贸易。

在与安东尼的多次见面中，我们的谈话涵盖了你刚才读到的内容，不过不是这里记录的顺序。我问他是怎么逃出沃尔特湖的，看惯了逃亡故事和电影，我期待着听到一些惊心动魄的剧情。而事实上，他的逃脱故事并不那么新鲜刺激，就像去商店买可口可乐一样平常。

“有天晚上，我起床就走了。”他说，“我偷藏了一些食物，偷了几样东西，一把手电筒，一把小刀。我把它们卖了，换了更多的食物。我知道如果坐船逃走的话，船主会把我带回去，所以我选择了走路，主要时间都是在晚上。”

他活得非常艰难，差点儿饿死。然而他知道，在湖边生活将会要了他的命，所以他赌了一把。安东尼在溺水事件发生几个月后才离开自己与迈克尔曾经住过的小屋，但事实上，他在迈克尔死的那天就开始准备逃走了。

安东尼离开沃尔特湖时大约 14 岁，现在住在阿克拉老城的棚户区，一个叫布孔的地方。这里既有殖民时期的砖房，也有波纹状铁皮屋顶覆盖的棚屋，所有这些都与使布孔闻名的拳击馆毗邻。在这些迷宫般的街道上，曾产生过数量惊人的非洲拳击冠军和五个世界冠军，包括传奇的三届世界冠军——“教授”阿祖马·尼尔森。他们都是坚忍的人，在艰苦的环境和海上捕鱼生活的磨砺下变得坚强起来。因湖边苦力而变得异常强壮的安东尼在这里找到了自己的位置。有时他会在红绿灯处乞讨，偶尔也会到老港口去，那里有一群妇女靠在海堤上售卖当天的渔获物，海堤上刻着《圣经》里的箴言（“我靠着那加给我力量的主，凡事都能做。”——《腓立比书》4:13；“你们要给人，就必有给你们的。”——《路加福音》6:38；“我已经胜了世界。”——《约翰福音》16:33）。安东尼再也没有重回湖边。

当我们在布孔谈话时，附近的灯塔和旧时英国人建造的堡垒赫然耸立着，堡垒斑驳的灰泥墙令人印象深刻。这些曾用于关押待运奴隶的堡垒被称为“工厂”，是系统化处理人员的设施。后来，詹姆斯堡成了一座监狱。在2008年被废弃之前，这座监狱曾被加纳政府用来关押700名囚犯。另一种处理人员的方式。

“等我从温尼巴回阿克拉的时候，咱们还在这里见面吗？”我说。

我们在布孔的一间棚屋里，用吸管喝着瓶装可口可乐。两个人默契地碰了碰瓶子。我们在附近转悠，度过了一段开心的时光。两只鸡昂首阔步地走过。外面有两块广告牌，一块印着阿华田和可口可乐的广告，另一块是一场大型拳击比赛的预告——这是布孔生活中的大事件。我了解到可口可乐的创始人约翰·斯蒂斯·彭伯顿在南北战争的最后一场战役中受了重伤，于是他便发明了可乐用来止痛。

“在这里见面吗？在这个地方吗？”安东尼指着棚屋说。他眯起眼睛看着，他不喜欢这些棚屋。我一直不知道为什么。

“或者就在墙边见面，”我说，“随便哪个你喜欢的地方。”我意识到了时间的轮转：我们正身处奴隶主和奴隶曾经待过的地方，而我和一个最近被奴役的男孩待在一起。

南方邦联上校彭伯顿对用以减轻疼痛的吗啡上了瘾。他意识到这是一种很危险的毒品，于是便用不含吗啡的混合物做试验，寻找另一种减轻痛苦的办法。他发明了一种神秘的焦糖糖浆，含有古柯和可乐果提取物。在全世界可乐消费已超600亿升（相当于尼亚加拉大瀑布在3小时内的流量）之时，我们喝完了最新一批的彭伯顿

“药水”。

一位妇女路过，她把婴儿用裙子兜着背在背上。孩子正享受着这段旅程，眼睛盯着安东尼笑了。安东尼立即回以微笑，我觉得那是一个下意识的微笑。他的笑容很快又消失了，或许是想到了远在贝宁的妹妹们。家人在世却无法见到，那种失落难以言表。

“不要在这儿。”安东尼说。

于是我们达成了一致——过几天我们将在监狱墙边见面。我们又碰了碰可乐瓶。

1888 年，约翰·斯蒂斯·彭伯顿去世，那是在他发明可口可乐的两年之后，去世时他仍然对吗啡上瘾。

如我们所见，研究证明参与他人的痛苦是有代价的，它会给我们带来痛苦。但这并不是研究证据揭示的全部，塔妮亚·辛格和同事们发现了另一种机制。为了理解它，他们需要一位僧人，佛教僧人。

哲学家、摄影师兼佛教僧人的马蒂厄·理查德被要求针对英国广播公司（BBC）一部纪录片中罗马尼亚孤儿院的一些悲惨画面进行冥想。被关在那里的孩子几乎无人照顾，身体长期处于孱弱的状态，会无精打采地前后摇晃。有些孩子没能活下来。理查德花了一小时想象这些孩子的痛苦，这使他精疲力竭。他感觉“被掏空了”，但真正的实验才刚开始。

按照实验要求，理查德必须转换思维方式，去“同情”那些孩子，表现出积极而仁慈的“温暖”，要有接近孩子们的念头，而不是逃避。结果发生了两种情况。

首先，虽然对受困儿童的心理印象和前一次一样生动，但他感到精力充沛，恢复了活力。其次，功能性磁共振成像监测到一种不同的心理机制在起作用。采取同情的态度并不会否认他人的痛苦，而是会激活一个不同的神经网络：内侧眶额皮质、前扣带回皮质，以及腹侧纹状体。（还记得前面提到的纹状体吗？）

所以这种情况下激活的是纹状体结构，而在夏洛特·拉塞尔的1英镑硬币实验中，那些对奖励无动于衷的病人正是这一结构受到了损坏。马蒂厄·理查德激活的这组结构共同形成了一个与积极情绪、归属感、奖赏甚至爱情相关的网络。它提供了一个经验性前景——当我们同情某个受苦之人时，当我们采取一种想靠近或帮助他们的心态时，我们就触发了大脑中的奖励机制。

向处于痛苦中的他人大量投射积极情绪，可能会导致我们大脑的奖励中心产生积极情绪的回流。塔妮亚·辛格和同事们正在设计促进共情的项目，她认为这有可能成为一种“可训练的策略”。证据表明，它或许有助于使我们免受与他人接触的痛苦，并可能有利于提倡帮助行为。

你们要给人，必有给你们的——书面意义上如此，神经学意义上也是如此。在介绍完最后一项研究后，我们需要最后一次回到湖边。

我离开阿克拉，沿着古老的奴隶海岸向西。我拜访了一个人权项目，该项目为曾经在湖边被奴役的儿童提供帮助与教育。沿海城镇温尼巴是沃尔特地区儿童奴役的“源头”社区之一，尽管它距离阿科松博大坝100多英里，距离主要沿湖城镇耶吉300英里。我问过安东尼，是否可以向非政府组织提及他的情况，看看他们能否提供帮助，因为这就是他们的工作。安东尼不想让我这么做，他依然非常独立，不想要别人的帮助。“我都是靠自己。”他说。

在温尼巴，我全神贯注地听着人权项目负责人解释在沃尔特湖组织解救劳工儿童的情况，他们如何像军事行动一样策划干预。的确，解救劳工儿童的行动非常危险，有时甚至还要动用武装警察或海军。

我听到了许多与安东尼相似的故事：极度贫困、绝望或受骗的父母、残酷的劳动、受伤、身体畸形，甚至死亡。这些故事令人震惊，令人悲痛。但我的思绪还是不断地回到安东尼身上。我想起了摘自《约翰福音》16：33 的那句话，以蓝色字体写在老旧的海堤墙上的那句话。不知怎么，几乎不可思议地，安东尼单枪匹马胜了这个世界。

几天后我回到首都，回到阿克拉老城区去找安东尼。一些男孩在沙滩上踢足球，用垂直插在沙子上的浮木充当临时门柱。这个地方散发着清晨捕捞的海鲜气息，从海里捞上来的海鲜被摆在低矮桌子上闪闪发光的金属碗里，或者已经在靠岸的船壳里被腌起来并晒干。其中有红鲷鱼，有梭鱼，还有仍向半空中踢腾腿的活螃蟹。但我找不到安东尼。他离开了。我想尽一切办法，希望在布孔找到他，然而一无所获。除了清晨捕捞的海鲜之外，一无所获。

9. 遗忘的空白面孔

在拉迪亚德·吉卜林所著的《丛林故事》中，“狼孩”莫格里在终于要离开收养他的朋友和森林时，突然感到一种从未有过的疼痛。

接着，莫格里的心开始作痛，他有生以来从未有过这样的体验。他屏住呼吸，抽泣着，泪水顺着脸颊流下来。“这是什么？这是什么？”他说，“……我要死了吗，巴希拉？”

“不是的，”这只大黑豹告诉他，“那不过是人类的眼泪。”

他人的痛苦这一亘古不变的问题是进化尚未解决的。理解周围人的感受，这对我们的生存和繁衍是有价值的，属于适应性进化。但另一方面，过多的投射和过多的感受会使我们衰弱，也很危险。

世界上有各种各样的麻木，就像有各种各样对它的反击一样。正如夏洛特·拉塞尔的研究带我们了解到的，对一些患有视觉忽略症的病人来说，将他们“重新引入”隐而不见的世界是有可能的。对我们来说，也是如此。

也许我们需要的是重新校准和思考我们对同理心的理解。从科学上更准确、情感上更真诚的角度去理解它。我们应该面对这样一个事实：同理心（接纳塔妮亚·辛格所说的“移情共鸣”，彻底敞开心扉）是痛苦的。同理心意味着我们要真诚地参与其中，而不是肤浅窥探。它同样可能让人疲惫不堪，因为承受额外的认知负荷会带来消耗，正如邓巴及其同事发现的那样。不过还有个好消息。

痛苦和额外的运算量并不是事情的全部。伴随着同情而来的是有“镇痛”之效的回报和奖励，我们收获了喜悦与满足感。我们以为的隐喻和民间说辞，原来都是有实证基础的。了解到这一点令人欣慰。令人欣慰的是，无论如何，通过我们从未想象过的机制，我们最终得到了回报。

我在阿克拉中央使馆区下榻的酒店里匆忙地收拾，把衣服扔进行李箱，准备乘飞机回伦敦。那是一个酷暑难耐的日子，不过在酒店外的庭院里，一个弥撒唱诗班正耐心地练习着圣诞颂歌。那句写在堤岸上的令人难忘的《圣经》引文在我的心里发酵，我暂时停止行李打包，上网搜索了一下。"我已经胜了世界。"这是什么意思？我找到了它在《约翰福音》中的原句：

> 在世上你们有苦难，
> 但你们可以放心，我已经胜了世界。

我检查了护照和旅行证件。在我从旅行社弄来的皮夹子里，除了保险单，还有一张折好的纸条。我一看便知那是什么。这张纸条现在有点破烂了，我把它打开，用一个坏了的风扇在桌子上把它压平。纸条上，加雷斯·迈亚特正凝视着我。当迈克尔在沃尔特湖溺水身亡时，他的年龄与加雷斯死亡时的年龄相仿，而加雷斯死在了 3 200 英里外的雷恩斯布鲁克安全训练中心。在我离开加纳的航班起飞前几个小时，我接到了安东尼打来的电话。

圣诞颂歌的排练即将结束。歌手们都非常出色，他们的身影映衬在非洲的天空下。人们身着得体的礼服，配以兰花和其他不知名的花朵，在水池附近转悠。他们静静地聊天，互相问候，这样我就有机会和安东尼谈一谈。我能闻到兰花和其他鲜花的味道，即便我身上还有股驱虫剂味儿。歌手们在喝水。这是一个漫长的旱季，人们都容易口渴。

和往常一样，在我们交谈时，安东尼说的是带贝宁口音的法语，而我则操着学生时代结结巴巴的法语——我恰巧在巴黎附近的一所法国寄宿学校待过很短的时间，当时我和安东尼差不多大。我尽量让自己的法语听起来好懂，告诉他下次我会说得更好。他笑了，告诉我这是必须的。我告诉自己，下一次我会准备好，下一次我会说得很流利。下面是我记忆中的部分谈话内容，我没有当场做笔记，那天晚些时候也没有。我不太确定个中缘由，不知是出于尊重、震惊还是悲伤。我现在很希望自己当时做了记录，以便告诉你们更多。不过，我们谈话的要点都在这里了——除了一两处有意略去的细节，那些细节可能会暴露安东尼的隐私。

我：那么……大拳击手先生。（安东尼大笑。）你还好吗？

安东尼：挺好，挺好。

我：我一直在到处找你。

安东尼：那你找到了吗？

我：你很好笑。你确定自己没事？

安东尼：没事，没事。

我：发生什么事了吗？

安东尼：哦，没有，没有。跟你聊天，让我想起了很多事情。

我：是，我很抱歉。我说过它可能……

安东尼：不，不用抱歉。事情有好也有坏，我在认真考虑现在该做什么。

我：我正要去机场，我今晚要坐飞机回伦敦。不过，如果我回到非洲，咱们还能见面吗？

安东尼：没问题。

我：好的。你告诉我在哪里见。布孔吗？

安东尼：不在布孔，在贝宁。

我：贝宁？

安东尼：我要回家了。（他停顿了一下，我什么也没说。）我觉得妈妈还想要我。

电话那头又是一阵沉默。或许像我一样，他也在想着迈克尔，想着关于他母亲的事情。

安东尼：我觉得她真的想要我。

我：那就太好了，你还会见到妹妹们。

安东尼：她们不会认得我了。我现在在拳击馆训练，大拳击手。

我想象他穿过维达海滨那座宏伟的拱门，这个来自贝宁的男孩从“不归门”返回贝宁。他当然不会这样做，他不需要。无论如何，凯旋并不一定要大张旗鼓。

安东尼：我得挂了，用的是别人的电话。

我：我可以给你打回去。

安东尼：我得挂了。

我：好吧。

安东尼：我们以后再见面。

好的。我嘴上答应着，心里却不信。

安东尼：你知道吗，如果以前告诉你，我心里会很难受。当你问我迈克尔为什么潜水时，迈克尔说的是："我潜水，那样你就不用潜水了。"这就是原因。对不起，之前没告诉你。

又是一阵沉默。

我：为什么对不起？你不用向谁道歉。

安东尼：所以你会在贝宁给我买可口可乐吗？

我：我会的。你回到贝宁后还会继续拳击吗？

通话断了。我试着打回去，但打不通。我冲向游泳池旁，那里的信号更好一些。一名服务生正小心翼翼地用网把黏糊糊的树叶、树枝和昆虫从水中撇去。这使我想到了湖，想到了湖边的捕鱼，我不停尝试着重新联系上安东尼。一只找水喝的虫子从我脚边爬过。一只鹰在高空盘旋。很快，我也会乘飞机飞上高空，飞向更高的地方。时间不多了。那天余下的时间里，在我登上深夜返回伦敦的航班前，电话一直没打通。我失去了联络，我们的联络断了。

回到房间后，我小心翼翼地叠好那张写有加雷斯死亡报告的纸条。我抚平了纸条上的皱褶，又想起了监狱走廊那个房间里发生的事情。

加雷斯和狱警之间发生了争执，当时他们试图拿走一张写着他母亲电话号码的纸条。狱警说，他们要拿走他房间里的私人物品作为惩罚，因为他做了吐司面包后拒绝清理烤面包机，然后他被送回房间，却不愿平静下来。三名狱警对他进行了“管制”。他们使用了一种叫作“坐姿双抱”（Seated Double Embrace）的手法。这种手法已经被政府批准，但没有经过适当的安全检查。调查专家一致认为，这可能是致命的。两名狱警按着加雷斯的躯干，一名警官“控制”着他的头部，把他的身体往前弯。加雷斯先是抱怨，接着大喊，说自己不能呼吸了。在调查过程中，我们发现许多其他孩子在接受管制时也有同样的抱怨，但没有人干涉过这种行为。监狱继续使用这个手法，这种“双抱”——两人控制身体，一人控制头部。据外面的证人说，他们听到加雷斯在尖叫，声音极其痛苦。加雷斯·迈亚特窒息而死。

如今，这种“坐姿双抱”已被禁止。

这当中有帕姆那个问题的一部分答案。之所以发生这种事，原因就是我们没有倾听，我们没有倾听加雷斯的声音。一名狱警在事发后说：“我不该对他进行‘管制’，毕竟他的体格只有我的一半。”他继而又哀叹这是自己倒霉，“这就好比撞死了一只猫，然后心想……如果我没有沿着那条街开车，就不会发生这种事了。”

就像撞死了一只猫。

我们的生活充满了同心圆，各种惊喜和灾难的同心圆。它们相互碰撞、伸展、撕裂，然后消失，就像远处的湖中一圈圈消退的涟漪。一个来自英国的大律师和一个来自贝宁的男孩，两个圆圈在很短的时间内相交重叠。它极为短暂，我们都离家很远，我们都在加纳阿克拉的布孔。到底发生了什么？

我遇到了湖边的几个孩子，还参观了一个特殊的康复中心，在那里，一些经历了难以想象的痛苦的孩子开始了缓慢的康复进程。而安东尼的情况更为特殊。

我们有什么共同点？结缔组织的本质是什么？事情的起点是那个湖。它原本不是湖，只是来自老纺织小镇奥登肖的一位善于耍蛇的殖民地质学家想象的产物。事情的起点是那个遍布水下森林的湖泊——它是什么，它代表什么。孩子们死在湖边，死在湖中。儿童奴隶和儿童劳工遭受了严重伤害，他们被迫劳动而溺死湖中，从事着儿童不应从事的活计。我必须不断告诉自己这发生在21世纪的今天。我感到震惊，震惊于我不得不使用一些像“奴隶主”和“儿童奴隶”这样的词语，它们准确描述了我们今天的世界，而不是律师的说辞，也不是作家的夸张。这种震惊的情绪属于人之常情，但如果不能带来相应的行动，则毫无价值可言，只是一种自我感动。

这一章不是有关名家伟人的故事，而是关于一个被奴役的人，他的困境反映了肮脏的童工行当。这是两个男孩的故事，你刚刚读到他们激烈的抗争，因为我在撒哈拉以南非洲一个嘈杂的首都，在一座奴隶贸易站的阴影下，在满是拳击馆和小鸡的混乱街道上遇见了他们中的一个。这个自认为无足轻重的小男孩开启了一段旅程，只因他去了一家铁皮屋顶的商店买可口可乐——一种为了减轻痛苦而发明的饮料，发明者是一名为支持保留黑人奴隶制而战的军官。

我意识到保罗·斯洛维奇的警世之言：当我们开始扩大范围并推己及人时，当我们试图向儿童奴役等人权问题的严重性敞开心扉时，甚至就在那一刹那，我们内心的某种东西会强行停止运转。一种认知瘫痪就像冰层上的裂缝一样在身体里蔓延开来，于是身处悲剧中心的人被我们遗失了。那个男孩丢了。安东尼丢了，迈克尔也丢了。

我们该怎么找到他们？该如何倾听这些孩子的声音？让我们正视真相：撒哈拉以南非洲地区的奴隶儿童并不是我们的孩子，但是，他们仍然是这个世界的孩子，他们还在遭受奴役。我们该怎么认识他们？通过了解他们的生活，了解他们的故事，这也是我尝试去做的。在这个过程中，我不断回忆起主审加雷斯案的杰出的死因裁判官的话，这位仁慈的法官大人理查德·波拉德已处于半退休状态，由于拥有丰富的司法经验，他被请来主持这起惨案的审理。他在判决后紧急致信司法大臣称，如果我们不吸取加雷斯之死的教训，如果我们不倾听孩子的声音，就将“完全不可饶恕，是双重悲剧”。这句话是否也适用于沃尔特湖的故事？

对湖边成千上万的孩子而言，湖在等待他们，这是湖的本性。马塞尔·普鲁斯特写到，真正的发现之旅“不在于寻找新的风景，而在于拥有新的眼光”，我认为这就是事情的最终本质。这些男孩打开了我的眼界。通过他们的激烈抗争，我开始以一种新的方式看到并理解强迫性劳动中所发生的一切。通过他们，我体内的**痛苦感知者**能够看到遭受人权侵犯的那些具体的人。这也许可以解释为什么我对加雷斯案有这样的感觉，为何我无法释怀。在审讯过程中，有些陪审团成员流下了眼泪。他们听到的经历来自陌生人（没错，还是囚犯），但也是孩子，他们被我们集体置于那种境遇，然后在某些情况下遭到了难以想象的对待，就像加雷斯的案例。我们有能力感知那种痛苦。

尽管如此，人类的大脑这一进化的不朽成就似乎被悖论所困扰。我们已经进化出了一系列不可思议的情感，却没有很强的能力去处理远方的情感。这不是任何人的过错，这是我们进化的结果。难道进化既是成因又是诅咒吗？彼得·辛格有力地提出，从道德的角度来看，生活在遥远国度面临威胁的儿童，即那些被“可预防的罪恶”折磨的儿童，他们与我们家后院的儿童没有什么不同。从道德义务的角度来看，他们和在我们教区池塘或面前“深坑”里挣扎的人是一样的。但我们的感觉却不是这样。这种社交距离在遥远的过去是有进化意义的，因为那时我们的社会关系和互动都围绕着生活在身边的更小群体展开。然而，世界正在改变，正在缩小。随着全球化和信息技术的发展，我们前所未有地与世界各地的人们联系在一起，也更加了解他们的问题和生活。我们或许不是生活在地球村，但在发达地区，几乎没有人只生活在一个小村子里了。

本书的这一章，我只关注了世界上众多不公之中的一种。还有大量的不公正现象存在，有各种“毒蛇”盘踞。虽然国际机构认定沃尔特湖的强迫劳工是最恶劣的童工形式，但还有其他被强迫劳动的形式，如在加纳的金矿开采中把各种有毒的化学物质混合在一起而面临汞中毒的孩子，或在可可工业采摘种植园中被奴役的童工（我们吃下的巧克力的苦涩真相）。我们该如何对这些现象做出裁决？

我们从艾伦·佩格纳的“意外发现”中了解到，进化为我们配备了一个独特的神经网络来帮助识别他人的痛苦，即便我们可能看不见所有其他事物。这是一个了不起的发现。或许也是出于这部分原因，身为医生的病人甲继续尽其所能地行医。在其国家的赤道湖区，他仍然在条件允许时给人“看”病，护士充当他的“眼睛”。当自相残杀的鲜血在周围蔓延时，他努力去帮助那些苦难中的人。

然而，进化并没有赋予我们无限的移情能力。因为体会他人的痛苦要付出认知代价，而我们的承受能力却是有限的。我们只能承受这么多的认知负荷，我们的心智模块只能处理这么多他人的痛苦。尽管如此，当与他人的痛苦共情时，我们可以借助奖励机制的“止痛剂”在一定程度上使自己免受情感创伤。毕竟，我们还是有所收获的。

同情需要付出代价，但这种代价可以预估、管理和承受（有奖励），这一观念还不够直观。事实上，这与许多主流媒体传递的信息背道而驰，那些信息类似于“同情疲劳”和试图解决社会“大”问题是徒劳的。（意义何在？我又有什么能做的？）但无论如何，这个理念依然具有深刻的赋能力量。我们可以关心迈克尔或安东尼，而不必成为迈克尔或安东尼，甚至不必与他们有社会或基因上的联系，不必与他们生活在同一个国家或大陆。这是**痛苦感知者**力所能及的。

这意味着我们可以体面地承认围绕人口贩卖和儿童奴役等重大社会正义问题而产生的失败主义，并将其搁置一边。亚历山大·蒲柏有句名言：犯错是人之常情。也许是吧。但本书这一章的研究表明，从感受他人痛苦的意义上来讲，关心也是人之常情。只是关心需要付出代价。我们不应该假装它没有成本，也不应该把犹豫和疑虑归为道德或其他方面软弱的表现。这只不过是我们的大脑在做运算。也许我们不能完全战胜世界，但我们能以一种有意义的方式参与其中，使世界无法战胜我们。我在笔记本上写下：保护**痛苦感知**

者。为什么？为了大胆地、超脱地、果断地运用它。

不过要警惕文字，警惕文字与行动之间的差别。保护**痛苦感知者**。你将在第六章看到，我没能保护好它。在切身体会之前，我还不明白这一点的重要性。

菲利普·K. 迪克问，在我们生活的“谎言帝国”中，自由和独立是否可能以新的方式出现？安东尼找到了一个方式：他找到了精神和身体上的力量，从世界上最荒凉、最严酷的地方走向自由。他的自由诞生于痛苦：他朋友的死亡。但世间万物，其诞生莫不如此：所有人的生命，甚至可口可乐，都是从痛苦中诞生的。安东尼能活下来是个小小的奇迹。当时他才 14 岁。

但是，我们不能回避更棘手的问题——迈克尔。他决定替别人，替他的朋友去冒生命危险。这是一种自由吗？如果是，它是哪一种自由呢？身为抵债劳工和儿童奴隶，迈克尔主动选择潜入水下森林，这样他的朋友就不必潜水，做出这个选择后，他就不那么自由了。机会，这也关乎机会吗？他给了安东尼一个机会。

安东尼不知道迈克尔尸体的下落，从没有人告诉过他。他看见自己的朋友一动不动地躺在船壳里，然后再也没有见过他。然而，在迈克尔活着的时候，他留下了一个痕迹，一个标记，印刻在威廉·福克纳所说的“我们注定遗忘的空白面孔”上。迈克尔留下的标记是什么？我想是安东尼。安东尼活了下来，活着离开了那个湖，看到了自己的价值远不止在那里生活和死去。

最后，这个与他人命运息息相关的执行系统**痛苦感知者**究竟是怎样的？我之前提出的溺水男孩的假设又是怎样的？我想了很久迈克尔是否会跳入水中，我从未见过迈克尔——我必须强调这一点，但我相信他会跳下去。当然，安东尼是他的朋友，为此迈克尔几乎每天都要冒着生命危险潜入船下。当他这么做时，他跳入的是与威根“深坑”一样危险的水中。与社区警察不同的是，他没有袖手旁观。

人类最早的问题之一记录在《圣经》第一卷中。《创世记》中，该隐（不管他代表人类心理的哪一部分）问道：“我岂是看守我兄弟的吗？”换句话说，发生在我兄弟身上的事是我的责任吗？

对于这个永恒的人类困境，迈克尔，一个在撒哈拉以南非洲被卖为奴隶的男孩，简单地回答了“是”。

The Ostraciser

第二种人

驱逐者

可井水有毒啊，你们疯了吗？

亨利克·易卜生
《人民公敌》
1882

1. 带着埃尔皮尼斯滚吧

有时候你根本看不见它。

如果你转过身来——你真的不想这样做，因为一簇簇缓慢跌落的浪花美得让你不忍转移视线——但如果你转过身来，太阳刚刚开始从天空中落下，落到卡纳维拉尔角以西的某个地方，落进了香蕉河潟湖。沿着南边的海滩，朝迈阿密的方向，实际上你能隐约看到一支火箭，它和漫画中的冲天火箭差不多，就像《飞侠哥顿》中伺机与蒙戈星球的邪恶帝王明决一死战时出现的那支火箭一样。

这里是佛罗里达州的可可海滩，正值佛罗里达典型的明媚天气。除了“阳光之州”这一人人皆知的特色外，正如州歌中唱到的，这里“锯齿草与天空相接”，天空辽阔无比。在我的头顶上，一群鹈鹕威严地盘踞在天空，其中七只排成精确的几何形状，掠过海岸线正往肯尼迪航天中心的方向飞去。不过，在可可海滩面朝大海的那一部分沙滩上，每到一年中的这个时候，海龟都要爬到这里筑巢（“海龟季开始了！棱皮龟首次在佛罗里达州朱庇特市筑巢”），事情就是在那里发生的。

我用手搭在眼睛上遮挡刺眼的阳光，跟踪鹈鹕的去向。沿着水面，一艘低矮的单桅帆船滑行而过，它有着锋利的三角帆，船身随波浪上下起伏。在雾霭中，小船的形状似乎变得尖锐起来，成了另一种东西—— 一艘箭船；突然间，大西洋也异乎寻常地安静下来，沉思着，像一个湖——沃尔特湖。两个男孩正忙着把渔网拉上船，我担心其中一个会掉下去。

在加纳，凯特·丹弗斯告诉我："在我们救出并采访的孩子中，80% 的孩子在某种程度上认为自己会死在湖中。"这是一种完全合理的恐惧，因为 40% 的女孩和 62% 的男孩都曾目睹别人在湖里淹死。

溺水的孩子常常就沉在了水里，没人试图把他们带回岸边。他们潜水，游到水底，再也没有出现过。他们被湖吞没了。

一个飞盘沿着海滩滚动，就像脱落的车轮。我又回到了可可海滩。三个身穿齐膝短裤的男子正在互相扔着飞盘，其中两个人身上文着百慕大人典型的文身。大西洋的微风从闪闪发光的飞盘下吹过，又戏剧性地把它吹向我的脸。风突然停了，就像有人把它关掉了一样。飞盘掉到了地上。

我捡起飞盘，准备把它抛出去，但我脑子里想到的是那些渔网。渔网是什么？我们如何挣脱它们？

飞盘朝我的方向飞过来，这只是生命中的奇怪巧合之一。我写下这句话，但仍然对此心怀疑虑。我本打算第二天飞回英国，然后通过网络电话向世界上对此最有发言权的人（绝非夸大其词）解释人们向陌生人扔飞盘时发生了什么。这件事曾发生在基普·威廉姆斯（Kip Williams）身上，并永远地改变了他的学术和职业生涯。

那是另一片海。

在昆士兰州海岸线以东约 50 英里，靠近南回归线的地方，有 17 公顷的土地，其海拔比周围的珊瑚海高不了多少。1843 年 1 月，英国皇家海军舰船“弗莱号”发现了这里。由于上面栖息着大量的礁鹭（reef heron），这里就被命名为赫伦岛（Heron Island）。赫伦岛四面环海，其最高点仅比海水高出一个天花板的厚度。

在闪闪发光的海面下，四面蔓延的都是大堡礁的南段。这片惊人的珊瑚群由各种生物形成，绵延 1 250 多英里，覆盖了澳大利亚东北部的海岸线。珊瑚礁的形成历经了几十万年，由大量曾经存活的海洋生物骨骼和石灰质遗骸累积而成。1770 年，詹姆斯·库克船长在这片暗礁上搁浅以后，欧洲人便开始了对它的探索。今天，尽管面临各种污染和气候变化的破坏（珊瑚礁正产生大面积“白化”现象），一种看起来相当丑陋的小鱼却繁盛起来，这种小鱼和飞盘之间有着某种联系。

生活在珊瑚里的虾虎鱼属于副叶虾虎鱼属，这种小小的暗礁鱼可能是被“弗莱号”发现的。它们生活在赫伦岛附近的珊瑚群中，行为非常独特。它们的行为揭示了一些长期存在的棘手问题，不仅涉及鱼类，还涉及那些曾经生活在海洋而后又迁移到陆地上的生物。它们失去了鳃（虽然在某个阶段其胚胎颈部仍然会有裂缝—— 一种原鳃），开始用两条腿行进，还沉迷上了手机。

珊瑚礁虾虎鱼通常身长 2.5 厘米，有些更长，有些更短。它们过着群居或称聚居的生活，顽强地守卫着一小块礁石。一般来说，在一个虾虎鱼群体中，总是有一条雄性和许多雌性。它们的生活充满了挑战，因为丰富的珊瑚礁水域构成了非常严重的风险：它们不断面临着捕食的挑战。如果占统治地位的雄性虾虎鱼死亡，一些不同寻常的事就会发生。

体形最大的雌性虾虎鱼会发生变化。肩负主要繁殖任务的雌性种鱼会变成雄性种鱼，然后第二等级的雌性非种鱼则成为雌性种鱼。这样，负责主要繁殖任务的雌性变成了占支配地位的雄性——“她”变成了“他”。

因为虾虎鱼属于雌性先熟的雌雄同体生物，所以它们有能力将雌性器官发育成雄性器官。这种性别“流动性”在脊椎动物中相对罕见，在无脊椎动物中则更为常见。

然而，我们的兴趣点并不在于这些鱼类非同寻常的性别变异行为，即便这的确令人称奇。我们关注的是它们的另一个行为，因其揭示了人类社会行为中最普遍和持久的问题。这些微小的热带鱼提供了一种方式，来理解我们人类的另一种心智模块，另一种进化而来的适应能力。我们能够敏锐地感知到社会生活中最持久的问题之一：被排斥在外，被驱逐（ostracism）。

我们已经认识了**亲缘主义者**和**痛苦感知者**，接下来就是**驱逐者**。

斯里·达萨里（Sree Dasari）从印度来到英国。他来到赫特福德大学攻读国际商务硕士学位，但在他心底深处有一种更深层次的需要：博得公众的称赞。在所在学院里，他主动提出竞选学生会主席。毫无疑问，达萨里是一个十分外向的人，有着一团蓬乱漆黑的头发，奇怪的是，他看上去比实际个头要小一些。尽管如此，他还是凭借纯粹的人格魅力当选了。但这位来自印度次大陆的野心家还有更大的想法，“更大”的计划。

他告诉别人，他想成为一名电影明星，或者至少是个名人，当然，这本身不是目的，最终目的是能够为有价值的慈善事业筹集资金。在21世纪，还有什么比真人秀更快的实现方式呢？2009年，他报名参加了第十季的《老大哥》节目。他说他打算保持童贞直到结婚，心目中的理想女性是碧昂丝。再一次，他凭借自己的个性，以一种打了鸡血般不可遏制的力量成功入选。他入住了《老大哥》节目为选手特别设计的房子里。

但在节目中，事情进展得并不顺利。

也许是意识到自己的“他者性”（这是他第一次离开印度），在发布会当晚，达萨里穿着一件印有英国国旗的衬衫走进了现场。但他仍然是个局外人，他浓重的印度口音遭到了另一位选手马库斯·埃金的嘲笑。25岁的达萨里梳着各种精致的发型，经常误读社交信号，误解房子里敏感的人际政治。因为喝了分给俄罗斯选手安杰尔的酒，达萨里遭到了室友的集体谴责。虽然这位俄罗斯拳击手原本就滴酒不沾，但这并不重要，室友们认为达萨里违反了规则。他被认为是破坏分子，是不稳定因素。

然而，当达萨里对另一位选手——爱尔兰运动员诺伊琳·凯莉公开表示倾慕时，这位来自亚洲的商科生遭遇了更为激烈的诋毁。在摄像机不间断的记录下，达萨里的浪漫举动同样遭到了观众的抵制。

达萨里的发型一会儿支棱起来，一会儿又梳成大背头，他改变形象，声称自己只想寻找友谊。他越来越被孤立，想方设法让自己被群体接纳。他试图讨人喜欢，但事与愿违。

节目有个臭名昭著的规则，就是每周上演一次选手淘汰投票。

投票在最不受欢迎的两名“室友”间进行。达萨里的对手是来自马基特德雷顿的一个绰号为“笨蛋”的选手。结果，达萨里输了。他收到高达 85% 的观众驱逐投票。

他并不是第一个被驱逐的选手，这或许能给他一些安慰，但他终究还是出局了。接下来，他不得不面对另一种挑战。他要从离开节目组房子的扶梯上走下来，走到一个围绕着嘈杂人群的平台，这里的许多人都给他投过淘汰票。他躲在超大的飞行员墨镜后走出来，迎接他的是一阵震耳欲聋的嘘声。

达萨里装出一副勇敢的笑容，或者至少装出微笑的样子。嘘声和辱骂声并没有减弱。他勇敢地忍受着淘汰例行仪式的折磨：在接受采访时，节目组心理学家告诉他，她“很想把你的自负心带走，泡起来做科学研究”。他再次勇敢地笑了。比赛也参加过了，该打道回府了。

被淘汰后，达萨里回到了他在赫特福德大学的宿舍。在自己房间的“避难所”里，他观看了《老大哥》节目后续的淘汰赛。在节目中，他说自己并不在乎被淘汰，因为这“无关输赢，重在体验”。几周后，斯里·达萨里割腕了。

这位真人秀选手被紧急送往韦林花园城（英国第二大花园城市）的伊丽莎白二世女王医院。节目制作方发表了关切的声明，心理健康基金会和英国心理学会质疑了这种形式的公开诋毁和羞辱程度，但节目并没有因此而停止。驱逐仍在继续。

一年后，英国边境管理局调查了达萨里的签证情况。他不得不离开这个国家。对比那天他从《老大哥》节目组房子的扶梯上走下来，戴着飞行墨镜，走在一片嘘声中——或许我们可以说，他又一次遭到了驱逐。

在真人秀节目中，观众们的拇指上下移动，把每周一次的投票淘汰赛慢慢地推向高潮，而驱逐时刻正代表着这场争斗戏达到了顶峰——所有的真人秀节目，包括《老大哥》《幸存者》，甚至还有《X 音素》和《舞动奇迹》等，莫不如此。此类形式的节目总是让观众着迷，原因是什么呢？驱逐仪式为何具有如此大的吸引力？要理解这一点，我们需要追溯它有史可载的渊源。

有些刻字同时写明了当事人的名字和冷漠的建议："米太亚德的儿子西蒙，带着埃尔皮尼斯滚吧。"而另一些则只是简单表述了西蒙及其家人的名字。埃尔皮尼斯是西蒙的妹妹，这些刻字构成了对乱伦的公然指控。

我们可以想象他的邻居和敌人，那些既是邻居又是敌人的人，他们蹲在市政广场附近，一笔一画在陶器和石头上蚀刻着，留下棱角分明的记号（早期的文字或字母）。

对政敌的不道德行为进行指控于今天的我们来说并不陌生，但这是公元前 461 年的雅典。西蒙是一位政治家和将军，无疑是一位显赫的公众人物，出身于名门望族，其家族为雅典的存续做出了巨大的贡献。他的父亲米太亚德在公元前 490 年的马拉松战役中率军击败了数量庞大的波斯侵略者，堪称传奇。可惜这并没能拯救他的儿子。

公元前 480 年，当波斯人再次入侵并在萨拉米斯海战（历史上最伟大的海战之一）中再次被击败时，西蒙也表现出了非凡的勇气。根据希腊历史学家普鲁塔克的记载，西蒙曾捐钱美化城市，在商市里种植树木遮阴，把“学园”变得绿树葱郁、充满生机。然而，这一切并没有使他远离嫉妒和流言蜚语。公元前 461 年，他的名字被刻在市政广场上成堆的碎陶器上。那些刻上的文字被切割成一个个陶器碎块，也就是所谓的“陶片”（ostrakon）。这一小片破碎陶器的名字派生出了 ostracism 一词，即“陶片放逐法”。

当时，雅典的民主制刚刚萌芽，但有一种威胁笼罩着这座年轻的城市，笼罩在其民众的心头，那就是僭主政体的复辟。

为摆脱僭主统治所做的一连串斗争令雅典人刻骨铭心，他们对当权者仍存在普遍怀疑。他们可信吗？他们诚实吗？正如禁欲主义者第欧根尼在下一个世纪所做的一样，需要在大白天提着一盏点亮的灯笼游走在雅典的大街小巷，只为寻找一个诚实的人。

在西蒙和第欧根尼时代之后的两千年里，人们亲切地告诉我们，民主是一种脆弱的东西，需要精心构建，不断维护，并且很容易失去。我们制定了许多机制来保护社会团体的健康。5 世纪时的雅典便为此制定了一套制度，有投票权的公民每年召开公民大会，在会上提出一项动议：是否要执行一次放逐？

如果有足够的人支持这项动议，公民们就前往指定的集会地点——市政广场，在陶片上写下一个名字。当所有陶片统计完毕，那个名字出现最多的人就必须在十天内离开雅典。此人将被放逐长达十年之久，如果被放逐之人提前返回，等待他们的就是被处死。

这也是一场竞赛，只不过不比人气，而是比谁更不受欢迎。只要那些投票者愿意抬头看一眼，他们的心灵就会被帕提侬神庙那摄人心魄的美所净化。但是，恶意占据了他们的头脑，他们只顾低头，将某个名字刻在陶片上。他们为什么要这么做？这样做有什么作用？为了理解这一点，我们需要从雅典回到澳大利亚。

澳大利亚的昆士兰沿海有许多不同种类的虾虎鱼，其中一种是黄副叶虾虎鱼。它们有着典型的黄绿色，但并不是因其美丽或优雅而知名。事实上，这是一种相当不可爱的鱼。

“我不是有意苛刻，”我说，“但它们在自然界中实在算不上漂亮。”

“哦，没什么，”玛丽安·王（Marian Wong）笑着说，“我就是喜欢它们。”她职业生涯的很大一部分时间都在研究虾虎鱼和其他小鱼。“不过，我知道你的意思，很多人都这么说。他们说：‘玛丽安，你就不能找漂亮一点的鱼来研究吗？’他们还说：‘玛丽安，你为什么要研究暗礁上最丑的鱼呢？你为什么不能研究像《海底总动员》中尼莫这样可爱的鱼呢？’但我就是喜欢虾虎鱼，我就是喜欢一直盯着它们看，真是不可救药。”

因为连接不畅，我们暂时中断了网络通话。玛丽安·王在地球的另一端，她一直跟踪研究虾虎鱼。她现在30多岁，留着乌黑的齐肩直发，很难通过她说话的口音确定她来自哪里。“我讲的是一种混杂语言，代表着我去过的所有地方。”她说。她是马来西亚裔，出生于英国，在剑桥大学格顿学院取得了动物学学士学位。后来，她开始跟踪研究虾虎鱼，先是去了昆士兰，然后又去了加拿大，现在又回到澳大利亚任教，是伍伦贡大学生物科学学院的高级讲师。她很爱笑，笑鱼，笑我们人类，笑我们的自负。

“不过为什么呢，玛丽安？”我问。

“什么为什么？”

我必须问这个问题："你为什么要研究鱼？"

"这得怪我父亲。他对水族特别痴迷，曾经把鱼缸放在伦敦那套只容得下一张床的公寓里，这让我妈妈很恼火。当然，剑河里的鱼不是很多，所以从剑桥大学毕业后，我很高兴能去澳大利亚。"

为什么不能研究鱼呢？鱼类已经找到了生存4.5亿年的方法，它们完全有资格被研究。玛丽安·王的博士学位是在昆士兰的詹姆斯·库克大学完成的。詹姆斯·库克大学成立于1970年4月20日。差不多就在200年前的同一时间，来自英格兰约克郡马顿镇的年轻人詹姆斯·库克船长首次发现了澳大利亚。王的研究地点在蜥蜴岛，该岛是周围海域的另一个岛，位于赫伦岛以北750英里，在大堡礁的北端。（库克船长驾驶的"奋进号"实际上是触礁搁浅的。）在蜥蜴岛周围，丑陋的小虾虎鱼身处由同样脆弱而丑陋的鱼组成的复杂社会群体中。它们到处游来游去，试图在狂野而危险的大海中觅食。虾虎鱼几乎是寄居在珊瑚上的，只要待在那一小块珊瑚上，其安全就能得到保障。但就是在这里，它们会有某些不同寻常甚至引人注目的行为。

"你看它们，"王说，"都排着队。它们小心翼翼地不去碰彼此，但它们排着队，这不可能是偶然的。这是习性—— 一个真实的事件，一场表演。于是我们知道：这很重要。它们的行为并非随机和偶然，我们必须从学术角度进行调查，因为它具有某种意义。"

什么样的意义？学术的意义始于公元前387年，那时柏拉图在西蒙美化过的那片土地上开办了他的学校。（柏拉图最著名的学生亚里士多德在很大程度上是一位生物学家。）那么，这种虾虎鱼的行为又是怎么回事呢？

“我们再三观察，终于开始意识到虾虎鱼在做什么。”王说，“它们的行为与‘九三阈值’有关，我们了解到，围绕‘九三阈值’发生了一些事情。”

每一群虾虎鱼中都有一对占支配地位的种鱼，一雌一雄，再就是一些居从属地位的雌性非育种虾虎鱼，多达15条左右。

“通过它们的行为，我们了解到那里发生了什么。不妨这样想：珊瑚是安全之地，虾虎鱼群是安全之地，但天下没有免费的鱼食，要想入住就得付费。”

“付费？多少钱？”我问。

她大笑。“好吧，是这样的，”王说，“断食，虾虎鱼得断食。”

雌性虾虎鱼在体形上呈现出细微的差异，地位也随之有高低之分。在虾虎鱼这样的鱼类中，社会等级（它们在队列中的位置）主要由体形大小决定。相对体形非常重要，群体成员能敏锐地感觉到细微的变化。

“所以，当它们排队时，”王说，“其实是在互相评估，它们在比大小。”

这些评估构成了关键线索，说明你在等级体系中的位置，从而决定你有权做什么，以及群体对你的期望是什么。但是，社会群体的困境在于，如果没有某种约束，从属者就会有很强的动机篡夺直接“上级”的权力，顺势往上爬。这样的野心如果被所有或相当数量的从属者效仿，而后者很快就会有自己的从属者，那将是一个噩梦。它将会退化为萦绕在牛津大学哲学家托马斯·霍布斯心头的可怕梦境：持续不断的大规模冲突，即所有人对所有人的战争。然而人类学证据表明，情况并非如此。当然，争夺霸主地位的竞争是存在的，但随着时间的推移，群居动物往往会形成相对稳定的社会和正常运转的社群。何以如此？

一个有效机制便是被驱逐的威胁——如同陶片放逐法那样。王如是说道：“一旦虾虎鱼离开寄居的珊瑚，基本上就会被吃掉。寄居在珊瑚上，你很安全。离开？被吃掉。因此，这个问题很严重，是实实在在的威胁。”

因此，被驱逐的威胁是控制从属者行为和促进群体相对和平与持久稳定的有效机制。对虾虎鱼这种体形关乎生存的动物来说，从属者无限制的生长将威胁到占统治地位的鱼。而由于虾虎鱼呈渐进式生长（小鱼比大鱼长得快），这一问题就更加突出了。因此，下级虾虎鱼与上级虾虎鱼的大小越是接近，就越有可能构成威胁，即越有可能在竞争中成功地驱逐它的直接上级。于是便进化出了这种机制：下属的生长受到极度精确的控制。

对寄居在珊瑚上的虾虎鱼而言，这个精确数字是0.93。

“我们发现在‘九三阈值’上发生了些什么，”王说，“这是一个神奇的数字。”在其他鱼类中情况有所不同，但虾虎鱼的数值是0.93。换句话说，如果下级虾虎鱼相较于其社群队列中的上级近邻，其体形比例小于这个数字，它们便不构成威胁。因为下级没有足够的体能打败上级。

“我们想更好地理解这中间发生了什么。观察虾虎鱼的生活很有意思，你可以了解群体中的各种角色。体形较大的‘统治者’，体形较小的‘篡权者’，试图打破边界的行为。观察它们简直让人上瘾。”

“像看肥皂剧似的？”

"就像看《老大哥》一样。是啊，你迫不及待地想穿上脚蹼，去看看今天礁石上发生了什么。"

"你潜水吗？"我说。

"对啊，太有趣了。"她回答我。

我很高兴听到这样的回答。潜水不仅仅让人恐惧，它还带来乐趣。我决定给她讲讲安东尼、迈克尔和湖的故事。

王和她的团队在昆士兰的珊瑚礁研究中心进行了这项研究。她获得了在蜥蜴岛研究的经费。通过一套严格控制的程序，他们收集了样本鱼，在测量前先用丁香油溶液将它们麻醉，以确保它们不会受到伤害，之后再用卡尺精确测量鱼的身长，用显微镜测定它们的性别，最后再把它们放回鱼群，并在接下来的两周时间里（两天一次）借助水肺设备进行观察，对 54 组样本中的 420 条鱼进行检测，目的是检验优势鱼和劣势鱼的大小比例对被驱逐风险的影响。

然而，由于驱逐的后果很极端，这种情况很少发生，虾虎鱼很少必须这么做。"我只在野外见过两三次，"王说，"所以我们必须找到另一种方法来进行实验研究。"王的团队举办了一系列的"竞赛实验"，把互不相关的鱼放在实验性珊瑚礁环境中。活珊瑚礁是更理想的寄居之地，相当于伦敦西区。不过另一处还有一小片不那么健康的死珊瑚礁，相当于贫民窟。

王的研究团队观察到，这些虾虎鱼之间发生的冲突行为包括相互追赶，正面冲撞，撕咬对方的鳍。"它们会交战，接着，通常是体形较小的虾虎鱼让步，而体形较大的虾虎鱼依然不依不饶，追撵逼迫小虾虎鱼，直至把它们推出去为止。"经过一番力量的考验后，这些"鱼中败将"被发配到另一个地方——贫民窟，代表着它们被正式驱逐出群。王的研究团队发现，一旦从属者的身长超过支配者的 0.95 倍，被驱逐的概率就会增加一倍。

因此，虾虎鱼会调节自身的生长。通过保持相对较小和不构成威胁的体形，它们能够享受群体社会生活的集体利益。王的研究表明，当下级虾虎鱼接近 0.93 这一临界系数时，它们便开始小心地控制饮食。

“它们会突然停止进食。”王说。虾虎鱼会断食。“不同寻常的是，即使我们提供了更多食物，但如果它们已处于‘九三阈值’，就不会去吃。虾虎鱼这样做是自发自愿的，很可能源自被驱逐的威胁。这可不是一个虚假的威胁，它的确会发挥作用。”

这便是“付费入住”原则。被社会接纳的代价就是要注意你的“腰围”，或与之类似的其他参数。研究表明，其他鱼类也有自己的“校准系数”，即属于它们的神奇数字，如《海底总动员》中尼莫那样的小丑鱼（双锯鱼属海鱼）。因此，由于存在被驱逐的威胁，一些诸如贪婪、无限制生长等威胁现状的破坏性危险行为便得到了抑制。所以驱逐行为的功能是使群体稳定，减少消耗性冲突和霸权争夺的发生。从长远来看，这种驱逐的威胁提高了群体的生存能力和凝聚力。于是，作为一种威胁管理形式，驱逐在两个层面上发挥着作用。首先是保护优势鱼，其次是促进和延长群体的生存能力。这是惩罚与合作的巧妙结合。

“你们的实验对于我们理解驱逐有什么帮助？”我问。

“这种冲突解决方式促进了社会群体的稳定。社交驱逐的威胁可能充当了一种强有力的社会控制形式。我们相信，这种机制很可能广泛存在于动物社会中。我的其他同事一直在研究猫鼬，还有鼹鼠，你见过鼹鼠吗？”

“我很想看看鼹鼠。”我说。

她笑了：“你一定要看看鼹鼠。”

“那人类呢？”

“人类，”玛丽安·王说，“人类也是动物。我认为我们都生活在受到惩罚的威胁下，只是程度和方式不同罢了。它的确管控了我们的行为，被排斥和驱逐让人受伤。我看着大学和城市周围的人，以及他们做的一些事情，我就想：‘这也太热带鱼了，没开玩笑吧，分明就是虾虎鱼的行为啊！’当然，人类要比虾虎鱼复杂得多，但基本的社会行为是一样的。”

说来也巧，就在我们交谈时，我的推特上出现了一篇文章，题目是《孤独如何影响健康》。一项研究表明，社交孤立会使你患中风或冠心病的风险增加30%。经常患有抑郁症的32岁的受访者麦莉说：“我觉得自己完全不招人喜欢。”

“这些都是非常现实的社会问题，”王说，“社会性动物的羞耻心和规避心都是一回事——为了维持规范。我们人类是社会性很强的物种，驱逐肯定会对我们产生非常大的影响。”

“如何影响？结果是什么？”

“会让我们做本来不会做的事情。我们的研究反映出社会性动物是多么容易被操纵。这就是真相：群体规范影响着我们，无论它是好是坏……”她停顿了一下，“对，就是这样。无论这种群体行为是好是坏。”

那一刻，没有回头路。正苦恼着是否真的要点击“发送”键的凯西·博尔科瓦（Kathy Bolkovac），还不知道她的生活将发生天翻地覆的改变。更确切地说，她曾经熟悉的生活将会结束。她停住了。

她知道自己正在思考的是一个大问题，这毋庸置疑。但这重要吗？不过话又说回来，她了解自己：她只能走一条路。

发送。

那时，也就是 2000 年，博尔科瓦只是国际冲突后过渡时期司法系统中一个微小的齿轮。她是三个孩子的母亲，离过两次婚，第一次到离家很远的地方工作。

她的家乡在美国内布拉斯加州的首府林肯市，坐落于密西西比河与落基山脉之间的北美大平原和草原地区。博尔科瓦留着一头浓密的金发，看人的时候总是直视眼睛，是一个简单、认真、直率的人——典型的大平原人。“我们住的地方是大农场和大牧场，”她说，“人们眼中的大乡村，那就是我们的家。”

她的姓氏实际上源自克罗地亚，她祖父在 20 世纪 20 年代从巴尔干半岛来到了美国。而在 21 世纪初，已经在内布拉斯加当了十年警察的博尔科瓦将要回到那里，这一切都是因为一张简单的传单。

博尔科瓦当时快 40 岁了。有一天，她看到警察局的公告栏上贴着这张传单，一个加入联合国国际警察工作队的机会。这张传单在内布拉斯加相当有诱惑力：有机会加入国际工作队。传单上还用一个不吉利的破折号补充说明了工作地点——波斯尼亚。

博尔科瓦给孩子们详细说了这个工作机会。迈出这一步很不容易，波斯尼亚离内布拉斯加的大农场非常遥远。不过，这份工作与她一直从事的工作内容差别不大，因为她专门从事性犯罪方面的工作，而且干得相当出色。联合国的这份工作在萨拉热窝，就是负责调查性侵犯的。博尔科瓦对自己的业务能力信心十足，她的定罪率几乎达到100%，按她的说法："诀窍就在于审讯。"

那时，她正在担负着孩子们的教育开支（两个大一点的孩子都在上大学），因此，8.5万美元的薪水很诱人，是她在林肯警察局薪资的两倍。不过，这则广告有一点很奇怪，她当时并没有留意，可能顺带看到了，但视线很快便被8.5万的薪资吸引。传单顶部印着美国国务院授权的外包招聘公司的标志——戴恩国际公司（DynCorp）。

她从没听说过这个公司，但它与联合国和美国国务院合作，所以当时她并没有多想。这个项目是国际大型项目，而她只是一个来自内布拉斯加的警察，希望尽自己的职责为孩子们赚点儿学费。她会像往常一样，尽最大努力，全身心投入工作。不过，毕竟已经入行多年，她对这一切可不会抱有浪漫的幻想。"我就快40岁了，"她说，"这不过是一份工作而已。我不是在拯救世界，而是在努力工作，挣来票子，保证孩子们的前途。"

话虽如此，内布拉斯加州中部这块公告栏上的"波斯尼亚"几个字有着独特的异国情调，有着她无法拒绝的吸引力。她意识到，如果自己足够幸运被录取的话，那将是一次美好的经历，而合同结束后，她就会回家。感谢戴恩国际，不管你是什么公司。戴恩国际一直受国务院委托，跟联合国有密切的合作，所以肯定是让人放心的。

2. 受伤之城

被驱逐出一个群体，任何一个群体，都意味着一种社交死亡。

对于随之而来的痛苦，心理学家威廉·詹姆斯给出了最好的解释：

> 如果我们进屋时没有人回头，说话时没有人回应，做什么没有人在乎，如果我们遇到的每一个人都不理睬我们，表现得好像我们不存在一样，不久，我们心中就会升起一种愤怒和无能为力的绝望，在这种愤怒和绝望中，肉体上最残酷的折磨反而会成为一种解脱。

但另一方面，正如密歇根大学动物学家理查德·亚历山大在1974年所说的那样，“群体生活没有自动或普遍的好处”。这正是社会生活的困境所在。

对包括人类在内的许多物种来说，生活在一个群体中是很艰难的，但又几乎不可能离开群体生活。在任何有群体生活的地方，人们往往会发现各种形式的驱逐行为。

在许多人类以外的动物物种中，也发现了对其他群体成员的驱逐现象。实际上，驱逐几乎存在于每一个人类社会中，但在得出明确结论之前，我们必须谨慎，不能因为人类以外的动物在社交上排斥同物种成员，我们就认定背后的原因与人类相同。不过，这也暗示了存在类似的过程，并至少能得出一个推论。很多时候，社会谴责的对象通常是已违反或被认为违反了某种群体规范的人。从这个角度来讲，驱逐可以理解为远离具有潜在问题的社交伙伴，比如那些长得太大而具有威胁性的鱼。

在20世纪90年代中期的坦桑尼亚，一只幼年黑猩猩因为拒绝服从居统治地位的雄黑猩猩而遭到了8只雄黑猩猩的集体攻击，它被强行驱逐出该群体。早在10年前，权威灵长类动物学家珍妮·古道尔就在坦桑尼亚贡贝国家公园观察到了类似的行为。贡贝国家公园有两只黑猩猩行为怪异。实际上，它们患有骨髓灰质炎，但随之而来的非常规行为导致它们被排斥和边缘化。其他黑猩猩不愿与它们为伍，还攻击它们。

对历史、人类学和跨文化记录的分析证明，人类的驱逐行为跨越时间和空间，无处不在。在人类身上，它可能以一种高度常规化的方式发生（就像在雅典一样），也可能以仪式的形式发生，如阿米什人社群中的“闪避”仪式。驱逐会出现在几乎每个儿童游乐场，以及其他类型的游乐场，如互联网和社交媒体。人类倾向于和其他人生活在一起，这源于一个明显的进化事实——单个个体可能难以存活下去。就平均情况而言，孤身一人被丢下更有可能遭遇灾难和死亡。

人类缺乏其他动物明显的防御机制，如速度、力量和威慑力，但他们在自然界中无与伦比的长处是能够团结在一起，组成合作的群体。他们一起狩猎，分工劳动，分享食物或安全栖息地等稀缺的必需品。此外，人类儿童的脆弱性及其发育之缓慢也创造了集体生活的需求。然而，社交是有限制的。

与其他人生活在一起，既是解决问题的办法，也是一个重要的生存问题——他人总会带来问题。

通过网络电话和玛丽安·王聊天时，我突然间明白了什么*。古

* 原文“The penny suddenly dropped.”是一句英语习语，字面意为“硬币突然掉了下来”，实际表示“突然理解了某事”。——编者注

老的英国半便士铜币掉进了澳大利亚周边蔚蓝的珊瑚海中。

“玛丽安，”我问，“你对飞盘了解多少？”

“不好意思，”她说，“我没明白，你是说飞盘吗？”

“是的，飞盘。”

“飞盘？”

“是这样，”我说，“我在佛罗里达的海滩上。”

“佛罗里达的海滩上——玩飞盘？”

“玛丽安，”我说，“我觉得有些事你需要知道。”

凯西·博尔科瓦在波斯尼亚加入的组织由来自世界各地的国际人员组成，他们希望帮助一个国家在经历了最惨烈的战争之后重建自我。这里发生的事情没有合适的词来形容，波斯尼亚战争造就了它们：这场冲突为词典里加入了一个新的术语——种族清洗。

这一短语也许以前有人在什么场合用过，但是因为波斯尼亚，现在几乎尽人皆知了。即使在内布拉斯加州的乡村，人们也有所耳闻，那是大洋彼岸一个遥远的地方，当美国和北约开始轰炸时，人们偶尔也会在购物中心谈论发生在欧洲核心地带的可怕悲剧。在欧洲，这简直令人难以置信。

博尔科瓦的朋友和家人都很担心，这是可以理解的。但她要参与的是国际社会的下一步工作，即帮助各社区处理创伤并恢复某种表面上的和平生活，包括设立过渡司法，进行生产力建设，贯彻法治原则，调查性侵犯罪。这是一份有价值的工作。

不过，她知道这份工作会有风险。那是凭本能做出的决断，像一场赌博，可孩子们的大学学费单还在不断地寄过来。再说，她不是那种容易被吓到的人，用她自己的话说，她身高 1.78 米，是个“大块头”警察。她曾经历过危险的处境，受过伤，得过脑震荡，流过血，扎过绷带。“我不是容易害怕的人。”博尔科瓦说。

孩子们是很大的动力。她可以向他们保证：这是一份调查性工作，不会让她成为直接的攻击目标。

“但你想过自己将要面临的是什么吗？”我问。

博尔科瓦停顿了一下。该从哪里说起呢？该怎么说呢？她沉默了一会儿。我的窗外有一棵树，树叶掉下来，像陀螺一样快速地旋转着。“这个嘛，”博尔科瓦说，“怎么说呢……”

当她到达波斯尼亚时，眼前这座满目疮痍的城市令她震惊不已。萨拉热窝本身就是受害者。窗户被砸碎，墙上溅满弹片，地上遍布弹坑，到处都是惨遭围攻和屠杀的迹象。她想知道这是什么地方，这里发生了什么事。“不过，我一直告诉自己：仍然有人生活在这里，不管怎样，人们熬过了这场浩劫。你知道，我们正努力改善现状。”

她是个警察，她会坚持警察的本职工作。她要调查。

调查什么？

波斯尼亚的穆斯林波斯尼亚人、东正教塞尔维亚人和天主教克罗地亚人混杂在一起，埋下冲突的隐患。1992 年至 1995 年，战争无情地爆发了，但它并不只是以常规的武装交战形式出现。冲突的独特本质是向对立族裔群体的平民实行恐怖主义。他们被强行带走，关在集中营里，挨饿、受折磨、遭受性侵犯和强奸、个体谋杀和集体屠杀。所有这些都发生在欧洲的核心地带，发生在 20 世纪的最后十年。真是让人难以置信。

在这场混乱之后，博尔科瓦的工作项目是负责处理针对妇女的暴力。国际警察工作队的职责是协助当地警察有效地调查侵犯人权的行为，他们由联合国安理会直接授权。

有一段时间，下了很多场雨，之后又下了雪。大雪遮盖了许多东西，将它们隐藏。它就像一条美丽的毯子，盖在这座满目疮痍的城市上。萨拉热窝在雪的掩映下又恢复了昔日的美丽，只见中世纪的古老桥梁横跨在一条平静的河上。无论发生过什么，人们仍然生活在这里。她会帮助他们。

几个月后，她被调到泽尼察，距离萨拉热窝西北部有一小时的车程。她奉命负责联合国在那里的一个项目，打击针对妇女的暴力犯罪。不久，她就完成了来到波斯尼亚后的第一起家庭暴力罪公诉。

之后的某一天，在发源自伊格曼高原而后流经泽尼察的博斯纳里弗河里，人们发现了一具尸体。那是一个年轻的乌克兰女孩，后脑勺陷了进去。她被人杀害后弃尸河中。

在那之后不久，有人又发现另一个失神恍惚的年轻女孩，一个摩尔多瓦女孩，正沿着河边跌跌撞撞地走。当地警方把她接走了，但又不知道该拿她怎么办，于是把她带到凯西·博尔科瓦的办公室。

博尔科瓦试图审讯她，但这个女孩受了严重的创伤。她穿了一条短得几乎算不上裙子的布，上衣闪耀着亮片。她的脖子上全是瘀伤，胸部和手臂上也有。她看上去刚刚成年。她要了一支香烟。

当办公室里只剩下她俩时，这个年轻女孩的嘴里像念咒语一样一遍又一遍地念叨一个词：佛罗里达……佛罗里达……佛、罗、里、达。

博尔科瓦起初很困惑，随后回想起来，她曾不经意间看到过一个摇摇欲坠的酒吧或俱乐部，名字就叫佛罗里达。她觉得女孩说的就是那里，随即开车出去查看。

当她最终乘坐一辆联合国专用卡车到达那里时，这座位于城镇边缘的破旧建筑里空空如也。也许这个叫维多利亚的女孩说错了，或者把地方搞错了。这里空无一人，只是一栋废弃建筑。不过话又说回来，那种强烈的情绪，对“佛罗里达”这个词的来回重复，让博尔科瓦确信其中必有隐情。她当警察的时候审讯过很多人，她知道人们什么时候在说谎，而这个女孩没有。

奇怪的是，门是开着的。桌子和椅子被掀翻了，喝了一半的啤酒散落在吧台上。吧台后面有一个金属盒子，里面装着一捆捆的美元，在一个外币即黄金的国家里，这些美元更是值钱。但真正让她感到不寒而栗的，却是她在现金下面发现的东西：一堆护照。这些都是来自东欧国家的年轻女性，包括罗马尼亚、乌克兰、摩尔多瓦。维多利亚的护照也在里面，照片上是一个更快乐、更健康的她，面带微笑，充满希望，毫发无伤。维多利亚没有说错。这里的确发生了什么。

博尔科瓦走到屋外。紧靠外墙的是一个荒废的消防出口。带着几分恐惧，她爬上了台阶，脚下的金属楼梯在咯吱作响，建筑物也在咯吱作响。楼梯顶端有一扇木门，门被锁住了，但因年久失修而风化。一切都处于破损失修的状态，一如波斯尼亚的样子。博尔科瓦把门踢开了。

门后面是七个年轻女人，惊恐地蜷缩在地板上的两个脏床垫上。

3. 请勿阅读

基普林·D. 威廉姆斯（Kipling D. Williams），大家都叫他基普，如今60多岁了，留着很短的花白头发，胡子修剪得整整齐齐。威廉姆斯现在是印第安纳州普渡大学的心理学教授，但在华盛顿大学念本科时，他就开始了实验室研究工作。实验用到大量的老鼠，几年后，他意识到自己受够了老鼠。他还是更喜欢研究人类，尤其是在社会影响这个他最感兴趣的领域。他如愿以偿。20世纪80年代中期，年轻的威廉姆斯成为艾奥瓦州得梅因的德雷克大学的助理教授。改变他生活的那一天似乎并不特别，他只是牵着狗在公园里散步。

“它是一只混血狗，”威廉姆斯说，“名字叫米狮龙。我知道，我知道，跟那款啤酒名字一样。在我还是学生的时候我就领养了它。它是德国牧羊犬、柯利牧羊犬和其他品种的混种，很可爱。”

威廉姆斯带着狗正在湖边的草地上休息。他们坐在一块毯子上，各做各的事情。这时，有什么东西沿着地面滚到他的背上。威廉姆斯转过身来，发现是一个飞盘。

“我转过身，看见有两个人在等着我把飞盘扔回去。于是我把它捡起来扔给他们，也没多想。谁都会这样做的吧？但是，让我惊讶的是，那个接住飞盘的人又将飞盘朝我扔来，真的是扔了回来。我们没有说话，一同玩起了飞盘。”

威廉姆斯说，在公园政治的复杂词汇中，当我们接近陌生人时，这是“一种邀请”。飞盘游戏继续——正手，反手，大力抛掷。大约两分钟后，那两个人突然不再把飞盘扔向威廉姆斯了。

“起初，我觉得有点好笑，就像他们在跟我闹着玩儿一样。然后我意识到飞盘不再朝我这儿飞来了。”

威廉姆斯出局了。

“这件事让我觉得自己很愚蠢，感觉很糟糕，非常糟糕。我很尴尬，有种受了羞辱和伤害的感觉！”

他试图理性地去看待这件事。就在几分钟前，他甚至还不知道这些人的存在呢，而且很可能再也不会见到他们。“所以我为什么要为这么一件小事难过？我为什么这么在意？”

为什么？我们为什么如此明显地在意这种事？因为它助长了我们内心对某种东西的恐惧——**驱逐者**。

凯西·博尔科瓦错了：那些难以名状的事情并没有结束，它们现在还在发生。它们是怎么发生的？作为警察，她会调查清楚。

凯西·博尔科瓦在佛罗里达夜总会楼上的门后面发现的年轻女性个个瘦骨嶙峋，精疲力竭，惊恐万分，以至于说不出话来。她们是另一种战争的受害者。可谁是战斗人员呢？战利品又是什么？

她发现，这些年轻女性陷入了一种债务困境：护照被没收，还要被迫偿还“交通费和伙食费”。正如非政府组织“人权观察”对波斯尼亚和黑塞哥维那（波黑）的详细报告中所述，提供给这些年轻女性的唯一就业机会是性工作。实际上，她们背负的真正债务是人贩子为购买她们的身体付出的成本。有时她们会被多次出售，甚至还有专门的交易市场。在萨拉热窝就有一个名叫“亚利桑那”的实体市场，她们被领到那里，脱光了衣服任人摆弄和检查。

那些试图逃跑的女孩要么被抓回去殴打，要么最终横尸河中。越来越多的年轻女性前来求助博尔科瓦。她们最远来自俄罗斯，遭遇都非常相似：上当受骗，堕落沉沦，任人买卖，然后遭受性剥削。总共有 200 多家这样的夜总会散布在波斯尼亚的城镇，进行着贩卖年轻女性的交易。

博尔科瓦还发现了更多情况：许多国际警察部队的成员不仅与这些脆弱的年轻女性发生性关系，而且还从人贩子那里收取报酬，作为提供突袭行动线索或获救女孩下落的犒劳，以便人贩子“循环利用”她们，做进一步的性剥削。

凯西·博尔科瓦决定做点什么。无论付出什么代价，她都要揭露这种虐待和腐败现象。首先，所有大人物都必须知情。

她起草了一封电子邮件，详细讲述了自己发现的全部情况。她把邮件发给了戴恩国际和联合国的数十名高层官员，包括联合国驻波斯尼亚代表团长官。她希望这封邮件能打破人们的幻想，恢复人们的理智，让他们觉醒。他们一定会的。她在邮件窗口的标题栏中输入：

> 请勿阅读
>
> 如果你承受力不够
>
> 或问心有愧

她点击了“发送”。

博尔科瓦随即被叫去参加高层会议。有关人士对她披露如此恶劣的行为表示感谢。他们成立了一个紧急调查委员会，以提供应急资源支持她的工作，帮助那些受虐待和剥削的年轻女性。凯西·博尔科瓦的勇敢举动被视作联合国维和行动的有力证明，这正是他们来这里的原因。

事情本该如此发展，而现实并非如此。

太阳依旧东升西落，对数百名年轻女性的苛待仍在继续。博尔科瓦越是提起性奴役问题，就越被同事排斥在外。在食堂里，没有人与她一起用餐。大家都躲着她，就像她携带着传染病毒。

在她的周围，仿佛有人在石头上刻着字，一笔一画刻下她的名字，就像刻下西蒙的名字那样。这种古老的惯例，无声的仪式，开始再度上演。它带着一种深深的神秘感，仿佛时空在不停地轮转，食堂变成了市政广场，回到了巴尔干半岛上的雅典。

人们开始干扰她办案。

一些文档失踪了。

上级将她从各种负责的案子中调离。

她的调查遭到了蓄意破坏。

处境变得令她无法忍受。她被重新部署，远离人口贩卖工作处，远离人权工作。她被派去检查通信和接听电话。接着，她被停职了。

人们对她提起了一系列指控。随后她遭到解雇，开始受到死亡威胁。

正如凯西·博尔科瓦所说："你最好做好失去工作、事业、积蓄和退休金的准备，因为你将名誉扫地，他们会不择手段地去伤害你。"

作为一项核心生存策略，人类（以及其他动物）必须对疾病的征兆高度敏感，最简单的表现就像避开某个打喷嚏的人。但是，疾病和差异化之间存在着复杂的交叠。差异化行为可能是一个风险指标，比如古道尔的研究中患骨髓灰质炎的黑猩猩所表现出来的样子。然而，这样的系统也会提醒我们注意来自差异化社会行为的风险信号，比如做出违反规范的事情。这正是凯西·博尔科瓦在波斯尼亚的所作所为。

我们有许多现代形式的“陶片放逐法”，小到在脸书和推特上删除好友和取消关注，大到英国政府最新的政策建议，比如犯有恐怖主义相关罪行的归化公民应被剥夺公民身份。除此之外，监狱也是驱逐的一种形式。

在加雷斯·迈亚特死后，我与剑桥大学的同事在一家安全训练中心进行了一项研究，我们发现驱逐有多重运作方式。令人震惊的不仅仅是这些青少年的社交孤立和封闭，更是他们被看待的方式。他们被视为传染病，被当作犯人而不是孩子。人们认为这些孩子根本就是异类，一种不同于常人的“类型”。用来描述他们的话语涉及动物形象：必须带着他们“像牛群一样”在机构里四处走动，必须给他们“喂食和喂水”，必须小心他们“狗咬狗”的行径。

在对加雷斯之死的调查中，我们发现一些专门负责看管社区中最脆弱儿童的狱警给自己取了外号，比如“打手”、“大力士”、“拳击手”和“破坏者”等。我们发现，作为一个青少年机构，他们举办了“每周之星”的星级排行赛，星级最高者是被成年警官强行管制最多的孩子。这导致了一个危险的恶性循环：诋毁、妖魔化，最终去人性化。它为监狱官员对被拘留的青少年使用危险武力创造了条件，这种做法正在全国各地发生，后果则是孩子们遭受伤害。一些孩子失去知觉，还有一些孩子骨折，甚至有个孩子的两只手腕都断了——恶性循环招致死亡。

在加雷斯的死因审理开始时，他的母亲帕姆在回答问题时说：“有关部门把他从我身边带走时，我以为他会很安全，还会回到我身边。”她还说，在加雷斯死后，她没有收到任何道歉或援助。“我的人生算是结束了。”帕姆说。

所以，这是帕姆那个问题的另一部分，是对房间里发生了什么的另一条线索。加雷斯和其他被拘留的孩子一样，受到了社交驱逐。人们侮辱、忽视和虐待这些被拘留的孩子，经常对他们使用不必要的武力。陪审团裁决后，帕姆对等在那里的媒体说，她本来就很难接受儿子的遭遇，再得知孩子们多年来被屡次伤害却申诉无门，她更加难受了。非政府组织调查组的副主任黛博拉·科尔斯说，加雷斯的死“完全可以避免，是一场早已埋下祸根的灾难”。

事实是，这些青少年被监禁，被关押，被驱逐。我们不太在意那些被我们驱逐的人。

在法庭上，当被问及如何才能帮助她继续生活时，帕姆说：“查出真相。”

凯西·博尔科瓦一直在尝试揭露真相，可现在她出局了。她被驱逐了。她以非法解雇的罪名起诉了戴恩国际，理由是她因法律意义上的“受保护信息被披露”而遭到妖魔化和排斥。她的起诉引发了一场激烈的官司。在打官司的过程中，戴恩国际承认自己有三名员工因嫖娼而被解雇。公司承认，他们的一名员工曾“购买性奴”并将其关在公寓里，这名员工为此花费了700美元。

博尔科瓦赢了。法院发现，戴恩国际解雇她，是因为她呼吁重视人口贩卖案和揭露腐败的行为。根据法院的判决，该公司“对申请人有恶意，并执意解除其从事性犯罪调查工作的权利”。审判长说：“很难想象会有这种案件，一家公司竟会以如此冷酷、恶毒和报复性的方式行事。”

虽然官司打赢了，但博尔科瓦发现自己不可能恢复在国际执法领域的工作了。法庭发现，由于她的所作所为，博尔科瓦变成了一个“有污点的女人”。她现在与丈夫住在阿姆斯特丹附近，她“重新回到校园”。正如她所说：“我还在努力弄清楚我的事业是什么。”

参与波斯尼亚性交易和卖淫的官员没有一个被起诉。戴恩国际随后赢得了一系列在伊拉克、阿富汗和海地等地的军事合同。在收到不公平解雇博尔科瓦的判决并放弃上诉的三天之后，戴恩国际就宣布与美国国务院签订了合同，为伊拉克提供治安服务。

博尔科瓦说：“当你想检举或揭发时，历史和多年经验表明，你的胜算不会太大。这就是我从后来遇到的告密者那里学到的。”

当她揭露一种有害的人类剥削模式，揭露出年轻女性被伤害、被殴打折磨并沦为性剥削工具这一现象时，为什么会发生这种情况？为什么与她合作的组织不仅无视她，还把她拒之门外？为什么她会遭到驱逐？

或许，科学会给出答案。

4. 安全圈与苦难

基普·威廉姆斯知道这很重要，这揭示了我们身上很重要的东西。他受到了伤害。“他们把我排除在游戏之外，让我觉得自己是隐形人，”他说，“好像我从来没有存在过似的。”飞盘游戏只持续了两分钟，为什么这种“拒绝”会造成伤害？它是如何造成伤害的？威廉姆斯想弄明白。这是一种什么样的痛苦？他知道自己必须对此进行研究。

8年来，他一直想研究社会排斥现象，却找不到研究方法。现在，当他和米狮龙坐在毯子上时，一个飞盘滚到了背后，这给了他灵感。他要玩飞盘游戏，网络版本的飞盘游戏。“在实验室里操纵飞盘是一种丝毫不露痕迹的方法。”

在普渡大学的实验室里，威廉姆斯和同事开始使用一些策略来操纵人的接触。他们在精心构建的网络游戏中使用不正当手段，来引导痛苦：将一些志愿者排斥在外，忽视或拒绝另一些志愿者。有的志愿者被赶出聊天室，有的则承受了刻意避开的目光。不管什么样的设计，其意图都在于传递社交痛苦。

“我们想看看导致人们产生被排斥感的最小事件是什么。”威廉姆斯说。他成功了。现在有大量的实验研究材料呈现了大脑是如何记录这种痛苦的。研究表明，它调动的神经系统与我们经历肉体创伤时调动的相同或相似。由此被激活的大脑结构包括评估疼痛严重程度的前脑岛，以及与肉体疼痛感相关的背侧前扣带回皮质。

加州大学洛杉矶分校心理学系的内奥米·艾森伯格（Naomi Eisenberger）在《心痛与骨痛》一文中说，尽管我们能够区分这两种类型的疼痛，但它们似乎有共同的神经生物学和神经基质。她指出，当谈到社会排斥时，人们会使用“他伤了我的感情”或“她伤了我的心”等说法。这种情况适用于不同的文化，几乎每一种语言都使用肉体疼痛的术语来描述社交痛苦。事实上，艾森伯格认为，在进化的过程中，社会关系或依恋系统可能“利用了”身体疼痛系统。因此，心智模块可能不是独立发展的，也不是完全独立运作的。不过，人们所描述的社交痛苦不仅仅是一个隐喻。它的确让人感到疼痛。

正如威廉姆斯所说，这一系列研究的一个显著发现是，虽然我们会发怒，会故作姿态，但社交痛苦“在最初的影响中对所有人造成的伤害几乎一样，并不因性格差异而有所不同。区别体现在我们如何应对，这是个体差异发挥作用的地方，但我们的疼痛程度都差不多”。

疼痛是一种社会控制方法。在动物界，它为各种各样的社会性动物所用，将离经叛道者或麻烦制造者驱逐出去，令群体变得更有凝聚力。然而，与此同时，被驱逐动物的前景并不乐观。正如玛丽安·王所说：“当你被驱逐出去后，你就会被吃掉。”这种极端的结果并不局限于人类以外的动物。

2013 年，约书亚·昂斯沃斯（Joshua Unsworth）在兰开夏郡朗里奇镇的圣塞西莉亚罗马天主教高中读 11 年级。他和父母住在附近古斯纳村一所改建过的农舍里，不过他也活跃在 ask.fm 上。该网站是一个社交媒体中心，由两名俄罗斯企业家伊利亚·特雷斌和马克·特雷斌创建，二人的父亲曾是一名苏联红军士兵。该网站总部设在拉脱维亚的里加，并不受实际监管，允许用户匿名向其他用户发表评论或提问，这一争议性功能被儿童保护慈善机构称为“跟踪者的天堂”。

在使用 ask.fm 的很长一段时间里，约书亚被反复告知没有人喜欢他。其中一条消息写道：“老实说，没有人关心你，甚至你的父母也不想要你，他们会把你送到福利院。”

2013 年 4 月 4 日早上 6 点 50 分，约书亚·昂斯沃斯被发现在自家农舍后面的地里上吊自杀。医护人员赶到现场，但他被当场宣布死亡。

就在发生这些事的几个月前，约书亚还在视频网站 YouTube 上发布了一段视频。他在视频中说，他看到年轻人在社交媒体上有多么绝望，说自己想出了一个帮助他们的办法。为了支持任何感到孤独的人，他公布了自己的手机号，向任何有需要的人提供“友好的交谈”。约书亚·昂斯沃斯自杀时只有 15 岁。

2000 年，威廉姆斯和普渡大学的同事发表了他们的一项合作研究。他们让 1 486 人参与电脑版的公园扔飞盘游戏，他们管它叫“虚拟球”。参与者被告知，这项研究关注的是“心理可视化”，想象有谁在玩，温度是多少，至于谁拿到了球并不重要。事实上，谁拿到了球这一点至关重要。参与了最初的几轮游戏后，一些志愿者将被排除在外，而电脑屏幕上的其他参与者则在没有他们的情况下继续游戏——就好像志愿者不在那里了，当他们是隐形人一样。在随后的采访中，那些遭受排斥的人（即便是虚拟的排斥）报告称，他们的自尊心、控制力、归属感和生活意义显著降低。这并不是“真实的”，只是一场与从未谋面并永不会谋面的匿名人士进行的虚拟游戏。尽管如此，他们还是体验到了真实的痛苦。

“实验对照组是参与到游戏当中的被试，因此这种简化模型具有统计学意义上的可靠性。一些事情真实地发生了。”威廉姆斯说。即使一些特定的被试被告知这个“绝对事实”，即屏幕上的玩家其实由电脑生成，并非通过网络连接的其他真人，他们仍然受到了负面影响。因此，威廉姆斯和同事得出结论：这是一种相当“原始”的反应，是某种深层的东西。

“我们能看到这种反应，”威廉姆斯说，“他们在核磁共振成像室里，当拿不到球时，他们的大脑就会被激活。我们可以看到背侧前扣带回皮质的显著活跃，当人们经历肉体疼痛时，激活的是同一片大脑区域。”

目前，仅围绕“虚拟球”的研究或分析就有超过 175 篇论文，研究对象从 7 岁到 85 岁不等。荷兰一项类似的研究显示，即使接到传球会让他们付出经济代价，参与者也不想因为被拒绝而感到痛苦。即使游戏里抛掷的是一枚假想的炸弹，随时可能摧毁一切，人们仍然想和其他人一起玩。

“可以这样理解，”威廉姆斯解释说，“就好比你因为自己没有被邀请去玩‘俄罗斯轮盘赌’而感到难过。欲望就有这么强烈。”

排斥和驱逐行为威胁了我们对归属感的需求，即我们值得被关注，我们不是隐形人。威廉姆斯表示，这种痛苦“是绵延不绝的”。人们对这种社会排斥的反应根本且激烈。

从普渡大学“虚拟球”游戏实验室沿 65 号州际公路向正北方开车行驶 90 英里，你就到了印第安纳州瓦尔帕莱索高中。2004 年 11 月 24 日（星期三），正值这所学校感恩节假期前最后一天的第一节课。在西班牙语中，瓦尔帕莱索的意思是“天堂谷”，巧的是，他们正在上的就是西班牙语课，课上准备播放一段视频时，事情就发生了。当时还不到早上 8 点。

15 岁的学生詹姆斯·雷沃克（James Lewerke）主动提出关上教室的门，并关上灯，好让大家看清楚视频。他站了起来。老师阿什莉·多比斯是该州州议员切特·多比斯的女儿，她以为他这样做只是出于礼貌。在她的课上，学生们往往表现很好，他们喜欢她（在“教师评价网”上，她的星级评论通常是：“她棒极了，她是全世界最好的西班牙语老师，我爱她——五星”）。所以，得到多比斯老师的允许后，雷沃克离开座位。他是个安静的男孩，成绩相当不错。然而，当他转身面对全班同学时，按多比斯的话说，“他的眼睛里带着异样的神色”。詹姆斯·雷沃克拿出了一把砍刀和一把伐木锯子。

他用这些武器砍倒了 7 名同学。

在他冲出教室时，几位胆大的老师抓住了他，其中一位把武器踢到了学校走廊上。后来，雷沃克告诉警察，他攻击自己的同学没有选择性，因为“他们对他来说都是一丘之貉”。在雷沃克暴力事件发生后，《印第安纳波利斯明星报》报道称：“在瓦尔帕莱索高中，雷沃克是如此不起眼，像个隐形人，以至于坐在旁边的同学都叫不出他的名字。”

“为了弥补被视为隐形人的痛苦，”基普·威廉姆斯说，“我们可能会刺激他人来关注我们，迫使他人承认我们的存在。学校暴力案件之所以接二连三地发生，背后的导火索就是排斥和驱逐行为。”

2003 年，马克·利里（Mark Leary）和同事们发表了一份对 1995 年以来美国校园枪击案的综合分析，名为《戏弄、排斥和暴力》。他们发现，87% 的案件的主要成因都来自短期严重的或长期累积的社会排斥。在这些案件中，共有 40 名儿童在学校走廊和教室里被枪杀。

“他们已经过了想要被人喜欢或被社会重新接纳的阶段，”威廉姆斯说，“他们甚至想要借着自己的所作所为乃至自己的死亡而永垂不朽。通过这些行为，他们会被注意到，他们不再是隐形人。”

内奥米·艾森伯格在反映社会排斥的影片《拒绝》中说：“当动物经历极端的身体疼痛时，它们的第一反应就是攻击周围的任何东西，这也解释了为什么人们在被拒绝后会变得极具侵略性。调节身体疼痛的系统与调节被拒绝之痛的系统存在一定程度的重叠，这意味着人们可能会对社会排斥产生过激反应。”

“我没有疯，”16 岁的卢克·伍德汉姆（Luke Woodham）告诉精神病学家，“我只是很生气。”1997 年 10 月，伍德汉姆在密西西比州珍珠高中的食堂里用猎枪射击后被捕。他打死 2 人，打伤 7 人。“在这一生中，”他说，“我一直被人嘲笑、殴打、憎恨。”

亚当·斯科特是被伍德汉姆打伤的一个学生，他说，那次的枪击事件“就像一部恐怖片”。

康涅狄格州斯托尔斯人际接纳与排斥研究中心的罗纳德·罗纳（Ronald Rohner）说：“我们在生态文化演化的过程中，有一种特定的内在需要：来自对我们最重要的人的积极回应。”

我们在自己的社交视野中搜索，去寻找接纳或威胁我们的种种线索。更进一步的研究表明，人类已经发展出了行为免疫系统，以调节和限制我们与威胁健康的病原体和寄生虫等的接触。然而，这样的系统可能对其他类型的“差异”迹象极为敏感，比如违反既定群体规范或行为模式的个人行为。

实际上，我们已经看到相似的神经结构是如何处理不同形式的“疼痛”的，无论疼痛是身体上的（从进化角度看，这可能是系统最先进化的地方），还是社交上的（这可能是更晚近才发展起来的）。在进化过程中，也就是说，在过去的几百万年里，原始人类都生活在社会群体中。事实上，有证据表明，那些人眼中的群体规范违反者会被视为患了某种疾病。我对被拘留儿童和青少年的研究也发现了同样的现象。还有更多例子：一些孩子认为自己得了传染病，而有些孩子，比如加纳的安东尼，则认为自己什么也不是，或者更糟。

我们在做什么？

根据这一分析，认知系统很可能已经发展到可以解决反复出现的重大生存问题，包括群体生存问题。偏离规范可能会触发类似于旨在远离传染病的系统。忠实恪守普遍群体规范的群体成员会避开那些背离或违反规范的个体，就像躲避"传染病携带者"一样。因此，排斥会升级为社交孤立，可被视作一种隔离，而最终的制裁则是被群体彻底驱逐。

凯西·博尔科瓦最终被排除在群体之外，此后她再也没回去。她确实是一种"传染病"，这是事实。这个昏暗世界里充斥着非法妓院和后街酒吧，年轻的女性被关在里面，国际机构的车辆停在外面做生意，对这个世界而言，她确实违反了规范。她敢于挑战肮脏的现状，打破这个奇怪的微观世界里原本平静的共谋。

如果驱逐确实被群体成员用作威胁管理和社会控制的形式，那么在冲突后的波斯尼亚，对于这个几乎自主运转的扭曲世界而言，凯西·博尔科瓦就是一种威胁。不只她个人，就连事实真相也是一种威胁。

这对既存现状来说太危险了，对国际干预介入后蓬勃发展、利润丰厚却伤天害理的做法的存续来说更是一种灾难。它会威胁到工作、职业、钱包、贪婪、欲望和权力，并将使国际代表团的合法性受到尖锐的质疑。

如此大规模的风险要如何管理呢？办法就是驱逐报信者。

对博尔科瓦的驱逐表现出两种危机管理功能，它们在大堡礁虾虎鱼种群的管理中已有所体现：保护功能和优化功能。它保护了那些因剥削贩卖年轻女性而获益的人，即优势群体，又优化并延续了这个群体的（扭曲的）现状，即规范。

从行为生态学的角度来看，社会性动物群体中普遍存在的“付费入住”模式表明，凯西·博尔科瓦要想留在冲突后的波斯尼亚这个失常的微观世界，就必须付出代价。代价就是她得保持沉默，而这是她不准备接受的。

当飞盘忽闪着从空中向基普·威廉姆斯飞去时，他的学术生涯就此改变。飞盘还带来了人类交流和联系的信息。当然，自己一个人扔球或飞盘也能提供同样的有氧锻炼，如果我们愿意的话，效果还会更好。只不过从现象学上来看，这于人类无益。它一点儿也不好玩。一般来说，我们想要和其他人在一起，至少某些时候是这样的。但与此同时，我们还有一种残留的通常是无声的恐惧，害怕这种乐趣会停止，害怕它被夺走，害怕失去朋友，害怕被忽视。

这一切是为了什么?

除了少数相对罕见的例外，我们大多数人在生活中都需要和陌生人玩即兴飞盘游戏。有机会与他人进行卓有成效的互动同时意味着他们代表了一种可接受的风险。而风险是什么呢？被排斥。被驱逐的风险，社交死亡的风险。

内奥米·艾森伯格认为，社会排斥之痛可能是一种逃避性适应，鼓励人们避开那些可能导致驱逐的行为，这是促进社会联结的一种方法。从广义角度，威廉姆斯说：“我认为这是有进化基础的。我们作为社会性动物在进化，而保持与他人的联系对社会性动物的生存很重要。因此，我们天生就能发现蛛丝马迹，避免失去这种联系。”

但这种群体联系不是免费的，它需要付出代价。

各群体都有自己的规范，即规则。规范扮演着社会秩序的监管者、生产者和再造者的角色。驱逐或驱逐威胁作为一种社会控制形式发挥着作用，强制群体成员遵守规范，即使这种命令是不公平或不平等的，即使它是病态和有害的。驱逐的力量源于它直击我们的弱点和不安全感：害怕失去归属，害怕最终孤身一人。

“于是如我们所见，”威廉姆斯说，“应对驱逐的行为反应有各种有趣的模式。对许多人来说，他们更倾向于服从意见一致的群体，即使他们从感性上判断该群体明显有错。他们只是随波逐流，更可能顺从他人或服从命令。”换句话说，他们更容易受到社会影响，以避免威廉姆斯所说的“社交死亡之吻”。

还有另一种反应，一种更暴力的反应，就像我们在瓦尔帕莱索高中和其他上百所学校所看到的那样。

害怕被社会排斥，害怕被认为不合规范，害怕失去归属——这些都可能是人们长期以来对凯西·博尔科瓦所揭露的人权侵犯行为漠不关心的原因。别人遭受痛苦，而我们待在安全圈里。就这样，安全圈与痛苦周而复始。

它满足了我们融入社会的需要，它利用了这种需求。想挑战它，需要凯西·博尔科瓦这样的勇气。

博尔科瓦坚持不懈地替那些受剥削的年轻女孩伸张权利，最后终于迫使涉嫌参与人口贩卖的官员辞职。我们需要做的更多，远不止于此。在这些官员中，没有任何人被起诉。“他们从未受到指控，因为所有的调查最后都不了了之。”博尔科瓦说。

2010年，当一部改编自博尔科瓦事迹的电影在联合国上映时，她应邀发言。在另一场活动中，时任联合国秘书长潘基文主持了一场专题讨论，专注于后冲突局势下的性虐待、人口贩卖和强迫卖淫等问题。博尔科瓦当时就怀疑，人们是否真的从中吸取了教训。现在她仍然心存疑虑，而她完全有权继续怀疑下去。正如我在几年后写到的，中非共和国的国际维和人员被指控对妇女进行严重的性剥削，他们中既有联合国工作人员，也有非联合国工作人员。

在亨利克·易卜生所著的《人民公敌》中，托马斯·斯托克曼是挪威一个富裕的温泉小镇上的医生。当他指出镇上的水井被下了毒之后，他成了集体泄愤的对象。他告诉邻居们，必须停止从谎言中获利的行为。结果，斯托克曼家的窗户被砸碎了，家人被房东驱逐，当教师的女儿也被学校解雇了。镇上还通过了一项决议，规定任何人不得雇用斯托克曼医生。托马斯·斯托克曼被迫离开了小镇，因为他拒绝对真相保持沉默。

我问凯西·博尔科瓦是否知道《人民公敌》这部戏。

"我有自己的版本。"她说，眼睛直视着我。

"但你并不想要。"

"不想要，也不需要，可我有什么办法？"她表现出大平原人的平静和淡然，"这么多年来，人们一直问我，我的力量是从哪儿来的，我是如何做到的，为何没有退缩，即使在被驱逐、被攻击的情况下。嗯，这事情挺简单的。"

我的窗外有一棵树，在她说话时，树叶不停地从树上掉下来，被剥离，被抛弃。

"对的就是对的，错的就是错的，"她说，"我觉得归根结底就是这样。”

“是的，”我对玛丽安·王说，“我说的就是飞盘。”

于是，我把自己所知的一切都告诉了她。我把威廉姆斯的研究报告发给了她，又把她对鱼类的研究报告发给了威廉姆斯。我们计划成立一个规模不大但组织完善的研究团队，合力研究一些新东西。因为这两位学者惊人的研究（关于鱼和飞盘），一直困扰着我，让我不得安宁。其中还存在另一种联系，我花了好一段时间才找到。

我深信虾虎鱼和飞盘玩家与另一种形式的生物行为有着密切的联系。我们将在本书的后面讲到，这也是我一直在努力抗争的事情：女性生殖器割礼。

鹈鹕再一次从头顶飞过，我猜还是原来的那群，它们长长的喙再一次掠过佛罗里达的上空。我把飞盘扔回给那几个穿着齐膝短裤的男人。眼看飞盘就快到他们身边了，不料突然起风，飞盘在他们指尖两三厘米外若即若离地盘旋着，然后突然又朝我的方向飞过来。

“看来它想回到你身边。”离我最近的那个人说。

“它喜欢我呀，”我回答，把飞盘又捡起来，“你们好像玩得很开心。”

“飞盘最好玩了，”他说，“你是从外地来的吧？”

“从伦敦来。”

“哇，我一定要去伦敦。我还有家人在那儿呢。”

“在伦敦吗？”

“是的，先生，在斯劳。”

对我们而言，斯劳和伦敦不是一回事，不过这只是英国人的习惯。关于斯劳，诗人约翰·贝杰曼有个相当苛刻的评价："友军的炸弹快往斯劳扔 / 这儿现在不适合住人。"

"你知道斯劳吗？"拿飞盘的那个人问。

事物总在变化。贝杰曼所说的斯劳如今面临着不同的问题：在英国，那里的女性生殖器割礼发生率最高。当地也有许多人在与之抗争。"我知道斯劳。"我说。

"伙计，我得走了。"

"好的，当然。请便。"

我和基普·威廉姆斯不同，我不会和陌生人一起玩游戏。但我和他们聊天，这是另一种游戏。

我们驱逐他人，也被他人驱逐；我们是驱逐者，也是受害者。驱逐像手术刀一样直刺我们的大脑。神经系统着了火，逃避系统被触发，社交上的痛苦给人的感觉就像真实的疼痛一样。它的确是真实的。无论心智模块是独立发展的，还是借助了既有的身体疼痛系统，我们都能时刻察觉到它的信号。被接受的信号，被拒绝的信号，这些很重要。排斥可能导致教室的持刀杀人事件，血淋淋的刀子落在走廊上；排斥可能会使电视真人秀节目选手被淘汰后割腕；排斥还可能导致约书亚·昂斯沃斯这样善良的男孩悄悄走出自家的农舍，死在树林之中。

可可海滩上的几个男人还在继续玩飞盘，但我没有加入。我把目光再次投向水中，可现在的我既看不到箭形船，也看不到安东尼和迈克尔这两个男孩。令人安心的是，大西洋依然如故。飞盘呈现出几何轮廓的剪影。我把手搭在眼睛上，看着那群鹈鹕消失在卡纳维拉尔角上空，而太阳也滑进了香蕉河潟湖。

The Tamer of Terror

第三种人

恐惧驯服者

我只需看一眼这景观，
就知道它与我之前所见的任何东西都大不相同。

摘自查尔斯·达尔文日记
1832 年 12 月 17 日发现火地岛时

1. 是时候了

远处，窗外，传来一阵微弱的尖叫声。你在黑暗中走进女儿的卧室，看到她在平板电脑上写的一封信，一封给你的信。

屋外，尖叫声不断，在夜晚听上去极为恐怖。平板电脑躺在女儿的肚子上，女儿躺在床上休息。你注意到了剩余电量提示：49%。事情有点不对劲儿。

正常情况下（你以前见过无数次），女儿的平板电脑上会显示屏幕保护图案—— 一张老照片，照片上，她和她最爱的那条叫萨莉的小猎犬在沙滩上奔跑。但那是很久以前的事了，中间发生了太多事。在很长一段时间里，你必须照看着她。但现在，你能读到两段密密麻麻的文字，那只能说明一件事：女儿解除了屏幕保护程序。她想让你发现她写的东西。

这是一个繁星闪烁的夜晚。远处狐狸幼崽的尖叫声越来越大，夜晚的空气明显带有一丝寒意。当你的眼睛带着越来越多的恐惧掠过这些文字时，一种异样的寒意渗透了你的全身。

亲爱的爸爸妈妈：

我知道你们爱我，远比我应得的还要多。我们心里都清楚，我的存在就是别人的痛苦。但我仍希望你们知道，这不是真正的我。这种情况已经很久了。从前的我是那个在圣诞树下飞快扯开礼物包装纸的女孩，你们两个都笑着说让我别着急呢！妈妈，我是那个穿着您做的款式老气的衣服去参加学校音乐会和“约瑟夫梦幻彩衣”活动的女孩（不过我依然喜欢那些东西）。那时的“我”才是真正的我，而现在的我只有疾病缠身。我们都明白，我的病不但毁了我的生活，也毁了你们的生活。我一直都很痛苦，我身体的每一个地方都在疼——指甲疼，头皮疼，五脏六腑都在疼。我不能生孩子，我没有自己的生活。我不明白为什么人必须承受这么长时间的罪，我想摆脱这种痛苦，我想我已经受够了。但是，如果这次还像上次那样不成功的话，就请你们帮帮我。这一次我必须成功，所以我注射了所有的吗啡。如果还不起作用的话，我需要你们再给我注射一些。妈妈，我已经用了注射器里所有的吗啡，所以责任全在我。但如果不够，如果有必要，拜托，拜托您一定帮帮我。我希望这不会发生，希望您读到这封信时，我已经解脱了。

我很抱歉没有说再见，因为跟你们告别太困难了。你们要永远想念我，好不好？我知道这个要求很自私，但我希望你们永远想念我，因为我会永远想念你们。好在你们现在终于不用担心了，你们可以重新开始你们的生活了。我已经霸占了你们生活中的大部分时光，这很不公平，我真的为此感到抱歉。我再也受不了这种病的折磨了，我也不想让你们受折磨。我爱你们，我知道我们会再次相见，只是不在一个如此痛苦的地方。当我们再次相见时，你们就会明白我之前的做法都是对的，况且，我还会有萨莉陪着我。现在的这个人并不是我，我还是那个在康沃尔海滩上划船找海马的女孩儿。请你们永远记住那个时候的我！

永远爱你们的，B××

吗啡注射器是空的。注射塞已经推下去了。你的女儿朝自己注射了所有的吗啡。但是……

但是，她还活着。她的呼吸微弱而急促。她还活着，还在痛苦中挣扎。你可以帮助她，你有能力帮助她，让她像之前说过很多次的那样摆脱痛苦，而眼下就快成功了。你美丽的女儿，那个在康沃尔海滩上奔跑的女孩，那个发现了最稀有的海马的女孩（在过去30年里，康沃尔郡只发现过12只）。海马，多么令人着迷的名字，长着扁平的鼻子，精致优雅的小动物。

吗啡被安全地储存在药柜里，遵照医生的指示，避光避热。那些吗啡足以结束女儿的生命，这无法设想，却正是她想要的。她曾经试过，但没有成功，而后来她的生活更糟了。毫无疑问，这就是她想要的：结束多年的痛苦，与心爱的萨莉相聚，不仅仅是和心爱的宠物在一起，更是回到一个没有痛苦笼罩的生活中去。但她毕竟是你的女儿啊！

人们会谈论安乐死。可不管选择何种方式，哪有什么安乐可言？这意味着你要夺去自己创造的一条生命。但另一方面，你又感到极度恐惧——害怕她现在更痛苦，害怕你会让她失望，害怕你不能帮助她结束这种折磨。

慢慢地，你的手无意识地抓住了药柜光滑的金属把手。药柜门轻轻地滑开了。你的脑子里充斥着各种念头：女儿在海滩上无拘无束地奔跑；女儿躺在床上，静脉里注射了大量吗啡；你看到潮水涌向海滩，你看到危险的毒剂渗入她的身体。你心里一直知道会有这么一天，知道你会面临这个考验，并已经准备好了答案。只是现在，答案似乎消失了。或者更确切地说，现在你有两个答案。

狐狸幼崽在寒冷的夜晚打闹着，发出刺耳的尖叫。

你的手伸向吗啡瓶，又放下了。

你再伸手去拿，再次放下。

伸手……

首先，我们来认识一下托尼。

在互联网上，你会找到托尼跳伞的模糊视频。视频里的托尼飘浮在空中，身上系着细长的伞绳。降落伞有一个黄色波纹状伞衣，上面是霓虹粉的小引导伞，形状像个纸杯蛋糕，而托尼则穿着一件灰绿色连衣裤。钴蓝色的天空环绕在他的头顶上方，托尼朝镜头挥着手。

“那是在阿联酋的某个地方。”托尼的妻子简说。简一头栗色齐肩短发，看上去很严肃。她以前是个护士，非常忙，无暇顾及无关琐事。她说话时略带粗重的喉音，透露出她来自多塞特郡的身份。她现在 50 多岁了，又重返职场为英国国家医疗服务系统工作，不过不再当护士了。她告诉我，她这辈子已经当够了。

“是的，那是我们在中东时拍的，”简说，“如果你要跳伞，那里很合适，天空碧蓝，万里无云。那是一份生日礼物，托尼送给自己的。他喜欢体验各种不同的事情。”

简操着多塞特口音向我描述了一幅完美的画面，但我还是感到有些异样。我意识到了这一点，就问简：“他喜欢跳伞吗？”

简笑了：“哦，很喜欢，非常喜欢，对他来说，跳伞就是一种自由。”

这是第三种“潜水”*：在安东尼那里是恐惧，在玛丽安·王那里是乐趣，而对托尼而言，是自由。“你会做这件事吗？”这是我第一次问简这个问题。我知道自己以后还会问一次，在完全不同的语境下。而现在，我不想问她那个关键的问题，那个唯一的真正的问题，此刻对我们两个人似乎都不合适。简很直接，也很坚强，但也有限度。

“我会背着降落伞从飞机上跳下去吗？”简说，“不可能，我永远也不会让人把我弄上去的，有什么意义呢？”她有些答非所问，有些不以为意。“但是托尼不一样，他喜欢做那种疯狂的事情。他很有趣，咋咋呼呼，特别爱炫耀。跟托尼在一起的世界既奇妙又疯狂。”

在视频中，托尼正从阿联酋的天空下坠，向镜头挥着手，快乐地炫耀着。

简和托尼是在迪拜经人介绍认识的，那是在 1984 年狄昂·华薇

* 跳伞的英文是 skydiving，与潜水（diving）使用了同一个词。——编者注

克的音乐会上。“我知道这听起来有点老套，不过我们是一见钟情。当时他皮肤黝黑，高大帅气，非常有趣，无论是生活还是灵魂。”

托尼的个子的确很高，1.94 米，热衷（事实上几乎是痴迷）橄榄球运动，同时还是一个极限运动业余爱好者。你可能听说过他，他的全名叫托尼·尼克林森（Tony Nicklinson）。

2005 年 6 月发生的事改变了他们所有人的生活。当时托尼正在雅典出差。他是一名土木工程师，在一家希腊公司工作，虽然与家人定居在阿联酋，但他必须定期返回希腊。到了希腊他也只是工作，没时间去观光旅游，比如参观帕提侬神庙或阿果拉广场什么的。托尼爱玩儿，但也肯埋头苦干。

在旅馆里，托尼的头开始剧烈地疼痛，而且一直没有减轻。他失去了知觉，被人紧急送往医院。托尼得了严重的中风，身体瘫痪了，当时他才 51 岁，与妻子简育有两个女儿，劳伦和贝丝。根据简的描述，丈夫的身体突然失去了控制，就像飞机突然自由落体式下坠一样。托尼的身体只剩下一小部分可以控制：眨眼睛。让托尼倍加痛苦的是，他的心智没有受到伤害，完好无损。他患了闭锁综合征。

他的控制范围缩小了，他的世界也缩小了。过去的托尼曾周游世界，去过南非、新西兰、阿联酋、泰国等地，而现在，他的生活空间却缩至威尔特郡一个村庄的平房。他只能待在这个房间里，眨动一只眼睛。

用托尼自己的话说：“我现在的生活和中风前完全不同。那时我和家人住在迪拜郊外，我是当地体育俱乐部主席和中东橄榄球协会主席。我有一个漂亮的家，在一家建筑公司担任高级经理，有一份很棒的工作，薪水丰厚，挣的钱足够让全家人过上舒适的生活。我们并不富有，但我们什么也不想要。而现在，我和妻子靠救济金生活，我的一切都完全依赖别人。”

在雅典之后的每一天，他都不得不面对恐惧。这个曾经充满生机和活力的人被困在一个不受自己支配和控制的身体里，而痛苦和折磨从不缺席，它们时刻准备着四处攻击。

“世界上有那么多城市，”简说，“而雅典改变了一切。”

“你现在感觉怎么样？”

“就像世界末日，非常感慨。我们小家庭的所有人都受到了影响，过去的生活已经一去不复返了。之后整整一年的时间里，在每天早上醒来的那一瞬间，我都会有一种不真实感，觉得这只是一个噩梦而已，我们还会回到正常的生活。但接着，我就会慢慢回过神来，知道这是真的。这就是我们的生活。”

那种生活是什么样子？最后，当托尼终于能用一块有机玻璃字母板和简交流时——他盯着特定的字母来选择它们，然后眨眼确认——他给她传递了一个简单但明确无误的信息。

“当我们能够交流时，”简说，“他告诉我的第一件事就是他想死。”

困在不受控制的身体里的生活是什么样子的？“我一年只出去一次，去看牙医，”托尼说，“我不想见那些打电话说想来看我们的人，因为坐在那里无法交谈，我会非常难过。我宁愿不见任何人——两害相权取其轻，我只能忍受这种悲惨的生活。我不能走动，不能说话，一直生活在精神的痛苦中。我不能再这样生活下去了。”

有一次，为了拍摄英国广播公司（BBC）的一部纪录片，前大法官查理·福尔克纳拜访了托尼。福尔克纳是一个安乐死独立委员会的主席，其所在委员会反对为托尼这类人争取死亡的权利，原因是他们并没有身患绝症，只是没有能力启动自杀程序，也就是他们需要帮助才能死亡。

“那你建议我怎么做？”托尼问福尔克纳。福尔克纳并没有给出令人满意的答案，怎么会有令人满意的答案呢？

托尼说：“我对未来 20 年的生活极为恐惧，好像隧道的尽头漆黑一片。知道今天和明天是一样的，后天也是一样的，每天只是重复地活着，这种生活让人无比绝望。我就像婴儿一样被人喂下辅食，不能自己做任何事情，而这样的生活我还要过一辈子。”

托尼维持生命依靠经皮内镜下胃造口管（PEG 管）直接输入营养液到胃里。在提交给高等法院的宣誓书中，托尼称，失去对自己身体机能的控制是“迄今为止最困难的事情”。

简解释说：“所有这一切给托尼带来了极大的痛苦，每一天都活得毫无尊严。他没有隐私，没有控制权，一切事情都得靠别人替他做，这对他来说是一种羞辱，也让他非常沮丧。以前的托尼既英俊健壮，又幽默风趣，人们都很喜欢他。他过去喜欢做的事现在通通都做不成了。他以前多喜欢和朋友们一起去酒吧看橄榄球赛啊！”

托尼的生活，可以说是苟延残喘的生活，成了一成不变的常规动作：每天早晨，他都要被一台机器垂直地从床上吊起来，随后被放到轮椅上。除此之外，他还有一把扶手椅。每天晚上他再被机器抬回床上睡觉。这就是托尼全部的世界：两把椅子和一张床。托尼在给高等法院的信中写道，他的一生可以用以下几个词来总结——

“悲惨、卑微、不体面、无法忍受”。

但是，让托尼更痛苦的是另一个事实。他无法掌控自己面对死亡的方式，他无法选择自杀。

“我严重残废，甚至连自杀能力也没有，我需要别人协助才能死亡。”他说。

问题是，谁来协助？

到了我必须问那个问题的时候了。

“在托尼中风前，”简告诉我，“老实说，我对安乐死没有任何想法。我依稀记得在报纸上读到过，不过那一直是发生在别人身上的事，不是吗？不是像我们这样的人，我们只是一个普通的工薪家庭。不会是我们这样的人。没想到真的发生了。”

“托尼是什么时候下定决心想要死的？”

“第一次与委员会沟通时，他就表达过，某种程度上这在我意料之中，毕竟我了解他的性格，了解他对过去生活的热爱。那是他的第一反应，完全可以预料。所以我也料到了。不过话说回来，这种事不是我们这一方说了算，因此我们只有等待。”

在等待的煎熬中，他们对这个决定进行了审慎而充分的讨论，对当下的生活进行了评估。

“我们进行了全面讨论，试图改变他的想法，最后成功了。托尼说，他会再给自己一次机会，再试着多活几年，看看自己能否适应。他的确尝试去做了，虽然每一天对他来说都是如此艰难，但他试过了。然后，在2007年12月（中风两年半后），托尼撑不下去了。他再也受不了了，决定开始……制订计划。他开始拒绝服用所有维持生命的药物，并做了一项指示说，如果他再次中风发作，不要对他实施抢救。他说不应该医治他，我们应该让他解脱。”

托尼·尼克林森所谓的“预先指示”，即生前遗嘱，是对其未来医疗护理的一份正式说明。其明确指出，如果他的身体进一步衰竭，他将不再接受任何维持生命的治疗。

“我目睹了托尼所受的痛苦，”简说，“我觉得任何人都不应该受那样的罪。他过了整整8年的地狱生活。”

“那么，”我回答说，“你会做这件事吗？”

简停住了。事实上，2005年6月托尼在雅典的旅馆中风后，她的生活就停住了。从那时起一直停滞不前。

“我会协助他吗？”她说，“必须得有人去做啊，如果找不到医生，我就去做。我会替托尼做这件事。我想我本可能已经做了。”

“但是，你是他的妻子，要谋杀自己心爱的丈夫，”我说，“你真有可能那样做吗？”

“人们经常问，你怎么可能那样做呢？可正因为我爱他，我才可能那样做，因为那是他唯一的愿望。”

“你们以前讨论过吗，他本人希望怎么死？”

“理想的情况下，他想让我给他注射一支镇静剂，在他慢慢昏迷前一直陪在他身边。然后医生会进来给他注射一剂致命的药，这样我就不会是那个杀死他的人。理想的情况下，这就是他想要的死法。”

理想的情况下。出于对托尼的尊重，简继续争取尊严死亡权这个权利原则，将托尼的案子提交欧洲人权法院审理，而这一切都出于对托尼的尊重和爱护。很难想象这两个普通人的生活遭受了多大程度的破坏，以至于通过深思熟虑的流程——注射致命毒素去杀死一个心智健全、思维活跃的人，竟然变成了一种“理想的情况”！

2012 年夏天，托尼·尼克林森在高等法院败诉。法院特别召开了由三名法官组成的法庭（说明此事极端重要），但法庭驳回了托尼关于尊严死亡权的请求。依照惯例，托尼全家提前几天获知了法院的裁决结果，正式公布判决的时间则要到 2012 年 8 月 16 日。

“接到最高法院的判决后，托尼彻底崩溃了，”简说，“这事关重大。托尼悲痛欲绝，非常恐惧。”

托尼勇敢克服掉的恐惧又回来了，他仅有的一线希望也破灭了。著名的宾德曼斯律师事务所的高级合伙人律师塞默·查哈尔说：“托尼是最理想的那种客户。我经常告诉年轻律师，说你们要接难对付的、有挑战性的客户，因为他们遇到明显不公的判决时绝不会妥协。托尼的情况就是这样，他会花上好几个小时和我沟通，在客厅交流他想出来的妙招。他不愿意屈服。法院下达判决后托尼就崩溃了，不停地哭，他本来是多么坚强的一个人啊！我从来没有见过这样的事，实在令人动容。但他就是想不明白：这是多么可怕的不公！在公正而富有同情心的社会里，一个人怎么可能被宣告要继续遭受长年的痛苦？他在周日晚上给我发了一封电子邮件，询问他需要等多长时间才能上诉。”

托尼的案子进展很快，却朝着一个黑暗的方向。“法庭在星期四宣布了这个判决，”简告诉我，“然后，托尼从星期六就开始变得很虚弱，到星期一就病得很重了。医生说如果不接受治疗，他就会死去。”

托尼的一个肺衰竭了，他拒绝使用抗生素。

“星期三他就去世了，”简说，“医生说他死于肺炎，其实，他是死于心碎。我失去了我一生的至爱，但至少他不再痛苦了。”

托尼在临死前做的最后一件事是写了一条推文，他在推特上的粉丝超过5万人。这条推文有点儿像他跳伞的影像：他被保存在那里，看着我们，挥动着手。这条推文写道：“再见了，世界，是时候了，我玩得很开心。”

2012年8月22日星期三，58岁的托尼·尼克林森在威尔特郡梅尔克舍姆镇的家中去世，永远地离开了妻子和两个女儿。

2. 电路短路

我们的存在本身着实不可思议，因此活着是多么荣耀！或者不如这样说：活着并理解活着的价值是何等荣耀！我们进化和发展出的一个更强的认知能力，就是能够意识到我们活着，并时刻热爱我们的生活。

这种迅速增长的自我意识的困境在于，我们必定会很快认识到生命之宴终将散席，生命被赐予又被夺去。也许这足以说明为何人类文化活动早期的记录中就体现出对超自然现象的信仰，这表明人们相信地球上可能存在比生命更伟大的东西。尼安德特人早在10万年前就开始埋葬死者，那可能只是为了防止恶臭、疾病或食腐动物。后来人类发生了一些变化。在旧石器时代晚期，大约4万年前，智人开始在死者身旁留下饰品和食物。他们似乎开始相信死亡并不是终结，也许还有一段更长的路要走。为什么会有这种信念呢？

认识到死亡就是毁灭，这是一种令人不安、烦恼和震惊的想法。我们死了，但周围的一切都会继续下去。我们该如何应对这种想法？它带来了持久而深刻的严重焦虑的风险。心理学家谢尔登·所罗门（Sheldon Solomon）在2007年与同事们合作撰写的一篇论文中写道："死亡抹杀了人们在生活中追求的控制、社会关系、意义、快乐和其他一切……有大量文献表明，与死亡相关的思想确实具有独特的影响力。"这种潜在地影响日常运行的抑制性焦虑和威胁，似乎正是我们需要处理的生活问题。如果我们已经创造了这样的机制，它们与进化有什么关系呢？

谢尔登·所罗门从小生活在纽约布朗克斯区一个犹太工薪家庭，父母有时候会故意绕道，开车送他穿过哈莱姆区（纽约黑人区）。他们会指着街上那些穷困潦倒的人说："谢尔登，他们当中有些人出于自身原因沦落至此，但其他一些人不是。永远不要忘记，你的首要责任就是照顾好自己。不过，在照顾好自己后，你应该伸出援助之手，去帮助那些需要帮助的人。"这是所罗门永远不会忘记的一课。

和该地区许多类似的家庭一样，他的家庭也经历了很多磨难，不仅经历了经济大萧条，还经历了大屠杀。面对这种难以想象的恐惧，他们的慰藉并非来自任何超自然或精神领域，因为他们并不信仰宗教。但是，这一切究竟意味着什么？或者更准确地说，如何理解这一切？这个问题一直困扰着年轻的所罗门。

现在的所罗门刚过60岁，声音沙哑，充满活力，留着一头醒目的齐肩发型，像冲浪者那样。他的身上有吉姆·莫里森和"大门”乐队的影子，这从另一个角度也说得通：成年后的所罗门一直试图透过我们的感知之门，看另一边有什么。他的着装偏好不拘一格，时而穿着印有鲍勃·马利的T恤接受采访，时而穿着扎染衬衫配短裤出席权威的学术演讲。他爱好广泛，对烹饪有着浓厚的兴趣。他和以前的一个学生在萨拉托加斯普林斯的加罗林街开了一家名为“世界语”的餐厅。餐厅卖的有名的“团子”就是所罗门亲手发明的，是一种把炒鸡肉、香料、奶酪和奶油混合在一起的烤比萨面团。“我一直没弄明白人们为什么喜欢它。”所罗门说。总之，“团子”就是这么大受欢迎，“世界语”餐厅在夏天的一个晚上就能卖出一千个。

在宾夕法尼亚州富兰克林和马歇尔学院获得心理学学士学位后，所罗门在堪萨斯大学继续攻读实验社会心理学博士学位。他很喜欢堪萨斯，即便刚到这里时他感到紧张。并不是因为当地人不友好，恰恰相反，他们太过友好了。

“要知道我是在布朗克斯区长大的，”所罗门说，“在新泽西州也待过一段时间。但在堪萨斯州的大街上，那些我从没见过的人也会跟我打招呼，向我问好，而我的反应则是——别这样，你们为什么要这样？别难为我了。”

正是在堪萨斯大学，他遇到了杰夫·格林伯格和汤姆·匹茨辛斯基这两位后来成为终身合作者的心理学家同行。“我们几乎像神经病一样喜欢惹恼他人，”所罗门告诉我，“有两个大问题一直困扰着我们，那时我们以为两者之间没有联系。周一和周三我们研究自尊，周二和周四我们研究偏见和破坏行为，周五我们去打保龄球。但那时我们还不知道它们是如何联系的，也不知道两者背后隐藏着什么秘密。”正如所罗门将要意识到的那样，事实上，在这两者的背后，确实隐藏着某种秘密。

1980 年，所罗门在纽约北部一所富裕的私立文理学院斯基德莫尔学院担任教职。“我记得到那里后，妈妈对我说：‘谢尔登，看看停车场里那些宝马和保时捷。’我说：‘妈，那是学生停车场。’”

学院教职工开的车远不及学生的车体面。

“尽管如此，我还是觉得斯基德莫尔学院是个不错的地方，”所罗门说，“我要教授一门人格理论的课程，其实面试时我忘了告诉学校，我对这方面一无所知。于是，我去图书馆到处找弗洛伊德的书，这似乎是个不错的开始。在找寻弗洛伊德的书时，另一本名为《意义的生与死》的书引起了我的注意，我被它的书名和封面上的绿点吸引住了，书的作者是一位叫贝克尔的文化人类学家。”

那本书的发现改变了一切，一如谢尔登·所罗门所说，就像“发现了罗塞塔石碑一样”。突然间，生活中隐藏的象形文字变得有意义了。贝克尔的书里，究竟是什么产生了如此巨大的影响？

当我们想到尼克林森夫妇所面临的难以想象的困境时，我们意识到了对痛苦和失控的恐惧。那种显而易见的恐怖，我想我们都能理解，但贝克尔研究了一种更为普遍的现象。托尼·尼克林森属于特定的一类人，很明显，他们每天都被迫痛苦地面对死亡。对贝克尔来说，这里蕴含着一个教训，一个能影响我们其他人的教训。

我们从一个简单的问题来理解。史上最著名的一段话是什么？这个问题可能会引起无休止的争论，因此我要宣布一个可能的参考答案。那就是哈姆雷特关于“生存还是毁灭”的那段话。年轻的丹麦王子哈姆雷特沉思着：

> ……倘不是因为惧怕不可知的死后，
> 惧怕那从来不曾有一个旅人回来过的神秘之国，
> 是它所迷惑了我们的意志，
> 使我们宁愿忍受目前的折磨，
> 不敢向我们所不知道的痛苦飞去？*

在《哈姆雷特》中，我们深刻而痛苦地认识到了一些东西，我们看到了思考死亡的麻痹效应。贝克尔的工作不仅研究了这个问题，更是发掘了这个问题。

它不只像托尼·尼克林森的例子那样，关于生命如何走向死亡，相反，它关于死亡如何笼罩着每一个生命。因为对贝克尔来说，一个“现代思想的伟大再发现”便是：死亡的恐惧如何不知不觉地成为诸多人类活动的核心？问题在于这种恐惧给我们带来的挑战有多严重。我们都知道有些人被死亡的焦虑摧毁，但其他人呢？死亡焦虑是否存在于我们的生活中，甚至是全方位地存在？如果的确如此，它的存在很可能假定了关于反复发生的生存问题的多个维度，影响到我们的机能、存活甚至生殖能力，需要我们去面对，并可能需要依靠特定的进化适应。如果死亡不可避免，那无可逃脱的灭绝带给我们的焦虑就必须得到控制。可如何控制呢？谢尔登·所罗门相信，进化一定在发挥作用。

---

* 译文来自朱生豪译本。——译者注

贝克尔本人对死亡也有所了解。1924 年，他出生在马萨诸塞州斯普林菲尔德的一个犹太家庭。第二次世界大战结束后，他在解放纳粹集中营的美国步兵营服役。不止如此，贝克尔临终时的境况也十分悲惨。

多年来，贝克尔的思想都不算流行，其作品中严肃的主题和发人深省的信息也没有多少吸引力。更糟糕的是，假设不能对这些思想进行实证检验，就意味着它们被视为“不科学的思想”。在个人与职业方面，贝克尔为此付出了沉重的代价。他的学术职位不停辗转，最后到了加拿大。他在职业上被排斥和边缘化，备受冷落和忽视。但他并未退缩，而是继续发展自己的思想，因为他越来越清楚地认识到：如何应对不可避免的死亡带来的恐惧是人类奋斗的核心所在。他的研究在其一生中出版的最后一本书《死亡否认》中达到了顶峰。

贝克尔的工作终于得到了认可。《死亡否认》一书广受赞誉，并于 1974 年荣获普利策奖，那是在贝克尔死于结肠癌后的两个月。他去世时年仅 49 岁。

“1980 年，当我发现贝克尔的思想时，”所罗门说，“我想告诉所有人。”在接下来的几年里，他与格林伯格和匹茨辛斯基一起研究这些思想，并着手把它们用于学术研究。1984 年，在实验社会心理学学会的一次会议上，这个机会终于出现了。

“这是一个大型学术会议，”所罗门说，“有 300 多名心理学家参加。但到我发言时，他们开始互相推搡，想要离开那里，就像足球比赛中体育场着火时窘迫的球迷一样。杰夫和汤姆说：‘看看，那些人都走了，我觉得他们不喜欢听你的观点。’我说：‘不，他们喜欢，他们只是想找到我们还没有写的论文。’”

于是他们就写了一篇论文，一篇正式的学术文章。“我们把论文寄给了《美国心理学家》，这是我们学科里一本有影响力的期刊。我们都很激动，但收到的评论只写了一句话：‘毫无疑问，任何心理学家（不论在世与否），都不会对这些思想感兴趣。’汤姆和杰夫又说：‘我觉得他们不喜欢。’而我认为他们在忸怩作态——他们需要我们。”

事实上，他们不需要所罗门及其同事，也不太需要他们发展的理论，虽然这建立在贝克尔理论的基础之上。对所罗门及其同事来说，接下来的几年充满了学术上的挫败和拒斥，但他们慢慢地、煞费苦心地做了贝克尔从未抽出时间去做的事情：收集了大量的经验数据来验证他们的想法。他们开始相信自己正在研究的东西与进化密切相关。毫无疑问，自数万年前起，人类认知能力的非凡发展在进化上是空前的，至今依然如此，这种认知能力被直接用于解决生存、资源和生殖问题。智人开始反思他们的命运，他们周围所有的生命都死了——他们的父母死了，他们最伟大的猎人或酋长死了，有时候他们的孩子也死了，没有人能够幸免。在戏剧的开头，哈姆雷特的父亲死了，剧终时哈姆雷特也死了，人们很快就会明白，死亡是不可避免的。所罗门和同事们怀疑，有必要找到方法来应对这一严峻现实的影响，以及这种反思所产生的后果——恐惧。

所罗门、格林伯格和匹茨辛斯基一起工作、辩论，并把这些思想整合到一起，称之为“恐惧管理理论”。

我们再来认识一下凯。

简·尼克林森所面对的，是一个令人难以想象的难题——刻意结束自己所爱之人的生命。她心里其实早已做了决定，她准备帮助丈夫寻死，不过最后没有付诸实践。简·尼克林森不必面临这样的情境：手拿吗啡注射器站在所爱之人身边，心里纠结着要不要推下注射器的活塞。但凯·吉德戴尔（Kay Gilderdale）可就没那么幸运了。

吉德戴尔一家住在美丽的东萨塞克斯郡伯沃什村，它坐落在风景秀丽的威尔德高地，在过去更荒蛮的年代，这个地区曾是强盗和走私犯经常出没的地方，《丛林故事》的作者拉迪亚德·吉卜林曾在这里生活了半辈子。凯·吉德戴尔是一名助理护士，丈夫理查德是当地的警察。他们是完美的一对，受人喜爱和尊敬。1977 年，他们有了一个女儿，取名叫琳恩。琳恩是一个很出色的孩子，不仅漂亮、受欢迎，而且非常有天分。她聪明活泼，是学校的无挡板篮球队队长，是获过奖的芭蕾舞者，还喜欢帆船和游泳。

他们过着田园诗般宁静的乡村生活。1991 年 11 月，14 岁的琳恩在学校接种了预防结核病的卡介苗，之后她的身体却莫名其妙变得虚弱。学校给她妈妈打电话，要她把琳恩带回家。从此，这个之前无比健康的女孩开始隔三岔五地生病，一种病痛接着另一种，其中包括流感、支气管炎、扁桃体炎和腺热。

琳恩非常勇敢，时常想要回到学校，但事实证明她的身体吃不消。打完疫苗约 6 个月后，她坐在了轮椅上，腰部以下瘫痪。她不能吞咽，每顿饭都要通过鼻胃管喂食。从 1992 年夏天起，琳恩便卧床不起，这位护士和警察的讨人喜爱的女儿，再也无法康复了。在接下来的16年里，琳恩一直在极度悲惨和持续不断的疼痛中度过，她的生活渐渐被“肌痛性脑脊髓炎”这种由大脑和脊髓炎症引起的神经系统疾病摧毁了。

凯说：“我做了一个清醒的决定。我对她说，不管持续多久，我都会在这里照顾你。”凯的确做到了，她经常陪伴着琳恩。除了凯之外，经常“陪伴”琳恩的还有痛苦，无休无止的痛苦。在接下来的16年中，她接连不断地生病，去医院的次数高达50次。她的眼睛会被日光灼伤，所以房间里的窗帘一直拉着，把她与世界隔绝开来。后来她又陆续得了很多病，包括贫血、肾功能衰竭、肝功能障碍、下丘脑功能障碍、卵巢功能早衰和重度骨质疏松症，骨量丢失达50%，动一动就可能骨折——无休无止的痛苦。

就这样度过16年后，琳恩31岁了，用她自己的话说，“从来没有好好地和男孩子接过吻，更不用说做其他事情了”。然而，最让琳恩伤心的是她得了卵巢萎缩。她永远不会有孩子了，这是另一种痛苦。

“不过，照顾她并不困难，”凯说，“她可能会躺在那里，痛得直哭，但她不抱怨。她是个意志非常坚定和坚强的人，一个真正的斗士，可她觉得唯一的解脱是死亡。”

这一点可能很难理解，但琳恩自己的话为我们提供了一个理解的途径，其中一些话在后来的庭审现场被宣读出来：

> 我不能总抓住这种可悲的生活借口不放。我累了，我的精神崩溃了，我身心俱疲。我渴望结束无休无止的痛苦和折磨，我已经受够了每天每时每刻的痛苦和难受。我什么都没有了，

已经被消耗殆尽了。

2008年12月3日凌晨1点45分，琳恩给自己注射了大量吗啡。当她妈妈赶到后，琳恩告诉她："我想要疼痛消失。"我们读这句话时并不能完全理解它的真正含义。你的孩子看着你的眼睛，让你明白她想要自杀。

凯试图劝阻女儿，但她从琳恩的脸上看出了决心。她要求母亲再给她一些吗啡，凯照办了。但琳恩不让凯靠近注射器，因为她知道必须由她本人把这种有毒的化学物质注入自己的血液中。琳恩沉着镇定，在试图自杀的同时，也要确保母亲不承担罪责。纯属巧合的是，在那个清晨时刻，房子里的灯突然熄灭了，电路发生了短路。琳恩把注射器的活塞推了下去，很快她就失去了知觉。

琳恩用了30个小时才终于死去。第三天早上的7点10分，一切都结束了。

整个过程是一场痛苦的考验。因为吗啡剂量不够，琳恩命垂一线，在生死边缘挣扎。正如后来法院获知的那样，当时的进展"非常不顺利"，于是凯又给琳恩注射了一些吗啡。然后，正如家庭医生伍德盖特所说，凯告诉她，她三次把空气注入琳恩的化疗导管。她告诉医生，她很害怕女儿会大脑受损。向血液中注入空气——制造空气栓塞——可以阻止血液从心脏流向肺部，这可能导致死亡。

"我知道我为琳恩做了正确的事，"凯说，"因为她获得了自由和安宁。我没有权利把她留下来继续受苦。"

55岁的布里奇特·凯瑟琳·吉德戴尔，大家口中的凯，被控谋杀女儿未遂。

与欧内斯特·贝克尔一样，所罗门和同事们提出的“恐惧管理理论”也借鉴了一系列思想家的观点，包括克尔恺郭尔、弗洛伊德、威廉·詹姆斯、奥托·兰克和查尔斯·达尔文。贝克尔的一句话概括了其中的精髓：“活得充实就是带着一种意识去生活，即意识到隐藏在一切背后的恐惧。”

达尔文是我们的起点（在很多时候都是如此）。生物体有一种不可遏制、永不停息的自我保护驱动力，它不是唯一的驱动力，很可能屈从于延续自身基因这一更深层的动力。稍后我们会讲到基因视角的观点，即人类个体的躯壳并不是基本单位，基因才是。事实上，关于这一点，学术界存在着一场技术性很强，有时甚至相当激烈的争论。但是，无论生存的欲望是一种独立存在，抑或归根结底是为下一代提供基因复制机会的工具，我们都有两点可以确定。

我们承认对自己的生存有一种深切的渴望，不是吗？在这一点上我们与动物王国里的其他成员一样。也许这种渴望并不是无条件的，也许我们并不愿意不惜一切代价、在任何情况下生存，但它确实存在，我们都懂。让我们换一种说法：在大多数情况下，我们更希望明天活着而不是死去。正如斯宾诺莎所说：“所有事物都竭力延续自己的存在。”但人类有不同之处，存在一个矛盾问题，也就是我们认识到的第二点。

与其他生物不同，我们有抽象思维的能力。正如精神分析学家奥托·兰克所说，人类有能力“将虚幻变成真实”。有了这种非凡的力量，我们可以展望未来。因为即将到来的是一件确定无疑的事，一件我们并不乐意知道的事：不管生命是什么，或者它为我们准备了什么，它终有一天会结束。

这造成了最根本的紧张关系：一方面是我们的生存意愿，另一方面是我们对死亡不可避免的认识。如贝克尔自己所言："死亡的概念和对它的恐惧在人类这种动物中挥之不去。"我们不知死神何时降临，但我们知道这终会发生。我们忍受着死亡阴影的折磨和恐惧，然而……尽管如此，我们大多数人还是生活得不错，这是如何做到的？

对此，恐惧管理理论提供了一个既具挑战性又发人深省的答案。这个答案已经在全世界几十个实验室经过了科学检验，由该理论得出的一些令人印象深刻的假设已得到了实证检验和确证。但人们对此仍持有争议。

怎么可能没有争议呢？它涉及我们精神生活中一些最深刻、最令人不安的特征，并试图对其做出解释，包括我们如何建立防御机制来对抗死亡焦虑对生活的干扰。正如菲利普·罗斯在《垂死的肉身》一书中写道："在每一个冷静而理智的人身上，都隐藏着另一个极其畏惧死亡的人。"

2010 年 1 月，位于东萨塞克斯郡刘易斯镇的刑事法院对吉德戴尔进行了一场被称为"女王对吉德戴尔"的审判。刘易斯镇历史悠久，1555 年至 1557 年间，有 17 名当地新教殉道者被烧死在当时的明星旅店前。现在这里变成了市政厅，离刑事法院的白柱子正门只有一步之遥。

审判开始的那天（1 月 12 日）是个星期二，天下着雪，案件由高级律师莎莉·豪斯提起公诉。她完全认同被告是一位“关爱孩子”的母亲，还进一步承认琳恩患有“严重疾病，生活质量糟糕得难以想象”。但是，虽然我们都会同情她，但这不是问题的关键。那么，问题的关键是什么？

很简单，关键在于凯·吉德戴尔的行为是否“违法”。正如豪斯所言，法律的存在是“为了保护我们所有人，有时是保护我们不被自己伤害”。她说，在裁决此案时，陪审团不应忽视这样一个事实：凯·吉德戴尔的行为并不是为了让生病的女儿好起来，相反，这一行为另有目的，是要“确保她死去”。

控方证人被传唤出庭。在这起案件中，琳恩的父亲理查德作为证人被传唤，此外还有家庭医生简·伍德盖特。这场审判将伴随着紧张和悲痛持续两周。

1 月 25 日星期一，由六男六女组成的陪审团陆续回到了刘易斯镇一号法庭的陪审团座席。陪审团主席站起来，法庭书记员向他提出以下问题：

“一号法庭陪审团，你们是否已对被告做出意见一致的判决？”

“是的。”陪审团主席回答。

“陪审团，你们是否认为被告布里奇特·凯瑟琳·吉德戴尔犯有谋杀未遂罪？”

凯·吉德戴尔后来说，在那一刻，她想，无论结果如何，判决如何，她都不会改变自己当初的做法。

这是一则被广泛报道的新闻事件，可以说是头版头条。在陪审团做出裁决后，主审法官大卫·比恩对全体法庭说：

我通常不对陪审团的裁决发表任何评论，但在这起案件中，他们的决定体现了常识、正直和人道主义，使得陪审团在此类案件中格外重要。

凯的儿子史蒂芬站在法院外的台阶上，背靠着朴素的柱子。在媒体的聚光灯和照相机的闪光灯下，史蒂芬不时眨着眼睛，讲述了家人的反应。后来，凯·吉德戴尔在接受采访时表示，在法庭审判的过程中，她的心脏就像被撕裂了，堪比另一起电路短路。

陪审团的裁决意见一致，凯·吉德戴尔企图谋杀女儿琳恩的罪名不成立。

2010 年 10 月，在凯协助女儿死亡两年之后，琳恩的骨灰被撒在伊斯特本附近的海滩上。当琳恩还是小孩子的时候，这里就一直是这个亲密家庭的度假之地。

毫无疑问，谋杀未遂罪是最严重的指控之一，但凯·吉德戴尔及其女儿的案例让我想起了我自己的一个案子，一个严重程度截然对立的案例，不过其中同样涉及母亲和女儿，以及恐惧和死亡。

3. 施瓦辛格农场案

以色列巴伊兰大学的研究人员为志愿者配备了一个聚焦头部的影像系统。它由红外光源和摄像机组成，通过将光束射入眼球来记录眼球的运动。它在看什么？它会往哪儿转？研究人员想知道，身体受伤的图像是否干扰以及如何干扰我们对恐惧的管理。

因此，研究人员让实验参与者观看不同形式的人体伤害的图片。根据代表性人群的情绪“效价”（观看者受这些图片影响或干扰的程度），这些图片被分为不同的等级。在控制条件下，希伯来词 kova 会在屏幕上快速闪过。它的闪现时长为三十分之一秒，快得让人无法有意识地捕捉到它。这属于一种阈下启动刺激，但它是中性的。在希伯来语中,kova 是“帽子”的意思，当然没人会认为“帽子”这个词能影响人们对人体伤害图片的反应。不过这只是控制条件，是对照组。研究人员真正想知道的是，如果换成与死亡相关的启动刺激，志愿者会出现什么情况？

因此，对于实验组的志愿者（真正的被试），屏幕上闪现的是另一个单词，时间还是三十分之一秒。这个词是 mavet，在希伯来语中，它的意思是“死亡”。

然后，研究人员向志愿者们展示了一组共四张图片，其中既有中性图片，也有关于人体伤害的图片。使用红外摄像系统，研究人员可以非常精确地测量志愿者观看人体伤害图片的时间。当然，大多数具有良好社会适应力的普通人在日常生活中往往并不太愿意看伤害画面，这一点是显而易见的。真正的问题在于，无意识地启动志愿者的死亡思维是否会影响他们对伤害的反应？对此，巴伊兰大学研究团队有什么发现？

对于中性图片，不管暗中使用了何种启动刺激（“帽子”或是“死亡”），被试的观看时长都没有显著差异。但是，研究人员发现，被试观看人体伤害图片的时间却有着明显的差异，这是统计学意义上的显著差异。一旦受到有关死亡的启动刺激，人们便不再那么长时间地观看人体伤害的图片。事实上，他们的观看时间明显缩短，他们回避那些图片。我们不要忘了，志愿者并不知道自己被无意识地灌输了“死亡”这个词。这对他们来说是个谜，却很重要。这一发现，连同其他许多支持这一发现的证据，都具有重要意义。

它表明，即使是最轻微的死亡提醒，即使是在意识的识别范围之外，也会导致我们想要回避受伤害的图片。持续不到一秒的最细微的眼球运动，揭示了一个人的内心世界，人们在这里无意识地管理着对死亡的恐惧，与罗斯所说的那个吓傻了的潜藏自我进行交涉。

这是一种持续而隐秘的遏制行动，是在尽最大努力想方设法走好这段只有一个目的地的旅程。当时，在处理这个案件时，我并没有意识到这些事情的重要性。如果我那时就知道的话，势必能更好地想通这个案件，因为它无疑是我遇到的最令人困惑的案件之一。

这是一个小案件，但正因如此，它才使得谜团变得更大，也更令人困惑，因为它本应该一目了然的。后来我为这个案件取了个代称：“阿诺德·施瓦辛格农场案”。

年轻的 L 小姐聪明绝顶，长得相当漂亮。她是一位颇有成就的大提琴手，也是英国一所顶尖大学的研究生，致力于天体物理学研究，关注恒星的消亡。她的家族是胡格诺派教徒的后代，在“太阳王”路易十四的迫害加剧后，于 17 世纪晚期从法国来到英国寻求庇护。到了英国后，这个家族就开始蓬勃发展，L 小姐也是一样。而令人惊讶的是，L 小姐后因在商店行窃而被告上法庭。

认识她的人怎么也想不通其中的原因，她的光辉前程眼看就要毁了。

“我偷的大部分东西，我甚至都不想要。”她在法庭外对我说。

比如说，她偷的其中一件东西是阿诺德·施瓦辛格 1977 年拍摄的一部电影的录像带，电影讲述的是为他赢得“宇宙先生”称号的那次健美比赛。我在学生时代看过那部电影，那时我非常喜欢施瓦辛格与卢·费里诺（绿巨人的扮演者）玩的心理游戏。请别见怪，当时的我只是个十几岁的男孩。但是，为什么 L 小姐会对一部连我都摸不着头脑的影片这么感兴趣呢？ L 小姐的案子因为一份判决前报告而被延期。口齿伶俐的缓刑监督官（一位与 L 小姐年龄相仿的姑娘）得出的结论是，我的客户在“自暴自弃”（她的原话），只因她不能满足所有人对她完美形象的期待。对于一个无法解释的现象，这不失为一种大胆的推测，但这个理论在某些地方还是让人感觉不对劲儿。

“她以为自己是谁？”当我读到报告最后的这段分析时，L 小姐对我说，“是他妈的弗洛伊德吗？”

攻击试图帮助自己的人，这难道不是自暴自弃的另一种表现吗？她的内心深处有种愤怒，对自己的愤怒。缓刑监督官的报告实际上颇具同情心。L 小姐在不同的场合也会对我突然无礼，不过我们律师脸皮都很厚。我们以此为傲，虽然听起来不合常理。

“她是嫉妒我。”L 小姐说。

“你是说缓刑监督官吗？”我回答，“我很怀疑。”

“真的，我敢肯定。”

“她嫉妒你什么呢？”

“我的大学啊。当我告诉她我上的是哪所大学时，她兴趣很大，问了我很多问题呢。”

“因为她是缓刑监督官啊。”

“不，她原来也申请过这所大学，但不是我的学院，最后没被录取。当她告诉我这一切的时候，带着那种评判的语气，让人很不自在，就像在说：你被顶尖的大学录取了，但看看你现在什么样子。她坐在那里对我评头论足，简直是乐在其中。”

“好了，好了，这件事不重要，我们别扯远了。今天有人过来吗？”

“过来干什么？”

“来支持你啊。”

“我的一个导师原本打算来的，但后来就写了一份证明信。再就是音乐社的人。”

“是啊，你是大提琴手，不是吗？”

“曾经是，”她说，“这一切都有点儿……”

“碍事吗？”

“彻底搞砸了。我感觉很糟糕。我辜负了朋友们。我们要演奏贝多芬的钢琴三重奏《幽灵》，但他们现在肯定会另找他人，一个不会像我这样破坏庄严氛围的人。”

事实上，几个月前我还在伦敦观看了余音绕梁的贝多芬《幽灵》三重奏演出。我没有告诉她这个，说这些对事情不会有什么帮助。

“但我的大学同学一个都不会来，”她说，“他们怕我的‘病’会传染，但你现在可能已经免疫了。”

我决定不接话茬。“其实，”我说，“我真正想说的是你的家人，你的家人中谁会来？”

她沉默了。

“没有一个人来吗？”我问。

对我来说，这个案子完全说不通。就在那一刻，我感觉，与L小姐和她的案子比起来，我对恒星的消亡反而了解更多。

发生了什么？一个年轻聪明的女性因盗窃她不想要的东西而被告上法庭，出庭时也没有人来支持她。然后，我想起了我在判决前报告上所作的旁注——报告中没有她家庭生活的细节。发生了什么？或许是因为她提到了贝多芬，就在那一刻，我仿佛觉得我面前站的就是一个幽灵，一个在商店里偷东西的幽灵，偷的那些东西她甚至都不想要。

“你妈妈呢？”我说。

听到我的问话，她开始抽泣。

此前，L小姐一直在极力控制自己，现在她再也忍不住了。就在同一时刻，法院工作人员出现了，要求审理我们的案子。我走过去，向对方轻声请求允许我在法庭区域外与我的当事人沟通一下，因为她显然无法控制自己。我说，如果有必要的话，我会去向法官提出申请，但法院工作人员说她会跟书记员说一声，在名单上把这个案子往后排一排。我向她道了谢，她看着L小姐，小声对我说："可怜的人。"

我们站在法院台阶上晒太阳。那是一个晚春的日子，天气刚刚回暖，我们可以在外面待上一会儿。

“跟我聊聊我们的太阳吧。”我说，想把她的注意力从这个案子上转移开。

她没有抬头，眼睛盯着水泥台阶。她点了一支香烟，我注意到那是高卢烟。她递给我一支，我说我不吸烟。“不错，”她说，“我也快戒了。我们的太阳吗？只是一颗普通的恒星。”

“那它会怎么样呢？”

“它的核心会燃尽。”

“这听起来可不太妙啊。”

她没理会我。“核心的燃料耗尽后，太阳的体积会大幅度膨胀，膨胀到足以吞噬所有的内行星，包括地球。”

“听上去很糟糕。”

“不是糟糕，是无比壮观，不过，地球万物都将被烧成灰烬。我们现在正处于它平凡生命周期的中途，到目前为止，它还是平淡无奇，这真令人痛苦。”

“我倒是更喜欢这样。”我说。

“又是当律师的老生常谈，什么‘平凡中自有不凡’那一套。”

我笑了笑。恐怖的是，我其实要说的正是类似的话。“但这的确很了不起，”我说，“生命很了不起。”

“这话怎么说？”

“因为生命纯粹是个小概率事件。”

“生命存在于这个宇宙或多个宇宙里，这几乎是必然的，具有大概率性。至于生命存在于地球上，嗯，我承认，这种概率非常小。”

“谢谢你的承认。”

这次她笑了，但只是短暂的一瞬。她把烟头上的烟灰掸掉。“我的妈妈，她被诊断出乳腺癌。她做了乳房切除术，医生不得不切除大部分乳房，她无法忍受。她年轻的时候非常漂亮。”

我相信这一点。

“她说她的家族曾经拥有一处乡村庄园，但我发现她是在农场长大的，我觉得她在农场过得很开心。但是，乳腺癌让她非常恐惧，她经常做噩梦，梦见自己就要痛苦地死去。所以她问我。”

“问你什么？”

“问我是否能……帮助她……”

我觉得我听懂了，但我需要她本人说出来。“帮助她？”

“结束生命。”她回答说。

在第二项研究中，巴伊兰大学研究团队调查了他们发现的这种效应（关于死亡的阈下启动刺激减少了我们观看人体伤害图片的时间）是否仅仅是面对死亡这类“负面”词汇的反应。他们想要也需要知道的是，死亡的念头对我们的影响是否有特别之处。

因此，他们用“死亡”与 koev（希伯来语中意为“痛苦”）这两个词的闪现做了对照实验。然而，“痛苦”的出现并没有减少志愿者注视人体伤害图片的时间。这意味着什么？

正如谢尔登·所罗门等恐惧管理理论家所言，我们可以说是在不间断地应对死亡，即“管理”死亡。就像在英格玛·伯格曼的电影《第七封印》中那样，不断地与死神下棋。死亡及其前景对我们行为的影响是任何其他事物都无法比拟的。

我对 L 小姐说：“你不必告诉我这件事。”

她摇了摇头，什么话也没说。那时的我是一名年轻律师——我们称之为“蹒跚学步的大律师”，刚刚在法庭上“站稳脚跟”——而我的许多客户都和我年龄相仿，甚至比我更大。不知怎么的，我受托代表他们，代表他们的生活。而我还没有学会如何跟他们说话，也没有学会如何跟自己说话。

“我是认真的。”我说，这句话听起来比我想象中的要专横，“我们能应付这个案子，尽量争取最短刑期，然后你就离开这里，继续你的生活。”

她哼了一声，我不确定她是否有意为之。“什么生活？”她说。

“你的前途无量。”

“我妈妈就是这么说的。”

“她说的没错啊。”

“错了，她像我这么大的时候一定也以为自己前途无量，可结果怎么样呢？还不是要让女儿帮自己过量服药来自杀。”

我沉默了片刻，然后说：“这不是全部，况且人生路上还会发生很多事情。”

“她觉得自己没有勇气独自完成这件事。她害怕癌症，又害怕死亡本身。”

“那你做了什么？”

“你得明白，对我来说，她一直都是个坏女人。她恨我，说我毁了她的身材，毁了她的社交生活。父亲离开以后，她不得不一个人抚养我，我毁了她获得幸福的机会。所以她觉得我欠她的，我必须报答她。”

“通过杀死她来报答？”

“那样也不算是我杀死她的，对不对？我只是把药给她而已。”

“那样就算。”我说。

“哦。”

“我再说一遍：你不必把这些都告诉我。你出庭受审只是因为在商店偷了东西。”

她没听我说话，又吸了一口高卢烟，呼了一口气，一缕悠长的淡紫色烟雾在我们的面前升起。空气中没有风，阳光和煦。“她的癌症复发了，又恶化了，这次来得更凶。该死的癌症！我们家族来到这个国家是为了躲避迫害，对我，对我们来说，这才是英国伟大的原因。但你逃不掉的，对吧？你逃不过癌症，该死的癌症。我妈妈吓坏了，恳求我帮助她，但我没有，我不能帮她。”

“因为那样做不对？”

她点了点头。“还有，如果要我说实话——我对那个缓刑监督官小姐可没说一句实话——还因为我在内心深处想让我妈妈受罪，惩罚她对我做的一切。”

“你真的这么想吗？”

“可能吧。”她的回答不太笃定。

我说：“可能偷所有这些录像带（数量多到需要出具报告，案件也因此推迟审理）是你对自己的惩罚，因为你无法说服自己去终结她的恐惧。”

“她一直说她很孤单。我能理解。可如果她……走了，孤单的就会是我了。”

而现在，她孤零零地置身法庭。很显然，我委托人的生命中充斥着死亡，被死亡包围。死亡弥漫在她关于恒星消亡的研究中，弥漫在她的家庭里。用心理学术语来说，死亡是一种“突出”（salient），她的死亡刺激不断被启动。我们驯服恐惧的一个方法就是共同面对，但当家里人得了重病时，事情就没那么容易了。正如巴伊兰大学研究人员所发现的那样，一旦接收到死亡暗示，我们便会把目光从伤害和痛苦的画面上移开，因为这令我们联想到自己的死亡。但是，当我们倾向于逃避的死亡暗示和受苦画面来自同一样事物，是我们所爱之人时，我们该怎么办？真希望多年之前的我能更好地理解这个问题。

“她确实终结了一切，”L小姐说，“我没有参与。”她哭了起来。

我们都沉默了一会儿。法庭工作人员悄悄出现在我们身后，向我点了下头，指指她的笔记板，上面是出庭人员名单。法官正等着我们。

“你想让我对法庭说什么？”我问L小姐。

她掐灭了香烟，用双手的掌侧胡乱擦了擦脸。“就说我很抱歉。”她说。

我照做了。这是我所做过的最短的减刑请求，但可能也是最有效的一次。

不知不觉中，庭审结束了。我们又一次站在法庭外的台阶上，沐浴在阳光下，互相道别。针对盗窃阿诺德·施瓦辛格电影录像带和其他东西一案，法庭对她的判决是有条件释放，这几乎是我能为她争取到的最低刑期了。她为什么要偷那些不想看的录像带呢？或许并不是为了消除母亲濒死所带来的恐惧，而恰恰是因为她无法消除那种恐惧，因为生命那闪光而虚幻的意义和连续性正在她周围分崩离析？很难说。但在那个时候，即便我是个年轻又缺乏经验的律师，可当我看着她慢慢消失在人群中时，我确信，L小姐每天强加给自己的审判，远比我所知道的任何法庭制裁都要严厉。

很长一段时间，我没有L小姐的任何音讯。我很紧张，担心会有不幸的事发生，但并没有传出这样的消息。除此之外，我还经常想起她曾告诉我的一件小事。那是她的一次学校旅行，就像许多英国学校一样，他们去了巴黎，参观了凡尔赛宫，那是 17 世纪末下令再次对她的家族进行迫害的路易十四的宫殿。“这感觉像是一种背叛，”L 小姐告诉我，“不过那里很美，人人都这样说，他们说的没错。但在我的眼里，它是美丽和恐怖的集合体。有趣的是，我后来研究的就是恒星和太阳。”

“为什么这么说？”我问。

“那是他的象征，整个凡尔赛宫都有，路易十四是太阳王。”

几年后，通过一个共同的朋友，我得知我的前委托人 L 小姐已经放弃研究，搬到了英国西南部。我很高兴听到她又重新拾起音乐，她的婚姻也很幸福，在农场里安了家。她有三个孩子，其中一个还取了她母亲的名字。

在我看来，这代表了她对母亲的宽恕，对自己的宽恕，乃至对生活的宽恕。听说，L 小姐的母亲在结束生命之前留给女儿一句话，一句简单的话：“亲爱的，我很抱歉。”

4. 冰河世纪

对死亡的敏感如何影响生命，这不但反映在 L 小姐的经历中，还可能带来一系列意想不到的后果，包括不愿做足底按摩（的确如此：当我们接收到死亡暗示时，会开始反感自己的身体，这降低了我们对护理和美甲的热情），对公共场合喂母乳行为的容忍度降低，以及性欲减退（至少对男性而言）。但除此之外，还存在更严重、更阴暗的表现。

我们来看看关于亚利桑那州几个法官的实验。这些法官如今在恐惧管理研究领域已成为传奇人物。为什么?

1987 年，谢尔登·所罗门和同事们想弄明白权威人士收到死亡提醒时会发生什么。他们的实验假设是，为了让自己远离生活中的死亡焦虑带来的消极影响，我们会加强自尊，并对自己的世界观坚信不疑。这些行为能够提供意义，有助于抵消死亡和消失带来的无意义感，有助于管理恐惧。如果假设成立，那么当人们接收到死亡的启动刺激时，这可能会以一种可以测量的方式影响他们看待世界的观念。

为了验证这一预测，他们从亚利桑那州图森市招募了 22 名法官。他们都是市政法院的法官，是那种处理大量底层法律问题的司法官员，是你最有可能碰到的那种法官，其中男性15人，女性7人。

所罗门的团队选择卖淫作为假想案例的主题，以突出犯罪的道德属性。在卖淫这一行业，除了女性性工作者本人和社会是非观以外，不存在明显的“受害者”。因此，就所罗门的实验目的而言，把卖淫作为假想案例是完美的选择。

他们采用了心理学研究中广为接受的混淆视听的手段——“伪装故事”（cover story），声称研究人员正在开发一种新的性格和生活态度测试。实验的确涉及一套标准的性格问卷，但其中藏着两个至关重要的问题——“死亡操纵”。

这是两个开放性问题，法官们需要依据“自然的第一反应”来回答，因为研究人员表示他们感兴趣的是“本能层面”的反应。其中一个问题要求法官描述想到自己死亡时的情绪。接下来，他们需要尽可能详细地描述自己垂死之际和真正死亡之时可能发生的事。

实验要点就是这样，既简短又直击要害。

研究人员给了法官们一份假想的上诉状，需要他们判定是否应该释放前一天晚上在图森市奇迹街被捕的一名年轻性工作者，以及释放的保释金是多少。一旦想到自己的死亡，法官们就会严厉惩罚这名典型的道德违规者。在亚利桑那州的市政法院，这一判决的严厉程度是普通法院的 9 倍。

接受标准问卷调查的法官将保释金设定在 50 美元左右，这在当时是一个标准金额。然而，那些事先被启动死亡操纵的法官将保释金平均定为 455 美元。

但这只是一个实验而已，是实验社会心理学家的巧妙操纵。这在现实生活中不可能是真的，对吧？

谢尔登·所罗门观察到："我们认为法官是极其理性的生物，不受感情或情绪的影响，但这并不是数据告诉我们的情况。"

这正是关键所在——"生物性"特质，对法官如此，对我们所有人都是如此，我确信。

那是一年里的最后一个公共假期。我正在等公交，准备去看《冰河世纪 3》。这么说吧：它不是我的首选。时值 8 月下旬，天气温暖宜人，大约有 15 个人在和我一起等车。我站在那里，心情愉快地浏览手机，查看切尔西在转会窗口的最新秘密动向。事情就在这时发生了。

我突然听到马路对面传来尖叫声，反复不断。

我抬起头，看见十字路口的马路中间有一个年轻的金发女子，后来我才得知她是澳大利亚人。在她身边是一个穿连帽衫的大个子男人，双腿跨在自行车两侧。他不断地打她，猛击她的手臂、后背和侧脸——他在抢她的手机。眼前发生的一切就像电影慢镜头，这种说法很俗套，但事实确实如此。金发女子试图挣脱，那个男人用一只手狠狠地打她，还试图用另一只手把她身上的手机掏出来。女子不愿屈服，但在猛烈攻击下逐渐无力招架。我接下来做的事是欠考虑的。我跑过车来车往的马路，几乎没朝任何方向看，我的全部注意力都集中在他砸她耳朵的那一拳上，她痛得大声尖叫。我尽可能大声地喊道："放开她，放开她！"那个男子飞快地瞥了我一眼，重重地打在女人的后脑勺上，这一拳使她松开了手机，男子推起自行车就跑。现在我快到他们身边了。我试图抓住自行车后轮，把他撞倒，但没有成功，他的速度太快了。男子骑车逃走，消失在迷宫般的住宅街道中，逃跑路线可能是经过精心规划和踩过点的。女子瘫倒在马路上，浑身发抖。我从没见过有人颤抖得这么厉害。

我把她带回家（距离事发地不到 200 米远），给她沏了一些甜茶（英国人还会做什么？），然后等着警察过来。

我及时录了口供，给警察描述了袭击者。我以为这事儿就这样结束了，这可是在伦敦。大约同一时期，《独立报》的一篇文章称，仅在此前 6 个月内，伦敦就发生了 56 680 起手机盗窃案。我刚刚目睹的不过是另一起而已。

我想强调的是，之所以告诉你们这一切，不是因为我当时做了什么，而是因为我后来做了什么。那在谢尔登 · 所罗门看来应该是很有意义的。

与此同时，我正在接受司法培训。要想成为兼职法官，你不仅要通过一场激烈的公开考试，还得在司法学院度过紧张的一周。而我正要去接受这个严峻的考验。

作为准备，你需要做出一大堆假想案例的判决（大概有10个）。就在那天早晨，在那起抢劫案之前，我一直在为某个格外恼人的判决而头疼。

深夜，3个年轻人在地下通道抢劫了一个醉酒的商人。年龄最小的被告是一名十五六岁的女孩，她有过被忽视和虐待的经历。判决前报告中详细阐述了她从前的糟糕生活，但她却是3个人中罪行最重的一个，因为她拿刀抵着受害者的喉咙。商人并未受到实质性伤害，但毫无疑问，这一行为是骇人的，对此我完全认同。但是，我能设法不让她入狱吗？判决前报告称，如果对她进行一段时间的严格监管，可能会给她一个摆脱犯罪、过上积极生活的机会，但我还是不停地想到那把刀，虽未造成实际伤害，可仍触目惊心——一把利刃架在裸露的咽喉上。

我在剑桥的研究已经表明：监管青少年可能会弄巧成拙，许多专家也认同这一点。在经过一段令人不安的监管人数暴增时期后，我们终于开始意识到，在英国，过多的年轻人被送进了监狱。尽管我们的青少年监禁率仍然居高不下，且这种情况必然还会持续，但在过去几年中，我们已系统地将青少年监禁率降低了一半。我该把这个女孩加到那些令人悲哀的统计数字中去吗？最后，我决定按照报告的建议，给她最后一个机会。我不再纠结于此，便去看了《冰河世纪3》。那天晚些时候，我去了司法学院培训课程所在地华威大学。我沉浸在模拟审判和总结陈词的建构中，试图对抗所有新任司法人员在“新兵训练营”中逐渐体验到的疲惫感。那周过后几天，我接到了一个电话。

电话是警察局打来的，他们需要我的口供。我说：“但我已经录过口供了。”

“恐怕我们还需要你录一次。”女警探说。

之前是一名男警探。“我不明白，”我说，“为什么？我漏了什么吗？”

“不，不，不是那样的。我们只是需要重新调查一下，看看你能否提供更多细节。就是这样，请别过于担心，先生。不过昨天，就在你挺身而出的那条路上，又发生了一起非常类似的案件。”

“我是想挺身相助，可惜没帮成。”我说。

“或许没帮成也是一件好事。”

我又听不懂了。

警官接着说：“有人像你一样试图干预，结果被抢劫犯用刀刺穿心脏，死了。”

那天晚上我一夜未眠，但奇怪的是，我并没有在想“那个人本可能是我”，尽管华威大学的许多人都明确提出了这一点。我熬夜熬了数个小时，反复起草我对那个地下通道持刀女孩的判决。我把她送进了监狱。

到底发生了什么？一旦接收到死亡的启动刺激，哪怕只是简单地想到死亡，我们就会倾向于认同和确立共有的、主流的社会规范。所罗门和同事们将这种敏感性称为“死亡提醒”（mortality salience），它似乎会影响我们对他人行为的判断，影响我们的立场偏向。

所罗门在“9·11”恐怖袭击事件后也指出了同样的问题。他说：“每次布什谈到恐怖威胁，以及他为铲除世界上的恶势力所做的努力时，他的支持率就会飙升。”众所周知，玛格丽特·撒切尔受益于福克兰群岛（马尔维纳斯群岛的英国名称）精神，而罗纳德·里根则援引“邪恶帝国”来唤起民众的支持。

根据恐惧管理理论，这一切都是因为我们的文化（我们为赋予生命意义而构建的规则和价值观）能被用来防御潜在的麻痹性恐怖，对抗哈姆雷特式恐惧，它是我们抵御不存在的灾难的缓冲器。当我们想到自己终有一死时，就会团结起来。我们会更激烈地谴责外国人，更有力地抨击反对者。就像亚利桑那州的法官一样，我们对性工作者的惩罚更加严厉。

恐惧管理理论的核心主张在五大洲 20 多个国家进行的 500 多项研究中获得了证据支持，它透露出了重要的信息。

有趣之处在于，谢尔登·所罗门和像他这样的研究人员所观察到的效应，即关于惩罚和偏见，并不是由其他不良事件（比如考试不合格）引起的。死亡有种独一无二的影响力，没有什么比它更能扭曲我们的思想和判断。

我现在知道，这是千真万确的。因为最后我要讲的案例最能说明问题，关于道恩的故事。

5. 直面太阳

首先，我与道恩完全通过电子邮件联系。后面你会了解到，我们必须这么做。我无法通过电话和她交流，而上门拜访，甚至提议上门拜访都会显得冒昧，所以我们互通电子邮件。道恩显然经常收发电子邮件，后面你也会了解到。不过一切的开始再惯常不过，我通过中间人发了一条简短的信息，然后收到了这个：

亲爱的德克斯特：

我很高兴你能用这个信箱给我发邮件。

祝好

道恩

收到邮件时，我的手机刚开机。在这之前，我在威斯敏斯特参加了一场漫长而紧张的会议，就女性生殖器割礼的新法律向议员们提供建议。我一直试图说服议会议员和同僚，英国迫切需要加强保护机制，不仅为了履行我们在国际法下的义务，也为了更好地保护年轻女性和女孩免受生殖器割礼。政客们真的了解年轻女性在这个时刻所面临的极端风险吗？我不确定自己是否说服了他们。道恩的邮件来得似乎恰逢其时，我快速回复道：

亲爱的道恩：

我终于从议会那边脱身，想和你再联系一下。首先，谢谢你回复我的邮件，真心感激。该从哪里谈起呢？要不先自我介绍一下吧……

然后，我开始向她介绍我自己、我从事的人权工作以及想和她交流的原因。

我可能太啰唆了，只是想确定你是否愿意和我继续通信。如果愿意就太好了，我期待你的来信。

祝好

德克斯特

她会再联系我吗？我不确定。我已经阐明了自己的意图。这样会不会显得太自我了？会不会给别人造成痛苦？我焦急地等待着回信。在那天余下的时间里，我什么都没收到，第二天早上也是一样。第二天下午，她回信了。

亲爱的德克斯特：

很高兴听到你终于摆脱了“圆颅党”*！

我很乐意回答你的任何问题，并尽我所能帮助你。如果回复得有点慢，那是因为我正忙于撰写一篇硕士论文。

祝好

道恩

太好了，我松了口气。我需要了解道恩，了解发生在她身上的事，以及她最终做了什么。从得知她的故事以来，我一直念念不忘，想必谢尔登·所罗门很了解这种感受。我回复道：

---

* 英国内战时期，君主制支持者被称为“骑士党”，议会支持者被称为“圆颅党”。——译者注

你太棒了。其实我还得跟“圆颅党”纠缠一阵。我可以明天给你发几个问题吗？当然，你完全不用急着回复。顺便问一下，论文内容是什么？

我有很多问题，但其中一个我想马上问她。这个问题或许最不重要，但我就是想知道。我在什么地方读到过她喜欢重金属乐队“黑色安息日”，多年前，我去听过他们的一场演唱会。虽然我们之间存在着种种不同，但在这件事上似乎有共同之处。我还了解到她住在斯塔福德郡，而“黑色安息日”乐队来自伯明翰。

最后问一句：你喜欢“黑色安息日”乐队——英格兰中部的人都这样吗？

祝好

德克斯特

我意识到这个问题有点儿愚蠢，毫无意义，就像人类的好奇心和通信一样。

亲爱的德克斯特：

英格兰中部的人确实都喜欢“黑色安息日”，就像瑞典人都喜欢“阿巴”合唱团一样。

祝好

道恩

收到这条信息时我正在地铁上，刚参加完伦敦法院的一个案例研讨会。我回复道：

好吧，好吧，我真是自找的！收到你的邮件时，我正在地铁里，然后突然大笑起来。我想其他乘客一定认为我脑子不太正常。

作为开始，我准备发给你一个简单的是非问题列表，你只需回答“是”或“不是”，怎么样？当然，你可以拒绝回答任何问题，或者认为它们都很无聊、琐碎或愚蠢，证人在法庭上经常给我的问题贴上这些标签。哦，有机会我得跟你讲讲我去听“黑色安息日”演唱会的事……

祝好

德克斯特

第二天我收到了以下回复：

亲爱的德克斯特：

我设计了五选一回答法：Y，N，D，B，？——分别代表：是、不是、愚蠢、无聊以及你想说什么？

祝好

道恩

我刚参加完的法律会议就在两年前驳回托尼·尼克林森死亡权诉求的同一所高等法院的后面举行。道恩·费兹·韦伯斯特（Dawn

Faizey Webster），42 岁，有一个 11 岁的儿子亚历山大，曾在斯塔福德郡鲁吉利的一所文法学校担任计算机老师。你刚刚读到的所有文字，都是她通过眨眼（左眼）在电脑屏幕上写下来的。

正如埃德加·爱伦·坡曾经说过的，“灾难的特征”有时可能显得极为寻常，就像发生在道恩身上的那样，它可能会悄悄地靠近你，靠近你的沙发。

这本该是她一生中最幸福的事。2003 年，道恩的生活一帆风顺。她结了婚，拿到了心理学和计算机科学学位，工作干得很不错，在斯塔福德的文法学校是一名受人爱戴的老师。“我是那种与孩子们相处融洽的老师，尽管如此，他们也知道不能惹我生气。还好我发脾气时不会变成绿巨人——绿色和我不太搭。”后来我发现，她最喜欢的颜色是红色。

道恩怀上了第一个孩子，她生活中想要的一切都实现了。

到了 2003 年 6 月，她的颈部开始疼痛，而且不见好转。与此同时，她的血压开始升高，越来越高，几乎没有下降的迹象。她的脚踝也肿了。不过，她有孕在身——虽然只有26周，但仍是一个孕妇，也许怀孕就是造成这一切的原因吧。事实上，她在孕期一直都平安无事，但随后孩子的降生却令人措手不及，道恩不得不紧急接受剖宫产。就这样，2003 年 6 月 15 日，体重不足 1 斤 4 两的亚历山大出生了。当道恩出院回家时，孩子不得不继续留在特伦特河畔斯托克市综合医院的新生儿病房里。说句公道话，医生已告知她有这种可能性，她也做好了不能带孩子回家的准备。但是，在接下来的几天里，道恩的情况却逐渐恶化。

她时常感到头晕目眩。有时她的腿瘸得厉害，导致她无法开车去医院看亚历山大。好在父母能开车带她去，这就是他们的解决办法。慢慢地，道恩的世界开始变得模糊起来，那种感觉就像黎明时潮水退去，她身体的每一个分子都漂浮在一条未知的暗流上。就像托尼·尼克林森从飞机上跳入阿联酋深蓝色的天空中一样。她也被困住了。

这一天，坐在家里的沙发上时，她的视线莫名其妙地涣散了，眼前的一切全都变得模糊失真，仿佛走进了一间可怕的镜屋。她的视力终于彻底崩坏了，右眼里的影像若隐若现地在左眼上方闪动。道恩倒下了，那是一个星期五。到星期六，她陷入了重度昏迷。

接下来的一个星期，在斯塔福德医院，道恩时而昏迷，时而清醒。恍惚中，她意识到身边有人影闪动。她冲他们尖叫，但没人听得见。她身体的任何部位都动弹不得，除了眼睛还能转动——左，右，右，左。她拼尽全力对着医生和家人大喊，但24号病房里没有一个人能听到。有人知道她还在她的身体里吗？她的脑干基底发生了灾难性的中风，她的大脑遭到了埋伏、袭击。虽然她的思维还能运转，疯狂而恐惧地运转，可她的身体却完全瘫痪了。她被“锁”住了。

我记得曾读过理查德·马什（Richard Marsh）的故事，那是一位来自加州的退休警官和法医学讲师，因为遭受严重的中风而被“锁”住了。当他躺在医院的病床上时，他能意识到医生在告诉他的妻子莉莉，他活下来的概率极小，只有2%，即使活下来了，也会“是个植物人”。马什始终在场，就在他自己的24号病房里，对着他们无声地尖叫，但病房里无人知晓。他们正讨论着要关掉他的生命维持器。

“我知道我的认知能力是 100%，”他在采访中说，“我能想，能听。我能听到人说话，但我就是不能开口，一动也动弹不得。”

医生们站在他的床脚边上，讨论着下一步要做什么。他们将如何撤掉他的生命维持器，他将如何死去。他们说话的样子好像他不在房间里，那正是他们的想法。然而，隐藏在最显眼处的理查德·马什目睹了一切，他透过双眼注视着，身体却动弹不得，他被埋在自己的身体里。他的说法很有趣，他说是大脑保护了他。他的大脑在中风时背叛了他，然后又开始保护他，让他能够应对局面。大脑使他平静下来，使他能够应对恐惧。

作家们一次又一次地思考着这种困境，从《基督山伯爵》里的诺瓦蒂埃·德·维尔福到《希区柯克剧场》* 莫不如此。在《崩溃》这一集中，希区柯克仍然带着出身莱顿斯通的伦敦东区男孩的口音，警惕地看着镜头，告诉观众说今晚的故事“相当恐怖”。故事中的主人公虽然还活着，却被当作没有生命的人对待，他的命运事实上呼应了许多医疗案例报道。在某些案例中，这样的情况会持续四到六年。这些年里，病人一直是有意识和感觉的，却被困在一动不动的身体里，不被认为是有意识的人。事实上，列日大学昏迷科研团队的玛丽-奥雷利·布鲁诺（Marie-Aurelie Bruno）和同事在对闭锁综合征患者“眨眼就能活下来”的治疗方案进行综述时发现，在超过半数的病例中，医生都未能识别出病人还有意识的早期迹象。

---

* 希区柯克导演的悬念故事剧集，每集首尾都由导演本人出镜串讲。该剧总共 7 季，《崩溃》为第 1 季第 7 集。——编者注

许多年前，我漫无目的地走在伦敦市中心，突然看到了电影《异形 1》的海报。它就在莱斯特广场一个巨大的广告牌上，海报用广阔的外太空作背景，上面有一只可怕的灰绿色的蛋，像月球表面一般坑坑洼洼。说它像怪物一样，一点儿不夸张。我还记得自己读到海报上的那句话时，不由得打了一个寒战：“在太空中，没人能听到你的尖叫。”

现在想起那句话，我仍会不寒而栗。我想知道那是怎样一种感觉，人类如何应对这种伤害？从解剖学上看，脑干是大脑的一个小区域。脑干内部有许多更小的结构，各自有着稀奇古怪的名字：水管、管道、锥体。脑干对心率、呼吸、睡眠、进食和意识保持等都起着调节和控制的作用。2003 年 6 月，道恩的中风破坏的就是这里。脑干中的水管、管道和锥体被破坏了，而她不得不与这样的毁灭性灾难共存。

道恩，你是怎么做到的？你是如何接受这一切的？

6. A–H–N–T

何时及如何安全地判断一个人是否有意识，这是科学和道德领域最令人苦恼的问题之一。它不仅具有一种病态的吸引力，还是一项艰巨的挑战。不过，它有着深远的实际影响：它能够决定我们是否该关掉生命维持器。

因此，各种意识障碍之间的分界线被证明是有争议的。这一直是现代医学中最不为人知和最具伦理挑战性的问题，就连学术名称都存在争议。例如，1972 年《柳叶刀》杂志首次使用的“持续性植物状态”（PVS）在历经了一系列疑难病例和误诊后，已被英国皇家医师学会弃用。事实上，欧洲意识障碍特别工作组完全放弃了“植物”一词，转而使用“无反应性觉醒综合征”（UWS）。这一方法关注的是如下事实：对于这类遭受严重“脑损伤”的病患群体（不管是外伤还是脑缺氧），一些关键的功能仍然完好无损（如自主呼吸能力），但与昏迷病人不同的是，他们或多或少维持着正常的睡眠-觉醒周期（所以才叫“觉醒”综合征）。在“醒着”的时候，他们的眼睛是睁开的，眼球可以转动，环视四周，但他们对环境和自我却完全没有意识，他们是无反应性的。所以人们才认为这些病人对周遭环境和自身都没有知觉，处于清醒的无意识状态，一种边缘状态。这是正统观念，许多专家都这么认为。2006 年，剑桥大学的阿德里安·欧文（Adrian Owen）领导的神经科学家团队挑战了这一观点。

通过大脑扫描技术，他们发现，一些无反应性觉醒综合征患者或植物人实际上能够意识到周边环境和他们自己。有一些未被察觉的“岛屿”被脑海中的迷雾遮蔽了。欧文相信这些病人中有些人知道自己周围在发生什么。

他和团队开始寻找抵达“岛屿”的方法。他们采取了一种独特的权宜之计：让病人想象打网球的情景。通常观点看来，这些病人严格来说还没死，但实际上已告别了这个世界。事实并非如此。

在身体深处，他们仍有意识和知觉，只是没有办法交流。有些人一连数月都是如此，好像有保鲜膜紧紧包裹住了他们，层层缠绕在他们的嘴上和脸上。他们被束缚着，等待着，然而无人知晓。

欧文的重点病人是一名 23 岁的女性。2005 年，她在一次交通事故中脑部严重受伤。根据现行的国际标准，一个多学科综合治疗小组将她诊断为植物状态，而且她处于这种状态已有 5 个月了。但是，当她被要求想象打网球的情境时，大脑的某些区域突然被激活，持续了整整 30 秒，直到她被告知“休息”才停止。这些都发生在一个叫作补充运动区的区域，这部分大脑结构被认为与有意识地想象协调运动（比如打网球）有关。研究人员将这名女病人的反应与另一组共12名健康志愿者的反应进行了比较。当后者想象打网球时，他们的大脑也活跃了起来，而且是在同一区域，即补充运动区。当然，这可能只是异常结果，所以欧文的团队继续实验。

接下来，病人被要求想象自己挨个儿走过她家的所有房间。这一次，3 个截然不同的大脑区域被激活：海马旁回、顶叶后部和运动前区侧方皮质，它们共同形成了海马旁回位置区——PPA。通常认为，当人们执行或想象空间导航行为（比如穿过房子）时，PPA 就被频繁激活。然后就轮到了健康的志愿者，想必你能猜到欧文发现了什么。

这个不可避免的结论就是：尽管欧文的病人被诊断为植物人，但她能像志愿者那样想象，也能像他们那样做规划。她在回应阿德里安·欧文的指示，她仍有意识和知觉。

至于病人有着怎样的意识，这一点几乎不可能确定。我们永远不要忘记她曾受过严重的脑损伤这一事实。尽管如此，她还是做出了回应，并不像所患病症定义的那样“无反应”。她所想象的，她理解中正在发生的，可能是某种类似于做梦或臆想的东西——但它确实是某种东西。不管那个漂浮的梦具体是什么，她抓住了研究人员对她说的话。在他们的提示下，她能想象自己正身处温布尔登的中央球场，也许还发了个漂亮的反手直线球；她能想象自己回到了家。

欧文和同事们继续实验。在被考察的 54 名严重脑损伤患者中，有 5 名能够做出反应。这 5 名此前被判定为无反应性的患者能够（用科学术语来说）“任意调节”自身的大脑活动。这是神经学家的说法，而我们称之为交流。

他们着重对一名患者进行了附加实验。在使用脑部扫描仪之前，他们再次证实患者的确处于植物状态。事实上，他出了一场严重的交通事故，17 个月后被诊断为永久性植物状态，3 年半后确诊。5 年后的今天，他将再次接受测试。患者被推进核磁共振成像仪中。欧文的团队设计了一项通信协议：

> 对于“是”，想象打网球。
>
> 对于“否”，想象你走在一个非常熟悉的城市的街道上，或者是你的家中。

患者被要求想象挥动手臂来回击打网球的情景，或者想象自己在家里从一个房间走到另一个房间，想象自己在那里看到了什么。网球代表“是”，家代表“否”，然后患者被问到一些问题。

这些问题包括“你有兄弟吗？”而病人准确无误地回答了前 5 个问题。这个 5 年来一直被认为对周围环境一无所知的男人，仍然拥有意识。他有记忆，他能回答问题，他知道这些。

正如爱伦·坡所说：“生与死的界限是无比含混和模糊的。”我不知道欧文的病人这 5 年来都想了些什么。他是怎么想的？感觉如何？爱伦·坡说的没错，被活生生地埋葬，被困在狭小的空间里，却没有人知道，这可能是“死亡的命运”中最可怕的一幕。

“你有兄弟吗？”

发现道恩还有意识的人，正是她的哥哥马克。中风后不久，道恩就经历了属于她自己的梦幻漂流状态。她还能记起许多奇怪的梦，其中一个是她想象自己必须被冷冻起来，就像《异形》中“诺斯特罗莫号”飞船的宇航员要去遥远的太空旅行时一样。在另一个梦里，道恩成了一名伊拉克士兵（这一切都发生在伊拉克战争同一时期）。法国时尚杂志《ELLE》的主编让-多米尼克·鲍比在中风后写到，即使他的身体动弹不了，想象力也能翱翔，将他带到火地岛或迈达斯国王的宫廷。那么阿德里安·欧文的植物状态患者呢？这么多年来，他漫游过哪些领域？见识过哪些遥远的地方？

最终，道恩和我安排了见面。我去了她的家乡，为我的问题寻找答案（这是怎样一种感觉？人类如何应对？）。我搭上火车，备好笔记本，见到了道恩。我崩溃了。

眼前的一切是完全无法想象的不公，而整个世界似乎对这种不公无动于衷。这样的事情怎么能发生在如此体面的人身上？怎么能发生在任何人身上？法国人对闭锁综合征有一个术语：maladie de l'emmure vivant，意思是被活活封在墙壁中。看似夸张，却是对这种情况最真实精确的描述。

如果我说“我接下来的发现让我措手不及”，那就太老套了。以防类似情况发生，我尽了最大的努力，为与道恩见面做了一切可能的准备。我尽可能多地阅读有关闭锁综合征的书籍和文献，把讲述让-多米尼克·鲍比经历的电影《潜水钟与蝴蝶》看了又看，在YouTube上一遍又一遍地播放有关道恩的新闻简讯。我想我可以拍胸脯保证，自己做到了对道恩的尽职调查。

事实证明，那远远不够。

看到脑干中风给道恩的生活带来的灾难时，我惊呆了。某种程度上，我们之间亲切随和的邮件往来令我放松了警惕。因为那在很多方面就像我与其他许多法律和学术界同事的通信一样，只是更有趣一些。但那种通信的感觉完全无法匹配现在的情况，无法匹配我眼前所见，无法匹配那场破坏的严重程度。

道恩只能坐在轮椅上。除了左眼（右眼只能闭着）和轻微的头部运动以外，她身体的任何其他部位都无法动弹。她的双臂交叉，规整地放在膝盖上，但她却无法控制它们。我们说话的时候，她的身体偶尔会发生剧烈的痉挛。她不能说话，不能吞咽，只能通过导管摄取流食。然而，她的左眼功能完好无损，且经常被过度使用，它的运作方式着实惊人。道恩的父亲亚历克现年80岁，他给我讲他在战争中长大的艰辛与贫困，但讲到中间突然停了下来。“道恩想说点什么。”亚历克耐心地完成了他们细致入微的程序——背诵字母，而道恩则通过眨一下眼睛来确认正确的字母。

“V-I-O-L……这个，好吧，道恩。”道恩的父亲说。

我看不明白。

亚历克郑重地摇摇头。“‘小提琴’（violins），”他告诉我，“她听腻了我的战争故事，小提琴代表无聊。”为了强调这一点，道恩将自己的脑袋戏剧性地垂到胸口，就像被狙击手击中了一样。

道恩留着披肩长发，就像学生时代那样。很久以后，为了唤起我的记忆，我让她提醒我她的发色。“和我的钢琴颜色一样。”她回邮件道。在她家干净整洁的客厅里，我指出我们俩都穿着红色的套衫，这只是一句非常随意的闲聊，我在争取时间，让自己适应眼前道恩复杂的身体状况。道恩开始拼写。

她的父亲如常帮忙。“我……穿……我穿……哦，道恩。”他停了下来。

我看着道恩的父亲，道恩盯着我的红色套衫。

“她说她穿红色更好看。”亚历克说。

道恩和父母住在斯塔福德郡的鲁吉利镇，这个宁静的集镇位于特伦特河畔。从这里沿着 A51 公路向前 20 英里便是特伦特河畔斯托克，加雷斯在被拘留之前就和妈妈帕姆生活在那里。我静静地坐在那儿，给道恩讲我的法律工作，讲我的案子，讲帕姆和加雷斯。

时不时地，道恩会抬起左眼向上看看，表示“是的”和“我还在听”。道恩的父亲来自费兹家族，是地地道道的中部人，这个诺曼姓氏可以追溯到英格兰国王威廉一世的时代，那时的英格兰还是野狼遍地。亚历克做了家谱调查，是有官方认证的，在大厅里可以看到一张裱好的证书。费兹家族的生命力显然超过了狼，因为 1281 年爱德华一世下令消灭了野狼。道恩的祖父曾与皇家工程师们在北非、意大利和德国参加过二战欧洲战场的许多主要战役。他曾在敦刻尔克作战，并乘坐一艘传奇的小船撤离。“父亲不怎么谈论这件事，”亚历克说，“他不喜欢大惊小怪。”

在敌军的战斗机骤雨般地向不列颠群岛投下炮火和弹药时，这个家族幸存了下来。而事实就是：这家人从不大惊小怪。不只道恩如此，他们所有人都是如此。

亚历克做了多年的木匠工作，现在，他非但没有享受安逸的退休生活，反而在 80 多岁时全职照顾瘫痪的女儿，他的妻子雪莉也一样。他们在 60 年前的一场婚礼上相识，当时是雪莉的朋友和亚历克的哥哥结婚。在庆典上，雪莉把耳环落在了亚历克的口袋里，之后亚历克找到了她。那一年，雪莉 17 岁，亚历克 22 岁。从那之后，他们一直生活在一起。

在我和道恩谈话时，雪莉给我端来了一盘巧克力饼干，那是我见过的最漂亮的饼干。我离开时，她又为我做了一个奶酪三明治带上火车。（“万一你饿了。”）当我问去车站要叫哪家出租车最好时，道恩拼写道：“爸爸的最好。”他们就是这样的人。

当我搜索鲁吉利镇，寻找好玩儿的地方时，谷歌给出的答案是尤托克西特路上的鲁吉利驯鹿公园，“英国最大的役用驯鹿群的家园”。役用驯鹿——它们会做什么工作？我提前发邮件询问道恩，这个被大肆宣传的当地景点是否值得一去。

> 我曾带儿子亚历山大去看过驯鹿，他觉得没什么意思。鲁吉利镇更出名的是谋杀案，不止一起。像帕尔默医生——“鲁吉利的投毒者”，还有“血腥台阶”谋杀案。所幸莫尔斯破了案！
>
> 祝好
>
> 道恩

你看，这就是问题所在。你流畅地读着道恩的邮件，想象她在和你说话，说着她现在无法说出的话。她说得完全没错：威廉·帕尔默是一名外科医生，1856 年因谋杀罪在斯塔福德监狱被绞死。虽然老贝利*只针对帕尔默的一桩投毒谋杀案（毒害他的朋友约翰·库克）进行了审判，但帕尔默涉嫌毒害了更多受害者，包括他自己家

---

* 老贝利即伦敦中央刑事法院，所在街道为老贝利街（Old Bailey），故有此代称。——编者注

中的成人和 4 个婴儿。狄更斯称他为“老贝利有史以来最大的恶棍”。我在老贝利担任法官后，很快就想起了帕尔默（还有道恩）。

在道恩家里，我回忆起她说过的所有俏皮话，关于“黑色安息日”乐队和“阿巴”合唱团，关于对奥利弗·克伦威尔的抗议（“13 年不过圣诞节，穿得像去参加葬礼”），关于鲁吉利镇可怜的驯鹿等，她都有温文尔雅的谴责和一针见血的点评。当我坐在她旁边时，这些话在我脑海中响起。她用那只功能正常的眼睛向亲爱的父母发出信号，而他们则煞费苦心地背诵着字母表：A，H，N，T。我们讨论了鲁吉利镇的“血腥台阶”谋杀案：1839 年，一名叫克里斯蒂娜·柯林斯的年轻女子在特伦特与默西运河之间的“血腥台阶”上被醉酒的船夫杀害，据说台阶上还渗着受害者的血。柯林斯的坟墓在圣奥古斯丁教区的小教堂里，就在路的那头。《莫尔斯探长》系列中的《乡下姑娘之死》讲的就是“血腥台阶”谋杀案。我决定在拜访道恩家那天去看看柯林斯的墓。

我们的谈话慢慢地、一个字母一个字母地进行着。A，H，N，T。亚历克或雪莉背诵着特别改编的字母表，这是道恩的嫂子设计的一套系统，她是尤托克西特一所学校的科学部主任。系统将 26 个字母按 7–6–6–7 分为 4 个象限，以便更快地定位。道恩则通过眨一下眼睛示意所选字母。一次眨眼，一个字母，她通过这种方式开始了严谨的学术研究。道恩就这样获得了古代史学士学位，现在正在攻读艺术史硕士学位，通过援引海德格尔和梅洛·庞蒂的观点，从现象学角度评论汉斯·荷尔拜因的名画《大使们》。这就是道恩的生活。我深感惊叹，不仅仅为她如此显见的勇气和镇定。我必须承认，当她翱翔的思维与外界的联系被无情地缩小到一个眨眼时，我为自己拥有如此之多的机会而感到难堪。我乘坐出租车离开道恩家，穿过鲁吉利镇，望着一扇扇窗户在冬夜里闪着温暖的光，我尽力不去想自己的生活是何等挥霍。

我只能记起我们谈话的些许片段，整个人陷入一阵恍惚。

在鲁吉利—特伦特山谷车站的站台上，风在刮着，低垂的云层从头顶上快速飘过。火车甩开云层，向伦敦方向行驶。它稳步穿过英格兰中部的乡村，却令人不安地静默，仿佛雪压住了一切。除了道恩，压不住的道恩，生命力顽强的道恩。她并不沉默，她的声带依旧能发出低沉的共鸣声，直到我们见面后我才了解到这一点，它令我感到意外。我想，这可能会让没有准备的人无所适从，但实际上，这是一场胜利。（“如此美妙的声音。”我后来给她发短信说。“我是伍基人*的一员，”她的回复惊人之快，“等着瞧吧，我要在你身上试验我的农场动物。”）

火车靠近伦敦时，天下起了雨，雨水冲刷着铁路沿线的树木，冬日里它们光秃秃的枝丫很像沃尔特湖面上突起的树杈。我又想起了安东尼，我很想让他见见道恩。在我们的世界中，存在两个不同的世界，两种人，两种类型。道恩是哪一种？她是驯服者。她驯服了恐惧。然而，要想了解她的勇气有多大，我需要告诉你这一切是如何开始的。

7. 被锁在外面

首先注意到的是道恩的母亲。

---

* 伍基人是《星球大战》系列电影中出现的种族，浑身长毛，使用的语言为低沉的咆哮。——编者注

“道恩，你的脚踝肿了。”雪莉对女儿说。孕期脚踝肿胀，用老话说，该给助产士打电话了。道恩的脚踝的确肿了，助产士不仅在她的尿液中发现了蛋白，还发现她的血压也很高，并在不断攀升。警灯闪烁，警笛呼啸，救护车载着道恩冲向斯塔福德医院。急诊科医生很担心，不知如何是好。如果要保道恩，最好立即动手术；如果要保孩子，最好等一等再做手术。妇产科医生告诉她：“你为孩子每坚持一天，他活下去的机会就越大。”

道恩整整坚持了6天。

她的血压持续升高。为了孩子，她每拖一天，自身风险就越大。她不愿伤害未出生的孩子，她要保护他。就这样，道恩把有限的生存机会留给了儿子。虽然早产时只有28厘米长，但亚历山大顽强地活了下来。今天的亚历山大可不是那个28厘米长的早产儿了，他已经年满12周岁。我看到他的照片，意识到他现在的年龄和安东尼被父亲卖给奴隶主时的年龄差不多。亚历山大的个子很小，加雷斯·迈亚特也一样。跨越时空，我看到了这几个男孩之间的奇特关联。

事实上，道恩的牺牲很可能给自己造成了近乎全身瘫痪的后果。基于她在通信中毫无保留的坦诚，以及我们之间建立的感情（我希望如此），我决定壮着胆子问问她。

“如果你先前就知道现在的后果，你是否还会那样做？为了亚历山大而推迟手术？”

她用她为我们专门设计的代码简单地回答：“Y（是）。”

如何理解无意义？如何赋予它某种意义或者说任何意义？在完全了解自己生命的毁灭和儿子的出生之间直接相关的情况下，道恩驯服了被困在近乎完全瘫痪的身体里的恐惧。她拒绝做伤害自己孩子的事，她冒了最大的风险，而且还会再次那样做。她放弃了我们的庸常生活。

道恩·费兹·韦伯斯特的遭遇并非毫无意义。从更广泛的意义上说，这意味着生命的增加——她的生命（尽管被改变）加上儿子的生命。她显然是这样理解的。不过我们必须清楚，道恩的胜利不在于打败了逆境，而在于与逆境共存，她的胜利存在于每一次艰难的眨眼之中。她与恐惧正面交锋，带着恐惧踏上了一条非凡的旅途。

1611 年，诗人约翰·多恩在其黑暗而令人不安的作品《依纳爵的秘密》中描述了一个不安分的人，他可以“自由地漫游每一处地方，调查和测量每一个房间、每一片天空，了解情况、自然、人民和政策”。

严重中风造成的生命和肢体的束缚具有一种极其矛盾的影响，它由一个接一个的幸存者讲述出来，那就是：解开了心灵的束缚。它给人的思想提供了一个不讨喜、野蛮却难得的机会，去重新审视这个世界，漫游每一处地方，了解人民和政策。正如欧内斯特·贝克尔所言：“在不移动肢体的情况下，拓展世界和时间的维度。”

通过眨眼这种坚定的方式，道恩在智慧与想象的天空中翱翔，为攻读学位遍览古希腊和古罗马文明。“你最喜欢古典世界的哪个人物？”我有一次问她。“亚历山大。”她立刻回答。

我们谈起亚历山大大帝如何驯服他的马的著名故事。这个故事可以追溯到普鲁塔克的《亚历山大生平》，或者也可以追溯到公元 2 世纪古希腊尼科米底亚的作家阿里安的《亚历山大远征记》。塞萨利亚人菲洛尼克斯带来了一匹高大华丽的马，毛色又黑又亮，售价 13 塔兰特*。只是这匹性情暴烈的马很难驾驭，没有人能够控制它。许多骑上马背的人都被摔了下来，但 13 岁的亚历山大相信他能完成这个看似不可能的任务。没有人相信他的话，可他只用了一招就巧妙地做到了。出乎所有人的意料，他居然接近了这匹高头大马，敏捷地骑上了马背。他是怎么做到的？原来亚历山大意识到，马是被自己的影子搞得心神不宁，于是他掉转马头，直面太阳。

道恩为何如此崇拜这个马其顿人？“因为他的功绩卓著，”道恩说，“亚历山大大帝死于公元前 323 年，年仅 32 岁。想象一下，如果他活得再久一点，会取得何等成就。”

对道恩来说，这才是关键所在。虽然中风给她带来了近乎完全残废的身体和凄惨的生活，但道恩仍然决定，不仅要活下去，还要活得有意义、有价值；不仅要驯服恐惧，更要赋予它某种意义。就像亚历山大那匹不羁的马一样，她认为有些看似不可能的事其实可以掌控——只要你从正确的方向接近它。只要你转过头，面向太阳。

“中风后，我的生活体验完全变了，但这同样珍贵。你的梦想或许不得不改变，但梦想仍属于你。我想让人们知道我还是道恩，我还在这里。我能拿过去怎么办？没办法。但你可以改变将来。这正是我要做的。”

和亚历山大大帝一样，道恩也有一份详细的清单，上面列着要做的事和要征服的领域。经过六年的艰苦努力，当她终于被授予古代史学位时，父亲问她：“道恩，我们现在要休息一下吗？”道恩对父亲说：“你可以休息，我要再读个硕士！”

---

* 塔兰特，古希腊货币单位，1 塔兰特大概为 26 千克黄金。——译者注

“那你怎么回答她的？”我问。

道恩的父亲缓缓摇了摇头：“我说：‘好吧，道恩。’”

她还需要两年的不懈努力，才能以每小时50词的眨眼速度获得艺术史硕士学位。就像本段这样篇幅的文字，她得花一个小时写成。接下来，她决定攻读博士学位。她一定会实现这个目标的，我对此深信不疑。

道恩·费兹·韦伯斯特的案例与玛丽–奥雷利·布鲁诺及其同事的进一步研究产生了有趣的共鸣。他们调查了44名闭锁综合征患者，试图了解他们“发生了巨大变化的身体”在多大程度上毁灭了他们的自我意识，也就是他们在中风后对自己是谁的认识。研究人员考察的是：在身体几乎完全瘫痪之后，他们是否感觉自己仍是同一个人，是否承认新身体是“自己的”，是否认为自己的生活仍有意义。

这项研究的重要之处在于：研究人员把闭锁综合征患者的答案与对照组进行了比较。对照组是来自巴黎斯大林格勒街阿维森纳医院的20名医生。这些专业医疗人员被要求站在全身瘫痪者的视角来回答同样的问题，但布鲁诺和同事表示，他们“未能预测到患者的体验”。这迫使我们停下来思考。因为真正的闭锁综合征患者最强烈的回应是：尽管他们的身体已变成“监狱”，但身处其中的仍是同一个自己；尽管深陷残疾，但他们在生活中仍然感到活跃；尽管瘫痪了，他们仍然为家庭做出了贡献；尽管面临如此状况，他们仍然能够表达真实的自己。换句话说，他们仍然有办法找到生活的意义。因此，虽然被活活封闭在墙里的恐惧挥之不去，但人类可以找到驯服恐惧的方法。

很可能这是我们一直在做的事。谢尔登·所罗门或许是对的，只要我们意识到如下两个事实：（1）我们活着；（2）我们不会永远活着。

驯服恐惧是一项持续不断的维护和修复工作，是对第四恐惧之桥的持续描绘：随着我们年龄的增长，死亡变得愈加突出，它的阴影越来越大。如此普遍存在的人类需求，有着如此深远的影响和潜在的毁灭性，这有力地证明了存在一个与之相关的执行系统，一个心智模块，它也可能会与其他心智模块交互作用。事实上，所罗门和同事发表在《进化心理学》杂志的一篇文章总结称，进一步的研究将导致恐惧管理理论与进化观点“进一步融合”。让我们拭目以待。

维克多·弗兰克尔告诫我们，不要一味寻求生命的某种外在的、至高无上的决定性意义，某种能够一劳永逸地解决问题和驯服恐惧的东西。他认为，我们不应该询问“生命的意义是什么”，而是应该“想象自己每日每时都在接受着生活的考问”。

是生命的概念在考验我们。它充满了吸引力，但也蕴含着危险。

因为万一我们通不过考验怎么办？如果我们像托尼·尼克林森或琳恩·吉德戴尔那样不想继续活下去怎么办？因此，我们是否可以把生命看成是一种复杂难懂的邀请？就像爱德华·蒙克在1899年创作的经典作品《生命之舞》一样，生命邀我们共舞一曲。我们必须承认，接受生命的邀请不是一件容易的事。我们也不要忘记，死亡同样在发出邀请。

最终，我们可能只是出于哈姆雷特式的恐惧，草草接受了生命的邀请，就像L小姐的母亲一度表现出的那样——想死，但又害怕死。在这种情况下，我们可以认为，道恩的挣扎和努力并不是在寻找意义，而是在创造意义。通过她的所作所为，道恩每天都在为自己赋予意义。于是，我们不仅是意义的追寻者，更是意义的创造者。这是一种复杂的自由：它能使我们免遭托尼·尼克林森那样的痛苦和精神折磨。

有一次，道恩对我说："我曾是个优秀的老师。"

"真的吗，你？"我说。我们经常互开玩笑。

"迄今为止最优秀。"

"你吗？"我又问。

"在计算机房的转椅上，我曾经是个非常棒的老师。"

事实上，道恩仍然在教学。但我们有足够的智慧去倾听她吗？遇见道恩之后，我开始理解查尔斯·达尔文在1832年12月某日的所见——当"小猎犬号"考察船穿过南大西洋的波浪时，他擦去眼睛上咸咸的水花，火地岛浮现在眼前，那种景观展现出了从未设想过的世界。遇见道恩之后，我才明白这一切。

诚然，看待生命的方式有两种。死亡，这个永远矗立在前方的巨大谜团，可能会令我们的生命显得微不足道。向天文望远镜的另一端望去，我们会消失无踪。但是，我认为生活中还有更多更好的东西。把天文望远镜掉转过来，用显微镜观察我们的生活，就像道恩用眨眼进行交流一样，你会看到，生活中的每件事都充满了激情，只要你有机会去想去的地方，说想说的话，你就会被最深刻、最简单的快乐充盈。突然之间，我们面前的机会闪烁着几乎令人无法抗拒的诱惑光芒。遇见道恩之后，世界变得广阔，充满了令人眼花缭乱的可能性。我不由得伸展手指，弯曲脚趾，试图追踪从大脑到四肢的完整神经信号。（"我的四肢和大脑绝交了，"她在给我的信中写道，"挂起了'请勿打扰'的牌子。"）我们必须驯服各种各样的恐惧。我试着想象道恩在生活中的场景——之所以停留在想象上，是因为我觉得自己无权过问这些事情。中风后，当孩子第一次被抱进她的病房时，她无法触摸他；初为人母的她听到孩子哭泣时，却不能喂养他；她甚至无法向他伸出一根手指。如此种种。

这是怎样一种状态？哈罗德·品特的戏剧《阿拉斯加》讲述了黛博拉的故事。她患有脑炎，昏睡了29年。从沉睡中醒来后，她问医生那段时间她在做什么，身在何处。黛博拉身边的医生坦率地告诉她："我们也不知道。"

道恩的案例为何至关重要？她被迫走到人类经验的遥远边缘，站在前沿，付出痛苦的代价换来了一些知识。在一个被恐惧和失去生命本身所困扰的世界里，她提醒了我们，生活中那些日常的小损失也很重要。她提醒我们可以做些什么来弥补，我们可以重拾我们抛弃的梦想。而更重要的是：她向我们展示了这些小事如何成为对抗遗忘的日常武器。它们不仅是我们能做的，也是我们需要做的。

有这样一种看待道恩的方式：她只是一个跟我们一样的人。

还有另一种方式：她是一个非凡而另类的人。

在我看来，她触及了我们内心深处的非凡与超常，不是因为她想，而是她不得不——为了她自己和亚历山大。是的，那次脑干中风使她几乎全身瘫痪；是的，她锁住了（道恩，原谅我用了这个词）；但同时，她也是一位年轻的母亲。虽然只会眨左眼，但她一直在儿子的生活里陪伴他，抚养他长大。当他们来我家看《学徒》决赛的回放时（我和道恩都错过了节目首播），亚历山大花了很多时间在电脑上玩《神秘海域4》这样的游戏，令人颇感欣慰。我给他看我的旧地球仪，给他看我最近去过的地方，以及沃尔特湖的位置，我还给他讲那些儿童捕鱼的事。亚历山大说，这一切让他感到难过，我们必须想办法阻止这种情况发生。他说得对。

我的食指在旧地球仪上的细微凹凸间穿行，亚历山大的手指紧随其后。然后他继续去玩电脑游戏，吃巧克力卷。我开始理解道恩的抗争是为了什么。

恐惧的种类各不相同。恐惧是道恩脑干里的遭遇，以及对她造成的后果。驯服的形式也各不相同，包括告诉儿子关掉游戏机。这也是一种驯服，有着同样的荣耀。

时间去哪儿了？时间在哪儿？我承认贝克尔笔下对死亡焦虑的恐惧，但我们还有另一种焦虑：对生命的焦虑。道恩讨厌“闭锁”这个术语，现在我明白其中的原因了。不过，我不知道我们是否被锁在了外面，迫于生活的压力，将世界上的许多奇迹拒之门外。这不是批判，而是事实。道恩给我们上了一课：事情不一定非得如此。我此前从未遇到过像她这样的人：她醒着的每一天，她眨眼的每一瞬间，都充满了如此强烈的渴望和激情。19 世纪的法国神经学家让·马丁·夏科特曾写到，残酷的帕金森病无休无止地折磨他的病人。道恩也被如此折磨，她不屈不挠，决不臣服。通过道恩，我们可以明白**恐惧驯服者**必须做出的抗争与努力。这很艰难，但也可以很英勇。

远处，窗外，传来一阵微弱的尖叫声。你在黑暗中走进女儿的卧室，看到她在平板电脑上写的一封信。这封信是写给你的。

亲爱的爸爸妈妈：

我知道你们爱我，远比我应得的还要多……

我们又回到了那间卧室。但现在的你身在何处，打算做些什么？你是在简·尼克林森的位置，准备帮助所爱之人赴死吗？简，一名护士，一位爱妻。“因为我爱他，我才可能那样做。”托尼的离世那样匆忙，医生说是死于肺炎，而简说是死于心碎。因此，简最终没有机会在现实中这样做。但凯·吉德戴尔做了。

……如果有必要，拜托，拜托您一定帮帮我。

这就是摆在你面前的选项。你真的能做到不惜任何代价来确保你的亲生骨肉从痛苦中解脱吗？你不禁想起道恩。那个蔑视困难、极具反抗精神的道恩。在做决定之前，我还有一件事要告诉你。

当道恩终于能够通过眨眼来进行交流时，当家人和医生终于意识到她还有意识时，她向前夫，也就是亚历山大的父亲，提出了一个简单的请求："请帮我去死。"

但是，道恩改变了主意。她至少能把恐惧控制到这样的程度：即使不能完全战胜它，也不会被它打败。还有L小姐。我常想起这位前客户，以及她在农场的孩子们，在我的想象中——我知道自己有点多愁善感——他们总是沐浴在阳光下。我始终不知道她母亲的名字。

而我逐渐开始意识到，这其实并不重要，它可以是任何名字，它就是任何名字。

像道恩一样，L小姐从悬崖边退了回来，她与自己抗争，使自己从无意义中挣脱出来。像亚历山大大帝一样，她转身直面太阳。在房间里，这些人与你同在：简和凯，道恩和L小姐。

狐狸幼崽在寒夜里打闹着，尖叫着。

你的手伸向吗啡瓶，又放了下去。

伸向吗啡瓶，放下。

伸向……

The Beholder

第四种人

观看者

时间不多了，水位在上涨。

——雷蒙德·卡佛

1. 他们只看到我的脸

“在我成长的过程中，”拉娜说，“你知道，十几岁的时候，学校里有个女孩儿，没有人喜欢她。”

那个女孩喜欢下棋，这使她看起来很聪明，但也有点儿咄咄逼人。然而，在印度次大陆某个城市的这所学校里，让她受到全班同学质疑的，是她身上的其他东西。

“她有个胎记，长在脸上，”拉娜说，“像一幅地图。你也知道年轻女孩能有多恶毒。可不是有一点儿恶毒，她们是最恶毒的。”

拉娜说起话来连珠炮一般，快速而紧凑，有些激动的样子，仿佛时间所剩无几。话说回来，她确实已经失去了很多时间。拉娜发现自己老是盯着女孩的脸看，看得入了迷：这是一张什么地图？女孩没有朋友，人们讨厌她，不是因为象棋，就是因为胎记，或两者兼而有之。

“我试着跟她说话，但我的朋友们都这样问我：‘拉娜，你干吗和她说话？有毛病吗？’”

拉娜不想失去自己的朋友，也不想引人注目。那个女孩最后离开了学校。

“你和其他女孩还保持联系吗？”我问。

她停顿了一下。“自从事情发生后，”她指的事情正是我们谈话的原因，“她们差不多都不理我了。有时她们中的一个会给我发信息，看我过得怎么样，我想是因为她们感到内疚吧。她们说：‘哦，拉娜，你真勇敢。’我说：“换了你，你会怎么做？”她们问我每天都在做些什么，我不好意思说。”

拉娜每天做的事情（这是她始料未及的）就是读书，特别是关于某个地方的书，因为她认为这个地方有最伟大的故事。

两个弃婴（非婚生子）被装在一个篮子里，顺着河水漂流而下，后来被芦苇或灯芯草缠住。一只狼靠近了脆弱的婴儿，不过那是只母狼，它没有吃掉婴儿，反而给婴儿喂自己的奶。这两个男婴活了下来，长大后，他们在自己获救的地方建立了一座山顶小镇。

小镇变成了城市，城市变成了罗马。七个世纪以来，罗马享受着无与伦比的征服与胜利的荣耀，然后它开始休养生息。罗马共和国变成了罗马帝国，奥古斯都·恺撒放弃了征服整个世界以及发动远距离战争的宏伟计划。“七山之城”将得以巩固，但是，还少了一块拼图，罗马首席编年史作家之一的塔西佗称之为“被云雨笼罩的”神秘小岛——大不列颠。

“我喜欢吉本的书里讲你们国家的那部分内容，”拉娜说，“关于你们如何被征服。”

我对她的兴趣表示了感谢。后来，我查阅了这本书。吉本在书中讲到，罗马用了40年的血腥战争才征服了英国，这项伟业由“最愚蠢无知的皇帝（克劳迪乌斯）开启战端，最荒淫无道的皇帝（尼禄）继续支持，最怯懦胆小的皇帝（多米提安）宣告终止”。我慢慢意识到，这些故事不仅吸引了拉娜，还以一种难以想象的方式拯救了她。

“我在吉本那里的收获是他对希望的看法，”拉娜说，“你知道吗？”我不知道。“它是最好的安慰。”她说。

吉本的原话是：“希望是对我们不完美的状况最好的安慰。”我也去查了这句话。我知道拉娜希望的是什么，但我们在很长时间后才谈起这件事。它太痛苦了。所以我也乐意在这段时间读一读罗马人在英国的故事。

在克劳迪乌斯之前的近一个世纪，甚至在基督诞生之前，在肯特白垩海岸的某处海滩上，由第一位恺撒，即盖乌斯·尤利乌斯率领的万人军团和百夫长在平坦的页岩和砾石海岸登陆，登陆点在迪尔附近。而两千年后，就是在那里，人们发现了她。

位于迪尔的中街鱼店是一家古色古香的老餐馆，从恺撒舰队的登陆地点沿着 A258 公路开车过来只需要几分钟，弗洛伦斯就在那里工作。弗洛伦斯·科尔盖特（Florence Colgate），这个 18 岁的女孩因为一件事情成为国际关注对象。

科尔盖特说：“我得给他们寄一张素颜照片，之后我就接到了电话，说我是 8 000 名竞争者中最后胜出的 5 名之一。”

在 5 名决赛选手中，科尔盖特再次胜出，这引发了研究人员对其面部参数和精确比例的研究。

“我看着自己的脸，”她说，“我只看到了自己，看不出什么科学。”

科尔盖特在英国独立电视台（ITV）“洛林秀”主办的比赛中赢得了冠军，比赛旨在找出英国最“自然”的美女——不化妆，不整容，只是“你”。获得冠军后，科尔盖特开始出现在全国各大药妆店的海报和宣传材料上，至少她的脸是这样。

2015 年，中国著名演员兼模特 Angelababy（杨颖）经历了人生中最伤脑筋的“试镜”。

Angelababy 被誉为中国的金·卡戴珊，其婚礼耗资 3 100 万美元，这可能是中国有史以来最昂贵的明星婚礼（且全程在线直播）。在中国医学科学院，她公开接受了一系列侵入性检验，因为瑞丽医疗美容门诊部声称她做了整形手术——“Angelababy 整形失败，网友称其下巴不自然”。迫不得已，Angelababy 以诽谤罪起诉了瑞丽公司。

Angelababy 需要保护其形象的真实性，保护她的自然美——脸部的自然美。

在太平洋彼岸的美国西海岸，斯坦福大学毕业的工商管理硕士兼硅谷财富经理米歇尔·米勒（Michelle Miller）同样引发了争议，因为她发展了一种美学理论——“七分理论”。

米勒是博客“包销”（The Underwriting）的作者，她有一个著名观点，声称进入男性头脑的简便方法是：（1）关闭 80% 的大脑；然后（2）把剩下部分的一半用来思考性。米勒揭示了她成功的秘诀，即“七分理论”——你不希望自己长得太漂亮，太漂亮给人威胁感，惹人讨厌，但你也不希望长一张没有吸引力的脸。

你需要有足够的吸引力，让别人注意到你，但不需要过于漂亮，否则会受人排挤。米勒称，十分里只需要七分就够了。就女性的容貌而言，七分是介于美丽动人与平平无奇之间的“最佳点”。

大西洋彼岸的劳拉·菲尼（Laura Fernee）表示自己错过了最佳

点——得分偏高。这位以一等成绩拿到伦敦大学学位的前医学研究科学家说，她的生活让她的脸给毁了。

“事实是，”33 岁的菲尼说，“美貌给我带来了很多问题……这不是我的错……我无法改变自己的模样。”她还说，被其美貌打动的男同事会在她的办公桌上留下“浪漫的礼物”。即使她在实验室里工作，他们也控制不住自己，即使“不化妆，他们还是会因为我天然的吸引力过来搭讪，我阻止不了他们”。

在获得博士学位后，菲尼为多家医药研究公司工作，研发药物治疗。她对这一领域的兴趣源于她母亲患有自身免疫性疾病，所以她的研究非常个人化。然而，由于承受了无法忍受的关注，菲尼离开了科学研究中心，开始写一本书：关于长得太漂亮而无法工作的体验。“他们只对我的外表感兴趣，”菲尼抱怨道，“他们只看到我的脸。”

敢于说出这样的话，菲尼不可避免地遭到了强烈抵制，来势凶猛。据英国《每日邮报》的公众嘲讽谩骂晴雨表显示，她一夜之间成了“英国最讨厌的女人”。

随着社交媒体上评论的泛滥——“别自以为是了”“亲爱的，你也没那么美啊”“你太浓妆艳抹了”“你看起来就像我妈”，网友还提出建议，让她采取措施把自己的脸“整”一下，就什么问题都解决了。比如用硫酸。

2. 丑陋罚金

人们在法国南部罗讷河的底部发现了这尊半身像。发现者吕克·朗说，半身像的面部特征非常逼真，几乎就像刻在“真人脸上”。如今，这尊半身像坐落在阿尔勒市古物博物馆的一个白色底座上，周边陈列着从河里打捞上来的其他文物。法国前文化部部长克里斯汀·阿尔巴内尔将之誉为“最古老的皇帝形象”，但其他人却不这么认为。

例如，剑桥大学古典文学教授玛丽·比尔德在为《泰晤士报》撰写的“唐的生活”博客中写道：“我猜，它有那么一丁点可能刻画了尤利乌斯·恺撒，但并没有特别的理由这样认为。”另一个博主“小淘气古典主义者”说：“在我看来，它更像乔治·布什。”

不过，从一开始，恺撒的脸就很重要，他的脸是他卓越成就和性格的关键线索。颇具争议的维多利亚时代学者詹姆斯·安东尼·弗劳德曾在1892年至1894年担任牛津大学近代史教授，他对恺撒的著名描述如下：

> 他的五官比一般罗马人的更加精致，前额宽而高，鼻子大而瘦，嘴唇饱满，深灰色的双眸好比鹰眼，脖子又粗又结实。他的面色白皙，须髭都保持着精心修剪的样子。

我们从脸来推断性格，推断整个人。这是一种启发法，一种工具，也是一个陷阱。

拉娜了解这个陷阱，她本人正身处其中。因为自从那件事（我们交流的缘起）以后，拉娜变得沉迷于人们的脸。她完全有权利这么做。事实上，那件事的发生时间与疑似盖乌斯·尤利乌斯·恺撒的半身像在法国南部的河中被打捞上来的时间大致相同，而这条河距离拉娜最后住院的地方有 4 000 英里远。

无论人类还是非人类动物的从属行为都高度依赖于其他动物的身体展示，即样貌。样貌规范了我们如何交往和联系、拒绝和回避他人，人类动物从他人的脸上提取了大量有价值的信息。

在职场中，与不太漂亮的人相比，长相漂亮的人更容易被雇用，更有可能获得升职和加薪。存在着一种“美貌红利”（beauty premium），或者反过来说，“丑陋罚金”（plainness penalty）。与被告席上相貌平平或丑陋的人相比，长相漂亮的被告更可能获得保释，也更可能被判无罪。因此，外貌吸引力不仅会影响经济状况，还会影响自由。当你的外貌不符合他人预期时，后果可能是灾难性的。詹妮弗·埃伯哈特令人震惊的研究显示，同样是犯下杀害白人罪行的非裔美国人，肤色较黑的比肤色较浅的获判死刑的可能性高出一倍以上。因此，无论好坏，你的长相至关重要。大脑中负责处理所有这些信息的模块——**观看者**——所看到的可能关乎生死。这种说法可能被视作一种修辞，但有时却反映了真实情况。

“他一直看我，”拉娜说，“你知道男人有时候就是这样。偷偷瞥你一眼，当你发现的时候，他们就移开目光。所以，当我发现那个男孩在看我时，我会笑着对他说：‘没关系，你可以看。’我确实喜欢他看我。”拉娜现在快 30 岁了，而那是几年前发生在印度次大陆的事了。在上大学前有一年的假期，拉娜在一家非政府组织做志愿者，帮助来自贫困家庭的孩子识字，但她这样做并不全是为了公益。“那时我对时尚很着迷，真的很着迷。很荒谬对吧，但当时的我就是那样。”

“为什么？”我问。

她笑了，但笑声又戛然而止。“我没法儿很好地回答这个问题。我只是喜欢漂亮的东西而已，我的生活就是那样。我喜欢在组织中心帮忙，但我真正喜欢的却是玩儿得开心，打扮得漂亮时尚。有点儿自私，你懂的，”她停顿了一下，“我的意思是，我那时还年轻。”

“那个男孩子呢？”

“被人注意的感觉很好，”她告诉我，“没有比这更好的感觉了，因为我从来都不是那种非常非常漂亮的女孩。”

她给我看了她之前的照片，我不能苟同。照片上的年轻女孩有一张开朗、纯洁和温柔的脸，站在绿树成荫的花园里。

“在家里，”她告诉我，“我们种了一些果树。伴随着我的长大，它们也每年开花结果。这就像魔法一样，非常神奇。”

出于保密原因，我不再更详细地描述拉娜或事发地点，因为保密对拉娜非常重要（你很快就会明白）。事实上，拉娜不喜欢看那些照片。她把照片背向自己举起来让我看，而她却不看，因为照片对她是一种折磨。

实际上，她无法承受。

米歇尔·米勒说，在金融职业生涯中，她发现许多女性的成就和头脑都被表面效应所侵蚀，因为正如米勒所言：“她们太性感了。”这些女性不属于职场中因美貌而享受红利的那一小部分人。米勒认为，职场上的“七分”偏好是一种“无意识偏见，我们正是通过这类启发法来看待世界上真实发生的事情”。

毫无疑问，“七分理论”为她赢得了宝贵的专栏版面和节目时间，但这一理论有客观依据吗？比如弗洛伦斯·科尔盖特那张被反复研究的脸的比例：眼距与面部宽度之间的比例为44%，眼睛到嘴的距离与发际线到下巴的距离比例为32.8%。当看到这样的“完美”面孔时，我们看到的是什么？

同样重要的是，是谁，或者是什么，“看到”了这张脸？

“情人眼里出西施”这句古话是否恰当？美来自眼睛，但随后又渗透到大脑，那里是更加扑朔迷离的地方。美在我们的大脑里做了什么？对谁做？

“可那之后，”拉娜说，“随着我对他了解越多，开始和他相处，我就越意识到有些不对劲儿。我的意思是，他长得很帅，朋友们一直说我很幸运能得到他的青睐，但实际上他们并不了解他和我在一起时是个什么样的人。问题就是，他在人前是一副面孔，在我们独处时又是另一副面孔。他不停地问我还跟哪个男孩说过话，有几个，什么时候，什么内容。我们甚至还没完全确定关系呢，而这些开始让我觉得可笑，我感到有点不对劲儿。”

拉娜的感觉没错。随着时间的推移，事情变得非常糟糕。她的仰慕者（我叫他尤拉吉）开始跟踪她。

“我和女性朋友出去玩时，他会出现在街对面，就在那里看着我，有时还用手机拍照。第一个发现的人不是我，是我最好的朋友。她说：‘那个男孩为什么用手机拍我们？’我抬头一看，是尤拉吉，他就站在那里。”他很快又把目光移开了，但这一次拉娜没有笑。她不想让他那样看自己，那不是看，是监视，是吞噬。

“有几天我没收到他的任何消息，”她说，“然后他突然来到我家，假装什么事情都没发生过。我问他为什么跟踪我，他说他没有，一定是我把别人错当成他了。”

她没有弄错。跟踪事件再度上演，之后又发生了一次。

“我给他发了条短信，”拉娜说，“我非常礼貌地说，求求你，尤拉吉，求求你，我们之间不会有结果的，所以我们不该再见面了。请不要来我家，也不要发消息给我。”

突然之间，一切归于平静。

“沉默，甚至更糟糕，”拉娜说，“我一直在想，他脑子里到底在想什么才会这样做？不过，至少我已经告诉他不要再打扰我了。这就是我想对他说的，但我说得很客气。这就是我想要的，为什么不能告诉他？”

可这不是尤拉吉想要的。大祸将至。

这种偏好从婴儿时期就开始了。

毫无疑问，在成长的岁月里，我们身边充斥着大量形象和观念的信息，关于何为完美或更具偏好性的审美标准。毫无疑问，这当中存在大量的社会建构，但可能还有其他因素在起作用。研究证据表明，我们大脑中对美做出正面或负面评价的系统从很小的时候起就开始运作了。相比那些按成年人的标准而言没那么有吸引力的面孔，婴儿更喜欢看那些很有吸引力的脸。在得克萨斯大学的朱迪思·朗格卢瓦（Judith Langlois）及其团队的早期研究中，婴儿对漂亮脸蛋的偏好从六个月大的时候就开始表现出来了。这种偏好跨越各种不同类型的脸，包括不同种族、年龄和性别的“刺激物”（被观看的）面孔。因此，使用基本结构完全不同的面孔，比如两个年轻白人女性的脸或两个年长黑人男性的脸，来做实验时，都能有力地得出这一发现。人们对美的偏爱是一以贯之的。

在埃克塞特大学的艾伦·斯莱特（Alan Slater）最近的研究中，这种明显的审美偏好也出现在刚出生两天的婴儿（这是其样本组的平均年龄）身上，这种现象甚至在几小时大的婴儿身上也出现了。研究人员让婴儿们从两张高度相似的面孔中做出选择，这两张面孔唯一的显著区别就是吸引力程度不同，结果，人类新生儿有 80% 的时间都会盯着更有吸引力的那张脸。斯莱特得出的结论是，人类“生来就对人脸有非常具象化的表征”。这就引出了一个惊人的结论：我们从审美角度对世界进行分类和筛选的能力并不仅仅是一种社会建构，是我们从他人那里习得的东西，这种能力还可能包含先天成分。正如斯莱特所言：“美不仅仅存在于观者眼中，它还存在于新生儿的大脑中，甚至可能在他出生前就已存在。”

事实上，斯莱特的研究团队在后续实验中发现了婴儿对非人类动物的吸引力偏好，而三个月大的婴儿对这些动物尚无任何经验性认识（这里对比的是好看的老虎和丑陋的老虎）。研究结果表明，我们是带着一种与生俱来的机制来到这个世界上的。但这是为什么？这种机制是关乎未来择偶的进化适应，还是更通用的信息处理机制（感知–认知机制）的副产品？

虽然围绕这一问题的学术和科学争论仍在继续，但有一点可以明确：人类婴儿的视觉模式最先（也最快）反应和识别的是人脸。事实上，人类对凝视面孔的偏好在出生后的 24 小时内就会被激活，这是我们最开始做的事情之一，它明显具有适应的意味。正如罗素·拉夫林（Russell Revlin）在对人类认知的分析中指出，这种快速识别人脸的能力“来自人脑的基本结构，是一种基于生物性的普遍功能”。

从进化的角度来看，早期准确可靠的面部识别是必不可少的生存工具：识别亲人和照顾者，对陌生人保持警惕，从而意识到可能的威胁。然而，为什么这种面部识别机制会表现出对吸引力的偏好呢？那些一般而言更具吸引力的特征不仅仅是健康的信号（生殖潜能的表现，尽管那是日后才须考虑的事），还可能是肌体强健和免疫系统强大的信号，表明拥有这些特征的人没有疾病或缺陷，甚至可能对寄生虫有抵抗力。种种自我照料的迹象表明，这样的个体也有能力为他人提供照料。

如果这种深深的愉悦感至少在某种程度上根植于我们的内心，那么当我们看到美的事物时，会发生什么？反之，当我们被剥夺美的时候，又会发生什么？

事情发生的那天，天空一片蔚蓝。

拉娜和女性朋友们去了一家服装店，她们都看上了一件漂亮的印花连衣裙，裙子有着华丽的喇叭袖。拉娜超爱这条裙子，它太浪漫了。（“就像童话故事或者梦中的裙子。”）裙子是焦糖色的，这一点她记得最清楚，又或许是后来发生的事强化了她的记忆，焦糖色的裙子，映衬在浅蓝色的天空下，如此生动自然的搭配，令人赏心悦目。

“可它真的太贵了，”拉娜说，“我买得起吗？不过，裙子实在太梦幻了，而且朋友们都在说：‘如果不买，你忍得了吗？拉娜，这简直是给你量身定做的呀！’那时候我们就是这样。并不关心生活中的大事，比如债务什么的。那时我们没有多少真正的烦恼。”

她谈及八年前发生的事，好像在述说一个不同的时代，一段不同的生活。或许确实如此。

她们去一家餐厅吃了奶昔，然后便分开了。“我得给妈妈买个礼物。第二天是她的生日，她简直是世界上最好的妈妈，我想给她买点特别的东西。”

在街上闲逛时，拉娜开始意识到有人在跟踪她。只是她的第六感，仿佛脖子后面有什么东西，感觉一阵寒意。但是，当她环顾四周时，却没有看到一个人。有一次，她瞥见一个人影迅速钻进她身后的一条巷子。她转身要去查看，随后又打消了这个念头。于是她继续为母亲挑礼物，她心里有两个选择：一匹工艺白瓷马，或一条围巾。但马不太合适（有太多的回忆），那就围巾吧，选一条色彩艳丽的围巾，她一边想着，一边时不时地回头望望。

还是没有人，她一定弄错了。她处于这种紧张不安的状态有一阵子了，以至于感觉每一个影子都是跟踪者，每一个一闪而过的影像都是威胁。那不是她想要的生活，她不能这样下去。她想到了更高兴的事，想到衣物——给妈妈的围巾，还有那条裙子。去他的价格吧，生命太短暂了，挣钱不就是用来花的吗？

她拐进了一条小巷，这是一条近道。前一分钟，她还能看见头顶那道细长的蓝天，紧接着她的眼前便是一片模糊，随后就什么都没有了，除了“突突突”的声音。她脑海中隐约感觉那是摩托车发动机空转的声音，这就是影子突然出现的原因，一辆摩托车在巷口紧急刹车。于是，整个世界一片空白，只剩下摩托车声，仿佛在号叫，在对她号叫，除此之外，还有剧烈的疼痛，令人天旋地转的疼痛，刀割一般划向她的身体。世界慢慢消失了，就像她的脸那样，几乎全部消失。

当拉娜穿过服装区的一条巷子时，有人骑着摩托车冲到她前面，把一杯硫酸泼到了她脸上。

3. 火坑

麻省总医院动机与情绪神经科学中心的伊扎克·阿哈龙（Itzhak Aharon）和同事利用功能性磁共振成像研究人脑对视觉刺激物的反应模式。简而言之，他们试图解开一个古老的谜团：当男人看到漂亮女人时，他的大脑里发生了什么？

发生在什么**位置**？

当我们预期到满足感时，大脑中的一些特定结构（如奖励回路）会被激活。据资料显示，当观者面对某些能提供满足感的刺激物时，这类系统表现出活跃状态。这些刺激物包括毒品（如尼古丁、可卡因或安非他命）和金钱，以及能弥补亏缺状态（如寒冷、口渴或饥饿状态，属于人体的平衡调节活动，身体的“自我平衡”倾向）的物品。但是，面对人脸时会产生怎样的效应呢？会触发同样的奖励系统吗？换句话说，阿哈龙的研究目的是分析人脸是否不仅是我们审美评判的对象（“这是一张漂亮的脸”），还是预期奖励的对象。

功能性磁共振成像设备被用来聚焦六个大脑区域，它们在先前的研究中被发现与人类和非人类动物的奖励有关，其中包括杏仁核、下丘脑、眶额皮层和伏隔核（NAc）。出于研究目的，阿哈龙团队召集了一群异性恋男性来观看一系列面孔：共 80 张人脸，有男有女。其中一些人很有吸引力，另一些则明显不那么有吸引力。

通过电脑浏览系统的设定，每幅图片在屏幕上的显示时间为八秒。不过，观看者可以决定面孔在屏幕上的停留时间，他们可以按下一个键来缩短展示时间，按另一个键来延长观看时间，并对其进行保留或删除。这组 80 张图片的全部观看时间为 40 分钟，参与者可以根据他们的按键干预，随心所欲地多次查看这组图片。他们平均浏览了三到四遍。

在四类面孔（男性 / 女性，漂亮 / 不漂亮）中，只有当参与者面前出现漂亮女性的面孔时，他们才会努力延长观看时间，这似乎不难预料。但出乎意料的是，研究发现，平均而言，男性注视漂亮男性面孔的时间比注视不漂亮女性面孔的时间要长。这是为什么呢？

这是一种衡量潜在竞争对手的倾向，还是一种高度升华的同性恋情感的表现？或者是人们通常更喜欢看漂亮的事物？通过监测观察期间大脑系统的活动，阿哈龙的团队试图去理解这一过程。

研究结果显示，男性异性恋志愿者认为漂亮的男性面孔在审美上令人愉悦，却没有获得“奖励”。相比之下，观看漂亮的女性面孔会激活脑神经的奖励回路。其中一项重要发现是，观看漂亮的女性时，大脑区域的伏隔核会活跃起来。伏隔核具有复杂的奖励功能，特别是与奖励的预期密切相关。因此，当男性观察者看到漂亮的女性面孔时，他们不仅表现出审美上的愉悦感（就像他们看到漂亮的男性面孔一样），而且还触发了预期奖励时才会激活的神经系统。

这项研究表明，（至少对年轻的异性恋男性而言）两个不同的大脑处理过程参与了观看。一个负责审美判断，即判定一张脸漂亮与否；另一个是奖励回路，在观看漂亮的女性面孔时也被调动起来。年轻的男性愿意花更多精力去看迷人的女性，即便他除了观看这一行为之外没有其他直接的回报，因为观看本身就是一种享受。后一个神经网络主管对奖励的预期，即未来获得满足的期待。年轻的男性通过这种方式活在希望之中，但当这些希望破灭时，他们的大脑里会发生什么？

在该国的全国性主流日报《新视野》的一期中，刊登了一张哈尼法·纳基若瓦（Hanifa Nakiryowa）的照片。照片上的她 30 岁，和两个孩子坐在一起。她身着一件时髦的灰色夹克，上面饰有华丽的纽扣和大翻领，还戴着一条精致的锈红色头巾。该报道将她描述为“漂亮的女人”，这句话不失准确，但并未抓住真正的本质。她有一种冷静的气质，隔着照片也能强烈地感受到。之后的她将会非常需要这种品质。

“我在乌干达西部靠近卢旺达边境的地方长大，那是一个神奇的地方，非常漂亮。父亲为了完成宗教使命才驻扎在那里，但经济上我们一直不太宽裕。我们家有 6 个孩子。在那里，我看到了许多我不喜欢的东西，包括他们对待妇女和女孩的方式。从很小的时候，差不多 10 岁开始，我就能看到这些差异，所以我对教育产生了热情，因为我看到受过教育的女性有了发言权，有了平台，更受人尊重，所以我决心要以某种方式提升自己。我知道要上大学唯一的办法就是努力学习，限制自己和朋友出去玩的时间。我必须有那样的自律和力量，才能更长时间、更努力地读书。但我们的生活变得更艰难了，因为我的父母分居了，不怎么管我们。情况很复杂，真的，生活一片混乱。我没办法告诉你我是怎么挺过来的，我到现在还一直问自己是怎么过来的。我是长女，我还要照顾弟弟妹妹。”

在一片混乱中，她的冷静开始发挥作用，她强迫自己在混乱中用功学习。经过不懈的努力，她终于获得了梦寐以求的政府奖学金，就读于首都坎帕拉的一所大学。纳基若瓦继续讲述自己的故事：“大学毕业后，问题来了。后来我找到了一份非常喜欢的工作，我能够独立生活，还能养活我的孩子，这让我非常自豪。”她受雇于联合国儿童基金会在坎帕拉的一个项目，项目旨在保护妇女和儿童免受暴力和虐待。“我们试图反击那些最终伤害弱势群体的宗教教条，提供其他思考方式，向人们展示尊重和人权的其他实现方式。这种模式非常有效。我们试图向他们展示教育如何赋能，这是一种以社区为基础的工作方法，同时也与男性、社区长者和精神领袖进行对话，挑战宗教对妇女和年轻女孩的身份角色和人生机会的限制。”

哈尼法·纳基若瓦现在快 40 岁了，已经移居美国，在宾夕法尼亚州匹兹堡大学攻读国际发展专业的硕士学位。我们谈话时是美国时间的凌晨 4 点。她每天凌晨 3 点就起床了。

“你太厉害了！”我对她说。

“没有，只是迫不得已。孩子们睡着后，我才能学习和做研究。我爱匹兹堡大学，我知道这儿离家乡很远，而且听说天气将变得很冷，不过目前看来一切还好。”

我们第一次谈话是在 10 月初，我跟她说那里的秋天会很美。我给她讲自己在哈佛大学时如何为新英格兰的秋天陶醉，只是随后没过多久，极地涡旋便来袭，气温骤降到 –25℃。

“零下吗？”她问。

“是啊。”我回答。

她停住了。一段谈话中出现这类停顿时，你仿佛能听到对方思考的声音。“嗯，我有思想准备。”她说，“在经历了国内发生的一切之后，现在的我总是时刻准备着。”

继阿哈龙及其同事的研究之后，玛戈·威尔逊（Margo Wilson）和马丁·戴利（Martin Daly）组成的加拿大研究团队从另一方面考察了男性对漂亮女性的反应。他们研究了贴现的概念。

一般来说，生物体更偏好当下能拥有的物品，而不是未来的承诺或前景，即“今日面包，明日果酱”原则（典故出自刘易斯·卡罗尔著作《爱丽丝镜中奇遇记》）*。这种及时行乐的行为，可能是进化适应的结果。这不无道理。在整个生命过程中，贴现可以保障生存和繁殖的前景。这是生命的演算，是“生殖努力的安排”。如威尔逊和戴利所说，这是“一场赌博”。

贴现率是变化的。例如，在一般死亡率更高的情况下，工蜂就会准备好执行更危险的觅食任务。你越有可能死亡，就会冒越大的风险。这一点，我们从难民冒着显见的危险爬上简陋的船只横渡地中海就能看出来。研究表明，海洛因成瘾者更倾向于将未来贴现，他们更关注当下的回报和满足。未来，任何一种有意义的未来，对他们来说都是模糊而晦暗的。

在控制条件下，研究人员对典型的人类贴现现象——“时间偏

* 在小说中，白皇后想雇用爱丽丝，开出的工资是每周两便士，隔日发放果酱，但规则是“昨天有果酱，明天有果酱，但今天永远不会有果酱”。于是“明日果酱”被用来比喻许诺了却永远不会兑现的好处。——编者注

好”效应进行了调查。他们在不同的时间尺度上向被试提供真实或假想的选择并给予不同的经济回报。你倾向于现在拿更少的钱，还是之后拿更多的钱？

威尔逊和戴利推测，如果男性接收到漂亮女性形象的启动刺激，他们更有可能将未来贴现，也就是更愿意马上拿到钱，而不是等以后。这项推断基于对人类追求奖励的研究。追求食物或饮水等天然奖励会影响人类行为，唤起奖励系统。但问题是，在（未必有意识地）追求交配机会——性——的时候，人脸能否充当类似的刺激物，唤起同样的奖励系统？

威尔逊和戴利的研究对象是 96 名男大学生和 113 名女大学生。研究者首先评估了他们的贴现倾向（因人而异，略有不同），接着向他们展示了 12 张异性面孔，然后重新评估他们的贴现倾向。评估贴现倾向的方法是，要么第二天向实验参与者提供金额较小的一笔钱（15~35 美元），要么在很久以后（一周至几个月后）提供金额较大的一笔钱（50~75 美元）。

威尔逊和戴利发现，看到漂亮女性的面孔会让男性更倾向于将未来贴现。只是简单观看了这些女性的脸，男性参与者就更想马上拿到钱，他们会选择当时就拿钱，哪怕数额更少。而那些观看长相平平的女性面孔的男性参与者，他们的贴现率并没有增加。

这项实验结果非常重要，因为正如两位研究者所说：“我们相信它首次呈现了人类贴现率在实验诱导下的变化。”为什么会发生这种变化？

威尔逊和戴利认为（如同阿哈龙及其同事发现的那样），漂亮面孔的刺激产生了激发效应，激活了“与性机会暗示相关的神经通路”。换句话说，看到漂亮女性的面孔时，男性会变得更加注重眼前。

受到启动刺激，进入“交配机会”思维模式后，他们更有可能偏好当下的物质奖励，也就是理论上可以在“交配努力”（威尔逊和戴利的用词）中使用的资源。当然，这些男性很可能对此没有意识，但观看漂亮女性的照片后产生的应急反应确确实实改变了他们的行为。

作为一名经济学学士，哈尼法·纳基若瓦对人类的决策和行为非常感兴趣。在坎帕拉的大学学习期间，她遇到了一位老师，他负责某个模块的授课。老师对优秀的纳基若瓦印象深刻：她担任班级代表，忠诚，有抱负，长相出众。不过起初，纳基若瓦拒绝了他的好感和追求。但毕竟她是正式的班级代表，所以二人仍要经常接触。接连几个学期，他坚持不懈地追求她，并适时向她求婚以示真心。在大学的最后一年，她接受了老师的求婚。

这段婚姻起初还算不错，至少对她丈夫来说是这样。“我们有过一段蜜月期，”她说，“但我觉得幸福的只有他一个，因为现在回想起来，我觉得自己并不幸福。他开始让我做这做那，但当时我认为婚姻就是这样，这就是好女人应该做的事。而且一开始你不会介意做这些小事，妥协一下，为了家庭和睦。”然而，结婚五个月后，哈尼法再也受不了了。

“我试过逃跑。我告诉堂妹我对自己的婚姻状况不满意，然后我就逃跑了。我那时候很不幸福，也很焦虑。但家人又把我送回了丈夫身边。”

“你的家人吗？”

“他们告诉我，我会让自己和家人蒙羞。街坊邻居会怎么看我？维持婚姻美满是女人的责任，那是你的工作。如果你的婚姻失败了，说明你在家里不是个合格的女人。如果他虐待你，那就是你做错了事。问题在你。你必须改变，想办法让婚姻成功。‘哈尼法，’我的家人说，‘你为什么让丈夫失望？你做错什么了？你必须改变，你得让丈夫满意。’”

可他的占有欲越来越强，控制欲也越来越强。

“他告诉大家，他无法控制一个薪水是他两倍的女人。比起他的大学津贴，联合国儿童基金会项目给我的薪水更高。他说他是我的丈夫，所以有权选择我该看谁，该和谁见面，甚至有权选择我穿什么衣服。他会查我的手机、电脑，查我跟谁说话。他变得疑神疑鬼，有时还会打我，甚至当着孩子们的面。最后一次打我，是因为我没告诉他我买了一根数据线。”

“你的丈夫？”我说，“那个大学老师吗？”

“我很羞于跟你说这个。对女人的暴力可能就是这样，没有阶层之分。他会在大学里讲课，然后回到家里打我，就在同一天，几乎同一个小时。那次，他回家来，发现我买了一根数据线。我想很多女性都会对此保持沉默。起初她们感到震惊，然后是耻辱，深深的耻辱。这不是我们的错，也不是我们的失败，但就会给人这种感觉。”

“他虐待你之后，你离开他了吗？”

“我的做法和大多数女人一样。”

这种情况我在法庭上见过太多次。

“我留下来了，”哈尼法继续说，“我认为我们之所以能保持现状，是因为我们还抱有希望。”

“希望？”我想起拉娜提到吉本时说的话，希望——我们在不完美的状况下最好的安慰。不是这样的。

“希望如果我们按他们说的做，情况就会好转，会改变。”哈尼法说，“但最终你会缴械投降，丧失自我。所以，我知道自己必须离开，否则我会完全丧失自我。”

在亚利桑那大学的一项研究中，志愿者被分成两组。其中一组观看一条普通街道的照片，他们要花三分钟时间描写那里的理想天气，这是中性组（对照组）。

实验组的志愿者需要观看三张漂亮异性的照片，并挑选出最有魅力的那个。他们也有三分钟的时间，但要用于描述自己和那个人的理想约会。所有两组的参与者都被要求想象他们的银行账户上有5 000美元，以及他们愿意将其中多少花费在奢侈品上（列出的奢侈品有五项，包括手表、新手机和出国度假等）。

就女性参与者而言，无论她们受到的启动刺激是街道还是漂亮异性，她们的消费金额并没有出现统计学意义上的差异，而男性的情况则大不相同。

正如研究团队所假设的那样，看到漂亮女性的形象（即使只有几分钟的时间），男性就会表现出炫耀式消费行为。这种通过购买奢侈品释放出的昂贵“信号”是受到求偶吸引策略的激发，它属于一套复杂过程的一部分，有助于男性传递自己具有资源优势的信号。这是一个高度战略性的自我展示，是一种声明。而这些都被一张迷人的脸触发，一张迷人的女性面孔可以让男性做一些他们原本不会做的事情。正如哈尼法将要发现的那样。

哈尼法带着孩子离开了。她渴望夺回对自己生活的控制权。

“我想做自己想做的事，证明我可以。与此同时，工作中我也在帮助其他妇女和她们的孩子。那会儿是在 2011 年 8 月。从 10 月份起，我开始收到威胁短信，上面说会杀了我。我丈夫跟我谈，恳求我回去，还向我的家人求情，但我不依靠任何人，不给任何人增加负担，我自己养活自己和孩子，这样就能自己做主。我允许他定期看望孩子，因为这一切都不是孩子的错。12 月 11 日，他让我去接和他待了两天的孩子，我按他的要求去了他在大学校园的公寓。到达大楼时，我听到了脚步声。我还以为是我丈夫，结果却是一个年轻人在等着我。我以为他是保安，于是停下脚步。我不明白他为什么要跟我说话，这个向我走来的年轻人想干什么？”

在哈尼法丈夫住处的附近，这个身份不明的男子手里拿着一个红色塑料瓶，一个装制动液的瓶子，瓶身被切成两半，外面裹着黑色塑料袋。他往哈尼法的脸上泼了硫酸，然后把剩下的硫酸倒在地上。倒在地上，她记得很清楚。

“你的人生突然之间改变了，过去的生活一去不复返。就好像你被扔进了火坑。”

4. 水位在上涨

她浑身是火。她感觉自己快要被烧死，同时又快要被淹死了。

“他把液体泼到我脸上，”哈尼法说，“然后把剩下的倒在地上。起初液体是冷的，然后像着了火一样。我的衣服上滴满了硫酸液，开始四分五裂。我的脸也一样，在无形的火焰中燃烧。我甚至形容不出那是怎样一个世界。是邻居们把我送到了医院。”

在坎帕拉的穆拉戈医院，哈尼法开始了漫长而曲折的医疗干预过程。她在医院住了好几个月，后来被迫接受了20次手术。到目前为止，所有的手术都是重建手术，因为重塑和修复面部是首要任务。她肋骨上的软骨被用来帮助重塑鼻子。

“人们看到我的脸惊呆了，”她说，“父亲第一次来看我的时候昏倒了。我很难过，很受伤，因为我——我的脸，父亲才会那样。换作我看到了也会很震惊。在此之前，我从未听说过硫酸暴力，但在住院期间，我遇到了其他一些女性。几乎每周都有被送到医院来的女性受害者，越来越多，她们的脸遭到袭击。袭击者试图夺走你的身份，你的自尊。”哈尼法的冷静又派上了用场。“我心想：‘哈尼法，你会让他们得逞吗？’你能从别人看你的表情中看出他们是如何评判你的。但他们为什么要从我的面部特征来判断我的能力、身份和价值呢？这是摆在我面前的一个选择。未来我要过怎样的生活，我决心让他们看看。”

哈尼法·纳基若瓦是一个极聪明和善于表达的人。她决心用自己的遭遇去“动员”（她的原话）其他受害者，给她们勇气，让她们像她一样站出来，直面世界。

许多幸存者根本无力应对这种毁灭性创伤。她们自暴自弃，自残自杀。另一些人则被所在社区甚至家人排斥，流落街头。

“人们总对我说，哈尼法，跟你聊过之后，我们就再也看不到你的伤疤了。但这正是问题所在。”

实际上，有两个问题存在。第一，如何阻止这些袭击事件的发生。第二，如果袭击已经发生，你已经被毁容，如何让人们愿意跟你说话，倾听你。倾听，这本该是人与人之间的一项简单互动。但事实证明，我们听的时候还会用到眼睛。

ASTI（国际硫酸袭击幸存者信托基金会，总部设在伦敦）的执行董事贾夫·沙阿（Jaf Shah）谈到了他们在柬埔寨尝试帮助的一位女性。被袭后，尽管双眼失明，她还是戴上了面纱。尽管看不见，她也明白自己的脸现在是什么样子。别人的反应让她感到羞耻，让她难过，于是她把自己遮起来。日复一日。

这反映出印度、孟加拉国和柬埔寨等袭击高发国的幸存者的命运。在这些国家，幸存者不仅要忍受袭击及其后果所带来的身体和精神上的痛苦，还要承受更多。

康奈尔大学国际人权诊所的一个研究团队代表联合国人权事务高级专员办事处开展了相关研究。研究发现，幸存者会面临边缘化和被歧视的境遇。据康奈尔大学团队称，这种社会孤立的部分原因可能是“绝大多数”案件中的受害者都违反了从属的性别角色；就像哈尼法和拉娜一样，她们敢于为自己挺身而出，试图挑战那些想约束、胁迫或控制她们的人。

然而，还有另外一个原因。她们毁容的事实在另一方面也“违背”了人们固有的容貌观。我们头脑中的**观看者**天生追求漂亮和修长的外形，这令我们挣扎。悲剧接二连三地发生。因为受害者如此惹人注目，于是社会便采取行动，力求中和或消除这种对规范的偏离（指毁容）。这些行动把受害者隐藏起来，从而使偏差消失。暴力受害者就这样成了“弃儿”。事实上，她们被社会抛弃了。

康奈尔大学在关于硫酸袭击的报告中指出，加害者“瞄准女性的脸，旨在摧毁众多社会成员公认的她最重要的资产之一——美貌”。

济慈在诗作《恩底弥翁》中写道：“凡美的事物就是永恒的喜悦。”这句诗是如此广为人知，以至于麻木的重复和过度的熟悉感消解了它的内在力量。但济慈接着写道，美“永不湮灭，永不消亡”。这恰好概括了像哈尼法·纳基若瓦这样的毁容暴力受害者所做的抵抗，她们拒绝被面容定义，拒绝被毁容带来的社会排斥所定义。她们拒绝被袭击的非人化影响打败，拒绝化为虚无。

拉娜还是没有买那条裙子。“但我会买的，”她说，“我会买一条非常非常特别的裙子。”

“什么时候？”

“哦，天啊，我只能说个大概时间：在我最后一次手术完成后，我就去。”

“不错。”

“你肯定觉得我这么想买一条裙子很傻，是不是？”

我停了一下，然后说：“是啊，当然。真让人受不了，拉娜。”她笑了。“到时候给我发张照片。”我说。

“我肯定发。”拉娜说。她整了整遮住她大半张脸的头巾。

拉娜想当一名教师，把她从识字中心开始的事业继续下去。我的思绪又回到了道恩身上：道恩的轨迹完全相反，从老师转做学生。

“自从这一切发生后，”拉娜说，“我有了充裕的时间。我不停地读书，拼命读书。”

如果你突然有一年或两年的时间都待在家里，远离世界，你会读些什么书？

“我读过讲你们的书，”拉娜笑着说，“讲你们国家——英国的历史，恺撒是怎么征服不列颠的。英国统治过我的国家，但它也被罗马人统治过。我就读这些，关于罗马人的故事。被统治是什么感觉？被统治会带来什么？我爱吉本的《罗马帝国衰亡史》，在网上就能找到，写得像《权力的游戏》，甚至还要更好。”她又笑了，我很高兴听到这些。“你可能以为我在开玩笑，是罗马人把大象带到了你们国家，你知道吗？”

我有点儿按捺不住了。有那么一会儿，我还犹豫着该不该说，但我现在忍不住了。“在罗马人之前，英国就有大象了，”我尽可能漫不经心地说，“可不是只有几千年。”

“在你们这么冷的国家吗？”

于是我就给她讲了。几年前，我读到过关于埃伯斯弗利特象的报道，那是一头直立哺乳动物，大概是现代非洲象的两倍大，它在42万年前被早期人类杀死。那个时候，英国可能仍然与欧洲大陆相连，不列颠群岛也还不是岛屿。大象是在修建通往海岸的高速铁路时被挖掘出来的，而它栖息了近50万年的地方如今已被埋在南舰队路B259号地下。

“我喜欢这些，”拉娜说，“两倍大吗？所以这就是我以后要做的：教书，教历史。总有一天，我一定会去教历史，甚至可能教时尚史。还有，就像你们的爱德华·吉本先生一样，有一天我也想站到古罗马广场上。你能想象吗？想象我在古罗马广场上，我在恺撒的马车驶过的街道上。”

她停住了，我也是。她起身去拿饮料，我查看了一些电子邮件。道恩刚给我发了信息。

“你对福柯了解多少？”道恩问我。

“我刚回办公室。”我回了短信。接下来我要说的内容会极其枯燥。福柯的一项研究是，人民不仅寻找自由，还创造自由，构建自由，即使在最没有希望的情况下，这是控制者与被控制者之间的博弈。有人可能会说，这就是道恩一直在做的，但这样说太过简单化了。总之，她在为一篇论文做调研。等拉娜回来后，我们继续谈论历史，不过谈的是另一种历史，她自己的历史。

“父亲去世时，我变得有点疯狂，”她告诉我，“我很固执，按我母亲的说法，就是很任性。‘拉娜，’她说，‘你正在变成一个任性的孩子。’可我不是孩子，或者，我不认为自己是。”

“这可以理解，不是吗？”我说，“发生了这样的事情，有所反应是正常的吧？”我们永远无法预料这种反应会以什么形式出现。父亲去世后，有好几年我都弹不了钢琴，我也不知道为什么。在得知他去世的消息后，我首先想弹的就是一直在练的贝多芬的曲子，但我弹不出来。

“我想了很多过去自己的问题，”拉娜说，“以前我常常醉醺醺地回家，一路跌跌撞撞。很长一段时间我都不明白，但后来……尤拉吉那件事后，我开始在网上读历史，看看名人的生活：你可以读到所有名人的经历，网上都有，‘平行生活网’（Parallel Lives）。”

她说的是公元 1 世纪时的希腊作家普鲁塔克，他为希腊和罗马人写了著名的传记，记录了他们的生活、行为和荒唐事迹。普鲁塔克对希腊和罗马都有深入了解，他曾在雅典学习哲学和数学，但也去过罗马几次，甚至还可能见过图拉真皇帝。

“我开始读他们的生活，”拉娜说，“然后我想，这些真是大部头的故事。你读一个，打开一个浏览器，然后就不得不再读一个，接着是另一个，你知道，因为相互之间的关联太多了。”

那天晚上，我使用了她提供的链接。我得承认，我读得有些上瘾了。我读了苏拉的生平，然后是梭伦，还有塞多留和科里奥兰纳斯。

“等你读的时候，”拉娜说，“你就会明白，真正明白。”

“明白什么？”

“明白他们也是人。你会意识到，即使伟人中的伟人，他们也是真实的人，他们也做了那么多该死的蠢事，就像我一样。”

起初，我没有理解她在说什么。但慢慢地，一幅画面在我脑海中浮现，就像沉没的半身像一寸一寸地从河水中被打捞起来。画面里不止一个男孩，而是两个。

毁容造成的痛苦可能极具压倒性和毁灭性，以至于受害者无法继续生活。在乌干达的医院里，纳基若瓦目睹了周围女性的类似遭遇。她坚信自己会找到办法坚持下去，决不屈服。“虽然我遭到了不幸，”她说，“但我决心告诉自己，告诉全世界，我的人生并没有结束。我还有未来，我会面对它。”

于是，她反击了。

袭击发生后的次年，纳基若瓦试图做些什么来帮助其他面临同样遭遇的女性。她与人共同创办了 CERESAV——硫酸和烧伤暴力幸存者康复中心。通过强有力的社会活动和 change.org 网站上 30 万人签名的在线请愿，他们游说乌干达政府严肃对待硫酸暴力问题。2016 年 1 月，乌干达司法部部长宣布《有毒化学品禁止和管制法案》通过并生效。管控腐蚀性物质获取途径只是第一步，仍需要做更多的工作，针对硫酸暴力的严重性制定相应的刑事制裁。无论如何，纳基若瓦取得的成就，对她本人和其他幸存者来说，已经是一种胜利。这不是一场她们主动选择的战斗，但她们决不逃避。

在这座城市最时髦的酒吧里，有长满了树的白墙和一个舞池。就在这里，拉娜的目光落到一个年轻男子的脸上。她坠入了爱河。

“这个男孩，”拉娜说，“他很美。你知道，有些男孩很性感，但这个男孩很美。更棒的是，他并没有意识到这一点，或者他不觉得这有什么了不起的。他会看着你，用他那双忧郁的眼睛，然后，哦……”

“但是我妈妈不同意。家里已经给我找好了结婚对象，我未来的丈夫事业有成。他在本地做生意，在迪拜也有生意，赚了很多钱。我们约会过几次，他很聪明，也很精明，但我就是喜欢不起来。妈妈和我大吵了一架。我说：‘求求你，求求你，妈妈，我不爱他，我永远不会爱他，我爱那个男孩。’但妈妈说不行，永远都别想。你不能喜欢他，他和我们不是一种人。”

拉娜母亲的意思是他们属于不同的种姓。这桩婚事也是拉娜父亲帮忙安排的，是他生前最后做的事情之一。拉娜深爱父亲，不想违背他的遗愿。

“所以我就做了那件事，”拉娜说，“打碎了她最喜欢的东西。”

那是一匹蓝眼睛的小白马，陶瓷做的。某次在城里的集市上，她母亲买下了这个白色的小物件。

“我不知道妈妈为什么买它。但我把它扔在地板上，看着它碎掉。接着我想：我做了什么？然后我又想：我还能做出什么来？”

拉娜和母亲好几个星期都没有说话。她们住在同一所房子里，但彼此回避，一个进一个出地过着日子——另一种平行生活。有时拉娜醉醺醺地回到家，有两次都摔倒了，母亲就会为她收拾干净，再一言不发地转头离开。然后有一天，拉娜的母亲突然闯进她的房间。

“看到她我很惊讶，”拉娜说，“我站了起来。她用双手紧紧捧着我的脸，直直看向我的眼睛，使劲儿盯着。难道那里有答案吗？可她要问的又是什么呢？她说：‘你爱这个男孩。’她没问‘你爱他吗’，而是看着我的脸说‘你真的爱他’。她能看出来。她知道我有多不开心。然后她又说：‘好吧，好吧，拉娜，我会想办法的。’”

所以那天拉娜才会和女性朋友一起出门，为了庆祝母亲的回心转意。这也是她特别想给母亲买一份生日礼物的原因，不仅为了庆祝这一天，更是为了表示感谢和抱歉。她想了一阵，如果能找到另一匹瓷马就买下来，但她转念又想，不对，那匹瓷马已经碎了，新的会让母亲想起原来的，所以她要买别的东西。就买一条围巾吧。

当她在脑子里反复盘算这些时，有人一直在看着她。她不知道那是尤拉吉还是另有其人。袭击发生时她的意识是模糊的：一辆摩托车出现，对着她咆哮，然后世界便消失了——她仍然不确定到底发生了什么。她没有证据证明是谁，也没有目击者站出来。

袭击事件发生后，那个眼神忧郁的男孩无法接受，他不愿等待拉娜做手术，也不愿等着看遥远的某一天拉娜会变成什么样子，所以他离开了她。看着她的脸，拉娜的母亲明白她在思念那个男孩，从那以后，母亲便一直陪伴在她的身边。

哈尼法·纳基若瓦以自己的方式，以一种全新的方式获得了自由。“你知道，我以前从来不自拍。很长一段时间我都没有勇气去做这件事，但现在我会自拍。当我看着自己的照片时，我看到了一个更自由的人。我的脸完全变了。我眨眼睛的时候，你是看不见的，因为伤疤限制了眼睑，所以我是睁着眼睛睡觉的。今天的我是一个不同的人，但我也更有发言权，更……坚强。我想分享自己的经历，因为我认为很多女性都以不同的方式经历着我所遭遇的事情。问题不只是硫酸，而是她们受到的伤害和控制，以及自我的丧失。这种情况在各行各业的女性身上都有发生，而加害者之所以侥幸逃脱，部分原因就是我们失去了自信，失去了自我，我们感到羞耻。”

“所以，现在我们想要告诉女孩们，即使你们的关系从表面上看很不错，但如果你从内心深处感到窒息和痛苦，那就行动起来吧，不要一味地接受。有所行动是很不容易的，因为非洲有一种沉默文化，人们不会谈论墙背后的事情。”

我告诉她，我不确定是否只有非洲才这样。我们喜欢美，无论这种倾向是其他认知过程的副产品还是一个特定模块，都会带来一个令人不安的普遍后果：破坏我们无法拥有的美好事物。疯狂的占有欲，玷污的需求。我们大脑中的奖励系统很强大，但奖励系统受挫时同样会引发强烈的反应。

“这就是我做的工作，”哈尼法说，“打破这个循环。不然，当年轻女孩看到母亲或姐姐被控制、虐待或殴打后被迫接受和应付，就会模仿她们的做法。但任何人都不应该接受这种事，我想改变这一现状。所以我想让人们知道，我并没有坐在原地哀悼我失去的东西，除了失去的容貌，我还有更多的价值。我会看着自己以前的照片，阅读它们。"

"阅读？"我说，我不确定通过网络电话听到的是否正确。

"是啊，阅读。当我读取以前那些照片时，我看到了一个悲伤的年轻女人，或许她在对着镜头笑，但她仍是悲伤和不自由的。生命如此短暂，我们不能把它浪费在不自由上。"

时间不多了，雷蒙德·卡佛曾这样写道：时间不多了，水位在上涨。

"我经历了太多，"哈尼法·纳基若瓦说，"发生了这么多变故，但我现在更自由了。而照片上的那个年轻女人，她在笑，在向我微笑，但她没有自由。"

"你怎么知道？"我问。

"我能看出来，"哈尼法说，"从她脸上看出来。"

我想象拉娜站在罗马古老的中心广场（由大马士革的阿波罗多罗斯设计，由图拉真皇帝下令建造），一阵微风吹起了她的头巾。我希望那一刻周围没有其他人，这样她就可以独享这片古罗马废墟，取下把她与世界隔开的那块面纱，尽情去看。

"我知道，有些人有时会觉得……看到我的脸很难受，我很抱歉。我总是会道歉。"她说，"有一次我在镜子里看到了自己的样子，我的脸就像一个车祸现场，但并没有车。我现在正努力不去多想。

在这里，贫困无处不在，但你从来没有真正看到过它。我们在板球、汽车和电话上花费数十亿美元，但我们看不到这些活生生的人。我觉得我们就像罗马皇帝……这件事情让我变成了一个更好的人。我还是我，还是爱时尚的拉娜。不管发生了什么，我们都能从中学到东西，不管发生什么。”

我们的谈话中断了一阵。最后，她说：“你是法官，对吗？你惩罚别人。”

“我得先审判他们，”我答道，“如果他们确实犯了法。”她顿了顿，揣摩我的回答，接着说：“那如果这一切都是对我的惩罚呢？”

“对你？惩罚什么？”

“因为我没有试着去帮助她。”

“她？”

“我们学校的那个女孩。她非常非常寂寞，她只想有一个朋友，”拉娜停顿了一下，“你相信命运吗？”

“你的意思是？”

“就像罗马人那样。”

我很想说我不是罗马人，但这个回答太圆滑、太轻率了。我很愿意相信我们是自己生活的作者。我们受社会和环境的严重制约，被基因影响，但仍然具有变革、行动和塑造的能力。对那些与拉娜有相同遭遇的人来说，这个回答很难令人信服。我援引的是希腊人，不是罗马人。我用的是苏格拉底传授给我们的方法，他被认为是有史以来最有智慧的人，因为他知道自己一无所知。我被拉娜的信念所困扰，因为她相信这一切都是命运的无情之手强加给她的。于是我做了苏格拉底鼓励我们做的：我问了个问题。

“你们班上其他女孩，”我说，“她们现在怎么样？”

“有的还在上大学，有的结婚了，还有的生了孩子。”

“你认为她们受到惩罚了吗？”她沉默了。“至少你还试过跟她说话。”我说。

“有人说在脸书上能找到她，”拉娜说，“你觉得我该搜一下她吗？”

“你怎么看？”

“我觉得应该搜一下。”

“我觉得可以一试。”我说。

写下这些的时候，我不知道拉娜是否找到了那个女孩。当她准备好时，她会告诉我的，对此我很有信心。在电话那头，我听到了一个声音，是从其他房间传来的只言片语，那是拉娜的母亲在说话。我听不见她在说什么，我也不需要听见。我从未见过拉娜的母亲或她家的果树，我只需要知道那些事物在那里就足够了。

后来，在拉娜的建议下，我查看了激发她想象力的那篇文章。在那篇文章中，1737 年生于帕特尼的爱德华·吉本谈到其代表作的诞生。“在朱庇特神殿的废墟中，我第一次萌生了创作这部作品的想法，它使我近 20 年的生活充满乐趣。”

拉娜自己的长篇著作还在继续写着。袭击事件已经过去好几年了，她的母亲还在为女儿买生日礼物那天发生的事情哭泣，她永远不会停止哭泣。生活在我们身上留下了印记，但拉娜家花园里的树木仍然在开花结果，四季的更替会慢慢帮她们从创伤中解脱出来。

有一次，在全球最繁忙的机场之一附近的法庭上，在飞机抵达的嘈杂声中，我将一名男子判处入狱。我这样做了之后，那名男子站在被告席上向我鞠躬致谢。我们之间似乎有某种默契，我当时还不明白。他辜负了家人，抛弃了自由和名誉，而我把他送进了监狱。我宣判后，他在被带到牢房之前向我鞠了一躬。和拉娜交谈后，我想起了这名男子。我们身体里的**观看者**也在观看自身。我们审视自己，评判自己，把最严厉的判决留给自己。根据判处监禁的要求，我告知了他在有资格获得假释之前必须要服刑多久。或许这样做是为了告知他，在未来某一时刻他可能会得到释放。

我一直在想拉娜的话，“不管发生什么，你都能从中学到东西”，我在思考我学到了什么。周遭新闻上充斥着混乱世界的画面，所有人都在无意义地奔忙，我也一样。人们乘着脆弱的小船横渡地中海，水位在上涨。他们从哪里来？为什么要来？他们是谁？

令人难以置信的故事有很多，但我觉得还有一个没有被讲出来。我把我最喜欢的一些福柯著作寄给了道恩，然后去找我的旅行材料——皮夹子、保险单和护照，以及折起来的加雷斯的照片。我整理好它们，收拾好心情，决定再次回去。我拿出旧地球仪，慢慢转动它起伏的表面，找到了那个地方。

The Aggressor

第五种人

侵略者

沃纳：
我第二次梦见螃蟹正在入侵地球：
许多橙黄色大螃蟹从海里爬出来，
起初没人在意，但最后螃蟹越来越多，
多到我开始害怕。它们占领了整个世界。

记者迈克尔·戈德史密斯
写给导演沃纳·赫尔佐格的信

1. 72.058 号法令

我的同事中有人权律师、国际救援工作者，还有记者，当我告诉他们我想去中非共和国时，他们都以为我疯了，他们确实用了“发疯”这个词。联合国曾表示，该国经历了法律和秩序的全面崩溃，这威胁了整个地区的稳定，而且还有演变成种族灭绝的危险。

当我告诉朋友们时，他们的反应各不相同。几乎没有人知晓中非共和国的存在。正如拉娜所说，这是地球上最大的一次人道主义危机，发生在那么多人的身上。然而，在我交谈过的人当中，甚至鲜有人知道这个国家的存在，而那些知道的人也未必真正了解它——那是一个城市还是一个地区？极少数了解的人则充满了悲伤和绝望。联合国称这是“世界上最无声的危机”。

联合国儿童基金会驻该国副代表朱迪思·勒威易告诉我：“我以前从未见过这样的破坏。我曾驻扎在柬埔寨，科索沃危机期间的阿尔巴尼亚，也门，从未如此，我从未见过如此严重的破坏。”

“你能看到暴风雨正在来临，”来自加拿大的她说，“真的是死里逃生啊，幸亏去年 12 月‘红蝴蝶’（法国军队）来到这个国家，如果没有他们，流血事件和死亡人数将会更加难以想象。那里被洗劫一空，满目疮痍，我们要费很大劲来确保不让老鼠吃掉我们给饥饿的孩子准备的高蛋白饼干。为了防范强盗和民兵，我们必须每天晚上把仓库门焊牢，每天早上再用焊枪把门打开。我认为最糟糕的事，莫过于这个本来可以繁荣昌盛的国家却被强权攫取了大量资源，而为了保住钻石、黄金和自然资源，那些所谓的'精英'甚至不惜采用残暴的手段。中非是一个水资源和森林资源丰富的国家，但那都是过去的事了。现在有这么多非法砍伐，拖车拉着一车又一车载着大树的车厢穿过喀麦隆，你看见了吗？”我的确看见了。“那些树木是这个美丽国家的森林啊。他们用钻石贿赂高级人道主义协调员，没有人担心后果，因为这里根本就没有规则，没有法律，简直就是非洲中部的西大荒。确切地说，是非洲中部被遗忘的国家。”

中非共和国是世界上最严重的人道主义危机之一的发生地。基于某些之后将会明了的理由，我必须去那里看看。

在制订计划期间，我时常在脑海里想象中非共和国的首都班吉。这座古老的法国殖民城市建立在一条巨大而阴沉的河流的右岸上，曾是欧洲殖民官员在这个国家的享乐之地，故有“风情班吉”（Bangui la Coquette）之称。那里既是非洲中部糕点店和面包店的聚集区，也是臭名昭著的非洲林业协会的基地。后者无情地剥削“本土雇员”，让他们在茂密的热带雨林里采集橡胶，而当地殖民官员还与私人代理互相勾结，绑架工人的妻儿来控制工人。许多人质在极端恶劣的环境下死亡。

我需要去首都班吉，这个城市的名字就源于流经这片动乱地区的河流，叫乌班吉河，这条河你可能都没听说过，但它是某条河的一条重要支流，而那条河你肯定知道。我之所以对它如此关注，或许正缘于此——乌班吉河是刚果河的主要源头之一。

中非共和国是非洲中部的一个内陆国。1885 年和 1890 年，贪婪的欧洲列强分别在柏林和布鲁塞尔召开正式会议，大举“瓜分非洲”。在此基础上绘制的欧洲殖民版图中，现在属于中非共和国的区域，几乎只是一片空白。

但那只是欧洲的事情。人们在这一地区已经生活了几千年，他们在这个被法国作家安德烈·纪德称为广阔“大草原”的平原上繁衍生息，而在南部的热带雨林里，还生活着以狩猎采集为生的俾格米人的一个分支——伟大的阿卡人，其口述史被联合国教科文组织列为人类杰作之一。

那里的雨林是世界上仅存的几个大型自然保护区之一，普利策中心称其为“最后一片真正的野生地区”，美国《国家地理》杂志更是直白地叫它“地球上最后的地方”。然而现在，这个国家的大片地区都被摧毁，因此我必须去一探究竟。正当我要支付去班吉的机票钱（这趟航班又少又不方便）时，我接到了一个电话。那时我正在法国，拜访住在巴黎下游塞纳河畔的一位朋友。

我的律师同事从英国打来电话：“德克斯特，我几乎听不见你说话，那是什么音乐声？”

我用手捂住耳朵：“是音乐喷泉，刚开始喷水，还放着震天响的音乐。”

我们那时正在做来这里必做的一件事，参观凡尔赛宫。L 小姐是对的，凡尔赛宫富丽堂皇。然而，伴随着音乐喷泉，我还是想到了“太阳王”路易十四下令实施的种种迫害。

“是的，非常有趣，”他说，其实他一点儿也不感兴趣，“我在想，你看到外交部的警告了吗？”

“什么警告？”

“关于你要去的那个地方。”

“上面说些什么？”

“常见的那种胆小怕事的官方措辞。”

“可具体说的什么？”

电话那头一阵沉默。“呃，别去。”

中非共和国连一英里铁路都没有，公路也比非洲大陆其他地方都要少。因此，我的中非之旅可能会很艰难，有时候旅行就是这样。我浏览了英国外交部的旅游建议网站，任何一个国家的地图都可用三种方式着色，标定为三种建议等级。绿色代表基本安全，但在旅行前要查看一下健康风险之类的提示；黄色警告表示英国外交部建议只进行必要的旅行，除非万不得已，否则别去。剩下的一个是红色。

红色在官方术语中表示英国外交部“建议禁止一切旅行”，不要去。一些国家，比如尼日利亚，包括其首都阿布贾和沿海城市拉各斯在内的大部分地区为绿色等级，但有问题的热点地区也不少，比如尼日利亚东北部“博科圣地”组织的地盘上，就有部分区域标示为黄色或红色。

我查看了中非共和国的地图，或许我可以避开热点地区，当时我就是这样计划的。我再次扫视地图：整个国家都是红色的，每一寸土地都是刺目的红色。我继续翻看英国外交部的国别摘要：

英国国民如有切实可行的办法或安全的目的地，应当现在就离开。留下来的人应采取一切预防措施，确保充足的水和食物储备。对那些不顾我们建议而留下或到访的人士，你们应充分意识到，英国外交部既不能提供领事服务，也无法组织或协助你们撤离该国。

这听起来不太妙。网站还在不断更新，于是我查了一下最新的建议，同样让人感到沮丧：

政府部长、人道主义者以及联合国工作人员遭到多起绑架。

不过，这可是官方网站，政府不就是为了保护本国公民而过于谨慎吗？我找一位朋友的朋友了解情况，他在英国外交部下属某个非洲事务处工作。中非共和国的内幕究竟是怎样的？

“你要认真对待那些建议，”他说，“这是政府基于最可靠的情报发布的。”

“好吧，政府最可靠的情报可真是可靠。”我说。

“人权律师做到底，是吧？行，那你的安全计划和撤离策略是什么？”

“安全计划？”

“没错，安全计划。”

“我是去旅行，又不是谋划政变。”

“你需要应急计划。”

“我打算买旅游险。”我说。

他笑了。“你肯定要做一个合理的安全风险评估吧？谁负责做这次任务的风险评估？”

“噢，天哪。”

“所有的步骤你全部都要过一遍。我知道这很无聊、很琐碎，但它可能会救你一命。你准备搭乘哪种交通工具？谁来保护你——政府还是私人保镖？如果请保镖，找谁？找几个？其中多少人配备武器？什么武器？你是否制订了撤离计划？英国外交部是不会去营救你的。我们不会去救你，毕竟你不是名人政要。到了那里你就只能靠自己了。”

我向他表达了衷心的感谢，他开拓了我的眼界，而这件事对他原本无关紧要，毕竟我们素昧平生。

“我还是要买保险的，”我说，“万一他们把我的行李弄丢了怎么办？”

他笑了，说道：“别去那该死的地方就得了。”

我承认他的话很有说服力。然而，当你非常渴望做某件事时，你就会在心里想出各种反驳的理由：不管怎么说，他还不是在为政府工作？这难道不是在重复官方说辞吗？虽说出于善意，但公务员的天职不就是为了确保安全吗？这一点，我在几十起法律案件中都看到过：制度性谨慎。凡尔赛宫的音乐突然停了，路易十四的喷泉也从空中消失，与开始的时候一样突然。我需要听听其他人的意见。

我联系了几个南非的好朋友，他们与撒哈拉以南非洲各地的环保和商业机构都有联系，所以他们应该了解情况，或者认识了解情况的人。我尽可能随意地给他们发了一条短信：你好，我在巴黎，最近怎么样啊？史蒂芬回伦敦了吗？对了，我计划去中非共和国，有什么建议吗？

很快，一条短信回过来："不要去。"

接着，更多细节发了过来："我朋友的环保队在六个月里有三个人死亡，一个人被割掉了一只耳朵，四个人被绑架。"奇怪的是，触动我的居然是"被割掉了一只耳朵"，这个细节与我对中非共和国人权史的研究内容对上了。1972 年 7 月 29 日，独裁者总统让-贝德尔·博卡萨（后自封为"皇帝"）像疯狂的中世纪君主或野蛮的恺撒大帝那样，颁布了 72.058 号法令：

1. 第一次犯偷窃罪，割掉一只耳朵。
2. 第二次犯偷窃罪，割掉另一只耳朵。
3. 第三次犯偷窃罪，砍掉右手。

这些"手术"将在宣判后 24 小时内用剪刀和刀子执行。联合国经济和社会事务部在 2011 年发布的《世界人口展望》中，将全球 194 个国家按预期寿命依次排序，中非共和国排在第 194 位，而这还是宗派暴力事件在接下来的 18 个月里真正演变成大规模暴力事件之前的排序。

无国界医生组织目睹了一名卫生保健工作者被处决，以及对人道主义工作者的暴力袭击。2014 年 5 月，26 岁的法国自由记者卡米尔·勒帕热（作品见于法国《世界报》和美国《纽约时报》）在一辆民兵吉普车后座被人发现，她是在中非共和国靠近喀麦隆边境的地方被人杀害的。就在我计划这次旅行的时候，"明爱"慈善机构的援助人员、一名 67 岁的法国女性在班吉被持枪绑架。正如朱迪思·勒威易所言，这里“对人道主义工作者的袭击达到了前所未有的程度”。

因此，这种严峻的形势或多或少是彻底的。然而长久以来，非洲，这块在作家格雷厄姆·格林眼里“状如人类心脏”的大陆，其中心有一种长久的吸引力。归根结底，那也正是我想要探索的：不是心脏的全部，而是一个很小的角落；以及侵略性，这种不知属于还是不属于这块大陆的东西。我必须找到另一条路。

但是，这并不只是求知欲那么纯粹。我们身上都有倔强和固执的一面，所以当别人告诉我们“别去”或“你怎么敢去”这样的话时，我们反而会被激将。我变得着了魔似的执迷于了解这个未知之地，这种执迷是为了什么？它逐渐成为我的使命，即找到另一条路径，进入这片充满遗弃、残忍和种种酷刑的国家；那里的人们被活活烧死或刺死，那里的教堂和清真寺遭到焚毁。然而，令人不可思议的是，那里也是自然风景异常优美的地方，是低地大猩猩、森林大象和濒危羚羊的家园。这就是我的使命：抵达地球上最后的地方。

下面要说的就是另一条路径。

在我与帕特里斯最后一次见面快结束时，瓦砾遍地的载货汽车停车场已成一片泥泞。那天夜里下了雨，是那种热带大暴雨，我没法抱怨，毕竟正值雨季。坑坑洼洼的地面上到处都是水坑，在高温下散发出缕缕蒸汽。鸟儿郁郁地蹲在路边的树上，它们在晨光下看起来呈深蓝色，像是乌鸦和长着瘦长怪异脑袋的松鸦的结合体，不过其实我并不了解这片大陆上的鸟。我们距赤道以北 265 英里的喀麦隆首都雅温得还有一段距离。

第一次来这里时，我的导游兼联络人是弗朗索瓦，一个高大乐观的男人。在我们开车去往另一条通往雅温得的小道时，弗朗索瓦告诉我这里“被称作中非的罗马，‘七山之城’。我们非常自豪，为我们的城市感到自豪”。

“那边，”弗朗索瓦说，用他那戴满宝石的手往后指，“刚果共和国、加蓬和赤道几内亚。那里，”他又指着西边，“都是水，几内亚湾。往那边，”他又指着西北和北边，“尼日利亚和乍得，还有乍得湖。”

但我关心的是东边。“那边有什么？”我问。

弗朗索瓦停住了。他的脚松开了油门，或许连他自己都没有意识到。“那边吗？”他说，“什么都没有。”他又顿了一下，“什么都有。”

后来我才知道，他的两个回答都有道理。但我当时刚从华丽的伦敦过来，还不明白是怎么回事。因为在喀麦隆东边，在漫长而缺乏管制的边境线那头，我们姑且称之为，混乱区域。

如果你从雅温得驾车向东行驶，几个小时后就会到达中非共和国。住在雅温得的弗朗索瓦和中非共和国的人有联系，起初我并不完全理解那种交情。我们开车时，他喜欢放摩城唱片公司的老歌。正是通过弗朗索瓦，我才认识了帕特里斯。

在我旅程终点的卡车车站，在我们最后一次见面时，帕特里斯和我从两个相反的方向抵达，就像来自两个世界的使者。那些郁郁寡欢的鸟儿注视着我们，没有发出任何叫声。

“美妙的早晨。”我对他说。

他半是同意地耸耸肩，似乎在说：“那又怎样？”

“好吧，好吧，你想看点儿惊人的东西？”出于某种我并不完全理解的原因，我们之间产生了一种争上风的氛围。我把苹果手机从牛仔裤口袋里掏出来。“看看这个，”我说着，把手机指向天空，“我会让你大吃一惊的。”

他把脸凑近手机。我点击了一个应用程序，手机屏幕上突然出现了一片壮观迷人的繁星。

“现在你在天上看不到这些星星，”我说，“但它们就在那儿，这款应用会让你知道天空中每一颗重要恒星的名字。”

那些在晨光中隐而不现的恒星，它们的名字开始出现在屏幕上，天狼星、仙女座、英仙座。我对太空的兴趣日渐浓厚，因为我读到了有关“新视野号”太空探测器在历经九年的孤独旅行后即将接近冥王星的报道。“在英国，”我说，“许多年间，差不多从我有记忆以来，我都会在夜空中看到这颗星星。我原以为这就是众所周知的北极星，就是我们常在天上看到的月亮附近的那颗很大的恒星，但是我错了。”

受卡车的干扰（卡车把所载的残骸从院子里拖出来），我们周围的空气不时在颤动着。有些卡车满载巨大的树干，成堆的树干被水平放置，汁液不断地流出来。有些卡车向南行驶，穿过加蓬、赤道几内亚、安哥拉，甚至到达南非。另一些卡车则朝相反方向行驶，北上到达乍得，或者穿过尼日利亚，去往撒哈拉、尼日尔和利比亚，然后一直到地中海。

“那束光，”我说，“它不是恒星。”

“不是恒星吗？”他用法语问道。

“不，那是一颗行星，是木星。”

他看着我，一言不发。在路上，许多车辆或左或右、或东或西地开往广阔非洲大陆的其他地方。

在我们脚下潮湿的土地上，我用手指画了一个圆圈。“这是太阳，能明白吗？”就在那时，太阳正从东方的地平线上升起，从非洲腹地上升起，像一个露出一半的苍白而清澈的圆盘。我在泥地上又画了一个圆圈，以及一个环绕太阳的轨道。“这颗行星是水星，”我说，接着又画了几个圆圈，“金星，我们的地球，火星，还有这颗最大的：木星。木星是太阳系中最大的天体，比其他所有的行星加起来还要大，它每晚都出现在我们的夜空。多年来，我一直看着天空中的这束光，却不知道它是什么，而这款应用告诉我它是木星，对我而言，这很震惊。”

我甚至没有机会告诉他我所知道的其他知识：1610 年伽利略如何第一次通过望远镜观察木星，并意识到它还有自己的卫星，这是思想革命史上的一个决定性时刻，是对即定真理的挑战，是对权力、教条、迷信与缺乏批判性思考的挑战，看到这束光就是点燃自由的时刻。我想告诉他关于冥王星的知识，人类的使者“新视野号”太空探测器即将抵达那里，多么惊人的壮举。我没有机会告诉他这些，因为他开口了。

“在非洲，”帕特里斯说，“我们不需要手机就能看到星星。”

听到他的反驳，我沉默了一会儿。

“你们很幸运。”我说。

帕特里斯，这位自称“商人”的中非之子，这个将向我揭示我们时代秘史中最危险的一次旅程的人，停下不语。他告诉过我，他在中非共和国杀害了一名男子。他环顾四周，那一刻我们附近没有其他人。周围一片静谧，静得令人不安，除了树上那些我叫不出名字的小鸟外，没有人在看我们。小鸟不满地盯着我们，但除此之外，在这座拥有 200 万人口的城市的边缘，暂时没有人来打扰我们。

“让我给你看点惊人的东西。”他说。

然后他就给我看了。

2. 金盒子

亲缘主义者。**痛苦感知者**。**驱逐者**。

恐惧驯服者。**观看者**。还有别的什么类型？

人的大脑中是否存在煽动和助长侵略性的机制？如果有的话，其存在原因是什么？它是什么样子的？最后，我们能从中了解到什么？

1864 年 2 月 9 日，宾夕法尼亚《亚当斯哨兵报》和《广告人报》的晚报第四版报道了维多利亚女王第五个孙辈的出生。新生儿是一个男孩，《广告人报》称维多利亚及其子女们人丁兴旺，王室继承似乎是有保障了。在同一页上，还刊登了另一则在宾夕法尼亚当地牧场上发现枪支的报道。

报道称“牧场上共收缴步枪 28 000 支”，这是很大的数目。在一场大规模武装对抗之后，这些枪支被集中收缴。报纸上还说：

> 其中，24 000 支步枪已上膛，有 12 000 支装了两枚子弹，还有 6 000 支装了 3 至 10 枚子弹。大多数情况下，一支枪中就装了 6 枚子弹。

这个牧场位于亚当斯镇南部一个名叫葛底斯堡的小镇。

问题是，在这场美国内战的决定性战役中，似乎有成千上万支步枪都上了膛，却没有开火。成千上万支步枪一次次地被装上子弹，却一直没开火。发生了什么?

是这些手持步枪的士兵不能开枪射击吗?是他们没有开枪的机会吗?还是有别的什么原因?难道在葛底斯堡镇南部的田野里，成千上万的士兵竟然无法使自己开枪?如果不是这样，那又是为什么?

从记事起，赛拉就一直想要一个金盒子。盒子并非真正的黄金制成，不过在小小年纪的她眼中就像黄金那样，这是她在弟弟死后最想得到的东西。

他们住在中非共和国中东部地区的一个城镇上，这里的大部分区域都位于科托河流域，因此经常会见到轰鸣的瀑布和激流。父亲带她去看瀑布，阳光从翻滚的水中反射过来，她和父亲手拉手站在一起大笑，瀑布溅起的小水花笼罩在他们的周围。

她父亲近视，这会儿不得不摘下他经常戴的那副厚眼镜。“他对我说：‘赛拉，永远不要忘记，我们是这第一片土地上的居民，非洲就是第一片土地。’”

按照她父亲的说法，这里是一片充满光明和水的土地，与欧洲人所说的“黑暗大陆”正好相反。他们头顶的天空总是一片灿烂，光芒无处不在，即使是在最细微的物体里，甚至在他们脚下的岩石里，在那些钻石里。该国有两个主要钻石矿区，而赛拉家便住在其中一个矿区。她父亲的工作属于钻石供应和采购链的一个环节，该国的穆斯林少数族裔中很多人都从事这个行业。

她父亲梦想有朝一日能看到巴黎宽阔的林荫大道，一个钻石采购部的代表（可能是黎巴嫩人）曾住在巴黎，他说巴黎有个长度刚好一米的金属条（指米原器）。黎巴嫩人之所以知道这些，是因为他的“朋友”在巴黎学习科学。赛拉的父亲觉得他们是同性恋，但他不能确定，反正那不重要。至于赛拉，她觉得许多金属条都可以是一米长的——那有什么了不起的？父亲说，不是，这是第一次使用米来测量长度。这个想法很新奇：有史以来的“第一米”。

钻石采购部的全称是中非共和国钻石采购部，简称“伯迪克”（Badica）。在中非共和国，这是主要的钻石供应链：矿工—收藏家—“伯迪克”—商业市场（最后通常是在比利时的安特卫普）—世界各地。因此，你在欧洲和北美的年轻女性手指上看到的钻石，很可能就来自中非共和国，来自赛拉的家乡。

“矿工们发现钻石藏在我们的土地里。”赛拉说，“我父亲说：‘瞧，赛拉，我们来自同一片土地，我们就像钻石。’”

那个黎巴嫩人的朋友对巴黎米原器的说法是对的，但一米的长度是怎么定的呢？

1791 年，在大革命之后万象更新的热潮影响下，法国科学院决定，新的长度测量单位——米——将被定为经过巴黎的子午线从北极到赤道距离的千万分之一，这条线刚好经过中非共和国西部的赤道。虽然巴黎国家档案馆陈列有早些时候的米原器（那个巴黎学生没说错），但在 1889 年，人们设计出了一款新型改良版铂铱合金米原器（由 90% 的铂和 10% 的铱组成）。这款铂铱合金米原器并不是在巴黎制成的，而是在塞夫勒。不过现在，一米的长度由波长和光在真空中的传播速度来确定。

在地表以下150千米的地幔中，有一个强大的高压区，钻石就形成于此。在这里，碳在1 500℃的高温下被打破结构，形成一种新的晶体结构，即钻石。这是地球上最坚硬的自然物质。

正是从这片黑暗的地域，钻石开启了它们去往第五大道或邦德街某位刚订婚的年轻女子手指上戒指的旅程。不过，被安放到橱窗里的黑丝绒垫上之前，含钻石的金伯利岩以岩管状产出，因此俗称“管矿”（原生矿）。金伯利岩往往出现在偏僻和出人意料的地方，因为熔融岩可不在意出生地。这些碳晶体得以重见天日的地方，就是中非共和国。

某种神秘的福报（抑或是诅咒）使得在中非共和国发现的钻石中，注定有相当多的都是世界上亮度和纯度最高的。这些钻石优于工业用钻石，它们注定要成为宝石，成为时尚杂志奢侈品广告中的珠宝。总的说来，中非钻石都是极为珍贵的宝石，而这也正是问题所在。

赛拉上学了，学习成绩很好。父亲坚持要她专心学习，而且经常在晚上读书给她听，作为对课堂知识的补充。他告诉赛拉，书比钻石更珍贵。虽然赛拉非常认同父亲，但这并不能阻止她想要金盒子的念头。

“有一年，我在街上玩儿的时候摔倒了。当时地上有个破玻璃瓶，一半在土里，一半露在外面。我跌了上去，玻璃割伤了我的手。我不停地尖叫，而父亲却非常冷静，平静地说：‘没事，赛拉，没事的。’他用一个东西（她指的是镊子）取出了我手上的碎玻璃碴，然后把我的手冲洗干净并包扎好。虽然很疼，但他在我头上亲了一下，我就不哭了。”

赛拉不得不去镇上的诊所缝针，她的伤疤直到今天还在。

“第二天，父亲下班回来了。他把手放在背后，说：‘赛拉，我有件东西给你，但你必须先找到它。’我跑到他背后，发现他拿着一个盒子。我拿过盒子看了看。好漂亮啊！我非常高兴。可是父亲说：‘你还没找到呢！’我指着盒子说我找到了。‘没有，继续找啊，赛拉。’父亲又说。”

于是她继续寻找。她慢慢地打开了盒子，里面是空的，只有一张纸条，那是一张透明的蓝格纸，折了一道又一道。赛拉缓慢而小心地打开了纸条。纸条上，父亲用优雅精致的字迹简单地写着：一切皆有可能。

她觉得这件事难以启齿，因为一个无法回避的事实是：钻石支撑着她家庭的生计；因为钻石生意，他们才买得起这个盒子。然而，也正是因为钻石，因为对岩石碎片中镶嵌的闪烁光芒贪得无厌的欲望，才造成了她周围的血腥杀戮。

村庄正在被摧毁，人们正在被摧毁，甚至思想也在被摧毁。她一度认为自己理解孩子的想法，但她周围很多孩子都在发生变化。他们加入了武装组织，变成了士兵、打手和杀手。赛拉想不通，是不是每个人在内心深处都是杀手？是不是每个人在内心某个地方都充满了攻击性？

他们在修建大坝时发现了这些遗迹。

那是阿斯旺大坝，高 364 英尺*，矗立于尼罗河之上，从一岸延伸到对岸，就像一道威严的石幕，只有伟大的法老才能理解这样的野心。

修建大坝淹没了由拉美西斯二世在阿布辛贝建造的埃及神庙建筑群原址，因此遗址不得不重新安置。不过，当时还有其他遗迹面临被淹没的危险。特别是其中的三个，两个在河的一侧，另一个在对岸。在现今苏丹北部的杰贝尔·萨哈巴保护项目中，保护小组发现了一些遗骸，其中包括 24 名女性、19 名男性和 13 名儿童，还有 3 人身份无法确认——遗骨太多了。

这些骨骼的碳年代测定大约为 1.3 万年前。在这些几千年来一直长眠于那里的人当中，半数都死于暴力。由利物浦大学、阿拉斯加大学等多所大学的人类学家组成的研究团队仔细研究了流沙中遗留下来的化石，就像将来也许有一天其他人会仔细研究我们中的一些人一样。他们发现了背部和头骨处的伤口，那些伤口穿过了下巴和脖颈。有一具尸体里嵌有 39 块来自箭和矛的燧石，说明他生前曾遭受过极其残酷的暴行。

杰贝尔·萨哈巴位于撒哈拉沙漠的边缘。大英博物馆研究早期埃及的专家称，努比亚古墓第 117 号是人们迄今发现的最古老证据，见证了人类的大规模暴力和联合杀戮，也就是战争。在 1.3 万年后的今天，你可以去参观这场屠杀：埃及杰贝尔·萨哈巴的受害者遗骸就陈列在大英博物馆第 64 号展厅。

他们为什么在这个地方被杀害？这次侵略的原因是什么？为什

---

* 1 英尺 ≈0.304 8 米。——编者注

么要发动这些战争？

人为什么会发起侵略？在我们的内心深处，是否存在一个系统、一种进化适应或一个**侵略者**？

3. 像火炬一样

1986 年 5 月，全球 20 位最著名的社会科学和自然科学专家齐聚第六届大脑与攻击性国际学术研讨会，研究努比亚古墓第 117 号遗址的有关问题。会议地点设在西班牙南部安达卢西亚地区，那里曾是古腓尼基人的定居地。安达卢西亚地区的塞维利亚有一个离海 50 英里的港口，1519 年，斐迪南·麦哲伦就是从这里开始了第一次环球航行。在1986年的这次会议上，动物行为学家、行为遗传学家、神经生理学家、政治心理学家和社会心理学家共同起草了一份声明，后来被称为《塞维利亚反暴力声明》。上面写道：

> 有说法称，我们从动物祖先那里继承了发动战争的倾向……战争或其他暴力行为都是与生俱来的……人类有“暴力的大脑”。从科学上说，这些说法都是不正确的。

《塞维利亚反暴力声明》是在联合国全球和平年期间发布的。1989 年，联合国教科文组织第 25 届大会通过了该声明。这一宣言成了试金石、图腾和信条，几乎相当于被围困的地球写给人类善念的一篇祷文。

5 年后的卢旺达，仅 100 天内就有 80 万至 100 万人遭到屠杀，而面对这一事件，包括联合国机构在内的全世界人民都只能袖手旁观，别无他法。次年，也就是 1995 年，国际刑事法庭认定塞尔维亚准军事组织“蝎子”部队对波斯尼亚人进行了种族灭绝屠杀。一块白色巨石矗立在斯雷布雷尼察大屠杀纪念碑前，石头上刻着数字“8372”，是这场自犹太人大屠杀以来欧洲目睹的最严重的种族清洗事件中遇难的人数。

在接下来的 20 年里，我们又目睹了许多令人发指的冲突事件，它们并不一定发生在高层权力集团之间，而是自相残杀的小型战争，其特点是极端的暴行与不断升级的残忍度。值得注意的并不一定是伤亡的人数，而是暴行的性质和程度。毫无疑问，大多数理性的人都情愿相信《塞维利亚反暴力声明》是正确的，因为我们不想要一个好战的世界，不想成为一个好战的物种。诚然，这一声明本身源自撰写者真挚的职业责任感，即处理“我们人类最危险、最具破坏性的活动：暴力和战争”。然而，即便本意值得赞赏，它后来还是受到了严厉的批评。哈佛大学心理学家史蒂芬·平克（Steven Pinker）认为，这是一种“道德谬误”。在其他领域，它被认为是“意识形态与恐惧”的产物。

但如果暂时把各方阵营的观点搁置一旁，我们一定会发现，我们周围始终有一些事情在上演。长期以来，严重而残暴的侵略在人类局部地区的爆发一直没有停止，这些密集的暴力事件让我们直观又震惊地洞察到了人类的侵略行为。而在这一系列暴行中，发生在中非共和国的最为凶残。

在赛拉自豪地拥有金盒子的两年之后，镇上发生了可怕的冲突。叛军与武装组织开始从北部和东部大举入侵，大家纷纷悲观地议论着东南部更骇人的危险，那是来自哈尼法·纳基若瓦的家乡乌干达的约瑟夫·科尼领导的“圣主抵抗军”（Lord's Resistance Army）。他们三番五次袭击中非共和国，恐吓当地居民。他们残忍无情。

“一天，父亲和母亲来到我的卧室，对我说：‘我们可能得离开这里了，赛拉。’可我爱这个城市，我的朋友也都在这里，我把这些告诉了父亲。他说：‘留下来太危险了。’我问这些人为什么要给我们的城市制造这么多麻烦。”

赛拉说父亲回答不上她的问题。这个问题太大了，她的父亲根本不知从何说起，于是他什么也没说。当身为学者和科学爱好者的父亲开始把一根大棍子放在门后时，赛拉真的开始担心起来。她又问了父亲一个问题。

“他们想干什么？”

父亲答道：“所有人都想要钻石。”

就中非共和国以及那么多血腥动乱的根源而言，他没有说错。

关于中非共和国混乱的原因有很多解释，就像至今仍有层出不穷的理论在探讨“一战”、法国大革命或约翰·肯尼迪遇刺事件的起因一样。

不过，我们依然有几个可靠的理解方向。中非共和国以前是法国殖民地，属于法属赤道非洲的一部分。它在1960年终于获得了独立，但随后一系列继任的总统多少都有些腐败或无能，包括臭名昭著的让-贝德尔·博卡萨。博卡萨自封皇帝，在加冕典礼上骑着白马，身穿仿拿破仑的制服，头上戴着耗费了该国财政收入三分之一的镶钻皇冠。不过话说回来，人们很容易批判非洲后殖民时代的过度奢靡，而忘记了数十年或数百年殖民剥削和奴役所带来的深刻创伤。

1993年，文官统治取代了军事暴政，但在2003年，武装部队首脑博齐泽将军成功发动了一次政变。博齐泽在首都班吉给予少数民族和政治精英特权，却忽视和排斥以穆斯林为主的东北部地区，对此人们深感不满。一些反叛分子和土匪团体开始在这个相对偏远的地区与博齐泽政权展开对抗，这一阶段的冲突被称为“中非丛林战”。叛乱团体四处烧杀掠夺，特别是在东北部利润丰厚的矿区。2012年，其中几个组织联合起来，组成了一个联盟，开始向首都进军。联盟一词在当地桑戈语中叫作“塞雷卡”，“塞雷卡”主要由穆斯林组成，包括来自乍得和苏丹的冒险分子和军事首领。2013年3月，叛军包围了班吉，博齐泽逃往喀麦隆首都雅温得，“塞雷卡”的首领米歇尔·乔托迪亚随即宣布废除宪法，并解散了国民议会。

乔托迪亚自立为国家总统。接下来就是“塞雷卡”统治下近一年的暴力和血腥杀戮。

让我们再回到2010年，回到赛拉家所在的东北部小镇。虽然父亲再三警告，但一切似乎风平浪静，无事发生。几周后，赛拉问父亲叛军是否还会再来。“父亲抬头望向天空，就像这样（她朝天空扬起脸），就像在看风里有什么东西一样。”

又过了一阵子，还是什么事都没发生。赛拉照常去上学，但随着同学的陆续离开，班级人数也在不断减少。接着，一切发生得如此之快——车辆浩浩荡荡地开进镇子。

开进来的都是吉普和卡车，其中一辆就停在赛拉家房子的外面。两个男人踢开了门。赛拉的父亲抄起门后的那根长棍，一名男子用步枪朝她父亲的头部一侧打了下去。他瘫倒在地，眼镜也被打掉了。

“他问我父亲钻石在哪里。父亲担心的正是这个，担心人们谈论他和钻石。那些人把我父亲从地上揪起来，这样他就只能跪在那里。‘快跑，赛拉，快跑。’父亲说，语气极为平静。‘钻石在哪儿？’另一个人又问。‘我不收藏钻石。’父亲说。那个男人又用步枪打他，父亲跌倒在地。另一个人试图抓住我，我跑出了家门。村子里很多人都在街上，他们脸朝下趴在那里——就趴在马路中间。我不停地跑，不知道母亲在哪儿。我听到了开枪声，我不知道父亲怎么样了。”

她跑上一座小山，从高处回望，发现自己的家像火炬一样在燃烧。耳边充斥着枪声，分不清是哪里的人们在尖叫，烟雾和火焰越升越高，她几乎都可以伸手触摸到。她躲在灌木丛中，直到傍晚时分才出来。

她想回家，但一群村民小声告诉她回去就得死，叛军已经占领了村庄。烟雾缓缓地在小屋上空盘绕，翻滚着升向入夜的天空。赛拉的父母都被杀害了。

在离开英国前往哈佛大学前，我在中央刑事法院受理的一起谋杀案中担任首席律师。在那起案件中，一个年轻人被残忍地刺死，起因只是在伦敦西北部某家洗车行里，一个年轻人（甚至不是最后的受害者）不满另一个年轻人（并非行凶者）。这似乎是一种非常愚蠢的行为，所以当我在波士顿遇到关于“模拟谋杀”的研究时，我很想知道为什么这需要模拟。难道谋杀案还不够多吗？我的大部分法律工作涉及杀人案件，赛拉周围的人也在杀人。正如道德哲学家朱迪思·汤姆森（哲学思想实验“电车困境”就是她提出的）1989年所写的那样，你不需要显微镜来观察人类行为，你只需要环顾周围，就能看到人们在做什么。

但是，美国葛底斯堡的步枪以及其他大量军事记录也表明，即使在战争中，人们也很难做到伤害他人。正如人们常说的那样，人本身就是战争技术中最伟大的部分，但与此同时，人类思维又是战争的最大障碍。

正是这一基本悖论，促使法瑞·库什曼（Fiery Cushman）及其同事把人类暴力引入实验室，使其处于实验控制之下，以某种方式来测试它。模拟谋杀。

血液不是简单地流经我们的身体，它需要动力。因为血管（静脉和动脉）的阻力，血液需要推动才能流动，就像水需要推力才能流过管道一样。如果血管变窄，血液输送则更费力，因为持续推动血液流动会很困难。当我们受到威胁或感到压力时，血管收缩现象就会发生。这是一种生理现象，对于研究我们伤害他人时的感受尤其有价值。

科学研究表明，我们对伤害行为的负面道德判断并非仅仅来自深思熟虑的推理，来自高度“理性”的认知判断，我们对这种行为的谴责还包含着强烈的情感因素。研究人员一直在寻找方法，来测量我们对施加伤害的负面情绪水平，即我们的厌恶程度。当然，他们可以简单地通过访问被试来获得数据，也就是收集个人自我报告数据。但他们能做得更好。

负面应激反应水平的其中一项衡量指标是总外周阻力（TPR），即将血液推入血管系统的难度。这可以通过在被试身上安装传感器来计算，测量他们的血压和心脏在压力下的反应。这进而可以用来反映我们有多不愿意去伤害他人，以及伤害会给我们带来多大的烦恼或压力。为了检测这一点，库什曼和同事们进行了一系列研究，探究我们产生反感情绪的基础。

但是，说我们不愿意伤害他人是一回事，而理解其中的原因又是另一回事。当进入这场批判性的科学和道德对话时，库什曼发现，主流观点认为我们对伤害他人的厌恶来源于对“受害者”的同情。换句话说，我们之所以不愿意造成伤害，是因为我们关心受害者。在现实情况中，这个回答确实部分成立——从**痛苦感知者**的角度来看。不过，答案不止于此。

库什曼的同事们用心电图和血压传感器测试了 108 个被试。首先，他们校准了被试对压力的个体反应，因为各个被试之间存在一些差异。为了明确这一点，他们要求被试快速地以 7 的倍数倒数，就像下面这样：

从数字 1296 开始。

现在倒推 7 个数。

第一个数字很容易得出：1289。

但是，要迅速说出答案。接下来呢？

1282。

再下一个？

1275……1268。

单是敲下这些数字，我便意识到了研究人员称之为“心脏功能增强”的现象，我的心跳加快了，呼吸也屏住了。我猜你们差不多也是这样。因此，“以 7 的倍数倒数”的考验为考量个体身体应对压力的程度提供了一条很好的基准线。

接下来，研究人员请求被试进行“无害行为模拟”。库什曼的团队设计了一些有趣的场景：一名研究助理穿着一条看似普通的裤子，志愿者被要求用锤子击打那名研究助理的双腿，并且要狠狠地击打。显然，研究助理的裤腿下面有一根塑料管，使劲击打双腿并不会对他造成任何伤害。即使如此，志愿者还是会排斥，不愿击打看起来像是人腿的部位。

在其他模拟实验中，研究助理的手必须被一块石头猛击。石头是真的，手是假的。然而，同上一个实验一样，抗拒再次发生，且程度强烈。接着，志愿者还要拿一把仿真金属手枪朝研究助理的脸开枪，用一把橡皮刀切割他的喉咙，以及将仿制的婴儿砸向桌子边沿。

自始至终，实验人员都在强调不会造成伤害，但被试还是出现了明显的 TPR 反应——他们的血管收缩了。明明没有伤害发生，但血管还是发生了收缩，这一结果让我们了解到一些极为重要的信息。

人们不仅仅关心结果，这也不仅仅是换位思考的问题。即使做了明知不会造成丝毫伤害的行为，他们的血管依然会收缩，血压指数还是会上升。步枪上了膛却不开火，这一令人困惑的战场行为也开始能讲得通了。有些行为是我们无法忍受的，即便没有明确有害的后果，我们也无法赞成。例如，在葛底斯堡战役中，士兵完全可以用步枪瞄准前进的敌人的头顶上方射击，同样不会造成伤害。但或许仅仅是扣动扳机的动作就令士兵们排斥，不管是否会有人受到伤害。

因此，用不伤人的手枪射击，用锤子击打套着塑料管的腿，用橡胶道具切割他人的喉咙，做所有这些事都令我们产生压力。这便是库什曼及其同事所说的“行动厌恶”——对某种行为本身的厌恶，无论后果如何。所以说，我们对伤害行为的道德谴责在很大程度上固然来自对他人痛苦的想象，但这不是事情的全部。

我们还会设想自己采取行动时的感受。它是我们想象自己就是凶手时产生的厌恶，而不仅仅是想象受害者遭受痛苦时产生的厌恶。

这一事实的阴暗面在于，当我们的行为与伤害之间没有直接、固有、可识别的联系时，我们会怎么做。如果用远程无人机进行冷血杀戮和处决呢？把我们和目标割裂开来，让自己远离目标，会使杀戮变得更容易。做一件我们通常不认为是巨大伤害的事，比如按下按钮，这本身就是一种危险。高度机械化的远程杀戮赋予了这个动作新的意义。“按下按钮”模式是一种现代创新，尽管这可能代表了我们对现代战争的印象，但它不具有典型性。在当今世界，这并不是冲突中的人们杀害他人的方式。

当今世界的冲突，大都不是人们想象中的高度自动化的虚拟战争，发生在数百或数千英里外的电脑屏幕上。恰恰相反，今天的大多数战争都很个人化，是一对一的。杀戮通常是用刀具亲手完成，这种杀戮既血腥又残忍，既疯狂又具毁灭性，是站在脸朝下趴在村庄街道上的人身边，朝他们的后脑勺开枪。这种杀戮所涉及的行为，在研究中被证实是我们极度厌恶的，但它仍在发生。此时此刻，世界各地的冲突此起彼伏，就像赛拉家乡小镇上发生的事一样。为什么会这样？

提一个简单的问题有助于深入理解这一现实：我们对昆虫有多大程度上的认同？

4. 你会喜欢他的

在中非共和国，摧毁赛拉家庭的混乱源自一系列令人目眩的字母组合。不同的叛军派系由不同的首字母缩略词指代，它们广为人知的只有两点：缩略名称，以及惨无人道的掠夺。

其中一个例子便是——“团结民主力量联盟”（UFDR）。这个组织称班吉政府忽视了该国北部和东部通往苏丹和乍得边境的大片地区，因此提出抗议。如我们所知，组织中一位领导人米歇尔·乔托迪亚后来接手了中非共和国。“团结民主力量联盟”主要由古拉人组成，为了回应其针对特定族群朗加人的宗派暴力，武装团体“正义与和平爱国者公约”（CPJP）应运而生。

农村地区的矿民开始逃离“团结民主力量联盟”。他们是自由斗士吗？为谁的自由而战？取而代之的又是什么？他们仅仅是利用政府决策和动乱的空子占便宜的机会主义者和强盗吗？对生活在战场的人们来说，这都没有太大区别。他们窃取钻石，敲诈勒索，烧抢劫掠，滥杀无辜。当地一些人逃进了灌木林，一些人逃回了主城区，而另一些人的动作却不够快。赛拉家刚好位于武装部队的行进线路上，他们被吞没了。还没等赛拉真正明白其中的原因，她的家庭便毁掉了。那是 2010 年，她才 14 岁。

帕特里斯的情况又是怎样的呢？在北部和东部处于动荡之时，帕特里斯正在首都班吉。他只有一个目标：赚钱。

他没有参与动荡和叛乱。他甚至不太明白他们为什么要打仗，当然也不相信各方的宣传和主张，甚至根本不在乎这些。随他们打去吧，只要没人打扰他，就让他们打去吧，然后把问题都解决掉。（“打起仗了吗？生活就是这样。我希望自己看上去像美国明星。我该怎么做，哭吗？不，生活就是这样。”）他仍然在做小买卖，低价购入鞋、牛仔裤、旧手机、发条收音机等货物，稍微加价卖出去，碰到有喜欢的东西就自己留下。他特别喜欢西方的名牌服装，这是我和他见面之后发现的。

“你会喜欢他的。”弗朗索瓦大笑着说。弗朗索瓦的块头很大，可以称得上庞大。他坐在他的旧奔驰车里，看上去像一个和善的相扑运动员。

“所有人我都喜欢。”我说。

这位相扑运动员将戴着金戒指的手搭在白色旧轿车驾驶室的车窗上，他称这辆车为“豪华轿车”。“也许他也会喜欢你。”他越过方向盘目视前方，就像一艘豪华帆船的船主一样高傲。遇见弗朗索瓦后，我才明白车对男人意味着什么。摩城唱片的音乐大声地响起来，此时我们需要音乐。

“所有人也都喜欢你吗？”弗朗索瓦问。

“我有哪里不讨人喜欢吗？”我说。

他疑惑地皱了一下眉，摸了摸挂在后视镜上的护身符。那是一个比信用卡还小的破旧的黑皮囊，边沿缝着一圈黄线。我们两个人操着各自版本的古怪法语，也许他并没有理解我说的话。在喀麦隆，弗朗索瓦什么消息都能打听到，什么东西都能帮你找到，你的什么忙他都能帮上。可以说，没有他解决不了的问题，就像 V.S. 奈保尔在伊斯兰革命后的伊朗旅行时遇到的那个为他“开道”的人一样。在雅温得这样的地方，人人都需要一个弗朗索瓦，因为需要“开道”的地方很多。我们继续驾车穿过首都拥挤的街道，周围一辆辆破旧的黄色出租车像发疯的昆虫，令街头剧院更加嘈杂。我尝试用另一种方式表达。

“他不喜欢我也没关系。”我说。自从认识安东尼和迈克尔后，我一直在练习法语，但说话时还是会混进一些不规范的用词。“没人喜欢律师。”

弗朗索瓦笑了，这样好多了。他的手腕灵巧地打着方向盘，小心翼翼地操纵着油门和仪表盘，驾着他的“豪华轿车”在一群悠闲的山羊中穿行。自打 1885 年卡尔·本茨制造出世界上第一辆汽油动力三轮汽车以来，再没有比这更忠实的奔驰车主了。“没人喜欢律师？还没人喜欢吃药呢，”他说，“但他们还不是需要药品，对吧，英国律师？”

在 20 多年的律师生涯中，这是我听到的对律师的最好定义之一——律师是药品。弗朗索瓦不仅是个能解决问题的人，还是食品顾问、日常生活哲学家和好旅伴。一次，我们正驾车行驶在商务区，一辆出租车驶向我们，马虎的司机正拿着手机打电话，差点儿就撞上了弗朗索瓦的车。弗朗索瓦冲着车窗外大喊了几句。

“你说了什么？”我问道。

“我祝他愉快，祝他老婆身体健康。”他回答说。

“但他看上去并不太高兴。”

“也许他不喜欢他老婆。”这就是弗朗索瓦。我很乐意跟他待在一起，虽然后来我看到了一个不一样的他，不那么快乐的他。

我一直在问他我在酒店尝到的那种本地辣酱。事实上，我们还为此争论起来。

“好吧，好吧，我承认，它的确很辣。”我说。

“世上最辣。”弗朗索瓦说道。

“对不起，我的朋友，但巴巴多斯的辣酱能辣掉你的脑袋。”

弗朗索瓦使劲摇着头：“不，不，不，那种巴巴多斯的婴儿食品，我能用勺子舀着吃。”

“那场面，”我笑着说，“我拭目以待。”

等红绿灯时，他心爱的“豪华轿车”有时会熄火。他便重新打火，甜言蜜语地哄它再次发动起来，就像对待闹脾气的情人那样轻声细语，加以爱抚。很快，他的车就开到了一家简陋的咖啡馆附近，咖啡馆紧挨着路侧一个不时有卡车开进去的停车带或院子。我们开车从雅温得市中心来到这里，坐在白色的塑料椅上等待帕特里斯。弗朗索瓦点了杯咖啡，我则要了一杯茶饮——“加冰牛奶”，我尽了最大的努力提出加冰牛奶的要求。侍者给我拿来了一小袋雀巢奶粉和一个茶匙，至少我要到了茶匙。

帕特里斯懒洋洋地走了过来，没有点任何饮品。他的个子非常高，将近 1.9 米，全身线条分明，没有一丝多余的赘肉——仿佛他和弗朗索瓦做了交易，把全部的赘肉都堆在了弗朗索瓦的身上。我很喜欢弗朗索瓦，他很容易招人喜欢，但帕特里斯却不一样。

“你有烟吗？”我们握过手后，帕特里斯问我。这是他用完整的英语对我说过的为数不多的几句话之一。

我们在这个地点碰面，是因为帕特里斯正想办法搭车离开这个国家。后来我了解到，帕特里斯是个很节俭的人，于是有了卡车站的会面。

“对不起，我不抽烟。”我说。我真的不抽烟。

弗朗索瓦从一个拆封过的香烟盒中抽了一支烟递给帕特里斯。帕特里斯要了两支，把一支在白色塑料桌上敲了敲，把另一支放进白色衬衫的口袋里。帕特里斯看上去35岁左右（只是猜测，我从没问过他），穿着白色牛仔裤和黑色运动鞋，头发剃得很光，蓄着一脸精心修剪过的短胡子。他的鼻子异常高挺，有种鹰钩鼻的感觉，皮肤泛着淡淡的光泽，就像太空灰色款的苹果手机。另外，他还戴着一副黑色的圆形反光太阳镜。

“‘红蝴蝶’，”他说着，吐出了一团烟雾，“他们有香烟。”

在来中非共和国之前，我就听说过“红蝴蝶”，朱迪思·勒威易给我讲过。“红蝴蝶”是法国驻中非共和国的维和部队，其名称源自中非一种著名的蝴蝶，美丽而一生短暂，就像法国的军事干预行动一样。这个话题我们以后再谈。

“‘红蝴蝶’，”帕特里斯说，“他们总跟你说什么都没有，可谁知道呢？我在一个检查站排队时……”

“在班吉吗？”我问道。

他没有直接回答，开局不顺。“那里排着很长的队，于是我就想，怎么弄到一支烟呢？”

红蝴蝶长着一对醒目的红翅膀，因此也被称为“血红滑翔者”。

红蝴蝶是漪蛱蝶属中的一种，该属包含 82 种蝴蝶，栖居在非洲热带丛林地区，尤其是在树木的上冠层。

“于是，我走到一个年龄较大的‘红蝴蝶’成员身边。他站在那儿，枪斜在胸前，就像这样。”他比画了一下。“千万别选年龄太小的。他们太害怕我们了，所以都很守规矩。于是我走向那个年龄较大的‘红蝴蝶’成员，对他说：‘打扰一下，先生，我能借个火吗？’我从牛仔裤里掏出一包烟，脸上带笑。他回答说可以，然后掏出了打火机。”

红蝴蝶的翅膀泛着火焰般耀眼的光芒。大约在 700 万年前的中新世晚期，红蝴蝶及其相关属种的基因开始分化。那是一个巨变时期，气温降低，森林减少，热带洋流也发生了变化。

“于是，他把打火机递给了我。我接着说：‘天哪，这是怎么了？盒子里没有香烟了。’我给他看了看，说：‘你说不定有烟吧？’”

就在同一时期，我们人类的祖先从我们与亲缘物种的最后一个共同祖先——类人猿那里发生了进化分离。

“这个‘红蝴蝶’正要说他没有烟，这时我说：‘可是你有打火机，难道带打火机的人不吸烟吗？也许是我不懂，我懂得不多。但如果我能对我们村里的人说，有位尊贵的客人给我递烟的话，那我将不胜荣幸。’”

“他给你烟了吗？”我问道。

“他给了我两支，然后叫我滚开。我谢了他，谢他的烟，更谢他让我滚开。那个空烟盒把戏不是每次都奏效，可它却让我从‘红蝴蝶’那里搞到了很多烟。”

我笑了，弗朗索瓦也笑了，但帕特里斯却没有笑。他冷冷地说：

“那么，你在非洲做什么？”

弗朗索瓦大声冲他说了句我没听懂的话。

“没关系的。”我说。

“他是来帮忙的。”弗朗索瓦说。

“是啊，是啊，帮忙。国际部队，他们来‘帮忙’。在班吉，他们和乍得军队勾结，他们会杀了我们。在中非共和国，我们都了解外来者来帮忙是怎么回事。”

我们三个都不说话了，气氛令人尴尬。远处隐约传来一阵音乐声，那是一种刚果舞蹈伴奏，欢快的乐曲仿佛在嘲弄我们。

帕特里斯顿了顿，然后又说：“你不是这里的人。”他不是在问问题，甚至也不是在陈述事实，而是在指责——“你不是这里的人。”

“我尽量去理解。”我说。

“理解什么？”帕特里斯问。从他戴的圆形黑墨镜里，我能看到自己笨拙的倒影。

“理解中非共和国。”我说。

帕特里斯摘下眼镜。在我的记忆中，他很少摘下眼镜。他揉着自己的双眼说：“祝你好运，先生。”

虽然红蝴蝶和它令人眼花缭乱的“表亲们”栖息在广阔的非洲雨林里，它们之间却仍存在毗邻关系——它们都生活在同一地区。然而，在其短暂的一生中，雄性红蝴蝶一直在进行着两败俱伤的争斗。同样地，在树冠之下的同一地区毗邻而居的人类，也面临着类似的挑战。

帕特里斯从上到下打量着我，脸上没有一丝认可的表情。“你的酒店里还有牛仔裤吗？”

“嘿！”弗朗索瓦说。

“还有几条。”我说。

“他来这儿可不是为了卖衣服。”弗朗索瓦说。

“没关系。”我说。

“价格包你满意，”帕特里斯说，“不是很高，但很公道。”

“那我穿什么呢？”

“你就要回国了，家里应该有的是衣服吧。”

他说得没错，他所谓的“你不是这里的人”也完全正确。我身处世界上最血腥冲突的发生地边缘，却很难理解它，这让我感到自己离家很远。我不知道别人是否也有这样的感觉。

帕特里斯和弗朗索瓦开始大声争吵。弗朗索瓦早些时候就曾警告过我：“不要和那个家伙做任何买卖，知道吗？”我当时告诉他，我根本无意于此。

帕特里斯指了指弗朗索瓦的车。“你为什么会有这种‘反巴拉卡’的鬼玩意儿？”他喊道。

当时我听不明白，但我知道他指的是弗朗索瓦的护身符。

“这跟你那些愚蠢的民兵组织毫无关系。”弗朗索瓦喊道。

他俩还在继续争吵，他们说的其他话我一句都没听懂。帕特里斯突然站了起来，准备离开，弗朗索瓦伸出戴宝石戒指的那只手将他拽了回去。我走开了，让他们自己去解决问题。我们三个人都开始看手机，或假装看手机。帕特里斯把烟踩灭了。

好一会儿，我们三个人都没说话。

兴许是看到了我对奶粉的吃惊反应，咖啡馆里的那个女人给我拿来了一份烤芭蕉。这种形似香蕉的长水果有种温暖愉悦的触感。

“请原谅，先生。”她说，给我献上赠品。

“你真的没必要道歉，”我说，“我是英国人，我们喜欢冰牛奶。”

在喀麦隆发生的许多事件中，让我后来不断回想起的就是她的这个小善举。或许是因为它与我对帕特里斯的感觉形成了鲜明的对比。事实上，在写作本书的过程中，我曾遇到过很多人，道恩·费兹·韦伯斯特、安东尼、简·尼克林森、艾伦·佩格纳、谢尔登·所罗门，甚至是L小姐，我从一开始就很喜欢他们，而帕特里斯则是个例外。最后证明，弗朗索瓦说错了：帕特里斯并不喜欢我。这种反感是相互的。

芭蕉的味道在我们周围飘荡，闻起来就像篝火上的烤栗子。

“好了，好了，他同意了，”弗朗索瓦终于发话，“他会告诉你。”

“告诉我什么？”我说。

“钻石的事儿。”弗朗索瓦说。

帕特里斯把手伸进白色名牌衬衫的口袋里，慢慢地掏出了另一支烟。在他点烟的时候，我才真正注意到他皮肤上泛着的淡淡的太空灰光泽。

5. 你和小昆虫有多相似？

在心理学中，有个概念叫作“目标相似性”。它能阻碍杀戮行为，或者更准确地说，在一开始会这样。

“目标相似性”表明杀戮是有代价的。从外在的角度看，代价显而易见：受害者将遭受不利后果。但是，从内在的角度看，杀戮也会给施害者带来后果，影响自我意识，影响我们对自身及自我能力的理解。

当施害者与受害者（“目标”）之间有一种可感知到的相似性时，这一点尤其成立。或许这就是阻碍葛底斯堡步枪开火的一个因素？临床研究表明，士兵的创伤后应激障碍（PTSD）与罪恶感和羞愧感密切相关，这与许多其他类型的创伤后应激障碍有所不同。正如一位治疗越南战争老兵创伤问题的心理学家所说：“你意识到自己做了无法想象的事，你的一部分自我也被炸掉了。”这时候就该虫子登场了。

或更准确地说是潮虫（也叫木虱），或再精确一些：潮虫和灭虫机。这项研究很巧妙，很可怕，且相当恶心。不过从科学的角度来看，它能为我们提供宝贵的见解。

关于什么的见解？关于我们为何不愿伤害他人，以及伤害他人的行为会给自己（自我认知）带来损害的见解。灭虫机是由咖啡研磨机改造而成的一款死亡机器：一根铜管被安装在咖啡研磨机的一侧，为上方的白色漏斗提供滑道，一直延伸到机器的研磨刀片处。至少这是实验参与者被告知的信息。

事实上，研磨机设有精心隐藏的塞子，以防虫子被真正杀死。而且研磨机中还预先塞填了一些碎纸屑，以模拟虫子被研磨的可怕过程。这样，研究人员就可以问心无愧地说：没有一只虫子在实验中受到伤害。虫子被装在无盖的透明塑料杯中递给志愿者，因此，在被消灭前，志愿者得以观察这些约 1.3 厘米长的虫子。

亚利桑那州立大学的研究人员仔细计算了 20 秒钟内被杀死的

虫子的数量，或志愿者们认为自己杀死的虫子的数量（这些虫子实际上掉入了一个隐藏的密封容器中）。依照要求，志愿者要回答一个问题，这个问题有9个标准化量度，即从“（1）完全不相似”到“（9）极其相似”。问题是这样的：

你认为自己与小昆虫有多相似/不同？请评价。

这里，我必须要提及一个次要信息：令人惊讶的是，潮虫并不是昆虫。实际上，潮虫与蝴蝶、红蝴蝶或其他飞虫不一样，它属于甲壳类动物。潮虫的外骨骼坚硬，与虾蟹类动物的亲缘关系更密切，就像博卡萨在位时被囚禁于中非的西方记者迈克尔·戈德史密斯的梦境一样：它们从海里爬出来，占领了世界。戈德史密斯对梦中的螃蟹画面深感不安，就写信将这个梦告诉了德国导演沃纳·赫尔佐格。不过就实验有效性而言，无论是甲壳类动物还是昆虫，没有任何证据表明我们将自己与它们联想在一起的程度有高低之分，也没有任何证据表明我们认为其中一种比另一种更恐怖。

测试情境分两种。一种是“首杀”，作为演练，被试被引导着用灭虫机“研磨”一只虫子，以熟悉这套过程。另一种是“不杀”，即没有任何演练。现在，值得注意的事情发生了。

情境一，在没有首杀和试杀操作的情况下，当被试按要求在20秒内尽可能地杀死虫子时，根据被试对虫子的认同程度不同，其杀死的虫子数量也存在巨大差异。被试对虫子的认同程度越高，杀死的虫子数量就越少。这是一种意料之中的结果。

情境二，在有首杀引导的情况下，被试被诱导去摸索杀死虫子的感觉，某种不同寻常的现象出现了。那些对虫子有高度认同感的人不仅没有减少对虫子的杀戮，反而还出现了某种新情况：杀死昆虫的数量增加了。虽然增量不大，却相当明显。

被试越是认同自己与昆虫之间的相似性，他们杀死的昆虫就越多。这一发现或许有助于我们了解在中非共和国和其他地方发生的暴行。

概而言之，那些之前对送进灭虫机的小生物有更强烈认同感的人，现在倾向于杀死更多这样的生物。为什么？发生了什么？

各种汇集在一起的证据往往表明，我们多数人并不是天生具有伤害或杀害他人的动机，那不是我们的“天性”或预设状态。事实上，我们有充分的理由证明，实际情况恰恰相反。这一观点的佐证便是：随着对虫子认同度的增加，研究志愿者杀死虫子的数量随之减少。不过……我们怎么看待“首杀”情境？初次观察到这一现象似乎令人困惑。等了解到发挥作用的机制后，我们就不再困惑了。

一旦杀戮开始，它就会对人们的自我认知造成“威胁”，这属于杀戮的内在代价。而自相矛盾的是，应对这种威胁的其中一种方法便是继续杀戮。这就是那些在虫子身上看到某种自我的参与者最后会杀死更多虫子的原因。杀戮之所以继续下去，就是为了应对或掩盖最初的罪恶感和破坏感，掩盖因认识到自己做了“无法想象”之事的震惊。你的一部分自我被“炸掉”了。

然后，我们可以想象一下两败俱伤的冲突，在这些冲突中，人们开始杀害身边的人，自己的邻居……

父母被双双杀害后，赛拉来到距离她家几英里外的主城区，投奔她的姨妈。这里有政府军士兵，但数量不多。没人知道接下来会发生什么。赛拉没有别处可去；除了姨妈，她在这个世界上再无亲人。

两年来，赛拉与姨妈和姨妈的男朋友住在一起，这样至少她不用露宿街头。她拼命地干活，包揽了全部家务活，这样至少她不会再饿肚子。她还有姨妈陪在身边，虽然赛拉不喜欢姨妈的男朋友，他脾气恶劣，有时还会动手打她的姨妈。但她至少还有住的地方。

姨妈的男友艾哈迈德走路拄着木棍。他出过车祸，从摩托车上摔下来，被倒地的摩托车轧伤了右脚。因此，虽然他咄咄逼人，气势汹汹，但赛拉却非常体谅他，或许是那场事故让他陷入了痛苦。艾哈迈德还酗酒，赛拉也将之归因于那场事故。这样一来，他的暴力行为都源自痛苦和酒精，而非他的本意。赛拉的想法就是这样。

“一天晚上，”她说，“我正在睡觉。你知道那种感觉吗？就是不知道为什么就醒了，当时就是那样。当我准备继续入睡时，我意识到自己之所以醒来是因为他在我的房间里。艾哈迈德在我的房间里，至少我觉得是他。房间很暗，但我看到他了，他就站在门边，看着我。‘怎么了？’我说。他什么也没说就走开了，然后我就看不到他了。外面的狗一直在叫，是狗把我吵醒了吗？我试着重新入睡，也许是狗吵醒了我吧，我不知道到底是艾哈迈德还是外面的狗把我吵醒了。他真的进过我的房间吗？”

第二天，艾哈迈德只字不提前一天晚上的事，赛拉也一样。大约一个月后，赛拉再一次在夜里醒来，这次是因为某种气味。“他身上的气味，”赛拉说，“烟和酒的味道。我醒过来，他就坐在床边。

我坐了起来。他说：‘赛拉，你现在长漂亮了，你现在是个大女孩儿了。’我没说话。‘我要给你买点什么。’他说。我说我什么都不想要。我还记得落在家里的那个金盒子，那是我唯一想要的东西。但我告诉他自己什么都不想要。尽管如此，我还是向他道了谢。我想，如果我表现得礼貌，就不会有危险。”

她错了。

“那次之后，他每次……到我房间，都会把拐棍放在我头边。我觉得他要用棍子打我，那棍子能打烂我的头。但他从没用棍子打过我。”

他不必动手。有时在夜里，她会自己哼唱歌曲，仿佛歌曲是一种魔咒，能令他不得近身。“有的时候，这个办法管用。”她说。

但并不是一直管用，对吧？

“并不是一直管用，”她说，“但我没有别处可去。”

当赛拉开始遭受性骚扰时，她刚满 15 岁。

在漫长的进化史上，我们人类既是猎物又是猎手，是长长的食物链中的一种动物，并不处在食物链的顶端。事实上，当我们的祖先因栖息的森林变干旱而迁入开阔的非洲大草原时，他们格外容易受到其他动物的攻击与掠食，但也因此拥有了许多新的机遇。

我们人类的祖先会猎捕比自己体形小的哺乳动物，有证据表明这一习性可追溯至上新世时期（于 250 万年前结束），这与有迹可循的人类最初制造工具的时间相重叠。采集果实，吃大型动物的尸体，以及猎捕体形较小的猎物，这些都可能是同期进行的活动。然而，早在 40 万年前，某些早期人类就已开始从事另一种不同类型的狩猎活动：猎杀大型动物。证据之一便是早期人类对埃伯斯弗利特大象的猎杀。

在野外猎捕动物是一项费力的劳动，必须克服相当大的艰难困苦。然而时至今日，世界各地仍有人在继续狩猎；事实上，在当今世界几乎所有的采集社会中，人们依然在进行狩猎活动。西方社会中的一些人煞费苦心地寻找机会去打猎，为此他们不仅要负担经济成本，还要承担机会成本：这些时间和精力原本可用来做很多别的事情。但他们选择了捕猎，津津乐道于这份“刺激”。这些人难道不正常甚至是疯了吗？抑或捕猎的过程或仪式触及了我们内心深处某种更原始的情感？

正如我们之后会看到的，一些研究表明，在猎捕动物时，狩猎者的身体会生产诸如内啡肽、血清素和睾酮等使人快乐的化学物质。在猎人或猎人们（组队狩猎会更愉快）把猎物团团包围时，这些化学物质就在他们的血液里奔腾着。内啡肽、血清素和睾酮等化学物质能减轻疼痛，制造一种愉悦感甚至狂喜感。当猎物被套牢或杀死时，那一刻终于降临——大功告成的时刻，喜悦的时刻，胜利的时刻。需要强调的是，我并非在说这是一件好事或者可以接受的事（多年来，我代理的当事人一直都是那些为动物权利和自由而战的人），但这是一种机制。

这种情况同样存在于生物学意义上与人类最为相近的物种之中。与人类基因相似度达 95% 至 98% 的黑猩猩也是冷酷无情的捕猎者。哈佛大学的人类学家理查德·兰厄姆（Richard Wrangham）指出，在猎捕小猴子时，黑猩猩的攻击行为会变得“极度亢奋”。

森林里充斥着黑猩猩的各种叫声，更多的黑猩猩从四面八方迅速赶来。猴子（猎物）在被撕咬的过程中大声尖叫，它可能要被活活吃掉。占统治地位的雄黑猩猩都想努力夺取猎物，因此它们之间免不了发生打斗、冲撞和怒吼。在这一两个小时或更长的时间里，处于亢奋状态的黑猩猩将这只猴子撕碎并吞食。这便是杀戮欲望最原始的表现形式。

不过，或许这只是黑猩猩的攻击行为，不是我们人类的。

另一边，让我们看看 1909 年 3 月 25 日英国切尔滕纳姆审查中关于猎狐的记述。

在埃尔威上尉负责的保护区里，他的两个孩子不仅目睹了一只狐狸被猎杀，而且接受了查理·比彻姆施行的古老的狩猎习俗“涂血礼”——他用狐狸尾巴蘸血，洒到两个孩子的额头上。

1914 年，由乔治·萧伯纳作序的一本反狩猎人道主义小册子《杀戮运动》(*Killing for Sport*)出版，里面进一步记述了针对儿童的“涂血礼”习俗，而这一次的对象是一位王室公主（转载自伦敦的一家报社）：

一个漂亮的小女孩骑着栗色矮脚马，秀丽的卷发散落在她深蓝色的礼服上。她是纳克顿举行的西诺福克郡猎狐活动的焦点。这个漂亮的小女孩就是威尔士公主玛丽，这一天将是她生命中难忘的一天。玛丽公主回到了桑德林汉姆，带着她人生中的第一条狐狸尾巴……猎人们为玛丽公主施“涂血礼”，又为她献上狐狸尾巴，就挂在她的鞍座上。

这就是人类，以及与我们最为接近的物种，宣泄自己心中的侵略性并猎杀其他动物的情形。（有趣的是，兰厄姆及其同事发现，黑猩猩的致命暴力发生率与现存人类社会的致命暴力发生率差不多。）然而，当人类猎杀其他人类时，情况是什么样的？我们的侵略性又会产生怎样的后果呢？

6. 决心与快乐

当艾哈迈德开始骚扰她时，赛拉就不再读书了，甚至放弃了读书的念头。她的大脑仿佛已被填满。

“这种情况持续了大约一年，”赛拉说，“我没有满足他的全部要求。但他后来想让我这样做，我拒绝了，他便扬言要把这事儿告诉我姨妈。我很困惑，非常困惑。他说话的方式让我觉得是我的错，是我的错吗？我做错了什么？我觉得自己给父亲丢脸了，一想到这个我就忍不住哭。人们都说还会打更多的仗，他们都要离开镇上，但我姨妈不愿意离开。”

赛拉做了一个决定。“我流的眼泪太多了，简直都快把这辈子的眼泪流干了。我告诉自己，不行，不能这样下去。要么再也不哭，要么离开这里。”

她很害怕留下，因为她觉得自己可能会把艾哈迈德杀掉。她甚至还计划了一下：在床垫下放一把刀，等他晚上进来躺在她身边时，动手。

她为这个念头感到害怕。怎么会产生这样的念头呢？难道她也和其他加入武装组织的人一样？她也会杀人吗？她相信自己不是这样的人，她也不想成为这样的人。

她没有留下来，而是逃跑了。

在三天三夜的时间里，赛拉恍恍惚惚地跟着难民人流，沿着崎岖的公路，穿过树木的阴影，走在逃离暴力和侵略的人群中。只不过，这个少女也在逃离她自己的危机。“我睡不着。我不停不停地走，好让自己晚上能睡着，但根本睡不着。”

她似乎发烧了，但她心里又是一片冰凉，就像有冰冷的手指在她体内伸展。有一次，她在路上踩到了一根木头，接着她就意识到那是一具尸体。一个男人，遭遇了枪杀。他的手伸向前，紧握着一块破烂的白布。这个男人是谁？那块白布又是什么？它意味着什么？男人的眼睛仍是睁着的。

莫名其妙的发烧越来越严重，赛拉开始头晕目眩，她倒下了。附近村子里的人把她带到这片区域的负责人那里，他们收留了她，等她苏醒后又喂她吃东西，虽然刚开始时她什么都吃不下。他们还给了她一些新衣服。

这群人从中非共和国东北部一路扫荡过来，他们属于一个名为“塞雷卡”的武装民兵组织。这是一个松散、复杂和不断变化的反政府联盟，包括苏丹达尔富尔地区的贾贾威德民兵组织，以及一些来自乍得的人。

赛拉加入“塞雷卡”时才 16 岁。

历史悠久的康斯坦茨小镇坐落在德国西南部与瑞士接壤的博登湖畔，发源于瑞士阿尔卑斯山的莱茵河流经博登湖。博登湖是欧洲第三大湖泊，其面积仅次于邻近的日内瓦湖和匈牙利境内的巴拉顿湖。博登湖也是康斯坦茨小镇之所以享誉全球的一个重要原因：它是联合国教科文组织的世界文化遗产之一。

湖周围发现了保存完好的新石器时代的干栏式建筑——木制棚屋，可追溯到公元前5000年。这些建筑是搭建在平台上的棚屋，平台由长长的木桩架起，下面是沼泽地。建筑的主要功能是防范洪水、啮齿动物和其他危险。这些古老的防范危险与捕食者的措施，与康斯坦茨非常现代化的大学实验室进行的研究在主题上产生了共鸣。

托马斯·埃尔伯特（Thomas Elbert）是康斯坦茨大学心理学系的临床神经心理学教授。如今他60多岁了，非常坚定和淡然，也可以说富有内涵，浑身散发着一种实干家与知识分子的气质。他的白胡子修剪得很短，眼神锐利，似乎与他压力与创伤专家的身份很相符。他有过在世界上许多最具煽动性和危险性的冲突地区实地工作的经验，虽然埃尔伯特调查了大量暴行，但他拥有一种极富感染力的积极性格，还有一种用生动措辞概括复杂概念的天赋。

“好吧，如果要了解儿童兵的情况，你就必须了解其中一些人的功能，”他说，“他们是专业杀手。之所以如此，是因为他们就是那样长大的，或者说就是那样被培养出来的。如果哪天我们过得不顺心，我们会怎么放松自己呢？我们回到家，骂同事或法庭对手几句，然后再喝一杯葡萄酒或啤酒。对这些武装组织里的孩子来说也一样，他们出去杀人也是同样的心情。”

刚开始我并没有领会他的意思，我请他解释一下。

“你想啊，他们知道丛林里的民兵和叛军的生活很可怕。随时可能受伤，被杀。他们食不果腹，居无定所，缺乏药品。那种生活糟糕透了。他们的内心充满了挫败感，而当情况变得越来越糟糕时，他们就开始寻找麻醉品。不过，他们的麻醉品既不是葡萄酒，也不是啤酒，而是一种“战斗快感”。他们的战斗瘾上来了。他们冲出丛林，参加战斗，杀戮他人。直到那种挫败感逐渐消退，然后再一次产生。”

“那些儿童吗？”我说。

埃尔伯特停顿了一下。“是的，你可能会在影视片中看到他们，觉得他们还是孩子。他们的确是，但现在我们应该正确对待这个问题了。”

埃尔伯特曾在慕尼黑学习心理学、数学和物理学，于1978年获得博士学位。他是德国科学院院士，发表学术论文400余篇。他对人类大脑的研究涵盖了耳鸣的神经生理学研究（人耳幻听现象）和战区心理健康研究，后者是他近几年研究的重点。

埃尔伯特的研究地点列表看起来像一幅世界地图，上面全是世界上发生最残酷冲突的地方：阿富汗、斯里兰卡、卢旺达、刚果、乌干达、索马里。他和研究团队采访过哥伦比亚的叛乱分子、卢旺达种族灭绝的行凶者、乌干达的儿童兵，以及为了进行历史参照，还采访过德国的二战老兵。他们同2 000多名参加过战斗的人进行了交谈，而且这一数字还在不断上升。

我们的交谈发生在我从中非共和国西部边境返回后不久，也是他即将返回刚果民主共和国东部之前。

“刚果的基伏地区虽然充满了杀戮与痛苦，”他说，“但那里又美得令人难以置信。”

我想问，这是否让情况变得更糟。去过一个类似的地方，一个大规模冲突发生地的边缘以后，你很难想象人们还能陷入更糟糕的处境。然而，中非共和国和喀麦隆的边境地区，就像基伏一样，也是个极其美丽的地方。埃尔伯特的最后一个答案揭示了其实证与理论研究的统一主题，除了神经解剖学方面的创新研究外，埃尔伯特还有一个未说出口的野心——减轻人类的痛苦。最终，正是出于这一原因，他不顾生命危险，勇敢地进入了极度危险的地区。

“血是一种有趣的物质，”埃尔伯特说，“它是强烈的生理暗示。既可以吸引人，也可以令人厌恶。”

“真的吗？吸引人？”

“没错，无论对于功能均衡还是功能失调的个体，这点都适用。例如，在哥伦比亚时，我们曾采访过一个客户（他对受访者的称呼，旨在减轻戒备心），他曾是一名战斗人员，而且时不时地回到当地医院。”

“回到医院？”我问道，脑子开始飞快地转，“回去看伤病员吗？”

“不只如此，”埃尔伯特说，“他回去喝血。”我还没回过神来，他又继续说：“从商业角度来说，我们利用血的气味，让香肠更加诱人，甚至让蘑菇也变得更有吸引力。我们把一种能产生等效气味的人造化学剂喷在某些产品上，使之闻起来、尝起来……更新鲜。这是因为我们人类对血液暗示有一种生理准备。这可能要追溯到我们祖先的狩猎模式，这一模式至今依然存在。”

的确，欧洲超市里售卖的肉都用二氧化碳、氮气和氧气等混合气体处理过，人为保持其色泽鲜红，使之成为“带血的肉”。超市行业用一种气体鸡尾酒来“款待”陈列在货架上的这种肉，这一加工过程在业内被称为“气调保鲜包装”。在美国，食品和药物管理局允许使用一氧化碳（在欧洲是禁止的），这是一种汽车尾气产出的潜在致命物质。虽然使用剂量不大，但毕竟还是一氧化碳。

气调保鲜包装利用适量的“食品级气体”，对动物鲜肉进行处理，这是一项精细而高度复杂的技术。这是一桩大买卖，它直接源于我们内心深处的某些嗜好。事实上，即使我们个人并不喜欢吃生牛排，我们还是想买带血的肉。换句话说，当我们说自己想要新鲜的肉时，我们实际上想要的是刚宰杀的肉。

埃尔伯特又回到了儿童兵这个话题。“因此，对一些武装组织的儿童兵而言，暴力就像海洛因一样。他们通过暴力和杀戮来减轻内心的挫败和压力。有时，你会听到他们谈论自己的行为，谈论自己做过的事，以及他们所造成的流血和伤害。除非我们承认并理解这种上瘾，否则我们无法与之对抗。这些儿童仍然会渴望暴力。”

换句话说，嗜血的欲望仍然在那里。

我们的谈话暂时告一段落，我们已谈了很多话题。创伤研究是一个困难重重的领域，我们只是简单地讨论了一下正统研究，即暴力与创伤的关系。例如，对越战老兵的研究表明，与战争中没杀过人的士兵相比，那些杀过人的士兵患创伤后应激障碍的程度更重。这一发现很容易理解，它与库什曼的研究相呼应，我们抑制自己不去伤害他人，这本身就是一种有压力的行为。

“那些干栏式建筑值得参观吗？”我问。

他笑了。“在康斯坦茨，这种建筑只有几座，不过博登湖区倒是有很多。它们都是几千年前建造的，但我们从中能了解到一些有价值的东西。你看，在涉及生存时，人类这种动物是多么足智多谋啊！我们在这些儿童兵身上也发现了这种特质：这样说很奇怪，但他们的行为具有适应特征。他们在战场上杀人，不错，杀人有害，杀人可怕，但在战场上，杀人能帮助他们生存。”

“生存？”我说，“怎么生存？”

“杀人给他们打了防疫针。虽然听起来匪夷所思，但杀人给他们提供了心理复原力。”

要想揭开这一机制的运作方式，我们必须穿越时空，穿越博登湖周围的新石器时代建筑，一直往前追溯，或许要追溯到阿尔卑斯山边缘冰川湖形成的时期。

对动物世界进行最粗略的调查就会发现，5亿多年以来，侵略和掠食一直是动物行为和生存不可或缺的一部分。不管是争夺食物、资源、领地、保护后代，还是赢得求偶胜利（这些都相互关联），所有物种都在竞争，都在部署侵略行动。这由来已久。

最早的动物掠食证据可以追溯至6亿年前的元古代。在众多的管状化石中，我们在“克劳德管”的矿化管外壁上发现了其他生物钻孔留下的痕迹。不久之后，我们又发现了马蹄蟹存在过的证据。马蹄蟹是地球上最早的生物之一，也是食肉动物。它们至今仍然存在，几乎没有发生任何改变。4.5亿年来，这些动物一直在沿着我们的海岸爬行，因此，美国国家公园管理局称之为“活化石”。

随着寒武纪生命大爆发，食肉动物的数量也成倍增加，其中包括欧巴宾海蝎这种头部正前方长着五只眼睛的水生动物。因此，从远古时期开始，动物界就有各种各样的食肉动物存在，人类掠食者也如此。但比起动物来，人类的掠夺更为复杂，人类的暴力也更为复杂。

很多情况下，人类的暴力和掠夺令人困惑，至少看上去如此，就像我代理的伦敦西北部那起由洗车场小摩擦引发的持刀杀人案一样。虽然对人类攻击行为的确切性质尚未达成普遍的共识，但心理学研究人员通常将其分为两大类。

正如埃尔伯特及其同事所观察到的那样，第一种攻击行为是对威胁或感知到的威胁的反应。这种攻击行为具有被动、报复、防御和保护的性质。在保护家庭、孩子、财产和祖国的时候，我们会表现出这种性质的攻击行为。

第二种攻击行为是工具性的。它旨在获得报酬或奖励，是为了竞争或赢得资源、地位、权力和人民，确保在思想斗争中获胜。1415 年，就在如今已完全发展成文明城市的康斯坦茨，捷克牧师和哲学家扬·胡斯被判处死刑——脖套铁链，绑在火刑柱上，木头和稻草一直堆到下巴位置，被一些认为他违反了正统教义的人活活烧死。他的骨灰被扔进了莱茵河。

第二种侵略行为是主动发起的，同样很常见。与处死扬·胡斯的极端行为性质相似的，是我们周围人的好斗、无礼和咄咄逼人的行为。这是此类攻击行为的一种温和表现，但仍然属于第二种攻击类型。这种攻击具有计划性，正如莎士比亚笔下的理查三世所说，“我这里已设下圈套，搬弄些是非，用尽醉酒诳言、毁谤、梦呓”来获得王位，使用的都是“精妙阴毒”的手段。

但是，第二种类型的攻击可能会进一步发展，发生突变。这种改变了的侵略性可能是我们历史上狩猎行为本身的遗存，侵略本身使人感到快乐。换句话说，暴力行为会给犯罪者带来快感和享受，他们会从中获得乐趣。

这种享受型攻击正好回应了埃尔伯特及其同事所描述的“狩猎相关暗示，比如血和猎物的叫声”。正如埃尔伯特研究团队所观察到的那样，他人受苦的景象确实为“犯罪者提供了一种必要的奖励”。因此，攻击的体验会从反感、厌恶和恐惧转变为兴奋。这种体验“将攻击他人看作令人着迷、兴奋和刺激的行为”，结果导致我们不但不会规避暴力，反而会采取暴力；不但不会唾弃暴力，反而会崇尚暴力。

当然，从统计学上来讲，肯定有一些卷入武装冲突的人是精神病患者，某些人的确可能因为病态的精神状况才被战争所吸引。但是，对全世界频繁发生暴行的战区所做的越来越多的研究指出：目击暴力与实施暴力可能会令人兴奋。确切而言，它能带来愉悦感。

康斯坦茨大学研究团队在柬埔寨、哥伦比亚、南苏丹、索马里、刚果、乌干达、斯里兰卡等战区都记录下了这一现象。它跨越了大陆的界线，穿越了不同的海域。它似乎对冲突的起因和双方的立场都视而不见，这并非罕见或例外的反常现象，它是一种带来适应性结果的机制，这种机制提供了心理复原力。

因此，为暴力感到兴奋，这似乎可以帮助施暴者抵抗压力和创伤。但与此同时，也正是问题所在，它与极端残忍的行为密切相关。

埃尔伯特的同事们调查了长期参与哥伦比亚内部武装冲突的前游击队员和准军事人员。在该国东北部的遣散营里，他们采访了臭名昭著的“哥伦比亚革命武装力量”（FARC）游击队的前成员。他们发现，将暴力想象成具有吸引力或振奋作用的举动，这可能是一个人被困在充斥着极端威胁和危险的环境中时增加生存机会的“适应”行为。然而，这种防疫针需要付出代价——残忍以残忍为食。一些参与者甚至开始“渴望”暴力，暴力开始令人上瘾。

这些研究和许多类似的研究都与“人类的掠夺性仅限于精神病患者之类的病理性小群体”这一假设相矛盾，因为之前的研究都基于“人类有目的的狩猎是一种只有在病态心理下才会进行的活动”。事实上，在暴力中寻找乐趣“似乎是人类行为的一个共同点，只不过在战争背景下被凸显出来而已”。

随着暴力体验方式的这种改变，库什曼团队所发现的抑制杀人的倾向被克服了。正是这种对狩猎欲望的发展或变异，才使得大规模杀戮、残害、暴力和种族灭绝行为有可能发生。正如维克托·内尔（Victor Nell）教授在其开创性的研究论文《残忍的奖励》中指出的那样，这种向他人施加痛苦和折磨的行为不仅带着决心，也带着快乐。

7. 钻石

萨布丽娜·阿瓦基安（Sabrina Avakian）留着一头赤褐色齐肩卷发，体现着意大利与亚美尼亚混血的结果。她在埃塞俄比亚（意大利在非洲的帝国野心之地）出生长大，但在意大利学习并持续从事法律工作。她的祖父是亚美尼亚人，于1915年乘船逃到埃塞俄比亚以躲避种族灭绝，当时有100万亚美尼亚人惨遭屠杀。目前，阿瓦基安是联合国儿童基金会驻喀麦隆东部贝尔图阿市的负责人。贝尔图阿是一座边境小城，离首都很远，面对着一片广袤的蛮荒之地——中非共和国。萨布丽娜·阿瓦基安在贝尔图阿为众多难民营提供支持，这里收容了成千上万从中非共和国冲突事件中逃到边境另一边的难民。

然而，难民危机所造成的巨大问题在阿瓦基安面前遇到了对手。“我身上有一些非洲血统，”阿瓦基安说，“人们不能理解。他们心想，那个叫萨布丽娜的疯女人，她是个欧洲人。或许我掉进了一桶漂白剂，但我身体里流淌着非洲的血。”她劲头十足，没完没了地工作。

在罗马时，她的身份是家事调解法官，也是青少年司法领域的国际专家。“但我为什么要留在意大利呢？”她说。她语带谴责，指着距中非边境20英里的加多1号营的一条排水沟说：“不，不，德克斯特，当这里出问题的时候，为什么要留在罗马？”

我第一次去联合国难民营是在阿瓦基安的陪同下。一个小小的斜坡上有一大堆白色的帐篷，有点儿像精疲力竭、等待下一场战斗的拿破仑部队。这是一个阳光猛烈的日子（晒得几乎让人睁不开眼），虽然此时已是7月，旋转的地球正逐渐靠近每年一度的远日点，那是离太阳最远的距离。在我们驾着白色丰田汽车沿路行驶时，阳光已完成了长达9 500万英里的旅程，从帐篷顶上反射到我们眯起的眼睛里。和我们一样，帐篷里面的住户也知道中非大部分地区仍在发生冲突。伤亡不断，帐篷不够用，帆布紧缺。这里需要萨布丽娜·阿瓦基安。虽然经历了一场可怕的创伤性事件（后文会提到），阿瓦基安还是回到了中非共和国，我这才有机会认识她。

阿瓦基安是一位有着丰富应急经验的人道主义援助专家。例如，她会说一口流利的安哥拉葡萄牙语，知道所有最刺耳的脏话，曾在安哥拉战后的非军事化过程中与街头儿童打交道。她说话夹杂着法语、英语和意大利语，偶尔还有几句葡萄牙语和其他语言，老实说，我也不确定那些语言是什么。我后来管那些语言叫“萨布丽娜语”。

“萨布丽娜，”我说，“给我讲讲中非的情况吧。”

她笑了。你会发现她经常大笑，但这次，她的笑却算不上真正的笑。“很多次我都觉得自己必死无疑，”阿瓦基安说，“必死无疑，可是你看，我不是还在这儿烦你吗？所以，冥冥之中神还是在眷顾我，或者还不想和我打交道。”在过去的10年里，阿瓦基安开始信仰佛教（她不吃肉，认为吃下的是苦难），还学了空手道。“你了解我的，萨布丽娜什么都懂一点儿。”她说。

在一个温暖怡人的夜晚，我们坐在贝尔图阿的曼萨酒店里。经过三个半小时的艰苦旅程，我们从帐篷密布的加多难民营回到阿瓦基安在贝尔图阿的联合国儿童基金会总部。一路上，我们经过了一排排茂密的绿树林，纤细的黄色花朵爬满了树枝。我一直想问我们的司机赛琳那些花叫什么名字。赛琳是个非常自信的司机，来自南方靠近赤道几内亚的地方。偶尔，路边会有一些小男孩拿着树枝冲出来，树枝上还吊着倒霉的猫鼬，据说猫鼬非常美味。有时，一条有毒的绿色曼巴蛇（非洲最致命的蛇之一）还会从我们前方的马路上蜿蜒滑过。此外，还有不断堵塞道路的大卡车，货箱里堆满了被砍下的巨大树干，其中一些来自中非共和国的原始森林。长着大角的食草动物黑犀牛也在那里被猎杀，如果朱迪思·勒威易看到这一切，一定会感到痛心。

在监管世界钻石贸易的金伯利进程封禁了中非共和国之后，民兵组织加紧了他们的非法伐木活动——追寻“血木材”。从生态上看，中非共和国的森林属于至关重要的刚果盆地雨林，那是仅次于亚马孙的世界第二大雨林。

说回贝尔图阿的曼萨酒店。它位于一条小河岸边的“红盒子”酒吧附近，酒吧招牌上写着“VIP 歌舞表演”。阿瓦基安再次带着谴责的意味指着水面。“你看，这条河是不是很漂亮？像天堂一样。但没人知道它叫什么名字，我问过的人都只会耸耸肩。”

“萨布丽娜，”我说，试图把话题引回来，“关于中非？”

“那么，哦，天哪，天哪，”她的法语带着很重的意大利口音，“2013 年 10 月，我在冲突期间去了博桑戈阿。我其实是自愿去那里的。我肯定是疯了，对吧？”

在流血冲突的血腥历史上，博桑戈阿周围的地区见证了一些最严酷的杀戮。阿瓦基安被安置在一栋法国非政府组织遗弃的大楼里，该组织的一名工作人员因使用手机而头部中弹。她是在反政府武装“塞雷卡”统治期间到达这里的。博桑戈阿是瓦姆省的首府，位于班吉以北 200 英里处。“除了联合国儿童基金会的工作人员，那里几乎无人居住。我联系了神父和伊玛目，一起为四万饥民提供食物。在这些饥民中，有上千个严重营养不良的儿童。”

阿瓦基安的善举并没有受到“塞雷卡”领导层的欢迎。

“如果没有你们提供的食物会怎么样？”我问。

“人们已经濒临死亡了，如果我们不提供食物，会有更多的人死去。”

“可‘塞雷卡’不喜欢你们的行动？”

“我不在乎‘塞雷卡’或任何民兵组织的想法。我对他们说：

‘好吧，抱歉，很抱歉你们不喜欢我们做的事情，但是人民在挨饿，我就要给他们提供食物。他们都是人，需要吃饭，我这儿有食物。我不在乎他们是基督徒还是穆斯林，我只知道他们在挨饿。’”

联合国儿童基金会与民兵组织之间的紧张态势不断升级，最后，“塞雷卡”的一位臭名昭著、残忍至极的指挥官亚雅将军开始与阿瓦基安对峙。

“他走到我面前说：‘萨布丽娜，你很勇敢。’然后他用卡拉什尼科夫冲锋枪指着我的脸，正对着我的头。我跪在那里，感觉枪管要戳进我的脑袋里了。”她指了一下自己的头顶，把两个手指头插进自己的卷发。

“将军为什么那么生气？”

“因为他们想说：放尊重点，这里我们说了算，我们掌控一切。亚雅指挥官需要证明他们拥有绝对的权力。”

权力大过生，也大过死。萨布丽娜·阿瓦基安差点儿丧命，并不是因为伤害了别人，而是因为救了他们。这就是中非共和国，这里生死难料，生与死都充满了非理性和随意性。这位信仰佛教、练习空手道的意大利和亚美尼亚混血法官，阻止了数百人的死亡。

赛拉加入“塞雷卡”时，帕特里斯正在首都打一场漂亮仗。

绝望的人们孤注一掷。随着危机加剧，他们愿意支付更多的钱买东西。如果你像帕特里斯一样保持冷静，像帕特里斯那样拒绝站队，那么你就有钱可赚。帕特里斯的人生目标就是赚钱，他不太在乎当权者是恶棍还是强盗，这又有什么区别？他什么都卖：收音机、打火机、SIM卡、二手或三手手机、燃料罐、塑料布，还有国际机构提供的其他非食品类物品。局势越来越糟糕。

当基督徒多数派对“塞雷卡”新政权及其诸多暴行表示强烈反对时，暴力循环加剧了。基督教团体成立了自卫“委员会”，即“反巴拉卡”民兵组织。在当地桑戈语中，“反巴拉卡”的意思是反对砍刀。在所谓的“清理行动”中，许多穆斯林遭到无情杀害。事态迅速恶化，局面一度失控。“塞雷卡”首领米歇尔·乔托迪亚当选为新任总统，宣布解散“塞雷卡”武装联盟。

当我向帕特里斯问起那一时期的情况时，他笑了。“噗，”他笑得很夸张，“似乎没人通知过‘塞雷卡’解散的事。”

上任仅八个月后，乔托迪亚就辞去了总统职位。“塞雷卡”武装组织现在正式成为“前塞雷卡”。然而，不同的名称并没有带来改变，他们继续在农村进行掠夺和破坏。作为报复，丧心病狂的“反巴拉卡”小队到处捕杀穆斯林。整个国家笼罩在谋杀和残害的阴云中。

鉴于首都的混乱局势，帕特里斯一路向北，来到了他的祖籍所在地。

帕特里斯到了才发现，整个村庄早已荒无人烟。他搬进了一栋房子里，实际上那是紧挨一条土路、呈 L 形排列的四间屋子。这里也被遗弃了，曾经有一些穆斯林居住其中，虽然他们的离开与他无关，但他不会让这些好端端的房子荒废掉。随后的某一天，他从外面回来后走进了外屋，那是他囤货的地方。在这第四间屋子里，他发现了一个躲起来的男孩。

这个男孩蹲在地上，背靠墙角。

“出去。”帕特里斯说。

“求求你了。”男孩说。

“你偷什么了？”

“什么都没偷，我发誓，什么都没偷。”

“你来这儿，就是想偷东西。”

“如果我来偷东西，现在早就跑了。”男孩五官端正，颧骨很高，看上去17岁左右。帕特里斯看得出来——这是他在中非生活的必备技能——这个男孩是穆斯林。

“求求你了，”男孩说，“我不会偷你东西的。”

“哈！幸亏我运气好及时回来了，”男孩朝帕特里斯摇了摇头，但帕特里斯没理他，“算你倒霉，一回来就被我发现了。”

“求求你了。”男孩说。

“求求你，求求你，”帕特里斯语带讥讽，“你不会说别的话了吗？”

男孩停住了。“是我想让你这么做的。”

“做什么？”

“发现我。”

帕特里斯不说话了。他知道自己颇具街头智慧，熟谙世故人情，还摸索出了不少独家技巧。他既能对付民兵，又能跟联合国士兵打交道，甚至还能跟乍得的战争贩子周旋。但现在他却感到困惑，眼前这个男孩把他弄糊涂了。（“去他的，”他后来告诉我，“我真希望自己没遇见过这男孩。”）他明白男孩一定在对他使坏，但他的感觉却不是那样，这一点他甚至在好几个月后还是想不通。

“你想，是吧？”他说，“你想让民兵发现你吗？”

“不是，”那个固执的男孩说，毫不动摇地看着他，“是想让你发现。我在丛林里遇到了两个穆斯林，他们说……求求你了……”

“又来了，求求你，求求你……”

男孩第一次站了起来，他的个子没有帕特里斯高。他说：“他们说，你和其他人不一样。”

“其他人？”

“这里的人，这里的基督徒。”

“你现在赶紧出去，不然我就叫民兵了。”帕特里斯说。

“他们都说，你不在乎谁信什么教。”

说得没错，但帕特里斯不想回答他，不想继续这场对话，因为他真的很想让男孩离开。

“求求你了。他们会杀了我的，你知道他们对我们的人干的那些事儿。”

“我们的人。”帕特里斯平静地说。他更加愤怒了，但这愤怒不仅仅是针对这个男孩，而是针对毒害了这个国家的疯狂局势。“我们的人？你从哪个国家来？苏丹？刚果？你是来这个国家捣乱的乍得人吗？”

“我是中非人。”男孩含糊地说。

“所以别说废话了，什么你们的人，我们的人。都是些蠢话！我的人，他们的人，谁的人啊？你们每个人都是白痴。”

“求求你了，你知道的，他们对穆斯林干的事儿。”男孩说。帕特里斯不需要被人提醒，也不想被人提醒。大约一个月前，镇子广场上聚集了一群人，有人高呼着：“瞧瞧我们的穆斯林兄弟。”一个男人跪在人群中间。在众人围观之下，“反巴拉卡”的人割断了男子的喉咙。男子始终保持沉默，没有恳求他们，没有乞求他们饶他一命。但帕特里斯也注意到，其他人并没有试图救他，更糟糕的是他们的眼神。当时他心想："我们是什么啊？""不，"他后来告诉我，"那不对。我想过了，现在我明白了，这就是我们。"

他对男孩说："你留下来会给我惹麻烦。"他一把抓住男孩，开始把他往门口拖。接下来，男孩说了一句话，那句话改变了一切。

"我知道哪儿有那个东西。"

"什么东西？"

"你想要的东西。林子里的穆斯林说，那个从班吉来的人，他是个生意人，他就是你要找的人。就是他。"

后来，帕特里斯告诉我："我正准备扇他一个耳光呢。他怎么知道我想要什么？"

"那他怎么说的？"我问。

"他对我说：'求求你了，我知道你会想要它的。'"

伴随着刺耳的声响，几辆皮卡在屋外的土路上停住，没有好好上油的刹车仿佛在对空气发出抗议。"反巴拉卡"民兵组织来了。男孩的眼里写满绝望，一会儿看看帕特里斯，一会儿看看门口，来回不停地扫视。那些手拿砍刀、鼻孔带血的民兵正从车上跳下来，嘴里大声嚷嚷着什么。

"在林子里，我知道他们把东西藏在哪儿了。"男孩说。

"什么东西？"

"我会带你去找，他们藏的时候被我看到了，我躲在暗处。"

"现在就告诉我，"帕特里斯说，"现在。"

"反巴拉卡"民兵在大声叫喊，说有"塞雷卡"叛军躲在这一带。男孩瞪大了眼睛，惊恐万分。

帕特里斯告诉我："我正准备打开外屋门，把这个'塞雷卡'叛军交给他们，然后他就跟我说了。"

"跟你说了？"我说。

"跟我说了。于是我就想：好吧，好吧，让这男孩再活一阵子吧。"

"他说了什么？"

"他说，他知道民兵把它们藏在哪里了。那些钻石。"

钻石。

我们的谈话中断了一阵，帕特里斯攀上一辆卡车的驾驶室，问司机要去哪里，以及搭车的价格是多少。这辆车要向西驶往 150 英里外的杜阿拉，那是喀麦隆最大的港口和城市。帕特里斯不满意司机给出的价格，因为杜阿拉并不算远。就在他们讨价还价时，我看到另一辆卡车的车窗上贴着一张犀牛贴纸，这让我想起了中非共和国的最后一头犀牛。它孤零零地在这里生活了多久？它是否知道自己已经没有同类了？

帕特里斯叼着一根烟回来了。"总有办法搭上车，"他说，"关键看你有多着急去。"

"那个司机疯了，"弗朗索瓦说，"要价太高。"

帕特里斯吸了口烟。"得生活呀。"

这句话我理解的意思是，每个人都得谋生，大概如此。"那个外屋的男孩，"我说，"你怎么知道可以信任他？"

"你又能信任谁呢？"帕特里斯回答。

"这些加入战斗组织的孩子，"我说（我从相关文献中读到的），

“他们可能……性格乖张。”

“性格乖张？没有。”帕特里斯说。

我不确定自己的法语单词是否用对了。

“不是乖张，”他说，“是很野，很危险。那并不意味着你永远不能信任他们，”他停顿了一下，“也许在你的国家，谁都不能信任，或者谁都可以信任。人就是人嘛！”

他说到点子上了。好吧，我愿意承认，在某种程度上，人与人之间的接触存在一定的微妙之处，我们会处理无数微不足道的线索，然后迅速决定谁能信任，而谁又不能信任。

更多吉普车驶了过来。引擎声更响了，传到帕特里斯与男孩所在的外屋。随即又传来靴子声，民兵们从吉普车上跳了下来。

“通常情况下，”帕特里斯告诉我，“我知道该怎么做，但现在我不确定了。我可以对‘反巴拉卡’武装民兵说点儿什么，那样他就会死掉。我记得当时看着他，心想：你可能活不了。不过他死了也就死了，而我会永远是个穷光蛋。或者，如果他不死……”

“你就可以去找钻石。”我说。

外面的人高声喊叫：“我们的穆斯林兄弟在哪儿啊？”

“不过，现在的问题是，‘反巴拉卡’民兵就在外面，”帕特里斯说，“我听见他们用大砍刀敲其他房门的声音。他们一路朝我们这边过来，于是我让男孩从后窗出去。民兵越走越近，我把门打开，门口正站着个民兵，就在我面前。”

他的肩上挎着一排弹药带，密密麻麻地装满了子弹，脖子上还挂着一串动物牙齿制成的项链。皮卡上的其他士兵戴着湿稻草般粗糙的金黄色头套，所有人都戴着不同大小和形状的护身符。当我在喀麦隆难民营里问及护身符时，没人喜欢谈论它们，仿佛那是不祥之物。这些护身符都是挂在脖颈上的小包和小符咒，据说能保护佩戴者免受敌人子弹的伤害。这是万物有灵论信仰的一部分，构成了“反巴拉卡”民兵的奇特哲学。这些民兵中的一员就站在帕特里斯的房子外面，手持一把长柄斧头。

“门口那人对我说：‘指挥官命令我搜查这里所有的房间。’我说：‘搜查？今天又要搜什么啊？’他说：‘我们在追捕“塞雷卡”的人，这一带有“塞雷卡”的人。’”

这个民兵身穿印有“纽约喷气机”字样的绿色T恤，与房屋后面的树冠颜色相同。他的两个手腕上都戴着手表。

“我说：‘啊，你们是在抓人吗？你看，昨天你们的人来过了，什么都没找到，前天也来了，还是什么都没找到，但每一次都得让我掏点儿钱。’我注意到他右手腕上的手表时间不对。我又说：‘但今天可能不一样，因为今天是你来抓人。’他说：‘这是我接到的命令。’我说：‘我的长官啊，你来得太迟了。’‘太迟？’”

帕特里斯停顿了一下，对那个民兵说：“你想抽支烟吗？”

“给我来一支。”民兵说。

“我给了他一支烟，”帕特里斯说，“我可不喜欢把烟给别人。我用我的幸运打火机给他点了烟，打火机上有个扑克牌图案。”

民兵先是询问，然后逼问，继而敲诈勒索，这几乎成了一套标准程序。他们敲诈的东西通常是香烟，他们也会在公路上设置一些路障，要通过就得付出代价：金钱，香烟，任何有价值的东西。民兵们找上门来，很少会空手而归。

“跪到外面去，我们要把整个地方全部搜个遍。”那人说。

帕特里斯知道他们会找到那个男孩，到时候一切都完了。他想起了跪在广场上的那个沉默的穆斯林男子，他猛一下拉开了门。

“进来吧，兄弟们，”他礼貌而殷勤地说，“‘塞雷卡’犯罪分子还在外面四处横行，残杀我们的同胞呢，你们就来搜查你们的两个巡逻队员已经搜过的空房子吧。是啊，我们就是这样保护自己人的。进来吧，进来吧。哦，哦，让我看看你们的手，让我看看你们的大砍刀。哈！你拿着刀就像小孩拿着棍子一样。不，你们可不是我们的救世主。等你们的刀上都沾满敌人的鲜血再回来吧，那时候我才相信你们是这个国家真正的爱国者。”

帕特里斯告诉我，那种状态就像在走钢丝。当你和民兵打交道时，你总在寻找平衡，总处于摇摇欲坠的状态，随时都可能跌落。他担心自己演得过火了。

卡车司机说：“我认识这人，他卖过我一台收音机。”

帕特里斯告诉我，那种收音机是不需要电池的发条收音机，是他从一个商人那里低价收购的。他不知道商人从哪里弄到的那些收音机，他也不在乎。收音机是小小的绿色盒子，背面有一个旋转曲柄。

“没错，我记得你，”帕特里斯说（虽然他并不记得），“我可是有很多满意的顾客。”

“收音机能用吗？”第二辆皮卡里的一个男子喊道。

“烂货，”买主说，“我用锤子把它砸烂了。”

另一辆车里的民兵都大笑起来。

“咱们走吧。”司机说。

突然，那个戴着动物牙齿项链的民兵说：“那是什么声音？”

所有人马上停住了笑声。

“我不知道当时是男孩发出的声音，还是那个民兵在做梦。”帕特里斯告诉我。“‘是只狗。’我说。‘一只狗？’那个民兵说。‘有狂犬病，’我说，‘不过我还是要吃掉它。把你的大砍刀借我用用。’我上前就要拿刀。”

民兵们又大笑起来。

“别理他了，”司机说，“他疯了！”

门口拿着大砍刀的那人咬牙切齿，用刀背抵着帕特里斯的腹股沟。

帕特里斯说：“他低声对我说：‘下次，我会杀了你。不管你是不是基督徒，我都会杀了你。’我什么也没说。我知道，多说一句话或一个字，多吸一口气，他都会立刻把我杀了。我站在门廊上，一动不动，眼都不眨一下。但我确实注意到了，没错，他另一只手腕上的表也坏了。我就知道，这帮人根本不在乎时间。”

帕特里斯站在那里，目送民兵的卡车腾起一片尘土，轰鸣着驶向下一个村庄。手表很可能是从受害者身上洗劫来的战利品而已，他们不需要手表，旧的时间已经停止了。

“我从腰带里掏出烟，点了一支。那是我这辈子抽过的最好的烟。”

帕特里斯缓缓关上了外屋的门，转身去找那个男孩。

8. 死不瞑目

在博桑戈阿被人用 AK-47 抵着脑袋之后，萨布丽娜·阿瓦基安就离开了中非共和国。她回到了罗马，重操司法旧职。在瓦姆省目睹的一切在她心里留下了很深的创伤，因此联合国为她提供了心理咨询。三个月后的一个清晨，她突然惊醒过来。她知道自己必须离开意大利，她知道自己必须回去。“我当时想：我在这里做什么？那边的事情还没结束呢。”

在博桑戈阿的营地里，她精心照顾过一个三岁的女孩。这个孩子不仅患有营养不良症，还遭受着精神疾病的折磨。她会一直跟着阿瓦基安在那片飞地上转来转去，飞地周围都是“反巴拉卡”武装，穆斯林被围困其间，一旦离开那里，就可能活不下来。

“我感觉，”阿瓦基安告诉我，“是我抛弃了这个女孩。我不知道自己为什么会有这种感觉。怎么说呢，是否因为她象征了中非更大的问题？一般人都不会那样想。我告诉自己，萨布丽娜，你，我的朋友，你得回去。收拾行李！”

她回去了。当她重新开始为联合国儿童基金会工作时，博桑戈阿的局势已严重恶化。“大约有 1 500 个家庭被困在‘自由学校’。”我们都没点破这所关押了 4 000 人的学校的名字多么具有讽刺意味。“但我们发现了别的现象，那里的人都在交头接耳地议论什么。他们见到我，相信我。他们低声说：‘萨布丽娜小姐，萨布丽娜小姐，他们现在在干这件事儿。’”阿瓦基安摇了摇头。

“‘这件事儿’指什么？”我问。

“现在是‘反巴拉卡’武装力量在胡作非为，他们把穆斯林囚禁了起来。”

“你是说囚禁在飞地上？”我说，有点儿不明白，“囚禁在学校里吗？”

阿瓦基安又摇了摇头，她的赤褐色头发四处飞扬，然后又回到原位。“不仅如此，”她低声说，“那里还有很多金属集装箱，很大，像货车那样。穆斯林被塞进里面，大热天被塞进这些金属箱子里，温度有多高？45℃。”

她担心人们会被活活热死。

“你怎么解释中非共和国所发生的一切？”我问。

“一开始是为了争夺权力，是贪婪。人们发自内心地认为这个国家属于自己，它是个钻石矿，他们想全部占有。”

“情况一直如此吗？”

“我该怎么解释呢？”阿瓦基安说。我们俩在曼萨酒店的餐饮区，那里几乎空空如也。她身后的墙上挂着一台电视机，高声播放着一部南美肥皂剧。荧幕上，身穿黑色比基尼的女子被蓄着小胡子的男人拖着穿过浴室的地板。阿瓦基安呷了一口雪碧。“我在努力解释，真的努力了。”

“或许，有些事情就是无法解释的。”我说。

“随着战争的进行，人们似乎都变了。我们联合国儿童基金会所在的办公室遭到袭击，被洗劫一空，所有东西都被抢走了。不是‘塞雷卡’或‘反巴拉卡’干的，而是我们援助的那些人，他们反咬了我们一口。暴力滋生更多的暴力，虐待带来更多的虐待。过去的法律，噗，烟消云散。”

“有新的法律吗？”

“不是你们法官熟悉的那种法律，德克斯特。新的，旧的，姑且这么说吧，是不一样的法律。”阿瓦基安告诉我。

时任联合国人权事务高级专员的纳维·皮莱（Navi Pillay）在谈

到中非共和国时说："在这里，对生命和尊严的残忍和漠视程度令人震惊。他们公然肢解尸体，切除人体部位和生殖器官，斩首……越来越多的恐怖散播开来。"

萨布丽娜·阿瓦基安喝完了雪碧，善意地提醒服务生下次给她多放些冰块。她很喜欢冰块，曼萨酒店的每个人都知道她喜欢冰块。服务生关掉了电视，蓄着小胡子的阴险男子消失了。在酒店的外面，无名小河继续在灌木丛中静静地流淌。

"是的，不一样的法律到来了，"阿瓦基安说，"渐渐地，在你周围，你看到了全新的人。他们是谁？问题就在这里。他们还是以前的那些人，只不过现在他们变了。那些冷静、善良的人现在变得很暴力，非常非常暴力。"

现在，人们被关进了金属集装箱里。

托马斯·埃尔伯特和同事们称这种攻击为"欲求性"攻击。引入这一术语旨在把握这样一个事实：暴力会让人上瘾和兴奋，具有诱惑力和乐趣。为了对其进行测量，提供实证的量化数据，他们设计了一份"欲求性"攻击行为量表，用它对全球冲突地区的战斗人员进行测试。他们会问这样的问题：

> 在战斗中，你会受到猎杀欲望的控制吗？一旦习惯了残忍，你会希望变得越来越残忍吗？

我们稍后会谈到问题的答案。但纵观整个人类历史，这些问题始终至关重要。事实上，关于人类攻击行为的最早记录在荷马所著的《伊利亚特》中就可找到，就在最著名的战士的故事之中。

在这部巨著的第 22 卷中，荷马描写了特洛伊战争中希腊联军主将和特洛伊主将之间的那场不朽战斗——普里阿摩斯国王的儿子即特洛伊王子赫克托耳与希腊勇士阿喀琉斯的决战。经过一场史诗级搏斗，阿喀琉斯打败了赫克托耳。但这种胜利远远不够，阿喀琉斯不仅要打败对手，还要羞辱他。

> （阿喀琉斯）谋划着如何羞辱光荣的赫克托耳。他捅穿死者双脚的筋腱，从脚跟到踝骨，用牛皮切出的绳带把双脚穿在一起，绑上战车，让死者倒悬着头颅紧贴地面。然后，他登上战车，把光荣的铠甲提进车身，扬鞭催马，骏马扬蹄疾驰，赫克托耳的尸体上尘土肆起，乌黑的头发纷乱飘散。曾是那样英俊潇洒的脸面，此时在泥尘里来回磕碰。宙斯已把他交给了敌人，在故乡的土地上，任由他们亵渎脏损。

荷马不仅描写了人类暴力的徒劳无益，同时也描写了人类对暴力的强烈欲望。一个接一个的战士倒下，留下了成千上万具尸体，然后又如《伊利亚特》开篇的这句不祥警告所言，“作为美食，扔给了狗和兀鹫”。

埃尔伯特的研究团队在德国康斯坦茨大学展开了大规模研究，试图用科学方法来考察我们人性中阴暗好斗的一面。该研究已产出了一系列令人震惊的成果，研究人员发现了人类极端暴力背后的某些惊人之处。

暴力引发的所有屠杀都能提供明显的心理益处，极端暴力能使施暴者免受特定的精神伤害。而这一点在儿童身上最为明显，在儿童兵身上。

帕特里斯决定不把男孩交给民兵组织。不过，这个闯入者，这个逃命的年轻穆斯林到底是谁？赛拉可以替他回答。

“所以，你加入了民兵组织？”

“是他们发现了我，”赛拉说，“在我倒下后。”

“你是战士吗？”

“我没有枪。不带枪也可以作战。”

“当民兵是什么感觉？”

“人们都以为这些民兵是禽兽。他们帮助了我，收留了我。可人们却当他们是禽兽。”

“哪些人这样认为？”

她停顿了一下。“像你这样的人。”

“可我不知道，赛拉，我不明白。”

一个女孩，一个在法律上还没成年的孩子，如何在武装组织中生活？她的生活是什么样子的？我无从思考。对我而言，这是全新的领域。

“我真心希望你能帮助我理解这一切，前提是你愿意帮助我。武装组织里发生了什么？为什么会那样？那里的人是什么样的？他们是怎样发生变化的？”

赛拉帮助了我。

在“塞雷卡”民兵组织里，赛拉成了一名“副司令”的妻子，虽然民兵组织中不存在这样的军衔，或者即使有，他们也不会严格遵循。（“从任何角度来说，这都不是一支正规军队。”）赛拉没有结婚，但无疑她就是他的新娘。

“我被‘赠予’他，”赛拉说，“就是这个词。赠予。”

他在民兵组织中的名字叫“雷霆”。

这意味着其他男人都不能靠近她，对此她很感激。但“雷霆”却有权这样做，赛拉并不感激这一点。他有一把猎刀，猎刀上有许多锯齿。（“这是他非常自豪的一把刀。”）

他们从该国东北部向首都班吉进发，有时在丛林道路上走，有时在国家公路上走。在到达班吉前的某个地方（她不记得确切地点了），赛拉注意到一个十六七岁的男孩加入了他们的队伍。男孩和她年龄相仿，也是穆斯林，几乎和他们小组的每个人一样（除了一对夫妇）。她和男孩没有太多交集，因为她整天都在忙着做家务和煮饭。再多一个男孩有什么用？但后来，在他们突袭了一个村庄后，男孩引起了她的注意。

在过去的几个月里，类似的突袭发生了很多次，所以这一次也不稀奇。这个村庄穷得可怜，没什么东西可拿。赛拉认为此次突袭只是为了搞破坏，有时他们就是这么干的。

“我当时不在那里，所以这是他们告诉我的，”赛拉说，“村里有一位老人，养了一只老山羊。老人不肯把山羊交出来，说他们除了山羊别的东西都可以拿走。‘没问题，’‘雷霆’说，‘那我们就拿点儿别的东西吧。’老人竭力解释说山羊一直在生病，在他的照料下已有好转，恳求他们不要带走山羊。‘没问题，’‘雷霆’说，‘那就把他的手拿走，就是牵羊的那只手。’这个任务交给了那个男孩，一般由小孩来做这些，他必须把老人的手砍下来。男孩拿起了一把砍刀，走到老人的身边，然后停住了，说：‘这个人老了，山羊也老了。我们可以找到更好的山羊，我会给你找到一只更好的山羊。’众人十分震惊，没有一个人开口说话。‘雷霆’笑了，说没关系，事情就过去了。但他接着便转过身，朝着山羊的头开了枪。老人尖叫起来，他又朝老人的胸口开了枪。‘这只山羊老了，’他说，‘我们可以找到更好的山羊。’”

回到“塞雷卡”营地后，副司令当着所有人的面开始痛打男孩。他不断地用棍子打他，打他的后腿、手臂。他打得非常狠，棍子都被打断了。

“‘雷霆’说：‘现在一切都是我们的财产，一切都属于我们，即使他们的手也属于我们。而你，你却拒绝给我属于我的手，所以我需要另一只手。你欠我的这只手在哪儿？’”

附近有一块大石头。

副司令对其他人说：“我要给你们看看我们的国家将会怎样。”

他拿出了最珍贵的财产——他的猎刀，然后命令男孩把手放在石头上。“你们给我看好了，”他说着，把刀上的锯齿亮给大家看，“把你的手放在那儿。”

他用刀背敲着岩石。

赛拉说：“我跟这个男孩不熟，但我的心在哭泣。男孩把手放在石头上，轻轻点头。我在想，他为什么要点头呢？点头是什么意思？‘雷霆’把刀举过头顶，越举越高。我的心里一直在哭泣。‘雷霆’说：‘看，这就是我要的另一只手。’接着，司令过来了。司令说：‘饶了他吧，他的枪法不错，饶了他。’男孩的身体没有动弹，他的手还放在石头上。我心想：这是个怎样的男孩？”

副司令不准男孩吃任何东西。

深夜，等身边的“雷霆”睡着了，赛拉就把白天干活时藏起来的食物偷偷给男孩送过去。

附近有条小溪，里面有许多小石头。溪水从石头上流过，在寂静的夜晚听起来十分悦耳。男孩靠着一棵树坐着，双手被反绑在背后，这是给他的另一个惩罚。

当她把一些残羹剩饭喂给他时，他说：“你为什么要这么做？”

“那你为什么要关心那个老人呢？”赛拉问。

他贪婪地吃着她喂他的食物。但喂食这件事似乎令他尴尬，就像他还是个孩子一样。他沉默了好一会儿，目不转睛地盯着小溪。过了一会儿，他说：“你觉得他们睡着了吗？”

“司令们都睡着了。”赛拉说。

“我说的不是司令。”

“于是我问他指的是谁。”赛拉说。

“它们，这些鱼。”男孩说。

“他说什么？”我问。

“他说：‘这些鱼，它们睡觉吗？’”赛拉说，“我说我不知道。但他明明已经知道了答案，这让我很生气，为什么明知道答案却还要问我？”

可答案是什么呢？我真的不知道，或者说不确定。

“他说：‘鱼睡觉的时候眼睛是睁着的。’我很困惑，”赛拉说，“我想起了那个躺在路上的死人，他的眼睛都没合上，手里还握着一块布。不过，他说的不是那个。但我很生气，于是我又说：‘你为什么要提那些鱼呢？我是在问你为什么关心那个老人。'”

“他说什么？”

“他没说话，”赛拉说，“当时他什么话都没说。”

他们坐在冰冷的溪水边，没怎么再说话。他们也不需要说话。小溪在继续喃喃自语。

“那天晚上，我躺在小屋里，”赛拉说，“我一直在想：他为什么提到鱼如何睡觉的问题？我正想着这些事情，然后它突然来了。”

“它？你说的‘它’是什么？”

“睡眠。这么长时间以来，这是我第一次轻松入睡，于是我想：这个男孩是谁？”

那是他们的第一次交谈。

9. 第四代战争

在我写这本书时，适逢新千年第二个十年的中叶，全世界范围内的儿童兵已有约30万人。在世界各地发生的80多起军事冲突中，这些儿童经常被命令执行一些最危险、最可怕的任务。他们不仅要做搬运工、警卫、间谍、女仆（有时是男仆），还要充当性奴，或者因为随时可以牺牲，他们被推到前线作为诱饵吸引火力或消耗敌军子弹，充当先遣部队穿越陌生领地，用他们的脚和身体从地雷中清出道路。

各大洲的冲突地区产生了成千上万与亲人失散、被遗弃或父母双亡的儿童，他们的生活极其悲惨。因此，冲突本身就是极为有效的征兵广告。正如深入研究儿童兵角色的雷切尔·布雷特（Rachel

Brett）和伊尔玛·施佩希特（Irma Specht）所言：战争找上了他们。此外，正如心理学家托马斯·埃尔伯特及其同事玛吉·肖尔（Maggie Schauer）观察到的，“在历史上，儿童兵从未扮演过如此重要的角色”。

这种变化可能是所谓“第四代战争”的一部分，即由非常规（非国家）部队主导的在本质上有所不同的战争。这是一种高度符号化的战争，拼的不仅是身体，还有心理，其主要武器之一便是制造某种形式的恐怖。

这种战争以平民为目标，施以大规模暴行、有系统的性暴力，以及各种屠杀和残害。事实上，在整个20世纪，平民在战争中伤亡的比例在持续上升。在这一过程中，儿童兵已成为一个关键的“叛乱演化形式”（前美国海军陆战队上校、反叛乱专家托马斯·哈默姆斯语）。从英国到叙利亚，世界各地都有儿童遭到剥削、利用和虐待。在中非共和国，他们要么被迫加入武装组织，要么在混乱中被裹挟，就像赛拉一样。

但并不是所有的儿童兵都以同样的方式应对新生活。目睹的暴行对某些儿童的心理和精神造成了严重影响，使他们患上创伤后应激障碍。然而，正如埃尔伯特和肖尔发现的那样，对另一些儿童来说，情况并非如此。

对于这部分儿童兵来说，如何看待和体会其被迫犯下或目睹的暴力行为，是一个逐渐发生转变的过程。一开始，他们会觉得暴力很可怕，与法瑞·库什曼团队的发现一致，他们会觉得暴力行为非常令人痛苦。例如，科里（化名）是一名年轻女孩，13岁时在乌干达被约瑟夫·科尼率领的“圣灵抵抗军”武装组织绑架，指挥官命令她用棍子打死她的朋友。

> 我知道自己不想这样做。多莉丝趴在我们旁边的地上。我们站起来，举起了棍子。棍子和我的手掌一样厚，和我的手臂一样长。我们开始打她，棍子落在她的臀部、肩膀和后背上。我听到她大声哭喊着救命，所有人都在看着我们……我感到很无助。接着多莉丝大喊我的名字，她喊道："你要把我打死了，我们是那么要好的朋友，现在你却要杀了我。"我尽可能放慢手上的动作，回答她："我也不想这样，我是被迫的。如果我能决定的话，我希望自己不这么做。"之后，多莉丝不说话了，也不再哭了。

然而，由于反复接触暴力体验，施暴不仅成了一种正常与可接受的行为，还可能变得具有吸引力。暴力可以使人兴奋，这种机制正是托马斯·埃尔伯特及其同事在欲求性暴力研究中力求理解的东西。

加入武装组织的儿童茫然、脆弱、缺乏经验，这些都为暴力向兴奋形式转化提供了可靠的"机遇之窗"。与成人相比，儿童的眼界更狭窄，评估风险的能力更差，接触社会规范和道德行为标准的机会也更少。他们的思想可塑，可以轻易被摧毁、再造和重建，以骇人的方式被重新校准。因此，正如埃尔伯特和同事们在乌干达北部采访前儿童兵时了解到的，他们可能会转变成"可怕的杀手"。

渥太华大学的理查德·麦克卢尔（Richard MacLure）和米里亚姆·德诺夫（Myriam Denov）在对塞拉利昂前战斗人员的研究报告

中写道，儿童被改造成“战士”，犯下了“难以言喻的暴行”。埃尔伯特的理论认为，要么是儿童兵身处残酷的环境中，导致原有的抑制杀人的机制被打破了，要么是某些儿童根本没有习得这种抑制机制，尤其是在武装组织中长大的儿童。

或许这不难猜想。它的确令人惊恐，我们不希望如此，但可以想见这种结果。毕竟，儿童是那么脆弱和孤立，很容易受到影响。正是在这种意义上，乍得军队的一名高级军官说：“儿童兵是理想的人选……你叫他们杀人，他们就杀人。”

在对儿童兵的研究调查中，更惊人的发现在于，那些更“残忍”的人，那些拥抱暴力和杀戮的人，并没有那么强的创伤后应激反应，即便他们曾参与或目睹过极端的暴力、恐怖和死亡。从西尼罗到南苏丹，从斯里兰卡到刚果，再到卢旺达种族大屠杀，儿童兵在各个战区的表现有力地支持了这一发现。这些孩子的行事方式与常人迥异：

> ……杀了人之后，他们坐在一起，像讲冒险经历一样谈论他们的杀戮故事，生动还原受害者的痛苦。

埃尔伯特发现，他们嘲弄受害者，甚至放声大笑。

赛拉必须保持谨慎，以免被人看到自己对男孩的友好。不仅因为她已被“赠予”副司令，还因为“塞雷卡”的长官们不鼓励青少年和儿童之间建立太亲密的友谊。他们一直担心儿童兵会逃跑。因此，与迈克尔和安东尼在沃尔特湖的经历有些类似，一旦有儿童兵企图逃跑或背叛，其他儿童也会面临可怕的集体惩罚。

中非共和国以外的研究人员也发现了这种模式。布隆迪（艾伦·佩格纳医生的那位特殊病人的祖国）位于中部非洲的大湖区，1993年，在第一位民选总统被暗杀后，占人口多数的图西族和胡图族叛军之间爆发的内战夺去了25万人的生命。成千上万的儿童被征召入伍，绝大多数前儿童兵告诉研究人员，儿童兵之间禁止交朋友。在一个近乎奥威尔式的社会中，个人远远不如“事业”重要，每个人都要对集体忠诚，而不是对彼此忠诚。

正如苏赞·桑和乔普·德容在对布隆迪的研究中发现的：

> 叛军指挥官构建了一种文化，在这种文化中，友谊被禁止，结果成为一种潜在的压力源，所以这些儿童兵学会了保持安静，学会了“独来独往”。

这里描述的虽然不是赛拉身处的世界，但她对此应该也不陌生。接近这个男孩就会有危险，对他们两个人都有危险，他们也都清楚这一点，所以，她必须小心谨慎。然而，虽然面临重重风险，她的想法却越来越坚定。她要想办法了解这个男孩。

好几个星期他们都没有单独说话的机会。他们连看都不看对方一眼，仿佛都出于某种原因而感到难为情。赛拉一直在想男孩对老人和山羊的举动，以及他讲的关于鱼的话。他是什么意思？他为什么要这么做？发生过那么多杀戮，那个老人对他意味着什么？他真是个令人恼火的男孩，她弄不懂他。每天晚上，当她和副司令睡在一起时，总会在脑海里想起这个男孩。

有一天，在长时间的夜间巡逻后，精疲力竭的男孩在为第二天设置的路障边睡着了。他们过去常常用汽车、石头和木头堵塞道路，拦截车辆，然后抢劫。这是他们攫取钱财的另一种方式，也是另一种形式的疯狂。

这一次，副司令用皮带打他，下手更狠。“雷霆”从自己的裤子上取下皮带抽打男孩，其他民兵都在大笑。这一次他可以吃东西，对他的惩罚只是像孩子那样接受皮带抽打。他的双手也没有被捆住。

晚些时候，男孩背上出现了蛇一样的累累鞭痕。赛拉拿过来一碗水，里面放了一点盐。她能想到的只有这些。

“会很痛的。”她说。

“我知道。”男孩说。

有些开放性伤口上沾染了污垢，因为副司令曾踢着男孩在泥地上打滚。整个后背遍布鲜红色的鞭痕。赛拉找了一块最干净的布条蘸水，男孩的身体在盐水刺激下缩了起来，但他决不发出一点声响。赛拉将伤口清理干净。

“我的父亲，”男孩说，“他不是个勇敢的人。”

“为什么说起你父亲？”赛拉说，她不想谈起父亲这个话题。很长一段时间以来，她都在强迫自己不去回想往事。现在，记忆的盒子仿佛被打开了，那感觉就像把手伸进了碎玻璃中。你为什么要这么做？

“敌人袭击我们的村子，我们的人都挺身而出，与敌人作战。而我父亲却逃跑了，后来他被枪打死了，”男孩说，“许多人都死了，但他们至少努力反击过。”

“你是哪里人？”赛拉问。

“我和你是同一个地方的人。”他说。

赛拉生气了。他把她当傻瓜吗？“你不是我们镇上的人。”她厉声道。

“你也不是。”他说。

她觉得男孩在尝试说什么重要的事，但她太激动了，没有多想，他提到父亲时激起的情感让她心绪难平。他们就那样并排坐在地上，靠着一辆皮卡的侧面。

“下一次，”男孩说，“我要杀了他。”

“‘雷霆’吗？”她说，“如果你和他作对，他们会杀了你。”

男孩耸了耸肩。

“有时候，”赛拉说，“‘雷霆’夜里会哭。他的家人全都被杀害了。”赛拉说的是实话。之所以说这些，是因为她不想让男孩惹更多麻烦，最后丧命。

“不管怎么样，”他说，“我还是要杀了他。”

“你还是干点儿别的吧。”

“干什么？”

自从那晚他们在溪边第一次交谈后，赛拉一直在苦苦思索。现在，她觉得自己找到了答案。

“离开。”她说。

“离开？你的意思是离开民兵组织吗？”我问。

“他对我说，”赛拉说，“他对我说：‘离开？离开这里吗？’我对他说：‘是的，离开这里。’”

男孩思考着赛拉的话，很长一段时间都没有讲话。“你会跟我走吗？”他问。

赛拉没有回答，她内心的某种东西使她无法作答。她很希望自己能够回答，给他一个肯定的答案就好，但她内心某种不可名状的东西阻止了她。为了掩饰心中空落落的感觉，她开始哼歌，这是她从小就会哼的一首曲子。

所有人都在谈论即将到来的与“反巴拉卡”敌人的这场大战，赛拉所在的武装团体将与有意协助“塞雷卡”的当地穆斯林团体结成联盟。会有很多人丧生，大家都清楚这一点，赛拉也不例外。她可能会被杀死，男孩也可能会被杀死。他们正向地区首府进发，突如其来的死亡，或许就是最终的结局。而现在，她遇到了喜欢的人，她不知道该说些什么，只好继续哼着儿时的那首歌谣。

这是他们的第二次交谈。

10. 燃烧的国度

尼姆·托特纳姆（Nim Tottenham）是纽约市哥伦比亚大学的心理学副教授，是该校发展情感神经科学实验室的负责人。关于早期生活经历，尤其是创伤如何影响我们的行为，该实验室有过突破性研究。尤其是托特纳姆的团队，他们从神经生物学角度研究了压力源的潜在影响，即遭受创伤时大脑结构如何发生变化。他们研究的关键是依恋问题。

“人类不像海龟，”托特纳姆解释，她说话沉着而清晰，“海龟从未见过自己的父母，也从没想过要见它们。”

“那人类就应该与父母建立联系吗？”我问。

“需要明白的是，人类儿童的大脑并不只是一个小号的成人大脑。神经生物学表明，一种特殊的进化适应使婴儿在发育过程中的生存机会最大化，而这一适应极大地依赖于我们这个物种应有的照护。”

因此，中非共和国成千上万流离失所、孤苦无依的儿童聚集的场所，便是为该国的未来制造潜在火药桶的地方。在我们谈话时，我注意到托特纳姆穿着一件干净利落的白衬衫。她看起来聪慧无比，还有一头靓丽的黑发。来哥伦比亚大学之前，她在明尼苏达大学攻读博士学位。她的开创性工作为她赢得了美国心理学协会颁发的“早期职业杰出贡献奖”。

“我们对创伤的了解在于，”托特纳姆说，“创伤可以通过基因组遗传，这一结论是我们通过累积的证据得出的。因此，中非共和国的儿童兵所受到的损害不仅限于他们自身，还将影响到他们的后代，以及这个国家的未来。”托特纳姆的团队详细研究了在孤儿院等机构性环境中，缺乏父母的适当接触和照顾是如何给孩子造成创伤的，即便在表面上看起来“良好”的机构中也是如此。失去父母会导致大脑结构发生非常明显的变化，这种变化进而会影响行为。

“那些在武装团体中长大或在其中待了很长时间的儿童呢？”我问。

“想一想依恋问题，”托特纳姆说，“人类的神经生物学架构是为了满足人类动物成长的需要，依恋至关重要。如果儿童对某个武装组织产生了依恋，那么你可能会发现，这个儿童会对多数人认为是非常危险的活动发展出趋同行为。”

“比如严重的暴力行为？”

“是的，他们不会表现出厌恶或逃避，而是会直接走向暴力。

依恋是如此重要，无论父母的角色有多不正常。所以你会发现，即便有些儿童已摆脱了父母的虐待，他们仍会因为这种脱离而产生严重的心理创伤。”

从这个意义上说，摆脱施虐的父母不仅不是解脱，反而是一种痛苦。

“看起来，我们在成长过程中需要有所依恋。”托特纳姆说。

“那如果是在武装团体中呢？如果是在暴力环境中呢？”

“我这么说吧，为了当下的生存，人类大脑能进行敏锐的调协。尽管这样说来耸人听闻，但从神经生物学角度来看，那些招募儿童加入武装组织的做法恰恰是符合科学的。”

“为什么？”我问。

就在此时，托特纳姆办公室的空调自动打开了，她起身去把空调的声音关掉。回来后，她接着说：“人脑的神经可塑性大约在10岁时达到顶峰，神经可塑性意味着你可以按自己的意愿对大脑功能进行有效塑造。10岁后，大脑的这种机能会被锁定，很难再发生改变。不是不可能，但很难。”

我向托特纳姆解释了我对中非流血事件中的难民的研究。

“从神经解剖学角度来看，你说的这些武装团体首领，他们选择招募儿童是相当明智的。”

“怎么个明智法？”我问。

“如果他们想制造杀人机器的话。”

事实上，赛拉不知道自己为什么不能回答男孩的问题，同意和他逃跑。这种困惑让她想哭。

几个月前，她认识的一个女孩怀孕了。更确切地说，是她知道的一个女孩，因为那时赛拉刚加入“塞雷卡”不久，并没有机会和她熟识。那个女孩不想让孩子出生在武装组织中，也不想要一个因为强迫陪睡而怀上的孩子。但体内的孩子是自己的骨肉，她又想留下这个孩子。这一切都令人困惑。后来，她流产了。她用刀割破了自己的左手腕，刀口又直又深。她在夜里因失血过多而死。逃跑的办法有很多种，问题是赛拉不知道离开后还能去哪儿。跑到哪里去？逃到哪里去？

中非共和国的许多年轻人都是孤儿，这个国家正在变成一个大型的露天孤儿院。马路上，村子里，到处可见被丢弃的尸体。孤儿成群，秃鹰扎堆。后来在喀麦隆，我和帕特里斯遇到了一位老妇人，她在中非共和国的所有亲人都死了。老妇对我说：“你问我中非共和国是什么样的？我们的孩子都很瘦，我们的秃鹰都很肥。这就是我们的国家，这就是中非共和国。”

一个满天繁星的晚上，武装团体在田边与其他穆斯林会合，第二天就会有一场大战。那天晚上，赛拉注意到，人们并不知道自己该做些什么，就像流血事件之前常有的情况一样。

接着发生了一件事：天空中划过一道道亮光，是流星。头衔最大的司令自以为是地说，这是天塌下来的征兆。“雷霆”立刻表示同意，赛拉点点头，但心里明白不是这样。她读过很多书，她被这种纯粹的无知激怒了，于是独自走开。

赛拉站在田边，庄稼被烧毁了，她不知道原因，也不知道是谁烧的。这一次，男孩主动靠近了她。

“怎么了？”他问。

空气中弥漫着难闻的气味，整个国家都在燃烧。她开始往前走，男孩跟在后面。

“你为什么愿意陪我走？”她说。

他指着身后的营地。“除了我，还有谁能陪你走啊？”他笑着说。

“好吧，只有这个原因吗？”

“我就想到这个。也许走着走着，我就能再想出一个来。”他说。

这次轮到赛拉笑了，笑容自然而然地浮现在她脸上。

“所以现在你又怎么啦？”他说。

“我想回去上学。”赛拉说。她非常想念自己的书本，不知道还能不能再读书。

“这个国家没人上学了。”他说。

“那我就去别的国家。”赛拉说。

男孩沉默了好一会儿，仿佛在努力消化脑海中巨大的想法。“他伤害过你吗？”他问，“‘雷霆’。”

“没有。”赛拉告诉他，但她并不太关注这个问题。她想起了父亲，那个盒子，那张纸条，“一切皆有可能”，也许在另一个国家，真的有可能去上学呢。也许不是父亲梦想中的巴黎，那刚果或喀麦隆呢？没错，许多人正在逃往喀麦隆，而且无论如何，他们所在的武装团体穿越了数百英里，现在离喀麦隆已经越来越近了。

“真的吗？他没有伤害过你？大家都知道他很残忍。”

“他没有伤害过我。”赛拉说。

“当时我对他的问题很生气。”赛拉告诉我。

“为什么生气？”

“我心想：你是什么人啊？竟敢问我这样的问题。”

我猜她是否迫切地想让男孩相信自己的价值，相信她不是那种别人舍得随便伤害的人。但她没有那样说。

“我们打完这场仗就走吧。”男孩说。

“好。”她立即回答，但突然产生了一种不好的感觉。

“一切都会好起来的。”男孩说。

“你当时怎么说的？”我问。

“我什么也没说，”赛拉说，“但那种感觉更强烈了。”

他们做了决定：第二天一大早会有突袭，然后他们就趁乱离开。那天晚上，起初还有月亮，后来月亮消失了。那是他们的第三次交谈。

11. 生意人

第二天的战斗和所有其他战斗没什么不同，只是他们所在的阵营战败了。他们中的大多数都被杀死了，“雷霆”和司令，还有赛拉过去几个月认识的所有人几乎都死了。赛拉不知道该作何感想，那些缴械投降的人也被杀了，甚至死得更惨。一些妇女被“反巴拉卡”的人带走了，男孩也消失了，她不知道他的下落。

过去几个月里，赛拉所在的“塞雷卡”武装团体头目在劫掠中积累了大量的金钱和钻石，但全被“反巴拉卡”的人拿走了。现在，赛拉不知道抓她的人会怎么处置她。

大约一周后，在中非共和国的同一地区，帕特里斯发现一个男孩靠墙蹲在他外屋的角落里。民兵们刚开着皮卡离开，帕特里斯享受了人生中最美妙的一支烟，随后开始盘问这个躲在L形房屋后面的男孩。

“来吧，”帕特里斯说，“给我讲讲钻石吧。”

“有很多钻石。”男孩说。

“在哪儿？”男孩犹豫了一下。“在哪儿？”帕特里斯喊道。

最后男孩说：“‘反巴拉卡’有钻石，他们从‘塞雷卡’那里拿走了许多穆斯林的钻石。”

“钻石在哪儿？”

“藏在林子里了，我知道那个地方，我看见他们藏来着。战争之后我逃跑了，不过我一直在注意他们的行动。在林子里，我看见了，但他们没发现我。”

“为什么你在那里？”帕特里斯问。

“因为‘反巴拉卡’抓了一个我认识的人。”

“什么意思？”

“‘反巴拉卡’俘虏了一些人。我觉得他们会杀了他们。”

“那你是怎么说的？”我问帕特里斯。

“我说，我不知道那些白痴民兵在干什么，他们尽干丧心病狂的事，”帕特里斯说，“但我对男孩说，‘反巴拉卡’杀什么人不关我的事。”

帕特里斯告诉我，虽然他从未听说过金属集装箱的事，但他听说‘反巴拉卡’有时抓俘虏只为供他们取乐。

“这个男孩接着说：‘我想回去，因为那个人是我的朋友。如果你能帮我回去，我就带你去找钻石。’我问他为什么需要我的帮助，他说因为他需要武器，但手头没有。如果我能帮他弄到武器，他就会带我去藏钻石的地方。于是我问他那个朋友是谁。‘一个女孩。’他说。我冲他大喊：‘我才不会为了一个女孩回去。这儿有的是女孩，这儿向来不缺女孩。’”

帕特里斯做了个手势，仿佛脑袋要爆炸了一样。“然后我说：‘你是我见过最蠢的年轻人，蠢到我都想亲手把你杀了。’”

“我抓住他，摇他的身体。他的身板儿很瘦，肩膀很单薄，但我还是使劲地摇他。我说：‘咱们帮不了那些俘虏，咱们也救不了你的女朋友，你明白吗？’他说：‘她不是我的女朋友。’我说：‘那你操什么心呢？’他低下头说：‘我不知道。’”

“他不看我，我也不看他，”帕特里斯告诉我，“我心想，臭小子，该死的臭小子。你知道吗，我经常希望自己从没遇见这个男孩。”

即使过了这么长时间，在一切发生一年多以后的现在，单是讲述那件事就让帕特里斯大喘粗气。他紧握着拳头，我好一会儿都没讲话。他的呼吸慢慢变得均匀，激动的情绪也平复下来。

“那么后来呢？”

“我们回去了。”帕特里斯告诉我。

“但你为什么要去呢？”

“为了钻石啊，还能为了什么？或许我能弄到那些钻石，”帕特里斯说，“至少，我想知道它们藏在哪里。”

我并不相信他的话，他只是这样说说而已。我不确定他最后知道了没有，但我没细究。相反，我问他从哪里弄到的武器。

“在中非，”他说，“搞到武器不是问题，有钱付才是问题。但你总能搞到武器。”

“你弄到了什么武器？你真的弄到手了吗？”

“一把锤子，一柄长刀，这些是我本来就有的。还有一把很旧很旧的手枪，这是我花钱买的。那个男孩说他知道怎么用枪，比我知道的多，毕竟我只是个生意人。他检查了手枪，说能用。不是特别好用，但也能用。”

我一直不理解，为什么帕特里斯要去“反巴拉卡”营地。我能理解男孩想回去的原因，因为我了解了他和赛拉之间的故事，但帕特里斯是为什么呢？

“反巴拉卡”组织其实有三个集中在一起的营地。当帕特里斯和男孩到达第一个营地时，他们看到两名俘虏被绑住了手脚，双手绑在背后，双脚绑在一起。营地外面燃着篝火，“反巴拉卡”民兵正围坐在篝火旁。

按帕特里斯的描述，其中一名俘虏跪在地上，双手和双脚仍是绑着的，脸上却在不停地流血。帕特里斯和男孩仔细听着民兵的谈话，但很难了解到底发生了什么。每隔一段时间，就会有一个民兵从树桩上站起来，用脚狠踢俘虏的肋骨，把他踢倒在地，接着又有几个民兵逼他起身，于是俘虏再次跪在地上，他们才消停下来。“反巴拉卡”民兵互相传着酒喝，说笑声更欢了。火堆里又扔进了更多木头，在熊熊的火光下，在中非繁星点点的夜空下，帕特里斯和男孩可以看到那个俘虏脸上的血痕。

就在帕特里斯和男孩的正前方，另一个民兵正朝火堆走去。他们看不见他的脸，只看见他宽阔的后背，接着，他们看见他挥动冲锋枪，不知落向哪个方向，但随后便听到了金属击打俘虏头部的声音。

“‘他们今晚会杀了他。’男孩对我说。我们匍匐着离开了营地。我使劲儿地想：怎么办？怎么办？我问他那个女孩在哪里，他说肯定在另一个营地，因为他没看见她。”

还有另外两个营地。

在第二个营地，他们只看到了一个“反巴拉卡”民兵。他正愁眉苦脸地坐在火堆前，双肘支在膝盖上，双拳托着下巴，盯着简陋棚屋中间的这堆火。他不时闭上眼睛，戴着宽边帽的头也跟着上下晃动。根据帕特里斯的描述，他戴的帽子有点儿像巴拿马草帽。看守营地是一项枯燥乏味的任务，所有乐趣都在关押俘虏的地方。他似乎孤身一人，身边只有一台放着刺耳音乐的收音机。不过，收音机里播放的不是通常的舞曲，而是更柔和的音乐，这使得卫兵更加困倦了。

“她不在这儿。”帕特里斯对男孩说。

“这意味着关押她的营地有很多枪。”他回答说。

那可麻烦了。帕特里斯绞尽脑汁地思考，然后有了一个主意。

“所有的枪都在另一个营地。”

“她也在那个营地。”男孩说。

“所以，我们需要把所有的民兵都引到这里来。”

“怎么做？”男孩问。

怎么做呢？帕特里斯想到一个办法。再往后，在周边的树林里，停了一辆小皮卡。挂车上放着几罐汽油，那正是帕特里斯需要的，他觉得一个汽油罐就够了。他开始行动。

12. 火焰旋涡

帕特里斯双脚踩进松软的红土里。营地周围有一股刺鼻的气味，但他能看到皮卡挂车上的目标：像士兵一样立着的汽油罐。发动机盖上支着一盏灯，投下一圈光晕。

帕特里斯曾试图做到不问战事，谁爱打仗谁打去，他自己管好自己的事儿就行了。但有时候，两方面的事“撞到一起”，就只能去经受了，这就是他的理解。而现在就发生了这样的事，他的困局到来了，很不幸。唉，好吧，没什么。他并不觉得这有多痛苦，过去了就好了。而眼前的阻碍就是那个“反巴拉卡”卫兵，他坐在火边的一根木头上，膝盖上横着一把 AK-47 步枪。

如今，当他回看那件事时，一切似乎都如此疯狂。但在当时，那是他这辈子做过的最重要的事。多年来，他一直有种近乎痛苦的需要，需要最好的衣物、手机和其他物品。然而在那一刻，他告诉我，他最想要的就是解救那个女孩。

“还有拿到钻石吧？”

“没错，没错，还有钻石。”他告诉我。这听起来非常马后炮。

“别忘了钻石，帕特里斯。”

“没有，没有，忘不了。不能忘了钻石。”帕特里斯说。

“可是……你刚刚就忘了。”

帕特里斯耸耸肩，脸上出现了难得的笑容。他难得让我真正抓住把柄。说得好，我的朋友，说得好。

火焰照亮了卫兵的脸，他的眼皮时不时就会合上，脑袋点来点去，帕特里斯和男孩看着卫兵的护身符悬在脖子上晃悠。如果能弄到一个汽油罐，帕特里斯或许就能实现自己的计划。他靠在一棵树的树干上苦思冥想，他讨厌这些树，所有的植被都一样，只会挡路。突然间，一直在摇晃的森林沉寂下来，仿佛屏住了呼吸。帕特里斯也努力稳住自己的呼吸，血液在他脑袋里奔涌。他把自己的计划详细告诉了男孩。

“这很危险，”男孩说，“但我相信我们能做到。”

“你留着枪。如果他看见我了，你就打死他，”帕特里斯说，“我可不是杀手。”毕竟，他只是个生意人。随即，他又闻到了难闻的气味，令人作呕的刺鼻气味。

这是个温暖的夜晚，火堆轻柔地噼啪作响，森林散发出浓郁的草木气息。卫兵睡着了，发出鼾声，虽然声音不大，但明显是在打鼾。

帕特里斯和男孩转过身，绕着树枝边缘匍匐前进。他看见了他们，横在那里，像被丢弃的垃圾。在下一丛灌木后面，三具被肢解了的尸体像木头一样堆着，腐烂的气味扑鼻而来。这令帕特里斯下定了决心，快救女孩，否则就来不及了。

帕特里斯转过身，沿着林木线朝皮卡爬去，男孩则用那把手枪掩护帕特里斯。收音机不断低声播放着摇篮曲。帕特里斯在爬行中被刮伤了腹部，嘴里满是泥土，但他还是坚持爬到了皮卡后轮处。随即，他意识到自己的计划有缺陷。

打开汽油罐会发出声音，或者更准确地说，有可能会发出声音。他很熟悉罐装设备，两年前他曾卖过带喷口和软管的 20 升装油罐。撬开老式油罐的确会有声音，而眼前这些汽油罐看上去就很老旧。他正要往回折，却听到卫兵的鼾声更响了。帕特里斯蹲下身，手指灵活地在汽油罐盖子上移动，指尖划过金属槽边。他靠在皮卡挂车上，打开了离他最近的一个汽油罐。

他的呼吸变快了，胸部开始上下起伏，汽油味在他周围迅速蔓延开来。他拿起后轮附近最后一个汽油罐，打开了盖子。慢慢地，他开始倒油。在向灌木丛撤退的过程中，他每走两步就停下，以确保自己还能听到守卫的鼾声。他一边挪动一边不停地倒汽油，汽油渗入了土壤，但他知道汽油经过的路线。不知不觉中，他已经往回走了十码的距离，退回到了灌木丛掩体中，与男孩会合。现在到了关键时刻，计划成败在此一举。

“准备好了吗？”他说。

“准备好了。”男孩说。

接着，一切就在瞬间发生。他回忆起自己从口袋中掏出那个印有扑克牌的幸运打火机，他还记得看到了灌木旁边的空罐子（他不希望罐子离守卫太近）。在火光中，他清楚地看到那个守卫蜷缩着身子，双手撑着歪向一边的头。帕特里斯记得自己正准备点着一把干草，然后示意男孩躲回灌木丛，这是他原本的打算，但实际情况是，整个地方刹那间燃起熊熊烈火，一排火焰就像扑向海岸的巨浪般腾空而起，嗞嗞作响，翻滚着向天空和四周蔓延。汽油罐突然爆炸了，火苗从罐里喷涌而出。昏昏沉沉的守卫顿时惊醒，对发生的事情茫然不知所措，他的帽子被炸飞了。大火扑向皮卡，烧到帕特里斯打开的汽油罐里，那辆车在空气中颠簸震荡，仿佛在抗议大地上泛起的涟漪。一切都在随着火焰舞动。

“你见过汽油燃烧的样子吗？”帕特里斯的食指在空中旋转，“翻滚着，翻滚着。”

帕特里斯眼睁睁看着面前的一切闪电般迅速地连成了一片火海。

棚屋在燃烧，卡车在燃烧，周围的树枝也在燃烧，仿佛黑夜本身正在燃烧。火苗蹿上树梢，围着树枝打转。（他的手指像旋涡般一圈圈地绕动。）熊熊大火像野兽一样咆哮。“我心想，这一切都是我做的。”

但接下来，情况变得更糟。一堆弹药爆炸了，他并不清楚是什么弹药。爆炸猛烈摇撼着他周围的树木，滚烫的金属碎片唰唰唰穿透草木，撕碎了周围的一切。

没等帕特里斯看清是怎么回事，守卫就已经躺在地上动弹不得了，惊恐的眼睛睁得老大。火焰包围了他，他置身一片火海，没人能接近。大火开始吞噬他，他的衣服和护身符都在燃烧。

“我看着他，”帕特里斯说，“他不再是我的敌人。我看着他，他的眼睛瞪得很大，我从没见过这么大的眼睛。然后他就死了，我把他杀死了。”

噪声和混乱正是他想要的效果，他能听到冲向营地的“反巴拉卡”民兵在呼喊和尖叫。他们开始开枪了。“周围到处都是‘咻咻咻’的声音。我环顾四周，男孩哪儿去了？”

他们在树丛中走散了。他不知道两个人是怎么分开的，到处都是枪声，子弹落在他周围的树叶上。他拼命地跑，皮肤被锋利的树枝划破。他紧贴着地面躲了很久，不知道该怎么办。

好几个小时过去了，当确认周围没有“反巴拉卡”民兵后，帕特里斯绕了很大一圈，爬到了营地的另一边。接着，他看到了男孩。或者更确切地说，他看到了男孩的尸体。

帕特里斯没有告诉我他们对男孩做了什么，我不想知道，也没有问他。这意味着从那时起，我经常对此做出最坏的设想。我已经从那些目睹了中非种种暴行的人那里获得了很多第一手资料，不去追问“反巴拉卡”民兵对男孩做了什么，这是一种仁慈。但我的脑海里仍充斥着暴行的画面，而这些是帕特里斯每天都要面对的。

他还必须面对这样一个事实，返回营地以另一种不幸告终：他没有找到那个女孩。

13. 17 天

我和帕特里斯在雅温得城外一个铺满碎石的卡车停车场再次见面。前一天夜里刚下过一场热带暴雨，那里一片泥泞。坑洼的地面上形成了水坑，水坑在高温下散发出微弱的蒸汽。鸟儿郁郁地伏在路边的树上，羽毛在晨光下看起来呈深蓝色。它们像是乌鸦和松鸦的结合体，而我其实并不了解这片大陆上的鸟类。

“多美妙的早晨啊！”我说。

他耸耸肩表示同意，仿佛在说：那又怎样？我试着告诉他关于木星的知识，想让他大吃一惊，这些你们都知道了。他无动于衷，不以为意。我的话在他看来乏味无奇。

“让我给你看点惊人的东西。”他说。

他拿出手机，我以为他也要给我看一款应用程序。我必须承认自己当时的想法是：帕特里斯，你最好给我看一个比星图更有趣的程序。我们走着瞧，“生意人”先生，走着瞧。男人啊，似乎在所有的事情上都要争个高下。可没想到，帕特里斯只使用了手机的基本功能——打电话。他并没有和谁通话，电话刚接通，他就挂断了。这像是某种安排好的计划。

两个妇女从一辆大卡车的拖车后面走出来。其中一位上了年纪，皱纹遍布的脸上满是愁容。她弯着腰，身体前倾，小心翼翼地迈着小步子，躯干躬得像个问号。她向我走来，边哭喊边向我们诉苦。

“她的家人试图乘卡车逃离班吉时被拦了下来，她眼睁睁看着他们被杀掉，”帕特里斯说，“我告诉她，对此你无能为力。”

法律能做什么？在没有法律的地方，法律能有什么作为？我强烈地感受到律师职业的局限性。

“她想找个人说说。”帕特里斯说。

我完全沉浸于老妇人的悲痛之中，没有注意到老人身边的另一个女人。她紧握老妇人的手，对她轻声耳语着，让她知道她并不孤单。

“没事的。”帕特里斯平静地说。

这位年轻的女士戴着一条有绿叶图案的黄色头巾，头巾松散地打着结，显得很优雅。看得出来，她是一个在乎别人看法的人。

“没事的，赛拉，”帕特里斯说，“没事的。”

> 一方面，我有了新生活，我离开了丛林，告别了那些艰难的岁月，而另一方面……有时在夜里我会走出大楼，尤其当我做那些梦和凝视天空的时候。
>
> K.K.G（男，16岁），曾于刚果民主共和国的“马伊-马伊”（Mai-Mai）叛军组织服役三年

如今，创伤后应激障碍已成为一种公认现象。它的特点是痛苦的记忆片断或噩梦般事件的反复侵入，这种体验生动而强烈，如托马斯·埃尔伯特和玛吉·肖尔所说，令“受害者感觉又回到了暴行

中”。对赛拉来说，情况并不是这样。与她交谈，听她静静地讲述自己的遭遇，你不会觉得她回到了过去，你会感到她从未离开过。赛拉留在了那里。

有时，当你和她说话时，你能从她脸上看见她所经历过的一切。你会有这样的感觉，你能感到她姨妈的男朋友静静地站在她的卧室里窥视她；你能感到从北方和东方吹来的沙漠微风，那是叛军到来的方向；你能感到她的父亲低声对她说：快跑，赛拉，快跑啊，即便他意识到自己可能再也见不到女儿了。偶尔，这位优雅的年轻女子会听着帕特里斯和我的谈话，静静地哼着我们几乎听不见的小曲。轻缓的音符从她嘴里发出来，就像一种催眠曲。每当此时，她头顶上方的非洲苍穹就会将这座命运驱她来到的陌生城市，与她那被遗弃的家乡连接起来。有时，她会用凉鞋鞋尖在泥里画出精致的圆圈，创造出一种奇怪的象形文字。太阳每天都在升起，永无停息。

一切混乱往往最后都要归于平静。在帕特里斯和男孩回到营地两天后，又发生了一次武装冲突。在那次武装冲突中，杀害男孩的绝大多数“反巴拉卡”民兵也死了，帕特里斯甚至回到了他第一次遇到男孩的房子。就那样，平静的日子持续了 17 天。随后，那几辆小皮卡又来到了他的家。

不过，这些卡车都属于新的民兵组织，帕特里斯认识那些人。他们说在灌木丛里发现了一个人，在第三辆车的挂车里，躺着一个瘦骨嶙峋的女孩，身上的衣服几乎烂成了破布片。她的名字叫赛拉。

帕特里斯照顾她，给她买了新衣服，几个月后又带她穿过西部边境来到喀麦隆。那趟旅程危险重重，许多人都没能活下来。他们中的一些人被杀害了，另一些人被困在飞地里，而离开那里就意味着死亡。

帕特里斯和赛拉渡过了难关。几个月后，他带着赛拉来见我。那个夜晚，我乘坐一辆小汽车穿过雅温得，我摇动手柄，打开了车窗。

“怎么了？”弗朗索瓦说，“需要我打开空调吗？空调不太管用，不过我可以试试。”

“不用了，没关系。”我回答道。我把脸伸出窗外，感受吹过前额的微风，那是热带空气特有的温暖与活力。我问他有没有考虑过前往中非共和国，他鼓了鼓双颊。

“为什么要去？”他说。

“为什么不呢？”我说。

“因为那是中非，是地狱。”

温暖的空气轻拂着我的脸颊，连我的眼睛都能感觉到。虽然我们正驱车行驶在雅温得市中心，但有那么几个瞬间，我仿佛正与赛拉和男孩一起坐在中非的那条小溪边，清冽的溪水潺潺流过。

“她可以告诉你更多关于男孩的事。”那天早些时候，帕特里斯在卡车休息站对我说。

赛拉可以告诉我更多，她也的确这样做了。

“他是个什么样的人？”我问她。

帕特里斯揉了揉尖鼻梁的侧面，又用印着扑克牌图案的打火机点燃了一支烟。扑克牌的牌面是国王（我忘了是梅花还是黑桃），用它点烟就像是一场庆典，在烟雾中致敬。

“他非常安静，”赛拉说，“而且非常勇敢。他话不多，但一开口我就会仔细听。我喜欢听奥马尔讲话。”

我屏住了呼吸。“奥马尔？”我说。

“他的名字叫奥马尔。”赛拉说。

那个中非共和国的男孩，那个在丛林里被杀死的儿童兵，他的名字叫奥马尔。

14. 大沙漠

我承认，听这些事情并不轻松。在见过他们之后，在我回到欧洲的好几天时间里，我发现自己难以入睡。虽然回到了相对安全的西方城市，虽然周围全是我熟悉和喜爱的人，但我仿佛还走在脑海中的丛林之路上，怎么也睡不着觉。很多人向我讲述了中非共和国的种种疯狂、杀戮和暴行，我很难不去想那些。

我总是把这个国家的疯狂与困扰迈克尔·戈德史密斯的橙色大螃蟹联系在一起，那种甲壳类动物从海里爬出来，横行世界。我开始把来自中非共和国的呼救声与阿根廷巴塔哥尼亚那座如今已被列入世界文化遗产名录的山洞联系起来。山洞的洞壁上印刻着伸出的人手，那些远古人类绘制的手仿佛在向我们呼救。然而，中非共和国又是那么美，在它饱受冲突蹂躏的边界内，同时存在着另一个中非共和国：有野兽、森林大象和濒危羚羊栖居其间，有大河奔流而过的美丽土地，那是地球上最后的地方。我开始意识到，世界之中还存在着另一个世界。

过去人口稠密的居民区如今却荒无人烟。人权观察报告里说，在博桑戈阿周围地区驱车数小时，你都可能看不到一户人家。2014 年 12 月，联合国调查委员会认定，首都班吉 99% 的穆斯林要么被杀害，要么被迫流离失所。在整个中非共和国，80% 的穆斯林受到针对性暴力驱逐，离开了这个国家。许多穆斯林前往喀麦隆寻求庇护，正是在这里，我遇到了赛拉，并听到了关于奥马尔的事。与赛拉和奥马尔不同，帕特里斯是基督徒（他并不认为自己虔诚）；严格来讲，他属于“另一边”（他并不承认自己属于任何阵营），但这场教派冲突不能简单地归结为基督徒和穆斯林之间的冲突。例如，“塞雷卡”并没有试图建立哈里发国家。必须强调的是，我无意偏袒任何一方。我相信帕特里斯的说法：你们的人，我们的人，他们的人——这种思维正是部分问题所在，它煽动人们之间的分歧，为屠杀辩护。毫无疑问，双方阵营都制造了令人难以想象的暴行。

事实上，“反巴拉卡”与“塞雷卡”都被列入联合国臭名昭彰的“附件 1”名单，即武装冲突的重点关注名单。中非这两大组织都与刚果民主共和国的“马伊–马伊”武装分支、索马里青年党、缅甸武装团体以及叙利亚叛乱分子有着紧密的关联。“塞雷卡”和“反巴拉卡”都剥削儿童，招募儿童兵，杀害儿童，对儿童实施性暴力。此外，联合国还认定“反巴拉卡”曾对中非共和国的穆斯林人口采取了坚决的“种族清洗政策”。在发达国家，有多少普通民众知道这场灾难性的人类悲剧呢？我想，如果我们不知道，就不可能在意。在过去很长一段时间里，我也一样不知道。

但我现在知道了，而且打算做点儿什么。在本书的最后一章，我将进一步阐述这个主题，并提出可行的建议，如果你也愿意有所行动的话。

2015 年夏天，联合国秘书长在给安理会的报告中称，2014 年是有史以来战区儿童所经历的最糟糕的一年。儿童绑架事件呈增长趋势，极端暴力上升到前所未有的程度。为此，联合国儿童基金会发起了“儿童不是士兵”的主题运动，摆在他们面前的是巨大的挑战。

中非共和国仍有许多惊慌失措的人被困在飞地。正如萨布丽娜·阿瓦基安在贝尔图阿的总部告诉我的那样：“这里就和我在科索沃看到的一样：他们是自己国家的囚犯。”我了解到，那个曾用冲锋枪抵住阿瓦基安脑袋的亚雅将军被杀死了，就在2014年“塞雷卡”倒台之前的某场发生在班吉附近的战斗中。不过，在那之前，他和七个与他串通一气的农民被绑在一起扔进水流湍急的瓦姆河中，其中三个人居然奇迹般地活了下来。

我怀着沉重的心情离开了难民营。加多2号难民营的规模如今已赶上了1号营。人们还在逃离中非共和国的危机，联合国儿童基金会与联合国难民署继续做着他们的人道主义工作。正如阿瓦基安所言：“战争还在继续。”

国际危机组织的报告称，随着这个国家的衰败和动乱的加剧，中非共和国已成为世界上冲突钻石（血钻）的一个主要来源地。许多钻石经过偷渡路线被走私到西方，那条路线穿过喀麦隆，就经过我从中非共和国边境去贝尔图阿的那条路，沿途能见到绿色曼巴蛇。

帕特里斯、赛拉和我一起坐在临时咖啡馆的白色塑料椅上。

“你现在打算做什么？”我问。帕特里斯手里拿着烟，有条不紊地说着自己的宏伟计划，我心里逐渐充满了另一种担忧。“你一定要这么做吗？”我说，“人人都知道这有多危险。”

“中非难道不危险吗？”帕特里斯回答道。

“但你现在是在喀麦隆啊。”

他看向我，我看到自己笨拙的倒影投在他圆圆的墨镜片上。“那我问你，你想留在这里，留在喀麦隆吗？”

“不想。”我说。

“为什么不想？”

“好吧，我明白了，可只是因为这里不是你的家……”

“如果我不能待在自己的家，那我会尽力找个最好的地方。”

我告诉他，我们在伦敦的律师业务如何保护那些被人贩子剥削的人，我们又如何支持并代表难民，为他们伸张正义。我们努力在做，但我承认我们似乎做得远远不够。“所以我可能会在欧洲见到你？”我说。

“你会把那些牛仔裤卖给我的，对吧？”帕特里斯说。

我笑了。“当然了，你会给我开个好价吧？”

“公道价，”他说，“我告诉过你，公道的价格。”

我们握了手。到最后，还是弗朗索瓦说对了：我喜欢帕特里斯这个生意人吗？我对他的感觉似乎已经超过了“喜欢”二字。赛拉慢慢地松开双手，她显然很想说点儿什么。我们两个人都沉默了。

“不好意思，”她说，“但他们说的都是真的吗？”

“你的意思是？”我问。

“欧洲人真的不希望我们去那里吗？他们恨我们吗？”

我能说什么呢？她用她那聪慧锐利的眼睛望着我，想要知道答案。我觉得她有权知道真相。“有些人会这样想，”我说，“许多人，但不是所有人。”

“有许多人这样想？”

“是的。”我说。

“我爱我的国家，可我在那里会被杀死。”

“我知道。”我说。

这就是逃离动乱的难民的悲剧：既热爱自己的家园，又要逃离他人的侵略。我和帕特里斯散步到弗朗索瓦的车旁边，当弗朗索瓦和赛拉在咖啡馆里说话时，只有我和帕特里斯单独在一起。

“你有办法吗？”我说，“你要怎么穿过地中海？”

“肯定得坐船。”帕特里斯说。

这是我最不想听到的话，但帕特里斯这位自始至终的实用主义者已经铁了心。“会非常艰苦的。”我说。

他用手抹了一下光头，抹去了在雅温得的烈日下闪闪发光的汗珠。“沙漠更糟。”他说。我听说过这样的故事，许多人在穿越撒哈拉沙漠时要么死亡，要么遭到杀害或绑架。“但我知道，”帕特里斯接着说，“我该信任谁。”

我相信他的话。我信任他，他信任那个男孩。在我认识的人当中，很少有人能让我相信，帕特里斯便是其中之一。

只有一两件事我需要补充。

我走近了。

加多难民营距离中非共和国边境只有20英里，我能感受到它巨大的吸引力。我迫切地想穿过边境，但有人建议过我，在没有适当安全计划的情况下最好不要这样做。好吧，我告诉自己要有耐心。无论如何，在首都班吉以外的地区旅行仍然极其危险（甚至在班吉的某些地区也是如此），我想和那些身陷冲突的普通民众直接交谈，而不仅仅是与官员们见面。在联合国的东喀麦隆难民营，我得以见到这场杀戮中的许多幸存者。

进入难民营时，你首先注意到的是那里挤满了孩子（60% 的难民是婴幼儿或青少年）。在加多 1 号难民营，我最后与来自中非共和国的 40 多个六七岁儿童一起踢了足球，毫无疑问，这在某种程度上是违规的行为，但我无法控制自己。我赢了比赛，抱歉，朋友们，但足球就是足球，他们都能理解。孩子们把我团团围住，假装打我的头。被人打头是一件幸福的事。

但是，即便在那个欢娱的时刻，我还是注意到一个穿着破旧绿色衬衫的小男孩站在我们踢足球的那块空地边上。当他靠在一根木头做的临时拐杖上时，他那瘦削的身子向左倾斜，左腿膝盖以下部分全是空的。医护人员告诉我，中非共和国的儿童有时会被截肢，因为他们完全没有预防疾病的早期治疗。但有时，正如联合国报道的那样，儿童被截肢也可能由于战争行为。

我花了一些时间和这些流离失所的人交谈，或更确切地说是倾听他们的声音。他们渴望回家，但又害怕回家，因为在他们身后不到一小时车程的地方，流血冲突仍在继续。他们痛苦地诉说着，同时又为自己的家乡感到无比自豪。在此期间，那里发生了更多流血冲突，森林也遭到掠夺和破坏。

萨布丽娜·阿瓦基安和我始终没能去成红盒子酒吧。它的 VIP 歌舞表演成了一个谜，就像那些高高开在树梢的小黄花。在贝尔图阿和难民营，阿瓦基安继续与营养不良、疾病和无家可归等问题进行着不屈不挠的斗争。在此，请允许我用“萨布丽娜语”对她说：

“那么，萨布丽娜，我的天，我知道你讨厌我这样，好的，但是抱歉，是的，你为中非共和国所做的一切，真的很伟大。保佑你，萨布丽娜，谢谢。”

在飞机上时，这些画面从我脑海中一帧帧闪过。没有直飞英国的航班，于是我乘坐法国航空公司的航班从雅温得飞往巴黎。飞行地图显示，我们正飞往撒哈拉沙漠的中心，经过尼日尔中部的阿加德兹，那些穿越大沙漠的人就在此停留歇脚。我们向廷巴克图以东的高空航行，然后又飞到地中海上空，最后离开了形似人类心脏的非洲大陆。短短几个小时内，我就完成了全部旅程。我在安全卫生的飞机客舱中旅行，而帕特里斯和赛拉可能需要数周或数月才能完成同样的旅程。

我不安地察觉到自己回程的飞机与来时的飞机不一样，机型不同，座位前面袋子里放着的杂志也不一样。我们继续飞行，越过辽阔而可怕的沙漠，越过缓慢地朝大海和欧洲进发的人群，他们紧紧攥着自己的背包和梦想。帕特里斯曾经说过，总有办法搭上车。他们在这片可怕的大沙漠中还能走多远？我把杂志从面前的袋子里抽了出来，法国航空公司的杂志《女士》夏季版上写着“您的私人手册”，就像别人留给我的礼物一样。我翻阅着杂志上光鲜亮丽的广告，突然被某种东西吸引住了，几乎每个广告都跟珠宝首饰相关。在此之前（在认识帕特里斯和赛拉前），我从没注意过飞机杂志上有这么多珠宝广告。

更有甚者，从杂志开篇的卡地亚和梵克雅宝，到布契拉提、尚美、萧邦、宝诗龙、伯爵、宝格丽、帕斯夸莱·布鲁尼，再到占据整版封底的香奈儿，所有这些奢侈品，无一不是镶钻的。

15. 手洞

在中非共和国，**侵略者**似乎遍布全国，但这并不是也不可能是全部事实。《塞维利亚反暴力声明》让我们相信事实并非如此，我们也渴望相信这一点。在过去几年里，当我们听到一个又一个关于暴行和恐怖的报道时，我们就想攥紧《塞维利亚反暴力声明》，就像攥住了信仰。我们究竟学到了什么?

我们必须认识到，侵略是一种适应，是生存行为的一部分。动物的侵略行为由来已久，无处不在。它存在于我们的内心深处，也可能就是我们内在的一部分，但并非唯一的部分。它甚至不是我们最重要的一部分，只是存在而已。它无法定义我们，也不能决定我们。它与我们的文化共同进化，与我们的规则、约束和同情心共同进化。但我们必须清醒地理解它是什么，以及不是什么。托马斯·埃尔伯特等人不断探索创新和富于想象力的方法，以对抗战争带来的快感和成瘾，及其对后冲突社会和生活的渗透。他们的工作对后冲突社会和过渡司法影响巨大，这种侵略发生在非常特殊的情况下，我们的目的是消除侵略，但首先，让我们了解它的真实面貌。

我们还学到了什么？我认为在这一章里，我们遇到了一些不同寻常的人，他们各自以不同寻常的方式尝试征服世界。

萨布丽娜·阿瓦基安，勇于直面上膛的武器，说出人们需要食物。

奥马尔，身陷疯狂之中却鼓足勇气对**侵略者**说“不”，宁愿失去自己的手也不愿砍掉别人的手。

赛拉，冒着被殴打甚至更大的风险照顾奥马尔。

帕特里斯，该如何评价他呢？他发现了一个来自对立宗派的男孩，并相信了他，和他一起返回危险之地，而现在，他带着对男孩的记忆负重前行。

他们都以不同的方式对抗**侵略者**，他们找到了获得自由的全新途径。

在从西非通往欧洲的漫长而悲伤的路上，在从非洲冲突地区走向北方安全地带的蜿蜒队伍之中，有那么一个不起眼的人。他或是躺在广袤骇人的大沙漠边缘挖凿的洞穴里，或是半醒半睡、满身灰尘地坐在摇摇欲坠的卡车后座上，或是挤在一艘不适合航行的船的甲板上（船被人贩子买下，上面满载着绝望的人）。他就像水星那样移动，光头上架着一副黑色圆框太阳镜，当你看见他时，他正用一个印着扑克牌的打火机点燃香烟。但在这段旅程中，他不会完全孤单。

因为他有另一个女孩陪伴，一个曾从父亲那里得到金盒子的女孩。也许她会到达巴黎，即使她的父亲从未有过这样的机会。全新的移民之旅，却还是出于那些古老的理由——改善、缓解、希望。在两个人漫长而危险的跋涉途中，一个影子将伴随他们，那是一个男孩的影子，他的名字叫奥马尔。

这个年轻人在我们的时代最残酷的冲突中成了一名儿童兵，而当周围人都陷入暴行和疯狂之时，他却想办法保持住了心底的一份善念。奥马尔以他自己的方式保持了自由。

或许，联合国教科文组织是对的：基因并没有为我们设定一个“暴力的大脑”。但是，人对人的暴力仍然危害着我们的生活和社区，充斥着我们的新闻节目和报纸。那些使我们倾向于杀戮、倾向于克服对伤害他人的厌恶的心理机制，使我们将昆虫大量投入世界各地的灭虫机的心理机制，正与我们内心的其他本能和冲动交战着。交战的结果可能就是我们的行动，即我们最终的所作所为。如果我们身体里住着一个**侵略者**，那么它并不能随心所欲。在几乎任何时候、对几乎所有人而言，都是如此。具备侵略的能力无疑有利于生存：保护年幼的后代，抵御可能致命的攻击。但是，我们有能力表现出攻击行为这一事实，并不意味着我们本质上就是攻击性的。我们还有其他品质，我们有同情心，我们有奉献精神。

奥马尔回去了，回去救那个帮他处理伤口的女孩，那个殴打他的男人的“丛林新娘”。在发生在他们国家的愚蠢战争中，她成了他的朋友。在周遭的愤怒和反叛之中，奥马尔自己也在心里反叛着，他拒绝最残暴的屠杀，哪怕为此付出巨大代价。而最后，他付出了终极代价。

在这个过程中，他把自己置身于我们一直在探讨的核心争论的其中一方，这个争论可以追溯到13 000年前的杰贝尔·萨哈巴。奥马尔决意与那些屠杀和行凶的人为敌，他对暴力并无欲望，这意味着他所目睹的暴行很可能给他带来了深深的痛苦和创伤。他不愿意发展出那种心理复原力，他没有像鱼一样睁着眼睛却睡过去，他选择看清事情的真相。他试图拯救别人，最终牺牲了自己的生命。

我知道这很荒唐，但我还是搜索了意大利海岸警卫队把非洲移民从蔚蓝的地中海里拉上来的视频，他们身穿令人不安的白色连帽工作服，戴着口罩，我不知道自己是否会看到帕特里斯和赛拉。我之所以讲述他们的历史是想让人们知道，成千上万冒着生命危险从非洲渡海而来的人当中的两个人，他们来自哪里，曾经过着怎样的生活。在我们谴责之前，在我们转身离开之前，在我们关掉屏幕之前。

我从未见过奥马尔，就像我从未见过加雷斯，从未见过安东尼的朋友迈克尔一样，但我认为奥马尔是跨越时空的生命链条上的另一环。那条锁链串联起加雷斯、道恩的儿子亚历山大、安东尼和迈克尔，现在又有了这个消失在中非的男孩，奥马尔。

我讲述这些还有其他理由，因为心理学家托马斯·埃尔伯特和玛吉·肖尔的研究中提到的一点。他们观察到，我们这些没有直接卷入冲突和混乱的人，在遇到幸存者时可以做一些非常有用的事：

> 记录和承认侵犯人权的行为，可以为那些从恐怖主义和有组织暴力中幸存下来的人记忆中的伤痕赋予尊严。

用另一个术语来说，记录便是做证。那正是托马斯·埃尔伯特及其同事在做的。他们正在研究对冲突暴力的持续影响进行干预的方法，以对抗**侵略者**的那些表现。

朱迪思·勒威易试图寻找创造性方法，以提高人们对中非儿童困境的认识，建立新的联盟。她说："我们一直试图用19世纪的方法来应对这场危机——捐赠床单和水桶。这些物品很重要，但我们必须做得更好。"受她的启发，我调查了史蒂芬·霍金与有"科学界慈善家"之称的尤里·米尔纳合作的项目：配有"光帆"装备的纳米飞行器将被发射到霍金所说的"我们与恒星之间的巨大空间"中。在项目启动时，他又说："我们是人，我们的天性就是飞翔。我相信，我们之所以与众不同，其根源就在于超越我们的极限。"

"对了，还有垫子，"朱迪思·勒威易说，"我们需要垫子，垫子也很重要，但是我们难道不能为这些人做得更好吗？这难道就是我们能尽的最大努力吗？"

联合国称中非共和国是世界上最大的"被遗忘的人道主义危机"。我还记得赛拉的话，"请告诉他们，"她曾对我说，"请和他们讲讲我的国家。"

有一次，帕特里斯问我："你手机上有地图吗？"我回答说有，我们一直在讨论他即将到来的旅行。"我们现在在哪儿？"他说，"给我看看我们现在的位置。"于是我给他看了。

应用程序生成了雅温得的卫星地图。它标示出我们所在的位置，用一个有白边的蓝色圆点。

"能缩小一点吗？"我用两指在触摸屏上一捏，地图缩小显示。城市街区出现了，国道线穿过一片片绿色的森林，杜阿拉突然出现在西海岸上，对应的另一边是靠近中非共和国边境的贝尔图阿。"再缩一点。"他说。我进一步缩放了地图，以蓝色标示的几内亚湾醒目突出，环绕在它周围的是尼日利亚、贝宁和加纳。在更远的地方，大西洋出现了，再往上是北非与欧洲交界处的西班牙——古希腊的海格力斯之柱——埃及把非洲和中东连接起来，伊拉克突然出现，然后是伊朗、哈萨克斯坦和蒙古。"再缩。"他说。我的手指扫过屏幕，划过日本，划过太平洋上空，一直到美国大草原的中心地带，堪萨斯州，内布拉斯加州，还有我熟悉的波士顿和纽约。接着，我们迅速跨过北大西洋，来到了我那小小的岛国故乡，远离欧洲大陆的英国。我用手指向下滚动屏幕，突然间，眼花缭乱的我们又回到了雅温得。

"我们现在在哪儿？"他又说。

他已经表明了自己的观点。这就是我们现在的位置：同处一个星球之上，在宇宙的轨道上运转。帕特里斯和赛拉属于这片土地，这个被赛拉的父亲称作"第一片土地"的地方，他们两个人来自地球上最后的地方，又在寻找新的地方生活。我不知道他们能否成功，不知道他们能否活下来。我希望赛拉的父亲是对的，我希望一切皆有可能。

The Tribalist

第六种人

部落主义者

就对他说："你说示播列。"以法莲人因为咬不真字音，便说"西播列"。基列人就将他拿住，杀在约旦河的渡口。

《圣经·士师记》
12：6

1. 喧嚣之岛

本章将是一片缄默，是空白和虚无。我在海地的联系人珍妮让我意识到，这就是我所做的一切带来的影响。确切而言，是我没有做成的事情带来的影响，产生缄默、空白和虚无。我想理解人类最容易识别的一种特征：我们快速、有时非理性地结成群体、子群体、派系、国家、网络和部落的那种倾向。在我们的身体里，是否有某种类型在促使我们结成群体？我们体内存在**部落主义者**吗？我曾经有机会在一个特殊的人类境况中找寻答案，但我错失了那个机会。

公开审理案件时，法庭上的表现一贯是一种表演行为，所有律师都知道这一点。然而，当我从中非回来后，情况便发生了变化。我开始意识到法庭之外的表演行为，这要从一则消息开始说起。这则消息称，一部秘密纪录片即将播出，将会很轰动。收容所里的儿童们还在继续遭受伤害、殴打和虐待，这在加雷斯·迈亚特身上已经发生过了，而我知道它还会发生。我是说，我担心它还会发生，帕姆告诉我它还会发生。为什么？总是这同一个问题。但现在，我把它与其他事情联系了起来：与安东尼和迈克尔在加纳的遭遇，与中非共和国的赛拉和奥马尔。

让我说清楚，我仍然在做律师工作。

从表面上看，没有人会觉得我有什么不同。我在法庭上露面，代理客户打官司，有时候还担任法官。我受委托写文章并在规定期限内交稿，汽车保险到期后续缴保险费，打开打印机后盖搞定卡纸问题，做我拿手的托斯卡纳千层面（难得做一次，这还是住在圣吉米尼亚诺附近农舍的一位 80 岁老妇人教给我的，农舍里还保留着中世纪的塔楼）。但我还是不停地回想起本书一开始提出的问题：我们是谁？我们是什么？我们的内在有谁？

我想到了迈克尔在一个不能算是湖的湖里游过，鱼看着他，他也看着鱼。我想到了奥马尔默默把手放在那块岩石上，毫不退缩。我还给道恩发短信，我们渐渐成了朋友，她想了解我的旅行情况，我也想知道她的情况，她已经修读完了古代史，现在开始研究整个人类的艺术史。在所有这些的中心，是加雷斯的画面：他默默地沿着走廊走着，向左转，关上了门。那个房间里发生了什么？

我原本计划去海地，也非常想去那里。我希望能为那里的人权项目做点贡献，但我却没有勇气去订机票。为什么？因为这不是直飞航班，而是先由英国航空公司飞往迈阿密，次日由美国航空公司再飞往海地首都太子港。不过，这不是我抗拒的原因。在迈阿密停留一夜，实在让人讨厌。但这不是真正的原因。

我再次联系了珍妮，她住在太子港，从事人权工作。我们打算探讨我在撒哈拉以南非洲地区的工作，如何更好地保护弱势群体，包括儿童和妇女。我站在横跨泰晤士河的拱桥上，那里离“老贝利”（中央刑事法院）只有几步之遥。珍妮已为我的旅行做了大量准备，还为我安排了见面、交谈和了解情况的人。我拨通了珍妮的电话，当她在大洋彼岸接起电话时，我脚下的桥震动起来。驳船从桥下驶过，船上的游客在拍照片。

“珍妮，我是德克斯特。”

“嘿，嘿，”她说，“你从非洲回来了吗？”

“回来了。”

“我想你肯定了解到一些情况吧？”

“很多，”我说，“很多情况。”

“啊，那太好了，不是吗？”她的法语带着加勒比海一带的口音。

“是啊。”我语调平平。

“你还好吗？”这是我听过最温柔的声音。

“我不去海地了，我很抱歉。”我说。

我终于说出了这句话。她完全有权生气，有权骂我，但我还是鼓起勇气说了。

“哦，我也很遗憾。不过你没事吧，德克斯特，发生了什么事？”她说。

发生了什么？我试着后退一步，清理下思绪，告诉了她中非的冲突。我告诉她关于帕特里斯、赛拉和奥马尔的事；我告诉她我去了中非共和国边境的难民营，那里有成千上万流离失所的人；我告诉她我遇到了几十个儿童，还和他们一起开心地踢足球，然后离开。离开，正是这个行为始终令我挣扎，但与珍妮的对话是个“医生自我疗伤”的时刻。我一直在研究同情的认知成本，从事相关课题的写作，而这种伤害还是偷偷地、轻轻地靠近了我。我没有让自己认识到看见并接触这些事情的真实影响，那是另一种情感暴露。我们试图控制自己不去同情，那是一种防御和否认。

“这里面有一些美好的东西，”珍妮说，这是我最不希望听到的一句话，“你去到了那里，抛下自己的生活，去那里，去观察。”

“仅仅观察是不够的。”我说。

一阵沉默。“那你还打算怎么办？”她平静地说。

她的话让我想起了一个问题。经过几周激烈的法庭论战后，我们为帕姆及其家人争取到了一个“理想”判决。陪审团给了我们想要的结果，在口头判决中严厉谴责了对待加雷斯及监护机构里其他孩子的手段。是的，他们给了我们这些律师想要的结果，但他们没办法把帕姆的儿子还给她。如果她要不回自己的儿子，那么她希望能让其他父母不要再经历数周以来她所经历的一切，目睹那些被授权照顾这些脆弱儿童的人纷纷寻求掩护，逃避责任。

因为珍妮那句“那你还打算怎么办”，我知道我必须要做更多，必须要更多地了解本书核心的三个关键问题。但在那个时间点，这对我而言负担太重了。所以我没去海地，不能在这种时候去。因此，几个月以来，本章始终是一片缄默，一片空白和虚无。

想象一个噩梦般的现代生活场景：一个吵闹的新邻居搬到了你的隔壁。你抱怨，发牢骚，但噪声无休无止，高深莫测。隔壁发生了什么？

许多动物都对邻居发出的噪声非常敏感。噪声是一种信息，从进化的角度来看，窃听是有作用的。它可以是适应性的，为生存提供微小却有意义的生存优势。雌鸟偷听吵闹的雄鸟争相鸣叫，这是一种遗传的未知因素，然后雌鸟会从“获胜者”那里寻求额外的交配。夜莺，济慈笔下“林间的轻翅仙灵”，因其婉转的歌声而备受赞美，但它们正是利用了这种声音，将其作为领地防御的形式，将自己的歌声与入侵的雄鸟声音交叠作为一种侵略形式。另一方面，雄性夜莺在交配后发出的噪声也更小。

所以，噪声不仅仅是杂音。但你的新邻居发出的噪声实在太大了，你向家人和朋友抱怨，而他们想知道这个人是谁。他们想知道什么？他们到底需要知道什么？

他们想知道折磨你的人是男性还是女性。

他们想知道他或她的年龄大概有多大。

但是，我们关注的还有其他一些因素，我们还想知道其他事情。我们也许会问他们来自这个国家的哪个地区，可能会问他们属于社会的哪个阶层，我们大概率会问他们“做什么”。比如下面这些信息，对你来说足够吗？

> 我那讨厌的新邻居是一个女性。
>
> 她 20 岁左右。
>
> 我不确定她是做什么的。

足够吗？还需要更多信息帮助吗？再加一个描述是否会帮到你？

1. 我那讨厌的新邻居是一个女性，她 20 岁左右，我不确定她是做什么的。

2. 我那讨厌的新邻居是一个女性，她20岁左右，我不确定她是做什么的，她是黑人。

不管我们喜不喜欢，第二个答案马上使我们脑海中形成一系列不同的形象和关联（除非我们由于自己的身份和国籍，在一开始就默认她是黑人，这种情况下，我们就用白人、拉丁裔、亚裔等来做替换）。

科学研究一再发现，当我们希望快速了解他人时，某些“向量”会反复出现。于是，当我们遇到陌生人时，我们通常将他按社会空间中的三个向量进行分类——性别、年龄和种族。他是年长的白人男性还是年轻的黑人女性，这会令我们对新邻居的想象发生巨大的差异。他们发出的是同样不友好的噪声，但我们对他们的看法截然不同。我们确实会这样，为什么？

讽刺的是，我写下这些文字的当天正是联合国的国际消除种族歧视日，而种族问题格外突出。在美国密苏里州弗格森市，18岁的黑人男子迈克尔·布朗被一名白人警官枪杀身亡后，美国掀起了一场“举起手”运动，以示抗议。而在大西洋彼岸，欧洲也同样面临着带有严重种族歧视色彩的另一种危机，即移民问题。在英国为是否脱离欧盟而举行的全民公投中，各项调查显示，选民的首要关注点就是移民问题，这个复杂的问题究其核心与种族和差异问题密不可分。

但是，一些进化心理学家认为，在上述三种分类里，有一类并不是必然入选的。三个向量中的一个并没有固化在大脑中，这个向量就是种族。

他们认为，在不断变化的过去，在我们的思维机制逐渐进化的几千年中，人类虽然总是结成群体（我们的确是社会性动物），但我们的祖先根本不会遇到其他目测判断属于不同“种族”的人。这与今天西方大都市的生活形成了鲜明的对比，站在横跨泰晤士河、通往泰特现代艺术馆的人行天桥上，短短几秒钟的时间里，我身边就经过了中国旅行团、北欧学生、阿拉伯游客、美国人，甚至还有几个英国人。

那么，如果种族在今天对我们如此重要，那它有多根深蒂固呢？在加州大学圣巴巴拉分校进化心理学中心，由罗伯特·库尔兹班（Robert Kurzban）主导的研究团队着手调查我们对种族的意识到底有多强烈。我们真的天生对种族敏感吗？人类是如何结成群体的？人类为什么会结成群体？

我代理的官司败诉了，谋杀案有时候就是这样。因此，去那里的机会出乎意料地再次降临：伦敦法庭的一个月就这么过去了。几乎就像2010年1月12日那天发生的事情一样快，那天，一切都在瞬间被清零，被摧毁，对无数人而言，那灾难性的几秒钟不仅颠覆了世界，也颠覆了他们的世界观。

不过首先要说的是，我的谋杀案官司败诉了。我自由了，而我的客户并没有，他要等待新的审讯日期。我得温习一下法语了，但即便如此，我也知道这不够，我需要一个翻译。这很有趣，因为我的旅程归根结底也与翻译和解读相关。我们如何以及如何能够解读海地这个集惊人的奇迹与苦难于一体的国家？

我需要打足疫苗，因此我又去了肯辛顿大街的旅行诊所。让我大为沮丧的是，当我到达那里时，诊所的门用木板封上了。奇怪的是，一个高大的黑人正坐在门外人行道边的长椅上，他领带上的结打得很紧，身着整洁的白衬衫。

“你想打针吗？”他问。

“如果我说自己真的‘想’打针，那一定是在撒谎，”我回答，“但我敢肯定医生会让我打满整个胳膊。”

这个男人拿着一把打高尔夫球时用的长伞，用它朝小巷和诊所后面挥了挥。“我来教你怎么从后面进。”

于是我们朝后门走去，走下几级台阶，路过几个用收音机听古典乐的工人。事实证明，我打的大部分疫苗都是最新的，我没能打上霍乱疫苗。自2010年以来，海地已经暴发了好几次霍乱，人们越来越相信，这种疾病是由外来的联合国维和人员和紧急救援人员带来的（可能来自尼泊尔）。

“海地，海地……”护士边说边向下滚动着电脑屏幕上的信息，“水和食品务必要保持最高卫生标准，”她仔细研究了最近一周的流行病死亡数字，“霍乱能通过水传播，所以要用瓶装水刷牙。还有，不要喝到洗澡水。”

“喝到什么？”

“淋浴的时候把嘴闭紧。”她撕开一个小袋子，往水里加了一些神秘的白色物质。水里开始嗞嗞作响。

我疑虑重重地注视着它。

胡须整齐、始终微笑的医生说：“这种味道其实不讨人厌，就像70年代的人造碳酸饮料。”

“我想问的是，这会有多可怕？”

“告诉我，”他仍然面带微笑，“你为什么要去海地？”

在本书提到的所有我去过的地方中，我得到有关海地的建议最多，包括那里的安全局势、医疗风险，该去哪里或不该去哪里，该吃什么或不该吃什么，其中很多建议互相矛盾。但有一条是公认的：不要在天黑后到达，确保你的航班在白天降落。就这么简单。如此突然地，我来到了迈阿密，这是暴风雨之前短暂的平静。

只不过当我乘坐的飞机着陆时，佛罗里达正遭遇一场可怕的风暴袭击。黯淡的云层，比我见过的任何时候都要黑，在浪尖上空低沉而迅速地飘过，带来一道降雨带，把游泳者赶出海滩，就像他们遭到了鞭打一样。棕榈树的叶子被暴风刮到了同一侧，像可怜的湿漉漉的飘带。一道闪电划过，引发了震耳欲聋的汽车报警声。这里本该是暴风雨前的平静。

不过，至少我离海地不远了。这比我希望的要晚得多，不过话又说回来，出庭律师没法挑三拣四。我们的生活受诉讼不确定性的控制，也就是说，我们的生活几乎不受控制。我站在雨中的海滩上，眺望着大西洋的波涛。这里是美国东南边缘，再往东南方向几百英里远就是海地。

后来，大雨依旧滂沱，我坐在那里看着泳池周围收拢的雨伞，一位女服务员把我点的古巴俱乐部三明治清理干净。女服务员是多米尼加人，来自伊斯帕尼奥拉岛的另一边，海地和多米尼加共和国同处这个岛屿。

“你要去那里真是了不起，”她说，“一个地方怎么会遭受那么多磨难呢？我哥哥是一名医生，2010 年 1 月去了海地。他到现在还是不肯和我谈这件事，但我从他的眼睛里能看出来，这一切。”

在我等着结账时，她拿着一盘我没有点的餐回来了，里面是三块切得很漂亮的果仁巧克力。“我们的厨师是土耳其人，”她说，“这儿的每个人都过得很开心，而你却要去那边。他想把这些送你。”

我谢过她，在第一块巧克力上咬了一口，这是我吃过的最湿润的果仁甜品。我问她有什么建议给我。

“得天黑前赶到那儿，你知道的。”她说。

2. 码头

《圣经》第七卷《士师记》讲述了两个闪米特部落，即基列人和以法莲人如何交战的故事。在一场具有里程碑意义的战斗之后，基列人在约旦河上设置了一道封锁，以抓捕落单的敌军逃兵。由于基列人和以法莲人在外表上难以区分，所以关卡处的卫兵奉命要求每个寻求安全通过的路人说出一个单词。这个词便是“示播列”（Shibboleth）。

这个词有许多含义：一根玉米穗或橄榄枝，一条小溪或急流。然而，这个词的重要意义在于，以法莲人的语言中没有“sh”的发音，他们没办法以同样的读音念出这个词。一旦未通过测试，他们就会被杀死。

但那只是一个《圣经》故事而已。那种武断的考验（后来在英文中就被称为“示播列”）可能只是一个宏大隐喻，反映着人类的歧视行为，以及基本的部落行为。

在 12 月 6 日登上这座岛屿时，他确信自己碰巧抵达的是日本，甚至可能是《圣经》中的示巴王国。几周之后，在1492年圣诞节那天，他的旗舰在该岛沿岸更远处搁浅了，他把这个地方命名为“西班牙之岛”（La Isla Espanola）。而这座世界第十大岛屿，至今仍沿用克里斯托弗·哥伦布所取的名字——伊斯帕尼奥拉。

岛上并非无人居住。几千年来，岛上遍布着农民和渔民，欣欣向荣。他们是泰诺人（阿拉瓦克人），是数千年前业已开始的大迁徙的一环，他们从西伯利亚通过大陆桥到达阿拉斯加，然后南下穿越美洲，最远可能到达南美洲，最后来到加勒比地区。

即便如此，岛民还是热情欢迎哥伦布和随行的欧洲新移民的到来。正如哥伦布本人所写的那样：

> 他们虽然身材高大，体格健壮，但他们既没有钢铁和武器，也没有能力使用它们，因为他们胆小得惊人……对于他们所拥有的一切，如果你问他们要，他们永远不会拒绝；相反，他们会邀请对方来分享，并掏心掏肺地竭力表现出自己的爱心。

关于哥伦布的“发现”之后发生了什么，同时代有很多报道，其中一则来自塞维利亚一个小商贩的儿子巴托罗梅·德拉斯卡萨斯。1502年，他离开西班牙前往伊斯帕尼奥拉岛，在哥伦布到达后不到十年的时间抵达该岛。他写道，大洋彼岸那片神秘的土地是“最幸福的岛屿，它名叫伊斯帕尼奥拉，那里确实拥有最肥沃的土壤”。对于那些向西航行到这片未知世界的欧洲海员来说，这里似乎是一个奇迹，一个天堂。即使在今天，岛上仍有一半的地方被热带雨林所覆盖，到处都是鹰、蜂鸟、红隼、杜鹃、鸽子和长尾小鹦鹉。

与哥伦布一样，德拉斯卡萨斯也被当地居民独特的性格所打动。“现在，在无数的人类中，”德拉斯卡萨斯写道，“他们是最单纯、最真诚、最没有恶意的……他们对复仇没有丝毫的渴望，将一切敌意、骚乱和仇恨抛于身后。”

德拉斯卡萨斯被授予了一块皇家领地，并仔细记载了自己在岛上的所见所闻，回到西班牙后将其发表。没过多久，他的记述就被禁了，因为他写到他的欧洲同胞开始了“屠杀和暴行。他们攻击城镇，甚至连孩童、老人、孕妇和哺乳期的妇女也不放过”。事实上他观察到，在他的西班牙同胞中：

> ……残忍是一种普遍准则；不仅是残忍，而且是极端残忍，那些残酷的苛待甚至会让印第安人不敢把自己看作人类。

结果，伊斯帕尼奥拉岛的原住民要么被杀死，要么被奴役，要么因为染上欧洲人携带的疾病而死。1492 年圣诞节，哥伦布的“圣马利亚号”在今天的海地搁浅，他在这个“新世界”建立了第一个欧洲殖民地。几代人之后，这个幸福岛的原住民几乎全部消失了。

我坐在迈阿密国际机场，等待大门打开。但我仿佛已经置身海地，周围的人都在说克里奥尔语。在安检处，一位老太太被要求摘下帽子。事实上，她戴着三顶叠在一起的帽子，还穿着三件外套。

“女士，您为什么穿那么多衣服？”安检员问道。

“你为什么穿那么少？”她立刻回答，“我觉得冷。你们的机场怎么这么冷？”

事实上，她说的没错，千真万确。

我到达时是白天。但太子港那边好像发生了什么事，安保人员不让司机进机场接我。我给珍妮打电话，她用清晰而坚决的口吻对我说：“从双开门那里出来，不要走过了双开门，不要进停车场里。不要和任何人说话，不要看任何人，不要做任何事，就在双开门那里等着。不要让任何人碰你的行李。”于是我就在那里等着。就在我越来越感到威胁时，他突然出现在机场门口拥挤的人群中。

“欢迎来到海地。”约内尔笑容满面地说。天开始下起倾盆大雨，与我在迈阿密时是同一个锋面，它一路延伸过来，穿过我们飞越的一片片小块陆地：巴哈马群岛，古巴北部，一直到关塔那摩东部。约内尔穿着一件夕阳红色的 T 恤，40 岁左右，身材矮小，脸上时刻挂着微笑。“第一次来海地？”

“是的。”我说。

“我们希望你以后常来。”

我们握了手，他如此坦率地欢迎我，如此敞开心扉，让我为自己在机场门口产生的威胁感而感到羞愧。他身上有一种熟悉的气质，不仅是他的五官，还有他的气场。当我爬上他的越野车时，我看见那位穿三件外套、戴三顶帽子的妇女就在停车场，她的家人向她打招呼并拥抱她，而她把衣服和帽子分发给了他们。他们的脸上洋溢着重逢的喜悦，一家人在雨中团聚。他们确实需要那些外套。

当约内尔和我开车穿过首都的街道时，他向我解释了 1 月 12 日的那场地震。我猜每个人都会跟第一次来海地的人做这样的解释。

“大多数帐篷都不在了，”他说，“但还有一些在。”雨水打在车顶上，变成奔涌的水流冲向道路侧边，这座城市的大部分地方似乎都是倾斜的，其余部分则是一座座山丘，雨水尽情地冲刷着它们。我想知道那些还在的帐篷是什么情况，我马上就会发现了。

“地震发生的时候，这里谁都不了解地震。人们不知道发生了什么，也不知道该怎么做。街上的一些人还往大楼里面跑。”

在危机中寻求庇护的本能可以理解，但结果却是致命的。

“你知道那些被带到这个岛上的人最初是从哪儿来的吗？”我问。奴隶贸易始于西班牙人，并由法国人愈演愈烈。海地是一个利润极其丰厚的奴隶殖民地，也许是最赚钱的那个。

“当然是非洲。”约内尔说。

“我想知道是非洲的什么地方，如果你知道的话。”

他摇了摇头。“老一辈人说是中非，还有贝宁。”我的眼睛一定是发亮了。“贝宁？”我说。

“你知道贝宁？”

突然间，我又回到了布孔，一只小鸡从我身边经过，一个长着杏眼的男孩在我面前蹦蹦跳跳。

“我认识那里的一个人。”我说。所以是中非和贝宁，帕特里斯会怎么想？安东尼又会怎么想？

“有些来自几内亚，”约内尔说，“还有加纳来的。你知道加纳吗？”

雨一直下，我们驱车经过被地震摧毁的建筑物外壳。“我知道加纳。”我说。

今天，有 2 000 万人生活在这个曾经是泰诺人家园的岛上。从数字上看，他们几乎平分为两部分，东部三分之二的国土构成了多米尼加共和国，这个国家讲西班牙语，约 10% 的人口是黑人。岛的另一边是第一个黑人共和国，也是第一次黑人起义发生地（战胜了拿破仑的军队），该国讲克里奥尔语和法语，95% 的人都是黑人，他们生活在地球上最贫穷的国家之一——海地。岛的划分方式至关重要，从历史上看，这种划分曾重创了伊斯帕尼奥拉岛。在许多方面，它至今依然如此。

在 2010 年 1 月之前，海地最为外界所知的事件发生于 1937 年。那是一场大屠杀。

1937 年 10 月，有法西斯倾向的军国主义独裁者拉斐尔·莱昂尼达斯·特鲁希略下令杀害那些跨越边境线来到多米尼加共和国定居的海地工人，后者主要从事甘蔗生产。

特鲁希略本人曾是甘蔗种植园的一名官员，后来在由美国海军陆战队训练的国民警卫队中掌权。这就是边境的“多米尼加化”——把“他们”全部移除，把土地留给“我们”。另一种看待此计划的方式是“去海地化”——正如爱德华·保利诺所说，“清除克里奥尔人”。

这场冲突根深蒂固，而且异常复杂。一个多世纪以来，边境一直是个有争议的地区，海地不时地进行军事入侵。然而，边境是可渗透的，生活在边境地区的人彼此之间往往难以区分。有些人从小就说西班牙语，另一些人则讲法语和克里奥尔语。这意味着语言本身被视作一种边界，是区分两个部落的明显标志。而这是一种错误的区分，因为从历史上看，人们是相互交织、相互融合的。但正如海地作家爱德威治·丹蒂凯特在其小说《骨头的耕种》中所写的那样，这种区分导致人们的言语被用来揭露“谁属于哪一方”。

为了区分非裔多米尼加人和非裔海地人，行刑队向枪管顶头或弯刀架脖的人举起一根香芹，要求他们说出那是什么。香芹在西班牙语中是“perejil”，但那些不以西班牙语为母语的人念到“r”的时候很难发出舌颤音，为此他们付出了生命。就这样，“示播列”再度派上用场，就在距今不足百年的时期。

人们被枪杀、勒死或砍死。在蒙特克里斯蒂港，1 000 人被迫离开码头，溺死在伊斯帕尼奥拉海岸附近的水域，紧挨着 445 年前“圣马利亚号”搁浅的地方。

即使经过了这么长时间，1937 年那场大屠杀的死亡人数仍然存在争议，这一数字从 500 人到 35 000 人不等。但在学术文献中，似乎有越来越多的人达成共识，认为受害者人数在 12 000 人到 15 000 人。换句话说，那次系统性的屠杀用步枪和弯刀残杀了 12 000 人到 15 000 人。他们更喜欢用弯刀作为屠杀武器，以显示这是多米尼加公民的一种自发行为。可事实上，这是在国家警察和平民志愿军精心配合下的一场军事行动。正如美国大使给时任美国总统富兰克林·罗斯福的电报中所写的那样，这是一场“针对所有海地居民的一场系统性灭绝行动”。

今天，该岛仍然承受着分裂的创伤。纽约城市大学教授爱德华·保利诺（Edward Paulino）认为，多米尼加共和国仍然被“多米尼加身份的排他观念”所控制，在这种观念下，海地裔黑人被归入二等公民，被当作外来人和局外人，甚至在他们土生土长的岛上被视作敌人。于是就有了“我们”和“他们”之分。

3. 狗

在加州大学圣巴巴拉分校的进化心理学中心，罗伯特·库尔兹班和联合创始人勒达·科斯米德斯以及约翰·图比试图研究种族何以成为一种分类工具，他们想知道种族问题能否根除。为了考察这一问题，他们采用了记忆混淆模式（memory confusion paradigm），这种实验手段至少可以追溯到20世纪70年代。

研究人员向志愿者展示了一些照片和文本语句。照片上是篮球比赛中的运动员，语句则是比赛期间围绕犯规展开的激烈争论片段，例如：

> 你把我们的人撞了，还想就这么算了？
>
> 去你的吧。你打比赛得听哨声。没哨声，不算犯规。

这是竞技性运动中常见的垃圾话，有人会说这是部分乐趣所在——有节制的暴力宣泄（那属于另一个话题）。至于研究志愿者（均是该校本科生），他们接下来的任务是完成一项记忆测试。首先是一分钟的凑数/干扰活动，例如在随后的问答实验中，志愿者被要求识别美国的50个州和各州首府。然后他们开始切入实验的正题：志愿者要将球员与话语（他们在争论中的言辞）进行匹配。他们的成功率如何？

这些句子会随机重新显示。志愿者能找出话语对应的球员吗？如果不能，如果归类发生错误，那么这些错误中有没有模式可寻？实验设定中存在一个关键特征：有些球员是白人，而有些是黑人

（非裔美国人）。这一特征会反映在实验结果中吗？

库尔兹班和同事们发现，当没有明确显示出各个球员隶属哪个队时，志愿者相对很少弄错说话者对应的种族。换句话说，种族特征很突出——这句是某个白人说的，那句是某个黑人说的。

记忆混淆实验模式的基本原理在于，志愿者所犯的记忆错误揭示了他们对人进行分类的方式，以及他们用来划分世界的类别。种族似乎起到一个导向作用，帮助我们回忆起谁说了什么。研究人员重复进行了这个实验。

不过，在这次实验中，球员们都穿着队服，有些穿黄色队服，有些穿银灰色队服，明确显示出每个人隶属的球队，联盟线索被放大和强调了。在这次重复实验中，志愿者们犯错的模式发生了很大变化。他们很少弄错说话者所属的球队——这句是黄队服球员说的，那句是灰队服球员说的。与之相对的是，他们更多地弄错了说话者对应的种族。加州大学圣巴巴拉分校团队的假设认为，当给出其他联盟信息（团体归属信息）时，志愿者会更倾向于按照这些原则进行分类，而舍弃种族原则。种族特征变得不那么突出，也没那么重要了。

这一发现具有潜在的深远意义。它后来被称为“种族消除效应”。现实情况真的像库尔兹班的论文标题所暗示的那样吗？种族真的能被“消除”？如果可以，要怎么解释我们对种族差异天然的敏感？

加州大学圣巴巴拉分校团队的研究结果如此重要，以至于近期又有荷兰研究人员试图复制这一发现。使用类似的方法后他们发现，虽然对种族的敏感度并没有完全“消除”，但确实降低了。看起来，任意的线索或信号（例如穿着不同体育团体的服装以表明隶属关系）都可以扮演与种族特征类似的功能，作为人们区分和理解世界的重要方式。而这样一来，它们便能减少种族的影响力。

总结这些实验，研究人员认为，我们并不是无意识地在为种族编码。根据这一分析，种族实际上是其他联盟线索的副产品，换句话说，它是我们快速界定自己人和外人的简便方法。因为当被试面对其他与种族特征发生冲突的联盟线索时，当被试接收到其他类别的启动刺激时，种族效应即便没有被根除，也大大减弱了。

这一发现令人惊讶。如果我们当真存在“内置的”种族敏感，那么我们的种族敏感网络在实验中将会被激活，我们始终会运用到它。然而，这种情况并没有出现在库尔兹班的实验中，也没有出现在荷兰研究者的复制实验中。这无疑是一个重要的结果，库尔兹班及其同事发表的论文随后被引用了数百次。

库尔兹班的论文指出，“对人类而言，种族只是历史上偶然出现的一种联盟类型”。实验志愿者的成长环境是现代世界，在这里，种族是一个与社会密切相关且突出的范畴，是我们的主要分类方法之一。然而，情况并非一直如此。回溯进化时期，种族几乎无关紧要，因为我们的祖先不会遇到其他“种族”，那时候的世界人口太稀少、太分散了。

无论是在基因还是长相上，我们祖先遇到的部落想必都与他们自己的部落很相像，就算有差异也不会是种族上的差异。然而，问题依然存在：如何决定该信任谁，该害怕谁，该与谁合作，该逃离谁？这是一个把世界分为“我们”和“他们”的永恒问题。2010年1月12日，在伊斯帕尼奥拉岛上，这一问题出现了，并带来了毁灭性影响。

那是下午 4 点 53 分，办公场所即将关门，学生也陆续离开学校。这是伊斯帕尼奥拉岛上一天中最繁忙的时刻之一，到处都是人。起初，它的到来像是有什么东西从草地上滑过，像一条蛇，它的尾巴直达地表以下 8.1 英里处，然后它突然出现了。在太子港西南 15 英里外的莱奥甘，那个地下之物开始集中并浮出地面，地狱之门洞开。一切都是那么野蛮，那么无情，大地在震动，大地真真切切地在震动。

但这种震动并没有持续很久，大约在 30 秒到 1 分钟。时间看似不长，除非你自己身在其中。而正是在那不可思议的短短几十秒内发生的事改变了一切。

2010 年 1 月 12 日周二下午 4 点 53 分，海地发生了里氏 7.0 级地震。超过 25 万人丧生，太子港遭到摧毁。震中莱奥甘和该国南部的不少地区都被夷为平地。位于首都的联合国大楼是一座六层高的行政大楼，它顷刻间坍塌到只剩一层，一堆堆混凝土随之猛砸下来，将 100 人埋在其中。

美国驻海地大使肯尼斯·默滕对该国发生的事给出了最好的描述。“看上去就像原子弹爆炸过一样。”他说。

海地是西半球最贫困的国家，中央情报局在《世界概况》中如是说道。中央情报局在网上发布了很多资料，我翻看着有关海地的网页，上面还有一条是这样写的：“2010 年 1 月，海地发生了 7.0 级大地震，震中位于首都太子港以西约 15 英里处。据估计，这次地震导致超过 30 万人死亡，150 万人无家可归。这是该地区过去 200 年来最严重的一次地震。”

这个国家崩溃了。

人们聚集在教堂外祈祷，聚集在政府大楼的废墟外唱歌。到处都是尸体，到处都成了露天停尸房。先前的生存问题以一种新的方式再度出现：住所、食物、水、安全，尤其是安全问题。危险无处不在，来自你脚下的地面，来自你上方即将坍塌的建筑物和砖块，来自你周围的人。

“帐篷城市”出现了。没有社区，没有街道，有的只是幸存家庭的碎片，仿佛有一只神秘的大手随机抓住了一些人，然后一瞬间，在大地的震颤中，他们都消失了。

正如太子港一所学校的校长内奥米所说：“突然间，‘嘭’的一声，再也没有富人和穷人之分了。每个人都住在圣皮埃尔广场的帐篷里，那个时刻我们才认识到，我们只不过是动物而已。我看到街上的一个小男孩在流血，就试图去帮助他。我看见我们学校的一位老师瘫倒在街上，他的背部断了，被彻底压断了。我开始哭，不知道怎么办。这时，有一只手从后面搭在我的肩膀上，那是一个我从未见过，也再没有见到的女人。她平静地说：‘别哭了，我们不能哭。我们还有工作要做，我们都有工作要做。’”

没错，仅仅为了继续活下去，就有那么多工作要做。然而，也有人投身了另一种工作。

世界变了，人们靠什么生活？海地的人做了人类可能一直在做的事情——结成群体。我们身上这部分非常古老的特质又重新显现，旧的联结方式不复存在，人们之间很快产生了新的联系。新的“他们”，新的“我们”，新的部落。有些人把食物送给陌生人，送给那些与他们有共同之处的人，这共同之处源自一个小小的奇迹——他们都活了下来。然而，也有其他一些人成了抢劫者，会为了任何东西，比如你手里的一袋米而杀了你。他们把人从车里拖出来，开枪打死司机，然后把车抢走。他们无所顾忌。有些人是以前的邻居，但已没有任何邻居情谊可言。伊斯帕尼奥拉岛这半边的世界已变得迥然不同。

野狗在到处乱跑。有些狗像城里其他不幸的动物一样死去，还有些狗跟在抢劫团伙身后，抢劫者带着棍子、弯刀、铁棒和削尖的木头等任何可能的武器。一些店主全副武装，他们向抢劫者开枪，一些人被打死了。人们从窗户爬进烧毁的建筑物里，穿过倒塌的屋顶，拖出床垫，却把尸体留在了里面。人们把临时口罩绑在嘴巴和鼻子上，以减少臭味和空气传播的感染。牙膏成了令人垂涎的物品：人们把牙膏涂抹在鼻子下面，以对抗尸体的腐臭。到处都是死人，汽车变成了灵车，但就连这些灵车也遭到了抢劫，抢劫者把尸体扔出去，把车开走。他们沿路形成帮派，设置路障，向路人索要过路费，还制定了一种新的税收制度。有时候，尸体也被用来堆成路障。

这一切发生得多快啊！而我们能预测到吗？预测到什么？成群结队的小偷和抢劫犯从首都以外赶来，但这里的本来就已经够多了。太子港的主要监狱坍塌了，4 000 名囚犯全部逃脱。正如国际红十字会所说的，“他们利用了这场灾难”。犯罪团伙和剩下的警察展开了激战，相互抗衡。国际援助机构的医生发现，除了那些因骨折和头部受伤需要帮助的人以外，还有一些人受了枪伤。

一些团伙索要好处费，以此换取抢劫特定仓库的权利，这是另一种税收制度。他们抢夺首都居民的物品，见什么抢什么，连蜡烛、肥皂盒也不放过。一家国际新闻机构报道了这场“狂乱”的抢劫行动。的确如此，不是吗？“狂乱”（frenzy）一词的词源是“phren”，在希腊语中意为“精神、理智”。人们的理智都到哪里去了？

在太子港卡勒富尔区圣公会教堂，牧师保罗·弗兰茨·科尔说：“如果人们得不到食物，他们就有理由去发泄出我们所有人内心的暴力。”

牧师所说的“我们”是指哪些人？他说的对吗？我们的身体里有什么？

4. 像削水果一样

佩蒂翁维尔历来是太子港较为发达的卫星城市之一，卡纳夫学校的办公室就坐落在佩蒂翁维尔一座小山上的一条小巷里，这是一所由女性集体运营的学校。学校正在修筑一道墙，砖块整齐地码在一堆碎石旁。正如我之后将发现的，太子港的许多妇女组织都需要建造坚固的围墙。我们把车停在瓦砾旁。学校的另一边用薄薄的波纹纸板围了起来，倾斜得有些危险。这是我期待已久的一个会议，我想了解她们的工作，探索帮助她们开展人权项目的方法。

内奥米是卡纳夫学校的负责人。她 40 多岁，个子虽小却很强壮，眼神里透着信心和决心。

我们坐在内奥米及其团队创建的学校的教室里。教室里摆着马蹄形长木凳，窗户没有玻璃，只是在墙上开了一个缺口。后墙被刷成了鲜黄色，而其他几面墙则裸露着墙砖。大约 20 名妇女聚集在一起，一阵凉风从附近环绕城市的山岭吹过来。

“我妈妈启发了我，”内奥米说，“我父母有九个孩子，我们没有一个人知道如何读写，所以我妈妈自己去学校学习。人们取笑她，说一个成年人还去上学，连我父亲也取笑她，但她不在乎。她学习非常用功，同时还照顾我们，最后成了老师。我很自豪地看到妈妈成为一名教师，所以长大后，我自己也承担起教妇女儿童读书写字的责任，我开始教‘雷斯塔维克’（Restavek）儿童。你给我们讲了加纳的奴隶儿童，而在海地，我们有另一种形式的童工。这些孩子被称为‘雷斯塔维克’。”

“雷斯塔维克”一词源于克里奥尔语，意思是“寄居”。这些孩子离开自己的父母，被送到另一个愿意接收他们的家庭。他们实际上成了动产，即他人的财产。这又是一种奴役儿童的形式。

“这在我们的文化中根深蒂固，”内奥米继续说，“我阻止不了。我想阻止，但没有这个能力。所以我就想，我能做些什么来帮助他们？然后我意识到，我可以教这些孩子读书写字。我开了一个班，有 35 个孩子。不过还有更多这样的孩子，他们说：‘请帮助我读书写字吧，这样我就能找到自由的办法了。’我怎么才能帮助他们呢？”

内奥米拜访了佩蒂翁维尔的市长。到了 2002 年 10 月，她已经在为 182 个孩子上课了，一年后增加到 255 个。现在，她有 800 名学生。

“这些孩子大多吃不饱。我们尽量每天给他们一顿热饭，可有时我们也没有食物给他们，这里就像地狱一样。我觉得自己辜负了他们，我睡不着，因为我知道这些孩子会带着饥饿入睡，这叫我怎么吃得下饭？”

“1 月 12 日的那个下午，我们的一个“雷斯塔维克”班级有课。我们下午给孩子们上课，因为他们早上必须工作，这就是他们的生活。我不喜欢，但也没办法。那天下午，我同事在上课，我一整天都感觉不舒服，就像有什么东西压在我头上一样。我并没有感冒，可一整天都不舒服。我在市中心给孩子们买缝纫机，不知为什么，我给校长打了个电话，告诉他四点半让孩子们放学，我不知道自己为什么那样做。我说：‘四点半让他们放学。’我回到学校时，孩子们已经离校了，所以当周围发出轰响时，学校里几乎空无一人。我不知道那声巨响是什么，但墙在摇晃，仿佛要砸到我们身上一样，每个人都在奔跑。”内奥米指了指我们开车进学校时停靠在旁边的那面墙，它倒了下来，砸死了五个人。“我跑到主干道德尔玛 75 号街上，看到一个浑身是血的孩子，他说：‘我要我姐姐，姐姐在哪里？’我不知道他是谁，也不知道他的姐姐是谁。他浑身是血，嘴里说着‘我要我姐姐’。房子塌了，人们都在尖叫，他们被困在楼里，奄奄一息，而眼前这个孩子想要自己的姐姐。接着，我又看到我的一个老师倒在地上，他的背被压断了，动弹不得。我开始哭。”

“从那以后，我开始用一种不同的眼光看待生活，我们并不像自己想象的那么重要。在短短的 35 秒钟内，这个国家就失去了 30 万人。地震后，我对人有了更多的了解。很快，我的家里就住了 60 个人。我要怎么养活他们？不过这么多年来，我已经想方设法养活了数百人，所以我知道自己还会找到办法。”

妇女们必须排队领取救急物资。这些物资以储存卡的形式发放，类似代金券的用法。内奥米说：“安保人员有时会要求女性跟他们发生性关系，才能使用物资卡。”

性成了一种货币，掌管商店钥匙的男人要求付款。一个绝望的年轻母亲能有什么办法？一个失去了父亲、母亲又伤重濒危的十几岁女孩能有什么办法？世界再一次分裂，形成两个部落：有产者和无产者。在震后达尔文主义的生存斗争中，人类做了他们始终在做的事情——结成群体。在寻求生存策略时，我们的社会大脑、我们的智慧和创造力都被一个非常古老的解决方案所吸引，那就是：联合起来，组成联盟。我们分组行动，我们分组看世界。然而，在那些充满恐惧和余震的可怕日子里，这些分类呈现出新的格局。有些人掌控着资源，而其他人没有。

聚集在学校里的诸多妇女之一，菲丝琳女士，就属于后者。

我们在说话时，菲丝琳调整了一下头上草帽的宽边。草帽为她增添了一种活泼、质朴的气息，而与之形成鲜明对比的是她的凉鞋，脚趾间的凉鞋带子上别着一枚小小的人造银胸针，给人一种迷人而特别的感觉。胸针在阳光下闪闪发光，这个小细节令她显得与众不同。她瘦削而结实，一看就是那种忙碌不停的人，也的确如此，因为她是一名护士和助产士。

“地震发生时，”菲丝琳说，“整个世界都毁灭了。这里没有安全之处，没有围栏，大家全都拥挤在一个小地方。你不能阻止坏人进来，不能阻止他们到处乱跑，”她边说边拍着身后的墙壁，“我以前从不知道门是多么宝贵，很多遭受袭击的女孩就是在晚上去厕所时被袭击的。那些男人在监视她们，等待着合适的机会。”

“在总统府旁边的战神广场，有三个帐篷营地。人们住得太近了，这并不好。因为人们需要空间，至少需要一些……距离。前一分钟我还有自己心爱的家，突然我就住到帐篷里来了。人怎么能在帐篷里生活呢？突然间，不再有富人穷人之分，每个人都住在帐篷里。我点着蜡烛制造一些亮光，因为那些男人就是趁着黑暗才来的。有了亮光，他们就不敢来了，可是帐篷也因此着火了，开始燃烧起来。

“这些男人就在外面，我能透过火焰看到他们，他们在等待。他们有时戴着面具，但你还是可以看到他们的眼睛，他们在监视你。他们知道，帐篷着火了，我们就会出去，去到他们待的地方。那里没有亮光，只有星星。火还在燃烧，那些男人在等我们出来。情况就是这样，一些人在帐篷里，一些人在帐篷外等着。”

20 世纪 90 年代初，菲丝琳女士是一位年轻的民主运动人士。她是赢得海地首次自由民主选举的让-贝特朗·阿里斯蒂德总统的狂热支持者，阿里斯蒂德总统一上任就结束了海地臭名昭著的专制政权带来的许多侵犯人权的行为，但他也因此遭到了一些人的反对。在同年晚些时候的一场政变中，一些有钱有势的人以及支持他们的军人推翻了阿里斯蒂德总统。此后，那些继续支持他并设法让他再度上台的人遭到了严厉的报复。菲丝琳便是其中之一，她被抓捕并遭到性侵。结果她怀孕了，生下了一个儿子。当时，她只有 16 岁。

她有时会去太子港另一个地区的名为“默克佩克”的妇女支持中心工作。她的眼睛闪闪发亮，水汪汪的，仿佛要流出泪来。她说话的时候，长长的手指在空中挥舞，像是在撕开周围无形的网。天气热得让人受不了，整个城市都停电了。菲丝琳边说边小心擦去脸上的汗珠："地震发生时，我和两个孩子正在门廊那里。我丈夫没能逃出来，我们的房子倒塌了，他被压在里面。那是个星期二晚上，所有人都来到了大街上。他在那天去世了。"

正如她描述的那样，那一天成了史上最可怕的狂欢节。她满怀悲情地讲述着失去的一切：花木繁茂的土地，环绕四周的宁静大海，而这一切突然间不复存在。突然间，他们就住到了帐篷里。

"说实话，它甚至连帐篷也算不上，只是个床单而已。我们把木棍插在地上的洞里，用我们能找到的所有床单，自己搭建起庇护所。有时，人们不得不从商店或死者的房子里拿来一些床单。我为所有这一切感到抱歉，但我们必须活下来。下雨的时候，我爬进我们以前的房子里，在剩下的东西里翻找，找到了一块地毯。我很喜欢这块地毯，但它现在成了屋顶。我的孩子们还小的时候，还是婴儿的时候，常常在这块地毯上玩耍，打滚，大笑，可它现在却成了我们的屋顶。这是我们仅有的东西，这就是我们的生活。那天晚上，我和我的 5 个孩子，包括 17 岁的女儿，就这样住在街上。"

"哪天晚上？"我问。

"他们来的那天晚上。"

她停住了，深吸一口气，然后再吸了一口。她的手指扣在一起，相互纠缠着，终于停了下来。

"地震发生在周二，那些人是周四过来的。很快，所有坏事接二连三地发生。人们都在说：'当心啊，当心，监狱的墙塌了。'

"数百名囚犯逃了出来。其中许多人处于在押候审或审判前的监禁状态，有些人甚至还没有被起诉，有些人只是侮辱或冒犯了他们不该冒犯的人，有些人则是完全无辜的，但其他人并非如此。”

首都的抢劫者嗅到了机会，与太子港以外前来的人结成了团伙，他们将自己武装起来。这里没有法律，只有那些守在黑夜里的人和那些躲在床单背后、以地毯为屋顶的人。

“你必须明白，”菲丝琳说，“根本没有电。他们从黑暗中走出来，这些男人，如果他们还算男人的话，直接穿过帐篷营地。没人知道该怎么办。如果我离开，我的孩子们可能会面临更大的危险。他们会抓住我，抓住我的孩子。附近有一个警察局，但警察不会来帮我们。他们不愿意进入营地，也没有采取任何措施来保护我们。于是我想，既然我不能和孩子们一起跑，那我唯一的选择就是尽我所能去保护他们。我能听到隔壁帐篷里的男人发出的声音，我们旁边的人在尖叫，然后是一片寂静。这些男人，听说他们还性侵 6 岁的女孩和 70 岁的老妇。他们不再把我们当人看，他们出了毛病，他们的脑子里出了可怕的毛病。”

对这些男人而言，世界上只分两群人：他们自己，以及他们的受害者，所有人都沦为这两种。听她的形容，有时这些人就像饿坏了，有时他们又好像吃得很饱。仿佛有什么曾经被压抑的东西被释放了出来，仿佛有种比任何病毒或传染病都严重的疾病正在感染一切；她说话的样子，仿佛有某种可怕的黑色东西在夜间城市的上空张开翅膀。老妇人祈祷太阳会再次升起，人们在黑暗中屏住呼吸。闯入者会带着扭曲的面孔出现，那是噩梦和残梦的丑陋面具。人们挤在床单后面，围着快要熄灭的蜡烛等待着。除此之外，无能为力。

“他们拿着砍刀和刮胡刀来到我们的帐篷里，”菲丝琳说，“他们用刀划破床单，就像砍树叶或削水果一样。”

他们问菲丝琳有没有钱，她说没有。他们说必须拿点儿东西，既然来了，就必须拿点儿东西，他们不能白来一趟。在这个重新划分了“我们”和“他们”的地方，这就是新的法律，他们的法律。

“我把女儿藏在我们所有的衣服下面。我想，如果他们……占有了我，他们就会离开，去别的地方。他们……侵犯了我，就当着孩子们的面，包括那个我16岁时遭性侵生下的儿子。这个世界就是这样。不过，我保护了自己的女儿，他们没有找到她。”菲丝琳女士低下了头。虽然她的眼睛是湿的，但里面没有眼泪，至少我没有看见。她振作了一下，抬起头来说：“他们没有找到她，如果有可能，我还会这样做。”

后来，在默克佩克中心的一间侧屋里，我与中心领导阿妮娅牧师会面。她们设法弄到了一台能用的发电机，一台嘎吱作响的老旧风扇向我的脖颈后吹着冷气，也吹在牧师面前桌上放着的一堆受害者报告上。

“是的，是这样的，事实上，”阿妮娅牧师说，“很多监狱都倒塌了，这些人突然间都逃到外面，不再受到管制。我们的办公室也塌了，但我们必须坚持我们的项目，因为现在需要我们帮助的妇女甚至比以前更多了。当我们意识到所有年轻女孩都处于危险之中时，我们这里的妇女决定组织起来。现在只有我们在对抗那些袭击我们的人。

“人们都很绝望。他们四处寻找自己的亲人，看他们是否还活着，而这些男人却在四处寻找女孩。他们在暗中等待，等女孩们上厕所，然后下手。他们从藏身的黑暗中走出来，你知道的，没有电，什么都没有。有的只是我们，头顶的天空，以及那些在黑暗中伺机行动的男人。

“当你住在营地里，你根本不知道邻居是谁。他们可能是任何人，黑帮成员、强奸犯、瘾君子或神经病，都有可能。但是，我们能做什么呢？我们决定做点儿什么。我们要反击，我们做的一件事就是找到哨子。大多数厕所都在营地外，我们对妇女进行培训，告诉她们口哨不是玩具，而是一种工具，一种武器——我们的武器。于是，我们模拟了处于危险中的妇女的情境，并演练了借助哨子和其他妇女保护她们的步骤。有一次，我带着美国有线电视新闻网（CNN）的工作人员去到一个营地，然后吹响了我的哨子。结果许多妇女都跑了过来，摄制组的人都不敢相信。”

“于是我们想，为什么要止步于此呢？”阿妮娅牧师接着说，“难民营里的妇女还面临着来自丈夫的威胁。因为压力太大，家庭暴力事件增多了，男人开始动手打女人。但现在这些女人有口哨了，当遭到丈夫的攻击时，她们就开始吹口哨，这也许是她们平生第一次针对家庭暴力发声。不过，我们也知道，必须让男性也参与解决问题。所以我们找了25个男人，他们的妻子或女儿曾遭受过性侵犯，我设法让他们参与进来，去和其他男人交涉。我们找了各种各样的男人，有工作的男人，甚至还有黑帮成员。他们告诉其他男人，女人不是‘物品’，伤害妇女是犯罪，我们会确保他们因此入狱。让男人去跟男人谈，效果确实不一样。

“我们这些住在难民营里的妇女不能指望外界来支援或帮助我们。我们必须自己做这件事，必须为自己挺身而出。时代不同了，可妇女仍然受到攻击。起初我们没有法院，但慢慢地我们又开始有了法院。因此，在预防性侵、陪伴和支持妇女方面，我们努力培养一些人权项目工作人员，以便在她们的诉讼案中争取医疗和法律援助。但是，一旦开始提供这样的帮助，我们的服务中心就开始接到威胁电话，然后是死亡威胁。有人来办公室威胁我们，我们的一名员工被绑架了，我们的一位联合创始人也不得不逃离。我读过宣布阿妮娅牧师死讯的电子邮件，我就叫阿妮娅，我也是牧师，但我没死。如果他们想这么做，好吧，我不喜欢，但我也不会停止，永远不会。某些不知名的人来到办公室找我，他们想找到我，抓住我。第二天，他们又回来给我们的前台人员拍照，威胁她，问我在哪里，还说他们会再来。他们想让我知道，我面临生命危险。”

“那你为什么留在这里？”我问。

她停了一下，看了看手机。“我们不能都跑掉，我们不能都出国。德克斯特，在我们谈话的时候，我们就错过了两个幸存者来电，两个被性侵的女人。如果我关了这里，谁来帮助她们？如果我们不互相帮助，这些男人就会袭击脆弱的女性，他们会认为没有人管，没有人在乎，那么就会有更多的女性面临危险，而不仅仅是我。这并不容易，可重要的事情什么时候容易过呢？”

早在2010年，内奥米就坚持不懈地四处游说和借钱，直到她能够为身边的妇女和儿童找到足够的食物为止。她们的学校逐渐壮大。地震发生后不到两个月内，内奥米启动了一项小额信贷计划。凭借小额捐赠款，她能够给每个妇女64美元，让她们入股，开始在街上销售食品和日用品。即便是身怀六甲的孕妇也在工作，她们头顶着沉重的食物篮，试图卖些东西来养活自己的孩子，或养活她们决定照顾的其他孩子。妇女们共享收益，互帮互助。

现在，六年时间过去了，一些妇女已建立了自己的小生意，规模达到500美元。“她们什么买卖都做，”内奥米说，“但不卖自己，你明白吗？她们再也不必了。因为现在我们正重新掌控自己的生活，我们将改变人们对待我们的方式。”

这场战斗有很多种形式。

“我们努力帮助姐妹们战胜内心的恐惧，”菲丝琳说，电力突然恢复，机器发出了噪声，她停顿了一下，“恐惧吞噬了她们。如何才能阻止恐惧吞噬她们？这就是我们要解决的问题。首先，我们要让我们的姐妹知道，身为女性的她们很棒，也很有价值，而我们会支持她们，帮助她们维护自己的权利。”

凡是出租车或其他运输工具能够到达的地方，菲丝琳和同事们都会去，遇到道路尽头和深山，她们就步行。她们提供烹饪课和缝纫课，并为不得不躲藏起来的受害者提供安全住所。她们帮助妇女获得医疗援助，并陪伴和支持向法院提起诉讼的妇女。然而，这项工作充满风险。菲丝琳自己也不得不躲起来，因为黑帮在找她，他们朝她的房子开枪。我问她为什么还要继续从事这项工作。

“我12岁时父母就去世了，是其他人帮助了我。当我十几岁被性侵并怀孕时，人们也帮助了我和我的孩子。所以，每当我能帮助别人的时候，我就会感觉自己更强大。我必须回报他人，我不想让其他女人和女孩经历我所经历的一切。我会战斗到底，尽我所能地阻止这一切，这样其他妇女和女孩就会感到更安全。集体的力量更强大。”

可即使库尔兹班和荷兰的实验表明种族问题并非无法解决，但正如社会心理学家玛丽莲·布鲁尔（Marilynn Brewer）总结的那样，对内群体（in-group）的偏袒和对外群体（out-group）的冷漠乃至敌意无处不在。观看足球比赛时，去学校和教堂时，莫不如此。英国皇家学会前会长马丁·里斯是一个无神论者，但就像他对理查德·道金斯所说的那样，作为一个“不信教的圣公会教徒”，他去教堂是“出于对我所在部落的忠诚”。为了验证布鲁尔的说法，我们可以问一个简单的问题：有没有不存在这种现象的社会？进一步发问，你属于哪个群体？同样重要的是，你对自己不属于的群体有多强烈的意识？

当研究其他灵长类动物中与我们有亲缘关系的物种的行为时，我们会发现它们有类似的联盟行为以及与外群体的冲突。库尔兹班的研究团队认为，这种极具特色的倾向，即形成联盟并指定需要警惕的他者，可能要早于我们与其他灵长类动物的进化分离，还可能是进化树上我们这个特定分支的一大特色。重要的是，内群体分配导致我们给予自己所属群体的成员以优待。我们倾向于把更多资源和“物品”分给那些我们心目中的“自己人”，我们对他们行为的评判往往也更加宽宏大量。也就是说，相对而言，那些群体以外的人会受到更严厉的对待和评判。

这种行为极容易被创造出来，容易程度可能会令有些人感到恐惧。实验人员将陌生人随机分成几组，分组的依据非常随意，是毫无意义或完全偶然的分类。这些小组被称为“最小群体”，例如，人们的分组可能只是基于喜欢或不喜欢一幅克雷或康丁斯基的画，或者更随意些，他们在掷硬币后被分成正面组和反面组。研究人员发现，内群体偏好几乎立刻就发生了，即便这些群体只拥有“最小社交内容”，即便形成这些群体的理由牵强附会、毫无意义、前所未闻。这种行为中固然存在社会习得的部分，但同样，这种快速的、通常是非理性的抱团倾向，似乎是由我们神经计算系统的一部分产生的，是我们心智构成的一部分。从前，这种形成并加入内群体的倾向可能对进化有利。这种行为显然是普遍存在的，想想办公室政治、游乐场政治和家庭政治吧，更不用说同一政党内部的明争暗斗了。画定界线向来用不了多长时间。

在遥远的进化时期，基本同质的社会中没有种族差异，于是我们用其他社会标志和分类来进行群体细分。世界被划分成同一种族组成的不同群体，我们姑且称之为“部落”。我们作为**部落主义者**的这部分内在构成，即我们制造、识别和处理这些分类的能力，在我们归类、结盟、竞争、与他者冲突和对抗的过程中持续发挥着作用。不过，在最近的几个世纪里，随着世界许多地区人口的显著流动，种族一次又一次成为我们划分世界的方式。研究结果表明，除了年龄和性别，种族是我们用到的最显著的向量之一。在这种情况下，库尔兹班和同事的研究成果最重大的意义在于，种族并不是一个不可变的分类工具，它可以被“覆盖”：

> 当人们置身于另一种社会环境下，其中主流的联盟方式并不包含种族特征时，那么要不了几分钟，人们依照种族特征为他人分类的倾向就会显著下降。

这是一个了不起的结果，能鼓励我们去思考如何实现更大程度的社会和谐，或者如何减少不和谐因素。大量研究证据表明：我们有结成群体的倾向。这很可能是一种文化上的习得，但很大程度上也是与生俱来的。从非洲草原时代开始，群体的形成无疑就提供了生存优势。在无情的环境之下，那些能够运用联盟战略的人，很可能比孤立的人有更大的生存希望，因此，我们是群体性社会动物。从这个意义上说，我们是部落主义者。我们往往更偏袒自己的内群体，而对外群体漠不关心，甚至怀有警惕或敌意。对自己的部落，我们表现出非凡的忠诚。

然而外群体的构成并非一成不变，从历史和地理上来看，它很大程度是偶然形成的。因此，种族敏感性并不是天生的，它更可能是我们与生俱来的联盟评估心理机制的一种副产品。这种评估是我们过去和现在的一个重要组成部分，也是我们身为高度社会化动物的一个关键特征。因此，我们体内的**部落主义者**并不一定要从种族的角度去看待世界。而如果它已经选择了这样去看待，因为受到我们社会特定历史和地理大背景的影响，那么也有改变的空间；即使不能完全扭转，我们也可以将其削弱和淡化。种族可以被“覆盖”，因为它只是群体成员身份的诸多指标之一。它是一个新近的历史概念，这一概念标示出我们现在的身份，但那不是我们过去的身份，为更重要的可能在于，那不是我们永远和必然的身份。

在这个眼花缭乱的复杂世界里，我们似乎在寻找捷径，帮我们分析并理解周围社会空间的捷径，对他人可能的行为做出可靠预测的捷径。为了在社交互动中迅速做到这一点，我们会寻找显而易见的线索。我们使用记号、识别码、代码、文化密码等各种“示播列”，这些试探都是社会和文化的侦测手段。在多元文化的现代世界里，除了年龄和性别之外，一个显著的标签便是种族。

然而，我们不只运用这种心理机制来识别种族或基因差异。相反，为了快速做出评估，我们的联盟运算机制利用种族作为捷径，来推导出社会结果和行为。我们并不一定要那样做。

尽管做了最大努力，我们还是会基于种族做推断。我们都会在不同程度上存在种族偏见，想想这一特殊的社会分类给我们制造了多少问题吧！而现在，我们知道了这种分类并非一成不变，这给了我们克服它的希望。我们不必再耿耿于怀，因为我们并非注定要透过种族的眼镜去看世界，我们不是天生的、不可动摇的种族主义者。幸好我们知道了这一点。我们或许会以部落的角度去看世界，但我们的部落并不一定是我们想的那样。我们需要的是部落中最具诱惑力的某种东西——归属感。

卡纳夫学校的妇女们亲身体验了新群体在人类社会中出现的速度。在 2010 年海地地震后的一片混乱中，有那么几天，人们惊恐地发现自己几乎像是来到了零纪年。在地震后不到几天的时间里，一切都被摧毁了，新的群体不断涌现。但即便如此，人们还是做出了应对措施。我面前的这些女士找到了办法，她们组成了自己的群体，她们奋起反击。

在卡纳夫学校的会议快结束时，我看到这个集体中的一名学生，30 多岁的妇女玛茜，正在教室后面静静地哭泣。整个会议期间，在所有的讨论过程中，她一直待在教室后面，安静而专注，似乎总是跃跃欲试地想发言，但又一直鼓不起勇气。其他人都在附近安静地转悠和聊天，于是我有了和她交谈的机会。

“谢谢你来参加会议。”我说。她看着我，但没有说话，扭动着腕上的手镯。我们陷入了尴尬的沉默，我试着找一些无伤大雅的话题来填补沉默。“很高兴听到你的学习情况。”她还是不说话。“我对内奥米讲的内容特别感兴趣……”

“不，听着，请听着。”玛茜说，她抓起我的手，以惊人的力量紧紧地攥住它，“当你告诉我们加纳那些被卖的孩子时，我的心在哭泣。因为我把自己的孩子送到亲戚那里去了，那感觉就像我把自己的孩子卖给了非洲的船主一样，我是个坏妈妈。内奥米说你是法官，也许你该把我关进监狱。但我爱我的孩子，我怕自己养不活他们几个，我不知道该怎么办。可是现在，我那被送走的孩子会怎么想我呢？我要怎么面对他的眼睛？我想让我的孩子上学，我的亲戚可以送他上学。我丈夫什么也不干，也不给我们钱。我从没上过学。我父亲养牛，他想买更多的牛，而不是花钱去让一个女孩受教育，让我学习读书写字。不过，我知道我必须做什么。我必须把我的孩子找回来。我会的，你明白吗？”

“我明白。”我说。

“我在地震中幸存下来，我从帮派那里幸存下来，我有了自己的生意，我现在不能把我的孩子接回来吗？”

她抬头看着我，想让我告诉她告解结束了。但我有什么资格呢？

“我不能吗？”她重复道。

“我在非洲遇到过一些妇女，”我说，“她们把孩子卖给了劳务代理。她们还有其他孩子，她们认为如果不卖这个孩子，其他孩子就会饿死。她们不是坏人，她们对我说：‘我能怎么办？其他孩子会被饿死。'”

“她们真这样说？”

“是的。”

“那么，你能原谅我吗？”

“这不是我说了算，玛茜。你必须原谅自己，只有你能原谅你。还有你的儿子，把他找回来，然后问他。”

“万一他恨我怎么办？”

我想到了迈克尔和安东尼，想到了所有我在加纳遇到的年轻人。“万一他不恨你呢？”我说。

玛茜没有哭，也没有笑，但一副又想哭又想笑的表情。我们拥抱了彼此，我不知道我们为什么拥抱，但除此之外我别无他法。我身在海地，但我承认自己在想安东尼和迈克尔。我想多待一段时间，但很多妇女都是小摊贩，需要营生，勇敢的她们在太子港的街道上干得相当出色。内奥米请大家重新坐下，准备正式结束会议。

“你们想向反对女性生殖器割礼和儿童奴役的非洲妇女传达什么样的信息？”我问。

我想带一些东西回去，带回几个世纪前曾是他们祖先故乡的地方去。她们没有给我回答，而是演了一出回答。她们没说一个字，突然全部起立，拍着手唱起了歌，我真希望你能看到这个场面，那是一首旋律优美的赞美诗：“女人不是甘蔗。”

起初我还不明白。他们的祖先漂洋过海被船带到这些岛屿上，带到牙买加、古巴，还有这里——利润最丰厚的海地，目的就是让他们砍甘蔗。“女人不是甘蔗。”她们这样唱道。内奥米低声对我说：“不是用来嚼的，不是用来吐的。”

“女人不是甘蔗。”她们唱着。玛茜也在唱，一边唱，一边拍手，一边为失去的孩子哭泣。菲丝琳戴着草帽在唱，内奥米站在最前面领唱，她是那么强大、坚定、不屈不挠，就像远处耸立的群山，就像城市周围若隐若现的幽灵，有人曾告诉我，那是他们所有祖先的幽灵。

这一章原本应该是一片缄默，一片空白和虚无。而现在，我把这句话送给你们：“女人不是甘蔗。”这是她们唱出来的，用一种响亮得足以跨越大洋的声音。这便是她们想让我带回大洋彼岸的东西，我收下了。

The Nurturer

第七种人

养育者

然而，到了 1699 年，
为了防止父母把年龄更大的孩子也塞进来，
有必要在入口安装格栅。

莎拉·布莱弗·赫迪
《母性》
1999

1. 向左，向右

某种东西。

某种强烈而本能的冲动穿透层层睡眠，把你从梦中拉出来。你做了一个你喜欢的梦，梦见夏天的森林和新罕布什尔州的怀特山脉，你曾经去过的地方。在梦里，你望着一只鸟飞快地掠过树梢，努力从金光灿灿的翅膀辨认出那是什么鸟。接着，有什么东西把你拉出了森林，突然……你就醒了。你发现自己在家里，在黑暗中。然后，你意识到是什么惊扰了你的梦。

你的鼻孔里有种难受的辛辣感，喉咙里隐隐作痛。是烟。

这不可能啊。你拿起手机，轻按一下，屏幕上出现了一圈绿色的光晕，时间显示为凌晨 4 点 34 分。是梦里的森林在燃烧吗？你伸手去拿床边的水杯，喝了一口凉水。也许就是梦中的森林着火了，是的，一定是这样。然后，就在屏幕变暗前，你瞥见了它——从门底渗进来，像一团不祥的雾，悄无声息地潜入你的生活，令一切都窒息——烟，真实的烟。

想象你在家里。

还有两个孩子，是两个女儿。

你的伴侣今晚不在家。从理论上讲，你负责家里的一切，但这并不意味着什么，因为你的家庭就像许多其他家庭一样，只是凑合着过日子。但现在你得负起责任了，你曾浏览过相关数据，就在上周，从美国联邦消防管理局的推特链接上读到的：“了解火的真相——火如何成为我们的朋友或敌人。”你想起文章中的那些要点：

- 早在 80 万年前，人类就开始使用火了。
- 火的控制是人类进化的转折点。
- 消防部门每年要处理 35 万多起房屋火灾。
- 平均每年有 2 500 人死于火灾。
- 火灾对 4 岁以下的孩子尤其危险。

只是这一次，那些被卷入温度高达 1 100℃的家庭大火中的孩子不只存在于新闻中，她们是你的孩子，你的孩子可能会成为新闻。你试着去转动门把手，手心的皮肉被灼热的把手烫伤。你想起更多有关火的事实，更多的要点：

- 如果门把手发烫，就不要开门。想其他办法逃生。
- 紧闭的门能延缓火势，紧闭的门能挽救生命。

只是你的孩子处在门的另一边。她们的生命对你来说很重要，你想救她们的命。你努力打消脑海中专家的建议，不理会它们，握住了灼热的门把手。你打开门，大火烧进了你的生活。

火的控制是人类进化的转折点吗？此刻，这里没有控制可言。

你站在走廊里，被烟呛得喘不过气。你的两个女儿，丽莎在左边，露丝在右边。你大喊她们的名字，但没有回答。另一个火灾事实：

- 大多数火灾死亡的原因是烟尘吸入。

她们很可能被烟熏得失去了知觉。烟雾在你脑中盘旋，你感到头晕目眩。但你必须想清楚。一个选择摆在你面前，一个生死攸关的选择：

你只能救一个孩子。
你救不了两个。
你只能救其中一个女儿。
丽莎在左边，露丝在右边。

她们的卧室分别位于走廊两端，但窜动的火焰在你周围熊熊燃烧。你没有时间去到两个地方。但你可以救一个，你确定能救下一个。现在的情况是这样的：不管你先去救哪一个女儿，她都会得救。丽莎在左边，露丝在右边，你最多只能救下一人。你会向左还是向右？

这是一个难以忍受的选择。但生活中的父母有时必须去做，这种决定在电影《苏菲的选择》中有戏剧化的呈现。你会告诉我："我不能在我的孩子之间做出选择，我不会在我的孩子之间做出选择。"

那么让我来帮你。你完全有权不去选择，这是你的权利。你对她们的爱是平等的，你不能选择。火焰沿着地毯向你滚滚而来，仿佛有生命的液体，吞噬着纺织品中的化学材料。你的脑袋轻飘飘的，心里却沉重无比。你的犹豫正在浪费救援时间，吞噬着宝贵的一分一秒。你在纠结自己能否做这种选择，而不是选择哪个。左边的丽莎，还是右边的露丝。她们昏迷不醒地躺在自己的卧室里，火焰在她们身体周围蔓延。你在想，父母没办法做这样的选择。让我来帮你，我来给你一个等式：

如果你不做选择，两个女儿都会死 = 2 人死亡

如果你选择一个（任何一个），一个女儿能活下来 = 1 人死亡

这就是你面临的选择。你还在坚持——我不能做这个决定，我怎么可以选择一个孩子而放弃另一个呢？我来帮你吧。因为我还没有给出足够多关于你孩子的信息，让我给你介绍一下。不过话说回来，什么样的信息有可能让你做出这样的选择呢？任何事情都无法改变现状。

是这样吗？

露丝 6 岁，丽莎 7 岁，这没有太大区别。4 岁以下的儿童火灾死亡风险最高，但露丝已经 6 岁了。不过老实说，这 6 年并非一帆风顺。实际上，对你和你的伴侣而言，这 6 年是一场严峻的考验。你们常常在想，白血病对露丝而言到底是什么感觉。不过，她非常坚强和勇敢。你还记得她出生时的样子，生命如何带着痛苦来到这个世界。你回想起她的脸，她哭了一小会儿，然后露出一副坚忍而明智的表情，仿佛在对你说：“一切都会好起来的。”但是现在，你

感到一种截然不同的痛苦。现在，房子正在你的家人周围燃烧。

在过去的6年里，你已经竭尽所能，事实上每个人都是如此，包括你的亲戚，还有医生，他们总是很专业地为你解答问题，从不给你虚假的希望，但现在，露丝的病情在迅速恶化。

医生们不想告诉你他们的真实想法，但你不断对他们施压，因为你想知道真相，你应该知道真相。你对医生说："听着，你不需要说出来，只要写下来就行，这就是我想要的，这样我才能了解并做好准备。只要写下来就行。"那是一个数字，用绿色圆珠笔（为什么用绿色呢？）写在一张中餐馆账单的背面。你把它夹在床头抽屉里的一本书中，就是那本讲观鸟的书，是露丝买给你的生日礼物，封面上画着一只长着红翅膀的鸟。书里的纸条上只有一个数字：12。你和心爱的孩子相伴的时间只剩12个月了，而现在已经过去了3个月。眼下，房子着火了，你的家燃烧着，就像美国每年发生的35万起火灾一样，只不过这次发生在你身上。

丽莎的情况呢？丽莎比露丝大一岁，身体一直非常健康，这也使得露丝的情况更加令人意外。丽莎健康、聪明、美丽，是上帝的宠儿，是福报和恩赐。丽莎的房间就在左边。

你意识到自己必须做出选择了：露丝还是丽莎？向左还是向右？你不可能，绝对不可能，同时救两个人。如果同时去救她们两个，你将失去两个孩子。还有什么选择？转向其中一个方向，无论哪个，在烟雾和火焰中奋力前行，跌跌撞撞地穿过黑暗，摸索着走到一个女儿的床前，抱起她，努力抓住她瘫软的身体，在房子完全被火焰吞没之前奋力冲出去。这些你能做到，你能救她的命。你会完成这些，并把另一个女儿留在身后。屋顶会塌下来，烈火会吞没房子和里面的一切。再看一眼等式吧：

如果你不做选择，两个女儿都会死 = 2 人死亡

如果你选择一个（任何一个），一个女儿能活下来 = 1 人死亡

你会奔向哪个方向？时间不多了。烟几乎完全遮挡了视线，散发的恶臭随着你每一次痛苦的呼吸深入体内。那么，你要朝哪个方向转？左边还是右边？

你不是一个人

我想我知道你会怎么做。在很多方面，这比那个学校里的选择更困难。为什么会这样？现在又不是 25 个孩子的生命危在旦夕，只是两个孩子而已。但这两个孩子都与你息息相关，都是你的骨肉。更准确也更科学地说，两个孩子都有你的基因，这里面蕴含了很多信息。

基因，你会问，基因和这件事有什么关系？我们很快就会看到。

所以你是怎么做的？对此感觉如何？你觉得你是自己想象中的那种人吗？为了给你带来些许安慰，我会告诉你，当我与着火的房子搏斗时，我的感受可能和认真思考这个问题的你一样，那就是肮脏和矛盾。

然而我知道，是直觉驱使我做出了那个唯一的选择。我相信那是真实的、符合人性的选择。我转向左边，选择了丽莎。

你也是这样吗？如果是，那你的理由是什么？也许你和我一

样，考虑到露丝已经确定只有不到一年的生命了，然后你权衡了这一年的时间和丽莎无限的前景。当然，人总有一死。可虽说如此，我们仍有能力做出这一选择：在一年的生命和有可能超过 70 年的生命之间选择。所以现在我们知道了什么？我们可以在人的生命之间做选择。更有甚者：我们可以在自己的孩子之间做选择。

不过，或许因为这两个女孩的生存前景差距如此之大，才令我们做出了明确的决定。那么，我们如何才能让天平向露丝一端倾斜呢？如果医生预期她的寿命还有 5 年怎么办？这是否意味着你无法简单地在左右之间做出选择，而或多或少会随机在两个女孩之间选择呢？ 5 年可能还不够。如果医生说露丝会在未来 10 年内的某个时候死于疾病，但具体时间他们也无法确定，这会改变你对这一选择的看法吗？选择会因此变得更加困难，但这是否意味着你就不会去救丽莎了？通过思考这些问题，我们能更好地了解我们对人类生命的优先级排序，即如果面临这种情形，我们实际会怎么做。

不过先别急。

我们？这个“我们”是指谁？谁在决定这些事？谁在驱使你的脚转向左边而不是右边？因为当你摸索着穿过房里的烟雾时，你不是一个人。

有人伴随着你的脚步，提醒你，影响你乃至驱使你。那就是我们身体里住着的十种人性之一。

我们脑子里的这个角色有什么特点？先前出现在校园枪击案情境中的是**亲缘主义者**。**亲缘主义者**促使你选择去救自己的骨肉而不是其他孩子——其他很多孩子。而现在，处在危险之中的两个女儿都是你的骨肉，**亲缘主义者**帮不了你。**亲缘主义者**“瘫痪”了，你也“瘫痪”了。**痛苦感知者**的确能预见火灾的痛苦，让你体会到每个孩子在烈火侵袭中的痛苦，但他无法在两者之间做出决择。**恐惧驯服者**在痛苦地低语着他一早就明白的道理：这是生命的一部分，死亡之门就在我们周围，听天由命吧。这些都帮不了你，但某些东西可以，某个人可以。

你的另一个自我挺身而出，从呛人的烟雾中钻出来帮助你。这是进化塑造的一种心理机制，它从无数代人的养育和痛苦中发展起来，是它让我们对着街上的婴儿傻笑。它不仅养育了自己的后代，也养育了我们人类这个物种。它曾无数次让疲惫不堪的父母彻夜不眠，去照顾自己哭泣的孩子。这意味着我们能体会他们的痛苦，就像我们自己在受苦一样。为什么？因为我们将会看到，在某种程度上，他们的痛苦就是我们的痛苦。这种心理机制驱使我们毫无怨言地为他人购买食物和衣服，负担他们度假、理发和度蜜月的开销，即便他们并非总是心存感激。

而现在，我们清晰而惊讶地发现，这种心理机制让我们放弃了自己的一个孩子。怎么会这样呢？

要理解它，我们必须首先看到它的阴暗面。让我们用冷酷无情的“养育”来中和浪漫主义的“抚育”，让我们叫出这个自我的名字。那就是——**养育者**。

2. 残酷的养育

我打算叫她安娜。

显然她的名字不是安娜。我必须保护她的身份，尊重她的意愿，但为了方便我们的探讨，就叫她安娜吧。在进一步论述之前，你需要了解的是，我不知道安娜最后发生了什么，因为在那场车祸（你稍后将读到）之后，突然之间，踪迹消失了。就像有一次我和哈佛远足俱乐部一起去新罕布什尔州爬山那样，当时我跟着一个小组，上山途中，另一所大学的一群女学生也加入了我们，她们一路唱着20世纪80年代辛蒂·劳帕的那首歌曲《一次又一次》（*Time After Time*）。森林里有一条小路，它突然就消失了，前面没路了。这就是安娜的情况。

我第一次见到她是在马萨诸塞州的坎布里奇。之所以见她，是因为和我一起致力于反抗女性生殖器割礼的乌巴不停地告诉我："你必须认识安娜，你必须认识安娜，她太神奇了，每个人都喜欢安娜。"她们住在波士顿市区的同一地段，做了很多临时工作，共同认识很多人，并且成了朋友。"人人都喜欢安娜。"乌巴说着，在哈佛大学怀德纳图书馆前的石阶上坐了下来，她的脚踝时常不舒服。"人人都喜欢她。只不过，她总是迟到。"

"好吧，我会记住的，"我说，"还有什么？"

乌巴笑了。"她讨厌猫。"

"猫？"

"她也不喜欢正宗的巧克力。"

"什么是正宗的巧克力？说来听听。"我说。

乌巴停了一下。"我跟你说过，你们英国人的巧克力是最好的，吉百利牛奶巧克力。"她一字一顿地说，仿佛这三个词同样重要。

"我会努力记住的。"我说。

果不其然，在我们最终见面的那天，安娜迟到了。我在办公的威廉·詹姆斯大楼的大厅里等候，詹姆斯本人的名言就镌刻在电梯上方：没有个人的冲动，社会就会停滞不前。我同意詹姆斯的话吗？我真的理解他的话吗？我百无聊赖地等了安娜 15 分钟。我的邮件都已查看完毕，为了找点事儿做，我又看了看威廉·詹姆斯的那句名言。我一天要经过此地不下十次，却从没有思考过它，停滞不前到底意味着什么？突然，安娜出现了。

“对不起，太对不起了，”她说，甜甜地笑着，“我总是迟到。”她总是面带笑意，即便当她没有在笑的时候，这是我后来发现的。她的口音虽然很大程度上已经美国化了，（“我跟老家的朋友打网络电话时，他们管这叫好莱坞腔。”安娜有一回说道。）但仍带有她童年和青年时期在东欧生活的痕迹。她抓着两个购物袋，其中一个是德国设计。彼时安娜很可能将近30岁了，我从没问过她确切的年龄，因为这无关紧要。她的美令人不安，你会觉得她的颧骨不可能那么高，她的皮肤不可能那么完美，头发不可能那么有光泽，但她确实如此。

“这座楼可真高。”她笑着说，把“高”字拖得很长。

威廉·詹姆斯大楼是校园里最高的建筑之一，有人说它就是最高的，但也有人说不是，所以我们姑且称它为最高的之一。这座楼共 15 层，许多院系都在这幢大楼里，包括心理学系。它由设计世界贸易中心的山崎实设计建造，这座白色的现代主义建筑高耸入坎布里奇的天空。

“是的，很高，”我说，“我们的视野相当不错。”这是实情。哈佛给了我一间很棒的办公室，只有一个问题：持续的空调冷气从桌子后面的通风口不断渗出。我的对策就是：（违反规定地）用成堆的研究论文把它盖住。

“你的办公室在哪儿？”安娜问。

“14层，不过别担心，”我指着电梯说，“我不会让你走上去的，除非你想走。”

从她脸上一闪而过的神情中，我能感觉到，她有些焦躁不安。

“我知道。”她又笑了。是我误解了吗？“天气这么好，我们不如去别的地方吧？西班牙餐馆。你知道那个西班牙餐馆吗？”

“我知道那个西班牙餐馆。不过我可以在办公室请你喝杯咖啡，这不违反哈佛的规定。大多数事情都违反哈佛的规定，但这件事不违反。他们为英国人破例。”

“我一直很想去西班牙餐馆。我的一个朋友在麻省理工学院附近的一家酒吧工作，他知道坎布里奇所有的餐馆，他建议我试试那家西班牙餐馆。你愿意去吗？”

“我愿意去。”我说。

这个突然而微妙的计划变动似乎有点儿奇怪，我当时并没有多想。所有这一切的意义要到很久以后才会显现出来，不过那是后话了。

于是我们慢慢穿过哈佛校园精心修剪的草坪，经过约翰·哈佛的雕像，看到一群游客争相抢答关于雕像的“三大谎言”；我们又经过怀德纳图书馆（我给她讲了关于图书馆由来的悲剧故事及其与泰坦尼克号沉没事件的联系），然后穿过马萨诸塞大道来到餐厅。不得不承认，一路上我都被这个念头困扰着：她为什么不愿意在我的办公室里会面呢？我的办公室很棒，威廉·詹姆斯大楼的办公室都很棒。不过，还是顺其自然吧。

我们选了一张露天的桌子。这天阳光灿烂，天空一片蔚蓝，但在查尔斯河另一边的地平线上有一团乌云。我们坐在沉重的铸铁椅子上，点了咖啡，或者更准确地说：她点了咖啡，而我要了茶。她的鞋里进了一块石子，于是她把鞋脱了下来。一个溜肩的高个子侍者注视着她，目瞪口呆的样子仿佛那是只水晶鞋。我现在回想起她来，脑子里还是那时候的样子。尽管实际中的那个场景温暖而明媚，但在我脑海里，仿佛有人关掉了灯，户外变成了室内，只剩下安娜一个人坐在桌旁，久久地盯着一杯咖啡。直到后来，我才意识到自己看到的是什么——霍珀 1927 年的画作《自助餐厅》(*Automat*)。

不过，她确实点了咖啡。她穿着一条飘逸的碎花裙子和一件鲜艳的绿色开襟羊毛衫，她把羊毛衫扔在椅背上，说："你们英国人，总是喝茶。"

"不总是，只是基本上如此。"我回答，"很高兴终于见到你了，乌巴说你忙着上课。"我在波士顿遇到的每个人似乎都在上课。

"她才忙呢，"安娜说，"她很棒。"乌巴确实很棒。

"你在市中心哪里上课？"我说。

"我去好几个地方，课很不错。"

"你学摄影，对吧？"

"我想成为一名摄影记者。"

"很好，很好，很有趣。"我们都不说话了，人们第一次见面有时就会那样。为了不冷场，我说："乌巴告诉我，你非常喜欢猫。"

安娜大笑起来。"请告诉我，你不是那种喜欢猫的人吧？或者假装喜欢猫的人。"

“猫和狗我都喜欢，我是跟狗一起长大的，但我很喜欢猫。”

她使劲儿地摇了摇头。“对面公寓里那个克罗地亚老太太养了一只猫，那只猫很邪恶。”

“猫怎么会邪恶呢？”

“它爬进我的窗户，在我的植物里大便。”

“你的植物？”

“……花盆？”她说，尝试找到合适的用词。

“啊，花盆。”

“一点儿也不好笑。”她坚持着，用手掌拍着桌子，不过我们都笑了。“比猫更糟糕的只有一样——男人。”

“我们男人怎么了？”

“这个男人，”她凑过来小声说，“他一直在社交媒体上骚扰我，就是他在麻省理工学院附近那家很酷的酒吧工作。”

我知道那个地方，仅限于曾经从那里经过。对一个英国律师来说，这个酒吧看上去太过时髦，不敢贸然进入（我可没有文身、新发型和夸张服饰，而坦白说，这里似乎不值得我做这么多）。“是的，我知道那里。”我说。

“他说：‘安娜，我爱你，我爱上你了，我爱你，我爱你。’”

“别挑剔了，能得到别人的爱慕是好事啊。”

“是啊，但那太无聊了，无聊到你想抓起手边的一瓶洗洁精喝下去。无论如何，我对他说，真的吗，你真的爱我吗？他说真的。我说有多爱？他说有星星那么多，诸如此类的废话。说真的，还挺有趣，但我说这不够。于是他说比星星还要多，我告诉他还是不够。然后他又说，你要多少？我说，一个普拉达手袋就够了。”

我笑了。“这招不错。收到手袋了吗？”

“再也没有他的消息了，”她说，“男人啊！”。

服务员端来了饮料。他给我的茶配了起泡的热牛奶——一种滑稽的模仿，事实上堪称文化犯罪。我要的是凉牛奶，这就令他困惑得好像我让他当场表演踢踏舞一样。

安娜打了一个哈欠。

“抱歉占用你的时间了。”我说。

她笑了。“抱歉，抱歉。我刚从旧金山回来，你去过那儿吗？”

“去过一次，”我说，“我去了‘恶魔岛’。他们想把我关在里面。还在唐人街吃了这辈子吃过的最美味的中餐，唐人街很疯狂。”

“这儿也很疯狂。”她说。

“在波士顿，认真的吗？我不觉得它有那么大。”

“我没有说大，我是说它疯狂。你应该认真听我说话，律师先生。他们应该把你留在‘恶魔岛’。”

我们都笑了，我喜欢她的活泼。我之所以告诉你们这些关于安娜的事，是想让你们了解我所认识的安娜，至少是我认识的安娜之一，因为安娜不止一个。而正是另一个安娜，那个在生活中伤痕累累的安娜，那个《自助餐厅》里的安娜，才是我们探讨**养育者**这个话题时必须认识的人。

在这十种类型中，或许研究人员最孜孜以求的一种，就是**养育者**。原因很简单，我们的一部分表现出令人不安的矛盾行为，至少在初次观察到时会给人这种感觉。一分钟前还表示关心，下一分钟便冷酷无情。我们期待父母给予我们爱，但他们也可能会转身离开。

自古以来，父母这种伤人的精神分裂行为，就是人类固有的一部分。

实验心理学家珍妮特·曼恩（Janet Mann）对此类谜题很感兴趣，她试图研究这个角色。曼恩研究了加拿大母亲如何与早产儿双胞胎互动，这两个孩子都是“高危”新生儿，都患有严重疾病，但很典型的是，其中一个前景更为乐观，即生存希望更大。本质上，曼恩研究的是所谓的“亲代投资”（parental investment）。它秉持的观点是，我们生活在一个资源有限的世界里，而父母投入的时间是另一种资源。

这是父母面临的一个巨大挑战，也是孩子最常见的执念和指责：你更喜欢他（她），而不是我。给予孩子平等的待遇、平等的爱、平等的喜欢（这也许是最难的），所有父母都明白其中的巨大压力。我们守住底线了吗？还是屈服了？在巨大的压力下，我们是否开始表现出优先考虑哪个孩子的行为模式？

有相当多的人类学记录表明，在世界各地的许多传统社会中，如果孩子出生时就有缺陷或生存希望明显较小，他们就会遭到不同程度的遗弃。有时，父母疏于照顾他们，有时则任其自生自灭，甚至将其杀害。例如，关于亚马孙雨林的亚诺马米人的报道显示，先天有缺陷的儿童会被人用树叶埋在浅坟里窒息而死，或者被毒死，甚至被丢弃在雨林中。**养育者**不养育，何以至此？

这是否反映出，与我们相比，这种传统社会还在继续实践着低等的“原始”养育法？例如，亚诺马米人认为先天缺陷的孩子没有灵魂。可这背后的一切难道只是离奇的部落信仰吗？还有另一种看待它的方式，从这一角度来看，我们基于文化优越感的偏见不仅是一种侮辱，还是一种不可容忍的自恋。在西方，也有孩子被遗弃；

在西方，也有孩子被父母杀害。而事实上，其他报道也提到，有的亚诺马米父母不愿依照部落首领的命令去伤害自己生病和有缺陷的孩子，反而试图吃有毒植物根茎自杀。

当然，我们可以这样认为，那些深刻的亚诺马米式困境发生在没有先进现代医疗的社会，而现代医学已经极大改变了生存机会。的确，西医的奇迹改变了生命的可能性，有先天严重缺陷的儿童不一定会死。健康状况很差的孩子可以得到照顾，也理应得到照顾。但事情就这么简单吗？在某种程度上，这就是珍妮特·曼恩研究的课题。在一项大胆而敏锐的研究项目中，她探究了早产双胞胎的母亲是如何投入时间和精力去照顾他们的。当然，曼恩的研究背景是21世纪初的现代西方民主社会。不过，上述那些精于算计的态度在这里会找到痕迹吗？尽管我们自诩“文明”，但是否也残存着一份无情？

必须强调一下，没有证据显示曼恩调查的母亲们是存心或有意要忽视孩子的。事实上，她被母亲们在最艰难状况下展现出的奉献精神所震惊。但同样重要的是，她们在关怀的分配上表现出了明确可辨的差异。四个月后，一种模式浮现出来。

八个月以后，一切都清楚了。

这种模式并不算是忽视双胞胎中病得更重的那个，而是倾向于投资更健康的那个。母亲对更健康的双胞胎之一的哭声反应更积极。在“高度紧张”的情况下，照顾两个病重的孩子似乎会让父母精疲力竭，照顾分配不均。母亲表现出明显的行为偏好，倾向于关注更健康的孩子。从某种意义上说，他们把最好的自己留给了拥有最大生存机会的孩子。

他们选择向左转，而不是向右。

这并不是说，同一个母亲如果只有一个病重的孩子，她就不会为他倾力付出了。正如心理学家马戈·威尔逊（Margo Wilson）和马丁·达利（Martin Daly）所写，父母的爱是“世界上最无私的爱”。然而，当他们根本没有能力兼顾时，当他们必须做出选择时，受益的会是更健康的孩子。

这是否让你惊讶？我很惊讶。这意味着什么？父母的爱是有条件的吗？或者说它会受到条件的影响。如果的确如此，那这些条件又是什么？

“所以乌巴去见了对面公寓里的那个疯女人。”安娜说。

“那个养猫的克罗地亚人？”我问。

安娜使劲儿点点头。“然后乌巴对她说：‘对不起，女士，你的猫又在我们街区捣乱了，我打算去买把枪。谢谢。’”

“至少她说了声谢谢。”

“乌巴很有礼貌。”

“可是买枪，”我说，“未免太极端。”

“我们住的地方，一半人都有枪。但你或许不知道这些。”

服务员还是没有过来补救那杯灾难般的茶，依然没有凉牛奶。天空中的乌云迅速开始聚拢，一团团深色的积雨云在查尔斯河上空翻滚。服务员路过时，我还没来得及提醒他，安娜就对他笑了。那笑容就像一束激光。侍者立刻向这边走来，回以微笑。

“我们要份牛奶。”她面无表情地说，她的直率仿佛一记耳光，服务员一脸不解地离开了。安娜把她留在椅背上的那件鲜艳的绿色开襟羊毛衫拽下来，像披肩一样披上。她身上有一种淡淡的精灵气质，一种脆弱感，掩盖了她言语间的虚张声势。

“惩罚他。”她说。

“惩罚？”

“不给他小费。看他的那张脸，蠢货。我们要份凉牛奶而已，他那样子就像我们往他啤酒里吐了口水似的。”

“他可能还没原谅我们。”

“什么？”

“说来话长。”我说。

我们喝着饮料，谈论着有关女性生殖器割礼的话题。安娜要求见我，是因为她想写一篇图片报道，而乌巴觉得她应该见见我，有助于从人权角度理解女性生殖器割礼的问题。我知道她和乌巴住在唐人街附近的同一幢公寓。

“那么，女性生殖器割礼有何不同？”她问。

“不同？”

“与其他针对孩子的暴力比起来。”

我呼出一口气，声音很大。

“怎么了？”她问，“我像个傻瓜一样问错问题了吗？”

“不，不，这个问题太大了。你知道，要理解女性生殖器割礼问题，关键要理解家庭暴力是怎样在针对妇女和儿童的暴力这一更大的背景下运作的。”

“暴力就是暴力。”她说。

这本身就是一个有趣的问题。例如，对于法国社会学家皮埃尔·布迪厄这样的社会理论家来说，不仅存在种族主义，还存在各种各样的种族主义。我想布迪厄也会对暴力秉持类似的态度。

我正要对此谈论一番，这时安娜问道："母亲们为什么要这么做？对自己的孩子。"

"还有父亲呢。"我补充道。

"但对母亲来说不一样。她们怀胎十月，然后生下孩子。那是她们的骨肉啊。"

"孩子身上也有父亲的基因。我的一个野心就是让更多男性参与进来，一起反对女性生殖器割礼的传统。就目前来说，他们太轻易就逃脱责任了。"

安娜沉默了一阵，拂去前额上的几根头发。"我的父亲也是一名律师。"她最后说。

"挺好。"

"不过，他跟你不一样。"

"那他太幸运了。"

"不，我的意思是说，他是政府的律师。我们的政府很糟糕，但这是一份好工作，这意味着我们能有个条件不错的公寓。我们住在楼房最高的街区，在——"她提到了他们首都的名字，"那是个非常宜居的地方。公寓有个阳台，从那里可以看到整个城市。不过它很高，在我的早年记忆中我们仿佛住在云端。有些人会看到汽车经过自家的窗前，我们过去则常常看到云彩。当然这不完全准确，但我记忆中就是这样。"

出于对她身份的尊重，我不会说出安娜所在国家的名字。像巴尔干半岛的许多国家一样，她的国家经历了令人难以置信的动荡时期。我不知道她来美国多久了，但已经有好几年了。乌巴说她在市中心的一家酒店工作。

“当律师对他来说压力太大了，”她说，“因为他了解所有那些事……正在发生的事，而他酗酒很凶。我觉得他是个好人，在内心深处，但他知道所有那些事，他不喜欢的事。他曾经喜欢钓鱼，然后有一天突然不钓了，他弄断了他的……”

“鱼竿吗？”

“对，鱼竿。他把它们扔进了垃圾桶。他不停地喝酒，最后病倒了，病得很重。”

在我们身后，乌云密布，河面上黑压压的一片，安娜似乎并未留意。她告诉我，她的父亲不仅死于酒精中毒，还死于那份他曾尝试远离的可怕压力。

“所以我们的公寓也没有了。”她说，“他们不让我们继续住下去了，这太不公平了，因为那是我们的家，我还有两个兄弟，我们从来没在别处生活过。但我的母亲再也拿不出钱付房租了，她在医院找了份工作，那工作挣不了几个钱，我们不得不搬出去。我们的新公寓是个令人恶心的地方，到处都是老鼠，大厅里还有醉鬼。我很害怕，原因你知道的，每次我路过时，他们就盯着我。当时我只有 13 岁。”

“你母亲在医院工作吗？”

“她是清洁工，没有受过训练。”

安娜的思路似乎断了。于是我说：“乌巴说你在市中心的一个酒店工作？”

她没有回答，似乎还沉浸在十多年前的那段时光里。“我觉得她喜欢在医院工作，”安娜说，“和病人见面，远离我们。我们慢慢变成了野孩子，我和我的兄弟。如果妈妈上早班，我们就必须自己做饭，自己准备上学。她回到家来就会讲医院里的病人，可怜的某某先生，我想给他拿点好东西，有什么好东西能给他呢？还有可怜的某某女士，她让我下班后留下来陪她说话，她太孤独了。于是我母亲真的留下来陪她。但她自己的孩子呢？我们被留在家里，勉力成长。自从父亲去世后，她好像就不再是我们的母亲了。"

"也许，"我说，"也许只是太艰难了，医院的活把她累坏了。"

安娜摇了摇头。"我想，对她来说，我们是一种提醒。"

"提醒？"

"让她想起他，想起我的父亲。她指责我们，说父亲为了养活我们如何拼命工作。她总说他们结婚时多么幸福，在没有生我们之前多么幸福。人们说最幸福的时光是你有孩子的时候，但那是应该的情况，而不是实际情况。抚养孩子一定很辛苦。"

她停了下来，望着河那边。她的眉头紧锁，摩挲着肩膀，把绿色开襟羊毛衫绕在脖子上。"我永远不会做这事。"她说。

"做什么？"

"生孩子。"她最后说。

3. 像我这样的案子

现存最早的法律之一是以巴比伦第六任国王名字命名的那部著名的《汉谟拉比法典》。在一根两米多高的黑色玄武岩石柱上刻着楔形文字，认可了一桩父母卖掉自己孩子的交易。如果这笔买卖是为了偿还债务，依照该法典的规定，孩子必须忍受三年的强迫劳动。

汉谟拉比在公元前 1750 年前后统治巴比伦。在加纳，就在几年前，安东尼的父亲把他儿子卖为奴隶。我不知道他是不是为了还债，安东尼也不知道。但这不仅是汉谟拉比的行为，千年之后的公元前 5 世纪，一位罗马父亲也会对此表示赞同。因为作为罗马法学基石的《十二铜表法》中的法令规定，如果一个父亲把他的儿子卖了三次，那他就失去了对儿子的控制权，儿子就能脱离父亲，而卖掉儿子两次似乎是一种可接受的行为。

再往后近一千年的公元 313 年，罗马第一位基督教皇帝君士坦丁认可了买卖儿童的合法性。不久后，卡帕多西亚的圣人凯撒利亚的巴西尔怀着对儿童买卖的担忧写道：

> 我如何能让你看到穷人的苦难？
>
> ……他没有金子，也永远不会有。他能做什么？他将目光转向自己的孩子：卖掉他们，死亡就可能迟些降临。想象一下在饥馑的绝望和血缘纽带之间的挣扎吧……
>
> 那么，这位穷人会怎么想呢？我该先卖哪一个？谷物拍卖商最喜欢哪一个？我应该从最大的孩子开始卖吗？但因为他的年龄，我不愿这么做。那我先卖最小的吗？我可怜他年幼，又缺乏经验……多么恐怖的痛苦啊……我成了怎样一个畜生啊……如果我把他们都留下，我将眼睁睁看着他们全部饿死。

巴西尔写下这些时是 4 世纪下半叶，在小亚细亚，也就是现在的土耳其。沿着黎凡特地区往下走，我们会发现认可抵押儿童行为的犹太法律传统。时间再后推千年，我们看到了中世纪的弃婴医院

（后面会详述）。随着历史长河向前奔流，一代又一代过去，时间来到了我们这个动荡不安的世纪。在这里，我们发现了安娜，以及发生在她身上的事。

“他是一个大学教授，”安娜说，“助理教授。我希望最后能上大学，但我知道我们交不起学费，但他说我可以为他做一些清理和归档的工作。他和我们家有亲戚关系，所以我想求他帮忙。这对我来说是个很好的机会，对我们全家人也是如此。”

“你是说这是全家人的一次机会吗？”

她点了点头。“我的弟弟们遇到麻烦了，尤其是大一点的那个。他一直在街上瞎混，有时甚至会吸胶，那是街头小孩做的事，为了快感，为了御寒，但不是我们这样的人该做的。在父亲去世前，我们也是体面人。但我们一直在走下坡路，我们慢慢流落到街头，流落到……”她指了指人行道和排水沟。

“这么说你去教授那里工作了？”

“不是一份合适的工作，不过，是的，他让我去了。你得知道，他对我也很不错。他会说，安娜，你看上去太瘦了，他还给我带比萨——不像这里的比萨。或者他会说，安娜，你的衣服太旧了，然后就给我钱买新衣服。事情就是这样开始的，这些让我觉得自己长大了。他对我总是那么和蔼可亲，还给我讲克里姆特和巴尔扎克的故事，在那之前我从未听说过巴尔扎克。”她的脸上掠过一丝微弱而缥缈的微笑，但很快就消失了。我们简单谈了谈我最近读的巴尔扎克的小说，谈他的巨著《人间喜剧》，以及堪比《李尔王》的《高老头》。巴尔扎克书中的巴黎就是一个世界，它被描述为“一座盛满真实苦难和虚幻乐趣的山谷”。

“他喝醉的时候，”安娜说，“会冲我大喊大叫并咒骂我：你都让我做了什么啊？就像我是魔鬼一样。好像一切都怪我，好像他的错是我造成的一样。”

“你造成了什么？”我问。

“让他有了外遇。他已经结婚了。”

一切都开始清楚了，至少当时我是这么想的：那种熟悉的套路。但我错了。

“当他和蔼可亲的时候，就好像他身后有许多扇门，通往各种美好事物——诗歌、展览、音乐，那些多年前父亲还在世时我们会考虑的事物，后来都没有了。这让人兴奋，因为我觉得他握有那些门的钥匙，他可以打开它们，然后我就能走进去，去往那边更美好的生活。但是，从来没有，”她说，“我从来没有进去过，他从没允许过。”

“为什么呢？”我问。

“因为他嫉妒心非常重。他对我说：‘安娜，要明白男人想要什么。安娜，别再做小孩子了，搞清楚男人想要什么。’就好像他不是男人一样，好像他不是那些男人中的一员，也没有欲望一样。可他有，一直有欲望。他过去常和朋友出去打牌。‘这是男人们干的事儿，安娜。’他对我说。他说话的样子好像男人是另一个物种，他们都很危险，而我永远不能接近他们。

“而且，他才是问题所在。他从牌局回来，喝得醉醺醺的，他才是我必须小心的那个人。有时候，情况真的很糟糕，他对我大吼，说这一切都是我的错，说我是魔鬼。有时候严重到我只能躲在柜子里，我钻进橱柜躲起来，然后他拉开了门。‘你为什么躲起来，安娜？什么，你觉得我会伤害你吗，安娜？’他拽着我的头发把我拖出来。有一次，他开始用金属衣架打我的手臂。‘看看你让我做了什么，’他说，‘看看你逼我做的事。’”

“安娜，你不必告诉我这些，”我说，“你还不了解我。”

“我了解我自己，”她说，“我想说。”

“我只是个律师而已。”

“律师见多识广，你是这样吧？”

“我是见过不少事情。”

后来，我在一个案件中担任法官。在此案中，一名男子被指控家庭暴力，他因为种种不明原因无法请律师，于是由他自己在法庭上做自我辩护。我强烈建议他不要那样做，这样我完全有可能会把他送进监狱。判决前报告称，他对自己的行为（多年来一直虐待妻子，例如喝醉时用钝器打她的脸）深感后悔。然而，当他自我辩护时，真正关心的似乎是他自己，他自己如何也是一名受害者，而那些痛苦的悔恨全都集中在他自己的命运上。而我确实把他送进了监狱。

“你见过像我这样的案子吗？”安娜问。

“我见得太多了。”

“那你知道些什么？”她说这话就像在叫板。我感觉自己在参加面试，却不知道面试内容。我思考着该如何回答，我觉得自己该说实话。

“我知道你会自责。”我说。

她没有承认也没有否认。“还有什么？”她问。

“我知道他打了你之后会表现得很难过。他可能会哭，你会安慰他，但事情还会一再发生。”

她沉默了。“你错了，”她说，“他从来没有哭过。”

“但你确实安慰他了？”

“他说我是唯一了解他的人。”

“这一切开始时你多大年纪？”

“16 岁。”她说。

“你还是个孩子啊，安娜。他为什么一直打你？”

“因为我做的事让他生气。”安娜说。

我等着她告诉我。我的脑子转得飞快，试图想象这个年轻女人对那个年长男人做了什么。她显然很难过。

“我怀孕了。”她终于说了出来。

北美的其他研究人员以另一种方式研究了父母对待孩子的态度。在这项研究中，他们考察了哪种死亡会让父母更伤心：是健康孩子的死亡，还是生病孩子的死亡。

数百名受访者在实验条件下接受了调查，以评估他们的“悲伤强度”。结果非常明显：失去那个健康的孩子会给父母带来更大的痛苦。为什么会这样呢？仅仅是因为健康孩子比不健康孩子的平均预期寿命更长吗？造成这种额外悲痛的原因是什么？我们很快会从基于我们自己的实验中找到答案。

但在此之前我得说，我不能假装在处理此类困境时彻底颠覆了自己对于“我们是谁”的看法。不过，我的看法的确受到了挑战，这让我想要了解更多。人的生命难道不是平等的吗？作为人权律师和有社会正义感的研究人员，我坚信这一点。但证据似乎表明，我们最终采取的行为并不平等。我想正视这一问题，理解发生的事。仅仅因为我们不喜欢，并不意味着它就不会发生。而一旦它真的发生了，也并不意味着我们不能尝试去改变。不过，我们首先必须理解发生了什么。下面概括一下我们在燃烧的房子里的决定：

我们选择抛弃自己的一个孩子。

我们扪心自问：父母怎么能这样做呢？

但最终我们选择了丽莎。

这个问题的言下之意是：没有哪个正派的父母会抛弃自己的孩子。但是，正如几个世纪以来的历史记录所证明的那样，人类生活中一个令人警醒的现实就是儿童一直在遭到遗弃，而且他们还将继续遭到遗弃。不久以后，我们将看到实证证据，揭示出哪种类型的孩子更可能被遗弃或遭受身体上的伤害，甚至被杀害。不过现在，我们开始了解到，当我们选择向左而不是向右时，当我们选择丽莎时，我们并不是一个人。

从本质上讲，没有哪个生命不如其他生命有价值。并不是说露丝在某种程度上低丽莎一等，然而我们必须正视，燃烧的房子告诉我们，在极端情况下，我们能够优先拯救某些人而非另一些人的生命。认识到这一点后，还有一个问题需要解决：我们依凭什么原则可能或敢于做出如此生死攸关的决定？在燃烧的房子里，是什么驱动我们向左或向右转？是什么使我们总是无情地冲向藏在扫帚柜里的自家孩子，而放弃教室里挤作一团的其他孩子？

通过强迫自己从火中救出其中一个孩子，通过做生死攸关的决定，就像我们先前假设学校里有一个枪手一样，我们才得以褪去各种礼仪和规矩的外衣。我们不再为了迎合他人而做出礼貌或普遍的选择，以便获得良好评价，由此我们自己也会感觉良好。相反，我们要挖掘自己最基本的动机，我们不得不做出研究人员所说的“具有生物学意义”的决定。这绝非易事。我们试图理解的，不是人们可能希望自己会做什么，而是他们实际上会做什么，以及这么做的根本原因。下面我再举一个例子。

假设我们面临和之前完全相同的处境。房子着火了，火焰越烧越高，烟雾几乎遮蔽了你的视线。

- 你身处火海，什么都看不清，四周漆黑一片。
- 是黑烟使得四周漆黑一片。

你在令人窒息的黑暗中摸索着，就像弥尔顿《失乐园》中的那句话一样：你眼前是看得见的黑暗。如果在黑暗中你不知道自己身在何处，也无从选择，那就容易多了。但我不能让你逃脱责任，你必须做出选择，所以你得想清楚。不管怎样，你必须像你生命中的任何时候那样清晰地思考。那条推特链接，你真希望自己从未读过它，仿佛是它给你带来了厄运，给你和家人带来了厄运。还有一件事也被它说中了：你的T恤在冒烟，它着火了。

- 如果你的衣服着火了，遵循“停、倒、滚”原则。
- 停在原地，倒在地上，翻来覆去打滚。

你倒在地上一阵乱滚，把身上的火扑灭。你的孩子呢？你有两个女儿。火海之中的她们身穿棉质睡衣，分处两间卧室——丽莎在左边，露丝在右边。

这一次，想象两个女孩都是12岁，是一对双胞胎，但露丝和丽莎有一些不同，露丝患有先天性疾病，不能生育。我要你考虑的问题未免残忍，你的这两个女儿，一模一样的同卵双胞胎，只是其中一个不能生育。这重要吗？真的重要吗？这对谁生谁死有影响吗？如果有，为什么呢？

在火灾中，受害者主要死于吸入浓烟。贪婪的火焰耗尽了所有氧气，使空气中充满毒素。缺氧是致命的，这意味着你必须立即做出决定。当你纠结于生育能力是否重要时，当你脑子里盘算着是向左还是向右时，可怕的魔力正在发挥着作用，抽走空气中的氧气，抽走卧室里孩子的生命。

在其他方面，你的两个女儿完全没有任何不同之处。她们都很健康，都很爱你，你也很爱她们，她们彼此喜欢，但你必须从中选一个。火焰正顺着墙往上爬，灰泥在高温下熔化，一道道缓缓流下，斑驳了墙面。走廊里有两扇卧室门，每扇门后躺着你的一个女儿。她们没有响应你的呼唤，她们已经失去了知觉。在这个生死攸关的决定面前，她们没有任何差别，只不过一个能生育，而另一个不能。你会选哪一个？

左边还是右边？

丽莎还是露丝？

4. 文明的表面

我想我知道你的选择。如果你再次选择丽莎，那么你将与全球数百名受访者一致，从多伦多一直到东京。结果表明，与失去婴儿相比，失去青少年往往更令人悲伤。为什么会这样呢？当然，我们认识青少年的时间更久，有更多的机会建立更牢固的联系。但仅此而已吗？

要回答这个问题，我们需要进一步考虑两件事。首先，回想一下你的答案：你准备救谁？救丽莎。露丝因为不能生育就要受到惩罚吗？这在何种程度上削弱了她的生存权？

让我们再想想：毕竟，我们不能保证丽莎以后会生孩子，没有证据表明她特别倾向于或想要这么做。那么，我们这样选择的动机是什么？为何生殖潜能如此重要？

为了理解这些问题，让我们将时间快进 10 年。

两个女孩已经长大了，她们都满 22 岁了，露丝仍然不能生育，但现在丽莎被诊断出了绝症，最多只能活 10 年。根据医生的说法，也可能不足10年，但最多10年。现在，最后，我们还要向右转吗？现在选择如下：

> 左边 = 丽莎（22 岁），还能活 10 年，但可以生孩子。
>
> 右边 = 露丝（22 岁），不能生孩子。

现在，我们终于要去救露丝了吗？

我这样做了，这简直是种解脱。我们已经放弃了生病的露丝和不孕的露丝，但鉴于这次她的姐妹病了，不孕的露丝终于得救了。

不过，我们可通过简单添加一个事实来改变这个结果，一个附加条件就会颠覆一切。你可能已经猜到了，对吗？

丽莎怀孕了。

现在，你要救谁？身怀六甲但身患绝症的丽莎，还是注定不能有亲生骨肉的露丝？当然，露丝可以收养孩子，她可以通过这个途径成为母亲，只是永远无法生下自己的孩子。你会救谁？

如果丽莎已怀孕 8 个月，你会牺牲露丝来救她吗？这次的等式是什么？我们还能把它化约为简单粗暴的事实吗？

丽莎（还能活 10 年）+ 宝宝 >（不孕的）露丝……？

我想跟你们聊聊另一项特别的研究。在这组实验中，成年人被要求评估其他父母在不同年龄的孩子死亡时的悲伤程度。这样，受访者本人的基因没有直接参与。在这个实验中，有趣的现象发生了。

首先，预估的悲伤程度与死亡儿童的生育能力之间存在着或多或少的强相关性。越接近青春期的孩子，其死亡带来的痛苦就越大。基于我们探讨过的其他研究，这一点是可以预料的。但接下来，真正的重要发现在于：根据悲伤程度绘制的曲线几乎精确反映了非洲某个特定族群的生殖潜能曲线，这个族群就是居住在卡拉哈里沙漠的昆人。为什么加拿大和日本的调查对象给出的一系列选择会与这些传统沙漠居民的生殖生命周期相匹配呢？

答案在于，昆人以狩猎和采集为生，他们的生活方式与人类历史上大约 99% 的时间里我们祖先的生活方式更为相似。从这个意义上说，他们比我们更能代表历史上的人类。而我们这些久经世故的现代人是怎么做的？当我们需要对涉及生死的这类原始而本能的事情做出决定时，我们的决定模式与狩猎采集民族非常相似。这真是相当有趣，怎么会这样呢？

对于进化心理学家来说，此类困境为我们提供了洞悉大脑深层结构的机会，这些深层结构隐藏在“文明”和现代生活的表面效应之外。通过这种了解，我们得以接触到自身内在的终极驱动力。如果不使用安慰性的委婉措辞，如果不加以修饰，那么这种终极内驱力可以被明确地表达为——生存和繁殖的需要。

所以这就是十几岁的安娜犯下的大罪：她怀孕了。我想到这个脆弱的少女从藏身的柜子里被拖出来，被人用衣架殴打，吓坏了，还怀着孕。这就是我给你们讲安娜的原因。

“‘打掉它，打掉它，你得把它打掉。’他说。我告诉自己，安娜，你要打掉它。但在我内心深处，有一个我自己都不认识的声音在对我说，你不会的，你绝对不会打掉它。我不明白，我不想生孩子，我不能生孩子，太耻辱了。然而，我脑子里的这个声音在说，你不会打掉它。也许他看出了什么，也许是因为我在哭，我记不得了，但他很快又变回那个和蔼可亲的人，恢复了他不喝酒时那副温柔善良的模样，说：‘别担心，我会付钱的，我会照顾你。没人会知道这事儿，我们一起想办法解决。你不要担心，我们一起去把它打掉。’他知道该怎么做，他认识医生。于是一切安排妥当。我要去堕胎了。”

下落的雨点让人越来越不舒服了。马路对面再往前一段路就是另一家餐馆，坐在户外的人正要求换到室内去。马萨诸塞大道上，汽车在宽阔的车道上飞驰，随后突然在尖厉的刹车声中停住，因为一群哈佛学生从人行道上走下来，甚至都没有看路，仿佛确信世界会为他们而停下脚步。事实也的确如此。

“堕胎的时候你多大了？”我问。

她摇了摇头。“我没有堕胎。”

故事又一次偏离轨道。

“没有吗？”我问。

“我做不到。”

我们突然陷入沉默。我看着她，而她把目光移开，似乎想收回刚才的话，接着似乎又意识到这样做没有意义，我也不会相信。在某种程度上，她好像因为说出这件事而松了口气。雨滴在她的头发上闪闪发光。

“我有了他的孩子，”她说，“这一切太疯狂了。”

“你那时多大？”

“17 岁。”她说，“怀上的时候 16 岁。”

很年轻，太过年轻了。这在她的国家难道不是非法的吗？我没有机会问她。

“我试着保密，但终于有一天我受不了了，甚至在我还没显怀之前，我就告诉了妈妈。我一直都在努力……”她紧紧抱住自己。

“保守秘密。”

起风了。一张迷路的报纸像风滚草一样滚过街道。

“是的，保守秘密，这个可怕的大秘密。所以告诉她之后，我甚至有点高兴。但妈妈变得非常冷淡，当时她正在煎鱼，锅里有热油，我还以为她会把锅扔到我脸上，我猜她的确想那样做。不过她几乎什么也没说，只是让我出去。她非常安静，还关掉了炉子。‘滚出去。’她非常平静地说。然后我开始哭，请她原谅我。我恳求她的原谅，但她反复尖叫着：‘滚出去，滚出去，滚出去，滚出去，滚出去，滚出去。’我说：‘妈妈，请看看我。’她就是不看我，只看着锅。我拉她的胳膊，她转过身来。那副表情，那眼神，一点都不像我的妈妈。”

安娜告诉我，油非常热，一直在吱吱作响。安娜的母亲说，她不认这个女儿了。

“但你肯定需要她的帮助啊。”

“我做的一切太可怕了。”

“可没有你母亲的帮助，你一个少女，怀孕的过程会非常非常艰难的。”

“她永远不会原谅我了。”

“她是虔诚的教徒吗？”

“他——孩子父亲……”

我被搞糊涂了。“是孩子的父亲信教？”

“孩子的父亲是我的舅舅，”安娜说，“我母亲的弟弟。”

5. 放弃

没有确切的证据表明第一个弃婴轮是在哪里建造的。

但可以明确的是，这种设备一经出现，就面临着极大的需求量。这类轮子有各种各样的名字：葡萄牙语的 roda，法语的 tour，意大利语的 ruota。它们不是普通的轮子，对于它，最好的解释途径就是了解其中最著名的一个。

菲利波·布鲁内莱斯基是 14 世纪末一位佛罗伦萨公证员的三个

儿子中的老二。年轻的布鲁内莱斯基是一位才华横溢的雕刻家，在佛罗伦萨文艺复兴热潮中，他参与竞争了设计洗礼堂大门的至高荣誉。他设计的大门呈现了有史以来最著名的儿童祭祀之一：亚伯拉罕向上帝献祭自己的儿子以撒。不过布鲁内莱斯基输了，他的落败对文艺复兴而言是一种万幸。一个世纪后，当米开朗琪罗本人看到布鲁内莱斯基的竞争对手洛伦佐·吉贝尔蒂设计的大门时，他给出了如下评价："这无疑是天堂之门。"不过布鲁内莱斯基即便知道自己输给了这样一位值得尊敬的对手，恐怕也不会感到多少安慰。

就这样，布鲁内莱斯基将注意力转向了另一件事：建筑。这也是今天他为我们所熟知的原因。正是布鲁内莱斯基解决了如何建造佛罗伦萨主教座堂圣母百花圣殿的圆顶问题，但这并不是他的第一件建筑作品。

布鲁内莱斯基的第一份委托实际上是设计佛罗伦萨的孤儿院——育婴堂。佛罗伦萨育婴堂的设计委托来自有钱有势的佛罗伦萨行会，比如丝绸业行会。落成后，它就是世界上第一个专门照顾儿童的机构。这种需求很大，与中世纪欧洲的其他地方一样，在托斯卡纳地区，有很多孩子"暴露在外"，遭到遗弃。

他们有时被丢在街上，有时被丢在教堂门口。弃婴可能成为天气、食腐野狗和命运的牺牲品。这个问题变得令人无法容忍，亟待找到制度性的解决办法。为应对父母遗弃子女的问题，育婴堂应运而生。它被建在一座农场旧址上，起初，孩子们被放到前廊的大理石盆里，但到了 17 世纪，这里安装了一种轮子。

此装置包含墙上的一个洞，洞后面是一个平放的旋转轮。可以将婴儿放置在轮子一侧，然后旋转轮子，孩子便进入育婴堂内，而父母则保持匿名。这种允许在不辨明父母的情况下存放儿童的装置变得非常流行。

由于历史的迷雾和记录的遗失，弃婴轮的起源我们已不得而知。可以确定的是，当1180年第一个遗弃儿童庇护所在法国开放时，里面就已经有了一个简陋的轮子。1196年，教皇英诺森三世颁布了一项法令，规定所有孤儿院都应设有一个轮子。到了19世纪初，意大利已有1 200个城镇和村庄安装了弃婴轮。

正如加州大学戴维斯分校的进化人类学家莎拉·赫迪写到的那样，1660年，佛罗伦萨育婴堂的大理石盆被一个旋转轮取代。到了1669年，为防止父母把年龄较大的孩子通过狭窄的缝隙塞进去，院方不得不在缝隙处安装格栅。

我们在西班牙餐馆里躲避倾盆大雨。安娜把头发扎到脑后，雨点使她的头发变得光滑。我突然感觉她老了许多。

“现在你该讨厌我了。”她说。

“因为你舅舅吗？”我说。

“因为你在评判我。”

“我真的没有。”

“你有。人们嘴上说着不会评判你，但实际上会的，我理解。我自己也评判自己，我干了一件可怕的事情。”

“安娜，你那时还未成年，他是成年人。”

“他是看着我长大的，我知道他已经结婚了。我认识他妻子好多年了，没人喜欢她。她很胖，又矮又胖，我父母管她叫‘沙滩球’。甚至连她丈夫也不喜欢她，他亲口跟我说的。”

工作人员在桌子周围走来走去，点上蜡烛。我们仿佛身在山洞之中，被一堆小火把照亮，外面的光线在迅速消失。

“我妈妈说他应该找个更好的妻子。妈妈总是护着他，因为他是兄弟姐妹中最小的一个，是她的小弟弟。我们小时候，他一直是个和蔼可亲的舅舅。”她慢慢地摇了摇头，“这简直是疯了。我到现在都不知道是怎么发生的。我不该让这种事情发生的。”

我重申了她那时才16岁，但这并没有多大意义。我在法庭上发现，人们有时候根本不想让你为他们辩护，有时他们就像是自己的检察官。

“我放弃了我的孩子，”她说，“让人领养了。”安娜站了起来。她平静地说：“我不希望你讨厌我。”

“我无权这样做。”我说。

“希望我能相信你。”她朝门口走去。

“别走啊，”我说，“外面还在下雨呢。”波士顿的雨总是下得很大。太阳没能冲破云层，乌云像烟雾一样笼罩在它的表面。

“希望我能相信你。”安娜又说，她的眼睛在我脸上搜索着什么。

“那你就相信吧。”我说。餐馆里挤满了客人，但又好像空无一人。伴随着食客们的刀叉碰撞声和轻柔的吉卜赛音乐，我们仿佛被单独困在了某个地方。她没有听从我的提议，离开了。

那天晚些时候，她打电话给我，为自己的离开道歉，她当然没有必要道歉，我这才明白她为什么觉得我会讨厌她。我试图向她解释，虽然我不清楚她祖国的确切情况，但或许有某种方式可以帮她与自己的儿子重新建立联系——以一种精心安排的可控方式。我认识一些律师，他们认识她所在国家的律师，如果有法律认可的协议，我就能查到。在过去的20年里，领养的公开程度逐渐提高，人们越来越多地认识到亲生父母的痛苦和权利。我知道一种创伤模式，文献中称之为“放弃”孩子，这种悲痛类似于面对死亡。我在想，这是不是她最初真正想见我的原因。不是为了女性生殖器割礼问题，而是想看看我能否就收养问题为她提供法律上的建议。可实际情况要复杂得多。

实际情况是，在生下孩子后，她确实把他送人领养了。这一点千真万确，但并不是事情的全部。安娜卖掉了自己的孩子。

6. 玫瑰

弃婴轮是摇篮和转盘的奇怪混合体：孩子被放到一个类似简易床的空间中，转一转，便消失在弃婴医院或孤儿院的墙壁之后，进入了某种制度化的摇篮里。布朗大学教授戴维·柯泽（David Kertzer）表示，弃婴轮充当了两个世界之间的通道，“外面是自然和罪恶，里面是文明和救赎”。

在这里我们看到，制度化的安排为面临险境的婴儿提供了解决办法，同时也充当了监管女性及其身体和性行为的一种形式。当安娜终于透露了自己和那个年长男人的关系时，她发现这一切都充满了强烈的道德谴责。

因此，弃婴轮的辩护者认为这种装置能保护儿童免受“堕落的不洁氛围……和邪恶的浸染”。对放弃孩子的女人来说，这是一种隐藏“罪恶和耻辱证据”的方式。正如安娜发现的那样，人们的关注点始终无情地落在她身上，而不是那些让年轻女性怀孕的男人，历史上也一贯如此。因此，弃婴轮承载了一种理念，即出生在一个充满性、危险和色欲的不可控世界里的儿童，可以被转移到一个在制度和道德上安全的环境中。当然，现实并非如此，许多孩子都死了。

死亡率因时因地而异，但孩子们一直在死亡。当父母把自己的孩子放在育婴堂的轮子上时，他们实际在做什么？这是一种社会性杀婴行为吗？一种结束你无法亲手结束的生命的有效方式？或是一次非常非常冒险的赌局，赌那个渺茫而唯一的机会？

有时父母会留下一些记号。例如，1739 年在伦敦的育婴堂，一个叫弗洛蕾拉·伯妮的孩子的母亲就给她留了一小块带波点图案的奶油布，上面绣着一朵盛开的红色花朵。布上还别着一张纸条，纸条上甚至写着工整的字，谁能真正体会到弗洛蕾拉的母亲所承受的痛苦呢？她请求"特别照顾"她的孩子，因为孩子"将会被重新领回去"。然而事实是，像弗洛蕾拉·伯妮这样的孩子很少会被领回去。

在意大利，这些记号不只是撕破的布片，还包括外国硬币、残余图片和圣像，意大利语称其为 segni di riconoscimento，即识别标记。这些标记代表了什么？它们代表着最后的希望，或者像戴维·柯泽所说的，常常代表着对遗弃这一残酷行为的否认。

我们应该如何理解高的母亲的行为？他们一家住在沃尔特湖沿岸的一个社区，高的母亲常年面临一个问题：如何养活所有的孩子？

高的母亲为了一小笔钱放弃了他。这笔钱至关重要，能帮她养活其他人，但付出的代价是失去高。那个愿意出钱买高的男人说服了她，说高将会得到一份重要的工作，会得到很好的照顾。那些全都是谎言，那个人的真实身份是人贩子。

高被迫在湖上捕鱼。那是一项艰苦的劳动，其间还会遭到毒打。

有一天，在沃尔特湖主要居民点耶吉镇附近，高看到一个男孩跳进水里，他试图解开渔网的结，结果被淹死了。从那时起，高的脑海里便萦绕着这个念头：他会像这个男孩一样死去，他会被困在水下，湖水永远不会放他走。

高快 14 岁了，他在湖上待了 4 年多。他在这儿从没有拿到过报酬，还经常挨打。他没有上学，没有接受教育，只有工作。当一个被解救的孩子把高的情况告诉凯特·丹弗斯的同事时，凯特的团队找到了高。从那时起，高就在非政府组织的救援中心接受庇护和支持。

高仍然被湖水困扰，也许将永远如此。你摆脱了这个湖，但它不会放过你，就像那些长出水面的树不会松开渔网一样。还是说那些树已经死了？这就是那个湖的神秘之处，你很难知道什么是活的，什么是死的。

不管怎样，高开始上学了。他在学习，了解湖之外的世界，了解他自己，了解自己虽被迫工作但并不是奴隶，了解他现在的生活可以而且将会与过去不同，会变得更好。

了解他能否和放弃自己的母亲重聚——问题就在这儿。

安娜卖掉自己的孩子，获得了 1 000 美元。她通过一家中介把孩子卖给了一对来自“西方”的夫妇。我知道，在那个时期，在那个地区，确实存在所谓的“婴儿交易”。成千上万的孩子被“卖”给了西方人，中介机构如雨后春笋般出现。孩子是门大生意，安娜的孩子便是其中之一。

她告诉我，她不知道自己还能做什么。她的一些朋友，用她的话说，在卖“其他东西”。

“我知道这是可以做到的，她们去国际酒店的大堂里坐着，等着。你给保安一些钱，他们就让你在那等着。其中一些女孩子非常聪明，她们想上大学，但没有钱，这就是她们挣学费的方式。不过，有时她们只是把钱花在毫无意义的东西上，比如名牌商品什么的。”

普拉达手袋。

“我的朋友们说，你为孩子尽了最大的努力，”她说，“但是我在想，我对自己的孩子做了什么啊？问题就在这儿：我对孩子做的事。”

她心里的检察官再次起诉了她。我们在电话中交谈时，我试图帮助她，但她拒绝了任何缓刑措施。我们的谈话发生在十多年后，但在她的心里，她仍然有罪，而且会一直有罪。

大约一个月后的一天，我去哈佛大学办公室门口的长廊上查看我的信件格。威廉·詹姆斯大楼的信件格就在饮水机旁边，从那里你可以一览校园的全景，一直延伸到查尔斯河，到处都是宿舍楼，白色的钟楼高耸入云。我发现有人给我寄了一张字迹工整的明信片，是安娜寄的。

正面是一幅画，画着一丛白玫瑰，完美得就像一件仿制品。我不明白安娜为什么选择这张卡片，或许商店只剩下这张，或许这并无特殊含义。但为什么是一丛白玫瑰呢？当我把卡片从信封里抽出来时，有什么东西掉了出来，一朵白色的干花，就像卡片正面画着的花一样。

德克斯特，谢谢你主动向律师朋友咨询我的案子。很长一段时间，我假装一切都结束了，假装儿子不在我的生活中，但他一直都在。我来到这个国家，假装他已经离开，但是我错了，他没有离开。我知道你还是会说你不会评判我，但真的吗？我没办法写那篇关于女性生殖器割礼的报道了，因为我自己就是一个坏人，最坏的人。我想给儿子最好的东西，我觉得他已经长成一个快乐的大男孩了，我没有权利再伤害他了。我想我希望你帮我找到他，但那样他会觉得羞耻的，我也会感到羞愧。所以，我不会再去找他了，不过还是谢谢你愿意帮我。安娜敬上。

当我一遍又一遍地读她的卡片时，我想，也许把我们带到世界上的那种奇怪的激情并不一定会陪伴我们走过这段旅程。因此，安娜的儿子完全有可能在一个富裕的西方城市，过着心满意足和备受宠爱的生活，也许他永远不会知道自己的出生带来的混乱与创伤。像安娜一样，我希望事实就是如此。我把卡片和干花放到了空调通风口处的那堆研究论文上。

特拉华大学的心理学家玛丽·多兹尔（Mary Dozier）与同事们进行了详细的研究，以调查养育过程中的哪些因素会影响孩子的成长。

研究人员调查了 50 名养父母与其收养孩子之间的关系。孩子的年龄介于刚出生的婴儿和 20 个月的幼儿之间。在对社会经济地位和种族等其他变量进行控制之后，多兹尔发现，要预测孩子对养父母的依恋程度，最准确的因素只有一个：养父母对自己童年经历的感受有多温暖和积极。

安全依恋，即孩子寻找并确信他们会得到安慰，是很重要的。随着孩子的成长，这种安全依恋与孩子未来能否与其他孩子和老师建立成功的关系息息相关。但一个人的童年经历怎么会影响他对后代的养育呢？

从20世纪90年代初开始就有研究表明，对自己被养育的方式存有心结的父母，其言谈举止往往让孩子感到害怕，这反过来又导致他们的孩子在养育子女方面产生自己的问题。来自依恋对象的创伤或虐待会压垮行为系统，继而造成养育子女方面的后续问题。这种创伤有时被称为“依恋型创伤”。

传统上，创伤被理解为极度害怕、恐惧或无助，其中还包括儿童心理学家玛丽·梅恩（Mary Main）和埃里克·海塞（Erik Hesse）所说的“与死亡擦肩而过”现象，他们在20世纪80年代于旧金山湾区研究过这种现象。

直到后来，意外的机缘巧合之下，我才明白这一现象与安娜之间的联系。我原以为收到她的卡片之后就再也不会见到她了，然后突然有一天，她打电话告诉我有紧急情况，真正的紧急情况。

从前有一个名叫腓特烈的男孩，他出生在一个公共广场的帐篷里。他的出生令人不可思议，因为没人相信他的母亲能怀孕。

但他就这样降生了，在1194年，在一个公共广场的帐篷里。可3岁那年，他的父亲去世了。次年，也就是1198年，他的母亲康斯坦丝也去世了。去世之前，康斯坦丝将这唯一的孩子交给了中世纪欧洲史上最著名的人物之一——教皇英诺森三世，也就是弃婴轮法令的颁布者。因为腓特烈的父亲亨利六世是日耳曼霍亨斯陶芬王朝的一员，是西西里国王，也是神圣罗马帝国皇帝；这个由法兰克人和日耳曼人组成的国家自查理大帝在公元800年圣诞节那天加冕以来，始终不断扩张和变化着。

虽然为简便起见，包括《不列颠百科全书》在内的许多权威资料都称他为神圣罗马帝国的皇帝，但这一头衔直到 1254 年腓特烈死后不久才正式启用。更准确地说，他是罗马人的皇帝。这很典型地反映了神圣罗马帝国的模棱两可之处，一如伏尔泰的名言：神圣罗马帝国既不神圣，也不罗马，更非帝国。

腓特烈的母亲康斯坦丝的决定即便不算有悖常理，也颇令人费解。多年来，她丈夫所属的日耳曼家族与罗马教会之间一直存在着激烈的斗争，两大权力集团争权夺势。但是现在，在丈夫死后，康斯坦丝却把儿子交给了丈夫家族的敌人。这是一种什么样的养育行为？怎么能不令人费解呢？

这实在令人费解。除非康斯坦丝意识到丈夫死后，随着这片土地陷入混乱、流血和反叛，一场争夺西西里岛的激烈战争势必爆发；由此她意识到儿子的生命届时将危在旦夕，在她死后，小国王必将成为孤儿，被那些想杀他的人环伺。

所以，从他出生的那一刻起，康斯坦丝就尽己所能地保护他。她在意大利中部安科纳附近的罗马小镇耶西生下了他。对于一个初产妇来说，那一刻的痛苦和兴奋变成了一场公开表演，她在公共广场的一个帐篷里生下了腓特烈。

她确实打消了人们对她的儿子是否有权继承王位的疑虑。因为康斯坦丝时年 40 岁，与亨利六世结婚已有九个年头，关于她无法为国王生育继承人的谣言四起。所以她在众目睽睽之下忍受了分娩的痛苦，为确保万无一失，她重复进行了演示。为了证明这不是把戏，她在全镇人的注视下公开用母乳喂了自己的孩子。

痛苦的亲身经历令康斯坦丝非常了解王室继承招致的暴力。在争夺西西里岛王位继承权的血腥战争中，她曾被哥哥的私生子坦克雷德出卖并监禁。因此，将腓特烈留给教皇监护，这是一位绝望的母亲保护自己孩子的行为。

在巨大的压力下，康斯坦丝于丈夫去世 14 个月后死去，那是 1198 年 11 月 27 日。不过，她已经完成了自己的目标：拯救自己的儿子。

有一次在湖边，塞缪尔看到树下有两只蜘蛛，大蜘蛛吃了小蜘蛛。这就是现在他对自己童年的看法——被更大的什么东西吞噬了。

在他还是小男孩的时候（他不知道确切的年龄），塞缪尔的母亲把他从位于沿海城市温尼巴的家里送到了湖边。她的计划是让住在沃尔特湖的亲戚照顾他。他会干活，捕鱼，但是和亲戚们一起，亲戚对他会更好。这就是原本的计划。

事情的结果并不是这样。最后，塞缪尔的母亲把他卖给了非亲非故的其他人。塞缪尔被卖给人贩子，成了奴隶。

多年以后，当救援队到达沃尔特湖畔时，塞缪尔拒绝离开。主人吓唬他的那些话深深根植在他脑海中，主人说那些号称解救奴隶儿童的人实际上会把他们转卖，或者对他们更恶劣。

经过救援人员两个小时的劝说，塞缪尔被说动了，他和救援队一起离开了那个湖。在湖边的日子里，他什么都做：撒网，拖网，潜水去解开缠在黑色树枝上的渔网。湖就是他的生活。他从很小的年纪就开始干那些活，现在九年过去了，他很难想象自己还有其他选择。不过，他现在正在接受新的培训，他把网换成了线，一种不同的线。他做起了裁缝学徒。

那片湖始终在他心里。他的记忆仿佛渔网一样，被死寂水面上的树枝勾住了。但缝纫机规律的响声很快使他平静下来，将他重新带回陆地。他给别人做衣服，也给自己编织新事物，比如希望。他梦想有朝一日成为一名时装设计师。

等他的裁缝店生意兴隆了，他打算用这笔收入来救助湖边那些像他一样被家人卖掉的孩子。

不过有时候，在缝纫机的咔嗒声中，他会情不自禁地想：那只大蜘蛛是谁？是母亲呢，还是那个湖？他不知道答案。他脑中想着蜘蛛，手头不停地编织着。

我乘坐红色的T型地铁线一路进入波士顿，从哈佛广场奔赴市中心。但需要帮助的人不是安娜，而是乌巴。

安娜试着在电话里解释。“她崩溃了，”安娜说，“她又经历了一次闪回。你知道她脚踝受伤的事儿吧？”

“是的，”我说，“我注意到了。”

“所有的一切，所有的一切又回来了。”

我见识过这种情况，见过它如何发生在幸存者身上，乌巴是女性生殖器割礼的幸存者。有时，有过这种遭遇的女性会经历痛苦的记忆闪回，那些闪回片断往往是童年时期被摧残的情景。这会令人麻痹、衰弱和恐慌。

“我得出去一下，”安娜说，“我不得不去，我很抱歉。现在这里的其他人都没空。她信任你。你只要待几个小时，我整个下午都在陪她，然后我再回来。”

“我马上去。”我说。

我提到了一些有关腓特烈二世的历史细节，因为围绕他母亲和家族血统的阴谋很可能驱使他深入思考过人性和人的行为。为什么孩子会成长为特定的人，尤其是在极端情况下长大的孩子？就像他这样，身为孤儿，生命总处于危险之中。

虽然名义上由教皇英诺森三世来照顾年幼的腓特烈，但教皇几乎不关注他，只见过这个孩子一次。他给腓特烈写信，如此告诫他："上帝并没有对你不管不顾。他带走了你的父母，他给了你……一个更好的母亲——教会。"腓特烈当时才 5 岁。

然而，腓特烈幸存了下来。1212 年，他加冕为日耳曼国王，1220 年又加冕为神圣罗马帝国皇帝。1229 年，在圣墓教堂，他为自己加冕，成为耶路撒冷国王。

而事实上，腓特烈更关注的不是上帝的谜题，而是他面前和心中的自然谜题。他着手调查，进行实验。

毫无疑问，腓特烈是个非常有天赋的人。尼采后来称他为"第一个欧洲人"，一位同时代的编年史学家称其为"世界奇迹"。然而，在内心深处，腓特烈有一种冷酷无情的残忍。

他授权开展了最早的养育实验之一，实验对象是儿童。

7. 生命的渴望

腓特烈想知道事情的本质是什么，原因又是什么。

不久，一些关于腓特烈的"好奇心"或"荒淫无度"的传说从宫廷里传了出来。

有些传说可能是夸大其词，谣言基于假设，假设基于幻想，不过，它们不可能都是虚构的。实际上，13 世纪的方济会修士萨利姆贝尼·迪·亚当受到过腓特烈的接见，他的《编年史》一书里讲述了腓特烈如何对儿童的教养感兴趣。

腓特烈想知道，儿童为什么会变成现在这个样子？其中有多少是内在的，又在多大程度上取决于我们对他们的养育方式。腓特烈的这种好奇心是否源于父母的早逝和陌生人的抚养经历？他下令做一个实验。

在这一年里，1 211 名儿童被安置在养母和护士身边。她们给婴儿哺乳和洗澡，但除此之外不允许再做更多的事。因为儿童的接触受到严格限制，正如萨利姆贝尼所言，他们的照顾者“与他们说话或交谈是不明智的”。孩子们在孤独和沉默中长大。

腓特烈想知道，如果没有刺激或与其他人的接触，孩子们是否会本能地说出希伯来语（他认为这是第一语言）、希腊语、拉丁语或阿拉伯语，甚至是他们生身父母的语言。他想知道“上帝的语言”是什么。

腓特烈的实验以灾难告终。

失去了关爱，失去了一些简单的东西，比如他人“喜悦的表情”，婴儿们没能活下来。我在想，当腓特烈得知那些在沉默中养育的孩子尽数死去时，他会不会想起自己的母亲？康斯坦丝在他 4 岁时就去世了，他还能记起那个以自己的生命为代价、用奉献和决心救了他一命的女人吗？在这一点上，历史沉默了。

在《神曲》中，但丁把腓特烈的母亲安置于荣耀的天堂。在经历了所有的旅程和苦难之后，康斯坦丝的遗体被安葬在西西里岛巴勒莫大教堂的一座坟墓里，那个岛屿是她父亲和祖父的故乡。离康斯坦丝几步远的地方，长眠着她在帐篷里生下的儿子。

晚些时候，当安娜回来的时候，我们正坐在唐人街边缘波士顿公共区以南的一家中餐馆里，这儿与安娜和乌巴的住处大约隔了一条街。几个小时里，我静静地陪乌巴坐着。我们只是聊聊天，聊的大多是无关紧要的事，这正是她想要的。但现在她累了，睡着了。

安娜回来了。空气中弥漫着烤鸭和酱油的浓重气味，偶尔还能闻到附近海港的气息。在我们对面，一家越南餐馆的窗户上挂着红色的霓虹灯招牌，闪烁着“营业中”的字样。天色已晚，所有的店铺都要打烊了。

“一切都还好吧？”安娜说。我发现她化了精致的淡妆，仿佛刚去约会一样。

“都还好。”我说。

服务员用白色茶壶给我们端来一壶茉莉花茶。他似乎认识安娜，对她露出了讨好的微笑。她平静地说了几个词，我猜是粤语。等服务员走开了，她说：“我给你打电话的时候，你以为是我自己的事吧？”

我没有回答，我们都知道答案。茶在我们周围散发出淡淡的清香，乌巴正在睡觉，她有我们俩的手机号码。

“谢谢你的卡片。”我说。

“不过一张卡片而已。”

“嗯，我把它保存起来了，我喜欢玫瑰花。”

“我不该寄给你那个。”

“为什么不？”

“人们会想：哦，漂亮姑娘，软弱的漂亮姑娘。”

“会吗？”我问。

“我可不像看上去的那样。”

“什么意思？”

“我能应付，应付我的遭遇。”

“你为什么要应付呢？”

她朝街对面的越南餐馆望去，一些回家的行人经过那里。一个沿街乞讨的人试图进入餐馆，几声喊叫传来，两个侍者把他赶了出去。

“在我的国家，”安娜盯着这一幕说，“在山区，人们讲故事，说孩子被狼抓走了。我知道这听起来很疯狂，很疯狂，但我和乌巴好几次聊起狼的话题，在和她聊天时我意识到：那些狼就是男人。也有女人，但主要是男人。”

狼对现代英国人来说实在太陌生，所以后来我查了一下。英国的狼是什么情况呢？爱德华一世于 1281 年颁布的法令导致了英格兰对狼群的系统性屠杀。我们不清楚最后一只英格兰狼是何时被杀死的，不过大概是在 1500 年前后。狼在苏格兰生存的时间更长，一些苏格兰人把自己的尸体埋在离岸的小岛上，以防止被狼挖出来。据说，最后一只苏格兰狼是 1680 年在基利克兰基被埃文·卡梅伦爵士杀死的。尽管不列颠群岛上的狼已被消灭，但它们仍在安娜所在的国家游荡，有时在黑暗中还能听到它们的声音。就像安吉拉·卡特在她的《与狼为伴》中所说的，“在夜里，一只狼，只有一只狼在森林里嗥叫”。如今，泛欧洲地区狼的数量已达 1.2 万只，这是一个相当可观的数量，环绕在安娜周围。

街上，那个衣衫褴褛的人被拒绝入内后想再试一次，朝我们的餐馆门口走来。刚才为我们服务的侍者突然板起脸，气势汹汹地挡在门口。那个人走开了。

“我经常有罪恶感，”她说，“比如觉得我们应该帮帮那个人。”

“这很难。”我说。

“帮他很难吗？”

“不难，但我们不会去帮。”

“有时候我觉得外面是一片森林，”她指着窗外说，“不过，我不知道，他们是那些狼吗？当我想起发生的那些事，总是会想到这个问题。”她停顿了一下。“我们是狼吗？事实是，”安娜告诉我，“他让我害怕。”

“你舅舅吗？”

她摇了摇头。“他伤害我，他打我，有些人就是会打别人。”

她以一种听天由命的厌世口吻说这番话，让我想起了马可·奥勒留在《沉思录》中那句隐晦的话：“你对患有狐臭的人生气吗？这于你有何好处呢？”对奥勒留来说，对安娜来说，这就是世道人情。

“我不是怕他。”安娜说。

“我不懂了，你说他让你感到害怕。”

“他不是他，”她说，“不是那个人。我不害怕像他这样的人，他们爱做什么就做什么。”

“那你怕谁呢？”

服务员把椅子叠放在桌子上，以便清洁工用吸尘器打扫地板。

安娜的眼眶噙满泪水。“我怕我的孩子。”她说。

“可是他能把你怎么样呢？他那时候只是个孩子。”

“不是他能把我怎么样。”

“那是什么？”

“是什么呢……是什么呢……是什么呢。”我现在还清楚地记得，她像念咒语一样反复地说着，愁眉苦脸地盯着她的白瓷杯，一圈一圈地转着它，小小的白色茉莉花瓣在杯子里旋转着。“是我能怎么样。”

“你能怎么样？”

“我可能伤害了他。”她说。

她停顿了很长时间。“我很害怕，”她说，“我会伤害他的。”

她说这话的语气坚定不移，于是我没有跟她叫板。我本想说：安娜，你没理由认为自己会伤害到刚生下的孩子。但我真的很担心，有时候，人们会以一种不容置疑的方式告诉你一些事情。我不明白她为什么对此深信不疑。

哥伦比亚大学的尼姆·托特纳姆的研究范围扩展到了养育和照护如何影响孩子的行为和大脑结构。

来自美国各地（从康奈尔到加利福尼亚）不同学术机构的 17 名研究人员合作开展了一系列重要的实验工作，内容关于“机构化”儿童，即曾经在机构中长大的儿童。

目前已有大量文献表明，行为障碍与儿童早期在机构而非在家庭环境中被长期抚养有关。但托特纳姆和同事们想研究的是伴随行为障碍而产生的任何神经生理上的变化，换句话说，在孤儿院长大是否对孩子的大脑内部形状和结构造成了影响。

78 名儿童接受了评估，其中 38 人曾在慈善机构中待过，而作为对照组的另外 40 人从未有过机构化经历，而是在自己的家庭中长大。这项实验的真正意义在于，那些曾在孤儿院生活过的孩子后来都在美国家庭中被抚养长大，那些收养家庭的资料与对照组孩子的家庭基本相符，两组孩子现在都生活在收入相似的家庭（高于全国平均水平）。那么，早年的机构化经历有没有反映在他们的大脑内部形状和结构上呢？

尼姆·托特纳姆的研究团队使用磁共振成像仪扫描了其中62名儿童的大脑。这些孩子的大脑会有结构性差异吗？这些差异会是什么样的？

“机构化”儿童虽然被收养家庭抚养多年，但心理问题的发生率更高。事实上，53%的儿童患有至少一种精神障碍，他们的杏仁核也有所不同。

被收养的儿童分为两组：早期收养儿童，即被收养时年龄在15个月以下的儿童，以及晚期收养儿童，即离开孤儿院时年龄在15个月以上的。核磁共振扫描显示，与早期收养儿童和未被收养的儿童相比，那些晚期被收养的“机构化”儿童的杏仁核体积更大。这意味着什么？

正如我们先前了解到的，杏仁核是一种复杂的大脑结构，其触角延伸到特有的“杏仁”形状之外，它负责处理和应对威胁、压力和其他情感暗示。杏仁核是我们审视周围环境是否安全的关键。

更重要的是，人类的杏仁核在早期发育迅速，通常在4岁时发育完成（尤其对女孩而言），因此，杏仁核对儿童所处的发育环境极为敏感。研究人员认为，在发育最迅速的那段时期，类似杏仁核这样的神经结构最容易受到环境的影响。

在孤儿院，孩子承受的压力可能表现为一种非常特殊的形式。由于工作人员轮班值岗，所以负责看护的人员必然会不断变化。因此，孩子无法形成对特定看护者一以贯之的依恋，也就是对“母亲”形象的依恋。对母亲的依恋被压力系统取代了，也就是杏仁核过早地参与、激活了。如果杏仁核在生命早期阶段被不断激活或过度激活，就会影响到孩子，以及负责监控威胁性情境的大脑结构本身。

因此，童年时期机构化经历带来的压力，会造成这一神经区域的过度刺激和异常生长。

简而言之，长期待在孤儿院会改变儿童大脑的解剖结构，从生理上发展出压力结构。

在压力和创伤结束多年后，这种由机构化引发的过度生长仍然存在。尼姆·托特纳姆及其同事认为，这项研究具有深远的政策含义，它强调了针对孤儿院儿童执行“快速收养程序”的必要性。

这对安娜的决定意味着什么？如果她打算放弃自己的孩子，最好的做法可能就是在孩子出生后不久就把他送人收养。她卖掉了孩子，这是不争的事实。但另一种选择是送他去疏于照料的当地孤儿院，等待着可能永远也不会到来的养父母，这种选择可能会造成极大的恶性后果。

面对这些可怕的选择，在儿子出生时就放弃他，更可能有助于他的神经系统发育；他的杏仁核更可能不会因早期压力而被激活和过度发育；在应对日常生活压力时，他更有可能不会出现相关的行为问题，他更可能拥有一个稳定的生活。

但他终归无法和自己的母亲生活在一起，他被换了钱。他可能永远无法完全知道自己是谁，自己从哪里来。这也是安娜的决定所带来的后果，正是这一点在她的心中留下了烙印。

“我出生的时候，她很痛苦，”安娜说，“我母亲的分娩持续了好几个小时。那太可怕了，母亲流了很多血，差点就死了。我出生后，她就变了一个人，好像她身上有什么东西……”我记得安娜做了一个撕扯的动作，仿佛她的双手之间有一张精致的餐巾纸，被她慢慢撕成两半。桌子上确实有一张餐巾纸，但她并没有用它。

“于是我母亲病了。不只是身体上的病，你明白吗？医生们也很担心，她经常出入那种……特殊医院。有时他们担心她会对我做什么，所以我父亲不得不想办法照顾我。我奶奶来和我们住在一起，在我母亲病了几周之后。有时我和母亲待在一起，有时医生会说，不行，让孩子和她妈妈在一起不安全。”

最后，真相终于浮出水面，但它和我预想的完全不一样。“可她还是回家了吧？”我说，“你母亲最后还是回家了，一家人团聚了，不是吗？”

“我的父亲，他无法应对这些。所以他会待在政府的办公室，他工作到很晚，还会喝酒。他开始跟那里的女人有染，我不知道有过多少个。母亲从没告诉过我有多少个，但我觉得有很多。母亲成天和还是小女孩的我待在那栋高高的公寓楼里。于是母亲哄骗了他，我是这样感觉的，她又怀孕了。父亲不想再要孩子了，但母亲骗他跟自己在一起并怀了孕。她觉得，如果再给他生个男孩，或许他会愿意和她一起生活，因为他一直想要男孩。但是，当发现她怀孕时，他非常生气，他说想杀了她，他说自己被困住了，她困住了他。所以父亲离开了我们，只剩下我母亲，那时我才 4 岁，她又怀孕了，而父亲离开了，我们孤零零住在高层公寓楼上面。我只记得很少的一部分，但她的弟弟也给我讲了。他是听他妻子‘沙滩球’说的，而‘沙滩球’是从她朋友——我们的邻居那里听到的。所以发生的这些事尽人皆知，我也不生气。”

“一天晚上，妈妈把我从床上抱起来，给我穿上外套，我一直不明白她为什么给我穿粉色外套。她给我穿上外套，然后走出前门，去到大厅。她走向电梯，但没有进去，而是走了楼梯，就是应急通道，通往屋顶的楼梯。她和我走到屋顶，牵着我的手。我们住的是这座城市最高的公寓楼之一，那时候已经是晚上了，我们下面是整个城市，那么多灯光，我们就像身在云端。她牵着我的手和我一起走着，我穿着粉色外套，我们慢慢走向屋顶的边缘。”

安娜停下不说了。我想象风掠过楼顶，孩子的粉色外套在微风中飘动，星光闪烁，混凝土街道宛如一条条灰色的薄丝带。我想起了自己在威廉·詹姆斯大楼的办公室，她不愿在那里和我见面，那里也很高，身处 14 层的高度，可以俯瞰壮观又令人眩晕的波士顿景色。和小安娜面前的景观一样，一切尽收眼底：拥挤的城市，空旷的天空。

“有人看见了她，看见了我们，”安娜说，“他们报了警。我母亲不得不再次回到特殊医院，而我则由别人来照顾。两年的时间我都不在家，什么都没有。两年时间我都待在福利院那个可怕的地方。”

“我觉得她不会那么做的，”安娜说，“我觉得她那样想过，但不会真的那么做。”

安娜觉得她自己会对自己的孩子做出那样的事吗？她完全有理由感到害怕。当我想到她从小被养育的方式时，或许她的害怕就显得合情合理了，她不想拿儿子的安全冒险。我逐渐开始把安娜的行为也视作一种养育，不仅养育自己的孩子，还养育整个生活。就像纪伯伦的名句：

> 你的孩子不是你的孩子。
>
> 他们是生命对于自身渴望而诞生的孩子。

弃婴保护舱，也就是现代版的弃婴轮，在波兰语中被称为okno zycia，意思是“生命之窗”。世上有各种各样的舱口，各种各样的窗户。安娜找到了自己的窗户，她用这扇窗来保证自己孩子的安全。问题是她看不到窗户的那一边，但她觉得这扇密不透光的窗户要好过楼顶，好过天空。我不知道别人能否理解安娜最后的行为，那不仅仅是一种养育的行为，还是一种爱的行为。

8. 所有的安娜

我反复思考，在安娜的故事中，怎样才能找到自由之路？在很长一段时间里，我确信根本没有自由之路。她自己控告自己，给自己定罪，给自己判刑，永远放弃了再次见到儿子的希望——这些算哪门子自由呢？但我接着又想，自己看问题的角度真的正确吗？如果从她儿子的角度思考呢？想象一下他躲过的苦难，想象一下她的行为如何把他从贫穷、羞耻和污名中解放出来。其中蕴含着某种自由吗？我想象着他在西方的某个首都长大，上了一所好学校，读很多书（甚至包括巴尔扎克），打网球，参加艺术展——克里姆特的艺术展。我不知道他的新父母是否把真相告诉了他，也许他们永远不会说。有没有一种办法，可以让远离真相成为一种自由？

最近，我为一名妇女辩护，她被控谋杀了自己的终身伴侣，此人多年来一直对她进行身体和性的双重虐待。我们设法把案子降为过失杀人罪，她认罪了。我问她为什么不离开他，她耸了耸肩。“只是感觉不可能有其他办法。”她说这话时，我想到了安娜，她说自己心里突然有一个有力的声音坚持告诉她不要堕胎，即使他用金属衣架殴打她也改变不了这个决定。不管那股力量叫什么，**养育者**或其他名称，它迸发出的强大力量使她不顾周围成年人的压力，一个人坚持把孩子生了下来。

我和安娜在中餐厅的交谈过去几个月后，某一天，乌巴和我见面讨论一项抗击女性生殖器割礼的国际行动。我在准备给联合国的简报，想跟她谈谈我的想法，因为她在这个问题上有切身体会。聊完这个话题后，我们不可避免地谈起安娜。

我们在查尔斯河沿岸的约翰·肯尼迪公园里。汽车在纪念大道的红绿灯间疾驰，查尔斯河对面是军人球场，还有如罗马圆形剧场般巨大的哈佛大学体育场。公园离我和安娜几个月前第一次见面的地方不远。

"哈，你看上去气色不太好。"乌巴说。

"是啊，我也爱你，乌巴。"我回答说。

"你工作太拼了。工作，工作，工作，这么多工作什么时候能干完？也许是我们改变世界，也许是世界改变我们。"

我还没来得及回答，她又接着说："那么，你有听我朋友尤妮斯的歌吗？我跟你说过的。"

"我在听呢，"我说，"不过，安娜怎么样？"

尤妮斯——尤妮斯·凯瑟琳·韦蒙，是乌巴的好"朋友"，尽管她们素未谋面。这是后话，暂且不提。

"你一定得听尤妮斯的歌，她的嗓音棒极了。"她说。

"我同意，乌巴，但是安娜怎么样？"

我们周围突然一片寂静，这种寂静在城市里显得很怪异，刹那间一切静止，万籁俱寂。

然后，乌巴告诉我，有一段时间，安娜一直在跟麻省理工学院附近酒吧里的那个男子约会。他终于给了她一个普拉达手袋，虽然是假货，但她很高兴。可很快她的钱就花光了，无法继续支付摄影课的费用，于是她辍学了。我问乌巴，安娜是否失去了酒店的工作。乌巴耸耸肩，然后把目光转向远处缓慢波动的水面。

现在周围有了动静：一男一女两个人正使劲儿地划着亮黄色的皮划艇，身旁溅起阵阵水花。

“安娜现在在做什么？”我问。

乌巴没有回答。

“怎么了？”我说。

“我不能说。”

“得了，别这样。”

“安娜，你知道的，她是我的朋友。”

“发生了什么事？”

有一小会儿，乌巴保持了沉默。在我们的一侧，各种车辆疾驰而过，伴随着惯常的引擎声，驶向马萨诸塞大道。

“好吧，”乌巴说，“因为我知道她喜欢你，所以才告诉你的。”

她左右为难。接下来她告诉我的事并非直接从安娜那里得知，而是安娜的另一个朋友告诉她的，那个朋友与安娜来自同一个国家。这属于我们在法律中所说的多手传闻，是一种出了名的低信度、无价值的证据。作为一名法官，我几乎肯定会判这种证据不予采信。但这是我们仅有的信息，所以只好将就一下。

“是这样的，”乌巴说，“安娜并不在酒店工作。”

“那她在哪里工作？”我问。

“好吧，她在酒店工作。”

“什么？”安娜的故事似乎又一次在我脑海中模糊了。

乌巴深吸了一口气。“她在很多酒店工作，”她会意地看着我，“很多。”

甚至没等她重复“很多”这个词，我就已经明白了。我觉得自己很愚蠢，我号称王室法律顾问和取证分析专家，这些证据一直都在眼前，但我却完全忽略了。我想起了安娜所说的那些“聪明女孩”如何去首都的国际酒店里等着。当我问她在酒店工作的事时，她也没有正面回答我。这是个无关痛痒的问题，所以对于她的避而不谈，我没有多想。我这才反应过来，在乌巴崩溃时她打电话请我来帮忙安慰，那时候她去了哪里——化妆，急事，不得不做的工作。

“这么说她没在上课？”我问。

“不，她上课的，”乌巴强调，“她不总是在工作，但那个工作让她精疲力竭。”事后回想起来，我联想到维特根斯坦的话（还是道恩让我注意到这句话的），说我们从不怀疑面前明摆着的东西，因为它们“一直在我们眼前”。

“有一次，”乌巴感伤地说，“他们用飞机带她去旧金山三天，就三天时间，游艇上的什么聚会。”

“游艇？”

“是个大商人的游艇。她告诉我他们的浴缸都是金的，我说不可能，但安娜说就是那样。她回来后睡了整整一个星期。”

我脑海中响起了安娜对侍者说的几句粤语。我希望她安然无恙，我希望她有保护自己的意愿，但我不敢肯定。我不知道她到底有多在乎自己，她内心的检察官一直在控诉着，她相信自己永远都是最坏的人。

多年来，我代理了许多性工作者的案子，还担任过另外几个案子的法官。这些人的动机有很多种，有时甚至没有动机，仅出于内心的空虚或麻木，一种对自己内心的逃避。有时她们会与自己、与个人创伤之间产生某种复杂的距离感，心理学家称之为分离行为（dissociative behaviour）。一些令人不安的研究发现，受害者可能会把性创伤体验当作一种“灵魂出窍”体验——她们“站”在一旁审视着，观察着，试图打破自己与这种强加而来的痛苦感受之间的联系。这些年轻女性生活在一个充满孤独、孤立和恐惧的世界里，始终在摆脱身后的那只狼。

“她把所有的东西都带走了，”乌巴悲伤地说，“她离开了波士顿，没人知道她在哪里。”

我很想给你一个更好的结局，也希望能告诉你一些更具体的消息，但直到我写这本书的时候，大约三年过去了，我们再也没有得到安娜的消息。

我很清楚这不是一个好莱坞式的结局，这只是一个普通人的结局，不过，或许我可以告诉你有关安娜的另一件事。我本打算略去不提，因为它似乎并不重要，只是她说过的某些事而已。但现在想想，也许它是重要的，我会说出来，然后由你来评判。

那会儿我们正离开唐人街的餐馆。流浪汉蜷缩在屋檐下和商店门口，尽可能躲避着从大西洋吹来的凛风，看上去一副不知所措的样子。

“你没必要陪我一起走。”安娜说。

我正要送她回家。“习惯使然。”我说。

她告诉我，中介机构的一位女士说，她应该用这 1 000 美元过上更好的生活，过上她想要的生活，这是孩子送给她的礼物。在很长一段时间里，除了应急之外，安娜几乎没有动这笔钱。最后，她买了一张去美国的机票，以摆脱这笔她希望自己从未得到的钱。

“现在，”她对我说，“我几乎不记得他的模样了。也不是全不记得，他的脸是那么小，这个我不会忘。他看着我，他一直用那张小脸看着我，就像在问我：你是谁？你是我的吗？但我不记得他的具体模样了，只记得一张婴儿的脸，因为我花了很长时间努力不去想他，因为当我那样想的时候心里会很痛苦，所以我现在不知道他长什么样子了。我在博伊尔斯顿看到一些和父母在一起的孩子，我想那可能就是他，他可能就是那孩子。但是……”她说着，我们在她的公寓楼外停了下来。两小时前我还来过这里，但它现在看起来不一样了，似乎更高了，高得令人难以置信。音乐声从一扇低矮的窗户里传出来，某个墨西哥街头乐队。“但是，我仍然能感觉到他摸我脸的感觉，”安娜说，“他的手指不停地在我脸上摸，仿佛想弄清躺在他身边的这个东西是什么。我还记得这种感觉，他摸我脸的感觉。”

我去了新罕布什尔州的怀特山，爬上林木线附近的一个斜坡，想起了安娜，还有她家乡被狼群窥伺的群山。当我们缓步穿行在小路上时，一群来自另一所大学的年轻女孩用夸张而讽刺的声调唱着辛蒂 · 劳帕的热门歌曲：“如果你迷路了，你可以去找，你会找到我，一次又一次。”我发现自己一次又一次地回想起安娜童年时的那段经历：站在恐怖的高楼顶端，身穿粉色外套，紧握着母亲的手。外套随风飘动，下面是混凝土街道，她的脚趾慢慢靠近天台边缘。

而此刻我身在怀特山。有那么一瞬间，我被一只鸟吸引住了，它的翅膀上闪耀着金色光芒。鸟消失在树冠之中，林间小路突然走到了尽头，但安娜却不在那里。我希望她平安，我希望她的孩子平安，但他们都杳无音信。

自由是什么？安娜想让儿子远离狼群。她努力让自己不成为那群狼中的一员。“养育”（nurture）一词和“喂养”（nourish）源于同一词根，安娜竭力确保儿子的安全，这样就能有别人去喂养他，把他拉扯大，她明白那个人不可能是自己。我们进化出的心理机制，即执行系统，使我们把自己的后代放在首位，将他们的幸福置于其他一切之上。这种心理机制以一种无情而直白的方式告诉她：确保他的安全。从极度的痛苦中传递出来的就是这样一个信息：救他。

几天后我回到了哈佛，那是在夜里，我回到了14层楼的办公室。我在想安娜如何使自己的儿子避免了孤儿院生活造成的神经解剖学方面的破坏性改变，虽然她本人并不知道这些。只是某种直觉告诉她，这会对他造成伤害。**养育者**是什么？是神经元的隐秘刺激下产生的感性情绪，一种看得见的、本能的情感。我思考着这一切，顺手从书架上取下一本书，这本书是房间的前主人留下的，书名是《情感神经科学：人类情感的基础》。然后我注意到，清洁工把我那堆论文从空调通风口移走了。我不在的这段时间里，缓慢而稳定输出的气流一直吹着安娜送我的那张卡片，它就那么悲惨地躺在地板上。我在书桌底下和垃圾桶后面疯狂寻找安娜的花，但哪儿都找不见。我放下那本沉重的书，四处摸索着。然而，那朵花一定是和回形针跟便利贴一起被当作垃圾扫走了。夜幕已至，我身下是波士顿的万家灯火。安娜不是我的客户，不是我的同事，也不是我的朋友，但和她的接触令我深感不安。我希望所有的安娜都平安无事：身穿绿色开襟羊毛衫的安娜，游艇上的安娜，躲在橱柜里的安娜，放弃自己孩子的安娜，还有身穿粉色外套的安娜，《自助餐厅》里的安娜。我想起了人们在怀特山唱的那首辛蒂·劳帕的歌："如果你迷路了，你可以去找，你会找到我，一次又一次。"站在高楼之上的办公室里，有那么一瞬间，我看到了安娜所看到的：拥挤的城市，空旷的天空。此情此景，恍如初见。

回到着火的房子里。烟雾从你面前的每处门缝渗出，另一边是你的两个孩子，丽莎在左，露丝在右。你对自己说，你不可能在她们之间做选择。父母不可能在孩子之间做选择，但正如我们已经看到的，人们一直在这样做。纵观历史，有时候父母不得不这样做，从汉谟拉比到卡帕多西亚的巴西尔，再到育婴堂和弃婴轮。

你把手放到门把上，掌心的皮肉被严重灼伤。你站在走廊里，被烟呛得喘不过气，火还在熊熊燃烧，火焰在你周围跳跃。你只能救一个孩子，她们都在烟雾中失去了知觉。烟在你的头上盘旋，但你只能救一个孩子。丽莎在左边，露丝在右边。你想起了安娜，她只生了一个孩子，但她在两个孩子中做了选择。一个在孤儿院苦难中长大的孩子，一个被卖掉的孩子。

如果是你面临这样的选择呢？你已经了解了我们上面谈到的一切，了解了研究告诉我们的有关养育的一切，它可能有多么困难、残酷和无情，多么复杂和令人困惑。那么想象你面临这样的选择：如果露丝将在孤儿院长大，丽莎将被卖掉，你会怎样选择？你会像安娜那样做吗？你会往哪个方向转，向左还是向右？

The Romancer

第八种人

求爱者

烈焰燃烧世界，唯有你能救我。

克里斯·艾塞克，《邪恶游戏》歌词
来自专辑《心形世界》

1. 礼物

一切都始于一场婚礼上的纷争，一次怠慢。

奥林匹斯山上，所有的神都被邀请参加忒提斯和珀琉斯的婚礼，他们是最伟大的战神阿喀琉斯的父母。但厄里斯（也被称为狄斯科耳狄亚）没有收到邀请，因为她是不和女神，之所以遭到冷遇是为了避免她煽动冲突。尽管如此，她还是决定参加婚礼。她来到了庆典现场，却被断然拒之门外。厄里斯用一种巧妙的方法制造了麻烦，手段很简单：送礼物。

她将一个从位于世界西端的赫斯帕里得斯花园摘得的金苹果悄悄地滚到众女神面前，苹果上刻着"给最美丽的女神"。在厄里斯的煽动下，三位最美丽的天神阿佛洛狄忒（爱神和美神）、赫拉（宙斯的妻子）和雅典娜（智慧女神）各不相让，开始争夺起苹果来。这场纷争无法得到解决，于是决意保持中立的宙斯（毕竟赫拉是他的妻子）把裁决权交由年轻的特洛伊王子帕里斯，他是普里阿摩斯国王的儿子，也是赫克托耳的弟弟（赫克托耳最后被阿喀琉斯杀死并拖于战车之后）。为了获得帕里斯的青睐，每一位女神都给了他不同的东西，她们各自认为自己给的东西会对一个男人产生最强大的影响。

赫拉给了他无限的世俗权力，许诺要让他成为欧洲和亚洲（实际上就是已知世界）的国王。

雅典娜赋予他战争中的力量、战斗中的技巧和智慧，让他战无不胜。

然而，最后的赢家是阿佛洛狄忒。

因为她知道开启凡人心灵的秘密之源。颇为讽刺的是，她给了他一个男人的"阿喀琉斯之踵"——爱情。她把世界上最美丽的女人献给了他。

帕里斯的决定引发了一场旷世战争。考古证据表明，这场战争甚至可能真实地发生过。传说里的各位主角在随后的2 500年里不断出现在西方经典中。因为帕里斯的选择，一千艘战船扬帆起航，高耸入云的特洛伊塔被烧毁。他要选择海伦，他选择了爱。

但这个充满隐喻和虚构的故事在多大程度上代表了人性中某些持久的特性，尤其是对男人而言？如果达尔文主义的基本驱动力是生存和繁殖，那么不出意外，有可能存在一个针对后者的执行系统——交配模块。可出人意料之处在于，**求爱者**会做出一些极端怪异的行为，堪称匪夷所思。

公元597年，教皇格里高利派遣一位本笃会修士前往英格兰。在这片土地的东南角，那位名叫奥古斯丁的修士给国王埃特尔伯特施了洗，并在其首都坎特伯雷建造了一座教堂。这一地区之所以被选中，至少在某一方面是因为爱情：埃特尔伯特娶了一位基督徒公主，因此被认为更有可能接受奥古斯丁的建议。14个世纪之后，坎特伯雷肯特大学戏剧系的布告栏上突然出现了一则奇怪的小广告，这则广告招募“观察员”参与心理学系的一系列实验，旨在探索**求爱者**的某一方面。实验需要戏剧专业的学生主要基于一个原因：他们的脸。

10名异性学生根据吸引力给应征的志愿者打分。一男一女两名戏剧专业学生被评为最具吸引力，也就是最漂亮的两个。他们将成为观察员。

男人在公共场合的行为，诸如吹嘘、装腔作势、表演、斗殴，已引发了许多问题，尤其是从进化视角来看。这很大程度上源自该行为的一项特定表现：男性的慷慨。越来越多的证据表明，在公共场合，男性对陌生人往往表现得比女性更慷慨，不管在慈善捐款时，还是在帮助街上的路人时。对此存在一系列看似可信的解释，例如男性拥有相对较多的经济和社会资本（但这些资本从何而来？为何而来？），男性的体魄更强健，在公共干预场景中表现得更自信（在一定程度上也是性别不平等的结果）。还有观点认为这是互利主义的一部分，预期要得到回报。但肯特大学心理学系的研究团队试图研究这种男性行为是否还有其他一些与上述观点截然不同的动因，即是否关乎交配行为，关乎**求爱者**。

参与一项随机任务并因此赚钱之后，被试有机会将这些收入部分捐赠给慈善机构。研究人员准备了一张桌子、一个电脑屏幕和一张椅子。在第一种（对照组）实验条件下，被试可以私下决定捐赠多少。不过，在另外两种实验设定中，他们要在他人的注视下完成捐赠。

一名观察员将坐在他们旁边，并且能看到屏幕。由此，他们的捐赠决定会被看到。一些被试由一名同性观察员观察，另一些则由一名异性观察员观察，而那名异性观察员正是被同龄人评为最具吸引力的两个戏剧专业学生之一。

当女性被试前来捐款时，她们在三种条件下捐出的收入比例几乎没有差别，通常在40%左右。而男人就不同了。

在没有观察员的情况下，他们的捐款比例占收入的35%左右。当被同性观察员观看时，这一比例降至30%左右。然而，当一位女性（非常迷人）在观察他们时，男性的捐款比例跃升至先前收入的60%左右。

女性观察员什么话也没说，因为实验不允许。她什么也没做，因为她不必做什么。然而，肯特大学的实验表明，男性被试在一位迷人女性的注目下会给予得更多，可以说多得多。仅仅改变了身旁椅子上的人的性别，捐款比例就几乎翻了一倍。阿佛洛狄忒想必深谙此道。

是什么造成了这种差异？是什么导致了男性的这种慷慨和奉献行为？这是一种习得行为的结果吗？抑或是基本的神经系统在起着更深层或同等重要的作用？对此，更深入的洞察并非来自肯特大学，而是来自大堡礁以北，在澳大利亚东北海岸的那片珊瑚海。不过在那之前，我们需要重访一位故人。

他曾送出过一份极贵重的礼物，那是他能想象出的最慷慨的行为。事实上，这份礼物的分量超乎他的想象，随之而来的震惊和悲伤让他过了好多年后才能向另一个人谈及此事。而索要这份礼物的，是他唯一可能真正爱过的女人。

她不会离开自己的故土和同胞，她坚信，哪怕死也比被俘虏或奴役更好。她的这份信念比他遇到的任何人都更坚定，也更令他恐惧。

很难相信他会是这个故事的主角，是这份奇怪礼物的索要对象。

你已经认识他了。我见到他的地点是喀麦隆的首都雅温得，那里是非洲中部的罗马，有着郁郁葱葱的山丘。那时的我正痴迷于另一个国家，试图了解那个未知的地方——中非共和国。他就是弗朗索瓦。

在我逗留喀麦隆的最后几天里，就在他把我介绍给帕特里斯之后，弗朗索瓦和我驾着那辆摇摇欲坠的老奔驰车穿过雅温得拥挤的街道。我一直在和他聊加雷斯·迈亚特的案子，谈到我们进行了怎样的可怕斗争以便在审讯中揭露真相，以及加雷斯的母亲帕姆如何在目睹了这一切后恐惧与日俱增。我记得第一次见到帕姆的时候，她很高兴这个案子即将开庭，这样人们就能交代到底发生了什么。我不得不警告她：这将是一场战争。事实的确如此。就像我在加纳对安东尼说这些事情时一样，这样的描述并不符合弗朗索瓦对英国的美好想象。

“我很遗憾，你能替我向她转达吗？”他说。

“当然。”我说。

他突然转向路边货摊。“你饿了吗？”他说，我们一路听着他的另一张摩城唱片歌单。

“别告诉我你又饿了。弗朗索瓦，我们一小时前才吃的东西。”我有点儿夸大其词，很难解释为何突然转变语气，不过对弗朗索瓦来说，吃饭是对生命的确认，是一种庆祝。

“所以，我死后一定是个饿死鬼，”他说，“这里是吃街头小吃的最佳场所，我去给你要‘恩多莱’（Ndole）。”

“恩多莱”是当地标志性小吃，是由花生、虾、牛肉和一片类似菠菜的苦叶子（“恩多莱”便是叶子的名称）巧妙混合而成的甜食。货摊周围围着一群明显一脸满足相的顾客，弗朗索瓦没有从车上下来，只是隔着车窗说话，说的是英语，毫无疑问是为了让我能听懂。他对店主说：“今天价钱要优惠啊，我专门开豪华轿车过来买你两碗‘恩多莱’。”

那位戴着华丽头巾的女士说："嘿，我给你三碗，如果你能开着你的脏车离我的餐馆远点儿，我就给你三碗。"

两个人都放声大笑起来。我们带着传说中的美味佳肴驱车离开，并找了一个地方把车停好。吃完后，我问弗朗索瓦"恩多莱"的配方是什么。他似乎没听见我的问话，摆弄着从后视镜上垂下来的皮质小护身符。他死死地盯着前方，仿佛在看一个遥远的地方，它不在雅温得，甚至不在喀麦隆。弗朗索瓦说他有件事想告诉我，"只是一件很小很小的事。"他说。他那粗壮的胳膊像往常一样，半露在奔驰车打开的车窗外。

"小很好啊。"我回答。他一言不发，继续死盯着前方。为了填补令人不快的沉默，我补充道："小即美好。"

学生时代，我曾在老师的要求下读过舒马赫的一本同名著作。此刻，身处中非某城市中一辆敞着单侧车门的旧奔驰车里，我唯一能记起的就是那本书的副标题——"一本把人当回事的经济学著作"，这给当时还是青少年的我留下了深刻印象。在了解了中非共和国及那里发生的残酷冲突后，我不得不思考，在宏大而荒诞的计划中，人是否真的重要。不过话说回来，我通过弗朗索瓦认识了帕特里斯和赛拉，通过这两个人我又间接认识了奥马尔。无论东部边境上演着怎样的屠杀和混乱，他们都是非常重要的人。

"一件很小很小的事。"弗朗索瓦说。

"我们还下不下车？"我说。

"非常、非常、非常小的事。"他说，就好像没在跟我说话一样。我那一向乐天的朋友脸庞扭曲了，几乎缩到只有正常大小的三分之二，脸上挂着一副不常见的怒容。"你知道，有时候男人会做一些蠢事。"

“蠢事？男人？”我问，“还是人类？”

他用粗短的手指猛戳了我一下，我想象它刺入我胸膛的样子。“你我这样的男人，不是女人，是男人。”

“蠢吗？”

他慢慢地摇了摇头。“太蠢了，蠢到你会想哭。但是别哭，我的朋友，好吗？”最后，他在我记忆中常有的微笑又出现了，“生活，生活太短暂了，承受不起更多的……律师先生，我不太确定你们英语里对应的词，承受不起更多的 trsitesse（忧愁）了。”

然后他告诉了我困扰他的事。这让我从一个不同的角度理解了他在我面前的所言所行。

“你知道吗？”他说，眼睛仍然盯着前方，“我没有跟你说实话。”

2. 谎言

如果你沿着澳大利亚海岸线的柔和弧线向北航行，经过赫伦岛和蜥蜴岛，再经过玛丽安·王和她的虾虎鱼，你就看不见陆地了，这就是澳大利亚的终点。昆士兰州的北端与新几内亚岛的南部地区被一片宽约 90 英里的水域隔开，其最狭窄处就是托雷斯海峡，该海峡以 1606 年航行经过此水道的西班牙探险家路易斯·瓦兹·德·托雷斯的名字命名。

托雷斯及其船员必须保持警惕，因为这片区域有几十个岛屿和浅滩。这些岩石和沙子可能是曾经连接亚洲和澳大利亚的大陆桥残骸，现代原住民的祖先们正是经此途径来到了这片广袤而陌生的大陆。

托雷斯海峡一众岛屿中，有个稍偏东的岛叫墨尔（Mer）岛，也被称为墨里（Murray）岛。这是一座死火山形成的岛屿，最近的一次火山活动已是100万年前。岛上现有450名原住民，使用克里奥尔语。19世纪70年代，塞缪尔·麦克法兰牧师在该岛设立了自己的传教总部，此后欧洲人开始在这个小岛上定居。麦克法兰出生于格拉斯哥附近的一个贫困家庭，他下决心成为一名传教士，之后就加入了伦敦传教士协会。他游历了新几内亚，建立了几个传教站，并在墨尔岛上建立了一所宗教学校。回到英国后，麦克法兰于1894年出版了讲述自己冒险经历的书，按当时的惯例，书名定为《与新几内亚岛的食人族在一起》（*Among the Canibals of New Guinea*）。

如今，岛上的居民以园艺和旅游业为生，但他们还必须掌握另一项可能是在从亚洲南迁的过程中发展出来的技能——海洋觅食。这种由男性岛民在周围海域从事的狩猎活动，正是研究人员远渡重洋而来进行深入研究的原因。

“什么事情你没跟我说实话？”我问弗朗索瓦。

“你知道的，我告诉你那件事的时候。”

“哪件事？”

“我的家乡，喀麦隆。”

“喀麦隆怎么了？”

“我的家乡在喀麦隆。”

“是的，这怎么了？”我又说了一遍。

“不，不，听着。现在的我来自喀麦隆，但最开始，我来自中非共和国。”

“等等，你得把那些重新和我说一遍，”我说，“之前谈话的时候，你跟我说你永远不想去那里，你说那里是地狱。”

“那是因为我了解，我了解是因为我来自那里。有些人不这样，他们讨厌一些东西是因为他们不了解，但你也可能会非常讨厌你所了解的东西。我了解那个地方，了解那里发生的事，正在发生的事。”

这把我搅得晕头转向，我重新思考起他和帕特里斯的关系，回想我和弗朗索瓦在一起时的谈话。“我还以为你是喀麦隆人呢。”我说，这是我此刻能展现出的最好姿态了。

他的脸气到扭曲。“我看起来像喀麦隆人吗？”

“老实说，”我说，“我不知道。”

他微微一笑。“没关系。你怎么会知道呢，英国律师？不过你想，那些中非人为什么信任我？因为我就是中非人啊。”

“我以为你是为了赚钱。”

“我是为了钱，也因为我是中非人，我们中非人有权利赚钱。为什么我们就不能赚钱？但这件事很可怕，我们热爱的国家，看看他们对它做了什么。”

他谈起中非共和国的方式让我想起波兰人的一个词：żal（发音接近“扎尔”）。众所周知，这个词曾被肖邦用来描述自己的音乐，在他的许多以波兰传统民间音乐为基础谱写的马祖卡舞曲中有所体现。żal 这个词意义宽泛，不仅包含悲伤和哀痛，同时也表达生气、同情、遗憾、忧郁、怀旧、愤怒，甚至还有失去祖国的感受——乡愁，就像肖邦的音乐本身所体现的那样。我发现，弗朗索瓦对中非共和国的情感就包含了这一切。

他开始告诉我他离开前看到的一些事情。那时他在离首都班吉不远的家乡。有一天，他看到一大堆鸟儿从灌木丛中飞出。“这么多鸟，它们从房顶上飞过，多到你数不过来，就像……”他用了一个我听不懂的词，最后，我明白了他指的是蝗虫，就像蝗虫。人们说这是一个预兆，但他知道那是人为的。人们互相残杀，近来国内的流血冲突离这里越来越近了。“我知道，”他说，“鸟儿会回来的，因为到时候这里会有很多尸体。国家变成这样，我再也待不下去了。”

中非共和国变成了什么样子？我们的孩子很瘦，我们的秃鹰很肥。这就是我们的国家，这就是中非共和国。

街上躺着许多尸体，无人顾及，周围全是燃烧的学校、诊所、房屋和医院，发生如此可怕的残杀，他甚至无从开口解释。他不想解释，我也不想让他解释。他有个令人不安的念头：如果人都被杀光了怎么办？鉴于中非共和国的屠杀规模，如果所有人都被杀光了怎么办？

在19世纪的欧洲，肖邦也有过类似的经历。1830年11月，波兰人民奋起反抗俄国的统治，起义遭到血腥镇压，成千上万的波兰人伤亡。肖邦当时正在维也纳旅行，他注定要离开祖国，流亡他乡。他给华沙的同学泰特斯·沃切霍夫斯基写信说：

> 我想我要走了，永远忘记我的家乡。我想我会漂泊至死，客死异国他乡将是多么可怕。

面对中非共和国的大屠杀，弗朗索瓦心想：好吧，这就是世界。世界不在乎，不在乎任何东西，不在乎生命，不在乎人们的自由，不在乎他。

“但是，”他告诉我，“我在乎我自己。如果没有人在乎我，我会在乎自己，而我也不会在乎任何别人。”凭着这种率直的哲学，即使在战争肆虐、国家自我毁灭的时候，他依然活了下来。他离开了中非，越过边境进入喀麦隆，人们说在喀麦隆能赚到钱。如果不是因为父亲，如果不是因为那个女孩和那份礼物，他本该一直待在那里。

大多数灵长类动物的雄性并不为雌性和自己的后代贡献很多食物，然而，人类进化的方向与之不同。在狩猎采集社会中，肉类形式的蛋白质至关重要。这类社会通常具备两个特征。首先，狩猎活动主要由男性进行；其次，分享猎物成了成功男性猎人精心设计的公开展示。

在非人类动物中，一种被称为“信号传递理论”的行为解释方法为那些原本令人困惑的行为提供了有力而深刻的分析。这种分析方法的核心是一个简单却强大的组织理念，即生物的行为和外观传递出自身的一些重要信息。基于此，信号传递理论能解释某些灵长类动物的奇特行为，例如位于几内亚共和国东南部博苏地区的雄性黑猩猩。

虽然这些黑猩猩几乎从不分享野生植物类食物，但当它们偷吃人类作物时，情况就明显不同了。它们会分享人类邻居种植的木瓜，这些果实是它们冒着相当大的风险偷来的。考虑到获取这种“禁果”所面临的危险，木瓜成了极受欢迎的商品。不过，这些果实没有被囤起来或偷偷吃掉，而是被分享给其他黑猩猩。绝大多数情况下，这种行为发生在雄性黑猩猩中，它们允许有生育能力的雌性黑猩猩分享这些非法物品。这种行为很可能是信号传递策略的一部分，是善于偷盗又有交配欲望的成年黑猩猩“以食物换取性”的手段。提供常见的森林水果可没有这么大的吸引力，任何一只黑猩猩都可以做到。

在过去的几十年里，信号传递理论已被用于解释人类动物。越来越多的民族志研究应运而生，表明人类的公开展示（包括狩猎采集社会中男性公开表现出的慷慨）与获取地位和声望有关，至关重要的是，这种地位和声望可能会转化成一种非常特殊的成功——繁殖成功。

人们惊恐万分地逃离杀戮，整个国家像是个疯人院。

由于以穆斯林为主的“塞雷卡”民兵在东北部的据点烧杀抢掠，中非共和国陷入危机，大批人开始逃离。但弗朗索瓦却离开了安全的雅温得和喀麦隆，直奔“塞雷卡”的前进路线而去。因为他父亲住在那里，从弗朗索瓦记事起，那里就是他们的家。他别无选择。

父亲病得很重，活不了多久了。弗朗索瓦走后，父亲一直由表妹奥罗拉照顾，她十万火急地联系到他，说如果想趁父亲在世时再见上一面，就必须从喀麦隆回来。弗朗索瓦每个月都寄钱给奥罗拉，这往往并不容易，这个国家很多地区都正陷入灾难之中。不过，通过一个复杂的地下转账系统（总能找到这样的方式），他设法把钱转给了表妹，让她照顾自己的父亲。

在叙述这一切时，虽然弗朗索瓦没有直说，但我能感到他和父亲之间有过争吵。至于为了什么，我不知道，也无权过问。

尽管尽了最大努力，弗朗索瓦还是耽搁了一天，他在边境上买的旧吉普车抛锚了。当他赶到时，父亲已经去世。

父亲葬礼后的几天里，弗朗索瓦逗留在中非共和国，不知该做什么。过去几年里他和父亲接触甚少，但这对他仍是一个打击，比想象的要沉重得多。这件事使他偏离轨道，回到了他成长的地方，回到了这个他试图逃离的充满回忆的地方。

“你为什么不回雅温得去？”我问。

他摇了摇头，双手紧握着奔驰车的方向盘，尽管车子停在原地。“你的父母还在世吗？”他问。

“我父亲也去世了。”我说。

“那你为什么这样问我？”

我没有答复。我记起父亲去世后，我回到那个见证我成长的小镇。恍惚间，我把包忘在了火车上，径直踏上站台，这种事以前从未在我身上发生过。

理所当然地，他感谢了奥罗拉，她总在他父亲的房子里帮忙。奥罗拉个头很大，身体不好，光是活动一下就累得够呛，收拾房间时总是气喘吁吁的。虽然弗朗索瓦觉得收拾房子没有太大意义，但仍然感激她所做的一切。然而，接下来发生的事慢慢改变了他的看法。

她口中的父亲与弗朗索瓦记忆中的完全不一样。当然，人是会改变的，何况他离开中非共和国也有很长一段时间了，但当弗朗索瓦问她有没有用收到的钱给父亲买他喜欢的香烟和棕榈酒时，她回答说虽然不太容易，不过她还是买到了。当时他就知道她在撒谎，这是个测试，她没有通过。

父亲讨厌喝酒，还曾因为弗朗索瓦让弟弟乔治尝棕榈酒而打过他。他越调查，就越相信奥罗拉对父亲的帮助微乎其微。他们开始恶语相向，大吵起来，而她说的话又毒又狠。她说他父亲是个不可理喻的老头，从不满足。她说弗朗索瓦是个不称职的儿子，抛弃了自己的至亲。他回骂了她。弗朗索瓦转述了她接下来说的话，我乍听时还不太理解："你甚至不是我的家人。你不要再说了，因为对我来说你不是我的家人。"她离开了。

争吵之后，来了一个邻居。邻居证实，奥罗拉的确没做什么，但她花钱雇了个年轻女子来照顾他的父亲。

邻居给了弗朗索瓦一封他父亲写给他的信，在这件事上老人信不过奥罗拉。站在小镇的街道上，弗朗索瓦低头盯着父亲的笔迹，上面写着：

> 弗朗索瓦，那个女孩救不了我的命，没人能救我的命。我病得太重了，但她为我做了一切。你要尽力帮助她，因为我已一无所有。她的名字叫玛丽埃尔，务必确保她的安全。

他立刻认出了那熟悉的笔迹，以及同样熟悉的不带感情或修饰的口吻。看来，除了这封信，父亲没有留下其他任何遗嘱。

最后，在小镇边缘一间简陋的棚屋里，他找到了她。当弗朗索瓦赶到时，她正坐在树荫下的一张凳子上缝补着一件白棉布衬衫。这就是在父亲生前照料他的女人。

3. 白马和马车

"你是玛丽埃尔吗？"弗朗索瓦问。

"是的，先生。"她说。

"我是——"

“不好意思，我知道你是谁。”她平静地抬起头说。

“你是怎么知道的？”

“我看过照片，你父亲给我看了你的照片。”

弗朗索瓦没有回答。她 20 岁刚出头，一副平和单纯的模样。

“这事儿是真的吗？”他说，“你照顾过我父亲？”

她把针线活放到一边，在衣服上擦了擦手，站起身来。“是的，先生。”

“为什么奥罗拉不照顾他呢？”

“她太忙了。”

弗朗索瓦发怒了。“不是太忙，是太懒，整天无所事事，成天坐着长膘。”

“我不知道。”年轻女子说。

“又胖又懒又傻……”他开始当街咒骂起自己的表妹。他停了下来，沉默了一会儿，从太阳底下走到那个女子站着的树荫下。“你照顾过我父亲？”他说。

“我尽力了。”她说。

他仍然感到困惑不解。他的父亲不讲道理，脾气暴躁，而眼前这个女孩那么瘦弱。“你觉得他怎么样？”弗朗索瓦问道。

“你父亲，他教了我很多东西，我尽我所能去帮助他。”

“真的吗？”弗朗索瓦说，还是有些怀疑，“你做了什么？”

“几乎没做什么，”她的语速缓慢，语气淡然，“大多数时候，我只是陪在他身边，在他需要时给他倒倒水。”

“应该还递递烟吧。”弗朗索瓦说。

“他从来不抽烟，”她说，“和我在一起时没有，也许他以前抽，但和我在一起时不抽。”

他知道，她说的是实话。

“最后你在他身边吗？”弗朗索瓦问。

她低下头。“对不起。”她说。

“别说对不起，”他粗暴地说，“告诉我发生了什么。”弗朗索瓦坚持说，“告诉我。”

“求你了，先生，我不想说。”

“告诉我。”

“求你了，先生。”

“他是我的父亲。”弗朗索瓦喊道。

路边，一只流浪狗沿着排水沟一路嗅来嗅去。两个穿着短T恤的孩子在一堆破烂家具里玩耍。弗朗索瓦感到呼吸困难，十分痛苦，就像胸部在收紧一样。他弯下腰，双手放在膝盖上，试图恢复呼吸。狗冲着孩子们叫了一会儿，然后识趣地走开了。

“请进来吧，”玛丽埃尔说，“我给你一些水喝。”

他走进棚屋，那里几乎没有足够的空间容纳两个人。他用一个橙色小塑料杯喝了一杯水。她只有这些，不过他呼吸放缓了，变得规律起来。

“好吧，”她说，“事情是这样的。”

在最后一两天里，他父亲的脚开始变得很冷。外面很热，热得让人透不过气来，而他父亲的脚却总是冰凉。

“他让我给他揉一揉，握在手里暖和暖和。”玛丽埃尔平静地说，“我不确定他能不能感觉到，但他装出能感觉到的样子。”

起先，老人还努力抬起头来表示感谢，但到了弥留之际，他只是偶尔对着天花板笑一笑。

这就是他父亲最后的日子。而眼前就是这个女孩，这个他素昧平生的女孩。人们都说，武装民兵正在向小镇逼近，弗朗索瓦的父亲请求他帮助她，帮助这个他素昧平生的安静女孩。

“你想要什么？”弗朗索瓦说。

“要什么？”她说，一副困惑不解的样子。

“就是想要的东西，每个人都有想要的东西。”

“没有，先生。”

“说实话，奥罗拉欠你钱吗？”

“欠了一点儿。”

弗朗索瓦拿出钱包。

“没关系的。”她说。

“也许这些东西对你来说并不重要。”

“你需要帮助吗？”她说。

“什么帮助？”

“帮你收拾屋子里的东西？你来了之后，奥罗拉小姐就不想让我去了，她不想让你见我。”

“没关系的。”弗朗索瓦对她说。对他来说，这一切都不重要了。“你现在怎么办？”

“我会找工作。”

“找工作？你不知道‘塞雷卡’要来了吗？”

“也许他们不会来我们镇上。”

“他们会来所有这些镇子，你不明白吗？”

她摇了摇头，“这些都不关我的事。”

“我可以再给你一些钱。”弗朗索瓦说，“比欠你的那些再多一点，这样你就可以离开了。你在别处还有亲人吗？”

“我没有其他亲人了，现在只有我自己。”

他停顿了一下，想了想。他该拿这个素昧平生的女孩怎么办呢？“听着，我开车去喀麦隆，可以顺路捎你到班吉，”他说，“你可以在那儿找个地方。”

“我为什么要去首都？”她说，“这里才是我的家。”

“这里会成为战区。”弗朗索瓦说。

“但它还是我的家。”

“你知道有多少人被杀了吗？全国各地都有，‘塞雷卡’什么人都不放过。”

“可我没惹他们。”

“是啊，所以说他们就是那样的人啊。”他不无讽刺地说，然后，当她继续用她那双充满信任的大眼睛平静地看着他时，他后悔了。这个女孩为什么会惹他生气？他把注意力转回手头的事情，他父亲的信，信里的遗愿。他思考着自己如何才能执行父亲的遗愿。“听着，我送你去班吉，或者给你钱，你选一个。”她没有回答，没有表示任何偏好或兴趣。“或者，好吧，我既开车送你去班吉，又给你钱。”他说，就像提出一个绝望的最终报价。他相信，这下一切都解决了。两样都给她，这事儿就算了结了。

“你是个大好人，就像你父亲一样，但我什么也不需要。”

“啊！你简直不可理喻，”弗朗索瓦叫道，“我真的没多少时间。”

“请不要把时间花在我身上，祝你一切顺利。我喜欢你父亲，发生这样的事，我很难过。”

这些话进一步激怒了他，虽然她似乎是诚心诚意的。他父亲的死显然对她有所触动，她的悲伤似乎更单纯，但她不需要再守在这里了。

“这已经没意义了，”弗朗索瓦说，“我很快要走了，如果你想要什么，就到我家里来告诉我。时间不多了。我不会等‘塞雷卡’，也不会等你，你明白吗？我不会等的，我要走了。”

她点了点头。“祝你一路顺风。”她说。

这句话更添了他的怒火。

然而那天晚上，她来了。他很高兴她这么做了。

在把父亲仅有的几件东西装进吉普车时，他突然注意到她一动不动地站在离房子不远的地方。他很高兴，不是因为他很想见她（她又不是他什么人），而是得知自己在雅温得陋巷里耍手段时学到的那些世道人情并没有改变，他感到很安慰。人们总是想要些什么，只是时间早晚和开价多少的问题，总是如此。她这不就来了吗？

“怎么了？”他说。

“有一件东西。”她说。

“好的，什么东西。”他回答。

“有一件我想要的东西。”

“好的。”他又说。

他以为自己终于看穿了她。是的，她很厉害——软推销。表面上对金钱漠不关心，原来都是诡计，是一种谈判。他不得不佩服她：她很厉害。她终于直奔主题，来向他要东西了。

在墨尔岛的火山岩层上，托雷斯海峡一带的岛民们捕捞寄居于珊瑚礁与温暖水域中的鱼类和贝类，这是一种被称为海洋觅食的习俗。然而，在所有的觅食活动中，有一项比其他所有的都更有价值：猎杀海龟。

历史上，墨尔岛的女性倾向于从事艰苦的植物性食物采集工作（其大量的收获反映出她们的辛劳），而男性则从事高风险的狩猎活动，寻找高质量的食物，这种活动体现出他们的技能和敏捷度。在礁石上，他们用鱼叉捕小鱼，这些小鱼难以捉摸、一闪而过，需要极大的耐心和专注的精神，但比起对绿海龟的大追捕，用鱼叉捕小鱼的工作就相形见绌了。

绿海龟这种海生动物是墨尔岛的节日大餐。在海龟上岸筑巢的季节，岛上的男人、女人和孩子一起劳作，从海滩上收捕海龟，但这是集体采集，与这一传统截然不同的是在岛屿周围水域捕猎海龟的做法。小船乘着海浪追踪可以长到四英尺长的绿海龟，一旦海龟被发现，船头的一个猎手就会跳到正在游动的海龟身上。

与采集相比，这种狩猎更困难，既危险又费时，而且非常昂贵，因为猎手不得不支付燃油费，以便追踪这些在海床上的海草草甸间游荡的食草动物。在非筑巢季节，得胜的猎人在公共宴会上与岛民一起分享自己的战利品，从而宣告自己大获成功。平均约有175名岛民出席公共宴会，也就是说，约三分之一的墨尔岛岛民都会参加。

缅因大学和华盛顿大学的人类学家经过几年的研究后发现，成功的海龟猎手比其他男性拥有更高的交配与繁殖成功率。通过公共分享来公开宣布狩猎成果，这似乎有效表明了他们的强大，由此获得的声望和地位也与性成功有关。对于那些驾船追逐海龟的男人来说：成功的海龟捕手比岛上其他男人拥有更多的性生活，而且享有与更多女性伴侣成功繁衍后代的特权。

在这片亚洲与澳大利亚之间的大陆桥遗迹上，在这些郁郁葱葱的火山岩层上，人们花费了大量时间和金钱去猎杀海龟，然后把它们送给别人。在某种程度上，这种行为毫无意义。但是，当我们引入性竞争和性选择这两个概念时，这种行为就合情合理了。这些慷慨大方的表现会得到回报。

是什么因素驱动了这种行为？墨尔岛居民的情况并不是孤例，狩猎成功与繁殖成功之间存在着关联，这一广泛的发现在其他狩猎社会中也已经得到了证实，包括巴拉圭的阿切人、坦桑尼亚的哈扎人，以及居住在玻利维亚低地森林中的提斯曼人。那么，在发达地区呢？公开展示慷慨行为（表明自身资源丰富的地位）的男人享有更高的性成功概率，这种假设是否合理？有钱的男人是否能吸引更漂亮的女人？是否能吸引更多的漂亮女人？

结婚时家庭间的支付传统已经延续了几千年。有记录的证据可追溯至公元前3000年，而且在那之前数千年这种支付就很可能以这样或那样的方式存在了，印加人、美索不达米亚人、埃及人、希伯来人和阿兹特克人都有与婚姻相关的支付行为。今天，这类制度中也许最广为人知的就是嫁妆了，嫁妆就是妻子的家庭提供金钱或资源来影响女儿的婚姻。然而，嫁妆制度实际上存在于相对较少的文化中，1967年，《世界民族地图集》收录了1 000多个前工业化社会的证据，在被调查的大约20个社会中，只有一个会张罗嫁妆。目前来看，更为普遍的是彩礼的观念，即男性或他的家庭付钱给女方。

他们为何要花这笔钱？很大程度上是为了女性的生殖潜力。为确保这一目标的实现，男性需要直观展示自己的资源。

从这个角度来看，男性在公共场合慷慨解囊是展示自身资源丰富的另一种形式。这一证据基础明确指出这种展示与性成功相关，当然，这是在仅能维持生存的社会中才发生的现象。但这是基于因果关系吗？给予者同样也能有所收获？（而且因为他有能力给予？）如果是这样的话，那么表现慷慨就是一种交易型展示，而不是一次性的慈善行为。他们在一条双行道上，附加福利以另一种方式回来，这些福利可能体现在传宗接代上。

弗朗索瓦的父亲当过警察。年轻的他刚在班吉入职时，正赶上“典型的非洲独裁者”让-贝德尔·博卡萨自封为博卡萨一世，把中非共和国重新命名为“中非帝国”，而那场加冕典礼耗费了中非绝大部分的年度预算，安排了身着仿拿破仑制服的仪仗队、驾着白马的四轮马车，而博卡萨扮作拿破仑本人的模样。当时弗朗索瓦的父亲就在现场，他虽然只是一个维持秩序的年轻警官，但也是见证者。

那是 1977 年。1979 年，警察部队围捕了那些拒穿被迫从博卡萨私人家族垄断企业购买的制服的学童。国际特赦组织（Amnesty International）公布的报告称，有 100 名左右的儿童被杀害，这一数字震惊世界。

那时候，弗朗索瓦刚刚出生。两年后，弟弟乔治也出生了。因此，他不记得博卡萨统治中非的岁月，但他不会忘记父亲和他的警察制服，不会忘记他当时是多么自豪，尤其是举家离开班吉，搬回父亲的家乡后，父亲又升职了。弗朗索瓦还记得父亲如何不辞辛苦地把制服上的褶线压得笔挺，并告诫儿子们责任和义务的重要性。不过后来，父亲从不谈起那些过去的时光，那些他在博卡萨治下的所见所为。他的伤疤慢慢愈合，把世界和他的儿子拒之门外。

随着弗朗索瓦渐渐长大，他们的关系严重恶化。但现在他得知了父亲的临终愿望：帮助那个在他生命最后善待他的女孩。现在，这个女孩就站在弗朗索瓦面前，旁边是他在喀麦隆边境买的那辆旧吉普车。

“那你想要什么？”弗朗索瓦问她。

“‘塞雷卡’真的要来了吗？”

“他们会来的，我敢肯定。”他说。

她点点头，低下了头，慢慢闭上眼睛，当她重新抬起头时，她说：“你真的会尽力帮助我吗？”

“这是我父亲的愿望。”

“那我知道我想要什么了。”她说，但她还是什么也没说。

“好，告诉我，你想要什么？”他说。

“你确定‘塞雷卡’要来吗？”

“我不是告诉你了嘛。”他说。

“那我想要一把枪。”

他笑了，他控制不住，但她非常认真严肃。“我为你父亲做了能做的一切，这不是一件苦差事。我很难过，但也很高兴能帮助他。我不想要钱，也不想去喀麦隆，只求你在离开之前做一件事，请把这件礼物送给我。”

“一把枪？一把枪？你拿枪来干什么？你以为用一把枪就能阻止‘塞雷卡’吗？”

“我用另一种方式对付他们。”

“什么方式？”

“以我的方式，他们打不败我。”

“为什么？”弗朗索瓦说着，一阵寒意蔓延全身，他感到很不安，“你发疯吗？”

“被抓住就是发疯吗？我和其他人聊过了。被强奸就是发疯吗？”

“跟我一起走，我可以带你去喀麦隆。”

“我知道你可以。”她说。

“不，我是说我会带你去，我想带你去。”

“如果你带我去雅温得，那我就会成为那种女人。我在这里也可以当那种女人。”

“这不是我想做的。”

有一刻，她变得很激动，抓住他的一只手。“我觉得你是个好人，像你父亲一样，但我永远都不会离开我的家，我永远不会离开我的同胞，我永远都不会离开我们的土地。对不起，弗朗索瓦先生，但是——”

“别这样叫我。”

“对不起，但是我没钱买枪，请把这件礼物送给我吧。”

“一把枪，一把枪，你想要一把枪，真是疯了。我要带你去喀麦隆。”

“我知道，你已经说过了。”她抬起头来细细打量他，凝视他的眼睛。“我知道你为什么要这么做。”

“我父亲想要我这么做。”

“不是，我知道，”她坚持说，“我知道你为什么想让我安全，没关系。”

“为什么？为什么？你在说什么，傻姑娘？为了让你不要死，这就是为什么。”

“但是我知道。”她说。

弗朗索瓦停了下来。两个人相对无言，然后他开口道：“你在说什么？”

她低下头。“我知道发生了什么事。”

“你知道？你知道？你知道什么？发生了什么？什么时候？”弗朗索瓦越来越愤怒，冲着她大喊道。

她松开了他的手。“你的父亲，是他告诉我的。”她说。

弗朗索瓦爆发了：“你不知道你自己在说什么，这不关你的事。”

“我很遗憾。”

“遗憾什么？”

“发生的事情。”她说。

“不要再说什么遗憾了，不要说了。”现在是他反过来抓住她，用力地抓住她。“别说了。”他喊着，摇着她的肩膀。

于是她不说了，一动也不动，没有因他的愤怒而退缩。怒火就像一股巨浪席卷了他，他什么也做不了，直到那股波浪涌到顶峰并崩溃。当他的头脑终于开始清醒时，他发现自己还抓着她。他的呼吸急促而沉重，汗珠顺着鼻子往下淌，滚落到地板上。

“你知道些什么？”他平静地说。

她抬头看着他，面无惧色，泰然自若。“我知道，”她说，“那件事并不是你的错。”

4. 超越一切的事

在一次漫长的值勤任务结束后，他们的父亲回来了。那是20世纪90年代初，两个男孩刚长成青少年，他们被父亲的一件珍贵东西迷住了：一把老式猎枪。

父亲从一位刚果商人那里得到了这把年久失修的枪，刚果商人说枪是从一名法国伞兵那里买的，那个伞兵在经济不景气时变卖了他所有的财产。弗朗索瓦的父亲把业余时间都花在了这把步枪上，给它上油，除锈，用砂纸打磨枪托，抚摩它，跟它说话，就像在让一具尸体起死回生一样。在某种程度上，他确实做到了。他修复了枪，枪也修复了他，帮他暂时忘记了执行警务过程中的所见所闻。

但是眼下，父亲在长时间轮班回来后睡着了。弗朗索瓦有了一个主意，带着父亲的战利品到丛林去打鸟、走兽和蛇，以及他们能找到的任何其他东西，毕竟这是一把猎枪。

弗朗索瓦只记得那天的风很大。他用专家的口吻告诉弟弟，射击时必须考虑风向。不过，他现在能记起的只剩这些了。这么多年过去了，他仍然不知道当时枪是怎么走火的。

把枪交给乔治时，他确信枪膛是空的，他确信自己已经检查过了。枪是怎么走火的，怎么可能会走火，他至今还在苦苦思索。前一分钟乔治还站在他旁边，后一分钟就倒下了。

安葬了乔治之后，弗朗索瓦和父亲之间的关系再也回不到从前了。乔治是他们的生命之光，是家庭中心的一盏明灯，而这盏灯突然间熄灭了。

现在，弗朗索瓦回到了父亲的家里。当玛丽埃尔站在他面前，跟他谈起尘封多年的那些往事时，他靠在吉普车上，双腿发软。

“你父亲说那不是你的错，”她说，“他让我转告你：‘我知道，弗朗索瓦，我知道那不是你的错。’”

“如果你说的是实话，那他为什么不在信里写这些呢？”

“有时候，人们发现很难对当事人说对不起，”她说，“他很抱歉，他要我告诉你他很抱歉，他让我告诉你他不怪你，他应该把枪修好的。”

“其他所有人，”弗朗索瓦说，“他们都怪我。”

“为什么呢，既然那是意外的话？”

“因为他们知道内情，知道我的身世。”

她疑惑地看着他。

“我父亲的父母，他们已经替我父亲选好了新娘。新娘的彩礼已经商量好了，所有的事情都谈妥了。但后来他遇到了我的母亲，她才是他喜欢的那个人。但是，我父亲的父母不同意，不认可那个女孩，说她家太穷了。他们已经和另一个家庭，一个像他们一样富裕的家庭商定了彩礼。但是，我父亲爱我母亲，真的很爱她。后来她怀孕了。”

“他娶了她吗？”

“另一个新娘的彩礼都商定好了。”弗朗索瓦说。

在弗朗索瓦告诉我这件事时，我起初并不明白他在说什么。不过，在中非，尤其30多年前，父母经常为子女包办婚姻。未来的新郎会给被提亲的新娘家干几年活儿，最后他的家人还要给彩礼。但是，弗朗索瓦的父亲坠入了爱河。那个孩子——弗朗索瓦——是私生子，他的父亲娶了另一个女人。几年以后，弗朗索瓦的母亲去世了，他就和父亲一起生活，父亲那时已经有了一个儿子，就是弗朗索瓦同父异母的弟弟乔治。

“其他人，”弗朗索瓦对玛丽埃尔说，“都说我杀他是因为嫉妒，我不是父亲真正的儿子。那就是原因，其他人就是这样说的。”

“人们总说闲话。”她说。

“我不记得我的妈妈了，”弗朗索瓦说，“我那时太小了。”

说完这句话后，他们很长一段时间都没有讲话。那天晚上，他们睡在一起。

弗朗索瓦把这一切告诉我时，天气正发生变化。太阳不久前消失在地平线上方盘旋的云层后面，天空变成了一种咖啡色，整个城市的天际线看起来一片瘀伤，远处能听见雷声。

“我没看到闪电。”我说。

“没有闪电。”弗朗索瓦说。

“如果打雷，就一定会有闪电。”

“但你不一定总能看到。我们喝点儿吗？”

“好的。”我说。

“你知道，”他摸了一下护身符说，“我妈妈很传统。她相信万物都是活的，是的，所有东西都是活的，她相信万物都有生命，这是父亲给我们解释的。树木，河流，我们的树木，我们的河流。我父亲的父母，他们想要欧洲人拥有的那些新东西，汽车、书籍和药品。他们希望自己的孩子活得更久，所以我怎么能说这是一件坏事呢？但是我的母亲，他们觉得她很愚蠢，因为她相信那些简单的东西，古老的东西，相信我们只是世界的一部分，甚至不是这片土地上最重要的东西。”

他发动引擎。那辆旧奔驰以它特有的方式勉强地缓缓启动。他没有提到，但我在想，那护身符是否真如他告诉帕特里斯的那样与民兵无关。我确信弗朗索瓦对民兵的厌恶不亚于帕特里斯，我猜护身符会不会是为他妈妈而携带的。

“瞧。”他说。

“什么？”

“你看到了吗？山那边——闪电。”我看见了。

第二天他们在床上度过。这是危险的，不负责任的，但也是快乐的。

虽然有危险，但他还是留了下来。她想要一把枪，他给了她一样别的东西：他自己。他留了下来。

她不仅是一个女人，她代表了所有女人。他和她们之间的关系混乱不堪，这也许要一直追溯到他记不清的母亲身上。他永远无法理解的不是那些女人，而是他自己的行为，自己对她们混乱而狂躁的两极态度。一方面是令人窒息的占有欲，另一方面是冷淡疏离，漠不关心，他可以同时这样——从前的他。

在所有关系中，他没有一次成功过，所有关系都崩溃了。他对未来婚姻生活的信念也崩溃了。突然间，玛丽埃尔从天而降，走进了他的生活。她身上有一种特别的东西，他虽然说不出那是什么，但他知道自己需要它——需要她。然而，“塞雷卡”要来了，战争几乎到了家门口。他的每一份理智都在告诉他，马上离开那里。

他徘徊着。他留下了，和玛丽埃尔一起。

她到底想要什么？他要给她钱，她不需要；他要保证她的安全，她拒绝了。她显然对席卷全国的这场血腥屠杀知之甚少，但她对另外一件事知道得更多，一件超越一切的事，只是他不知道那具体是什么。

她先听到了那个声音，远处的隆隆声。床边的水杯开始在石头地板上咯咯作响。

他们先前正在谈论他所居住的那个遥远城市——雅温得，一个他父亲嗤之以鼻的地方，因为它让儿子远离了他。对困在一个陷入战争和死亡的国家的玛丽埃尔来说，雅温得听起来就像天堂一般。

“真的有七座吗？”她问弗朗索瓦。

“他们是这样说的，七座山。”

后来，他告诉我：“我跟她说‘得看情况’，得看你说的山是什么。”就在那时，玻璃杯开始发出响声。

“那你想要什么？”她问。

“我想要什么？”

“在你的七山之城？”

他不需要思考很久，因为他清楚。“我想要一辆奔驰车，”他说，“一辆白色的奔驰车。”

“我希望有一天你会得到它，”她说，“不，我错了。”

“我不会得到吗？”他问她，好像她什么都知道似的。在那一刻，他相信她什么都知道。

“我不用希望，因为我知道你会的，我知道你会得到这辆白色奔驰车的。”她一说完，就用手捂住了他的嘴。如果几天前有人在雅温得这样做，一定会惹上麻烦的。但现在的他发现自己喜欢这样，他是怎么了？“听！”她低声说。起初他什么也没听到，然后他明白了。是民兵卡车，很多卡车。

“你得走。”她说。

“跟我一起走。”他说。

“为什么？”

“因为他们会杀了你。”

“也许他们只是开车经过。”

“如果不是那样怎么办？”他捧起她的脸，把她的双颊捧在他的手掌中，“玛丽埃尔，如果你留下来，我就留下来，就这么简单。”

“我不想让你留下来。”

“那我们就离开。”他说。

她没有表示反对。

“真的吗？”他说，“真的吗？”

他们的目光相遇了，她微笑着，缓缓眨了眨眼，这样就够了。弗朗索瓦跳下床，套上牛仔裤和T恤。“能拿点啥就拿点啥。”他说。

“我什么也不想要。”她回答。

外面，天气异常炎热，热浪直冲双眼，闷得令人作呕。当他走到吉普车跟前时，T恤已经让汗水湿透了。她进入车内，坐到他旁边，不能着急，要从容不迫。他们驱车远离身后车队的轰鸣声，在公路的下一个转弯处疾驰而去，径直冲进了“塞雷卡”设置的一处路障。

一阵枪林弹雨穿透了吉普车的散热器面罩，弹到了后视镜上，崩碎了挡风玻璃。玛丽埃尔也未能幸免，一颗子弹击中她的肩膀，震得她侧过身子，另一颗子弹重重打在她的胸口，她像咳嗽一样喘着气。

弗朗索瓦试图让吉普车掉头，子弹从他的头顶上飞过。他一只手放在方向盘上，另一只手伸向朝前倾倒的玛丽埃尔。他努力掉转吉普车的方向，车子打滑，几乎翻了过去。他稳住了，可还是无济于事，车子一头扎进了路边的排水沟里。

他的头撞在方向盘上，顿时眼冒金星。朦胧中他感到玛丽埃尔就在后面的某个地方，一动也不动。他被撞出脑震荡，像醉酒一样失去了控制。还没等他反应过来，民兵们就已经把他包围了。那么多拿着木棒的民兵，把他从吉普车里拖出来。排水沟里没有水，因为好久没下雨了。他叫玛丽埃尔的名字，但没有人应答。当雨点开始从云层和天空中落下时，他模模糊糊地意识到，这些民兵也把她拖出了吉普车。

他们拽着他的双腿，把他拉到马路上，在那里施暴更容易。他拼命还击，喊着玛丽埃尔的名字，在俯卧的姿势上尽力踢踹着，直到有人用棍子打中他的膝盖，那是最痛的一记重击，他尖叫起来。他们把玛丽埃尔拉到他旁边的路上，不安好心地想救活她，但后来又放弃了，将她推倒在一边。即使大白天，他们的车灯也全都大开着，像眼睛一样盯着他，像是另一种侮辱。在路障后面，一个穿着短裤和人字拖的年轻“塞雷卡”成员（看上去还是个孩子）拿出一根绳子，一根毛糙的粗绳，来回摆动着。也许他们要把我吊到树上，弗朗索瓦想，也许要把我拴在卡车后拖行。他听说“塞雷卡”这两件事都干，他们什么都干得出来。

但事实上，在他完全任人摆布的情况下，他们真正做的却是试图把他的吉普车从沟里拉出来，当他们发现无法做到时便离开了。

挨了打的弗朗索瓦躺在玛丽埃尔旁边的马路上，动弹不得。

玛丽埃尔的脚紧挨着他的肩膀，依旧保持着被他们拖拽和丢弃时的姿势。她的脚踝利落地靠在一起，仿佛刚刚敲了敲鞋跟。他不顾疼痛，把手臂伸了过去，轻轻脱掉她的鞋子，把它们从她的脚跟上移开。她的脚依然温热，他不明白这是为什么，但他的脑子由于重击而有些错乱。是的，她光着的脚仍是温热的，他很困惑，因为他算不出一个人死后体温能保持多久。在他周围，所有声音都渐渐消失了。他躺在那里，明白她的死是因为胸部受了重伤。他那因民兵的殴打而痛得发抖的手指轻触着她的皮肤，感受她的体温慢慢消失。

5. 狂热

那是几年前，正值“塞雷卡”叛乱和政变的高潮时期。当弗朗索瓦告诉我这一切时，我被矛盾的情绪折磨着：赛拉和奥马尔后来加入了“塞雷卡”的某个战斗组，虽然在这个国家的其他地方，但仍属于“塞雷卡”，因此他们是弗朗索瓦和玛丽埃尔的敌人。帕特里斯当然不属于任何阵营。

老实说，当时我不知该如何理解这一切，现在我仍然无法彻底理解。闪电掠过雅温得屋顶的上空，照亮了热带树木。接着，那些著名山丘上空的混乱消失了，雷声转去惊扰别的地方。我们在喀麦隆首都一家酒店的中庭酒吧里，弗朗索瓦把一切都告诉了我。音响系统播放着微弱的钢琴曲，显得很不协调。我试着辨认曲目，但很快放弃了。

“我能问你一件事吗？”我说，他点了点头。“为什么民兵直接离开了？”

“你的意思是，他们为什么没有杀我？”

我试图问得委婉些。但的确，就是这个问题，一点儿没错。

“那时候要杀的人太多了。我，他们也许认为我已经死了，或很快就要死了。所以他们也许不想浪费一颗子弹。”他说，“也许他们认为，子弹太仁慈了。”

在我们周围低矮发亮的黑色桌子上，一群衣着休闲（穿着斜纹棉布裤和运动夹克）的俄罗斯人正在与几个西装革履的喀麦隆人进行激烈的谈判。“这不是真的。”一个俄罗斯人捶着桌子喊道。非洲人恭敬地笑了笑，但似乎并不同意。他们的“真相”与俄罗斯人的有所不同。

弗朗索瓦噘起嘴唇，烦躁地转动杯子，杯托在乌黑的桌面上平稳滑动着。

“现在到处都是俄罗斯人，”他说，“谁都想要非洲。”

“你会回去吗，回中非？”

他深深地吸了一口气。“是的。”他说。他说这话时带着一种习以为常的顺从，仿佛从未真正离开过。他说这话时带着 żal。

对墨尔岛居民的研究似乎没有用到神经科学或功能性磁共振成像，但在全球各地互不关联的以狩猎采集为生的社群中，科研人员都发现了明显的公开展示的慷慨行为。这至少会引出一个推论，这种行为很可能涉及了某种交配模块。

越来越多重要的科学研究表明，一旦男性的求偶思维被激活，甚至是受到人为的启动刺激，他们的行为就会变得十分怪异。心理学家道格拉斯·肯里克（Douglas Kenrick）和弗拉达斯·格里斯科维修斯（Vladas Griskevicius）指出，在几十项研究中，研究人员让男人看美女照片或想象约会，或观看浪漫电影，男人就变得“更鲁莽、更创新、更积极、更英勇、更独立，更倾向于把钱花在花哨的产品上”。如果大脑确实是模块化的，那么交配模块的存在便是其中最明显也是最有可能的一种。

研究人员用许多苍蝇做了大量研究。在其中一类苍蝇——黑腹果蝇中，雄蝇表现出非常精确的交配程序，或许很多男性也是这样。潘玉峰、卡门·罗比奈特（Carmen Robinett）和布鲁斯·贝克（Bruce Baker）对这种小动物进行了详细的研究，研究结果发表在他们2011年的文章《让男性“性”奋》（*Turning Males On*）中。

在这篇文章中，他们精辟地概括了神经科学的学科探索：“从分子细节上理解神经回路的运作：它是如何使个体感知世界，并根据这些感知执行特定行为的。”这种方法向我们揭示了黑腹果蝇的哪些特性?

果蝇的交配程序是高度形式化和序列化的，包括“定位、跟随、叩击、歌唱（翅膀伸展和震动）、舔舐、腹部弯曲、交配尝试、交配以及高潮射精”。但他们还发现，特定的神经回路与这种行为有关。更有甚者，它能被诱发。通过对某些神经元的人工激活，这种扇着翅膀的倒霉被试在与任何有交配可能的雌性隔离的情况下，都能被诱导至发情状态。事实上，潘玉峰的研究团队发现，黑腹果蝇的神经元通路可能是平行或交叠的，这从进化的角度看是有意义的。考虑到繁殖的极端重要性，冗余的结构将带来总体的生存优势。如果一个系统因为基因突变而不能正常工作，也不意味着遗传世系的终结，通往激情的平行路径将开始发挥作用，这种动物的基因仍能遗传下去。

喝完饮料，我跟着弗朗索瓦走出酒店大堂的“无菌冷藏间”，再次进入非洲的热浪中，热浪立刻就从四面八方向我们袭来。酒店礼宾部的工作人员阴沉而轻蔑地挥了挥手，不让弗朗索瓦把奔驰车停在前院，挨着令人生畏的雷克萨斯、保时捷和锃亮的越野车。俄罗斯人从酒店鱼贯而出，他们的司机在同一时间打开了汽车的后门。至于我们俩——弗朗索瓦和我，则漫步到他心爱的“豪华轿车”停放的那条街上，我再次看了一眼挂在后视镜上的护身符。城市的喧嚣包围了我们，高层酒店和尚未完工的办公大楼拔地而起，衬得我们格外矮小。雅温得在向上发展，非洲也是。

“我为玛丽埃尔难过。”我说，这是我说过的最不得体的五句话之一。这可非同小可：我是一名辩护律师，有过高光时刻。但我还是想说些什么，我们该说什么？我们能说什么？

弗朗索瓦整理好衣服。“时间很短，不是吗？”他说。他从来没有机会去真正地了解她，就像他没有时间了解母亲一样。“我简直疯了。”他说。

“有时候，疯一点也没什么。”我说。

“你是说你自己吗？”

我笑了。“我差点就到了中非边境，不是吗？我现在和你在一起，不是吗？也许我应该跨过边境的。”

“那样就疯过头了。”他说。

我仍然痴迷于这个地方。我已经走到边缘了，也探索过了。那样足以清除感染吗？我现在对那个不可知的地方足够了解了吗？

“不过，如果你要去，”弗朗索瓦说，“我可以安排，价格公道。”

“有什么你安排不了的吗？”我问。

他假装认真地想了想，说：“完全没有。”我怀疑他说得没错：在那个地方，在那个时候，几乎没有任何他安排不了的事。我也知道，由于不同的原因，我们两个人对中非的渴望都没有完全得到满足。

他站在我面前，缓缓点着头。“很难理解这儿。”他说。

“中非吗？”

“是我们。人们害怕中非，所以他们害怕我们。我们不应该害怕我们自己。”他说。

“是不应该。”我说。我记得他曾经对我说过：在中非，什么都没有，又什么都有——两者共存。

“但是答应我，如果你要去，就让我带你去。”

“如果价格合适。”我说。

“我的价格一向合适。”他的微笑回到了脸上。

环绕我们的这座素有“中非的罗马”之称的城市，这座有七座被太阳炙烤的小山的城市，它并没有停下来，没有注意到，也没有在意，但我们笑了，握了握手，说了再见。然后什么也没再说，只是拥抱了一下。

我回到酒店的大堂。微弱的钢琴曲不断地在空中回荡，没人注意，也不值得注意。喀麦隆商人坐的桌子上放着新一轮饮料，鉴于俄罗斯人已经走了，他们脱下了外套，松开了领带。他们在笑，但不是放声大笑。酒吧里，一个比利时人开始醉了。

我得收拾行李回伦敦。但我不想回自己的房间，单身旅行者的房间，至少现在还不想。我一直在想我没能越过边境这件事，那种禁忌而又狂热的塞壬之歌，充满了爱德华·威尔逊笔下的可怕吸引力：热沼地里的怪物。我们本来的样子，我们可以成为的样子。我们是一切，又什么都不是。所以，此行失败了吗？可成功的定义又是什么？

我一直在想弗朗索瓦和玛丽埃尔，以及他们如何在动荡中因缘际会地找到了彼此，然后是弗朗索瓦的父亲，以及他对弗朗索瓦亲生母亲的爱情。我想到弗朗索瓦，我愿意相信他的出生是因为爱，而不是因为责任和义务。我还想到了那个护身符。酒店大堂里一阵骚动，给我送配茶的牛奶的年轻服务员不小心把水壶掉在了地上，一片光滑的白色像突然张开的手指一样铺在高度抛光的胶木地板上。领班冲着他那年轻的手下大发雷霆，我告诉他不要紧，真的，我不需要牛奶，我喝清茶就好。

联合国儿童基金会的朱迪思·勒威易是个坚定勇敢的人，去过一些全世界最具挑战性的地方，就连她也遇到了不得不离开中非的时候。就像和我谈论此地的许多人一样，她努力想找到合适的方式去消解自身的矛盾，在亲眼所见的大规模劫掠和对当地坚忍人民的深厚情感之间达成平衡。

她说："我想念这个国家和这里的人，他们牵动着我的心。你需要与人类建立联系，但也要知道何时该停下来充电，掌控好你的能量。"

她精疲力竭，明白自己必须重新部署后续的工作。“当我回到家的时候，我才真正意识到我们的生活是怎样的。我回到蒙特利尔，刚踏进超市便意识到：我们在班吉为整个中非提供基本人道主义援助的仓库和我们的超市规模相当。我们在那里向中非各地运送物资，而我现在却只是在本地超市里推着购物车闲逛。是的，我回家了，回到‘正常’的生活中，还听到史蒂芬·霍金谈论一个太空大项目，利用光能去探索宇宙，去发现那里有什么。”

霍金携手亿万富翁投资人尤里·米尔纳，发起了一项耗资 1 亿美元的项目，名为“突破摄星”。该项目旨在开发一种能够利用太阳风的微型光动力航天器，用 20 年抵达离我们最近的恒星——半人马座阿尔法星。

“是的，这太棒了，”勒威易说，“我明白，我理解。但是，你知道，我们只有一个地球，只有一个地方可以居住，所以我们需要关心这里的一切。”她停顿了一下，“我们需要互相关心。”

我问 1 亿美元在中非共和国能做什么。

“别问了，”朱迪思·勒威易平静地说，“别问。”

我们沉默了一阵。“你会回去吗？”我又问。

这是一个对勒威易来说很难回答的问题。我不强求回应，这太复杂了。在雅温得，弗朗索瓦新的家乡，我坐在大堂酒吧里，脑海里想着同样的问题：他还会回到真正的家乡去吗？我知道肖邦在离开波兰流亡后就没这么幸运了。

实际上，肖邦去世前不久还访问了英国，他最后一次公开演出是在现在的伦敦兰卡斯特宫，维多利亚女王也在现场。他的钢琴独奏被穿插安排在当时的流行歌剧明星表演的美声曲目中间。维多利亚在日记中提到歌手们唱得很好，然后补充道："一些钢琴师演奏了钢琴曲。"

几个月后，肖邦病情恶化，完全丧失了行动能力。病因很可能是肺结核，一直没能痊愈。他于 1849 年去世，安葬在巴黎。他对朋友泰特斯说的那句话一语成谶：客死异国他乡将是多么可怕。遵照他生前的强烈愿望，姐姐卢德维卡将他的心脏运回了波兰，安葬在华沙的圣十字教堂。39 年前，她的弟弟，这位堪称浪漫主义时期最具代表性的钢琴音乐家，就出生在那座教堂附近。

我回到了酒店的房间。透过窗户，我能够看到山上的部分热带树木，它们一直绵延到中非边境，像沉默的哨兵一样守望着中非的森林，眼看着那些被弗朗索瓦的母亲视作拥有生命的树木被卡车拖走。

我们来这个世界上走一遭，然后便永远离开。我们的基因有些延续了下去，有些则没有。这种延续或通过责任，或通过爱情，或通过浪漫，或通过血缘。**求爱者**是战略家和战术家，目标就是基因的传承。他们有成功也有失败，可以慷慨也可以不慷慨，可能会送礼物（就像弗朗索瓦和那把枪），也可能不送。古希腊人就已认识到驱动基因遗传的这股力量，他们在歌曲中歌颂它，在故事中赞美它。我们也一样，那些最终继承了我们基因的人也一样，如果我们的基因能成功传递下去的话。

The Rescuer

第九种人

施救者

好了，别怪我没提醒你。

费奥多尔·陀思妥耶夫斯基

《卡拉马佐夫兄弟》

1. 赫卡柏与他有什么相干？

要过好一会儿你才能真的见到苏珊。

她没在实验室的接待室，那是学院大楼里的一间办公室，被仓促改造成亲切舒适、令人放松的样子：软包家具、盆栽植物和散放着的生活类杂志，但效果适得其反。她也不在观察室，你原以为她会在那里，因为这就是你此行的目的：来观察。观察苏珊。

另一方面，社会人类学家告诉我们，观察别人这项活动是我们日常花费大量时间在做的事情。不过在这里，你能因此获得报酬。虽然不多，但还是会有，作为参与实验的奖赏。于是，你进入了这种刻意营造的轻松环境，见到了笑容满面的研究助理史蒂夫和杰夫。这一切都经过了伦理委员会的严格审查和批准，很安全，绝对安全。但你多少还是有些怀疑，在一天结束时，你要观看某个人接受电击。

那是以科学名义实施的轻微电击。但是，当某个人被电击时，你要非常仔细地观察。有时候科学就是这样运作的，我们就这样探索已知事物的边界和未知的事物。一小步接一小步，精心校准的痛苦，一切都不带任何恶意。

“我希望你们不要担心苏珊，”实验室助理杰夫说，“有些志愿者会担心，这也正常，但实验真的非常简单无害。”他用手指捋过浓密的金色卷发。“苏珊跟你们一样，也是一名志愿者，她热衷于探索大脑是如何工作的。”

大脑是如何工作的。正是这一点引起了你的兴趣，促使你回复了那条实验志愿者招募广告。做科学实验，学习新东西，还能获得报酬，这太棒了。况且，受到电击的人是苏珊。

如果杰夫能穿一件白色实验服就好了，那才是你期望见到的，消毒和手术用的东西。然而，正好相反，实验现场非常低调。杰夫穿着牛仔裤和宽松的套头衫，脸上挂着鼓励的微笑，杰夫很擅长微笑。他身后的墙上有一幅山景画，你忍不住猜想，这是哪里的山？为什么接待室要挂一幅山景画？可能它只是挂在了那里，没人想着把它取下来而已。这无关紧要。

“你们都听懂了吗？”杰夫问。

你还在想那座无关紧要的山。“最后一点能再讲一遍吗？”你说。

“我们想要确定，非常轻微和静态的效应，也就是你在使用手机或平板电脑时可能接收到的微弱脉冲，可能以何种方式随时间的推移逐渐影响我们的学习能力。实验涉及在极具挑战性的静电条件下的认知处理。”

“哦。”你说。

对任务效能的研究，你在介绍资料中已经读到过一些，但不完全理解。你在没有真正理解的同意书上签了字，你从没认真读过那些东西。

“我要说的是，”杰夫继续道，“在这一轮实验中，我们已经放大了电荷水平，想看看苏珊表现如何。但这一切完全都在许可范围内，在最大值以下。如果你们没有问题了，那就去观察室吧。”

你在内心深处问了一个问题：“那座山在哪里？”你本没有意识到自己在思考这个问题，直到你听见自己问出声来。为什么问这个？可能是一种分散注意力的行为，以推迟观察室里的观察任务，观察苏珊的任务。理智而无畏的苏珊，以科学之名接受实验。

“啊，”杰夫说，片刻的困惑打破了他那程式化的微笑，“那幅旧山景，它只是挂在这里而已。如果你需要，我可以去查一下。”

你没有回答。你问：“电击是什么感觉？对苏珊来说。”你不知道自己为什么关心起了苏珊。

“啊，很多人都这样问。据志愿者们说，有点像走在尼龙地毯上，然后按下电梯按钮。就像那样的一点刺痛。”

“你们做过这个实验吗？”

他的笑容更紧张、更应激了，遮遮掩掩的。“啊，不允许我们做。”

“就像刺痛？”你问。干吗问这么多问题？

“或者，就像打针一样，甚至没有打针疼。”

你想起自己上一次打针时的感觉。针头使皮肤胀起，把皮肤表面的薄膜像气球一样拉伸，然后突然刺穿。“电击之前她知道吗？”你问。

“她同意了电击实验，”他说，“不过，这是随机的。她不知道确切的时间，从某种程度上说，这就是实验的关键。你无法预测，不能有所准备。”

“你要我做什么？”你问。

“你的说明书，”他微笑着说，“在观察室里。你只要仔细阅读观察室的说明书就行了。”

你进去了。房间里只有墙壁、一把椅子、一张书桌和一个屏幕。没有窗户，没有自然光，没有图片，没有山。桌上放着一沓表格：

> 感谢您自愿参与这项重要的研究，感谢您付出宝贵的时间！当您通过网络摄像头观看正在进行的实验时，请试着设身处地为接受测试的志愿者想一想。她同意在极具挑战性的条件下工作，不过实验是绝对安全的。想象一下她在想什么，想象她的感受，想象她要什么。想象一下她是什么感觉，围绕她的感受，在提供的纸上写下任何你认为重要的想法。请确保你已关闭手机。

“提供的纸”，哪里有纸？你刚要大喊：“不好意思，可这里没有——”这时你注意到屏幕旁有一个蜂鸣器。你按下蜂鸣器，盯着说明书，再次感到那个感叹号的不必要、不合适和居高临下——放轻松，只是个感叹号而已——突然，穿着宽松套头衫的杰夫出现在你身后。

“有问题吗？”他立刻说。他的笑容消失了，和蔼的面容下渗出焦虑。

“纸在哪儿？”你问。

“啊，”他说，“又是缺纸的老问题。”你看见他瞥了瞥屏幕，“我还以为是实验的问题呢。”

“实验还没开始呢。”你说。

接着，实验开始了。

年轻的苏珊一头栗色长发，戴着一条粉色塑料腕带（为什么戴腕带？）进入了另一个房间。她坐在书桌旁，看着她那边的屏幕。屏幕上开始播放一部短片，之后她必须快速回答一些回忆和观察类问题。你看不见屏幕上播放的东西，那不是你的任务，你的任务是观察那个观察者。

苏珊在用鼠标，可真是老派，不过奇怪得令人安心。她点击左键或右键，大概在做是非判断题。她空着的那只手，也就是没戴粉色腕带的那只手，实际上也不完全空着。有那么一会儿，屏幕上看不到那只手，然后它又出现了，平放在桌子上。那只手上连着什么东西，手背上有一片用胶带固定的箔片，从里面伸出来的电线接到一个黑盒子上。待回答的问题还在不断出现，苏珊时不时会抽搐一下。她需要观察的细节是如此之多，她明显试图集中注意力，但时不时会抽搐一下。她在接受电击，电击的间隔时间是随机的，她无法预测。

你现在有纸了。你开始写，写下自己的想法，关于她的想法，写下你认为她在想什么。她被电击时会抽搐，她无法预测或准备，但她仍然继续，一个问题接一个问题。蜂鸣器响了，第一轮实验结束。苏珊可以摘下箔片了，她揉着手背上苍白的皮肤，那是电击的位置。她用接受电击的那只手把粉色腕带一圈一圈地缠到另一只手腕上。那个腕带是什么——奖励吗？标记吗？蜂鸣器又响了，第二轮开始。

更多的快问快答。左键点击，右键点击，积极的响应。然后是更多的电击。手背又贴上了箔片，她在抽搐。她在想什么？你认为她在想什么？苏珊聚精会神地盯着屏幕，你聚精会神地盯着她。

每次她受到电击并抽搐时，你的心也跟着抽搐。她很不舒服，但她坚持不懈。你欣赏她的毅力，她让你想起了某个人。

兄弟，姐妹，朋友。那份全神贯注，那份果决。像谁呢？有那么一瞬间，她抬起头来，看着摄像头，看向你，她知道你在观察她。你打算把她哀求的样子写下来吗？你的眼睛仿佛被她锁定。突然又响起了蜂鸣器的声音，第二轮实验结束。

苏珊要了杯水，她至少有权喝杯水。她取下了箔片，更用力地搓着手。她和杰夫在说着什么，看上去不太高兴。

杰夫试图安慰她，他总是带着善解人意的微笑，笑容很灿烂。苏珊的顾虑并没有消除。她在说什么？你把头凑近屏幕，试着辨认她的口型，弄清她在说什么。她在说什么呢？出什么问题了吗？是疼痛程度的校准问题吗？你凑得更近了。突然，屏幕上一片空白。

他们让你等着。那个房间里发生了什么？没人过来找你，于是你又溜达回接待室，来到墙上那幅山景画跟前。突然，杰夫轻快地走了进来，手里拿着你的笔记。你认出了自己的笔迹。

“很抱歉让你久等了，”他说，“我刚才在……”

“她没事吧？”你问。

“苏珊吗？她就是有点累而已。”他笑着说，“不过她很好，好极了。”

好极了？“实验一共多少轮？”

“呃，总共十轮。”他回答道。

“十轮？”

“嗯，还有八轮，我们已经完成了两轮。”

她已经完成了两轮。

他在看你的笔记，你的观察笔记。“写得很棒。”他说。

你努力不让自己喜形于色。但我们是社会动物，我们会对奉承话有所反应。

“非常有趣的洞察。”

“她还有八轮实验吗？”你说。

他还在读笔记，看也没看你就说：“我的意思是，你不必留下来。”

“留下来？”

“观察。”

“观察？”

“我是指观察苏珊，”他说，还在看你的笔记，“我想这些已经够了，真的很有用。”他又不是接受电击的那个人。“你可以去领报酬了。如果你愿意，我让史蒂夫给你现金。反正下一个观察者已经来了，他们来得有点儿早，但如果你想离开的话，他们可以接替你。”

“那苏珊怎么办？”你说。

“苏珊很好，有些累而已。”

“她还有八轮实验吗？”

他停顿了一下。“也不一定。”他现在正看着你说话。

“你这话是什么意思？”

“她不是非得继续。如果，呃……只要有人做测试就行了。所以，如果……”

“如果什么？”你问着，心里其实已有了答案。你已经在想象戴上粉色腕带的感觉了。

“如果你愿意取代她的话，她就不用继续了。”他说。

看起来，你有三种选择：

1. 留下来，看着苏珊接受八轮电击实验。
2. 拿钱走人，而苏珊则继续进行电击实验。
3. 代替苏珊接受电击实验。

可苏珊是谁呢？你为什么要关心苏珊？毕竟，这一切与你何干？你看到她投来恳求的目光，可那又怎样？你又不认识苏珊。就像哈姆雷特的独白：“赫卡柏与他有什么相干？他与赫卡柏又有什么相干？”我们为什么要关心别人？

不过，再仔细推敲一下你的想法。有没有什么在促使你向苏珊伸出援手？去代替她，去救她。是什么在驱使你？

是谁在驱使你？你的内心深处在想什么？这是哪种类型的人性？你盯着画上的山，好像那里有答案一样。

2. 命名

就这样，我离开了非洲。

回到英国，继续工作，焦躁不安。伦敦变得越来越陌生，一个奇怪的城市，广阔无边，到处都是崭新的车，干净的车，好用的车。没有一辆像弗朗索瓦的“豪华轿车”，那辆黑天鹅一样稀有的老旧白色奔驰。伦敦似乎越来越不属于我了。

我走出“老贝利”的法官专属通道，刚主审完一个案子。高层办公大楼化作钢铁躯壳，人们层层叠叠高居其上，对此习以为常。我原以为我了解这座城市，其实不然。在泰晤士河畔，我望着挤满游客的游船，看到的却是沃尔特湖上的独木舟；在柯芬花园附近的人群中，我瞥见了他们的脸：帕特里斯、赛拉、弗朗索瓦、安东尼。托尼·尼克林森从天而降，向我挥手致意。接着电话响了，把我拉回现实。

“他会跟你谈。”电话那头说，是个男人的声音，微弱而模糊。

我等这个电话好几天了。由于证人和陪审员方面的问题，今天的案子提前结束了，于是我有了一个意想不到的机会，去做一件我一直想做的事：参观尸体。

“真是个好消息。”我回答。我闪到一边，给一大群向尸体走去的游客让路。我迟到了一小会儿，我原本希望能在整点过一分钟时赶到那里，因为保存尸体的盒子每小时会拍下一张照片，从推特上传至全世界。当我们看着尸体时，尸体看到了什么？“他想怎么谈，打电话还是网络通话？”我问。

电话那头不说话了。

这可不太妙。我努力表现得更热情些。“他要说的话很重要，我很乐意承担国际长途电话费。或者他可以打对方付费电话。”

“他会跟你谈的。”那个人干巴巴地说。我正看着玻璃盒子里精心保存的尸体，有那么一刹那，我感觉正在说话的仿佛是这位死于1832年的伟人。

“好的，”我又说，“真是个好消息。”

“但他只能面对面谈。”

这可不是好消息。

游客们已经拍好了照片，他们走开了。参观尸体的时间是有限的。

“为什么？”我说。

“你懂的，德克斯特，他很偏执。许多在那些国家生活过的人都是这样。”那些国家？

杰里米·边沁，这位说出“大自然将人类置于两个主人的操控之下：快乐和痛苦”的人，在我面前干枯了，一动不动。在伦敦一所大学里的一个玻璃盒里，这位功利主义哲学之父已保持这种状态将近200年了。

“所以我必须去那里吗？”我说。

“是的，来这里。”我的联系人说。

就这样，一切又开始了。离开伦敦。

要了解她，以及她后来会做什么，你就必须回到她开始的地方。如果说我们每个人都有许多个开始，那么其中之一便是我们被赋予名字的时候。在她的族人中，取名是一件大事。

命名仪式当天，在占地面积与西欧一样大的中亚草原，在这个孩子被放入自己的小床之前，依照她所属的著名游牧族群的传统，一位家族长老走到新生的女孩跟前。德高望重的族长，这位来自她所在部落的男性长者，俯下身来（她后来如是告诉救她的人），在她耳边低声说了三遍：“列娜，列娜……列娜。”

在街道的尽头，峰顶积雪的山脉拔地而起，仿佛有人画出了一座完美的神话般的中洲世界山脉，并将它当作一块背景布悬在那里。

这景象令人不安，完美得令人难以置信。初抵这座城市时，我经过一夜红眼航班的飞行疲惫不堪，但又兴奋不已，我以为那些山脉是远方的云彩，它们在视线中是那么高，随后你意识到这些飘浮着的大团白色其实是白雪覆盖的山顶。我不知道它们的名字。

“这是天山。”司机说。

我后来才发现，它的意思是“天上的山脉”。天山是世界上最长的山脉之一，但我此前从未听说过这个名字。烈日当头，正值中亚的夏末，天边是积雪覆盖的山顶，眼前是拥堵的交通。那个撞了车的斯巴鲁四驱司机，他的心情想必离天堂很远。就这样，我来了。我来到了这里，准备去见瓦西里。故事由此开始。

早些时候，从希思罗机场起飞后，我打开了机上娱乐设备里的动态地图，想大致了解一下我的飞行路线。时间安排很紧，我一度以为无法成行。几周以来，我一直在“老贝利”审理一个案子，与此同时，我还在准备一场将在伦敦近郊举行的谋杀案审判。有一天，我从圣潘克拉斯火车站乘高速列车南下，刚出伦敦时，列车就突然停了。我抬头一看，高兴极了，仅仅是车站的名字就足以让人高兴。

“是埃伯斯弗利特。”我对旅伴说，她一头雾水，没有说话。“发现巨象的地方。”我补充道。她看到的只是埃伯斯弗利特国际火车站而已，我没能激发她对这种庞然大物的热情。我们惊动了它们的骸骨，只是为了将抵达海岸的时间缩短30分钟。她的双份美式点得很失败，这倒是事实，但也不能构成她无动于衷的理由。“它有现代非洲象的两倍大。”我再次尝试，抛出了一个曾让拉娜大吃一惊的细节。我同事说我需要休息一下。

就这样，我来到了三万英尺的高空。不过盯着动态地图里满屏的可怕曲线，似乎并不能算真正意义上的休息。饮料端上来时，屏幕画面有了变化，上面的文字主要是西里尔字母。我们正向东飞越广阔的欧亚大陆，这片大陆从加来一直延伸到符拉迪沃斯托克（海参崴），绵延 5 000 英里，几乎与伦敦到洛杉矶的距离相同，而我们要跨越其中很大的一部分。我看到我们穿过了基辅以北和莫斯科以南，航线遥远的尽头就是我的目的地，世界上第九大国家的老首都。

就像风险板上的计数器组件一样，它的周围散布着充满神话和想象的地方：蒙古国、撒马尔罕、塔什干、比什凯克、布哈拉，以及在它们之上的西伯利亚，阴沉的西伯利亚。动态地图详细标出了三个位于西伯利亚的城市：车里雅宾斯克——我记起几年前有颗陨石在那里撞击了地球，上百部智能手机都拍到了那颗火球；叶卡捷琳堡——我知道那里是最后一位沙皇全家被囚禁并枪杀的地方；还有新西伯利亚（Novosibirsk），我对它一无所知，后来很久以后，我才发现它的意思是“新的西伯利亚”。但就在我飞往中亚的那一刻，Novosibirsk 这个名字对我来说还毫无意义。

还在英国那会儿，我参观完杰里米·边沁的遗体后正要离开，我的联系人说：“祝你在哈萨克斯坦玩得开心。”

记得当时我在想：有人会在哈萨克斯坦玩得开心吗？然后我又想，为什么不能呢？我对这两种可能性都不了解。但突然间，我人已经在这里了。在阿拉木图国际机场的边境管理处，一名海关官员穿着一丝不苟的军人制服，头戴巨大的尖顶帽。他先是盯着我的护照，然后又盯着我（我承认照片和我本人并不是很像）。一张纸片掉了出来，是加雷斯·迈亚特的照片。他面无表情地看看照片，看看我，然后仔细地把照片塞进护照后页，说：“欢迎来到哈萨克斯坦。”

现在，天山就高耸在我面前，沉默而威严。我惊讶地看着仲夏时节的这片雪原，同时在等瓦西里。

快乐和痛苦，使前一个最大化，后一个最小化。当杰里米·边沁及其门生约翰·穆勒试图为所有人类行为的本源命名时，这就是他们给出的名字。快乐和痛苦：我们的孪生主宰者。

在哲学上，这显然是功利主义理论；在心理学上，则是心理利己主义理论。它具有无与伦比的影响力，构成了西方自由主义经济和社会理论的广阔领域的基础，是一种对人性毫不留情、毫不妥协的看法。当我们似乎在为他人的利益而行动时，在我们的内心深处，实际是受自身的终极利益驱动：使我们的快乐最大化，痛苦最小化。你怀疑这一理论吗？

简单设想一下：当人们表现得自私时，我们会感到惊讶吗？而当一个人表现出自我牺牲和无私行为时，难道我们不认为这值得庆祝和赞扬吗？与此同时，我们是不是会暗中怀疑他们的真实动机呢？虽说不总是这样，但经常如此。“他的行为完全是无私的。”我们会听到这样的话。当我们听到这些时，心里作何感想？

“真的吗？”——他真是这样吗？

“真的，他真的是这样。”

真的吗？

我们这就接受了吗？还是想在相信之前再了解更多情况？如果我们承认这样的思考方式，那么“人往往是自私的”这一判断究竟来自我们的生活经验，还是别人对我们的告诫？事实上，即便我们会做出无私和慷慨的行为，我们还是更愿意相信，这在一定程度上是为了自身的利益。

约翰·霍姆斯（John Holmes）、戴尔·米勒（Dale Miller）和梅尔文·勒纳（Melvin Lerner）于2002年发表的一项引人注目的研究发现，如果把捐赠行为伪装成一种交换的话，人们会更愿意捐钱给慈善机构，而且会捐得更多。因此，如果提供一件价值微小的小物件（如蜡烛）作为对慈善捐赠的回报，人们就会更愿意捐钱。小物件，一种“去抑制手段”，制造出交换的假象，它给了捐赠人“依据自身同情心采取行动的权利”。这篇文章因此被冠以如下标题：《在利己主义外衣下实践利他主义》，这堪称所有社会心理学出版物中的最佳标题之一。

但我们为什么会这样？问题的症结是什么？从一个角度看，这是一场枯燥的学术辩论，并且已经持续了几十年，就像杰里米·边沁在伦敦大学学院的尸体一样干瘪。然而，从另一个角度看，它涉及一些更重要的东西——关于“我们是谁”的重要真相，这样说丝毫不夸张，而这就是我要和瓦西里谈话的原因。

我们要怎样才会帮助他人，准备好为他人的利益而牺牲自己的利益？我们的身体里是否有某个部分负责完成这一任务？让我给它起个名字：在我们的身体里，是否住着一个**施救者**？

3. 开罗咖啡馆

事情一开始并不顺利，这是你首先应该明白的。

我们在阿拉木图的一个公园见面，上方是雄伟的山脉。天山在注视，在等待。从天上的时间来看，下面疯狂的人类喜剧很快就会成为过去。一切都会过去，其中自然包括人类个体。而两个人类个体终于在密林环绕的城市中碰面了：瓦西里和我。

按计划，我们俩都穿红色的衣服——这是他的主意。我没带多少红色的东西，如果在登机前知道的话，我就会去免税店买了。就这样，我斗胆去了阿拉木图一家廉价超市，买了一套便宜的红色运动装。我没穿那条裤子，实在太丑了。

天山形成于大约 5 000 万年前，当时印度板块从非洲分离出来，以惊人的速度向北移动，撞上了欧亚板块，造成了灾难性的地壳褶皱。这大约与 K-T 大灭绝同期*，那是墨西哥尤卡坦半岛上的 K-T 陨星大碰撞，几乎致使所有恐龙灭绝，将世界留给了哺乳动物。留给了我们。

走近我的这个人并没有穿红衣服。他叫了我的名字，一脸阴郁地说："瓦西里来不了了。"

这个满脸愁容的信使又高又瘦，显得有些营养不良。两颊凹陷，脸上长满了皱纹，皱纹甚至压到了他的鼻子，那鼻子就像要陷进脸里一样。他的头发剪得很齐，头上新长出均匀的发茬。他是在哈萨克斯坦的俄罗斯人，这里超过 20% 的人都是俄罗斯民族。

"他来不了了？"我说，竭力保持平静。

"他来不了了。"

"他说过为什么来不了吗？"

"他的小家伙，小家伙生病了。"

---

* 通常认为 K-T 大灭绝发生在 6 500 万年前。——编者注

“我很抱歉听到这个消息，那你是？”

“瓦西里的朋友。”

显然如此，我伸出了手。“我是德克斯特。”

“我是……奥列格。”

犹豫的时间太长了，显然他的名字并不是奥列格。“你好，奥列格。”我说。“奥列格，”我对这位假奥列格说，“你能替我给瓦西里带个话吗？请你告诉他，如果他不想见面也没关系。如果他想见面，那就一切由他。他想说的就说，不想说的就不说。一切由他决定。所以初次见面会很简单，很快的，只是简短聊聊。”

假奥列格仔细打量着我，仿佛他得跟朋友做详细汇报。我也不清楚自己是否通过了审查。“好吧，我给他说。”他说，然后转身要走。

我不假思索地说了一番话，那是我在波士顿、阿克拉和剑桥都会使用的一套标准话术。主要为了安抚，减轻潜在受访者的压力，但放在这里似乎不太合适。考虑到当时的情境，它似乎还不够成熟，那些山显然更有说头。

“奥列格，”我对假奥列格说，“我只是个从伦敦来的律师。那里离这儿很远很远，我知道这可能意义不大，但我想和瓦西里谈谈。我想他可能有重要的事情想让我们知道。如果我弄错了，没关系，但我认为瓦西里知道一些事，也许不是好事，但有可能把它变成好事。如果不是这样……那就不是吧。就像我刚才说的，没关系。如果他不想见面，那我想我会进山看看。”

“进山？”他说，仿佛从没意识到山在这里一样。

“哦，拜托，看看这些山吧。它们是那么……大。”很好，“中亚杯”说废话大赛冠军非我莫属了。他想了想，觉得我的评价不值得回应。没事的，我很识时务。当时我是真的很想进山，那些山仍处于地质活跃期，仍在上升。这一带经常发生地震：阿拉木图位于“地应力”分布区。1911年的一场大地震曾摧毁了这座城市，而最近一次地震就发生在我到来之前几个月。

我蹲下来，从一截断枝上折下一根小棍。靠近树干的土壤没那么干，我开始用树棍在地上挖。

“你在干什么？”假奥列格问。

“哦，没什么，只是在找蚂蚁。”我回答。毫无疑问，在他给瓦西里的汇报中，我又多了一个污点。在飞机上，我从学术参考系统Sente上阅读的一篇研究论文引起了我的兴趣，跟他解释不清楚。

我目送他离开，天山衬出他的背影。这段山脉横跨哈萨克斯坦与吉尔吉斯斯坦的边境，海拔有2.4万英尺。我在想，站在高处齐膝深的雪地里俯瞰炎炎夏日中的城市是什么感觉。所以，如果最坏的情况发生了，我就上山去。但话又说回来，我真的想和瓦西里谈谈，因为他身上发生的事可能正好为进化理论的一个核心谜题提供了线索，那个核心问题是关于**施救者**的。

你可以在树下松软的土壤中找到它们，你可以循着它们的轨迹（留在沙子上的“涂鸦”）追踪它们。这种情况在全世界各地都存在，特别是在温暖干旱的地区。它们一旦成熟，就会变成像小蜻蜓一样有翅膀的昆虫，但它们的恶名来自幼虫时期，这段时期可能长达三年。因为正是这些轨迹预示着蚁狮在寻找合适的地点来进行它们的标志性活动：建造陷阱，诱捕猎物。

在幼虫期，这种掠食性幼虫以各种昆虫甚至蜘蛛为食。不过，它们吃的大多是蚂蚁，其名字前一半中的“蚁”就是这样得来的；后一半的“狮”很可能源自它们凶猛的天性。蚁狮的颚上长着中空的獠牙状突起，像《异形》中不明生物那样的噩梦般的器官，用以吸食捕获的猎物。这就是我在阿拉木图公园里要找的东西。

蚁狮会在沙地上挖出倒锥形的坑，坑壁的坡度呈临界角度——过于陡峭就会塌陷，过于浅缓则让猎物有机会爬出。因此，坑壁的绝对倾斜度经过了精心设计，确保猎物一旦掉进去就不可能逃脱。在坑的底部，就在圆锥体尖端下方的沙子里，蚁狮（连同它的颚）埋伏着。

一只蚂蚁在沙地上闲逛，路过坑边时可能会绊倒。坑边的沙土在它脚下坍塌，这只倒霉的蚂蚁就会顺着坑壁滑下去。它爬得越用力，四周沙土就坍塌得越厉害，将它推向下方正等待着的蚁狮。

有时，蚂蚁会被活活吃掉，被蚁狮用颚管吸干。但蚁狮也会失手，这时，蚂蚁就试图往上爬，爬向安全地带逃命。但是，蚁狮的招数还没有用尽。

蚁狮的肢体在沙土中剧烈旋转，用颚管把沙子往外弹抛，甩出一阵飞沙“冰雹”，使逃跑的蚂蚁再次滑入坑里。蚂蚁被慢慢地拖到沙子下面，然后消失不见。这部绝望的戏每天会重复上演无数次，展现着进化的无情斗争。不过，我们感兴趣的却是这场微小而又巨大的生存斗争的另一面。尽管沙坑很致命，蚁狮的颚管很吓人，掉进坑里的命运很无望，但进化过程发展出了另一种机制：救助。

我在阿拉木图的开罗咖啡馆里等了又等。

尽量别看手机上的时间。那样会使时间变慢，真的。

尽量别想你又被瓦西里放了鸽子。想多了会成真的。

尽量保持冷静。保持凉爽。

建在地下室里的咖啡馆热得让人窒息，可能是有意为之，好让人联想到埃及的集市，弥漫着尼罗河的炎热。于是我选择了露台。顾客们四处走动，从一张桌子走到另一张桌子，互相致以问候。那是在阿拉木图市中心，离柴可夫斯基大街不远。咖啡馆的露台不过是些搭在人行道上、挨着繁忙马路的帐篷而已，有树木从地板下长了出来，穿过烟熏泛黄的遮阳篷。外面的大街上，蓝白相间的电车连着高架输电缆线，与开罗咖啡馆里叼着水烟管和水烟袋的顾客遥相呼应。

这地方不是我挑的，但如果瓦西里在这里感觉更自在的话，我愿意忍受这些烟雾，我不喜欢抽烟。接着，只见有人快速走向我的桌子，我心头一沉，这次还是奥列格。

他坐到我对面黄紫相间的豪华软垫上。水烟的烟雾飘向天山，仿佛从一艘战舰的十几个炮口冒出来。

“不错，你找到地方了，”他说，“抱歉我来晚了。我的小家伙，她身体不太舒服。”

“你的小孩儿也病了？”我回答，“我很抱歉，奥列格。”

“是啊，让人难过。”

“是啊，还有，没别的意思，但我等的人其实是瓦西里。请告诉我他就藏在这些烟雾中。”这样说不算夸张。一些顾客吐出精致的烟圈，在空气中一阵盘旋方才消失。另一些人则狠狠地吸着又长又细的烟斗，然后吐出大朵芬芳的烟云。“这些表演令人印象深刻，但我真的很想见瓦西里。”

“你不喜欢抽烟吗？”他说。

“从没喜欢过，以后也永远不会。”

“你一定是个很勇敢的人，能说出‘以后永远不会’。”他在我对面坐下来。

“奥列格，”我说，“请你告诉我瓦西里要来。你能告诉我瓦西里要来吗？”

“你说谁？”他揉了揉前额上的皱纹，徒劳地想把它们抚平。

“瓦西里——还是你又要告诉我他来不了了，奥列格？”

“你说的‘奥列格’是谁？”

我大惑不解。他用关节敲了敲黑木桌（桌面其实只是个格板），等着我接话。

我决定重新开始。“好吧，”我说，“现在的情况很简单：瓦西里到底能不能来？”

“瓦西里能来。”

我还没来得及说出“哈利路亚”或类似的话，我的同伴突然对着房间另一头大喊道：“喂，阿里娅。”

戴头巾的女服务员瞥了他一眼，恶狠狠地皱着眉头，故意背过身去。

“看到了吗？”他说，“她喜欢我。”

“是的，很明显。”我回答说。

“看看这个阿里娅，”他说，“她是个大好人，但装得呀，像警察一样讨厌。”那个女服务员又出现了，他又叫了她一声，但她还是不理睬他。“她喜欢我。”他说。

“瓦西里呢？”我说，“瓦西里在哪儿？”

他伸出手。“我就是瓦西里。”

这太突然了，我一时竟不知该生气还是该骂自己蠢。

“好的，好的。”我接着话。这种时候还能说什么？你一定在开玩笑。（这可不是开玩笑的事。）我早就知道了。（我并不知道。）说些抖机灵的话。（又有什么用呢？）我没有说出以上那些话，而是说：“很高兴见到你，瓦西里。”

是不是太英国佬了？真糟糕。

“是的，我知道，”他说，“是我不好。第一次和外国来的陌生律师见面，有必要弄得这么小心翼翼吗？”

这倒合情合理，尤其考虑到他在祖国遇到了麻烦。他不是哈萨克斯坦人，而是俄罗斯人。不过我没那么说。“我想伦敦的律师们一定都给人奇怪的感觉。”我说。

他几乎笑了起来，眼周深深的沟壑一下子向上皱了起来，前额的抬头纹也挤作一团，随后他的脸又恢复了平静。“你以前来过哈萨克斯坦吗？”他问。

“我第一次来。”我说。

“哈萨克斯坦是这一带最好的国家，最好的——‘斯坦’，在西方是这样叫的，对吧？”

在学术文献中，它们有时被称为“中亚共和国”，但对于这五个曾经的苏联加盟共和国，乌兹别克斯坦、吉尔吉斯斯坦、塔吉克斯坦、土库曼斯坦，以及其中面积最大的哈萨克斯坦来说，有一个不太正式的简称——“斯坦”。

“有些人用这个词。”我说。

“你去过别的‘斯坦’吗？”

“没，这是我到过的第一个‘斯坦’。”

“一个‘斯坦’都没去过吗？”他不相信地说。

“除非你把史丹威也算在其中。”

“史丹威？史丹威？史丹威是什么？有这样一个地方吗？”

“我们国家的人也常这么问，”我说，“但没有，我没去过别的‘斯坦’。”

“你肯定知道阿富汗。不过你知道达吉斯坦吗？”

“哪里？”我想我大概听说过，但没法假装自己知道得更多。

女服务员走到了附近，他招手让她过来，我们点了单。我屏住呼吸，要了一杯茶配凉牛奶。

“你是说达吉斯坦吗？”我说。

瓦西里警惕地环视其他桌子。人们都在全神贯注地吸着长长的蛇形烟管，聚在一起聊天，慢慢地被烟雾吞没。

“我遇到了一个叫列娜的女孩。”他说。

这是他第一次提到她的名字。

“有时候我们会做一些……”他搜索着合适的词，“可怕的事。”

“你说的是‘蕾娜’吗？”我问。我听到的是这个发音，我又问了一遍，但他没回答。

“有时，有时我们并不想做那些可怕的事，但你懂的，我们还是做了。”

他兀自说着，好像我并不存在，好像他在与别人说话，一个我看不见的人。

两位生物学家凯伦·霍利斯（Karen Hollis）和伊莉斯·诺巴哈瑞（Elise Nowbahari）对蚁狮进行了详细的研究。她们发现，有时当蚂蚁掉入陷阱时，它们会被其他蚂蚁救起，但施救的并不是路过的其他蚂蚁。因为这种营救行为几乎完全局限于同巢伙伴之间，也就是说，救援者与被救者之间存在着基因联系。

她们发现，几乎没有蚂蚁去试图营救不属于同一种群的受害者，但即使路过的蚂蚁与受害者同属一类，如果它碰巧来自另一个巢穴，哪怕两个巢穴只相隔几米，它们也几乎不会施以援手。这可能是因为蚂蚁依赖气味等亲缘标志，如果气味不对，你就得不到帮助，只能成为蚁狮的猎物。

同样，蚁巢附近的小环境也至关重要。存在救助行为的蚂蚁居住于蚁狮陷阱威胁较大的区域，比如遍布掠食的蚁狮及其坑洞的松散沙土地带，而不是几乎没有陷阱的坚硬干燥的地带。换句话说，只有当营救行为能带来进化优势时，蚂蚁才会伸出援手，毕竟施救的个体明显冒着极大风险，有可能自己也落入陷阱并需要救助。因此，对某些种类的蚂蚁（比如地中海周围的沙蚁）来说，是进化选择让它们更倾向于实施救助。

之所以对这些不同种类的沙蚁进行如此复杂的研究，是因为一只动物冒生命危险去救另一只动物的行为在动物世界里是个例外。正如诺巴哈瑞和霍利斯所言："救助行为之所以既迷人又罕见，恰恰因为它对施救者没有直接的好处。"

事实上，直到最近，在科学文献中只有关于两种动物救助行为的分析：蚂蚁和老鼠。更广泛地说，在20世纪50年代，对动物救助行为的观察扩展到海豚帮助受伤的同伴。另外，还有一只卷尾猴帮助一对卷尾猴母子免受敌对种群攻击的案例，而那也是10年前的事了。除此之外，与动物王国里救助行为相关的真实报道少之又少。

实际情况是，动物很少试图营救同类物种中陷入困境的成员。不过据说，人类有时候会这样做。只是据说。

4. 山的另一边

“你也知道，”瓦西里说，“在哈萨克斯坦，到处都是马，马，马。他们喜欢马，总是马。”我已经注意到了，哈萨克人对马有一种狂热的爱好。与此同时，在我去过的所有地方中，只有这里的酒店自助餐会把马肉和早餐面包圈摆在一起。

“哈萨克人以前是游牧民族，”我说，“他们喜欢马是有道理的。”

他摆摆手。“每个人都是游民，不是吗？”

或许他说得没错：我们早期的祖先很可能都是靠狩猎采集为生的流动小群体。

“这里的人不喜欢狗。”瓦西里说。“哈萨克人嘴上说喜欢狗，”他补充道，“但实际上不喜欢，他们认为狗应该待在外面。但对我们俄罗斯人来说，把狗养在家里挺好的，不是什么问题。列娜，她跟别人不一样，她喜欢狗。”

当我后来遇到我的哈萨克语翻译兼向导马尔然时，我问了她这个问题。“是的，你的同伴说得没错，”她回答，“狗是肮脏的动物，应该待在外面。”

“列娜是哈萨克人吗？”我问瓦西里。

他停顿了一下，饮料端上来了。“德克斯特，我今天不想谈列娜。”

瓦西里现在握有主动权，我则很被动。不过，我也担心会把他吓跑。这种调查总是很微妙，来来回回，反反复复。于是我拉回话题：“我们英国人跟你们一样。全国上下都对狗痴迷，人送外号‘爱狗民族’。”

“你们永远不会像我们对待莱卡那样做。”

“莱卡？”我说。一开始，我以为他在说列娜，但不是，他在说莱卡。

他向西指了指，大致是大草原的方向。“在那里，拜科努尔，他们把我们的小狗莱卡送入太空，从这里，”他击打着桌子，“就从哈萨克斯坦。”他的手和眼睛朝着天空的方向缓缓抬起，湛蓝的天幕从天山直伸进辽阔的草原，向西绵延数千英里的草原。

那天晚上，我查证了一下，发现他说得没错。哈萨克斯坦大草原上的拜科努尔是世界上第一个也是最大的航天发射场，曾是苏联的航天基地。

那是1957年11月3日，为纪念1917年俄国革命胜利40周年，苏联从哈萨克斯坦将人造卫星“斯普特尼克2号”发射到太空。卫星穿过云层，剧烈摇撼，据参与此项任务的医学科学家亚历山大·谢里亚平上校所说，你能感受到“地球的震动”。而当时卫星上的唯一一位“乘客”是一只狼犬——一只流浪狗，这只流浪狗是在莫斯科街头被发现的，它的名字叫莱卡。

在太空中飞行数小时后，莱卡的名气超过了地球上任何一位演员或运动员。整个世界都为之屏息，人们仰望天空，为小莱卡祈祷。

然而，就像冷战政治中常有的情况一样，事情开始变得混乱而不明朗。

“多年来，他们一直在隐瞒莱卡的事。”瓦西里说。他似乎对此耿耿于怀，过了很长时间我才明白其中的原因。

这一点瓦西里说得也没错，我也发现了。多年来，实际上是长达45年，苏联隐瞒了“斯普特尼克2号”密封舱里的真相。莱卡（它的名字意为“吠叫者”）以极快的速度绕着地球轨道旋转，它的脉搏频率达到了正常状态下的3倍，戴着特制太空头盔的莱卡以每小时18 000英里的速度一圈又一圈前进。它长着短短的白毛，面部黝黑，从鼻子到眼睛那里有一道颇具辨识度的白色条纹。

“你知道，他们选中它是因为它是……野狗。”瓦西里告诉我。

“流浪狗？”

“对，流浪狗。”

“因为它被遗弃了吗？”我说，“因为它没有主人？”这是一场在烟雾缭绕中进行的超现实主义对话：我们身处中亚腹地，在第三个千年的第二个十年，讨论着一只60年前的流浪狗的命运。而我真正想知道的却是列娜的事。

“不，不，”瓦西里愤怒地说，“他们选它不是因为它没有主人。你真的了解狗吗？”

这是一个严峻的挑战。“我是和狗一起长大的。”我回答。

“纯种狗？还是街上的狗？”

“都有，”我说，“我们养过一只纯种狗，还养过一只很棒的杂种狗，英语里管这叫混种狗。”

“它长什么样？这只……混种狗？”

“它是只公狗，是我见过的最可爱、最温柔、最安静的狗。”

瓦西里笑了。“莱卡就是这样的。”他说。

这就是我与瓦西里的会面，或者说是我与他的正式会面，在经过了假扮奥列格的闹剧之后。即使是第二次碰头，我们也完全没有聊到我想见他的原因，但至少我知道了她的名字——列娜。那天晚上在酒店里，我处于一种折磨人的吸血鬼式状态，过度疲劳，但又无法入睡。我的时差还没有倒过来，西欧那边还没到晚上呢。不过，我很高兴地承认，更多了解了我们星球上第一个进入太空的生物，这令我着迷。

我还确认了瓦西里说的另一点：莱卡之所以被选中，是因为它有一种冷静、平和的气质，而且作为莫斯科街头的一只流浪狗，它非常坚强。它学会了忍受苦难、饥饿和北方的严寒，并生存下来。据说，按照计划，这只太空狗在英勇完成任务后将安全返回地球。当全世界都在等待和疑惑时，苏联人发表公开声明，表示会尽一切努力援救莱卡。然而，那其实是一张单程票，它注定要死在太空。由于系统故障，莱卡所在的太空舱内温度开始变得过热。舱内的环境温度本应保持在 20℃，但当时却飙升至 41℃。正如俄罗斯科学院的奥列格·加津科所说，从那一刻起，莱卡便在劫难逃。

我们目前尚不清楚莱卡死亡的确切时间。然而，或许就在绕地球轨道飞行的第三圈或第四圈的某个时候，莱卡孤独地承受着谢里亚平上校所说的“缓慢而痛苦的死亡”。在孤寂的外太空，陪伴莱卡的只有缓慢旋转的恒星，邻近的火星、木星，以及远处的冥王星。

虽然如此，“斯普特尼克 2 号”人造卫星在接下来的 5 个月里继续绕着地球旋转了 2 500 圈。在 1958 年 4 月 14 日，这颗从哈萨克斯坦中部升空的人造卫星载着莱卡的遗体重新进入地球大气层，迅速烧毁，什么也没留下。

虽然莱卡的故事无疑是个悲剧，但我跟你们分享这个故事有两个原因。首先，因为这是瓦西里和我谈的第一件真实事情，但更重要的是，因为这反映出瓦西里对狗有一种强烈的感情，这对理解列娜的遭遇很重要，对理解**施救者**也很重要。

她是谁，到底发生了什么事，本章接下来就将予以揭示。不过，为便于读者理解，请允许我先提供一些基本的参照信息。

在民族上，列娜是哈萨克族。

在遇见瓦西里之前不久，她住在阿拉木图。（但之后你们会了解到，她的实际故乡我们无从得知。）

你们还将了解到，她很坚强。

当载着世界上第一只太空狗的太空舱围绕地球飞速旋转时，列娜的父母正生活在中亚大草原的某个地方。20 世纪 80 年代，在苏联解体之前，他们生下了一个孩子，一个女儿——列娜。

这片草原以广袤而闻名：它是地球上最广阔的空间之一，出生在如此意义非凡的地方是一件值得骄傲的事。然而，随着列娜慢慢长大，这无边无际的空间从另一个角度而言似乎又太小了。这里发生的事太少了，真实的生活，她心目中激动人心的那种生活，发生在别处。不在这片起伏的虚无之中，而是在城市里，在阿拉木图，在莫斯科。

列娜来自中玉兹。历史上，哈萨克族被划分为大玉兹、中玉兹和小玉兹。“玉兹”这个词本身是“一百”的意思，即一百个大部落。

至少起初的含义如此。

列娜所属的中玉兹在历史上一直居于这个国家广阔的中部和北部。当她十几岁的时候，她的祖父谈到自己曾经去过的大城市阿拉木图，那座城市树木繁茂，就像草原上的草一样多。他说，在这座城市背后，守卫着巨人般的群山，而山的另一边是吉尔吉斯斯坦，再过去就是中国了。于是那里成了年轻的列娜迫切想去的地方——有朝一日一定要去莫斯科，但首先要去阿拉木图。

有一次，在她记忆中只有一次，她梦见自己骑着巨大的白鹅，被族人视作祖先的那只白鹅。它飞翔在无边无际的大草原上，这儿是他们的世界和家园。可她却想让这只大鸟改变方向，飞越远处的群山。那时列娜就铁了心想要逃离，但父亲不同意。他说这个城市充满了邪恶，不让她去。但她的祖父，更接近游牧生活的那一代人，却鼓励她出去闯荡。尽管父亲威胁着要与她断绝关系，她还是去了。她要去闯荡，去探索山的另一边。那也是她生命中麻烦的开始，她陷入了一种始料未及的困境。

5. 一条路

有一个动物行为之谜深深困扰着查尔斯·达尔文，直到他去世前都未能解开。蚂蚁，令人费解的蚂蚁：它们为什么会为彼此而牺牲自己呢？为什么某些等级的蚂蚁（例如没有翅膀的雌性工蚁）没有生殖能力呢？用生存和繁殖的标准来衡量，这些都是讲不通的。为什么工蚁要在奴隶般的苦差中度过一生，来促进那些并不是自己的后代发展壮大呢？在 19 世纪中叶从事写作的达尔文，自然不可能了解遗传学。得需要孟德尔研究出的遗传法则，以及孟德尔思想与达尔文自然选择进化论思想的交叉融合，才能对生命做出更令人满意的解释，但这对达尔文来说太晚了。

在深受困扰的岁月里，达尔文知道蚂蚁是个严重的问题。事实上，在他看来，蚂蚁的自我牺牲行为给他的研究带来了“无法克服”的障碍。正如他在《物种起源》中写到的，具有无私奉献精神的蚂蚁可能“对我的整个理论都是致命的”。

事实并非如此。不过针对这一问题，早期给出的解释在于，“帮助”行为是“为了物种的利益”。例如，人们早就注意到大象会“帮助”其他大象。有人看到一些大象支撑着群体中受伤的成员，从它们体侧拔出麻醉飞镖，用泥和灰覆住伤口。为了解释这种行为，有人提出这种做法是为了大象们的普遍“利益”，为了种群，为了物种。这种现象叫作群体选择。

然而，渐渐地，这种理论越来越受到质疑。（虽然人们对群体选择的兴趣有过一次复苏，这一点我们稍后会讲到。）然后，到了20世纪60年代，牛津大学学者比尔·汉密尔顿提出了一个观点，这一观点被认为是自达尔文以来进化论最重要的发展。汉密尔顿认为，群体选择是对进化论的“误读”。达尔文的理论当然需要全面修订，需要“一次拓展”（事实上需要两次，我们很快就会讲到第二次），但那个拓展并不是群体选择。

拓展观点的目的是从另一个角度和层面来理解困扰达尔文的那种合作行为。关键不在于群体，不在于超越动物个体，而在于它的内部。关键在于基因。

汉密尔顿据此认为，遗传相似度至关重要，甚至攸关生死。因为，援引汉密尔顿和同事罗伯特·阿克塞尔罗德令人不寒而栗的说法，基因的着眼点远远超越了为它承载代码的“肉体凡胎”。它关心的是无限繁殖的诱人前景，是无尽的自我复制，是不朽。在这广阔的远景中，我们这些脆弱的人类躯壳终将枯萎，但复制和繁殖基因的进程永续。

正是这种诱人动机的吸引力驱动着拥有部分相同基因的个体之间的救助行为，这种观点叫作亲缘选择。在开创性论著《合作的进化》中，汉密尔顿和阿克塞尔罗德例举了工蜂的“自杀性倒钩刺”，这是为了蜂巢和亲人做出的自我牺牲。不过我们还是说回蚂蚁。

沙蚁的救助行为是一种代价格外高昂的帮助形式，它们为救别的沙蚁冒了生命危险。但从亲属选择（kin selection）的角度来看，沙蚁的救助行动就变得容易理解了：它们冒险去营救的不只是同巢伙伴，更是它们自己的基因，尽管只是其中的很小一部分。在与蚁狮进行的微小而又巨大的斗争中，无私的蚂蚁个体可能会倒下，但**施救者**的部分基因仍在延续，确切地说，是在被救者的体内延续。

但这是针对蚂蚁而言的，它不能完全解决我们提出的问题。因为对人类而言，概念上的困难在于，救助行为并不仅限于亲属，即我们的同巢伙伴，还扩展至那些与我们没有血缘关系或基因联系的人。为了更好地理解这个从达尔文原初思想延伸出来的问题，我们需要对进化论进一步升级。

“我查了莱卡的信息，”我们次日在嘈杂的开罗咖啡馆再次见面时，我对瓦西里说，“你说得没错。从他们把它送入太空起，就不打算再救它了。”

是我先到的，一向如此。我抬头看了看那些从篷顶支柱上垂下来的可怜植物，它们几乎都死了，被水烟熏得无力反抗。我给瓦西里和自己各倒了一杯水，他从小塑料瓶里摇出一粒米黄色药片，吞下了去。我猜是某种止痛药，但我看不到包装上的字。在闷热的咖啡馆里，他呷了一小口凉水。

“他们在阿尔泰的洞穴里发现了一只狗。”他平静地说。

“阿尔泰？”

“阿尔泰山脉，在西伯利亚那边，也经过哈萨克斯坦境内。”（我后来发现，还经过蒙古国。）“他们说那可能是史上第一只狗，”瓦西里说，“在哈萨克斯坦这儿，一说就是马，马，马是那个特别的动物，是我们的第一个朋友。不，狗才是，人类和狗是好朋友。”

“好吧，”我说，“阿尔泰山脉吗？回头我去查查。”我默默感谢伟大的谷歌的存在，而瓦西里再度话锋一转。

“我不想和你说废话，”他说，“我要离开阿拉木图了。我有一份开车的工作，所以没多少时间了。”

“我也一样，瓦西里，我在哈萨克斯坦也没有多少时间。”

“所以我不想跟你闲扯废话了。人们对我说，瓦西里，你何必那么生气？就因为政府在狗的事情上撒谎了吗？谎报一条狗的死讯而已，别那么难过，瓦西里。但我要说的就是这个：人们连狗的事情都要撒谎。人类就是这样，什么都能撒谎，什么都干得出来。”

“你是那样相信的吗？”

“相信？要什么相信？我亲眼见过。”

“亲眼见过？”

“人类，他们不在乎——我去达吉斯坦那会儿，他们对别人什么事都干得出来，不管什么事。这就是你想找我谈话的原因，对吧？”

原因很复杂，没那么简单，但在某种程度上的确如此。“是的。”我说。

“你想了解货物的情况，对吗？”

“货物？”

“人类货物。”

“是的，人口贩卖。”

“你想让这里，”他用食指重重敲着皱纹满布的前额，发出咚咚声，“你想让脑子里装满这种事吗？”

“不是我想，”我说，“是它太重要了，我需要——我们需要——更多地去了解。但很少有人知道这到底是怎么回事。”

这个大个子俄罗斯人沉默了一会儿，然后又说：“可怜的小狗。”他指向天空，指向莱卡。对他来说，这一切都是相关联的。

我们之间的交流就这样迎来了新转机，有时你能感觉到时机成熟了。那天，坐在阿拉木图的开罗咖啡馆，我的感觉就是这样。他的手指从白色小塑料瓶上移开了，瓶身上写着“小白菊”。

“我们谈谈列娜吧，瓦西里。”我说。

“不说废话了？”

“不说了。”我说。我完全不知道小白菊是什么。

“好吧，”他说，“好吧。”他点了一根水烟。“首先，是这样的，有这么一幅画。”

“画？”

“画着一条路。”

在瓦西里还小的时候，他和父亲住在莫斯科一套简朴的公寓里，前屋的墙上有一幅廉价的版画，挂在父亲最喜欢的椅子上方。瓦西里的父亲曾在苏联军队服役，他习惯坐在那把心爱的椅子上，尤其当他从阿富汗回来之后。瓦西里家几代人都住在莫斯科，他的一位祖先曾是劳工，在俄国人为了阻挡拿破仑而自行烧毁圣城莫斯科后参与了重建工作。当瓦西里第一次告诉我他们家前屋的布局时，那把椅子在我看来似乎比画更有趣。但是我错了。

椅子很矮，靠背呈微微的拱形，似乎是对椅子材料的一种尊重——上面印着某种豹纹图案。瓦西里的父亲在上面一坐就是好几个小时，尤其是在阿富汗战争结束后。

椅子上方挂着一幅廉价版画，对许多人来说，这幅画就像这椅子一样廉价又俗气。但这应该由谁来评判呢？版画镶在一个黯淡的玻璃框里，或者说画外面罩着的那块玻璃只能黯淡地映出面前的世界。在瓦西里小的时候，他得站到椅子上，才能看到自己模糊的轮廓。有时候，如果光线好的话，他仿佛置身画中。

那幅画上是一条路。一条没有特色、毫不起眼、平平无奇的路。它蜿蜒穿过田野，一直通往远方。画里刚下过雨，云彩低垂着，倒映在积水的路面上。

年幼的瓦西里对两个问题很好奇。这条路在哪里？如果在这条路上一直走下去会怎么样？随着事情的发展，他会找到答案。

6. 我们的问题

当不涉及亲缘选择，即没有明显的基因联系或家族联系时，进化论如何解释救助行为？正是在这个问题上，哈佛大学的研究员罗伯特·特里弗斯拓展了汉密尔顿的观点。

特里弗斯去了非洲。在那里，他被雄狒狒的互动与合作行为惊呆了。他发现，年长的雄狒狒努力与某些有生育能力的雌狒狒进行排他的性接触，这自然给希望完成进化使命及传递自己基因的年轻雄狒狒带来了问题。它们怎么能打败占统治地位的雄狒狒呢？正面对抗免不了会一败涂地，或许还会受伤。但还有另一种方法：与另一只年轻雄狒狒结成联盟，一起战胜更强大的狒狒。

然而，这种应变方案只解决了部分问题。战胜占统治地位的雄狒狒是一回事，但这并不能决定哪只年轻雄狒狒可以与雌狒狒交配。正是在这里，我们提出了利他行为理论假设。在两只年轻狒狒中，来助攻的那只是否可能预期着未来获得对方的援助，以便自己与另一只雌狒狒交配呢？除了当下直接传递自己的基因之外，还存在另一种未来的好处：当下提供帮助的行为会收获未来的利他主义报答，从而获得未来的繁衍机会。所以说，年轻狒狒的利他行为是会得到回报的。正因如此，特里弗斯的观点被称为“互惠利他主义”。

此后，不时有人列举一些没有直接亲缘关系的动物之间施展帮助行为的证据，以佐证互惠利他主义理论。灵长类动物间相互梳理皮毛，某些蝙蝠之间共享血液。这些非人类动物的行为真的意味着它们在为将来的利益而帮助其他动物吗？

然而，近年来，这些起初颇具吸引力的互惠案例却受到了质疑。例如，在特里弗斯研究的狒狒案例中，在共同推翻了占主导地位的雄狒狒后，“利他者”并没有退居一旁等待下一轮交配机会。相反，根据生态学家对狒狒行为的进一步观察，一旦年长的雄狒狒逃跑后，这两个昔日搭档就会疯狂争夺起交配机会。双方互不相让，支配权争夺战再度上演，只是换了一组演员——曾经的合作伙伴。因此，它们之间的合作并不是完全意义上的互惠利他，而是为了赢得当下的交配机会而建立的战略联盟，属于互利共生。

因此，越来越多的共识是，几乎无法证明非人类动物之间存在互惠关系。互惠在某种程度上甚至可能是种幻象：表面看似是合作，实际上却属于其他行为，比如互利共生（相互依赖、彼此获利的联合行动）或操纵行为（由优势者一方强制施加）。

但当你把人类加入这个等式时，情况就变得越发晦暗不明。我们之间无疑存在战争、犯罪、暴力和流血，但我们仍然进行着大量的合作，这些合作行为向生命科学家提出了一个巨大的问题——我们的问题。

瓦西里的父母在打架，他们又打架了。瓦西里大喊大叫，而母亲却沉默不语。他父亲越打她，她就越安静。担任法官时，我在公开审讯期间目睹过家庭暴力是如何像黑洞一样吞噬一切的。就这样，瓦西里的父亲殴打他的母亲，而他的母亲沉默不语。两个人都很漂亮，而且似乎相识不久后就坠入了爱河。他们的生活出了什么问题？发生了什么事？

是阿富汗战争。瓦西里的父亲从阿富汗回来后，一切都变了。他在那里看到了什么，又做了什么？这些他从来不说。当然，一个人无须经历战火就可能为家庭带去暴力。对于有些家庭而言，家人就是彼此的战火。

但是，参战回来后，瓦西里的父亲将自己困在了那把豹纹椅子上。椅子就像他的岗哨，他守卫着那幅版画。然后突然之间，他身体里的某根弦会没来由地崩坏。就像机器里的风扇皮带断了似的，使其他零件四处乱飞。而它们针对的方向，通常就是瓦西里的母亲。

有种说法是，最爱的人我们伤得最深。还有另一种情况，瓦西里的父亲只选择伤害离他最近的人，那通常是他的妻子。每当这种时候，瓦西里的母亲都要确保自己是离丈夫最近的那个，时刻处在火线之上。忍气吞声，默默承受，陷入黑洞，目的只有一个：保护儿子。

有一次，瓦西里从外面玩耍后回到家。他浑身是泥，对着父亲大喊大叫，因为父亲伤害了母亲。父亲叫他去洗手间洗手，瓦西里紧张不安地站在水池边，打开水龙头，而父亲则默默地站在他身后。

“把水槽灌满。”父亲说。

放塞子时，瓦西里的手在颤抖。等破旧的瓷盆中灌满冰冷的水后，父亲说：“洗手。”

瓦西里把颤抖的手放进冷水中。

“用肥皂。”父亲说。

因为紧张，瓦西里的手拿不住那块细长的白色脏肥皂。

“只要洗手，我们就可以避免很多疾病。这是我在阿富汗学会的。”父亲说。

在某种程度上，瓦西里能理解这个道理，他决定要多洗手。是的，这有道理，将来他会确保自己严格执行。父亲一把抓住瓦西里瘦削的脖子，就像揪住一条狗的后颈，瓦西里的脸猛一下被摁进水里，父亲的拳头砸在他的背上、肚子上，打得他吐出最后那点宝贵的空气。水从他的鼻孔里喷出来，顺着他的气管流下去。他要呛死他，他要淹死他。

“他们说，10 厘米的水就能淹死人，对吗？”瓦西里对我说，“水槽也能淹死你。”

你也可能被淹死在家里。正当瓦西里快要昏过去时，父亲松开了他。他瘫倒在冰冷的瓷砖地板上，鼻子、耳朵和嘴巴都流出水来。

父亲告诉他，这是对阿富汗叛乱分子实施的一种惩罚手段。如果这一招对他们管用的话……

很长一段时间里，瓦西里都没有把发生的事告诉母亲，但他后来还是说了。当他终于鼓足勇气开口时，母亲却说：“你父亲绝不会这么做的。”他又说了一遍，母亲还是说：“你父亲绝不会这么做的。”母亲说话的样子好像是他精神错乱了，好像他从没听过她的哭声，没见过她瘀青的眼睛，是他疯了一样。是他疯了吗？他开始觉得是自己疯了。

在那之后，瓦西里撤退了，就像在军事行动中一样，就像撤退的叛乱分子一样。尽管如此，这中间也经历过波折，他对父亲暴力的反抗持续了很多年。他的脸被摁进冰冷的水中直至无法呼吸，这从他 10 岁起就开始了。

后来，母亲去世了，留下他和父亲单独在一起。

一种休战的气氛不期而至。好像他们之间的仗不值得打下去了，好像他们之间再也没有什么好争的了。

“我告诉过她，”瓦西里对我谈起列娜，“她太傻了。她的父亲爱她，愿意为她做任何事情，但她却离开他，来到了阿拉木图。我父亲打我，而我却没离开他。人们都疯了，是不是？”

他说话的口气就好像他和列娜是失散的双胞胎一样。仿佛把他们最好的时光拼凑在一起，就能得到一整份的幸福。两半支离破碎的人生，要是能把它们粘在一起就好了。事情就是这么奇怪：机缘巧合，或者说命运，让他们在新千年到来后不久便走到了一起。有那么一段时间，他们的人生的确紧密相连。但并不是像我想的那样在哈萨克斯坦，而是在西伯利亚南部。

西伯利亚南部的阿尔泰山脉将石质触角伸向蒙古国和哈萨克斯坦的边境，许多地方的岩石都形成了巨大的洞穴。其中之一距离哈萨克斯坦边境不到 50 英里，被称为 Razboinichya，意思是“强盗”。这个洞穴是躲避西伯利亚恶劣气候的理想庇护所，已经存在了无数个世纪。事实上，在那里发现了超过 7 万块骸骨，证明数万年前就有早期人类居住在那里。但那时的人类居民可能并不孤单。

经新西伯利亚大学考古学和人类学研究所的科学家等人组成的国际研究团队确定，其中一些骨头（包括一块下颌骨和一块颅骨碎片）来自早期犬科动物，一种“原始犬”。

换句话说，他们声称这是一只“正处于驯化早期阶段”的狗的化石。是早期的狗，而不是畸变的狼。利用牛津大学的放射性碳定年技术，研究小组将西伯利亚“强盗洞”里的这种动物的年代测定为 3.3 万年前。就这样，这种千年以来一直在躲避西伯利亚天气的古老动物的骨头，再度暴露在学术争议的风暴之中。

因为科学家们普遍认为，这种狗是人类驯养的第一种动物，但共识到此为止。关于这种狗的驯养时间，人们至今还争论不休。即便使用了基因、生物地理和三维几何形态测量等最新技术，这个问题仍然没有得到解决。

我们是从什么时候开始驯养狗，或者被狗驯养的？是在新石器时代，即大约 1.5 万年前我们开始聚集在永久和半永久定居点的时候？还是在更早的更新世，在我们还是狩猎采集者的时期？如果后一种情况属实，那么狗的驯养时间可能在 3 万到 4 万年前，这与科学家们对“强盗洞”的发现一致。

所有这些的重要性在于，动物的驯化是人类进化过程中一块非常重要的跳板。从那时起，狗和人类肩并肩共同进化。狗被人类用来打猎和守卫，它们成为人类的狩猎伙伴，最终成为宠物。通过狗，我们首次与其他本无关联的生物形成了密切的合作关系。我们帮助它们，它们也帮助我们，这种亲密关系和感情从很早的时候起就相当明显了。有证据表明，人类与狗合葬的历史可以追溯至一万多年前。

我把这一切都联系起来，不仅仅是因为瓦西里说得没错——最早被人类驯养的狗很可能就在西伯利亚的阿尔泰山上，还因为人类与狗的悠久历史在瓦西里注定要做出的选择中发挥了关键作用。

母亲死后，家里一片沉寂，随之而来的是一种休战状态。休战通常（虽然并不总是）好过战争。父亲在睡梦中说的话比白天说的还要多，年幼的瓦西里猜想，这就是战争对人造成的后果。有时，生活也会对人造成这样的后果。

一天，瓦西里逃学了，他父亲似乎并不在意。只是瓦西里逃学并非出于贪玩，他对此非常认真，逃学就是他的生活。正当他在外面瞎晃时，他听到奇怪的声音从一条满是垃圾和破木箱的小巷里传来。瓦西里前去查看，调查街上的怪事是他在逃学期间自派的任务。

那是一条狗，它在流血，血迹一直通向大路。

瓦西里用其中一个破箱子把这只棕褐色小狗带回了家。他给它喂了水，拿公寓冰箱里的剩菜给它吃。小狗提不起兴趣，它痛苦地躺在那里，呼吸微弱。瓦西里全神贯注地盯着眼前这个衰弱的家伙，没有察觉父亲突然站在他身后。瓦西里吓了一跳，扭到了脖子。

"是只狗。"他父亲说。

"它被汽车撞了。"瓦西里说。

"你在哪儿发现的？"

瓦西里向父亲解释了事情的经过，这算是他们一年以来最长的一次谈话。

父亲说："去给它……"瓦西里心里做好了最坏的打算。"去给它找个帮忙的人。问问叶夫根尼，他知道怎么找兽医。"

瓦西里真的去找了叶夫根尼，叶夫根尼真的认识兽医，兽医真的来了。然而，小狗还是静静地死了。没人能救它。

"你为什么要救那只狗？"我问。

"它受伤了。"瓦西里说。

"它又不是你养的狗。"我说，想引他说出更多。

"它受伤了。"

难能可贵的是，瓦西里的父亲从没问过我的这个问题。无边的沉默消失了，虽然并不十分明显。在接下来的几周时间里，瓦西里了解到关于父亲的一些不寻常的事：他小时候也养过一只狗。父亲的父亲，也就是瓦西里的祖父，把狗拿去卖钱买了伏特加，那点儿酒还不够他喝一个晚上的。年轻的瓦西里心想，这或许解释了父亲的一些行为。他思来想去，认为这给了他一个机会。在狗死后大约一个月，瓦西里问了父亲一个问题。

“我们能养只狗吗？”

他的父亲后撤一步，坐在了他的豹纹椅子上。他想了很久才回答：“不行。”

这事再也没有被提起。

父亲不让养狗，这固然是个打击。不过，父亲是经过考虑的，认真考虑了瓦西里的要求。这一点很重要。

在瓦西里的记忆中，从那以后，父亲就再也没打过他，也没有把他的脸摁进水里。在流浪狗死后的几个月里，瓦西里的房间里开始时不时出现一些东西。起初是一个苹果，然后是一枚小铜板。那是几十年前的硬币，不值多少钱，但看上去古老又神秘。接着又出现了一只哨子，像足球裁判会用的那种。在无言的默契中，瓦西里和父亲从没谈起这些。他心怀感激，默默地接受每一份礼物。

“你回赠过他什么吗？”我问。

“那他就会发现我知道送礼物的是他。”

“可确实是他啊，除了他也没别人。”

“但他就会发现我知道送礼物的是他。”瓦西里说。

沉默的仪式就这样继续着。一支圆珠笔，一些弹珠，还有巧克力。

“你还碰到别的狗了吗？”我问。

“在街上，我碰到了许多狗。但父亲不同意，所以我不能养狗。我尊重这一点。”

渐渐地，瓦西里去学校的次数变多了。他发现自己非常善于学习语言。一天，大约是父亲驻军阿富汗10周年纪念日这天，瓦西里回到了家。像往常一样，父亲坐在他最喜欢的豹纹椅子上，椅子上方挂着那副版画。他死于心脏骤停。

葬礼结束后，瓦西里被送去北方的阿尔汉格尔投奔亲戚。这就是他接下来要走的路，去阿尔汉格尔。

7. 所有的伊莱恩

她的名字其实是伊莱恩，不是苏珊。

在堪萨斯大学丹尼尔·巴特森及其同事多年的实验中，在观察室和实验室内接受电击的人名为伊莱恩，不是苏珊。

实际使用的实验装置反映了 20 世纪 80 年代初的技术水平：观察伊莱恩用的不是网络摄像头，而是闭路电视；她执行任务的过程不是用数码摄像，而是用录像带录制。但是，这一实验的目的与我们在本章开头的假想实验基本一致。

我们会与接受电击的人交换位置吗?

我们会考虑与之交换位置吗?

为什么?

如果我们会，那我们的行为是出于真正的利他主义，即减轻伊莱恩的痛苦，还是出于伪装之下的利己主义?换句话说，为了减轻自身的心理负担，因为：你发现另一个有知觉的个体正在受苦，你还发现自己考虑对此袖手旁观。

当然，巴特森及同事并没有真的电击伊莱恩，但观察她的志愿者相信他们对她实施了电击。这或许证明了伊莱恩们的高超演技。

在考察志愿者是否愿意与伊莱恩交换位置的问题时，场景设定有两处不同。一个被“操纵”的变量是观察者对伊莱恩的同情水平，比如，在我们开篇的假想实验中，你接收到的就是高共情启动刺激。为什么?

因为你被要求想象她的感受，体会伊莱恩（也就是苏珊）的感受。另一个变量是“轻松退出”。一些志愿者在两轮后可以选择离开，不再目睹进一步的电击，你就是其中之一。而另一些人则被告知，他们将留下来观察所有 10 次电击。这会影响他们与伊莱恩交换位置的意愿吗?

巴特森团队的逻辑是，如果帮助伊莱恩的动机是利他的，也就是旨在减轻她的痛苦，那么无论退出容易与否，都应该会激起人们交换位置的意愿。

他们发现确实如此。

另外，如果真正的动机不是为了减轻伊莱恩的痛苦，而是为了减轻自己目睹伊莱恩受苦所带来的折磨，那么，当退出变得困难时，帮助的意愿就应该更强烈。或许最引人注目的是，在那些最容易退出的志愿者中，愿意提供帮助的比例反倒最高。

这个发现值得思考：有机会选择离开时，更多的人却选择留下来，愿意接受电击。这一比例超过了 80%。

在进行这些实验时，巴特森团队的目标很宏大。因为利己主义范式（我们不愿意帮助别人，或者我们帮助别人主要是为了减轻自己的心理负担）作为人类动机的主导理论，在很大程度上已经“盛行了几十年”。该理论满怀信心地断言，究其根本，“我们所做的每一件事，终极目标都是使自己受益”。

巴特森团队的研究为从实证上挑战这一正统观念奠定了基础。

他们认为，他们的实验结果表明，我们帮助他人的动机不一定是某种隐性的自我帮助。事实上，我们有可能关心他人的利益，而不仅仅是我们自己的，这是一个非常重要的主张。如果它是正确的，那么我们现实生活中的行动确有可能是为了减少他人的痛苦，而不是我们自己的。

这便是堪萨斯大学的发现对既有思维的挑战。其他研究人员显然不会坐视不理，他们行动了起来。

更多的伊莱恩们注定要被“电击”。当这种情况发生时，当实验被重复时，结论却明显不同。令人沮丧的是，关于我们在内心深处究竟是谁这一问题，那些实验呈现出的图景截然不同。

瓦西里服用的胶囊引起了我的兴趣，我从未听说过这种东西。我把“小白菊”一词输入手机浏览器，等待查询结果。这儿的网速很慢，我刷新了一下，网页上出现了一种很像雏菊的植物。雏菊？瓦西里为什么要吃雏菊叶片？这让我想起之前见过的视觉忽略症患者所画的画，扇形的白色花瓣，蛋黄色的花心——用植物学术语描述起来更科学：边缘舌状花呈白色，中央筒状花呈黄色。这种植物叫小白菊，是一种治疗偏头痛的草药。

瓦西里在阿尔汉格尔待了几年，然后回到了莫斯科。但双亲的相继去世在他生命的中心留下了一个无法填补的小洞，在阿尔汉格尔，面对另一座城市，另一所学校，另一个家庭，这个洞或多或少地被堵上了。一旦回到莫斯科，洞又重新被打开了。他的生活开始失去控制。

瓦西里回到莫斯科几年之后，在距离他 2 000 多英里的东南方，列娜去了阿拉木图。

转眼间，她已身在这个国家历史悠久的老首都。就在前几年，首都正式迁往北部，迁到了新兴城市努尔苏丹，但阿拉木图应有尽有：它不仅是哈萨克斯坦最大的城市，或许还算得上是所有“斯坦”中最大的城市。那里有各个国家的人，不同肤色，不同特征，这才是世界该有的样子。列娜想遇到不同的人，想了解所有那些遥远的国度。这一切会存在于哈萨克斯坦，真令人难以置信。

列娜的公寓大楼里住着一个年轻女子，名叫萨玛尔，也来自大草原。萨玛尔对初来乍到的列娜很友好，带她四处参观。萨玛尔在一家电信公司干得不错，经常见到来自世界各地的人，经常去参加聚会。她带列娜去了其中一个聚会。

列娜就是在这里遇到了一位来自阿联酋的男士，他有时提到迪拜，有时提到巴林，所以她不确定他到底来自哪一个。这很复杂，因为他几乎交替着提及两者。他的鼻子上长着一颗黑色小疣子，但是列娜并不介意，因为祖父曾告诉她，这象征着好运。

这个从海湾地区来的人是个工程师，他的话把列娜迷住了。事实上，他曾在莫斯科这个她向往的地方学习过，当时他在里海的西部从事石油生产。他从新兴的工商业城市阿特劳乘飞机到阿拉木图，来参加一个石油和天然气方面的大型会议。列娜问了他许许多多关于莫斯科的问题，但真正点燃她想象力的是海湾地区的事情。

她简直不敢相信，但他说得一本正经。他说，他们正在建造像宫殿一样的酒店，高耸入云，浮在海上——矗立在海里造出的陆地上。这怎么可能呢？她以为他在跟她开玩笑，但他实事求是的口吻说服了她。

这是怎样一个世界啊！这就是她离开大草原的原因。她要的就是这个：探索一个满是海上宫殿的世界。

在莫斯科，瓦西里继续着缓慢而稳定的自我毁灭。酒精，大麻，债务。更多的酒精，更多的债务，欠大麻供货人的债务。不知不觉间，他在寒冷的莫斯科卖起了大麻，以偿还他欠下的债。

他没有养狗。不过他的供货人，一个叫Z的男人养了。在替Z卖大麻时，瓦西里得按要求把狗带上。这其实完全不构成负担，只要能跟狗待在一起，瓦西里哪怕付钱都愿意。这只公狗名叫科里亚，是一只矮胖的白狗，长宽几乎相当。

这个地段在城里不算太好，瓦西里也没有用心卖毒品。Z时不时地去查看他的销售情况，他会开着那辆白色大货车路过，把车停好，然后因为瓦西里惨淡的生意而训斥他。Z一过来，科里亚就畏缩不前。

这天，Z其实心情很好。他又偷偷地塞给瓦西里一些货，随后便回到了货车上。今天没有训斥。瓦西里看着Z走回货车，半蹲在科里亚旁边，拍了拍它扁平的脑袋，把那几根不管什么天气都往上翘的狗毛压平。突然，Z转过身来，迅速走回瓦西里身边。

"也许没人买你的东西，是因为他们害怕这条该死的狗。"Z说。

科里亚瑟缩在他面前。Z朝狗的侧腹狠踹一脚，科里亚大叫起来。

"不，不是狗的原因。"瓦西里说。他看到科里亚脚下的雪被尿液染成了黄色，惊恐的家伙做好了挨另一脚的准备。

"我讨厌这只狗，"Z说，"我他妈的一枪崩了这狗。"他朝街上张望了一下，没有其他人。他把手伸进夹克里。

“别，别怪这狗。”瓦西里说，他的身子挡在科里亚前面。

“你干吗这么在乎？这是我的狗，我想开枪就开枪。”

“明天我能赚更多钱，我保证。你等着瞧，明天，更多。”

Z用力推了一下瓦西里，他向后一倒，摔在身后蹲着的科里亚身上。瓦西里就像科里亚那样趴到了雪地上，Z向前逼近狗和瓦西里。

“明天，多赚点，”Z说，“否则我就打死这狗，或者打死你，我才不在乎死的是谁。”

Z开车走了，那辆白色货车消失在纷纷扬扬的大雪中，好像它从未出现过一样。瓦西里摸了摸科里亚受伤的地方，狗看上去并未受重伤，万幸靴子只是踢在了皮肉上。

“这不是你的错，”瓦西里低声对科里亚说，“明天我们会卖得更多，肯定会更多。我会给你买肉吃的，科里亚，好吗？我要给你买很多很多肉，小沙皇。”

科里亚抬起头来看着他，瓦西里揉着它的身体时，它没有往后缩。

等列娜醒过来时，她发现自己在一个陌生的房间里。

房间里有一张巨型双人床，上面堆满了枕头。她这辈子从没见过这么大的床，这张床几乎和她在阿拉木图的公寓一样大，一切都是那么整洁、干净、现代。这是一家国际酒店，她独自躺在床上，一丝不挂。

她看见了一个打开的手提箱，惊恐地发现里面是男人的衣物——领带、折叠的衬衫和一双锃亮的黑皮鞋。记忆碎片开始拼接起来，她心里充满了恐惧。她头痛欲裂，从没有过这种感觉，肚子也不舒服，而她自己的衣服则散落在床边的地板上。

当他回到酒店房间时，她站在那里，穿上了所有衣服，扣上每颗纽扣，拉好每处拉链，肩膀上甚至还紧紧裹了一条柔软的白浴巾。即便如此，她仍然觉得这辈子从未像现在这样赤裸过。

“你睡得太沉了，我不想吵醒你。”他说，“我下楼去吃早饭。给你叫客房服务吗？”

“我为什么会在这里？”列娜说。

“你觉得呢？”他说。

“我为什么会在这里？发生了什么事？”

“发生了你想要发生的事。”他停顿了一下，然后平静地说，“你真正想要发生的事。”

“我不是那样的女人。”列娜说。

“昨晚你就是那样的女人。”他说。

愤怒的眼泪顺着她的双颊滚落下来。她不想哭，但眼泪怎么也止不住。

“好了，好了，”他说，从口袋里掏出一个东西，“你想要钱吗？是这个问题吗？”他从口袋里掏出钱包，里面装满了美元。

“我什么也不要。你一定是对我做了什么手脚。”

“出去。”他说。

“你一定对我做了什么手脚，”列娜说，“你在我饮料里下东西了。”

“出去，不然我就让酒店叫警察了。”

她的脑袋炸了，她试图抓他的脸、他的头发。她真的不知道她为什么要这么做，也不知道她还会做什么。正当她的手停在半空时，她感觉到了，他的拳头，重重一下砸在她的鼻子和颧骨上，几乎要把它们砸烂。

她从来没有真正挨过打，因为她父母有一个坚定不移的原则——绝不使用暴力，这让孩提时的列娜感觉自己很特别。挨了这重重的一拳，她身体后仰，倒在豪华地毯上，双腿无力地伸开。一股鲜血从鼻子里流出来，但她内心深处的某种力量在驱使着她。她爬着，用双手和双膝支撑，血顺着鼻子和下巴滴落。她费力地爬到床边，眼睛直视着他。

“我从来没想过要这样，”她说，“你知道我从来没想过要这样。”

她能想到的就是这句话。她能做的也只有这个：让他知道不管怎样，她还是知道真相。

转眼间，她来到了阿拉木图的大街上。车辆疾驰而过，天山吹来的微风轻摇着繁茂的树木，她的生活天翻地覆。

父亲说的没错，这座城市充满了邪恶。她现在知道邪恶是什么了，邪恶是她饮料里的东西，邪恶是他要给她的钱，邪恶是打断她鼻子的那记重拳，邪恶是他看她的眼神和对她的轻视。她没有马上采取任何急救措施，而是穿过阿拉木图的大街，把过去的生活抛在脑后。

8. 神话传说之地

于是，伊莱恩——伊莱恩们——重出江湖，重新出现在另一所大学的实验室，亚利桑那州立大学。他们重新开始回答问题，并接受电击实验。如你所知，那并不是真正的伊莱恩，她也没有被电击，但亚利桑那州立大学里负责观察伊莱恩的研究志愿者们并不知情。

罗伯特·西奥迪尼（他后来因国际畅销书《影响力》而声名鹊起）的研究团队着手操纵志愿者们的共情水平。他们也使用了高共情启动，但他们的假设与巴特森的不同。亚利桑那州立大学研究团队假设，对伊莱恩及其遭受的痛苦产生共情，会造成观察者的“个人悲伤”（困扰）。这种紧张感就像弹簧一样激发着人们伸出援手，目的不是减轻伊莱恩的痛苦，而是减轻自己的痛苦。如果这一假设正确，那么这种动机将是利己主义的。他们把这一想法称为“消极状态减轻”（Negative-state relief）。

他们的发现与巴特森及堪萨斯大学团队的发现大相径庭。他们的研究结果表明，预测帮助行为的依据是伊莱恩的观察者感受到的悲伤或痛苦程度，而不是他们对她的同情程度。不仅如此，他们还在研究中使用了一项巧妙的手段——一种“情绪修复”药物，被称为“摩涅莫西涅”（Mnemoxine）。

这种药物有两个特点：既影响信息处理，在某种特殊意义上又影响情绪。当然，实验过程中的药物使用经过了精心测算，剂量很小，药效持续时间相对较短，不超过30分钟。但是，在这段短暂的时间里，药物的化学作用能够保持和延长你的情绪，无论你服用它时心情如何。

每个志愿者都会得到一小杯“摩涅莫西涅”。但实际上，这种药只是一种无害的安慰剂，由苏打水和姜汁汽水调配而成，但志愿者们并不知情（在事后的情况说明中，研究者就参与者的怀疑程度做了调查）。

那些对受害者的痛苦共情程度更高的被试，选择帮助受害者的比例并没有相应提高——前提是他们相信了药物的作用，认定自己的情绪无法通过帮助行为得到缓解。这表明，帮助行为带有一种非常特殊的奖赏成分，有助于“帮助者”缓解消极或困扰的情绪。可一旦被试相信自己的情绪被“摩涅莫西涅”的化学作用“困住”了，那么帮助行为也于事无补。于是，在这样的干预下，志愿者不会倾向于与伊莱恩交换位置，因为这对他们的情绪没有影响。换句话说，这对他们没有任何好处。

因此，西奥迪尼的团队得出结论，研究参与者的行为并不是无私的。相反，他们的动机是想减轻自己的痛苦，他们是利己主义的。

他们欣然承认巴特森的研究工作具有潜在的深远意义。他们承认，堪萨斯大学的研究结果本将有望第一次以实证的方式证明，人类存在纯粹的利他行为。就这一点而言，该研究将带来“人性特征”界定方面的重大突破。本该如此。

但亚利桑那州立大学团队及其对“摩涅莫西涅”的使用似乎消解了这一成果。那捉摸不定的、笼罩在人类头上的纯粹利他主义光环，似乎再次在我们眼前闪烁了一下就消失了。它不过是我们的想象而已，就像伊莱恩们一样虚幻。

一天，当列娜正在阿拉木图勉力维生时，Z 的白色货车停在了莫斯科街头。科里亚在瓦西里后面绕着跑，Z 问瓦西里索要卖大麻的钱，瓦西里把挣的钱都给了他。Z 轻蔑地低头看着那点儿钱。

Z 说：“你真他妈傻，你没法知道什么时候会欠钱，也决定不了什么时候该还钱。你的债主，由他说了算。”

“我不傻。”瓦西里说。

“不傻？不傻怎么在街上？”Z说，“但这要看你怎么选。你可以继续在这些该死的街上赚钱来还我，或者你可以做一件事。”

“一件事？”瓦西里说，“什么事？”

Z来回打量了一下街道。“我需要一个司机。”

“我可以开车。”瓦西里说。

“这是一次长途旅行。”Z告诉他。

“我可以跑长途。”瓦西里开过卡车和货车，从阿尔汉格尔出发，一开就是数千英里，沿着乌拉尔山脉跑了个遍。

“我甚至还会给你钱。债务一笔勾销不说，你还能有点余钱。”

“我不想要钱，”瓦西里说，“不欠债就行了。”

“嗬，还是个正人君子呢？”

“不是。”瓦西里说。如果他真是个君子或者真的自重的话，就不会在街上为Z卖大麻了。“不过，我想要一件东西。”

Z冷冷地盯着他，没问瓦西里想要什么。

“我要科里亚。”瓦西里说。

Z大笑起来。“你要一条破狗？”

“我要科里亚。”瓦西里说，这就是他真正想要的。

她孤零零地待在阿拉木图。列娜没听父亲的话，看看现在的下场。她试图自己闯出一片天地来，想靠自己有所成就，现在看看发生了什么。

她无法忍受就这么回到家乡，面对父亲和祖父的目光，看着草原和自己成长的地方。她背叛了这一切，就在阿拉木图的酒店房间里。

她意识到这是孩子们不知道的知识——不是数学，不是拼写，也不是科学——他们不知道的，是这个世界的各种骗局。日复一日，她怀着害怕和恐惧的心情等待着，想知道自己是否怀孕了。她告诉了她的朋友萨玛尔，萨玛尔想报警，她为自己把列娜介绍给这个男人感到自责，但列娜不想让任何人知道，她不想承认这件事。她一直在想：我身体里是不是有了一个小生命？他的孩子，那个说酒店像海上宫殿的男人。萨玛尔教她该如何解决问题，打掉孩子，但列娜认为生命宝贵，宝贵到不能浪费，这也是她来到阿拉木图的原因。生活真是一团糟。

她身无分文，又羞于向祖父要更多钱，而父亲已与她断绝了关系。接下来那个星期的某一天，她经过菜市场，有个在街角拉手风琴的人向她要钱。他在演奏一支简单的曲子，有点像摇篮曲。她的腿突然发软，踉跄着跌倒在街上，一个女人赶忙过来扶起她。列娜不停地哭，这首曲子让她想起了祖父曾经唱过的歌。

这个女人扶着列娜到附近的一家咖啡馆，给她买了一杯咖啡。她坚持要这么做，她叫达里娅，是列娜见过的最善良的人。

"看到了吗？"瓦西里告诉我，"她的天使从天而降，找到了她。事情就是这样，不是吗？在一个陌生的城市里，咻！她的天使就来救她了。"然后他又说："这个达里娅，她是俄罗斯人。"

列娜的天使比她大20岁，是一个矮胖结实但颇有魅力的女人，她那染成金色的头发总是绑在脑袋后面。在喝咖啡的时候，茫然而恍惚的列娜告诉了达里娅自己不能告诉父亲的事。达里娅就这样变成了列娜的家长，她在这个城市的家长。原来，她曾失去过一个女儿。虽然她的家乡在莫斯科，但结婚后就与丈夫住在塞梅伊。那是哈萨克斯坦东北部的一个城市，离俄罗斯边境不远，苏联曾在那里进行过核武器试验。

达里娅的女儿就出生在这个核污染严重的地方，她得了癌症，和这里的许多人一样。医生说那是避免不了的事，属于概率问题，就像发牌之后总有人会摸到黑桃Q一样。他们就是这样跟达里娅说的，虽然人人都知道，这是因为化学物质和有毒物质渗入了土壤、空气和所有地方。人人都心知肚明，有太多张黑桃Q了。但在很长一段时间里人们都假装不知道，因为也许真相太过可怕了，很可能成千上万的人都患上了癌症。后来，达里娅的女儿去世了，再后来，达里娅在大街上碰到了突然晕倒在她面前的列娜，所以对她而言，列娜也像天使一样。

达里娅经营着一家保洁公司，随着哈萨克斯坦经济的繁荣，许多富人的公寓都需要保洁服务。达里娅说，有钱人的举止就像猪，但又希望过王子般的生活。这就是有钱人的特权，所有的事都有人替你去做。世道向来如此。

“达里娅说，”瓦西里告诉我，“这份工作报酬不算太高，但也不错，而且很多富人住的公寓都很脏，所以如果列娜想努力工作，她就永远不会再挨饿。”

这就是列娜想要的。努力工作，直到累得无暇去想发生在她身上的事，疲劳会帮助她入睡。微风不断从天山上吹下来，似乎没有人知道她黑暗的秘密。他们怎么会看不出来呢？这件事令她羞耻，她因此而惩罚自己。

在接下来的几个月里，列娜一直都在埋头干活，每周工作七天，一天也不休息。她打算出人头地，这也许不是她想象中的生活，但现在已经不重要了，她要创造新的生活。苏联解体后，哈萨克斯坦的情况发生了非常迅速的变化，现在她也要迅速改变自己。但如果不是因为在街上误打误撞碰到一位失去女儿的妇女，如果不是因为她的天使和救命恩人，她就不可能开始这种自我重建。

一天，在列娜整整工作了两天并强迫自己完成了两班倒之后，达里娅含着泪水向她走来。她没有哭出来，或者说强忍着没有哭出来，但她的眼里有泪水。她告诉列娜她很抱歉，但应该支付保洁费用的公司还没跟她结账，所以她不能马上付钱给列娜。她完全崩溃了，似乎为自己的处境感到羞愧。

"列娜对她说没关系，"瓦西里对我说，"她告诉达里娅说她可以等，反正她本来就欠达里娅一个大人情。当列娜说这些话时，达里娅哭个不止，她原以为会出大事，列娜会对她大喊大叫，说她想骗她什么的，但她没想到列娜说没关系，说她本来就欠达里娅很大的人情。然后，你猜怎么了？第二天，达里娅就把工资付给了列娜，所有的钱，公司还没结账，但达里娅去银行把自己的钱取出来给她付了工资。虽然列娜说她可以等，但达里娅硬是把钱塞到她手里。达里娅说：'列娜，你真好，不像其他女孩。为我们所有人祈祷，好吗？请为我们祈祷，我从来没有遇到过像你这样的女孩。'"

"列娜祈祷了吗？"我问。

瓦西里耸耸肩。"她没说过，我也没问过。也许我该问问。你觉得这很重要吗？"

"我只是感兴趣而已。"我说。

第二个月，在给列娜发工资时（她总是把一捆钞票整整齐齐地装进一个白色信封，虽然从不封口，但总是用信封精心包裹，因为她喜欢井井有条），达里娅非常兴奋。

“列娜，我想是你在为我们祈祷吧，”达里娅说，“告诉你一个好消息。你知道，你是我最好的员工。”

列娜脸上洋溢着自豪。

“没有哪个女孩像你这样工作，”达里娅说，“她们工作马虎，公寓打扫得不够干净，我一接到投诉，她们就对我撒谎，说她们临走的时候还很干净。但看看你，没有一个客户投诉，都是夸你的。客户总是说：‘这个新来的清洁工是谁呀？公寓从来没这么干净过，被她变成了一座宫殿。’”

列娜只说了一句：“谢谢你。”

就这样，在所有的女孩中，达里娅只给了列娜这个机会：去最大的酒店之一工作，不仅是做清洁工，还能做前台接待员（首先得接受一些培训和学习），接下来可能还会有更好的机会，甚至获得酒店管理文凭。

“我不想让你走，”达里娅说，“因为你是我最好的员工，但我在俄罗斯的家人跟我说：‘达里娅，我们需要非常非常优秀的人来做这份特别的工作。’然后他们问我信任的人中有谁不会让他们失望。”达里娅握住列娜的手，“我知道，列娜，我知道你永远不会让我失望。”

列娜开始抽泣。她的内心已被劫掠一空，还有人如此相信她。但这还不是最好的消息，达里娅把好消息留到最后才宣布。

“列娜，”她说，“这个大酒店就在你一直想去的地方。”

列娜甚至不敢说出那个地方，担心这一切都是梦，担心这个心照不宣的承诺会凭空消失。因为酒店在莫斯科。

第二天，当瓦西里和我在开罗咖啡馆见面时，天已经黑了。我说："这么说，你是在莫斯科遇见列娜的？"

"不。"他回答说。

"她不是要去莫斯科吗？"

"但我们不是在那里认识的。"

"好吧，那是在哪里呢？"

他停顿了一下。"这很难解释，"很多事情似乎都很难解释，值得肯定的是，瓦西里努力了，"哈萨克斯坦和俄罗斯之间有很长的边界，是不是？"

"当然。"我知道他是指哈萨克斯坦的北部边缘。

"你觉得这条边境线有多长？"

"我知道很长，"我说，"肯定的。"

"你知道有多长吗？"

我试图用英国作为参照标准。我碰巧知道，从伦敦到爱丁堡有400英里，因为有一次我开车去参加一个婚礼，差点儿把车撞坏了，这是个题外话，所以它至少是这段距离的两倍。为谨慎起见，我还多算了一点。"1 000英里。"我说。哪怕以我报的这个数字来看，这条边境线都长得离谱。

瓦西里哼了一声，好像对我表示失望。"还要长。"他说。

我需要重新校准。我知道从伦敦到波士顿的距离大约是3 000英里，正好横跨大西洋。因为经常往返哈佛大学，我在波士顿洛根国际机场候机时总会盯着写有这个数字的指示牌。（事实上，波士顿与伦敦之间的距离是 3 250 英里，这取决于你如何衡量。）俄罗斯与哈萨克斯坦的边境会不会是跨大西洋距离的一半呢？我决定一试。“1 600 英里。”我说。

“3。”他说。

“3 000 英里吗？不可能。”

“是你说的数字的 3 倍。”

我不相信，于是拿出手机。谷歌会解决这个问题，我点击搜索键，然后怀疑地盯着答案：4 660 英里。这个数字似乎不可思议。我立即开始查询一系列地方到伦敦的距离，最接近 4 600 英里的是丹佛。哈萨克斯坦与俄罗斯的边境线真的有英国伦敦到美国科罗拉多州丹佛市的距离那么长吗？

“边境附近的某个地方，”瓦西里说，“就是我遇见列娜的地方。”

我凝视着咖啡馆的窗外。比大西洋还宽的边境，我仍然难以想象。在我们的头顶上方，探照光束漫无目的地射向泛着金属光泽的黑暗天空，直到中亚的夜晚将它们吞没。天上挂着一牙新月。

“那么，是在俄罗斯？”我说。

“不能只说是俄罗斯。”瓦西里说。他从瓶里又摇出一粒小白菊胶囊，然后考虑了一下到底要不要吃，“而是在俄罗斯一个可怕的地方。”

因为越过哈萨克斯坦与其北方邻国漫长的边境线，就是属于俄罗斯的一片绵延数千英里的地区，一个将决定两个人命运的地方，一个充满神话传说的地方，一个令人恐惧又狂热的地方——西伯利亚。

9. 事情是这样开始的

堪萨斯大学反击了。

巴特森团队通过进一步的实验，质疑了亚利桑那州立大学的发现，为后者的实验结果提供了另一种解释。他们并没有挑战这种观点，即帮助行为的其中一个动因是希望消除目睹他人受苦给自己带来的困扰。但他们认为，事情远不止于此。

他们人为诱发了被试的悲伤情绪。“记忆恢复”（reminiscence）程序要求被试仔细回忆自己经历过的某个悲伤事件或处境，在几分钟时间内沉浸其中。这种消极回忆确实增加了人们的帮助行为，帮助“减轻”了那种消极状态。帮助行为对提供帮助者有益，尤其在他们感到悲伤时。

然而，巴特森团队并不认同表面上的利他行为其实只是伪装后的利己行为。因为即使他们的实验加入了“情绪增强操纵”，共情程度高的被试仍然提供了帮助。这说明，被试的行为不是要利用“帮助的奖赏”来减轻自己的苦恼，正如巴特森团队所说，“另有原因”。

因此，学术争论愈演愈烈，从 80 年代延续到 90 年代，然后科技开始介入。

更深入、更精密的科学设备为这场辩论提供了全新维度。以前是从外部观察人们做了什么，然后推断他们的动机，现在可以从内部进行观察了。因为这些设备能帮助研究人员深入大脑内部。

社会神经科学领域出现了一次爆炸式发展。

第二天早上，手机响了。我不得不从床上起来，因为我在哈萨克斯坦的专用手机正在房间对面墙上的插座里充电。我瞥了一眼床头柜上的手机：早上 6 点 29 分。

“瓦西里，才6点29分。连酒店的自助早餐都得过一分钟才有。”

“我本来不想告诉你列娜的真实情况。但我之前说过，不扯废话了。”

我面朝墙站着，廉价的哈萨克斯坦手机还在充着电。“对，你是说过。”我回答。

“我想了整整一夜，愿意告诉你是怎么回事。”他停了一下。我想象他又服了一粒小白菊胶囊。“我不是什么英雄，德克斯特。我想让你知道，我本来可以做得不一样，做得更好。”

“更好？”

“为了列娜。”他说。

他开始给我讲发生在西伯利亚的事。

瓦西里和 Z 开了两辆货车前往新西伯利亚，那是西伯利亚地区最大的城市。他们在那里等待着。

“你帮了我很大的忙，”Z 说，“但工作只完成了一半。”他们住在西伯利亚南端的一家廉价旅馆，房间床单是脏的，锁也坏了。“嘿，”见瓦西里没吭声，Z 又说，“你把车开好，我可能就不打死那只狗了，懂吗？”

“你说过要把科里亚给我的。”瓦西里说。

“我从来没有那么说过。”

瓦西里在记忆中搜索。Z 没有说过吗？也许他忽略了那个细节，也许他把沉默误认为同意了。

“不过，也许我会把那废物给你的，”Z说，“或者让你挑一块手表。”

“我不要手表。”

“不要这不要那的，”Z嘲讽地说，“你连工作都还没完成呢。”

是什么样的工作？为什么要在西伯利亚这家讨厌的旅馆里等这么久？他们花了三天时间才从莫斯科东部开过来：经过乌拉尔山脉，穿过数百英里的西伯利亚南部，最后才抵达新西伯利亚这座鄂毕河畔的城市。鄂毕河是世界第七大河，发源于蒙古国附近的阿尔泰山，奔流2 000英里，最终注入北冰洋。

“第一批女孩今天从东边来，”Z说，“明天还会来更多。我们把其中一些带回莫斯科工作，就是做保洁和导购而已。但她们人数很多。”

他知道Z在倒卖各种违禁品，包括来自加里宁格勒州、白俄罗斯和乌克兰的香烟，至于是便宜货、赃货还是假货，他并不确定。Z还倒卖手表，毫无疑问，他还交易毒品。想不到他还做起了发往莫斯科的廉价运输——这是什么样的买卖？

瓦西里听人说过，遥远地区来的年轻女性在商店和保洁公司工作，几乎没有报酬。有些人来自俄罗斯联邦的远东地区：堪察加边疆区、萨哈共和国、萨哈林州，那些地方在西伯利亚的另一端，远达太平洋沿岸和符拉迪沃斯托克（海参崴），堪称地球上人烟最稀少的地方，那里的生活非常艰苦。毫无疑问，Z能从这些新雇员身上赚钱，就像他能通过毒品赚钱一样。

瓦西里问他们什么时候回莫斯科。

“急什么呢？你在莫斯科又没什么事干，”Z说，“还是你没喂狗。”

“科里亚在一个朋友家。”

“扯淡。那条狗就是你唯一的朋友。”Z说。

Z不知道的是，瓦西里认为这是他这辈子听过的最正确的一句话。

“明天他们把其他女孩从南边带过来。”Z说。他还提到了一些地方，苏联时期的中亚共和国，现在全都独立了。但是，随着苏联的解体，其中一些国家陷入了萧条。瓦西里知道，那里有许多人迫切需要工作。

“所以，我们明天或后天离开。”Z说。

“好吧。”瓦西里听到自己这样说。但他实际上并没注意听：他在想科里亚。

“咱们去喝个痛快。”

“我累了，我想睡觉了。”

Z离开时，瓦西里隐约记得Z说了一些关于“斯坦”的事。是吉尔吉斯斯坦吗？瓦西里突然感到极度疲倦，似乎连迈步和站立的劲儿都没有了。所以他们会在明天或后天离开，而他则要千里迢迢把货车开回莫斯科。他回到了带脏床单和破锁的客房。不，Z提到的不是吉尔吉斯斯坦。

“你知道，”瓦西里对我说，“当时那个地方对我没有任何意义，只是个地名而已。哈萨克斯坦，去他的哈萨克斯坦。”

瓦西里不得不承认一个残酷的事实：虽然他对Z的动机有所怀疑，但他不想和这些女孩有任何瓜葛，这不关他的事。正是出于这个原因，他才选择在旅馆对面的咖啡馆里喝咖啡、抽水烟——另一个原因是旅馆里手机信号不好。正是由于这种事不关己的态度，他才选择了独自吃饭。他想自己一个人待着，等着Z去做他必须做的事，然后开车送Z和他的乘客回莫斯科。这才是他该扮演的角色，他的工作就是把车开好，别问问题。而这两方面他都非常擅长。

把他一直带到西伯利亚南部的那条路，即将把他带回莫斯科、带回科里亚身边的那条路，这就是他唯一关心的。但后来，其他事情闯入了他的视野。

从20世纪80年代末开始，当堪萨斯大学和亚利桑那州立大学之间的争论还在继续时，生物学家和心理学家找到了一项共同追求，那就是尝试了解社会行为的神经基础。这些社会行为包括如何与他人互动，合作，给予或不给予帮助。技术革新为我们带来了诱人的新可能。

最初的许多研究集中在动物行为上。但在90年代末，功能性磁共振成像技术的出现从根本上改变了局面。当然，它改变的是我们对人类大脑的理解。事实上，正如加州理工学院的达米安·斯坦利所言，自世纪之交以来，社会神经科学领域呈“爆炸式发展”。

为什么是“社会”神经科学？这是因为，婴儿期的哺乳动物（尤其是人类这种灵长类动物）最初的主要目标是与看护者建立联系，没有这种联系，婴儿就会死亡。然而，为什么看护者，即**养育者**，要进行看护呢？因为进化选择了让这些个体来做这件事，并选择让提供帮助者获得“奖赏”，即愉悦感。许多父母会证明，这份世上最艰难的工作也是最有回报的，哪怕经历了孩子躁动不安的青春期。帮助他人的奖赏-强化效应这一过程，可能并不仅仅局限于儿童或亲属，还可能延伸至其他无亲缘关系的人。而这，正是这场辩论的实质关注点——对他人，特别是无亲缘关系的人产生积极行为动力的本质。

为什么是“神经科学”？因为工作思路是要研究这些人类帮助行为的神经基础。有人提出，灵长类动物的社交信息处理会调动不同的大脑结构系统，说白了就是大脑中的网络。运用功能性磁共振成像技术，我们就有可能对神经回路做集中观察。这种可能性真的实现了，而且带来了惊人的结果。

在我们的预期之中，一旦我们能观察到自己的大脑，我们就能解决这个问题；一旦我们着手观察自己的大脑，我们就能以一种前所未有的透彻看见真实的自己。

第二天快结束时，瓦西里独自坐在咖啡馆里，背对着餐厅的其他地方，没有打扰任何人，也没有打扰新西伯利亚或西伯利亚，就在这时，一个人迅速地坐到他对面的椅子上。

“你好，你是 Z 的朋友，对吗？”她说。

瓦西里抬起头来。是个年轻女人，长着一双年轻的眼睛，看上去很聪明，有一种与众不同的魅力，浑身散发着生机。她笑容满面，瓦西里随即意识到她一定在对他微笑，周围没有其他人。为什么这个人要对他微笑？

“对不起，”她说，“影响你享用牛排了吧？牛排看上去不错。”她顿了顿，等着他回应，“牛排好吃吗？”

“就是块牛排而已。”瓦西里说。

她越冲他笑，他就越恼火。“Z说你要开其中一辆货车去莫斯科？”她又停下来等他回应，看他没有作答，她继续说，“这是你的工作吗？”他还是阴沉着脸不说话。她说：“你是一个非常安静的人，不是吗？”

“我在吃牛排。”瓦西里回答，但话一出口他就更生气了，这一次是生自己的气。为什么这个并无恶意的女人会让他心烦意乱？

“对不起，”她说，顿时有些尴尬，“我不该过来跟你说话。”她站了起来。“请慢用吧。”

在她转身要离开时，瓦西里说话了：“你去莫斯科做什么？”

她小心翼翼地坐下来，仿佛他随时可能再次冲她发怒一样，但慢慢地，笑容又回到她的脸上。“酒店管理。”她说。

瓦西里点点头。“好工作。”

“嗯，”她说，“那是我将来的希望。不过我想我会从打扫房间干起，我不介意这样。我很擅长做保洁，我在阿拉木图做了很多保洁工作。”

“阿拉木图？哈萨克斯坦吗？”

“我不是阿拉木图人，我在那里工作。”她说，“你去过阿拉木图吗？”

“从没有。”

“你想去吗？”

“从没想过。”他说，两个人都笑了。

“阿拉木图是个美丽的城市，”她说，“只是那里的人，城里人，你知道的。”

“我就是城里人。”瓦西里说，他们又笑了。

“你该不会是莫斯科人吧？”她说。

“为什么这么问？”

“因为莫斯科是我一直想去的地方。我在偏远的地方长大，但我有个老师在莫斯科留过学，她跟我说过莫斯科有多么美。你在莫斯科做什么？”

“我该怎么对她说呢？”瓦西里对我说，“当时我能说什么呢？说我卖毒品。毒品卖得不好，只好来西伯利亚，千里迢迢地开货车到这里，就因为我连毒品都卖不出去。”

“那你是怎么说的？”我问。

瓦西里就着水服下止痛药。一辆由高架电缆驱动的蓝白相间的公交从我们身边掠过。

“我养了一条狗。”瓦西里对她说。

“一条狗？”她说，“你在莫斯科就干这个？养一条狗？”

“是的，一条狗。”

“我的祖父，他养了好多狗，”她说，“我喜欢狗。”

“狗喜欢我。”瓦西里回答，他伸出手去，“我叫瓦西里。”

“我叫列娜。”她说。

他们聊起狗来，聊起一些只有爱狗人士才会聊的话题。换句话说，就是正常人难以忍受的话题。他饶有兴致地了解到，列娜的祖父曾用狗来打猎，而她的曾祖父曾用老鹰打猎。当她准备离开时，瓦西里说：“祝你在酒店那边好运。希望你能学会如何管理它们，确保酒店的锁没有全部坏掉。”

“我会的，”她说，“但我不需要运气。”

“人人都需要运气。”瓦西里对她说。

“是，这倒是真的。”她说，她承认瓦西里的话是无可争辩的事实，“只不过我还有Z，他答应帮助我，如果我努力工作，一直都努力工作，他就会帮我。”

当她面带微笑离开时，瓦西里盘子里吃了一半的牛排已经凉了。他不停地告诉自己：这不是我的问题，这不关我的事。

她最后一次转过身来。“它叫什么名字，你的狗？”她问。

“科里亚。”他说。

“科里亚？”

“或者‘小沙皇’，有时我管它叫‘小沙皇’。”

他从来没有把这个告诉过其他任何人，现在他为什么要这样做？不过，他还是不停地告诉自己：这件事，所有这一切，跟他没有任何关系。

10. 选择

在哈萨克斯坦又一个风和日丽的日子，瓦西里打来了电话。“我得推迟我们的会面。”他说。

我能听到他在说别的话，但我不得不突然闪身躲避。有人警告我不要靠近围栏，刚刚我离围栏太近了。我分心了，正下定决心去尝试另一种哈萨克特产：马奶酒（kumis）。据说托尔斯泰喝马奶酒来治疗呼吸道问题，马奶酒既治好了他的病，也修复了他与妻子的关系。据说如此。“我很抱歉，瓦西里，你刚才说什么？”

“我的小家伙病了。我可以在阿拉木图见你，不过得晚些。”

我旁边一个年轻的哈萨克女子发出一声尖叫，一张巨大的鸟嘴正伸向她的手机。她也离围栏太近了。

“我能听到很大的杂音。”瓦西里说。

我能说什么呢？解释起来太费劲了，于是我长话短说。“有个女人在尖叫。”我说。

“尖叫？她为什么要尖叫？”

同样，解释起来太费劲了，我再次长话短说。“因为鸵鸟（ostrich）。”

“Ostrich？”他说，发音相当准确，“ostrich是什么？”

你试过向人描述鸵鸟吗？我转身询问导游马尔然俄语中的鸵鸟怎么说。马尔然是一名年轻的哈萨克女子，戴着眼镜，手里拿着一本安妮·莱斯的《夜访吸血鬼》，还是俄语版本。在俄语中，鸵鸟（страус）的发音听上去跟“施特劳斯”差不多。

“你在看鸵鸟？”瓦西里怀疑地说。

“我本来没想看鸵鸟的。”我说。

我参加了一个从中国出发、沿伟大的丝绸之路参观的旅游团。几百年来，绵延数千里的驼队在这里蜿蜒行进，不仅携带着令罗马帝国着迷的奢侈品——中国丝绸，也不仅携带着火药和宝石，还带来了另一种珍贵的商品——思想。而且，似乎丝绸之路上最新的想法之一就是建一个鸵鸟养殖场。

离开养殖场并驱车返回阿拉木图时，我问了马尔然一些瓦西里告诉我的事，因为我并不完全明白。例如，她证实，哈萨克人的命名仪式确实包括三次诵念新生儿的名字。“以防婴儿第一次忘了。”马尔然兴高采烈地说。

我们驶离群山，远处的大草原在慢慢变化，失去了丰美的绿色，再次变得完全不同。

“发生了什么？”我问。

“一会儿你就看到了。”马尔然边说边把书签夹进书里。

“我能问你一件事吗？”我说，“如果一个来自农村的年轻女子想离开草原去阿拉木图，她的父亲会阻止她吗？”

“有可能会。”她说，但声音里有一丝犹豫。

“如果她真的离开，他会至于要跟她断绝关系吗？”

“断绝关系？”

“就是告诉她，她不再是他的女儿了。”

马尔然把安妮·莱斯的小说放到膝盖上。“这听起来很奇怪。”

“为什么？”

“许多年轻人从农村去阿拉木图工作，大多数家庭都会支持的，因为他们也从中受益啊。能挣到钱，还有你们说的……”她抬手比了个自动扶梯上升的动作。

“社会地位？”我猜道。

“你知道，从前人人平等，”然后她放声大笑起来，“现在我们拥抱资本主义，一切奋斗都是为了爬到最上面。”

“在我住的酒店外面，”我说，“那些昂贵的汽车，简直是在比弗利山庄。”

“那些从其他‘斯坦’来的人说，我们哈萨克斯坦人喜欢炫富，说我们变得像俄罗斯人一样了。”

“等一下，”我望着窗外说，“那些是沙丘吗？”

“春天时，草原上全是红的罂粟花和白的沙漠独尾草。”

“可是看那里，马尔然，看远处，那些是沙丘吗？”

“是的，这里是半荒漠地带。”马尔然说。

“荒漠？”

“我祖母在北方，她养过一只骆驼。”

我没接话，虽然那个话题可能会很有趣。我想集中关注列娜。“那为什么一位父亲会因为女儿去了阿拉木图就与她断绝关系呢？这点我理解不了。”

马尔然举起了那本《夜访吸血鬼》。“人啊，”她说，“都很奇怪。”

随后，她的手机进来一个电话，铃声是《辛普森一家》的主题曲。她在接电话，我只能往窗外看。在一个方向上，沙丘像低矮昏暗的波浪一样起伏，静静地向地平线退去，而在另一个方向上，无边无际的草原绿浪滚滚。我试着想象草原被血红的罂粟花和洁白的沙漠独尾草覆盖的景象。我试着拼凑列娜的种种生活片段，但这些碎片很难彼此拼合。

手机没信号了，瓦西里的麻烦就从这里开始。或者更准确地说，它触发了一连串环环相扣的小事件，最终导致了灾难的发生。事情的开始平平无奇：手机屏幕上闪烁的信号条消失了。有时它们突然出现，随后又消失。不管瓦西里走到旅馆的哪个地方，手机始终用不了。前台接待员是个肥胖的年轻人，低垂的刘海像遮阳板一样搭在眼睛上方，他正聚精会神地读着一本内容可疑的花哨杂志。还没等瓦西里说完遇到的问题，他就建议他去外面的停车场。虽然这种行为粗鲁无礼，但总算给了瓦西里一些安慰，手机信号的毛病解决了。室外的气温骤然下降，但他也没打算在电话里长聊，他只想知道科里亚怎么样了。本来发条短信就可以了，但他真正想要的是把电话放在科里亚的耳边，对它说些什么。如果这意味着他疯了，那就疯了吧。

于是，他迈着沉重的步子来到了停车场，有几个人正从那里往回走，显然也去打电话了。他发现了一个通风口，一个盒子状格栅从大楼侧面伸出来，像是个排气管。他不确定往外排的是什么气，不过很暖和，而他需要取暖。现在最棘手的任务是在气温零下的户外打电话，他要找的是最近一次拨出的号码（在与 Z 的一系列通话之后），所以很容易找到。

他扯下手套，按下重拨键，然后赶在西伯利亚的寒气开始侵蚀皮肤之前重新戴上手套。他的一些朋友就被冻掉了拇指，冻伤是不可逆的。他把手机尽量贴近耳朵，而不让手机表面接触皮肤。严寒天气里，手机有时会粘上耳朵，那样可就糟了。不过，至少手机有信号了，至少他正在联系朋友，那个照顾科里亚的人。至少……他放下了电话。

他听到排气口另一边的窗口传出了说话声，是 Z 的声音。声音虽然压得很低，但毫无疑问就是 Z。不动声色的自信，轻描淡写的威胁。瓦西里仔细听着。

“你选一个，”Z 说，“就当我送的礼物，你选一个。”

“你的货可不太好。”一个陌生男人说。

在过去几天里，Z 逢人就推销他的手表。手表都是假货，不过质量很好，这是一个不错的副业。

“你是个不错的朋友，”Z 继续说，“所以我让你第一个选。”

瓦西里知道这不是真话：Z 到处缠着别人买他的东西。

“第一个？”那人说，或许他跟瓦西里一样了解实情。

“当然，第一个。我这儿有时有好货，有时没有，”Z 说，“这次的不错。”

“你总这么说。”那人说。

“我喜欢我的货。”Z 说，两个人都笑了。

瓦西里准备离开。就算 Z 要敲别人的竹杠，跟他又有什么关系？换个地方打电话好了。但紧接着，那一连串小事件中的另一环出现了。值得注意的不只是那个人说了什么，还有他说话的方式。他似乎很受伤，很委屈，像是被骗走了什么似的。

“我一个也不喜欢，”那人说，“一个也不喜欢。我更喜欢劳力士手表。”

“不行，”Z 说，“劳力士手表要送去莫斯科，给我的老板挑。所以再给你一次机会，随便选哪个女孩都行。”

“货不好。”

“货就是货，”Z 说，“时好时不好，就像天气一样。”

“就像手表一样。”

他们再次大笑。瓦西里发现自己被困住了，动弹不得。他试着移动一只脚，但靴底仿佛被冰雪冻住了。周围的冰开裂，发出可怕的脆响，像打碎的玻璃一样。

“只是个礼物而已，”Z 说，“因为咱们合作得很愉快。我喜欢你，但又没那么喜欢你，我他妈没打算跟你生孩子。”

“去你妈的。”那人说。

“所以你喜欢哪个？”

一阵沉默。这个男人正在重新考虑他的选项，重新校准他的欲望。“那个安静的女孩。”

“哪一个？”Z说。

“像学校老师的那个。”

“她就像死人一样，啥都不知道。”

“我喜欢她。”

“换一个。这个不行，我们在莫斯科对她另有安排。”

直到今天，瓦西里都不知道他们说的是谁。他不能肯定那是列娜，他无从得知。不过他是这样认为的。

那天晚上，瓦西里和Z坐在新西伯利亚城郊那家廉价旅馆旁边的咖啡馆里。Z刚要了一杯热气腾腾的咖啡，瓦西里则喝着软饮，抽着烟。他原本没打算见Z，也不想见他，但是Z来找他了。

“你知道一些事情。”Z对他说。这不是一句问话，而是不容争辩的简短陈述。

“我知道什么？”瓦西里说。

Z把冰冷的目光从瓦西里的脸上移开，看着自己面前冒着热气的黑咖啡。“是的，你知道一些事情。”

瓦西里桌子旁边的水烟壶在冒泡，烟管就放在他们之间的桌子上，时不时冒出一股烟。

“这对你很不好，”Z说，“吸烟不好。”他拿了一个茶匙，舀了满满一勺糖倒进咖啡，然后重复了一次。他第三次舀起糖，满满当当的茶匙在晃动的黑色液体上方几厘米处停住了。

“然后他看着我，”瓦西里对我说，“好像该由我来决定这勺糖要不要加。勺子悬在咖啡杯上，他看着我。”

突然间，接下来发生的事要由瓦西里来决定。这只是一勺糖，却令瓦西里不知所措。Z 笑了，他把糖粒一点不落地倒回金属糖罐中，然后缓缓搅拌起自己杯里的糖。

“有人看见你在停车场。”Z 说。“别，”没等瓦西里开口，他接着说，“别撒谎。”Z 继续搅着。

“你知道，”他说，“我曾经有个司机，不是你这样的好司机，只是个司机。我把他带到这来了，你知道他做了什么吗？”

瓦西里保持着沉默。

“我打赌你知道这个司机做了什么，”Z 说，“他爱上了其中一个姑娘。”咖啡的蒸汽袅袅上升，水雾在临街的窗户上凝结，一道道流下来，两个截然相反的现象同时在发生。瓦西里一言不发。“问问我后来他怎么了。”Z 说。瓦西里一言不发。Z 的声音越来越轻，几乎和耳语一样。“问问我他后来怎么了。”

“那个司机怎么了？”瓦西里问。

Z 的目光又一次掠过瓦西里的脸。他举起那只敦实的白瓷杯，将冒着热气的咖啡一饮而尽。他小心翼翼地放下杯子，又小心翼翼地把水烟管卷好，放回架子上。

“什么司机？”Z 说。

结果是那司机消失了。如果瓦西里做了什么，他也会消失，Z 已经表达得够清楚了。瓦西里不停地告诉自己，这一切跟他无关。就像堪萨斯大学和亚利桑那州立大学的志愿者一样，瓦西里也有一张通行证。他可以走开，逃避，然后继续自己的生活。他以为自己会这样做，他告诉自己要这样做，这就是他想要的。

11. 连线阿拉木图

你该如何告诉某个人，说他的生活即将改变，将被摧毁、被亵渎？

然而，当他在酒店大堂看到她时，当他示意她穿过街道时，当他把她带到离酒店很远的另一家咖啡馆时，他满脑子想的是，即将改变的不只是她的生活。因为他明白，从他告诉她的那一刻起，自己的生活也将改变。如果他的生活不复以往，那科里亚的也将一样。

他们去的那家咖啡馆兼酒吧光线很暗。他们点了咖啡。

"你很安静。"她说。

"安静不好吗？"他回答。事态的严重性使他喉头发紧，他已经习惯了沉默地坐着，和父亲一起生活时常年如此，但这次情况不同。

"我喜欢安静。大多数人说的都是废话，"她说，"既不务实，也不专业。在莫斯科，我得学会得体地说话。"

瓦西里看着她，心想：她什么也不知道，简直一无所知。他仔细打量那张年轻活力的脸，那上面忽然浮现出另一个列娜的脸：脸颊消瘦青肿，眼圈乌黑。仿佛有两个列娜站在他面前，一个微笑着，还在做梦，而另一个是属于Z的列娜。瓦西里正要说时，她的电话响了，是Z吗？他不想知道，于是去了厕所。在镜子里，他看到一个软弱的人，一个后悔在父亲临终前没有对他倾诉衷肠的人。不知不觉间，他又坐回到列娜面前。她说了些什么，但他没听见，也听不见。他只听见自己的声音在说："告诉我，你是怎么认识Z的？"

"Z？"

“Z。”

“这重要吗？”她说。

“也许不重要。”

笑容从她脸上消失了。“那你是怎么认识Z的？”她问。

“还有，”瓦西里对我说，“我想到了科里亚。我在心里说，求求你，科里亚，小沙皇，求你原谅我。”

“你是怎么认识他的？”列娜又问了一遍。

“我帮他卖毒品，”瓦西里说，“我欠他钱，所以我答应开货车去西伯利亚，然后再回莫斯科。”

沉默突然降临。他们之间仿佛隔着一块玻璃，就像罩在他父亲家那幅画上的玻璃。

玻璃那边的列娜说：“我不相信你。”

“那我为什么要告诉你这个？”瓦西里说。

“我不知道。”列娜说。

“Z是个罪犯。不是最大的头目，但很危险。他贩毒，我不确定，但我觉得他还卖……女孩。”

列娜迅速站起身来，她又怕又恨地看着他。“我会去问Z。”

“你去问吧，他会撒谎的。但去之前先想想，你是怎么认识他的。想想他们如何花言巧语说服你，让你离开家人，离开家乡，到西伯利亚来，和Z这样的男人在一块儿，”瓦西里也站起来，“我说这些可不是为了让你喜欢我。”

“我不喜欢你。”列娜说。

“我要走了，”瓦西里对她说，“你再也见不到我了，但我至少设法告诉你了。”

他准备离开。“坐下，”她平静地说，“求你了。”

雪越下越大，他们的咖啡变凉了。

“我认识了一个叫达里娅的女人。”列娜开始说，把一切都告诉了他。她讲得越多，这份工作机会就显得越虚幻：没有合同，没有商定的薪水，没有地址，甚至连酒店的名字也没有。她怎么会这么容易上当呢？世界各地发生的人口贩卖故事告诉我们，那些梦想过更好生活的人都像这样不顾一切地相信。这就是人口贸易的命脉。

“你有这个达里娅的电话号码吗？”瓦西里问。

列娜拿出手机，飞快地浏览着通讯录。“我该说什么呢？”

“告诉她你很担心，你想谈谈这份工作。你有问题要问她，你从其他女孩那里听到很多胡言乱语。别提你对Z的顾虑，明白吗？”

列娜点了点头，她按下了拨号键。她听着电话，然后又把它放下了。

“转到语音信箱了？”他说，“我敢打赌它会转到语音信箱。”

“号码不存在。”列娜说。就在那一刻，他们做出了决定。

他们要逃跑。

12. 异常值

社会神经科学研究已描绘出人们因感受到社会规则（规范）的强制力而被迫行动时的特定神经激活模式。此外，功能性神经成像技术也已识别出了人们做出反映真实偏好的选择时的神经模式和通路。从神经学角度来说，这是两套不同的处理过程，触发的是不同的系统。用功能性磁共振成像术语表示就是：屏幕的不同部分被点亮。

因此，当你做出一个选择，不是出于自身渴望，而是为了遵循社会规范时，大脑就会调用抑制欲望的回路。这一过程涉及前额皮质的外侧部分，即大脑前部旁侧区域。但当我们按照真实偏好行事时，另一个神经网络就会被激活，它涉及与大脑奖励系统有关的结构，包括腹侧纹状体。（纹状体由三个子结构组成：尾状核、壳核和伏隔核。这些完全不同的结构位于大脑的“更后方”。）

这一重要区别使埃默里大学的詹姆斯·里林（James Rilling）团队得以考察我们合作时发生的情况。他们的研究对象全部是女性：第一个实验有 19 人，第二个实验有 17 人。然后他们要求这些被试玩著名的“囚徒困境”游戏。游戏中，玩家可以选择相互合作或“叛变”（不合作，或实际上背叛和欺骗他人——损人利己）。简而言之，不合作或叛变的行为通常更容易获利。

按理说，如果志愿者的真正偏好是自私行为，那么当她们通过叛变赢得更多钱时，纹状体就应该被激活。同样，如果她们只是因为服从社会规范而合作，那么当她们不情愿地进行合作时，抑制欲望的前额区就应该被激活。然而，埃默里大学团队发现，情况正好相反。

即使参与游戏的志愿者通过合作赚的钱更少（她本可以通过叛变或不合作赚得更多），从神经上看，她的大脑奖励系统（由子结构复合而成的纹状体）得到了增强激活。同样重要的是，在合作时，她的前额区并没有被激活。这表明，合作的决定是真诚的，而且收获了内在奖励；合作并不是迫于社会强制力。

然而，埃默里大学的研究中最有趣的验证性证据，却是在其中一名被试与一台预先编程的电脑进行游戏时发现的。游戏的设定维持不变，合作的各种优势和缺陷维持不变，只是志愿者被告知她在和电脑比赛。在这种情况下，即使志愿者选择与机器合作，大脑奖励系统也不会被触发。

这一发现具有巨大的潜在意义。各种相互关联的证据表明，与他人合作是有回报的，即使本人会为此付出代价。这表明，正如还不具备先进的神经技术的巴特森团队在20年前得出的结论一样，我们有能力做出真诚的利他行为，这些行为背后并没有隐藏着私利。埃默里大学的研究人员声称，他们可能已经找到了支撑我们合作行为的“神经激活模式”或大脑通路。

当我们与他人合作时，这些系统负责给予我们奖励。

它们可能会抑制我们为狭隘的私利而行事的冲动。

它们很有可能意味着，我们进化出了使这种利他行为“有价值”的神经系统。

它们让我们感觉良好。

如果这个发现是正确的，一个更基本的问题仍然存在：为什么进化选择了这种神经结构？我们以这种方式进化的优势是什么？为什么人类是这样的？

这个计划的优点是简单。他们偷了货车，把货车开走。

“我带你回阿拉木图。”在离开新西伯利亚的路上，瓦西里提议道。

“我再也不回阿拉木图了。”列娜说。

“我带你回哈萨克斯坦。”

“我不想去哈萨克斯坦。”

“那你要去哪儿？”

“哪儿都行，你要去哪儿？”

“阿尔汉格尔。”他说。

“我也去。”

“可我得先去一个别的地方。”

“哪里？”

“莫斯科。”

“莫斯科？”

“我得去接科里亚。”

“那咱们去接科里亚吧。”列娜说。

天下着雪，货车的雨刷发出单调的声音，车头灯打在前面的西伯利亚公路上。她让他讲一讲阿尔汉格尔。他谈到夏天时的“白夜”，到了午夜天还亮着，人们如何去野餐、去公园或进入森林，整个世界既醒着又睡着，就像睁着眼睛做梦一样。他把这些都讲给她听，这就是他们计划要做的——在接上科里亚之后。

那天晚上，在我和瓦西里几小时的谈话之后，我来到酒店大堂。这里摆放着大量枝繁叶茂的盆栽，被华丽的铜丝紧紧固定着。我思考着瓦西里所做的一切，引用经济学家恩斯特·费尔和贝蒂娜·罗肯巴赫生动的描述，它代表了“动物世界中一个惊人的异常值”。我们为什么会这样？我们很容易嘲笑和谴责自己。我想瓦西里就是这样对自己的——内心有个批评者和迫害者。但是，他的行为包含了一条线索，一些关于人类异常行为的暗示。异常值很耐人寻味，它们向我们揭示了极其宝贵的信息，关于它们偏离了的东西。

我环顾着阿拉木图的酒店大堂。人们坐在长毛绒面料的沙发上看电视，但他们都具有成就非凡的能力。是什么激发出了它？是什么让我们能像瓦西里那样做出选择，为了一个他几乎不认识的人，冒着失去一切的风险？

13. 转折

他拼命地开着车，想尽量拉远他们和Z之间的距离。瓦西里推测，Z会认为他们要回哈萨克斯坦。把列娜带回阿拉木图，这合情合理。他会不会猜到他们正直奔Z一直想带列娜去的那个地方呢？风险总是存在的：Z知道瓦西里有多想念科里亚。但谁会相信他们真的这么做了呢？

无论如何，从新西伯利亚到莫斯科有两条主路线，一条更直接、更快，这是他们来西伯利亚时走的路线，原本也打算由此返回。但穿过乌拉尔山脉，还有一条更往北的路线，这条路线虽然有点长，但更安全，这就是他们走的路线。就在瓦西里和列娜驾车穿越这条分隔欧亚的山脉时，风暴来了。

其他车辆越来越少。人们都小心翼翼地驶离了公路，但那些人的处境不一样，他们又不需要那么紧急地赶到莫斯科。

“风暴会过去吗？”列娜说。

“会过去的。”瓦西里回答，继续开车。

风暴并没有过去。

当他们来到乌拉尔山脉时，只看见白茫茫的一片。不像是世界消失了，反而像是他们进入了另一个世界。除了皑皑白雪，这里什么都没有。那感觉就像在一团云中无休止地下坠，他们的货车陷在了厚厚的积雪里。

“从这里往回走几千米有几栋楼，”瓦西里说，“你看到拐弯地方的那几栋楼了吗，往回几千米？”

“我看见有东西。”列娜说。

“我们往回还是往前？”他问她，“朝哪儿走？”

“往回吧。”列娜说。

瓦西里点点头。“往回。”

他把货车掉头。这样稍微好走一些，因为是下坡路。他们不停地开啊开，最后来到了一条岔路旁。

“那些楼是在这里吗？”瓦西里说。

“我觉得是在这里。”列娜回答。

但是他们没看见灯光。

“楼在哪里呀？”列娜说。

“一定是让雪盖住了，”瓦西里说，“我觉得就是在这儿。”

“我也这么觉得。”

“我们拐弯吗？”

“拐吧。”列娜说。

“我敢肯定就在这儿。”

“一定在这儿。”

“还有别的地方吗？”瓦西里说。

“没有别的地方了。”列娜表示同意。

他们离开主路，货车没开出几百米就抛锚了。他们面面相觑，沉默不语，两个人都很害怕。无声无息的雪在慢慢将他们埋没。

西伯利亚幅员辽阔，横跨地球上十二分之一面积的陆地，广袤无垠，荒凉至极，环境险恶，简直像某块宇宙深处的冰封荒原意外掉落在了毫无防备的地球表面。你很难想象西伯利亚有多大。设想一下，如果你随机漫游世界，每走 12 步，就有一步走在西伯利亚。而在这片荒原，这片无边无际的白色旷野上，两个小黑点正艰难移动着，一个男人和一个女人。他们寻求庇护，以求活下来。他们几乎走到了生命的尽头。

两个人当然都尝试过用手机求助，但没有信号。也许雪把一切都覆盖了，他们失去了方向感。风刮了起来，猛烈地打着旋儿，是西伯利亚的风。要不是因为踏在地上的双脚，他们甚至分不清天与地。

他们遇上了“乳白天空”，能见度几乎为零。货车的发动机坏了，他们会冻死在这里。他们必须继续前行，寻找住所，寻求帮助，争取活下来。但风把他们吹倒了，在他们爬起来后，风又把他们吹得左摇右晃。他们无从得知自己是不是在走回头路，或在原地兜圈子。瓦西里已无法判断货车的位置，他们快死了。

暴风雪吹倒了列娜，差一点儿把她埋了。她从瞬间覆盖全身的积雪中伸出一只手来，瓦西里俯身去够，将它牢牢攥住。借着瓦西里直立的身躯，列娜把自己撑了起来，她紧紧地抱住他。“我很抱歉，对不起，瓦西里，”她在大风中喊道，“是我连累了你。”

“你什么也没做。”他说。

“不，听着。我们可能真的找不到路了，”她说，“对不起，是我连累了你。”

就在那时，他们看到了一些树，一排树。

“那些灯，”瓦西里说，“在树旁边，列娜。”他一边说，一边试图挥去眼前肆虐的大雪，心里希望这不是极寒天气下的海市蜃楼。在风雪夹击中，他眯起了眼睛。他们所在的地方有些露出顶端的岩石，为了看得更清楚，他爬上了其中一块。没错，确实有树，他确信有几栋楼就在那里。“列娜，”他说，“是树。”

他狂喜着转身，心花怒放，瞬间不觉得冷了。“是树，列娜，是树！”他喊道。

他转过身时，列娜不见了。起初他没看见她，只看到了雪，通红的雪。从一个点——列娜的后脑勺——流出的血，把周围的雪地染红了一大片。

她的身体骇人地扭曲着，呈现出柔和却不自然的曲线，就像一座远山的山脊，远处乌拉尔山本身的形状。他冲向她，扶起她的头，更大一股鲜血涌了出来。他把手盖在上面，血从她身上渗出来，流到了他的身上。

“我的腿，”她说，“我的腿在哪儿？”

她的腿已经完全失去了感觉。他想她恐怕摔断了背，因为她身体向后摔在了一块岩石上。

回到伦敦后，我从一位做医学顾问的朋友那里得知，背部受伤的部位越高，骨折的后果就越严重。脊柱顶部的脊椎骨（从 C1 到

C4）和相关神经根的破坏可能会导致四肢瘫痪。在列娜的情况中，瘫痪的是双腿。她一头撞在西伯利亚的岩石上，造成了背部的巨大损伤。在医学上，这种创伤可能被诊断为脊髓和颈神经外伤引起的截瘫，但这些教科书上的定义并没有多大意义。事实是，列娜瘫痪了，动弹不得，困在了雪地中。

14. 生命中的一年

地面冻得太硬，瓦西里没法埋葬列娜。所以，这位来自中亚广袤内陆草原的年轻女子在西伯利亚荒原上竟连一个像样的坟墓都没有，但瓦西里尽了最大的努力。

一开始，他打算把两根棍子绑在一起做个十字架，转念又想，不行，她是穆斯林。他用仅存的力气从树上拽下一根叶子繁茂的树枝，把她的身体盖上。他在她的头边放了一根棍子，这是他能找到的最直的棍子了。他用力把它插进地里，棍子直直地指向天空。他想用什么东西来标记这个地方，说明这里有人，某个人。他不知道还能做什么，只是默默地站在那里。

几个月后，他才意识到他当时真正该做的是什么。

“真希望在我用雪盖住她的脸之前，”他对我说，“真希望我能说出她对我说过的话。”

“什么话？”我问。

“你知道那时候他们对她说了什么吗？”

“什么时候？”

“她出生的时候，那个男人在她耳边说：‘列娜，列娜，列娜。’

真希望我也这样说了。”

瓦西里又动身去寻找灯光，但它们已经不见了。难道那只是他的想象吗？他踉踉跄跄地往前走，经过树木，穿过雪海，朝着想象中有灯光的地方走去。他开始体力不支，他多希望自己能回到列娜身边，如果结局注定如此，他希望是两个人在一起。他不知道自己身在何处，也不知道自己在做什么，只知道自己快要死了。雪在他面前飘动，一会儿升一会儿降。他在越堆越高的西伯利亚积雪中艰难跋涉，身体越来越僵硬，但思维却越来越活跃。他想起了父亲，他坐在那把仿豹纹椅子上，凝视着那条流浪狗死去的地方。他尽量不去想科里亚，一想到科里亚就太痛苦了。他只想父亲和那把椅子，还有那幅版画，上面画着一条路，总是罩在玻璃后面。要是他能找到路就好了，他摊开四肢躺在雪地里。

他不再有从云中坠落的感觉。云都已落定了。

醒来时，他看到的只有玻璃。一副厚厚的老式眼镜，镜片后的目光慢慢扫过他的脸。他挣扎着起身，但某种东西——眼镜几乎没有挪动位置——把他按住了。

“你不能动，”戴眼镜的人说，“你差点就死了。”

他再次陷入了昏迷状态。

当他再次醒来时，房间里已经没有别人了。

瓦西里拖着虚弱的身体从床上起来，费力地挪到窗前，手指紧紧抓住窗台，就像紧紧抓住了救生筏。他向窗外望去，想看看列娜在哪里。后来他才知道自己近两天来一直处于时而清醒时而昏迷的状态，暴风雪把一切都变成了空白：世界被抹杀殆尽，看上去千篇一律。这场可怕的暴风雪之后，他无从得知列娜的最后安息地在哪儿，就像在无边无际的海滩上找一颗卵石一样困难。

他再一次昏迷过去。

他意识到的下一件事是从别的房间传来的声音。他所在的房间门上挂着一件粉色带小白花图案的旧睡袍，那扇门后一定还有一个房间。能听到一些声音，不是女人的声音，好几个声音在跟一个人讲话，这些声音开始与广播或电视节目的声音混在一起。他不能肯定，声音太小了，但他们在争论着什么。他们在争论什么？他意识到生命是如此短暂，如此不确定，随时都可能被掩埋和遗忘，所以究竟有什么好争的呢？难道他们不明白吗？难道除了他之外，就没人懂得这个道理吗？

他又注意到了那副眼镜，但一会儿它又不见了。她是谁？他的救命恩人，她真的存在吗？如果让他描述她，辨认她的身份，他能想到的只有眼镜。又或者，他想，这就是人死后的样子。人们不停地争吵，还有人看着你。

他的意识重新陷入虚空状态。另一种乳白天空。

他再次醒来是因为被人轻轻摇醒了，这次的感觉不一样。透过高窗望出去，天空就像一张小小的明信片。它已经变换了颜色，是明亮的蓝色。天气正在好转，他的身体也在好转吗？

“白色地狱”过去了，留下了他，带走了列娜。他被人轻摇着，他没看到眼镜，他几乎开始怀念起那副眼镜来。他使劲调动颈部肌肉，转动脑袋，扬起眼睛，看到了Z的那张脸。

瓦西里想从床上跳起来，但当肌肉和关节用力时，他感到一阵撕裂的剧痛。他的脚被绑在床上，手也一样。厚厚的绳子缠绕在手腕和脚踝上，每动一下皮肤就针扎般作痛。

“告诉我们，那个女孩在哪儿？”Z说。

Z身后还有另外两个男人，其中一个拿着枪。

瓦西里沉默地看着他们。

“告诉我们她在哪儿，”Z说，“我们就放你走。”

瓦西里对他们说：“我永远不会告诉你们。”

其中一个毒贩子掏出了枪，一把沉重的格洛克手枪。他用枪指着瓦西里的脸，Z微微地点了点头，使了个眼色。那人便把手枪高高举起，砸到瓦西里的头上。

今天，在他头上，在格洛克手枪枪托击中的地方，仍然有一个小坑。对他来说，这就像是某种标记—— 一份记忆。

瓦西里再次醒过来时，发现自己在一辆货车的后车厢里。他的双手被绑在背后，双脚被胶带紧紧缠在一起。他觉得自己活像条鱼。

座位上的Z低头看着瓦西里。货车开得很快，瓦西里能听到其他车辆的声音。也许他们在高速公路上。

“我们找到了那个女孩，”Z说，“你插的那根蠢棍子，帮我们找到了地方。你走心了，这让我的心滴血。”

瓦西里没说话。

“但是，我们是怎么找到你的呢？这个你就不知道了。你可以把车开到俄罗斯、西伯利亚和哈萨克斯坦的随便哪里，我们都会找到你。”他的眼睛凑近瓦西里的脸，“这就是你想知道的，是不是？我们是怎么找到你的。”

瓦西里还是没说话，但他确实想知道。或许一闪而过的眼神透露了他的心思。

“啊，是啊，”Z说，点着头，“怎么做到的呢？我是怎么创造奇迹的呢？”

瓦西里觉得自己知道。但他想听别人说出来，他想知道这不是他的错。

“他们找到你的时候，”Z说，“你还拿着手机。当然，你把我屏蔽了。我不停地给你打电话，就是打不通。好在你没有清空通话记录，你我之间的通话记录。所以，这些人……‘瓦西里的救命恩人’……他们给我打了电话，他们很担心，他们觉得你快死了。我也很担心。我太高兴了，他们找到了我兄弟，拜托照顾好我兄弟，我马上赶过来，我要用重金感谢他们救了我兄弟。”Z停了下来，回味着他的好运，对瓦西里来说则正相反。“你知道的，如果给人一大笔钱他们会怎么做。所以现在你到了这里，想知道自己正去往何处，”Z停顿了一下，看着车前的挡风玻璃，“去一个可怕的地方。你还想知道未来会怎样，过一种可怕的生活。我本来可以杀了你，但这种安排会更糟，我想要更糟的。”

Z再次停住话头。

“你还是什么都不说，”Z说，“这没关系，我不想听你的问题。要么你做这个一年，还我的债，然后咱们两清，再无瓜葛。要么你就逃跑，你可以逃，但如果我们听说你逃了，我们就会去找你。然后你一辈子都得担心我会不会找到你。你可以二选一，选哪个我都不在乎。真的，我不在乎。”

瓦西里沉默了很长时间，最后再也忍不住了。他说：“你知道吗，我在想你到底是多大的人物啊，这么重要，这么大牌。因为要让这么多女孩卖身，然后拿钱，这得是多大的人物才做得到。”

Z笑了。“你就是这么想的吗？你以为我们大老远从莫斯科开车到西伯利亚这个鬼地方来是为什么？就为了卖掉她们赚钱？你就是这么想的吗？”

“不是，你要给她们在莫斯科安排好工作。”瓦西里说。

Z又笑了起来。“你什么都不懂。说真的，你真这么想吗？我们大老远过来就是为了卖掉她们？”

“那不然呢？”

“你他妈一点儿都不懂。”

“不然呢？”瓦西里更气愤地说，“那不然呢？”

“我们做这一切，我们大老远赶来，是为了看看，看看这些女孩当中是否有那么一个值得卖。”

瓦西里告诉我他当时没有说话。外面车声隆隆，不知都在往哪儿开。他的胃里不舒服，这是他以前未曾有过的感觉。

Z继续说道：“这些你关心的女孩，她们中的大多数都不值钱。她们大多数都分文不值，你难道不明白吗，像她们那样的人有成千上万个，她们什么都不是。没错，有的时候，男人会为她们花几个钱，但她们还是分文不值。而你这么关心她们，你甚至连分文不值都够不上。”

瓦西里想尖叫，他想杀了Z，但他始终一声不吭。

“不是吗？你认为我说的有错吗？”Z说，“想想是谁杀了她，是我还是你？现在你告诉我，哼，你告诉我，谁才是大人物？”Z一脚踢到他脸上，不，更像是一脚踩在了他的脸上。

“我把你卖掉了。”Z说。

他被卖掉了。

“卖了一年。你再干一年，好好干一年苦活儿。一年，然后一切了结。你可以再干你的大事，去报警，随你的便。你等着瞧吧。像我们这样的人根本没有人管。”

我们这样的人。

他每天干14小时或16小时的活，通常一周干7天，劳累至极。首先，他必须用劳动来偿付他去那个地方的“旅费”。其次，他还得继续支付住宿费和少得可怜的食物。还清债务似乎是不可能的，他明白游戏规则。但从某种意义上说，他在努力偿还另一笔债务，一笔他自己的债务，为了发生在列娜身上的事。这是他自己的忏悔方式。

他被带到高加索地区，那是俄罗斯的南部，位于黑海和里海之间。在那里，他几乎成了奴隶劳工，先是做建筑，接着，随着气候的改善，他又被转到阿塞拜疆和达吉斯坦做农活。达吉斯坦是俄罗斯的一个共和国，那里有达尔金人、阿瓦尔人、卡尔梅克人、列兹金人和车臣人。

其他工人来自曾经的苏联各中亚共和国，其中很多来自乌兹别克斯坦。他们都是被所谓的“职业中介”骗来的，他们以另一种方式遭受奴役。瓦西里告诉我，有一次，他在达吉斯坦的一个工友试图逃跑。“他们抓住了这个乌兹别克人，”他说，“把他带到所有工人面前，差点把他打死，就是这样。”

就这样，瓦西里成了一名劳工，就像曾参与重建莫斯科的祖先一样。最后，瓦西里来到了伏尔加格勒。那里到处是高耸入云的建筑物，没人过问它们由谁建造，没人过问建造者的工作环境，以及他们是如何被剥削和虐待的。然后，突然之间，一切都结束了。一年过去了，他自由了，他不再属于别人了。但这并不是多大的安慰，他几乎不想拿回那个残缺不全的自己。

他只想离开俄罗斯。他又一次盯着马路，就像小时候站在豹纹椅子上盯着父亲的那幅画一样。现在，这条路将通向何方？最近的边境在 100 英里之外，对面是哈萨克斯坦。

我和瓦西里相处的时间不多了。

“那么，”我问他，“你去哈萨克斯坦是因为列娜吗？”

他噘起了嘴。“如果不认识列娜，我甚至都不会想到那个地方。”

我和马尔然在沙丘附近的交谈一直困扰着我。“我的一个哈萨克朋友，”我说，“她觉得很奇怪，为什么列娜的父亲与她断绝关系——”

“断绝关系？”

“就是她不再是他女儿了，因为她去了阿拉木图。我朋友说许多年轻女人都会离开农村，前往阿拉木图和努尔苏丹。”我不停告诉自己，这不是在盘问证人。但我承认，我确实想更接近事情真相。

瓦西里沉默了。

“对此列娜说过什么吗？”

他本能地用手抚过短发，摸向凹痕的位置。他边说话边朝下看着，他在看什么？他看到了什么？“在货车里，我们在路上开车的时候，我们一直聊，一直聊，什么都聊。她说他们在乌兹别克斯坦。”

“乌兹别克斯坦？”我说。

瓦西里抬起头来，眼睛睁得大大的，神色悲哀。“她没有都告诉我，我们没有足够的时间。下雪了，我们从货车里出来了。”

“她是乌兹别克人吗？”我说。

“哈萨克人，”他强调说，“哈—萨—克。但也许他们有家人在乌兹别克斯坦，我不确定。这两个地方她都去过，我不能完全肯定。”

后来我发现，在乌兹别克斯坦，也就是南边的邻国，有相当多的哈萨克人。马尔然有亲戚在塔吉克斯坦，哈萨克人到处都是。

“这也许可以解释她父亲为什么那么生气，”我说，“如果她要去阿拉木图，那相当于去的是另一个国家。”

“这我不知道，”瓦西里说，“她给我讲这些的时候，雪正下得厉害……”

那正是他们离开货车的时候。他没有把话说完。

“她的全名是什么？”我问。

“她从没说过。”

“她的护照呢？”

“她的证件全在那辆货车里。Z把货车开走了。”

我拼命想把这些信息拼凑起来。为什么？为了了解真实的列娜吗？“所以，她说不想回哈萨克斯坦，也许因为那不是她的家。也许……”

“我不确定我说的都对，”瓦西里说，“我只记得这些。我之前没告诉你乌兹别克斯坦的事，因为我不确定。对不起，我不能确定。”

“没关系，”我告诉他，“瓦西里，真的，没关系。”

我们谈了很久，瓦西里精疲力竭，我潦草地记了一页又一页的笔记。这是一份两个人的生活记录，关于他们如何走到一起，又如何分开。一个来自哈萨克斯坦以北的地方，另一个来自哈萨克斯坦南部，或者可能来自乌兹别克斯坦，这很难说。我们来到阿拉木图的大街上，这一切在我脑海里飞快地闪过。附近传来一阵警笛声。

“科里亚呢？”我说，“科里亚怎么样了？”

“下次再告诉你，”他说，“现在太累了，下次吧。”

我点了点头。虽然现在仍是夏季，哈萨克斯坦非常暖和，但我还是想起了西伯利亚的雪，看着它慢慢落下，盖在一个年轻女子的脸上。与此同时，我在想：列娜，你究竟是谁？

15. 带着天气上路

最后一次见面时，瓦西里异常兴奋。这是他唯一一次比我先到达见面地点。那是我们第一次见面的地方，在我见假奥列格的那个公园里。那是下午晚些时候，他把他的“小家伙”也带来了。

“小家伙”是一条黄褐色小狗，长着长长的卷尾巴和尖尖的鼻子，瘦小而优雅，与科里亚截然不同。虽然如此，他还是为它感到骄傲。它前段时间生病了，现在似乎正在康复。我弯下腰去抚摸它，这时有片奇怪的叶子被山那边来的微风吹得在草地上翻滚，小狗光滑的皮毛被夏末的阳光晒得很暖和。救助的重点不只在于结果，还在于我们干预的原因，以及暂时的解围。

“他们说，”瓦西里说，“有时，这些女孩会飞去美国和罗马。她们有很多钱和衣服。”

“她们被迫飞过去，被人逼着飞过去，”我说，“瓦西里，她们没有自由。”

他在我旁边弯下腰，拍了拍狗的屁股。狗喜欢他使劲儿抚弄它的毛，越用力越好。我也开始抚摸它，小狗欣然享受着我们的关注。在缓缓起伏的天山的注视下，雪原随着夕阳西下变成了粉色，小狗的长尾巴悠悠拍打着阿拉木图的草地。最后，瓦西里和我聊到了科里亚。

他再没见过它，自打去西伯利亚之后就再也没见过。

在瓦西里还没从新西伯利亚回来时，一个他和Z都认识的人从帮忙照顾科里亚的朋友那里找到了它。科里亚被带走了，在那之后，没人知道它的下落。当他跟我谈起他心爱的“小沙皇”时，我时常感觉科里亚和莱卡仿佛合而为一了，虽然它们的性别和生活年代都不一样。它们都以不同的方式突然消失得无影无踪，而且都下落不明。

关于“哈萨克”（Kazakh）这个词的起源有几种解释。哈萨克语属于突厥语族，有一种理论认为“哈萨克”源于突厥语的“qaz”，意思是“自由行动”。

列娜的“自由行动”把她从大草原（不管是哈萨克斯坦还

是乌兹别克斯坦的草原，或者两者都有）带往这座城市，带往西伯利亚，带往死亡。她为什么要这么做？我觉得是因为她想了解这个世界。我写下所有这些，从其他几个故事中选择了这一个用在**施救者**的章节，是因为我想让世界了解像她这样的年轻女性的遭遇。

这一切都发生在10多年前，而只要你去研究人口贩卖的残酷阴谋就会发现，此时此刻，还有成千上万像列娜一样的年轻弱女子在灾祸的边缘徘徊。因此，还有很多列娜那样的女孩。当然，世界上只有一个列娜。

她们在哪儿？她们住在什么地方？

这一章从哈萨克斯坦讲到了西伯利亚，再讲到达吉斯坦，然后再回来。然而，我们还去到了另一个国家，一个没有国界和国歌的国家。它没有语言，但又几乎有每一种语言。它没有政府，却按照自己的法律运转。军队打不过它，警察无法阻止它，有时甚至还参与其中。这里的通用货币是对人类同胞有系统的剥削。

人口经由它的秘径和渠道流通着，就像水流过管子。它的交易额如今比军火贸易还高，是世界上最赚钱的跨国犯罪之一，仅次于毒品贩卖。这里很容易找到，只需去到我们的一个城镇，选择左转而不是右转，进入你通常不会去的小巷，爬上你平时不会爬的楼梯，打一个你平时不会打的电话，在网上你能找到一整部百科全书的电话号码，然后你等着就行了。列娜正是这样慢慢陷入了另一个国家，进入了人贩子的地盘，直到瓦西里在西伯利亚的一家咖啡馆里告诉了她这一切。他为什么要冒生命危险这样做？

研究科学得出的结论是，参与合作行为和帮助他人的大脑过程与基本的神经构建模块重叠。

这些行为会调动用于学习、奖励和惩罚的网络。

这幅由神经成像阐明的科学图景表明，在许多重要方面，建立在理性利己个体基础上的一些关键的经济学假设无法反映我们的实际发现，即人类大脑真正的工作原理。

进化心理学发展史上的先驱科斯米德斯和图比认为，普遍可靠的迹象表明，有条件的帮助一再发生，因此最简洁的解释才是正确的，即随着进化时间的推移，人类体内已经进化出了一种计算性适应。它针对的是我们的一个基本生活难题：如何与同物种的其他成员打交道，如何与他们合作，如何与他们进行社会交流。正如埃默里大学研究团队提醒我们的那样："与非亲属合作的社会互动在所有人类社会中都很普遍。"

狩猎采集群体扩展了有限的亲属群体，从那时起，不得不与非亲属合作可能就成了有待我们祖先解决的一个主要难题。科斯米德斯和图比主张，解决方案是一种特定的进化适应，是我们的大脑中有助于社会互动的一种机制。

这种进化适应跨越了文化和时间，跨越了海洋和多个世纪。

这些神经网络不只促使我们为自身利益而行动，它们还奖励我们的合作行为和帮助行为。放弃对自己有价值的东西去帮助别人，这种行为实际上会让我们感觉良好。这不是错觉，不是我们深藏的利己主义摆出的姿态——唯有当我们也是秘密受益者时才能得到满足。正如科斯米德斯和图比所言，我们大脑的这一部分——我们众多自我中的一个——"是复杂而普遍的人性的一个组成部分”。

这是我们的一部分。或者更确切地说，是进化带给我们的显而易见的一部分。

让我们回到最开始，回到苏珊。

你打算怎么做？你真的在考虑与她交换位置并接受电击吗？我猜有可能。

如果是这样，你将和大多数人差不多。回想一下，堪萨斯大学超过 80% 的志愿者都愿意交换位置，即使是在“逃跑”（一走了之和去洗手间）很容易的情况下。我们必须承认，提供帮助的冲动部分是为了减轻我们即将目睹他人受苦而感受到的困扰，这一点很清楚。但是，正如巴特森研究团队强有力地证明的那样，原因不止于此。

神经科学已经证实，当我们以超出自身狭隘利益的方式行事时，大脑的神经奖励系统就会被激活。即使我们可能会受到一些极不舒服的低压电击，大脑也会因为我们为了苏珊牺牲自己的行为而奖励我们。

既然我们进化出了这些系统，那么它们很可能提供了一些生存优势。它们可能促进了我们与我们亲友圈以外的他人的社会互动。我们往往不承认这种社会冲动的意义或价值。事实上，从关于慈善捐赠的研究中可以了解到，如果我们相信自己的行为更像是一种交换，被伪装得不像是纯粹的利他主义，我们就会更倾向于行善。这一点十分有趣。我们更愿意认为自己的所作所为是出于自身利益的考量，即便事实并非如此。那样会让我们更舒服。

即便我们的行为是利他的，我们也喜欢用虚构的交换的遮羞布来掩盖它。

但话说回来，这也是一种交换。回到罗伯特·特里弗斯（我有幸在伦敦的一次演讲后与他见面并交谈过）的观点，这是一种“互惠”。特里弗斯在20世纪70年代早期写了一篇开创性的论文，题为《互惠利他主义的进化》（*The Evolution of Reciprocal Altruism*）。它被证明是推动进化生物学发展和人类行为理解方面最具影响力的论文之一。

特里弗斯写道：“一个人救了另一个人，那人并非近亲，而且即将溺死，这就是利他主义的例子。”这无疑是人类行为的一部分。这种行为如何以及何时被证明是呈现出适应性的？它如何以及为何会在人类社会中传播和存续？

特里弗斯推断，在某些情况下，帮助非亲属可能是我们的一种适应性选择。如果这一姿态、恩惠和救助有可能得到回报的话，如果这种特质得以传播并成为社会生态的一部分的话。当然，风险在于受益者得不到回报，遭到诱骗。因此，特里弗斯推论，一些用以预警、监督和惩罚欺骗行为的复杂机制进化了出来：

> ……自然选择将迅速地在每个个体中促成一种复杂的心理系统，以调节他自身的利他主义和欺骗倾向，以及他对他人这些倾向的反应。

如果欺骗对行骗者产生了不利后果，其代价超过了获取好处而无须偿还的代价，他们就不会选择欺骗。例如，代价是行骗者会遭到惩罚、蔑视、回避和孤立。如果是这样，特里弗斯写道：

> 促成的这一系统应同时允许个人获得利他交换的好处，并阻止自身采取巧取豪夺的欺骗手段。

套用板球术语，上述所有这些就像朝着三柱门漫长的助跑，都是为了更好地说回瓦西里和列娜。

瓦西里眼睁睁地看着，面前的列娜就快溺死了。

他该怎么办？如果瓦西里把他对列娜的帮助行为伪装成某种交换（从某种意义上说，换取自身的利益），他或许能更好地应对。但从客观上看，这成立吗？他用自己的生命和前途去交换列娜，能得到什么呢？

设计了“交换假象”慈善实验的霍姆斯及其同事得出结论：“过于以群体为中心的形象会惹人怀疑。”我们怀疑那些看上去太好的人，我们不可避免地认为他们好到不像真的。瓦西里人生中最大的讽刺在于，带着最深的怀疑审视他的行为的恰恰是他自己。他不相信自己是个好人，也不相信自己有什么真正的优点。

瓦西里不得不做的这个选择并不容易。或许有人会嗤之以鼻，认为在人与狗之间做选择并非难事。可瓦西里并不真正了解列娜，他才刚刚认识她。从进化论的角度来讲，她不是近亲，没有血缘关系，属于那种我们不会马上去帮助的人。另一方面，我毫不怀疑瓦西里对科里亚的爱。

人与狗的联结可追溯至我们祖先的过去。想想 3.3 万年前西伯利亚洞穴里的早期犬科动物，我们就会开始理解我们在多大程度上与狗共生，以及我们对它们深深的依恋。可能很难想象这段时期有多么漫长，那么换一种说法，想想我们要穿越多少个世纪才能到达耶稣基督诞生和恺撒大帝被刺杀的年代。想想那广阔的时间轨迹，然后乘以15或16，那就是“强盗洞”里的狗开始与我们人类共同生活的时代。

或者再换个说法：与“强盗洞”的狗同期，还有其他与我们共享这个星球的人类——尼安德特人。因此，瓦西里的两难处境在于是否要为了这个刚认识的年轻女性而将自己和科里亚置于险境，这种两难包含一定程度的复杂性，乍看之下可能很难明辨。

他因自己的选择而备受煎熬，直到今天他仍感到痛苦。他忘不了列娜死后西伯利亚雪地里所发生的一切，他背负着这段记忆。无论走到哪里，它始终如影随形，就像阿拉木图上方的天山积雪永不消融。

那么，**施救者**告诉了我们什么？我们很可能进化出了非常复杂的执行系统，使我们能敏锐地感到应该向他人伸出援手。从某种意义上说，这种进化而来的系统是适应性的，因为自然选择倾向于选择它，而不是选择让个体习惯性地去欺骗。那样的系统将是不稳定的，会瘫痪和崩溃。但是，这种“施救”行为很可能不是出于纯粹的利他主义（类似禅宗的无我境界），而是出于一种更讨巧的现实主义，即我们帮助他人的真实动机是希望在日后自己有需要时也能获得帮助。后者显然是一种更好的系统，在进化上很可能更成功，平均而言，我们有可能将更多的基因传递下去。互惠利他主义确实能奏效。

因此，如果我们这个物种能够产生像Z那样的人，那我们的身体里同样住着一个类似瓦西里的人。不可否认，他困惑而纠结，不完美且自相矛盾，但科学和个人的证据都表明，他似乎有能力为别人冒生命风险。人类的这种行为不是掩盖纯粹利己主义的面具或伪装，事实上，声称我们只有能力为自身利益最大化而行动，实属误导性观点。事情远远没那么简单。

我们内心有一种想要减轻他人痛苦的冲动，不管是苏珊那样的虚构人物，或是伊莱恩那样我们素昧平生的角色，或是像列娜那样非亲非故且很可能不会再见面的人，抑或是别人家被虐待的动物，比如Z的狗科里亚。在我看来，了解到这一点令人欣慰。

由于整体的进化利益，我们才发展出了这种系统或情感，我并不认为它的价值会因此而贬低。相反，再遇到有人说生活是一场无情的、所有人对所有人的战争，人各为己时，我们就可以自信地予以反驳。这一观点正逐渐失去科学的支持。我们是社会性动物，我们可以表现出同情，我们可以为他人牺牲自己。

有一次，我拐弯抹角地问瓦西里（考虑到这个话题的敏感性），他的所作所为是否出于对列娜的爱慕之情。他的回答是："她不是我喜欢的那种女孩。"停顿了一下他又说："她是我喜欢的那种人。"然而，人类的动机很复杂，正如法律和心理学告诉我们的那样，动机可能是混合的。不过我相信瓦西里的话。在我看来，他们的故事远不止异性之间的相互吸引，要比这宏大得多。

至于列娜的故事，我承认如果能有简单清晰的叙事就好了，如果我们的生活都能简单清晰就好了。我很清楚自己提供的信息中存在缺环，有几处重要的信息遗漏，但我们仍尝试利用既有信息去讲述。在我看来，最大的遗漏就藏在瓦西里脑中的某个地方，关于他对自己的看法，他认为自己很糟糕的那部分看法。**施救者**之谜触及人类之谜的核心，这个谜题的答案使我们有机会以不同的方式看待自己，比我们通常自认为的要更好。真希望瓦西里能明白这一点。但无论如何，我认为在他的帮助下，列娜（不管她究竟是谁）最终明白了这一点。

目前尚不清楚人口贩卖或现代奴隶制的受害者有多少，显然，我们不可能弄清楚。联合国、国际劳工组织等国际机构的官方估计数字在 2 000 万到 3 000 万——2 000 万到 3 000 万现代奴隶啊，人们普遍认为目前世界上的奴隶比历史上任何时候都要多。正如联合国毒品和犯罪问题办公室所言，这种情况在世界各地都有发生。从统计学角度看，它正在你身边发生着。

其中的部分原因在于我们迅速增长的人口。但还有一个原因，那就是比起其他非法活动，人口贩卖对犯罪组织来说利润丰厚，成本和风险却相对较低。它依赖于社会不稳定、经济动荡和混乱，这些现象在过去的 20 年里层出不穷。

美国国务院在 2009 年估计，每年大约有 60 万到 100 万的新增人口被跨境贩卖，加入那些已然生活在奴役之中的人。时至今日，每年新增的“奴隶”数量很可能接近 100 万。列娜差点就成为其中一员。

在某些方面，列娜具有典型性：大多数人口贩卖活动至少跨越一次国境线，其中 70%~80% 涉及性剥削，这些性交易的受害者几乎全是妇女或儿童。在国际法中，贩卖人口是指以商业性剥削、强迫劳动或类似的奴役目的而对他人采取胁迫、暴力或欺诈。它关乎对弱势群体的剥削，关乎权力和利润。

达里娅在阿拉木图走进了列娜的生活，当时的列娜格外脆弱，原因你已经知道了。人贩子的狩猎目标就是这种孤立、不安和脆弱的人。对列娜的贩卖始于欺骗，先是达里娅，然后是Z。毫无疑问，如果瓦西里没有介入，她将在莫斯科继续遭受强制和暴力威胁下的性剥削。这是性剥削的典型特点，必然包含着对年轻女性的控制和摧残。

联合国已经确定了全球500多条人口贩卖路线，其中一条“高速公路”就是从原苏联中亚共和国（各“斯坦”）通往俄罗斯的，再经由波罗的海国家（如立陶宛、拉脱维亚、爱沙尼亚）抵达西欧。如果列娜没有逃走，她有可能不会留在莫斯科。这位来自中亚大草原、梦想着去山的另一边看看的姑娘，最后可能会流落到法兰克福、巴黎或伦敦这样的城市。这就是此种剥削形式的全球化性质，这也是为什么它是需要我们所有人共同面对的问题。

每年都有成千上万被贩卖从事性剥削的年轻妇女或女孩因疏于看管而死亡，或者死于疾病或谋杀。许多人直接失踪了，比如列娜。本杰明·斯金纳（Benjamin Skinner）在讲述现代奴隶制的著作《骇人听闻的罪行》中估计每年的死亡人数为3万人，但确切数据我们不得而知。以上就是其中一个失踪者的故事。

“我不是什么英雄。”瓦西里曾经对我说。他说的没错，施救行为不见得就是英雄行为。它应当是一种人类行为，而这种看法被忽视和低估了。瓦西里选择了帮助列娜，在紧要关头也没有动摇。我愿意这么想：他替我们做了选择。

威廉·福克纳告诉我们，过去甚至从不曾过去，而瓦西里就这样背负着过去继续前行，口袋里揣着那个装着小白菊胶囊的白色塑料瓶。这位施救者走在由他父亲守护的那条路上，即便在中亚盛夏时节，他仍旧随身携带着同样的天气——那场西伯利亚的大雪。在那场大雪中，他不仅失去了他生命中的一年，还失去了一只来自莫斯科的名叫科里亚的敦实小狗，以及一个名叫列娜的年轻哈萨克女孩。

The Kinsman

第十种人

亲缘主义者

在我们的内心世界里，有许多未曾标明的领地，
若想解释内心的风暴，就必须加以考虑。

乔治·艾略特
《丹尼尔·德隆达》
1876

1. 狼

人生的转折发生得多快啊。

不需要很久，一条短信的时间就够了。

就像本书序言中的那个虚构人物，那位闯入枪手出没的学校走廊的家长一样，我在等候，打发时间，把它浪费在我们都常做的事情上：瞥瞥手机屏幕，查查电子邮件、推文和短信。

这是一场谋杀案审判的休庭时间。我在做我的另一份工作，担任出庭律师。当时案件进展顺利，我们的案件主张占了上风，对方证人的谎言被揭穿了。看上去一切顺利，这正是法庭势头明显转变的时刻，事情朝着对你有利的方向发展。这种时刻可不常有。我和初级律师萨迪克坐在一起，他是一位来自北方的亚裔律师，年轻又充满热情。我们集思广益，奋战数月做预审准备，就为了这一刻。一切都进展顺利。虽然我离家很远，但一切都顺利如常，直到我的手机上出现了一连串信息。

走出法庭，我打开手机：一条又一条的信息。

回我电话。

尽快回电。

请速回电。

一定出了什么事，我拨通了电话。就像人们在这种情况下常会遇到的一样，我被告知做那件不可能的事："尽量不要担心，但你的女儿出了车祸。"我违背了这个忠告，我无法按照它去做。我担心了，在那一刻，一切都改变了。转瞬之间。

当我收到第一条信息时，萨迪克正在详细重述我们从对方一个关键证人那里获取的重要让步。后来萨迪克告诉我，他抬头时不安地发现，站在他面前的突然变了一个人。

即便周围一片混乱，我的脑子却在下意识地分析到底发生了什么。我不求任何荣誉，也不配得到任何荣誉：几乎可以肯定这是一种转移行为，试图理智地思考形势，在一切都显得不真实的最初时刻，麻痹自己。

在谋杀案审判的前几周，我的脑部空间（哈佛大学经济学教授塞德希尔·穆来纳森称之为"带宽"）已经被案件证据中最微小的细节完全占用。在审判期间，你的生活就是它，连呼吸都是它。在那些日子里，这就是你的现实，其他一切都退居其次。然后，这一切突如其来就被推翻了。这次是受了什么影响？我想，是**亲缘主义者**。

突然间，我几乎没有一秒钟不在想我女儿躺在医院外科病房里被注射吗啡的场面。生物本能击溃了律师的理智。

这不应该发生，这不是父母能预料到的事。我立刻单独去找法官，当时他正与便衣警察和控方律师进行私下会谈。我们在法医学方面获取的证据揭示了一系列重要问题，控方有敏感信息即警方情报需要与法官分享。但我不得不打断他们。

我把情况解释了一下。“去吧，去吧，”法官说，“你还在等什么？”我立即动身前往这个国家的另一端。几百英里之外，我女儿正躺在急诊病房里。她是在家里出生的，给了我们一个措手不及，所以，当初我们根本不用去医院，但现在我们却得去，这不是父母能预料到的事。我意识到自己还戴着法庭假发，按照惯例，当你走进法官的私人房间时，如果他没戴假发，你就得把假发摘掉。可我忘了，这是我职业生涯中唯一的一次。

在前几周的庭审中，我很多时候都在指控调查的警察撒谎，但当我乘夜班火车奔向西南方时，他们通过萨迪克向我转达了最美好的祝愿。每个人都很棒，每个人都明白，每个人都理解。

他们理解什么？我们能理解什么？

当我在英格兰北部一座工业城市对一起谋杀案做交叉询问时，英格兰南部的一条乡村小路上发生了一起事故，触发了**亲缘主义者**。它再度出现了。

很久之前，刚开始写这本书时，坐在哈佛大学14楼办公室的我从没想过**亲缘主义者**会如此凶猛地闯进自己的生活。想必你能理解目睹这一幕时的悲痛，看着自家孩子躺在急诊室床上，靠打吗啡点滴来止痛，用金属棒迫使骨折的大腿伸直。在她周围，除了机器和监控器令人不安的颤动声外，只有一片寂静。在那些担惊受怕的日子里，那就成了我的世界，我无法想象自己属于别的世界。

我的思绪被带回了学校走廊，还有那个枪手。当我写这本书的序言，即第一个假设场景时，正值桑迪·胡克小学枪击案一周年前后。从那时起，又发生了一次接一次的暴行，一起接一起的枪击事件。枪手不只存在于我们的脑海，他还手持武器跟踪着美国。在大洋彼岸的一家医院里，我坐在软得恼人的蓝色沙发上，在苹果笔记本上写下这些，试图用别的东西来填满脑子，好不去想五层楼之下的手术室里的女儿。

我们周围全是孩子，有生病的，有受伤的，有痛苦的，但我或多或少能做到无动于衷，这令人震惊。第一天晚上我和善良无比的护士罗兹聊天，当时我对周围遍布的景象还很敏感，不知该如何屏蔽它们。我问她是如何应对这么多痛苦的，这么多孩子的痛苦。

"是的，人们经常这样问我们。这并不容易，"罗兹说，"但话又说回来，也没那么难，不是吗？"

"不难？"我说，"容易？真的吗？"

"他们又不是我的孩子，对不对？我连上 12 个小时夜班，竭力减轻孩子的痛苦，可有时就是做不到，这很可怕，让我想哭。即使过了这么多年，有时我还是想哭，然后……然后我就回家了，轮班结束。你的班次，"她看着我说，"并没有真正结束，对吗？"

我轮班时的任务之一是陪女儿看无数部电影，因为她试图分散对疼痛的注意力，不去想即将来临的手术。我们看了《朱诺》，这部电影的主角是个只比我女儿大 5 岁的活力少女，她怀孕了，听上去有些吓人。电影的配乐非常好听，我和女儿合唱了其中一首朗朗上口的童谣般的歌曲。我还有一个任务是与护工和护士一起推着这张最先进的电动床穿过铺着合成地毯的走廊，从儿童病房一直推到手术室。在手术室的前厅，麻醉剂被注入她的身体。我按要求穿上蓝色手术服，戴上塑料帽。据说我看上去很傻，我很高兴自己看上去很傻。这是我能做的最好的事情，我希望自己傻得出类拔萃。我看着她的眼睛，她也回看着我。我提前准备了十几件事来分散她的注意力，但当她问我“爸爸，发生了什么”的时候，我却一件也想不起来。我正要告诉她有我在，让她知道自己并不孤单时，麻醉剂起作用了，她的眼睛眨了眨，合上了。

“没关系，”麻醉师告诉我，“她昏迷了。”

突然间，外面的走廊里只剩下我一个人。在紧闭的门后面，我的女儿怎么样了？也许只有目睹孩子接受大手术的父母才能想象这种恐惧。我沿光滑的走廊悄无声息地走着。我脑子里有万般思绪在纠缠，好像我也无意中吸入了一些麻醉剂一样：这条走廊，枪手出没的那条学校走廊，加雷斯—— 一直默默走在他的那条走廊上。

我的思绪飘向上一次感到极度恐惧的时候：她刚出生的时候。前一分钟她还处在安然无恙地待了九个月的地方，紧接着就来到了这个世界，来得如此突然，打乱了我们所有的计划，连出大门去医院的时间都没有，甚至连下楼的时间都没有。她在自家浴室里降生了。我继续在走廊上茫然前行，心想生命有时就是这样匆匆而来。我用那次经历安慰自己，如果那次我们能——她能——渡过难关，那这次也一定可以。我一遍又一遍地想着《朱诺》中的那首歌：地下丝绒乐队的《陪你坚守》（*I'm Sticking With You*），我从离开女儿身边时起就在想这首歌。

手术还在进行，令人煎熬。之前说好的两小时变成了四小时，然后更久。我还坐在那张软塌塌的破沙发上，想起了她最初如何蹒跚学步（她走路不算早），但后来能在儿童滑板车上那么优雅地滑行（我在炫耀，你懂的），而现在她的腿骨却断了。手术室那边还是没消息。没完没了，我的思绪再次回到那条学校走廊，现在的我比以往任何时候都清楚，持枪歹徒出没时我会怎么做。我重新评估了我的个人数字，我愿意放弃多少其他人来拯救这一个。我带着女儿去手术室，看着她的眼睛眨巴几下后闭上了，此刻我明白，我的数字在上升。

我试着去感受大脑中执行这些任务的神经通路，大脑的生理特性，电信号的发射，思想的小火花。进化为什么选择了这个？它为什么这样塑造我们？

为了生存，为了我们的基因。那些我们看不见的东西，它们既是我们又不只是我们，会在我们死后发展、延续，从前如此，将来亦如此，它们在漫长的生命之链中朝两个不同的方向延伸，只在某一点与我们短暂交会，转瞬即逝，然后我们的基因将传递下去，我们的使命就终结了。

在儿童病房安静的角落里，你可以看到他们。通常是夫妻俩，通常是父母，他们往往一言不发，只是抱着对方，试图克服那不属于自己但同时又属于自己的痛苦。通常他们都有亲戚陪伴，有时是朋友，但主要是家人，是亲戚。

我们聚集在咖啡台周围（医院周到地摆放了不限量的茶和咖啡），彼此微笑着。我们知道彼此的共同之处，知道那份感受。我们的共同之处是：**亲缘主义者**。

还记得乌巴吗？安娜在波士顿的朋友。我知道你记得，我说过我会再谈起她，就是现在。

“是的，你们的吉百利牛奶巧克力是最好的。”她说。我们面对面坐在波士顿南站大厅的一张金属桌旁，在一家唐恩都乐门口，周围散放着一些椅子。

“我从来没意识到。”我回答。

“看，就像我常说的。”

“什么？”

“律师什么都不知道。”

车站位于市中心皮革区，靠近海滨，与儿童博物馆相对。还没等我开口捍卫律师职业的荣誉，她就改变了话题。“你穿的是什么颜色的衬衫？”这正是我在初次见面时最不希望她问的问题。

“什么，这件衬衫吗？”我说。

“你身上这件。”

我是在波士顿公园外的一次大甩卖中买的这件衬衫，价格低得离谱。“我想是鸭蛋青色吧。”

“鸭子？你穿的是鸭子？”她说，“哪种鸭子？”然后她开怀大笑，笑声响亮。“有一次，”她说，“我看到很多鸭子。”

“真的吗？在哪里？”

“在我去阿拉斯加的时候。”

“什么？”这是我记忆中对别人说的话感到最惊讶的一次。“阿拉斯加吗？”然后我很快找补道，“谁说你不能去阿拉斯加呢？”

乌巴，一个来自非洲的动人女子，戴着亮蓝和红色相间的头巾，长长的指甲精心涂抹了深红色指甲油。我在哈佛的一座艺术博物馆里见过毕加索的一幅画，出自他的蓝色时期，创作于1901年，它的名字很简单：《母与子》。我之所以提到这幅画，是因为画中有个女人背靠墙坐着，怀抱孩子。她像乌巴一样，也戴着头巾；乌巴像她一样，也穿着一件奢华的珠光蓝色长裙。在我看到乌巴的一刹那便想到：她穿着毕加索画中的衣服。这与唐恩都乐格格不入，但无论如何，她穿的深蓝长裙就像来自毕加索的画作。

我们都要了咖啡。她先到那里，给我点了一杯拿铁。我不喝咖啡，但小心翼翼地捧在手里。她还点了某种巧克力甜甜圈，但她始终没吃。

“一个在阿拉斯加的非洲人，”她笑着说，“我知道，很可笑，不是吗？”

“不可笑。”我说。

“可笑，”她回答，“但你没问我为什么去阿拉斯加。”

“乌巴，”我说，“你为什么去阿拉斯加？”

她环顾着骚动的波士顿南站大厅，望着熙熙攘攘的人群。“你知道吗，”她说，“阿拉斯加人打猎。在我的国家，我们也打猎，所以我多少能理解。但在阿拉斯加，他们猎狼。我和一个猎狼人聊天，他说狼就像孩子一样。你在雪地里看到它们的踪迹，然后不知不觉中，它们就消失了。孩子们，狼；前一分钟还在，转眼就不见了。你知道有句非洲谚语说，养大一个孩子要举全村之力。”

“是啊。”

“没错。但正是因为这个村子，他们才对孩子做这样的事。因为这个村子，他们一直在做这些事。”她环顾四周拥挤的车站，“有些村庄的规模更大，但这是人的本性。我们害怕村里人的想法，因为他们的想法，我们做了明知错误的事，这让人类变得危险。所以那人说了，狼躲着我们。它们知道我们是多么危险的动物，最危险的动物。”

她紧张地整理头巾，目光扫视我们周围。我要强调的是，乌巴戴头巾不是出于宗教原因。她不再信仰宗教了，她戴头巾是不想被人看见。因为谈论你接下来要读到的内容，她受到了死亡威胁。“我们就像变坏的狼一样，”她说，“有一天，它们会来找你，或者你去找它们。你以前不知道它们是狼，狼两件事都做。”

我努力跟上她的思路。“两件事？”

但她又开始说另一个话题。“你喜欢音乐吗？”

“非常喜欢。”

“那么，我有件东西给你。”不过，当时她没说那件东西是什么。

2. 暴风雨

在我们头顶，列车进出站提示牌在咔嗒咔嗒地变换着字样。在我们面前，华盛顿方向的候车区排着蜿蜒的长队，人们大都沉默地等待着。乌巴要乘美国铁路公司的火车去纽约，还没听到广播消息，但她很着急，时不时抬头看看提示牌。

“没什么大不了的，”她说，“我们都会死。不过，他们找不到我，永远找不到我。他们阻止不了我发声，为了姐妹们，我要大声讲出来。”

“你有姐妹吗？”我说。

“所有女性都是我的姐妹。”

“好的。”

她因为说出自己的遭遇而受到了死亡威胁。她受到排斥、驱逐和威胁。

“我确实有一个姐姐，”她说，“她比我大一岁，事发那天她也在场。那个疯狂、安静的一天，所有这些人都聚集在我们家。”她提到了地点，那是她所在国家的首都，我不能透露它的名字。“那天，来了好多人，所有这些人，其中的大多数我都认识，全是家人。但也有一些不认识的。那天很疯狂、很怪异，因为他们把我和姐姐送到了不同的房间，姐姐年龄比我大，所以先进去了。于是我就等着，就在那里等着。当时我想：幸好她先进去了，幸好我年龄比她小。平时我真的很讨厌自己是最小的孩子，这是我第一次庆幸自己年龄更小。周围一切都静悄悄的，接着我听到了她的声音。我听到她在尖叫，于是我开始哭，哭喊着她的名字。我跑到门口，试着开门，但我出不去。我不明白，因为门并没有锁，但我就是打不开。接着我明白了，外面有人。他们握着把手，所以我出不去。门没锁，门是开着的，但我打不开，你明白吗？我姐姐在尖叫。然后尖叫声突然停止了，又是一片安静。接着门打开了，他们来找我了。当我在阿拉斯加，在世界另一头时——这就是我去阿拉斯加的原因，远离这个地方——我想到了那天发生的事，想到他们来找我的时候。在阿拉斯加，我终于明白了，他们就是来抓我的狼。”

“他们抓住了我，但这么说也不对，不太公平，因为他们并没有暴力行事，就像害怕伤到我一样。没有人看我，仿佛他们没有一个人敢看我的眼睛。他们把我带走，拖着我，因为我的脚站不住，腿也迈不动了。他们把我带到卧室，这是我父母的卧室，但他们不在家里，我没看到他们。我的姑母、姨母都在，祖母也在。我哭喊着要妈妈，但她不在这里。他们把我放在床上，我面朝天花板。他们抓住我的双腿，握住我的手臂，还有一个大个子女人，膝盖压在我的胸前。这个女人又胖又沉，流着汗，坐在我的胸口上，我以前没见过她。她手里拿着什么东西，但我不知道那是什么。她拿的是什么？然后我听到了尖叫声，我心想：他们在割另一个女孩。是哪个女孩？我在家里没看见别的女孩啊。然后我意识到，尖叫的是我自己。尖叫，尖叫，那么大声。那个女人让我安静些，做个乖女孩，不要让亲爱的家人蒙羞。她说：‘你想让亲爱的家人蒙羞吗？你不想要礼物了吗？你不想当乖女孩儿了吗？’但我不想当乖女孩。我不想当女孩。我只想让疼痛停止。”

然而，疼痛并没有停止。疼痛在乌巴的生命中持续了很多年，而且永远不会停止。当乌巴按家族的意愿接受生殖器割礼时，她只有 6 岁。

华盛顿州立大学的罗伯特·昆兰（Robert Quinlan）声称，生活中有两大主要决策，一个是生育与否，另一个是父母对儿女的投入程度。他认为，这两个基本决策对所谓的“环境风险”非常敏感。

为了评估这一现象，昆兰分析了“标准跨文化样本”（SCCS），即耶鲁大学人类学家乔治·P. 默多克在 20 世纪 60 年代与同事道格拉斯·R. 怀特共同开发的包含 186 种文化的庞大数据库。这一数据库主要由所谓的前工业化时代族群组成，他们依靠狩猎采集、游牧和园艺为生。他们来自不同的大陆，有北部地区（澳北区）附近岛屿上（墨尔岛和托雷斯海峡一带）的澳大利亚原住民提维人、中非中部（包括中非共和国东南角，与赛拉和奥马尔在同一片区域）的阿赞德人、哥伦比亚和巴拿马的库纳人，以及阿留申群岛（北太平洋上散落的岛屿，位于阿拉斯加到俄罗斯堪察加半岛一带）的阿留申人。

该项目是比较人类学的一个倡议，目的在于收集来自不同文化的数据，这些文化相互间几乎没有接触，因此风俗和文化规范交叉迁移（或被污染）的可能性较低。这种手段被用来考察具有相对“文化独立性”的社会中的共性，当然，考虑到我们这个物种的本性，“文化独立性”是不可能存在的：阿留申人的祖先可能曾经穿越美洲，最终来到了伊斯帕尼奥拉岛。但也存在不同情况，一些文化与其他文化的接触确实比较少。例如，我们很难想象中非的阿赞德人会和阿留申人有多少文化交流。

通过对这些不同来源的数据进行评估，昆兰考察了他认定的两大核心生活决策的相关证据。他发现，父母的“努力”与外部风险呈负相关。在严重的战争或饥荒情境下，生存前景是有限的，父母在儿女身上投入的时间和资源就更少，一旦投入，也会集中在那些最具生存前景的孩子身上。

在严重疾病（高“病原体水平”）时期，类似的模式也出现了。在这种情况下，婴儿断奶的时间更早，母亲对婴儿的照顾也更少。此外，随着周围疾病的升级，父亲的参与程度也在下降。在真正严酷的环境中，父母总体而言不得不做出痛苦的人生选择。

一个有争议的例子是因纽特人是否以及在多大程度上杀害女婴的问题。

早期西方人类学家声称，这种行为的发生率很高（高达66%），虽然这有夸大之嫌，但确有证据表明，这些生活在人类聚居地边缘的人群曾有过杀害女婴的做法，尽管比例要低得多。因此，在过去，在这些北极族群中，很可能有父母蓄意杀害了某些女婴。

在20世纪90年代中期的一项开创性研究中，人口统计学家埃里克·史密斯和阿比盖尔·史密斯考察了可获取的实证证据，时间跨度从1880年到1930年。他们的结论是，尽管杀婴行为现在已经消失，但有证据显示，在加拿大和阿拉斯加北部的因纽特人中，确实曾发生过杀婴行为。两位史密斯表示，这是父母根据不同风险和死亡率调整性别比例的一种做法。在北极因纽特人危机四伏的居住环境中，外出狩猎的男性更有可能死亡。

当然，关于这种性别操纵的实践，因纽特人并非孤例。不难联想到目前中国人口中的男女比例失衡问题。据中国社会科学院估计，达到适婚年龄的男性比女性多出2 400万，总体上男性比女性多出5 000万。* 目前全世界范围内男性比女性多6 000万人，中国的数据占了其中的绝大部分。在很大程度上，中国的情况是由性别选择性堕胎造成的。20世纪80年代末，超声波扫描技术在中国农村地区的引入加剧了这一现象，它使父母能够鉴别出女婴并终止妊娠。

昆兰总结说，人类对外界的“环境风险”非常敏感。他们必须如此。例如，在《人性》杂志发表的一项研究中，澳大利亚的詹姆斯·奇泽姆（James Chisholm）及其同事在大都会区的一家医院调查了100名年龄14岁到36岁的女性的生殖策略。他们发现，早年生活压力与月经初潮之间有很强的关联性。此外，经历过早年生活压力的年轻女性生下第一个孩子时的年龄明显更小。

关于这些发现的成因，研究报告的作者认为，在高风险和不确定性较高的环境中，女性的“生活策略”会倾向于更早生育孩子，

---

* 此处作者未注明数据出处。适婚年龄的男性比女性多2 400万的说法，为21世纪初中国学者根据男女出生比例推测的2020年的情况，见陆学艺主编的《当代中国社会结构》（中国社会科学文献出版社，2010）。而根据《2010年第六次全国人口普查主要数据公报（第1号）》，2010年我国大陆地区男性比女性总体上多3 398万人，并未达到5 000万人的差距。——编者注

这从进化角度来看是合理的，而她们通常会这么做。为促成此事，就需要更早的月经初潮，这在奇泽姆的研究样本中表现得很明确。

对这一现象的大多数研究都以生活在低生育率的西方工业化国家的欧洲裔女性为样本。在 2015 年年底发表的一项研究中，俄克拉何马大学的科梅特 · G. 安德森在开普敦通过不同族群的年轻人样本研究了童年压力对性早熟的影响。开普敦团队虽然没有发现童年压力对初潮提前的影响（没有重复奇泽姆及其同事的发现），但研究样本确实显示出了童年压力与孩子的初次性行为和初次怀孕之间的联系，这种童年压力以 6 岁前的父爱缺失或间歇缺失为衡量标准。安德森的研究还表明，童年时期遭受暴力（另一种形式的社会心理压力）与较早的生殖行为之间存在关联。

这些现象并不局限于人类。佐治亚州劳伦斯维尔国家灵长类研究中心对恒河猴社群的一项研究发现，同性别猕猴对婴儿表现出的兴趣存在相当大的差异。那些在婴儿期被母猴消极和随意看护的猴子，对婴儿表现出的兴趣要高于对照组。在大白鼠群体中，那些较少被母亲看护的动物被观测到更有可能在更年幼的时候怀孕。

因此，生理、行为和环境之间存在着错综复杂的联系。在乌巴成长的环境中，父母让孩子接受割礼是一种惯例，其发生率高得惊人：根据联合国儿童基金会和联合国的最新估计，2 亿妇女和女童生活在有割礼习俗的地区，其中绝大多数女童都受到了残害。

在我围绕这一主题进行调查时发现，许多安排女儿接受生殖器割礼的父母显然并不是“怪物”。他们在其他方面同样表现出爱和关怀，可他们却做了这件事。为什么?

乌巴成长于一个对西方世界而言鲜为人知或知之甚少的非洲国家。可能有人偶尔听说过它，但极少有人能在地图上指出它的位置。为了保护乌巴的隐私和安全，我不说出它的名字。这也是乌巴本人的意愿。

她在故国的偏远地区长大。随着她步入青春期，生殖器割礼的痛苦仍然存在，它始终无法消退。最后，乌巴想要做点儿什么来减轻痛苦，但不是为了她自己，这或许才是意义所在。

“对我而言太晚了，但我女儿不能再遭这种罪。”她告诉我。

“我还以为你没有孩子。”我说。

“我将来会有女儿的，不能让她遭受这样的痛苦。”她说。

正值雨季，路况非常糟糕，路面泥泞不堪。乌巴悄悄地走村串户，兴致勃勃地看着打滑的摩托车和卡车轮胎在泥里打转。她要在小型私人集会上向其他年轻女性讲话，告诉她们必须做点什么，这种现象不能再继续下去。“我对她们说：‘难道我们要让自己的孩子也像我们一样被切割吗？然后再让她们这样对待自己的孩子吗？还要继续下去吗？什么时候才会停止呢？’其他人对我说：‘但是，乌巴，什么时候才会停止呢？’我对她们说：‘当我们阻止它的时候。我们可以让它就此打住。’”

溪边有个村庄。她一进村，那些本来还在无忧无虑疯玩的孩子突然都停下了。他们使劲儿盯着她，就像暗自明白她要做什么一样。那不是在表达感激，反正她也不求感激。在那一刻，一切似乎都取决于她，这使她更加坚定了。

许多听她讲话的年轻女性都深有共鸣，但她们很害怕。乌巴让她们慢慢思考，并承诺会再回来。她得提早离开，因为另一场暴风雨即将来临。但一定有人跟村里的长老们告了密，当乌巴离开村子时，有几个男人在等着她。

“一共六个人，”她说，“我记得，我数过：一，二，三，四，五，开始好像只有五个，然后第六个出现了，他个子小一些，躲在其他几个人后面。一，二，三，四，五，六。”她用每只手的中间三个手指数着，“我知道他们想要什么，我不需要问就知道那些人想要什么。”

“为什么？”

“因为他们有棍子和斧头。我对他们说：‘六个男人对付一个女人，是吧？这个村里的男人就这点儿本事吗？’他们对我说：‘你现在必须祷告，因为你就要死了。’我对他们说：‘不对，是你们必须祷告，因为你们就要杀害一个无辜的女人。’他们说：‘你为什么要找麻烦？为什么要阻止女孩子遵守我们的传统？’我说：‘因为割礼是错误的。’他们说：‘这是律法。’我说：‘谁的律法？《圣经》中可没这个。’他们说：‘长老说这是我们的责任。’我说：‘你们的责任是割伤孩子吗？是剥夺一部分上帝赐予孩子的身体吗？这怎么就成我们的责任了？你觉得上帝赐予我们这部分身体就是为了让你们切掉它吗？’我挨个看着他们，看着他们的眼睛。‘你们要这么做吗？拿上刀子或者钉子？把自己的女儿按住，然后割她吗？不，你们连看都不敢看我一眼，你们是不会这么做的，我知道你们不会，所以你们就让女人来帮你们做。你们不这么做是因为明知这是错误的。但你们一直在纵容它发生，因为这是传统，人们说它必须继续下去。但如果我们停下来，很快我们就会有新的“传统”，然后你们就会痛打那些试图割你们孩子的人。就是这样，你们看，就是这样。这是我们曾经的传统，我们必须改变这种“传统”。但我做一个保证，我不会再试图阻止它，反正不关我的事了。’我看着他们，看着他们所有的人说，‘你们会阻止它吗？如果你们愿意，那我再也不会多说什么，你们会阻止它吗？’他们什么也没说。‘那我就不会停止。’我说。”

第一拳打过来时，乌巴没有看到。她身后的一个男人给了她后脑勺一拳。

“他打在我的脖子和耳朵上，但感觉就像打在我的腿上，因为我的腿突然没感觉了。”

乌巴摔倒了。他们开始围攻她，他们打碎了她的一只脚踝，打断了她的前臂，还划伤了她的头。拳头像雨点般落到她的骨头上，突然间，他们停了下来。起初她不知道为什么，他们的脸在她眼前若隐若现，一张张充满仇恨的脸，接着不知怎的，她就脸朝下倒在了泥里。她几乎什么都看不见，疼痛蒙蔽了双眼，就在这时，殴打停住了，就像它开始时那样突兀。男人们不见了，只剩她一个人。发生了什么？周围没有其他人，没人来救她，但攻击却突然停止了。她感到自己快要昏过去，她有些希望自己能昏过去，那样就不会感到疼痛了。

“为什么不打了？”我问，“为什么这些人消失了？”

我们上方巨大的机械屏咔嗒咔嗒地变换着地名，都是从南站出发的列车目的地。旅客们排着参差的长队，接二连三地挪向开往纽约方向的列车。我知道她得走了。

“我不明白，”我说，“为什么他们不打了呢？”

“因为暴风雨来了，”她说，“突如其来。起初我都不知道，根本感觉不到，感觉不到雨。但很快我就看到雨下得好大，非常非常大，就像天空破了个洞。这就是我和你能在这里见面的原因，德克斯特。因为这些男人，捍卫社群和传统的勇士们，不想被淋湿。”

她独自躺在雨中，但仍感觉到孩子们凶狠的目光落在她身上。四下无声，只听得雨点打在周边森林里的树木上，使它们的根鼓胀。现在，每当波士顿下雨的时候，乌巴都会默默感谢那场及时雨。“或许我是唯一一个盼望下雨的人，雨是我的朋友。”

大约 10 年过去了，虽然面临种种威胁，但乌巴仍坚持反对女性生殖器割礼。因为在世界各地，每 11 秒就有一个女孩接受割礼。在你阅读本章的过程中，又有 200 多名女孩面临同样的命运。时间还在嘀嗒流逝着。

根据世界卫生组织的统计，发生在乌巴和她姐姐身上的事每年都重复上演 300 万次，这相当于波士顿人口的 5 倍。每年如此。或者想象一下，在波士顿这个伟大而高贵的城市里，所有的人口都是年轻女性，而且每人每隔 10 周就要经历一次割礼。乌巴的脚踝时不时还会作痛，给她捣乱。“每逢寒冷天气它就跟我说话，”她说，“然后我就回嘴。我说你现在安静点儿，我还有工作要做呢。”

“这招儿管用吗？”我问。

“有时候它很固执，像马一样乱踢乱蹬。但好吧，我试着去理解它。我喜欢马。”

最近乌巴被告知，她不太可能会有孩子。不是完全不可能，但可能性不大，这就是特定类型的女性生殖器割礼的潜在后果之一。然而，尽管面临人身安全的威胁，她仍然继续站出来保护她的孩子，保护那些她不太可能有的孩子。她内心深处的某种东西一直在激励着她，某种她不完全理解也未必想要理解的深奥而神秘的东西，促使她继续为了女儿抗争，为了她心目中的女儿，梦想中的女儿，不存在的女儿。

3. 无声飞行

如果有一个词（除了“爱”之外）能让你突然迸发出复杂的情感——喜悦、痛苦、伤心、兴奋、难过——那么，让我来猜猜这是哪个词。这么说吧：我要做的是提出一个简单的问题。

你觉得你的家庭怎么样？

当我在讲座上问这个问题时，最常见的反应就是笑、叹气、双手捂脸，以及摇头。就像英格兰北部的一个女人对我（以及约 200 名观众）说的：“别给我发牢骚的机会。我们今天时间不够。”有人从大厅另一头喊道：“我们这周时间都不够，亲爱的。”观众们笑得前仰后合。一切只因我提到了一个词：家庭。

当然，人类并不是唯一有家庭的动物。在新英格兰，我遇到了一位格外健谈的家庭成员。事实上，这种动物是同类中最吵闹的一种，以至于它的英语和拉丁语名字都反映出了这个特点：噪声。

它的拉丁学名 *Charadrius vociferus* 被收录在卡尔·林奈 1758 年版的《自然系统》中，其英文名称“killdeer”（双领鸻）则源于它特有的 kill-deee（发音类似“凯尔—第”）的叫声。它们经常与人类共享地盘，你可能会在铁路、混凝土操场或机场发现它们。双领鸻是鸻科的一种，遍布北美各地。像其他的鸻科一样，双领鸻也有短喙。

它们总体呈黄褐色，喙和喉咙周围有白色斑纹，而在它们白色的胸脯上，有两条非常惹人注目的黑条纹。有一次，我几乎可以对一只双领鸻为所欲为，但当时的我却并没有注意到这些。

那是去新罕布什尔州密林深处的一次徒步旅行，事情发生在混凝土停车场。起初我们不知道这只双领鸻在那里，我们找的不是它，而是营地。我们把车停在空旷的停车场，基本上不知道该去哪里。当我们下车时，忽然听见一个尖锐的声音。那声音反复叫着：凯尔一第，凯尔一第，凯尔一第，一遍又一遍。有那么一刻，你不知该何去何从：你想远离这只痛苦的鸟，但这种躁动和吵嚷又很吸引人。双领鸻帮我们解决了这个问题，它开始沿着水泥地飞奔，尾羽展成扇形，一路叫个不停。这种鸟是地面觅食动物，能在地上快速行动。但它突然止步，开始不停地拍打左翼，那只翅膀似乎断了，或至少是受伤了。我担心是我们的四驱车不小心撞上了它。这只鸟开始无助地在地面盘旋，拍打着翅膀，却无法飞起来。它离我们只有几英尺远，非常脆弱，任由我们摆布，我们随时能抓住它。它朝我们瞥了一眼，挣扎着向前几步，然后又痛苦地扇起翅膀。

“我们悄悄地回货车那边去吧。”我的一个旅伴低声说。出于某种原因，她总是把四驱车称为“货车”。

“我们不能帮它吗？”我说。

“它不需要帮助，”那位来自犹他州的同伴说，“它需要我们离开。”

等我们回到四驱车里，她说：“那只双领鸻，它刚刚冒了生命危险。”

“冒险？”我说。

“看到那边了吗？”她指了指停车场边缘粗糙的石头地面，“那边就是它的窝。它刚刚冒着生命危险把我们引开，远离鸟蛋或幼鸟。它的翅膀没事，只是在假装而已，那样我们就会去捉它，而不是它的孩子。”

“那不是真的吗？”

“挺真实的，演得逼真，好骗过你，像生与死一样真实。我们沿原路把货车倒出去吧。”

我把车倒了出来。当晚在篝火旁，我把这个故事一遍又一遍地讲给每个愿意听的人。无云的夜空繁星满天，似乎正适合讲这样的故事。

双领鸻在开阔的地上筑巢，那甚至算不上巢，只是石头地上一处浅浅的凹陷而已。巢内也很少有装饰或内衬，和粗糙的地面看不出什么分别。这就是关键所在：它们把蛋和后代藏起来，不让捕食者一眼就看到。然而，这种办法并不总是奏效。当鸟巢受到威胁时，母鸟就会采取我们在新罕布什尔停车场看到的那种煞费苦心的行为，用行为学术语来说就是“引离（天敌）行为”（distraction display）。这是父母甘冒生命危险在保护后代。

当然，成年鸟完全可以抛弃鸟窝飞走，留下鸟蛋或雏鸟听天由命。也许入侵者或掠食者本来就没看到它们，这些鸟蛋是灰色的，带有斑点，很难与石头地区分开来。所以母鸟完全可以离开，可以考虑在其他季节、其他年份再孵化后代。但它留下了，冒着生命危险为后代的生命而战。

从分析角度来看，引离行为旨在转移捕食者的注意力，使其远离巢穴或幼鸟。这是一种“护巢”形式，自亚里士多德以来的博物学家都对这种行为表现出了极大兴趣。它的意义在于，巢捕食（nest predation）是影响适合度（fitness）* 的最重要因素之一。事实上，在北美鸻形目鸟类中，66% 的雏鸟会被捕食者杀死。在捕食者和猎物之间永无止境的“军备竞赛”（达尔文口中的“自然界中不断进行的斗争”）中，引离行为已成为一种关键的防御武器。因此，鸟类学家和牧师爱德华·奥沃西·阿姆斯特朗（Edward Allworthy Armstrong）在 1954 年发表的一篇关于引离行为的生态学论文中，将双领鸻“折翅”的表演称为“非凡的现实主义”。新罕布什尔州树林里的那只双领鸻使我确信了这一点，真是一场迷惑人的表演，那正是它的本意，它必须成功。

“在那之后，”乌巴说，“我尽最大的努力发声。一位西方电台播音员给了我一个机会。我想就人权，尤其是妇女权利发表一些小文章。我成了自由撰稿人，没有任何报酬，但风险却越来越大。人们听了我的言论后就来威胁我，有时候，我每个月都要搬家。我使用不同的名字，去过七个不同的国家。我不得不藏起来，有一次我甚至躲在了灌木丛里。”她停顿了很长时间。“你知道，有时候，他们会对那些不听话或反抗的人进行二次或三次残害。”

“那你为什么要这么做呢？”我问。

“我曾经收留过因生殖器割礼而死的妇女和儿童。我一直抱着她们，直到她们流血至死，我们试图止血，但就是做不到。为什

* 适合度，在某种环境条件下，某已知基因型的个体将其基因传递到其后代基因库中的相对能力，是衡量个体存活和生殖机会的尺度。——编者注

么？为什么？她们的父母为什么要这样做？目的何在？”

在《鹮》（*Ibis*）上发表的一篇 1932 年的研究论文中，担任牛津大学鸟类学研究所所长多年的进化生物学家戴维·赖克（David Lack）报告了他对另一种地面筑巢鸟类的观察，这种鸟是欧夜鹰（*Caprimulgus europaeus*)。赖克感兴趣的是成年鸟与幼鸟的关系。

欧夜鹰是一种在夜晚和黄昏活动的鸟类，以几近无声的飞行而闻名（因为它的羽毛异常柔软）。它遭受了几个世纪的污名化，因为有种杜撰的说法认为，无声飞行能让它悄无声息地接近山羊，偷食山羊的奶（拉丁名称中的 *Caprimulgus* 意为山羊挤奶者）。

1930 年夏天，在濒临北海的诺福克郡北部的集镇霍尔特附近的沙质荒原，赖克做了几次夜间旅行，寻找这些黄昏和暗夜中的“飞行员”。他去了霍尔特附近的凯林希思，在那里等待着，观察着。时值仲夏，有几对欧夜鹰在非洲过完冬后又回到了英格兰东部的这个地方。当赖克接近一个营巢地时，一只雌性欧夜鹰与他展开了交涉。

它带着赖克绕鸟巢转了几圈，却没有把他引开的意思。它一会儿靠近鸟巢，一会儿远离鸟巢。就这样，在诺福克荒原北部的某个地方，欧夜鹰和这位进化生物学家相互兜着圈子，他们离鸟巢只有几英尺远。

这一事件在鸟类科学界引起了一阵轰动。我们知道，像双领鸻一样，欧夜鹰也会采取引离行为来护巢，但赖克遇到的那只雌鸟在做什么呢？几年后，爱德华·阿姆斯特朗猜测，这种鸟的行为证明了两种最根本的生命内驱力之间的深刻冲突：自我保护与保护后代。这只鸟在逃跑的欲望和保护后代的需要之间左右为难，正如阿姆斯特朗所说，伪装受伤行为可能是“仪式化的妥协行动”：在援救幼鸟和拯救自己之间找到一个艰难的平衡。

从进化的角度看人类家庭，家庭冲突不仅不可避免，而且处于这种动态变化的核心。心理学家马尔科·德尔·朱迪切（Marco Del Giudice）和杰伊·贝尔斯基（Jay Belsky）表示，这一定位“可能是进化生物学对家庭研究最重要的贡献”。

这种立场将亲子关系理解为合作与冲突的无尽循环。加利福尼亚州雷德兰兹大学的凯瑟琳·萨蒙（Catherine Salmon）和詹姆斯·马尔科姆（James Malcolm）认为，这是一场始于子宫的对抗，因为母亲和胎儿没有一致的利益。正如罗伯特·特里弗斯 1974 年在哈佛大学发表的关于亲子冲突的那篇开创性论文中指出的那样，一般来说，子女想要的会比父母愿意提供的更多，因为后代只考虑自己，而父母则必须考虑：（1）后代；（2）自己；（3）现有的其他后代；（4）未来可能的后代。要考虑的事情很多，没人会说养育子女是件容易的事。

尽管同时怀有保护后代与自我保护的矛盾冲动，欧夜鹰的护巢策略还是根深蒂固的，正如戴维·赖克所言，“我从未发现哪只欧夜鹰没有假装过受伤”。

赖克遇到的那只雌欧夜鹰在保护后代方面可能做得不够到位，但我们不禁要问：人类父母做得足够到位吗？

她仍然摆脱不了过去的经历。

“你看到的我，坚强的乌巴。公开演讲时，我在人群中很坚强。然后我回到家，孤身一人。一切又开始重演，我又成了那个小女孩，心里想着：父母怎么能允许这种事情发生呢？”

那次乌巴在波士顿崩溃，我想就是遇到了这种情况。她变成了另一个乌巴，那个孩子，那个在房间里吓坏了的孩子，转动着门把手，听着姐姐的尖叫声。

4.16 年了

佩吉·圣雅克是英国萨塞克斯大学的心理学研究员，她在杜克大学取得了博士学位，又在哈佛大学做过博士后。她的研究主题是记忆，对自传式记忆（autobiographical memory）尤为感兴趣。“我们的大脑有很多区域支持记忆，”她说，“但有一个区域最有趣，那就是海马体（hippocampus）。”

“海马体？”我说，“就是海马（sea horse）吗？”

“没错，这个词就是希腊语的海马。”后来，我发现这个名称源自 *hippos*（意为“马”）和 *kampos*（意为“海怪”）。然而，这些纤细、直立、跃动的鱼类（在世界各地约有 30 多种）远非庞然大物。

“这个大脑结构看起来确实像海马，这太不可思议了，”圣雅克说，“早期的解剖学家是对的。”

海马体位于大脑颞叶内侧区域，是调节情绪的大脑边缘系统的一个组成部分。我给圣雅克讲了乌巴公开演讲的经历，以及记忆袭来的情景。

“一个人在公众面前叙述过去的记忆，”圣雅克说，“这是很不容易的举动，她得做相当大的努力才能把记忆释放出来。向听众讲述自己的遭遇时，她很努力，这可能抑制了杏仁核，也就是大脑的情感中心。然后当她下台休息的时候，她可能会进入‘心智游移’

（mind-wandering）阶段。”

这个词很有趣，我向圣雅克请教它的含义，因为这和“幻觉”（hallucination）一词的原义完全相同。幻觉一词源自拉丁语 *hallucinari*，意思就是“心智游移”。所以是这样吗？当她不设防时，这些东西就会出现在她脑海里？

“记忆和幻觉之间有一种有趣的重叠。当我们回忆时，我们在做什么？我们突然看到了一些不复存在的东西。因此，如果记忆袭来，如果不是她有意识唤起的，那么，她几乎无法控制。在一个重要方面，她变得极易受到侵害。”

“记忆的受害者吗？”

“记忆往往在我们无意识的时候找上我们，那样会更麻烦，甚至致人衰弱。”

在某些情况下，它可以是毁灭性的。“这些记忆从哪儿来？”我问，“为什么会出现呢？”

圣雅克深深叹了口气。“这些都是大问题。我不确定目前科学能否完全回答这些问题。研究表明，环境中的线索可能会触发记忆。这些线索未必是完全相同的事物，而是与存储的记忆痕迹部分重叠的某种事物，例如，汽车爆胎的声音可能与另一个大陆发生的内战战火声重叠。就我们所知，通常认为海马体储存着我们最深层的历史记忆。据说，海马体保存着抗遗忘的记忆。”

可如果我们想要忘记呢？如果像乌巴那样需要忘记呢？

“我们无法选择拥有记忆，”圣雅克说，“我们也无法选择忘却记忆。”

目前，关于女性生殖器割礼还没有确切的解释。尽管人们通常认为这是一种穆斯林做法，但这种假设在很多层面上都是错误的。首先，女性生殖器割礼并不局限于穆斯林之中：世界多地的基督徒、犹太人和泛灵信仰者也实践这样的习俗。其次，它并不是《古兰经》明确规定的。一些自诩的伊斯兰“学者”声称，先知的圣训中有多处都能证明女性生殖器割礼的权威性，但这些主张在伊斯兰世界内部就受到知名学者的强烈质疑。最后，女性生殖器割礼的习俗早于伊斯兰教。它的起源可追溯至古埃及甚至更早，它至少是法老时代就有的一种古老实践。

姑且不论其历史渊源，为什么乌巴和她姐姐以及每年300多万的年轻女性和女童还在被施行割礼呢？

50年前，进化生物学家恩斯特·迈尔（Ernst Mayr）发表了一篇关于生物学中因果关系的文章。文章产生了巨大的影响力，但同时也引发了争议。

迈尔的研究目标是更好地诠释我们用以理解生活中所发生之事的各种方式。为此，他从概念上区分了直接影响因素（他称之为“近因”）和更深层的影响因素（终极导因），后者有时被称为“远因”，意指更根本或更遥远的诱因。

迈尔提出一个问题：为什么新罕布什尔的黄莺会在8月25日夜间飞向南方？他认为这种现象有四层因果关系，每一个都“同样合理”。

首先，从生态角度看，这种鸟以昆虫为食，必须南飞，否则就会饿死。

其次，从遗传角度看，遗传史留下的印记导致它对环境线索做出反应。

再次，从生理角度看，这种鸟表现出光周期性，当可获取的日照时长下降到临界水平时，就会触发迁徙反应。

最后，从外部因素看，在8月25日晚上，一股冷空气经过这种鸟在新罕布什尔州的栖息地，导致气温急剧下降。

迈尔的结论是，除了最简单的生物现象，其他所有现象都可能存在他所说的“原因组”。生活是复杂的，无论从字面上、经验上、传言中还是分析角度来说都是如此。但迈尔提醒说，并不能因此就用非科学的方式来解释周遭生物以及我们自身的行为，我们仍然应该尽可能地采取现有最好的科学和分析工具来理解它们。迈尔口中的“生命世界的科学”存在着复杂性，但承认这一点并不等于承认失败，正如他在文章中所写，“人们能说的通常只有这么多”。他引用了分子生物学创始人之一、生物物理学家马克斯·德尔布鲁克的话：“任何活细胞都带有其祖先十亿年试验而来的经验。”

迈尔于2005年在马萨诸塞州去世，享年100岁。他一心要接近那些使生物现象产生和再生的因素，本着他的精神我们可以说，关于女性生殖器割礼，可观察到的近因之一是需要“保护”女孩或年轻女性的社会地位和婚配资格，因此需要确保她们是“割过的”，也就是“干净的”。事实上，英国一位主要的幸存者活动家蕾拉·侯赛因（Leyla Hussein）谈到，她在索马里上学时，女孩们执着于查看其他女孩的外阴，看她们是否已经受过割礼，因而是“干净的”，而不是“荡妇”。体面女孩只和已受过割礼的女孩一起玩儿，一些女孩为避免社交排斥会假装自己受过割礼。

事实是，在发展中国家的一些社区，没有受过割礼的年轻女性几乎嫁不出去。因此，这种行为虽然有辱人格，也会对身体造成危害，但仍可被解读为试图保护女孩利益的行为。这显然非常矛盾，但正如迈尔提醒我们的那样，生物学就是复杂的。

在实践女性生殖器割礼的社区，父母往往承受着来自大家族的巨大压力，需要确保新生女儿遵守社会习俗、不给家庭带来耻辱，从而维持家族的地位。换句话说，在今天的世界上，许多女孩为了维护家族“荣誉”而被施以生殖器割礼。这便是另一个近因：避免给亲属群体带来耻辱。

围绕和基于这一习俗形成了一系列关于阴蒂潜在危险的谬论和传统信仰，包括它如何影响婴儿的健康或男人的幸福。不难理解，许多家长为此饱受折磨；就像乌巴的父母，他们无法出现在割礼现场，不忍听到女儿们痛苦的哭喊。然而，他们还是将孩子送去接受割礼：为保护女儿的社会地位，即便知道割礼会带给她巨大的痛苦，也因为感受到了来自亲属圈的压力，希望在社会和家族中保住自己的位置。

有时，父母经过极大的痛苦和犹豫，才做出送女儿去接受割礼的决定。就像戴维·赖克见到的那只欧夜鹰一样，父母在这个问题上反复兜圈子，因各种相互矛盾的念头而纠结、困惑：保护孩子的身体安全，维护她的社会地位，维护家族的“荣誉”。

然而，越来越多从奉行该习俗的社会中走出来的女性拒绝继承这样的传统。乌巴是其中之一，蕾拉·侯赛因则是另一个。

但问题依然存在。虽然上述近因从直接层面上解释了女性生殖器割礼的原因，但更深层次的解释，即远因，又是什么呢？做这件事的那些人是谁？行为对象又是哪些人？这种事发生在哪里？为什么会发生？这体现了怎样的人性？

围绕这些问题，目前尚未形成关键性共识。一种研究方法是思考女性生殖器割礼实际涉及的是什么，针对女性的哪部分生理构造，以及这种针对的影响是什么，然后我们才开始理解。人们常说，女性生殖器割礼是对女性的社会控制，但控制的是女性的哪些方面？控制是如何实现的？

通常情况下，当女性生殖器割礼幸存者被要求描述与性有关的联想时，她们会用一个词——疼痛。在她们看来，性常常与极度痛苦联系在一起。在一些群体中，经受住女性生殖器割礼就意味着妇女能够承受并应付巨大的痛苦，这是分娩的预演。更为严苛的割礼实践形式要实现两件事。首先，通过切除或损坏阴蒂，使性与愉悦分离开来。它不利于婚前性行为或性探索，从而增加了女孩或年轻女性在结婚时保持处女身的可能性。其次，性不仅成为一种空洞乏味的机械行为，而且使人痛苦，这一事实大大降低了受过割礼的女性在婚床之外寻求性行为的可能性，她们不太可能“出轨”。因此，从进化的角度来看，这种行为减少了亲子不确定性，降低了丈夫的“投资”风险——将金钱等资源和时间投入非亲生子女身上的风险。在这一切中，我们可以看到女性生殖器割礼与父权制的明显关联。

对于体内受精的动物来说，生父不明始终是一种风险，威胁着全世界的人类。一项名为“生父偏差”的研究发现，在英国，大约25 个父亲中就有 1 个可能并不是他们自认的孩子的生身父亲。这在谱系学上被称为“非生父事件”，正如老话所说（有人说源自美国南部）：“孩子肯定是母亲的，也许是父亲的。”

与这种现象相反的是，男性越是确信孩子是自己亲生的，他们对孩子的投入就越多。知道这是你的孩子，或至少对此有信心，会影响男人的行为。

女性生殖器割礼最近才开始受到学术界持续的批评和关注。多年来，我一直在以各种方式研究这种有害的社会实践。就像我最尊敬的学者和幸存者那样，我相信女性生殖器割礼本质上是世界上最伤身和最普遍的父权制形式之一。

它被极其强大的社会力量和利益所包裹，挑战它将面临风险。乌巴因为在她所在的社群中公开为女性生殖器割礼发声而受到死亡威胁，我的其他几个同事也有同样的经历。但是，尽管面临所有这些威胁，还有她们试图挑战的根深蒂固的社会力量，这些危险并没有阻止越来越多的母亲尝试保护自己的孩子免受伤害。

我们应该承认，抵制女性生殖器割礼的浪潮源自撒哈拉以南非洲等地的妇女，她们不愿再让女儿像自己一样受苦。虽然有种种风险，虽然要付出代价，但为了自己的孩子，她们敢于反抗社会，反抗传统。

在英国，蕾拉·侯赛因花了7年时间才说服制片人和电视频道管理层拍摄一部关于女性生殖器割礼的电影。但在许多方面看来，从她的开创性节目《残忍的切割》（*The Cruel Cut*）于2013年在第4频道最终播出的那个晚上起，她的抗争才真正开始，或者说彻底进入另一个层次。她被各种死亡威胁淹没了。

“甚至没等节目播完，威胁就开始了，”侯赛因说，“超出了我的想象。他们说要对我和女儿采取行动。所有这一切，都因为我说伤害孩子是错误的，伤害我们的女儿是错误的。”

侯赛因不得不接受警方提供的个人报警器，在家中安装了一个紧急报警器。

“我女儿现在十几岁了，会用谷歌搜索我。她在网上读到了一些关于我的可怕内容，拼凑捏造的东西，都是谎言，人们扬言会对我和女儿做的那些事。我无法保护她不受网络信息的伤害，青少年们总能自己找见，所以我们只能实话实说。我一遍遍告诉她我为什么要做这件事，以及我是为了她才做的，为了让她不经历我所经历的一切。”

在我与侯赛因交谈前不久，她刚经历了闪回，回到在索马里发生那件事的那一天。

“这是你永远不会谈起的那种婚礼，”她说，“那天没有人会拍照。早上我醒来时，发现家里有一些酒席承办人。家族中所有的妇女都聚集在一起，社区里生了儿子的母亲们也来了。”

“你觉得发生了什么事？”

“你似乎知道，但又不知道。大脑吸收不了那么多信息。”

那件事发生在她身上时，她比乌巴大一岁。蕾拉·侯赛因当时7岁。

“这是你被放上货架出售的一天。通常孩子的母亲不在场，因为她们不忍心听到孩子的尖叫。我确实大哭大嚷了一番，我没得到糖果，因为太小题大做了。从那以后，我的身体就罢工了。我已经16年没哭了。”

从心理学上讲，她通过删除这段经历来应对创伤。几年后，在她十几岁的时候，她举家搬到了英国。但创伤遏制不住，在她怀第一个孩子时，这种创伤又以无法控制的势头再次浮现出来。

“我开始经历闪回。”侯赛因说，这就是佩吉·圣雅克所说的

“精神时间旅行”。对蕾拉·侯赛因来说，这段旅行突如其来。“它就这么凭空冒出来。那时我像其他年轻妈妈一样在做孕期体检，但我一体检就晕倒了，就像我的身体在回忆曾经发生的事情。”

“这是一种重度失调，”尼姆·托特纳姆说，这位心理学副教授在位于曼哈顿上城的哥伦比亚大学办公室里继续道，“首先是身体创伤，濒死体验。伴随着其他创伤，如不信任感，感到被父母背叛。这或许会增加心理问题、精神疾病和焦虑的可能性，你可能会变得过度警惕。威胁检测系统处于最高档位的生存模式，这可能导致结构上的重组，使之在将来更加警觉。大脑可不傻。我不想说太多细节，但产生的应激激素会改变生理结构，重新配置神经通路。它会改变你，你的大脑会改变你。”

当我到全国各地参加英国国家医疗服务体系关于女性生殖器割礼的讲座时，发起人中有一位临床医生告诉我，蕾拉经历的那种闪回非常真实。那一刻，当事人重回创伤情境。他们不是在回忆，甚至不是在重新体验，她们正在亲历。

“我会晕倒，跌倒在地，然后一切全回来了。”蕾拉说，“我不想让女儿经历这些。我不会让女儿经历这些。”

和侯赛因交谈时，你意识到面前站着两个她：一个女人，一个孩子。我想知道她们会对彼此说什么，我向她提出了这个问题。

“我会告诉7岁的蕾拉我仍能体会她的痛苦，她身上缺失的那部分在我身上仍然缺失。我会告诉她——我确实这样说了——我没能救你。我说我救不了你，但我会救你的女儿。即便要了我的命，我也要救你的女儿。”

她说到做到。

5. 始终在里面

袭击安吉的风暴与袭击乌巴的风暴完全不同，但它吞噬了一切，永远地改变了她的家庭。那场名副其实的风暴发生在她儿子的头脑里。

所有人都叫她安吉，而不是本名安吉拉。她的头发几乎齐腰长，身体修长而结实，她一直在奔忙，她的生活中总有事情要做。17 年前，她的儿子瑞奇出生时，出现了很多并发症。许多年过去了，当我遇见她的时候，她已经完全变了一个人。当时瑞奇正在接受治疗的病症是我闻所未闻的，而我女儿刚做了一个大手术，我被吓得够呛。安吉和我碰巧同时出现在儿童病房的饮料站，对于病房里心力交瘁的病人父母来说，茶水间闲谈时光是难得的休息，宝贵的几分钟“下班”时间。你们互递牛奶，互相微笑，四处闲逛，很快就不可避免地开始交换重要信息：为什么你们都在那里，或准确来说，为什么你们的孩子在那里。你不会说出你们俩都在想的话：这不是为人父母所能预料的，操作手册上没有这条。安吉提到了某个术语。

“我想我没听说过。”我说。

“我们也没有，”她回答，“现在瑞奇得了这种病，你能相信吗？”

坦白地说，我不能相信。

“就连这里的医生也不确定该怎么办，他们也不了解这种病。他们看着他的手，心想，‘天哪，哎呀’，你都能看出来，然后他们赶紧跑去谷歌上查询。我觉得这家医院以前没处理过 PGS 这种病。”

“这就是他们的叫法吗？ PGS？”

“你想看看吗？”

这向来是儿童病房政治中的敏感问题：你想表现出关心，但又不想刺探别人的隐私。

“好吧。”我说。我们走进了瑞奇的房间。

病房在中央护理站对面。瑞奇因为要忍受许多困难，所以住进了一间空旷的单人病房。我女儿骨折了（尽管很严重），但仍住在普通的开放式病房里。

“你还好吧，瑞奇？”安吉说，“有人来看你。我泡茶时候遇见的朋友，他是法官。”

“兼职法官。”我说。

瑞奇发出了一种我有生以来从未听过的声音，接着又是一声，这让我隐约联想到了什么，但又辨不出具体是什么。瑞奇躺在床上，多少有些无助，只能依靠父母，而他已经是个 17 岁的大男孩儿了。安吉让我看瑞奇的拇指，它们完全是紫色的，不是略带粉红的瘀紫，而是几乎发黑的紫色。瑞奇变色的大拇指就源自 PGS——紫色手套综合征（purple glove syndrome）。对这个年轻人和他母亲来说，这只是一长串考验的终点。

这一切都始于他降生之前，伴随着那场风暴——瑞奇头脑中的风暴。

“我可以怀孩子，”安吉说，“怀上他们，怀着他们四处活动，都没问题。但我似乎不能生孩子，我的宫颈口不能扩张。”

一天早上，怀孕 37 周的安吉被一阵宫缩惊醒。“我想，怎么回事啊？于是我捅了一下皮特的后背。我觉得自己有点过意不去，因为他当时只是个学生，和几个同伴去爬山，凌晨 3 点才回来，而现在才早上 6 点，他只睡了 3 个小时。但我必须这么做，以防万一，因为我感觉到宫缩了。我们冲向医院，但我知道有什么地方不对劲儿。等到了医院，医生没听到胎儿的心跳，他们以为孩子已经没了。”安吉被紧急送往手术室进行剖宫产。“我只记得有个和善的男人对我说：‘我很抱歉，真的很抱歉，但你的孩子可能保不住了。’我让他们试一试，我求他们再试一试。”

那生死攸关的几分钟意味着她的儿子经历了严重缺氧。

“我不是医生什么的，但听他们的解释，这意味着他大脑的很多部位受了伤，坏掉了。”

她儿子在出生几分钟内第一次发病。他现在患有脑性瘫痪，他身患的癫痫意味着在17年时间里，他每天都要发作20或30次。每天都会有那么一两次比较厉害的癫痫发作，每隔几年就会有一次非常严重的癫痫发作。安吉和丈夫永远不知道下次发作是什么时候，也不知道这次发作会不会很严重，任何一次发作都有可能是严重的。

瑞奇的大脑严重受损，这意味着他一生中有20%的时间在医院度过。安吉也一样，她不断进出医院，陪儿子接受一次又一次的手术。

“手术部位有臀部、背部、腹部、拇指，啊，等一下。我重说吧：起先医生得在他的胃里放一根管子来喂食，接着是扁桃体和腺样体出了问题，然后他的大拇指在癫痫发作时脱臼了，然后是另一场拇指手术，现在又是这个拇指问题——我们只求它别被截肢。医院在几年前给他做了脊椎矫正手术，后来医生又不得不打开他的臀部，因为两边都脱臼了，给他带来了巨大的痛苦。还有，医生必须收紧他的胃上部来防止胃酸反流。然后，给他装了一个泵，每天24小时向脊椎注入肌肉松弛剂，因为他实在太疼了。差不多每18个月的样子，他就会动一次手术。”

由于癫痫发作，瑞奇不得不使用大剂量的苯妥英，这是一种抗惊厥药物，通过左手上的导管注入静脉。虽然苯妥英成功缓解了症状，控制了癫痫发作，让他平静下来，但同时也导致了并发症，药物产生了不良反应。

首先，它使注射部位变色，然后扩散到远端肢体。在瑞奇的案例中，扩散到了他的拇指。医生想方设法减轻症状，例如将他的手臂抬高，给拇指进行适度加热。

安吉和我日复一日地观察着情况的变化，看着那可怕的黑色逐渐褪去，回归“正常”。紫色手套综合征是一种罕见的并发症，目前尚不确定病因，即形成它的机制。这种病在病理生理学上仍然令人费解，人们对它所知甚少。它可能源自溶解药物的化学溶剂（乙醇和丙二醇）引起的血管收缩和软组织刺激，另有研究人员认为这是血管机械性损伤的结果，可能是苯妥英这一药物本身在接触血液时结晶所致。但不管原因是什么，这种情况只发生在 2% 的病例中。

可瑞奇偏偏遇上了，在与其他那么多病症斗争之后，在安吉为了他与那么多病症斗争之后。

“我尽量保持乐观，”她说，“这只是另一件我们必须承受的事，是不是，瑞奇？他是个好孩子，不怎么抱怨，脾气也不暴躁。”

安吉也一样。

我问她是如何做到的，如何能忍受没完没了的住院、手术、癫痫发作和痛苦，她的其他生活或多或少已被这种周而复始所取代。我的问题让她迷惑不解，她出了神，陷入一阵沉默。原来她得应付这么多事情。

“安吉？”我说，“我问的是——”

“怎么会做不到呢？”她打断了我的话，“瑞奇出生后的大约6周，我们意识到他能活下来，我们去看了医生。他们问我们是否想带瑞奇回家，皮特和我看看对方，然后说怎么会不想呢，我们是他的父母啊，我们的心里没有任何疑虑。他刚出生就被抢救了三次，他是紧急手术生出来的，那时我还没醒过来。没等把他送到重症监护室，医生就给他做了两次手术，到了重症监护室又抢救了一次。很明显他缺氧了，所以我们当时就知道会有麻烦。”

从那以后，瑞奇的麻烦越来越多，对皮特和安吉来说也是如此。“我的生活在17年前就结束了。我没有生活，德克斯特，我只是存在而已。这非常艰难，我没有自己的时间，基本没有，但我努力抽空做填字游戏，或者遛遛狗。”

“那么，真正属于你的时间有哪些？”我问，“除了遛狗？”

“那甚至不是我的狗，”她说，“这就是生活，我只是适应它。”

“我见过你心力交瘁的时候，”我说，“有一次瑞奇癫痫发作。我无法想象看到自己的孩子经受这些是多么可怕，他体内的一切都失去了控制，他就在里面，看向外面的你，而你重新走了进去。”

她抿嘴微笑。“你知道，德克斯特，我很不想对律师兼法官说这样的话，但你错了。”

“错了，哪里错了？”

“你说我重新走进去。”

我被搞糊涂了。“我见过你那样啊。”

“不，你错了。”

“我见过你。你在外面的走廊上，一切又开始了，你重新走了进去。”

“你就错在这里。我不是重新进去，因为我已经在里面了。我身在哪里并不重要，我已经在里面了，始终都在。”

而这，也是**亲缘主义者**的表现。

安吉和我的目光像激光一样聚焦在瑞奇的大拇指上，带着愿望、命令、祈求，希望他的变色反应消失，找个别的地方自生自灭。我们的目光仿佛起了作用，他的拇指底部慢慢开始变成粉红色，这是明确好转的迹象。

最后，我终于想起曾在哪里听到过瑞奇的声音。那是我拜访道恩的时候，她那美妙的声音在不知不觉中把我吸引住了，她称之为“伍基人”的声音。但这有些乱套了，因为瑞奇和道恩的儿子亚历山大年龄相仿。而在我的脑海中，瑞奇也加入了连接安东尼、迈克尔、亚历山大、奥马尔的链条，现在这根链条从瑞奇通往加雷斯。

在我女儿出院一周后，安吉给我发了一条短信。瑞奇还得回去，他又住院了，因为前面的治疗不起作用了。他的身体出现坏死——由于缺乏血液流动而导致的身体组织死亡。

“医生没别的办法了，”安吉对我说，“没别的办法能治它。”瑞奇的大拇指必须被切除。

总的来说，瑞奇的后续病情还存在很多不确定性。他可能持续多年如此，也可能会突然死去。“他的癫痫是顽固性的，”安吉说，“总有一天会杀死他。他会遇上一次严重发作，连医生也没办法制止。”

致命一击随时随地都可能发生。“真的，你永远没法知道。”安吉说。这就是他们的生活，安吉和她儿子的生活。但无论事情朝哪个方向发展，她都会在那里。她在里面，无论还需要多久，都会一直待在里面。

我们这个物种的一个显著特征，在一定程度上也是我们成为人的原因，在于我们的亲子关系紧密而持久。这本书讲到了很多二元动态关系，包括**施救者**和被救者、**痛苦感知者**和痛苦承受者，在所有这些关系中，亲子关系也许是最富于感情色彩的。听到这样的说法，我们的第一反应是：亲子关系还能有别的形式吗？的确有可能。动物界的大多数成员在这方面都与我们不同，只有人类和其他少数物种进化出了一种亲子之间广泛而深入的联系。

毫无疑问，这种关系是充实的，任何别的关系都无法与之相比。但是，这种关系也充满了创伤和痛苦。究其根本，它关乎合作与冲突、牺牲与自我，生命的首要资源——时间和精力——是有限的。如果不理解养育子女意味着以牺牲父母为代价给孩子带来好处，也就无法正确理解我们分配这些资源的方式。这是一种特定的进化成本，因为这种投入是一种资源的零和分配：母亲或父亲（或父母双方）对其中一个子女的投资越多，分配给现在或未来的另一个子女的资源就越少。

当我们在学校走廊里选择救自己的孩子，牺牲其他同样需要帮助但与自己没有基因联系的孩子时，我们的行为就遵从了这一冲动。我们被它驱使，我们努力为自己的孩子提供福利，不顾随之而来的代价：可能失去自己的生命（我们本可以朝反方向跑，就像双领鸻和欧夜鹰可能选择飞走一样），失去其他孩子的生命（我们本可以选择救他们），以及不救其他孩子带给我们的社会和声誉上的损害。

然而，尽管如此，我还没有遇到过一位家长，在听完讲述之后不会优先救自己的孩子。只有在听到其他可能的牺牲者人数时，我们才会有所犹豫。这就是我们的构成，我们的大脑，我们的生理特性。在我们内心深处，乔治·艾略特所谓的“未曾标明的领地”中很重要的一部分就是**亲缘主义者**。

亲缘主义者是个毫不留情的监工。当我们思考它、思考自己能做些什么来促进我们基因存续的时候，这种心理机制将是可怕而疯狂的。**亲缘主义者**从不找借口，也不会予人安慰。它驱使我们穿过走廊，不管是在枪手出没的校园，还是在医院的儿科病房，最后总是走向我们的孩子。

在波士顿南站，乌巴和我起身加入了朝列车缓慢移动的队伍，我们一点点向前挪。乌巴的脚踝旧伤复发了。

“你没喝我给你买的咖啡。”她说。

我原本希望没被注意到，但乌巴洞察了一切。“是这样，我不怎么喝咖啡，”我说，“我喝茶。”

“附近这些地方，我觉得他们只是放些泥巴一样的东西，搅和搅和，就收我 5 美元。我要亲自给你煮咖啡，我们的咖啡，”她说，“到时候你就愿意喝咖啡了。”

几周后，她真的给我煮了咖啡，出乎我的意料。我们的会面是在她的反割礼全国巡回运动结束之后，见面地离哈佛大学的比较动物学博物馆不远，博物馆中还有一个以恩斯特·迈尔命名的图书馆。那次会面时，乌巴建议我见见她的一个朋友，那人名叫安娜。

“你亲眼见过狼吗？”她正要上火车时我问道，“在阿拉斯加。”

她盯着我看。“你知道那里有多冷吗？”她说，“我都没想过出酒店。那么冷，冷得邪门儿。哈，那里的人是怎么生活的？是啊，我太佩服了。不过没有，没见到狼。”

我们相互道别，火车圆桶状的金属外壳在我们面前震动着，准备出发，看不见的空气也随之波动着。

“我知道，你和我们一起反抗女性生殖器割礼，”乌巴说，“但你懂的，我们还得更努力。”

“是的，”我说，“必须的。”

正如恩斯特·迈尔所写的，“人们能说的通常只有这么多”。

“所以……”她说，“你喜欢音乐吗？”

“我爱音乐。”

“很多时候，我在这儿都是一个人。我听这首歌，一遍又一遍。总有一天我要去卡罗来纳州，因为那是她出生的地方。”

“谁？”

“尤妮斯。”

“尤妮斯？”

“我的好朋友尤妮斯。我一次也没见过她，但我听她唱歌，她现在是我很好的好朋友，就是这个尤妮斯。”

“尤妮斯什么？”

“尤妮斯·凯瑟琳，尤妮斯·凯瑟琳·韦蒙。”

“尤妮斯·凯瑟琳·韦蒙。”我重复一遍这个名字，很棒的名字。

“你知道她的。”乌巴继续说。

“不知道。”

“你知道她的，德克斯特。”我才意识到这不是问句，她握紧我的手，“你喜欢音乐吗？那你就知道她。”

后来有一次，她参加社会运动归来，我在哈佛大学的办公室里问她，如果她有我这么多机会，她会做什么。乌巴几乎没有接受过正规教育，但她知道很多事情，就是知道。

“我吗？我会坐在一个漂亮的非洲女人旁边，设法阻止女性生殖器割礼。我们会叫停这种做法，任何人都不能阻止我。只是时间问题，要花多少时间。有那么多人需要我们的奋斗。”

回到初次见面的南站，乌巴一脸严肃地看着我。“你会给我带吉百利牛奶巧克力吧？”她说。

“你要多少？”

“带多少合法？”

“等我看看。”我说。

我目送乌巴闪耀的蓝色长裙消失在车厢里，然后转身穿过大厅，走出车站，回到波士顿街头。我一路想着阿拉斯加，想着狼群。安吉拉·卡特在《与狼为伴》中说过，狼的嗥叫——狼之歌——是“你将遭受的撕裂之声”。波士顿寒冷而美丽，但是没有雪，没有狂风，没有风暴。雪很快会降下，很大很大的雪，但不是今天。我爱这座伟大的城市，但在当时的我眼里，它成了一个村庄，似乎有孩子在瞪着我，就像他们曾瞪着乌巴那样。是的，我想，我们必须更努力。为了乌巴，为了她不存在的孩子，为了所有人。我进入了自己的“心智游移”状态，我想着自己远在3 000英里外的女儿们，以及尤妮斯·凯瑟琳·韦蒙可能是谁。

尾声

故事是这样开始的……

——玛雅议会之书《波波尔·乌》

大白鹅抖动着羽毛，从无边无际的草原起飞，俯瞰下方寂静的世界。当它在广阔的绿野上宁静地滑翔时，太阳光芒使它受孕，将它变成一位公主；她的后代，分娩与苦痛的产物（人生来就带着痛苦的烙印），便是第一个人，第一个哈萨克人。

两位伟大的神，特佩乌（Tepeu）和古库玛兹（Gucumatz），想象出了这个世界，世界就这样凭空形成了。他们想象用天空来遮盖它，用山川和森林来标记它，所有这些都从他们的思想中冒了出来。但他们也意识到，需要有生命体来维护其庞大而奇特的领土。他们制造了各种各样的动物，但动物不会说话，无法赞美它们的创造者，于是神创造了人类。第一批人是黏土做的，但他们太虚弱，又碎回了尘土。下一批人是木头做的，他们更结实，但没有灵魂。最终，两位伟大的神，特佩乌和古库玛兹，用玉米造出了人，他们就成了伟大的玛雅人。

大约400万年前，由于地球自转和风雨条件的变化，一种不起眼的生物离开或被迫离开了密林中的栖息地，冒险进入了稀树草原。大约在同一时期，它们发展出了（或者在该时期前后，部分地发展出了）大部分时间直立行走的能力，解放了自己的前肢。这些灵长类动物是类人猿的一种，它们开始脱毛，能够在小群体中相互合作，这些小群体通常由家族和近亲关系维系（**亲缘主义者**）。最终，100万年或更久以后，他们开始有规律地使用工具。他们不仅生活在这个世界上，而且能够塑造这个世界。在那之后的100万年或更久，当他们开始掌握火的使用时，这一过程得到进一步强化。

这种生活在稀树草原上的类人猿在觅食、狩猎和生存过程中，大脑容量出现了惊人的增长。这一现象如何发生、为何发生，迄今仍没有确切答案。火的使用使这些类人猿能够煮食肉类，从而更有效地消化高质量蛋白质（获取这些蛋白质的狩猎过程涉及更复杂的合作），而脑容量的激增与火的使用之间的联系，是这些类人猿的后代（这中间经过的世代比你想象的要少得多）仍在着力解决的问题。

头骨大小和直立步态意味着婴儿必须更早出生才能安全通过产道。这些人类的后代不是早成的（不像双领鸻的幼鸟那样已准备好独立生活），而是晚成的，需要大量的、长期的养育（**养育者**）。母亲一人独自完成这项任务很困难，成双结对才能给孩子更好的生存前景。人类男性表现出慷慨等招摇的姿态，以赢得女性的青睐（**求爱者**）。特定的身体构造和性格特质被认为更具吸引力，很可能暗示着健康、生殖力和看护能力（**观看者**）。不过他们同样承认，美有很多种。当男性成为父亲后，他们为保护和喂养幼童做出了巨大贡献；与其他大多数物种相比，人类父亲更多地参与了对后代的供养和照顾。这些人类发现，小型家族团体可以分担工作量，而再大一点的社会群体更是如此，后者可以为协同狩猎提供必要的人手。在这些群体中，人类会采取各种形式的社会控制：他们会回避、驱逐或排斥破坏规则的人（**驱逐者**）。他们会花大量时间揣摩他人的想法，有时甚至能够体会他人的伤痛（**痛苦感知者**）。他们对自己所属的群体表现出强烈的效忠（**部落主义者**）。有时他们甘愿为群体牺牲自我，有时他们会策略性地使用或威胁使用暴力以保卫群体（**侵略者**）。还有一些时候，他们会救助他人，以期有朝一日获得他人的救助（**施救者**）。

直到数万年前，还有其他早期人类物种与我们共存。他们一个接一个地消亡，最后只剩下了我们。

两英里高的冰层时进时退，缓慢地跳着破坏之舞。剩下的人类——我们——开始驯养周围的动物：马、牛、骆驼等。一些狼的后代开始追随人类的营地，它们变成了狗。人类开始用火焚烧土地并清理干净，以便放牧他们的动物。这些动物中有些不过是行走的“储肉柜”，而其他一些则成了人类的朋友，其中一只还将被发射到太空。它们的人类主人狩猎，收获，随后开始耕作。他们放弃了游牧的生活方式，以照料那片能满足他们营养和能量需求的土地。儿童不断死于疾病、食肉动物和其他人类之手；他们的后代中有些已经没了希望，不得不被抛在身后。他们埋葬死者，在坟墓里留下小饰物。他们仰望星空，满心疑问。他们意识到身边的每个人都终有一死，包括他们自己，他们尝试用各种方法应对这件事（**恐惧驯服者**）。

他们中的一些人将住所建在湖上的桩子上以保护自己，比如博登湖附近的那些房屋。其他人为了安全而聚集在一起：群落变成村庄，村庄变成镇子，镇子变成城市，人类形成了广泛的联系。聚落最终变成了国家，人们在本国内部与自己人作战，又出去与其他国家作战，有时战火燃遍整个世界。火还被他们用来缓解冬夜的严寒，点燃烟草来吞云吐雾，抑或焚烧其他人类。

他们回到森林，但这次却是为了把森林砍倒。这些曾经是他们家园的树木最后被运上马车，接着是卡车，长长的卡车队伍，就像来自中非共和国的森林葬礼。文明和城市崩溃了，男人和女人倒下了，大自然注视着，杂草等待着。各种革命登场——政治的，思想的，技术的。这些生物如今几乎完全褪去了毛发，只凭两足行走，其中仅有极少数靠狩猎和采集为生。他们开始系统地探索外太空（他们没有停止仰望星空），寻找世界和包罗万象的宇宙开始的地方。他们也审视自己，寻找自身思想和行动的由来。

因为，这部进化史诗，这场恢宏凛然的宇宙分类过程的关键，就在于这种塑造世界的类人猿的大脑。在这个资源稀缺且有限的世界里，是大脑令他们在残酷的生存斗争中脱颖而出。这不仅关乎大脑的大小（尼安德特人的脑容量还要稍大一些），还关乎它的协调能力：它进化的位置——额叶和颞叶区域（新皮质比），以及它高度精细和复杂的进化方式——当面对重大、真实并反复出现的特定生活问题时，大量不同的神经元网络（功能性执行系统）如何提供了生存优势。

基因进化塑造了我们的身体和思想，在此过程中发展出的模块是适应性的，它们通过自然选择传播。它们就在我们体内，是我们重要的一部分。在很多方面，它们就是我们，而我们会把它们传递下去。它们当中就包括本书中提到的类型，共计十种。

在我写下这些时，国际空间站即将飞过我的头顶。这是一个微型重力实验室，搭载着 6 名来自稀树草原的类人猿的后代。这艘人造飞船比一座六居室房子还要大，每90分钟绕地球一周。试想一下：一所大房子每 1.5 个小时就飞驰着周游整个世界。我知道它会从我头顶飞过，因为我的手机应用程序（就是在喀麦隆向帕特里斯展示的那个）描绘了国际空间站划过夜空的轨迹。一个由塑料、玻璃和硅制成的巴掌大小的长方体，被我揣在口袋里的小玩意儿，却向我展示了人类在太空中飘浮的位置。宇宙飞船正位于地平线以下，但即将现身，就像钟表运行那样。作为一个物种，我们走过了一段漫长的路。但我们的许多生存问题在本质上几乎未曾改变，改变的可能只是环境背景。我们的头脑里有心智模块，即执行处理系统，来面对它们。

英国宇航员蒂姆·皮克在推特上发布的照片展示了俯瞰视角下被灯光网络点亮的地球。它看起来像某种生命体，呼吸着，沸腾着，而它确是如此。它看起来就像我们大脑中神经元活动的磁共振成像图，那些微小电火花产生的电流使我们能够将镜子和射电望远镜对准时空深处，寻找宇宙诞生的线索。

我们之所以能从那片稀树草原跃升至如此高度，是不是因为我们大脑中存在着类似十种类型的心智模块呢？我们将继续这个宏大的实验。如果本书后续涉及了另一些人类对他人所做的更令人不安的事，那是因为这些事真实发生过，而且正在发生，但同时也因为我相信我们能找到阻止它们的方法。但在那之前，我们必须理解。而理解之前，我们必须了解，仅仅是了解。

我们是谁，我们从哪里来，我们在世界上的位置——关于这些问题的理解不断发生着改变。从哈萨克人的白鹅创世神话，到玛雅人的《波波尔·乌》对存在的宏大描述，再到亚伯拉罕诸教神圣典籍中的叙述，人类一直在努力解释他们来自哪里、他们是谁。在公元后第三个千年的第二个十年里，神经科学的革命性技术与第二次达尔文革命中的各种实验心理学前沿分支相结合，使我们有特权进入我们的大脑，从而进入我们自己，进入我们的自我。这一切意味着什么？我必须回到书开始的地方，回到最初的案子，回到走廊里的那个男孩。

2004 年 4 月 19 日，星期一，大约晚上 9 点，一名 15 岁的男孩在雷恩斯布鲁克，这个地名让人联想到荫蔽的溪流伴着雨水静静流淌。他做了烤面包，之后拒绝清洗烤面包机。坦白说，他本该把它清理干净，但他很不高兴，因为其他人也用了，而他却被要求清理烤面包机，只因他是最后一个使用的人。除此之外，还因为他是个青春期少年，他被告知回自己的房间去。接下来发生的事很不幸：他的房间在监狱里。

我能在脑海里看到这幅画面：一个身高 1.47 米、体重 41 千克的小男孩轻手轻脚地穿过走廊。我的视角来自走廊上高悬的监控摄像头，黑白影像，没有声音。男孩背对着我慢慢走向一个房间，那是他的牢房。他向左拐，进去了。我始终没看到他的脸，你会被一张从未看见过的脸困扰吗？他消失了，关上了门。几分钟后，两名狱警快步穿过同一条走廊。他们走得悄无声息，但与男孩相比，光是他们的体形似乎就令画面充满了杂音和混乱。他们也左拐进入房间，关上了门。又来了第三个狱警，进去，关门。几分钟后，男孩死了。他的名字叫加雷斯·迈亚特。

在那个房间里发生了什么？当一个孩子哭喊着说自己不能呼吸时，那些对他施以危险的身体管制的狱警脑子里在想什么？他在他们的臂弯里窒息了，原因在于他们实施的管制动作——坐姿双抱。“我不该对他进行‘管制’，毕竟他的体格只有我的一半，”其中一名狱警说，“这就好比撞死了一只猫……”加雷斯在最后时刻不顾一切要保留那张写着他母亲号码的纸片，那时他的脑子里在想什么？这些问题一直困扰着我。

我从未见过加雷斯，但在他的死亡案审理中，我担任他母亲帕姆的代理律师。帕姆是我见过的最高贵、最勇敢的人。她在庭上坐了好几个星期，亲耳听到人们如何逃避真相，试图逃避导致加雷斯死亡的众多灾难性错误的责任，陪审团常常热泪盈眶。帕姆大多数时候都待在庭上，她决心尽其所能地听下去，了解在儿子身上发生过的每一件事。

陪审团做出了一项至关重要、具有历史意义的裁决，认定监狱一方在照顾和对待拘留的青少年及儿童时存在一系列严重失当行为。一次又一次的失当，包括一线警官的所作所为（自封为“打手”、“大力士”、“拳击手”和“破坏者”），把“每周之星”颁发给遭受强迫管制最多的儿童，未能保护青少年拘留者，没有倾听他们的抱怨和担忧，以及政府创造的这个本质上很危险且具有潜在致命性的管控体制。在各个层面上一次又一次的失当，这便是陪审团的发现。为什么会这样？那些狱警在想什么？受伤的儿童们在想什么？

是的，我们办案，结案，如此往复。然而有时，在我们心里并没有结案。所有这一切都指向了本书开头提出的三个模糊的问题：

我们是谁？

我们是什么？

我们的内在有谁？

在加雷斯案之后不久，我受委托代表亚当·里克伍德的母亲出庭。在另一个儿童监狱，亚当也遭到狱警的管制和故意伤害（被击中面部，鼻子出血），随后他上吊自杀了。彼时，亚当和加雷斯是死在我们监护机构里年龄最小的人。在酝酿本书的整个过程中，陪伴我的不仅是加雷斯的照片，还有帕姆的那个简单问题——为什么？

在写下这些内容的那天晚上，我站在剑桥大学天文研究所附近一片潮湿的田野上，身边是一群天文爱好者。夜空繁星点点，国际空间站飞驰而过，从一个地平线奔赴另一个地平线。那里面的人看到了什么？正是在剑桥，我开始研究如何回答帕姆的问题。之后我又去到哈佛大学，不断思考，不断探索，尝试理解。本书便是这番努力的延续。

我们能说什么呢？怎样才能开始回答帕姆的问题？我们在书中分享了很多人的生活故事，在这些旅程过后，我们更有能力从科学和生活体验两个层面给出回答。本书的一大目标就是不仅提供科学分析，还要叙述受其影响的真实的人类生活。它关注了科学理论和系统实验产生的统计数据，也关注了生活在这些事实和数据中的人。

那么，这些数字告诉了我们什么？这些人又告诉了我们什么？我们该如何回答那第一个问题：**我们是谁？**

经由这些书页之中的个人叙事，我们看到了索福克勒斯眼中的真相，一如他所写："许多事物都既美妙又可怕，但人类尤为如此。"就如那个热沼地里的怪物。或者援引帕斯卡那独一无二、更为尖锐的说法，我们是"宇宙的荣耀和渣滓"。所以，在索福克勒斯之后2 500年的21世纪，让我们记录一些我们知道的事，交出一份进展报告。

人类推动"新视野号"太空探测器穿越30亿英里的沉寂和黑暗，让它度过了孤独的9年。终于，在2015年7月14日，它掠过矮行星冥王星，向地球传回了照片。冥王星上似乎有山脉。

我们已经有办法观察到太阳系最远端的山脉，远在约30亿英里之外。我们还打算发射纳米飞船进入太空，利用"光帆"乘太阳风前往距离我们最近的恒星——半人马座阿尔法星。这里还有其他一些图像，来自地球生命史的同一时刻，我们可以将其发射回冥王星以及更远的地方：

人类每年迫使数百万儿童生活在奴役和落魄之中，我们也冒着生命危险把他们从奴役中解救出来。

我们每年向300万年轻女人和女孩施以生殖器割礼，世界卫生组织称之为“全球流行病”；我们也不畏死亡威胁，公开反对这种残害。

我们每年贩运成千上万的女孩和年轻女人以供性剥削，其中可能有3万人死亡；我们也赌上职业生涯和生命去保护她们。

我们用酸液攻击那些敢于反抗令人窒息的社会规范的女性；我们也争取修改法律，以减少其他人遭受同样痛苦的可能性。

我们征召数百万儿童在最血腥的战争中担任前线作战士兵或指挥官的情妇，我们也冒着生命危险去解救他们。

我们不允许那些因中风而被困在自己身体里的公民选择有尊严地结束生命；我们也惊奇地目睹道恩·费兹·韦伯斯特这样的人与命运抗争，活出精彩，拒绝被吓倒或击败。

因此，我们已经看到了真实的人类社会具备何等的潜力，既能成就幸福（亚里士多德视之为生命的目的），也能造就苦难（大量人类生命的流逝）。它就像巴尔扎克钟爱的巴黎，是“一处充满真实痛苦与虚假欢愉的山谷”。哲学家、博主和脱口秀主持人都不会停止对人类苦难是否不可避免来发表自己的看法。也许不可避免，也许可以避免。他们还会争论我们的本性是善还是恶。古斯塔夫·福楼拜痛斥提出这种简单化方法的人，认为这种非此即彼的简化论“两方面同样不妥”。与此同时，在现实世界中，我们知道有些事情是我们可以继续做的。我们知道：（1）人类的苦难摧残了我们数百万同胞的生命；（2）我们可以做些什么来减少其中一些苦难。

例如，我们可以大量减少每年接受生殖器割礼的年轻女人和女孩。我相信我们会的，我们着手努力了，方向也是正确的。这是顽瘴痼疾，因为它涉及我们身份特质的基础部分，即类型。**养育者**和**亲缘主义者**在矛盾间挣扎：一方面要保护孩子，另一方面要保护自身和亲属群体的社会地位（**部落主义者**）。拒绝这种做法的家庭将遭到孤立、社会制裁和威胁（**驱逐者**）。我们需要更好地理解这些心理机制，理解鱼、飞盘和女性生殖器割礼，还有玛丽安·王的虾虎鱼研究、基普·威廉姆斯的虚拟球研究、蕾拉·侯赛因、乌巴及其他幸存者的经历。我们正努力将所有这些更好地整合在一起。

当我们这样做时，当我们诚实参与这个议题时，我们可以商讨出其他危害更低的方式来维护家族荣誉，找到更好的方法来规避有助于延续这种实践的社会排斥和驱逐机制。我们可以开始改变这些社会规范，更好地保护像蕾拉·侯赛因和乌巴这样的女孩，否则她们就将遭到既无必要亦无可挽回的残害。但是，正如乌巴所说，我们必须做得更多。我们将终结女性生殖器割礼，如乌巴所说，这只是时间问题。有那么多人需要我们的奋斗。

在这项重大任务中，神经元遗传的内在本质会助我们一臂之力。我们的大脑适应性极强，它有非凡的"可塑性"，可以重置和重组自身。大脑可以改变，我们可以改变。所以这些各司其职的应用程序，这些类型，帮助我们处理生活问题，驱动但并不支配最终的解决方案。输出结果可以改变，我们的行为可以改变，我们可以改变。

回到第二个问题：那么，**我们是什么？**

我们似乎并非全然孤独的个体。我们体内携带着许多进化而来的心智模块，我把它们叫作类型。它们栖息在我们的大脑中，影响着我们的决定。本书涉及其中的十种类型。回到本书开头提出的问题：它们是什么样的“人”？

它们不是“真实的”。“我来给你介绍一下，这位是我的**施救者**，这位是我的**恐惧驯服者**。”然而，心智模块，也就是我们大脑中进化出的执行系统，对我们的影响在很大程度上却是真实的。它们与我们的生活息息相关，真切地发挥着作用。在很多重要方面，我们是这些模块和机制所做出的决策的集合体，它们通过大脑中深植的神经元通路秘密地发射信号，我们与它们共同做出的选择塑造了我们的生活。从一种角度可以将它们视作心智设备的最新迭代，这条漫长且连续不断的生产线可以一直追溯到稀树草原上的猿类大脑。我们是什么取决于我们的身体构造和神经构造，以及它们如何与他人的身体构造和神经构造互动。再次引用分子生物学家马克斯·德尔布鲁克的话：“任何活细胞都带有其祖先十亿年试验而来的经验。”我喜欢我们这样，但不是每个人都会喜欢。有些人希望我们拥有不受约束的自由意志和理性，而另一些人则平静地诉诸更深层的命运——无形的、伟大的指引之手。我喜欢进化，很高兴它塑造了我们的身体和心智，只要我们能把进化和周遭的社会力量结合起来。

我们所拥有的十种类型并非一成不变，它们不是原本就存在并且始终如一的。它们是我们获得的，被赋予的，是一个庞大的人类实验项目的成果。关于什么的实验？主要是生活，也就是生存和繁衍。因此，我们心理构成的这些部分根深蒂固，强大有效，我们并不总能意识到它们。但在某些情况下，比如我们和枪手一起置身学校走廊时，它们就会站出来，建议我们按世世代代都在重复的方式行动。不过，我们不是非得听从这些建议。它们可能会开始引导我们，让我们本能地奔向我们自己的孩子，即使要以牺牲他人为代价。但是，指导并不等同于决定。人类是会反思的。我们不只受本能的驱使，还可以有理性判断。而两者的交互——根深蒂固的本能冲动与深思熟虑的能力之间的冲突，正是你在本书中遇到的许多人所不得不面对的。在通常没那么极端的情况下，我们也面临着这种矛盾。优先考虑谁，保护谁，爱谁，面对不法行为时该做什么，要冒多大的风险，何时战斗，何时逃跑。这些就是生活的本质，只是程度不同而已。

但是，在我们脑海深处，却印刻着祖先几百万年间的数十亿条曾经的决策路径，这些先人沉默的阴影笼罩着我们的生活。我们可以毫不费力地想象他们的样子：决定战斗还是逃跑，纠结于是否要牺牲所有其他孩子去救那一个孩子。场景不在学校里，而是在广袤无垠、曾经完好无损的稀树草原上。

现在轮到我们的第三个也是最后一个问题：**我们的内在有谁？**

我们拥有的心智模块很可能不止几个，而是数量众多。我们的心智很可能呈大规模模块化，这些模块、计算程序或执行系统不是由电线和焊料构成的，而是由神经元网络构成的。它们承载、处理、传输信息，围绕特定的生存问题联动。它们执行不同的进化任务，各司其职，高度专业化。有时，甚至在我们生命中很长一段时间里，它们处于休眠状态，等待着。有时，它们中的几个会同时被激活，致使我们在彼此冲突的（生存）欲望间挣扎。我们往往不知道这些模块是什么，甚至意识不到它们的存在。

当它们被启动时，那感觉好像有什么东西或什么人敦促我们去往特定方向。记住这只是一种概念，一种思考极复杂过程的方法，以便更好地理解它。

激活这些类型的可能是一些非常严重的事，比如在公共建筑内或街道上（或其他任何地方，鉴于目前世界给人的感觉越发不安全了）对抗持枪歹徒或恐怖分子。但激活因素也可能无关痛痒，就像肯特大学实验中的那样，一名漂亮女学生安静地坐在房间里，男学生的捐款就翻了一番。从分析角度看，这两种情况存在相同之处：面临人生决策，触发了进化出的心智模块（某种类型）。并非每个男学生都在戏剧专业女学生在场时多捐了一倍的钱，但平均而言是这样的。正如恩斯特·迈尔在 1961 年所写的，由于“大多数生物过程可能存在多种路径……所以生物系统的因果关系不能预测，或充其量只能做统计上的预测”。

因此，人类行为不是确定的，不是规定好的，它存在各种变化、特性、怪癖、性格和个性。因此，所有这些都不是绝对可靠的预测，充其量只是讨人厌的概率问题。但是，当房间里有一个漂亮女性时，年轻男性确实会倾向于付出更多，这是真的。

意识到进化为我们配备的丰富的心理机制，可以帮助我们理解看似令人困惑的行为。它可以帮助我们理解他人，帮助我们理解自己。我们可以更宽容别人，也可以对自己更宽容。真希望我能把这一点更好地传达给波士顿的安娜、海地的玛茜和哈萨克斯坦的瓦西里。

遗传学并非事情的全貌，远非如此，文化也至关重要。这点确定无疑：我们是社会动物，这不可避免，也无须感到羞耻。影响我们行为的不仅有基因和可遗传特质（比如对花椰菜的好恶），还有环境和社会学习（我们自身对周围环境的探索和体验，我们学到的东西，我们塑造的东西）。这不再被视作异端邪说，甚至不再有很大争议。事实上，我们的学习机制也可能是进化的结果（关于这一点仍有争议）。然而在此之前，我们走过了很长一段路。请记住，如果在过去宣扬我写下的这些有关进化的理论，我们会被活活烧死，就像 1415 年在康斯坦茨的扬·胡斯那样，他因为宣传另一个异端邪说，被人用稻草堆到下巴，随后烧成灰烬。

不过，理解这一点对社会有益：我们生来就能感知他人的痛苦，只要感知的程度不对我们的心理造成严重损害。这种认识可以成为促进亲社会行为的基础。我们不是非得承受保罗·斯洛维奇警告的同情心崩溃，但我们需要保护**痛苦感知者**。它是可贵的，因为它肯定了我们从本质上是社会性动物的事实。我们固然希望保留和表达自身个性，但我们不可避免地具有社会性的一面，这不仅解释了推特、色拉布、照片墙或其他热门社交媒体的兴起，还可以帮助我们反驳如下说法，“身在社会中的每个人永远只是为了自己”，这就是“人性”。不是这样的，人性要复杂得多。人类发现，与他人合作本身就能得到奖励，即使没有物质好处，即使要付出代价。我们得到了满足，我们在付出时，得到了实实在在的收获，在我们的头脑中。我们很可能生性如此，这一点我也喜欢。我们真应该在屋顶上、在社交媒体上大肆宣传它。

从这些现象的实验记录中可以看到，我们能触发或激活我们的这些部分，就像研究人员通过激活某种特定的自我来“启动”志愿者一样，这项认识在对抗有害的社会规范和习俗时有可能发挥很大作用。回想女性生殖器割礼问题，如果能发起一场持续的集体运动，旨在重新校准那些制造和重复女性生殖器割礼的人类行为和心态，再着重唤起我们珍视的其他核心本能，例如保护儿童，则完全有可能改变现状。这无疑正是联合国在相关社区中采取的女性生殖器割礼的“集体抛弃”模式，基于我们对人类构造和功能的了解和分析，这种模式是非常合理的。

以下是我们从十种类型中学到的第一课：

这些类型不仅是进化的遗迹，还是资源。

它们可以成为解决社会问题的工具，减少社会苦难的总量，影响社会变革。它们可以帮助我们解放自己，解放他人。这是我在研究和撰写本书过程中得到的最大的启示之一。我们在自然选择过程中继承的复杂“装备”，不仅使我们能适应周遭的社会苦难，而且给了我们找到解决方案的工具，如果我们有意愿解决问题的话。

我与本国内和发展中世界从事人权工作的同事一起，致力于为公认棘手的社会问题（例如女性生殖器割礼）提供一种不同的解释。我试图强调恩斯特·迈尔所谓的“原因组”中的其他一些成分，我试着不只探讨近因，还探讨更深层次的远因，即潜在的机制，进化的逻辑。我们一直强调不要将这些行为简单贬斥为“野蛮行径”，这样很危险。我们需要触发其他的自我，其他类型。因此，我们的立场坚定不移地基于人权和社会心理学，尤其是将儿童保护和儿童福祉纳入优先考量。这种方式可能会与**部落主义者**主张的团体忠诚相左，但会与**亲缘主义者**和**养育者**产生共鸣。我们相信，这种方法已经开始奏效。试图改变世界是一种放肆而大胆的抱负，但我们就是要去尝试。世界上有些事情需要改变。

在提交议会调查报告之后，我们协助说服英国政府修改了有关女性生殖器割礼的法律，并设置了大量预防性力量以保护面临威胁的年轻女性和女童，将资源集中在割礼发生之前的防范上。我们在国内外面向成千上万的一线专业人员包括护士、医生、助产士、教师、助教等发表演讲，向他们介绍这些见解，因为这些群体与面临威胁的年轻妇女和女童接触最密切。有时我们会遇到阻力，这并不是一件坏事。有时辩论会很激烈，这是民主的结果，是对民主的庆祝。我们需要这种热度，我们终于开始谈论这些困难的事情了，我们正在把它们带出阴影地带。

这项工作还把我们带到了撒哈拉以南的非洲。我们努力支持和宣传那里成千上万妇女的工作，她们的勇气是推动这一巨大社会变革的动力。我们能感到周围社会和世界在不断变化，大量人群在流动，就像帕特里斯和赛拉那样，他们的身体、思想和信仰体系也在流动。这没什么可惊讶的，因为我们大脑的可塑性为重新学习和重新校准提供了机会。

这就引出了第二课：

我们的大脑不是阻碍，而是机会。

是怎样的机会呢？以下这些想法可供参考。

痛苦感知者

“我岂是看守我兄弟的吗？”这是人类有记录可寻的最早向自己提出的问题之一，载于《圣经》第一卷。在很多重要层面，你刚读完的这本书中绝大部分内容都在回答这个《创世记》中的问题。那么答案是什么呢？首先需要区分两个问题：我们是如何对待他人的？我们应当如何对待他人？第一个问题属于经验范畴，看看你的周围吧。本书从头到尾考察了人类伤害他人的种种方式：女性生殖器割礼，儿童兵，人口贩卖，针对妇女的暴力行为。我们从西非说起，从奴役儿童说起，而这有助于我们审视第二个问题，即规范问题——“应然”问题。我们应当如何对待他人，我们负有哪些责任？这个问题也是英国最著名的司法案例“多诺霍诉史蒂文森案”的核心所在，被阿特金勋爵凝练为：“谁是我的邻居？”

正如安东尼和迈克尔在沃尔特湖畔了解到的，当我们感知他人的痛苦时，我们也感知了某些关于自身的事：我们并不孤单，并非困于各自的皮囊之中。但问题不仅仅在于映照出他人的痛苦，关键似乎在于本着同情心伸出援手，并充分考虑可能的后果。精心达成的科学小奇迹使我们有机会以全新的方式理解同情心，它不是一条单行道。若同情有代价，那代价值得我们付出，因为付出就有回报；神经系统会奖励我们，这是可以证实的。但就像我曾在笔记本上写下的那句话，我们必须保护**痛苦感知者**。第一章中提到的最新研究发现，有助于我们重新理解与回答“看守兄弟”问题，存在不同层面的回答：来自功能性磁共振成像的回答，还有来自迈克尔的回答。在全世界最大的人工湖湖畔，在危险的箭形木船上，通过一次又一次潜入浑浊的水底，迈克尔给出了自己的答案。“我岂是看守我兄弟的吗？”他在湖畔的短暂生命如是向他发问。迈克尔，一个在撒哈拉以南非洲被卖作奴隶的孩子，回答了“是”。

驱逐者

我们是**驱逐者**，也是它的受害者。社会群体中普遍存在“付费入住”的情况，表面上是为了保护整体的社会健全，对归属感的需求诱使我们去付出相应的代价。无论是玛丽安·王研究的虾虎鱼，一旦体形接近“九三阈值”就开始绝食，还是斯里·达萨里，拼命想在《老大哥》的房子里求得一席之地。但就像凯西·博尔科瓦在波斯尼亚决定的那样，我们不是非得付出那份代价不可，如果身处的是一个功能失调的群体的话。驱逐可以被用来维持权力，它在根本上是一种社会控制手段。所以挺身而出、大声疾呼很困难：**驱逐者**攻击的是我们深藏的不安全感，我们害怕失去归属，害怕孤独。事实上，排斥会造成“源源不断的”痛苦，这时，我们可以寻求**痛苦感知者**的帮助。当我们冒着群体的责难，出手援救那些遭群体压榨和伤害的人（比如波斯尼亚那些被拐卖的姑娘）时，神经系统会给予我们奖励。而**驱逐者**有没有带给我们某种机会？如果我们不可避免要实施驱逐，那我们是否可能成立组织和同盟，去驱逐那些有害的行为？正如凯西·博尔科瓦所言：“对的就是对的，错的就是错的，我觉得归根结底就是这样。”

恐惧驯服者

我们的生活中有很多形式的恐惧，以各种方式向我们袭来。它在沙发上偷袭道恩·费兹·韦伯斯特，在雅典的酒店房间里潜入托尼·尼克林森的头脑，在举行陶片放逐会议的市政广场附近徘徊，那种恐惧可能会将你锁在里面。但还有另一种有待驯服的恐惧：生活的压力以及日常的义务与规则，它会将我们锁在外面。我们每天都在暗中奋斗，以便赋予生命意义，这份难以承受之重可能会令我们看不清生活实际给了我们什么，以及它意味着什么。当我坐在这里为你写下这些时，正是3月初的一天。天是淡淡的蓝色，高空中悄然划过一架飞机的影子，像帆船航行在波澜不惊的海面，或许哥伦布率小型舰队驶向伊斯帕尼奥拉岛时就是这幅情景。飞机在阳光中闪烁，光线跨越9 300万英里照亮了它的起落架，随后反射到我的眼里。那光来自一颗恒星，我们的恒星，它给予我们生命和希望，最终又将尽数收回，一如L小姐提醒我的那样。我的女儿走下楼来，她烤起面包，空气也随之变得温热。“爸爸，你在干吗？”一只乌鸦掠过我们头顶，朝着与飞机相反的方向飞去。面包片弹了出来。我收到道恩发来的信息，她要参加一场博士入学面试。这一切终将过去，古罗马斯多葛学派的哲学家告诉我们，凡事都是虚空。我想起了L小姐；本着享受当下的渴望，我反对马可·奥勒留和《传道书》。我希望斯宾诺莎是对的：所有事物都竭力延续自己的存在。黄油在面包片上融化。我的另一个女儿也下了楼，她接受了一场后续手术，正在康复，虽然还拄着拐杖，但她的腿会痊愈，一定会的。她朝自己那片面包上抹着牛油果泥（她的小癖好）。驯服恐惧的方式也可以是热爱生活，宽容生活，以及我希望L小姐最终做到的——宽容自己。我们可以直视遗忘的空白面孔，我们可以直面太阳。所以，在那个3月的早晨，我就是这样驯服恐惧的：带着难以名状的喜悦，看着女儿们吃烤面包。

观看者

华兹华斯在《不朽颂》（*Intimations of Immortality*）中写道，我们“曳着荣耀之云”来到世上。同样与生俱来的，还有我们对特定外貌构造的偏爱。正如艾伦·斯莱特所言，美“不仅仅存在于观看者眼中，它还存在于新生儿的大脑中，甚至可能在他出生前就已存在”。这是一种强大的冲动，强大到当它被剥夺时，会带来剧烈的反作用。拉娜和哈尼法就是受害者。

我们体内的**观看者**审视他人并加以评判；它也自我审视，以同等的甚至更严苛的标准评判自己。我们该如何学会宽恕自我？哈尼法找到了办法，她找到了再度面对自己的力量，她开始明白，自己不只有失去的那张脸。她学会了爱自己，从而找到了新的自由，用新面孔发出了新声音。就像普鲁斯特写的那样，真正的发现之旅“不在于寻找新的风景，而在于拥有新的眼光”——这一创造性行为建构出了新的观看方式。

侵略者

假定联合国教科文组织是对的：基因并没有为我们设定一个

“暴力的大脑”，可是，几乎没有任何其他问题能比得上人与人的暴力对世界的荼毒（除了饥馑，而它通常会被暴力加剧，甚至很大程度上由暴力引发）。然而，几乎所有人都反感对他人施加伤害。这反映出一对固有的矛盾：我们对暴力的厌恶和我们心智的一个组成部分——**侵略者**。后者运用威胁和暴力模式对社会和生存情境做出反应，几乎每个人都会这样。由此看来，**侵略者**不等同于我们，它无法决定或定义我们。准确来看，侵略只是我们能做的事情之一，我们还有其他品质，我们有同情心，我们能够牺牲。奥马尔准备好牺牲自己的手去救一位对病山羊深怀感情的陌生老人。赛拉冒着生命危险给奥马尔送食物，帕特里斯则协助奥马尔去营救素未谋面的赛拉。我的朋友萨布丽娜·阿瓦基安挡在上膛的枪口前，说人们需要食物。这场争论在我们当中已持续了 13 000 年之久，从杰贝尔·萨哈巴的屠杀算起。即便它仍然无法解决，我们还是可以说我们并非**侵略者**；**侵略者**不等于我们。如果还有什么要说的，那就是我们必须对抗这种简化式曲解。

部落主义者

作为一个物种，我们的存续与成功离不开大脑了不起的社会属性。这是一种循环：智力导向合作、联盟、繁荣、战争、复杂、营养、资源，以及个体与集体更大的发展机遇。我们最独特的行为之一就是结成群体。我们生活中的群体可能“极小”，基于非理性因素，毫无意义，可我们却急于成为其中一员。人类向来如此。我们清楚这一点，因为多少个世纪以来的智者已经明确告诫过我们这种陋习。伟大的古罗马哲学家马可·奥勒留在《沉思录》开篇即引述了老师的训导："不要在竞技场中加入拥护蓝背心或绿背心的一派，也不要在比武场中加入拥护轻盾武士或重盾武士的一派。"今天基本不会有人在乎什么轻盾武士或重盾武士，但我们有属于自己的武士，我们踊跃见证或陷入了上百种不同类型的竞技场。正如地震后的海地明显呈现出的那样，或善或恶的部落迅速就能形成。

我们可以敏锐地察觉出相同与差异。我们是分类动物，分类通常始于启发法，一种迅速把握复杂世界的方式。可这些群体一旦被注入了权力、意义和规章，就会产生并一再产生不公、歧视和欺凌。对抗这些在很大程度上正是我的职责所在。然而在当下，弥漫着一种普遍的绝望感，我不能自欺欺人。包容和多元文化主义正遭遇阻力，英国脱欧便是一例。但深为矛盾的是，**部落主义者**的真正本质能给予我们一些安慰。不要忘了"种族"这一割裂社会的罪魁祸首并非必然的分类工具；它只是一种更为现代的启发法，用于划分世界的捷径，它可能只是一种表面效应。研究显示，我们并非先天倾向于以种族差异（更别提种族主义）的眼光来看待世界。因此，面对"我们必然要因种族而分裂"的简化论观点，我们有机会提出反驳。

养育者

纪伯伦说我们的孩子不是我们的孩子，他们是生命出于自身渴望而诞生的孩子。安娜永远忘不了儿子如何用手指触碰她的面颊，如何努力想弄明白躺在他身边的是什么。可悲的是，她不会在他身边躺很久，安娜送走了孩子。这种行为是抛弃还是爱？**养育者**会敦促我们提供为人父母那样的温柔照料。它也可能很残酷，总有孩子被抛弃，一个孩子会被牺牲以便拯救其他孩子，这就是加纳渔业社区的许多母亲在无鱼可捕、饥饿来袭的时候面临的苦恼。中世纪欧洲有一种墙上的洞，洞里有个木制轮子，轮子里有个婴儿床一样的空间，像摇篮和垃圾槽的怪异混合体，走投无路的父母会把孩子放到这里。我时常想象那是怎样的感觉，我是说实实在在的指尖的触感，当你的手指拂过磨损的木头，转动那个装置，让孩子慢慢消失在眼前，很可能再无机会相见。安娜收下 1 000 美元，然后把孩子放上了现代版的弃婴轮。我想让你知道，我并不为此苛责她。我在她身上看到了这个行为每天为她带去的伤害，以及加剧她痛苦的那个执念：没有她，孩子会过得更好。**养育者**不仅养育了我们的孩子，也养育了我们这个物种。这种养育兼具柔情与冷酷，理解这一复杂性让我们更有可能去宽容失败和脆弱。而这两样，是我在法官席上时常目睹的。

求爱者

希腊人把它唱进歌里。他们意识到它的力量足以塑造生命，扬起千帆，烧毁特洛伊高耸的塔楼。对此弗朗索瓦也深有体会。战乱迫近时，他留在了中非共和国，为了玛丽埃尔。我们在世间短暂一游，而后一去不返（正如马洛笔下的浮士德博士恳求特洛伊的海伦："亲爱的海伦，用一个吻使我不朽"）。我们的基因会传承下去，也可能就此终结，要么通过责任或绝命一搏，要么通过仪式或浪漫冒险。**求爱者**可能是慷慨的，也可能不是。繁殖的冲动是什么？暴风雨来袭的那天，弗朗索瓦在雅温得向我详述他的故事，这令我想起巴勃罗·聂鲁达的情诗《早晨充满》(*The Morning Is Full*)。聂鲁达将树间的风形容为一种充满战争与风暴的语言，在我看来，这恰恰体现了**求爱者**的力量与潜在力量，体现了它世世代代向我们施加的影响。我们应该控制**求爱者**吗？我们要如何驾驭它，如何驾驭我们自己？在我为写作本书了解到的所有惊人之事中，最不寻常的一件就是弗朗索瓦甘为爱情冒生命危险。在中非共和国混乱和屠杀的大环境下，这个小故事令我无法忘怀。它关于两个人和那件最震撼人心的事——爱。

施救者

在南西伯利亚的某个地方，另外两个人相遇了。我原以为他们相爱了，但瓦西里从未向我展露任何这方面的迹象。他喜欢列娜，他钦佩她。毫无疑问，他想救她。为什么？是什么让我们产生了这种欲望——什么是**施救者**？我们不太乐意将自己视作利他主义者，但罗伯特·特里弗斯的研究表明，我们对非亲属的帮助很可能是适应性的。我们生活的世界遍布风险，周遭环境越是危机四伏，就越需要互相帮助。关于这一点，在蚁狮出没的地中海沙地栖息的蚂蚁表现得很明确。但人类呢？瓦西里为什么这样做？他的童年充斥着威胁、伤害和痛苦，大部分都源自他的家庭。我开始认为，正是这种对世界的特殊理解促使瓦西里冒生命危险去帮助列娜。他就像那些栖息在险恶沙地的蚂蚁，向他人伸出援手的同时也期待、相信、渴望着某天会有人来帮助他。有谁帮助过瓦西里呢？我愿意认为是科里亚，那只身材敦实、毛发凌乱的狗。当瓦西里在街头巷尾对生活和自己满怀怨恨时，一只没人爱的狗拯救了他。但需要强调的是，这只是我的猜测。我试图借此理解一个爱狗的男人，他直面现代奴隶制的恐怖，只为阻止一个并不相熟的年轻哈萨克女子落入陷阱并从此消失。

亲缘主义者

当我写下本书开头的家长突然收到一连串信息的假设时，我从未设想过它会发生在我身上。生活瞬息万变。倘若没有我女儿的车祸，我也不会遇见安吉和瑞奇。从他们身上，我看到了人类这个物种独有的高度紧密的亲子关系。当你想象与校园持枪歹徒搏斗的场景时，或许对此亦有所体会。你的预期数字是多少？读罢本书，它是否有所改变？我们与血缘最近的亲属之间的关系最能给予我们成就感，可与此同时，它也充斥着争执、为难、创伤和痛苦。我们来测试一下，让我再次问出那个简单明了的问题：你觉得你的家庭怎么样？你会心生喜悦，还是会悲叹，会愤怒，抑或感到痛苦？正如安吉所言，与家庭同在，与亲人同在，“永远在里面”。这是基因能做到的，鲜有其他事物可与之比拟。

下面就该谈到第三课也是最后一课了，看看我们怎样才能让这些类型派上用场：

我们可以通过触发某种类型的行为，
来对抗另一种类型的破坏性行为。

与有意向创作女性生殖器割礼主题作品的剧团沟通时，我们请他们不要把送女儿接受割礼的父母当成怪物，请他们考虑到几个世纪以来女性生殖器割礼所带来的人类困境和进化困境。想想人类，想想人类困境及其最深层的原因——类型。触发某种类型有助于挑战另一种类型带来的有害行为；不只在于放弃坏的一面，更在于激发好的一面。

这有悖于我们关于如何“面对问题”的一些根深蒂固的直觉，通常我们希望正面对抗以示决心。然而，如果目标是减少这种类型所造成的社会痛苦程度，那么我们不仅可以争取让那些反对这种做法的人来帮忙，还可以争取让那些因信仰或从小被灌输而支持这种做法的人拥有的另外一面来帮忙，我们可以向他们体内固有的其他类型寻求支持。

当我们通俗地说我们必须“吸引他们向善的本性”时，从分析角度和心理学角度意味着我们要启动他们心智结构中的另一个部分，他们头脑中的另一个模块，另一种类型。在某种意义上，我们的生活和世界，就是这些类型在彼此冲突时争夺优先级和重要度的战场。存在冲突和斗争，这没错，但我们也能相互合作、表达同情、感知他人的痛苦，我们的神经网络也可以做到这些。当迈克尔为了朋友从船上潜入水中时，当瓦西里在西伯利亚的咖啡馆和一个年轻女人搭话时，就在这些时刻。

触发这些类型的方式可能出乎我们的意料。乌巴造访一座村子时差一点儿被村民杀死，他们之所以大发慈悲，不是因为她唤起了那些人体内的其他类型，而是大自然从高空召唤了一场倾盆大雨，触发了他们旨在维护周遭环境条件的内稳定系统。他们不想被淋湿。生活啊，人类啊，真叫人称奇。

那么，我们遇到的人都怎么样了呢？

艾伦·佩格纳请了科研假，离开日内瓦去了昆士兰，离玛丽安·王研究虾虎鱼的地方不远。他继续探索人类大脑的未知世界，特别是“触及”这一概念本身：大脑细胞会对物体做出不同的响应，取决于这些物体是否触手可及，这可能属于灵长类动物的一种特征，可追溯至我们生活在树上的时代。

艾伦·佩格纳的那位病人仍在做医学博士所做的工作。病人甲回到了布隆迪，当地暴力蔓延，安全局势恶化，急需医生。病人甲依然用护士作为自己的“眼睛”，继续尽其所能来减轻周围看不见（至少从视觉上来说）的痛苦。

凯特·丹弗斯回到了英国，此前她在加纳工作了两年，帮助像高和塞缪尔那样从沃尔特湖获救的孩子们。回国后，她在伦敦担任社区心理学家，为患有心理健康问题的青少年提供支持和咨询。但她仍然会想起孩子们和捕鱼活动，就像她说的：“你永远无法摆脱那个湖。”

我的律师事务所的社会正义基金资助了凯特·丹弗斯在湖边开展的一个项目。那是温尼巴湖岸地区的小额信贷计划，支持妇女在丰收季对鱼进行烟熏和冷冻，以保证艰难时节有更可靠的收入来源。这个方法有助于缓解“上游”问题，即减少将儿童贩卖为强迫性劳工的压力，因为渔获量的波动总是让这些家庭饥一顿饱一顿。已有超过 100 名女性参与其中，我们希望继续扩大规模。有人认为，如果当时有这类机构，也许高和塞缪尔的母亲就不会放弃他们。

基普·威廉姆斯继续推进关于驱逐和社交排斥的研究。我还咨询过他，当时我们试图建立有效的机制，令那些拒绝给女儿施行割礼的人能够规避和对抗在相关社群受到的排斥。他提供了一个可免费下载的虚拟球 4.0 版，你可以亲自玩一玩：https://cyberball.wikispaces.com。

凯西·博尔科瓦在阿姆斯特丹待了一阵后返回了家乡内布拉斯加州。她在内布拉斯加大学林肯分校获得了政治学学位，借此寻找另一种途径去施展才干。她正在接受应急响应训练（“什么都要练习对付，从恐怖袭击到龙卷风——我们内布拉斯加州有龙卷风”），但一有机会，她就会继续谈论如今仍遭贩卖的成千上万年轻女性的困境。就在我写作本书的时候，她入围了诺贝尔和平奖的初选名单。

中非共和国的局势已被提交国际刑事法院，另外成立了一个负责调查暴行的国内特别刑事法庭。该国国内还举行了选举，时间定在情人节那天。整个世界都为之屏息，萨布丽娜·阿瓦基安也是。她仍在难民营工作，仍被崇拜她的孩子们包围着，仍会想起当年她回到罗马时抛下的那个小女孩。

朱迪思·勒威易离开了中非共和国，正参与蒙特利尔的一个项目，这个项目旨在整顿全加拿大的心理健康服务，以更好地满足年轻人的需求，特别是那些极北地区的有因纽特和第一民族背景的年轻人。

玛丽安·王有了另一种鱼。她正在研究长着漂亮条纹的宅泥鱼，这种鱼类也生活在蜥蜴岛周围，在那里，其貌不扬的虾虎鱼仍然继续过着它们非凡的小小生活。

哈尼法·纳基若瓦仍在美国。她的运动促使乌干达修订了法律，增加了有毒物质（特别是酸类）的获取难度。她继续致力于改良刑法以保护弱势群体免受硫酸袭击。她仍然每天凌晨3点起床，在孩子们醒来之前尽可能多地做学术研究。“到了下雪天，”她说，“我必须带上孩子，于是他们成了大学里最年轻的研究助理。”等到完成她的研究学位，她立志在国际发展和人权领域工作，使女性能够畅所欲言地谈论虐待和家庭暴力。

拉娜希望明年开始她的学业，迈出成为教师的第一步。她还是没给自己买那条裙子，但那一天越来越近了。

尼姆·托特纳姆仍在哥伦比亚大学，我们保持着联络，希望更好地理解发展性休克和创伤（如女性生殖器割礼）造成的神经结构变化，以便设计更有效的社会心理干预和支持。佩吉·圣雅克主动提出协助我们，运用她在自传式记忆方面的专业知识。

为了纪念丈夫托尼，简·尼克林森仍在努力争取让法律承认协助死亡的权利。她仍然相信，有尊严地死去是一项基本权利。托尼死后，她的生活依然很艰难。“我失去了我的丈夫，”她说，“但我想念我的朋友。”

蕾拉·侯赛因还在参与反对女性生殖器割礼的运动。我们一起继续全国演讲，在舞台、学校和社区中心“联袂演出”，讲给一切愿意聆听的人。有时，听众里会有年轻女性在演讲结束后悄悄走上前，透露她们是女性生殖器割礼的幸存者。经过多年的孤立、恐惧和痛苦，她们来寻求帮助。这都是蕾拉的功劳。

瑞奇的癫痫持续发作，但在计算机人眼识别系统的帮助下，他正在学习更有效的沟通方法。DynaVox EyeMax 系统跟踪他的眼球运动，帮助护理人员和家人开始了解他真正想要的是什么。正如安吉所说："瑞奇佩戴'神奇装置'之前，我们与他的沟通 90% 都靠猜。当然，你了解自己的孩子，但基本上还是得猜。现在，他可以在屏幕上向我们准确展示他想要的东西及先后顺序：洗澡—电视—刷牙—睡觉。这不只是魔法，根本就是奇迹。"

我突然想到，这与道恩·费兹·韦伯斯特使用的交流方法相似，于是我建议他们联系一下。

然后是道恩。瞧瞧是谁赢了本书开头打的赌？我不会为此自夸，毕竟这赌局并不公平。我早就知道结果了，因为我有道恩这张王牌。道恩正在探索如何策划一场斯基泰艺术在线展览，这是她硕士研究的一部分。开放大学一直利用她在广告活动中做宣传（"我成海报女郎了，我需要一个经纪人"），关于道恩的短视频在我撰写本书时已获得了数百万的点击量。她正在努力实现攻读博士学位的梦想。

道恩和我每周都有联系。不出意外，我们讨论的都是些废话（她不会介意我这样说的），但有时我们也讨论真正重要的东西。例如，在我写这一章时，我们正在讨论《回到未来》中枪杀布朗博士的到底是阿尔巴尼亚黑帮还是利比亚黑帮——我刚刚在"老贝利"主持完一场阿尔巴尼亚黑帮谋杀案的审判。我们即兴谈论艺术、建筑和批判理论，总有一沓谬论可以信手拈来。她正在教我她的"A-H-N-T"语言，我学得非常糟糕。她还在计划沿丝绸之路穿越中国和哈萨克斯坦（"对我来说太困难了，所以我才要做"）。我时常忘记她是通过一次一下的眨眼在勉力维持与我的交流，她的生活以一种不同寻常的、挑衅的、不可抑制的方式向无数方向展开。

随着我和道恩的联系越发紧密，我和其他一些人失去了联系。有些人出于自己的原因不想再让我多说，我尊重他们，因此不再多说，我希望你能理解。他们讲完自己的故事，袒露了自己，他们的生活还要继续。他们的报道已经交付了。

乌巴回到了非洲，瓦西里依然在开车。我希望有一天能再见到他们，愿他们有平和的生活。

在雷恩斯布鲁克的那个晚上之后，加雷斯的母亲帕姆花了很多年试图接受儿子的死亡。偶尔，她会发现自己在和他说话，这很有帮助。她说她是这样想通的：“现在没人能伤害他了，他安全了。”

我们智人之中有位极为杰出的人物，他在名望和赞誉初达巅峰之际越发感到恐惧，意识到自己的一项至关重要的（也许是最为重要的）机能正在衰退。他家境普通，对苦难和悲剧并不陌生。他的父亲是个暴力的酒鬼，母亲是厨师的女儿，而这个男孩经常被锁在地窖里好几个小时，不是挨耳光就是挨拳头（就像瓦西里的父亲那次对他做的一样）。后来，这个男孩（家人常简称他的名字为路易斯）养成了把头伸进冷水里的习惯，这也在瓦西里身上发生过。在生命的最后 7 年里，这位杰出的人物严重失聪，必须通过书面笔记来交流，但他没有让失聪打败自己。

在他死后，民间流传着这样的故事：饱受病痛困扰的路德维希·范·贝多芬情急之下锯掉了钢琴腿，以便通过感受地板传来的震动继续作曲。不管这是不是真的，世界的喧嚣已经无情地退去，贝多芬注定要生活在一个只有寂静和震动的茧房中。他拒绝向命运屈服，拒绝投降。

在贝多芬去世前的最后几年，尽管几乎听不见自己所谱的音乐，但他仍旧创作出晚期的钢琴奏鸣曲（其中一首就是我在父亲去世后尝试演奏的）和弦乐四重奏，还完成了权威之作《庄严弥撒》，并从内心深处找回了革命性的《第九交响曲》。简而言之，当大脑以外的世界一片寂静时，他创作出了一些人类最伟大的音乐。正如他的名言所说，虽然他处境悲惨、饱受折磨，但他拒绝“离开这个世界，直到我把内心体会到的一切都呈现出来”。如同莎士比亚、西斯廷教堂的天顶画，也许还有《安娜·卡列尼娜》、《战争与和平》和毕加索的艺术（你可以有自己的选择），贝多芬这一时期的音乐也达到了人类创作的巅峰，而这些都创作于他严重失聪的时候。

他在做什么？他在说什么？在某种程度上，这很简单。贝多芬在对我们说：你能听到我吗？

在某种意义上，这本书也是一系列的震动，一系列跨越时空的人类共鸣。关于携带这十种类型的人类，一个要点在于：尽管它们表现出诸多恼人的行为，但它们都异常顽强，足智多谋。毫无疑问，这些特性，连同大脑额叶功能和社会或社交本能，是它们进化成功的关键，也是我们进化成功的关键。我们既竞争也合作，既追求独特个性，也想拥有归属感。这本书讲到在湖上做奴隶的孩子们，讲到在自相残杀的血腥战争中被招募进战斗小组的人，讲到那些被贩卖并从事性交易的年轻妇女，讲到那些遭受女性生殖器割礼或生活在其威胁之下的人。它已走到了人类境况的前沿，走到了那些通常显得遥不可及的地方。但我们也可能在一两下心跳之间就被强行转移到那里，就像坐在沙发里的道恩，去商店买可乐时的安东尼，给妈妈挑礼物时的拉娜。所以，是的，生命的确有这种能力：发起突袭和伏击。你打算做什么？这就是生活提出的问题。你打算怎么应对？这本书展示了许多不可征服的人所给出的答案。借用古老的阿克拉海堤上的标语，他们“已经胜了世界”。索福克勒斯说，经验能为我们解惑。通过不懈斗争，这些人展示了一些方法，揭露了我们内心常常不为人知的东西：生而为人的荣耀与伤痕，奇迹与恐怖——十种类型。

在贝多芬最后创作的交响曲最后乐章的关键时刻，一个孤独的声音突然唱道：“啊！朋友，何必老调重弹！”这不是劝人消沉和绝望，而是要加入生命的狂欢。慢慢地，另一个声音加入了这个孤独的声音，然后是更多声音，一小组声音，然后是大合唱，随着音乐冲向象征着人类处境的旋风般的喧嚣高潮。

本书试图与那些声音联系起来。我还想介绍最后一个声音，来自乌巴素未谋面的“朋友”尤妮斯。

尤妮斯·凯瑟琳·韦蒙于1933年2月21日出生在北卡罗来纳州。2003年，她在法国去世，享年70岁。她来自南方一个贫穷的黑人家庭，但从3岁时就开始弹钢琴，而且拥有非凡的天赋。她曾面试过费城一所最著名的音乐学校，却因种族原因被拒之门外（她始终是这样认为的）。但她没有放弃，继续为世人创作蓝调、灵魂乐、爵士乐和R&B，唱歌，作词，弹钢琴。她是一位民权活动家，乌巴反复播放的那首歌成为美国民权运动的颂歌之一，是美国民权运动的一个标志性声音。我们更熟悉她的另一个名字——妮娜·西蒙，西蒙的那首歌以其简单纯真打动了我，可以作为这本书的某种配乐，我想你也会同意的。一段流畅动听的爵士乐蓝调钢琴前奏，一阵平静的响指声过后，西蒙高亢的声音唱出那句简单的开场白：我希望我知道自由的感觉（I wish I knew how it would feel to be free）。

如果你有段时间没听这首歌了（或从来没听过），请听一听吧。

当你听的时候，闭上眼睛，想想帕特里斯和赛拉，想想道恩和托尼·尼克林森，还有L小姐和安娜，瓦西里和列娜，乌巴和奥马尔，我不可思议的疯狂朋友萨布丽娜，弗朗索瓦和玛丽埃尔，哈尼法·纳基若瓦和拉娜，安东尼和迈克尔。他们在湖边和河边，在草原、城市和陌生的海洋，在我们这个人类横行的世界上。他们所有的故事异口同声地响起来，他们汇集的声音再次肯定了我们的能力，并将我们与这些能力重新联结起来，从而找到全新的方式去忍受，去反抗，去奋起，去获得自由，就像赛拉的父亲一样，去相信一切皆有可能。因此，尽管这本书探索了我们精神构成中可能令人沮丧和灰心的隐藏部分，但同时也探讨了与之平行的、为我们的生活赋予尊严的那部分。

我们知道关于人类思想的一些事实，但并非全部。这种冒险就在我们面前，很可能是下一个伟大的科学前沿。我们将以极为清晰的方式发现和窥探越来越多构成我们心智的执行系统，我们会更加清楚地看见自己。正如曼纽尔·卡斯特告诫我们的，只有这样，我们才能揭示我们心智活动中存在的有害力量；只有这样，我们才能更好地挑战（甚至最终改变）那些力量。

这本书始终围绕着最开始提出的三个问题：我们是谁，我们是什么，我们的内在有谁。这本书是关于如何倾听这些我们内在类型的声音，驾驭它们征服世界的力量，以不同方式、在不同地方、以不同程度找到新方法，来帮助我们自己和他人获得自由。我们是异常进化的生物体，拥有异常进化的心智，与自然界的其他部分一样由自然选择塑造而成。我们在基因上与丰富而惊人的自然界相连，我们是自然界的一部分。正如马克斯·德尔布鲁克所言，我们“是所有生命形式组成的无尽网络中的一条细线，网络中的一切都相互关联、相互依存”。我们对这张网络负有责任，这类似对家庭的忠诚，这就是我们在世界上的真正位置。然而，时间不多了，水位在上涨；但如果我们倾听，那么我相信我们能够听到，然后可以说：故事就这样再次开始了。

故事再次开始了。帕特里斯和赛拉穿越广袤骇人的沙漠寻找新家园，道恩·费兹·韦伯斯特寻求新学位的慰藉，蕾拉·侯赛因在为女性生殖器割礼发声，乌巴帮助了另一个女孩免受生殖器割礼之苦，哈尼法还在接受另一项手术，拉娜梦想着罗马的广场，瓦西里找到了另一条旅行的路，弗朗索瓦邀请另一个人乘坐他的“豪华轿车”，瑞奇的机器使他的秘密想法变得鲜活，还有认为自己一文不值的男孩安东尼，也悄悄踏上了回家的路。故事再次开始了，就在你我二人的大脑完成这项非凡壮举的时候。这项壮举是我们那些坐在稀树草原篝火旁的祖辈无法想象的——通过书页或屏幕上的一系列形状进行跨越时空的交流。当我写下这些话而你读到它们时，故事重新开始，我们又听到尤妮斯·凯瑟琳·韦蒙在歌唱，“我希望我知道自由的感觉”。

本书配乐

下列音乐多少与本书内容有关。其中一些歌曲为书中的人物提供了支持或鼓舞。

第一种人　痛苦感知者

- ‘A Real Hero’ (feat. Electric Youth) – College & Electric Youth
- ‘Poor Wayfaring Stranger’ – Natalie Merchant

第二种人　驱逐者

- ‘Beyond the Sea’ – (a) Bobby Darin; (b) Kathryn Williams & Adam Lipinski
- ‘Paid My Dues’ – Anastacia，这是凯西 · 博尔科瓦的选择。

第三种人　恐惧驯服者

- ‘Forever Autumn’ – Jeff Wayne (feat. Richard Burton)，这是道恩 · 费兹 · 韦伯斯特的选择。
- ‘Mad World’ – (a) Tears For Fears; (b) (feat. Gary Jules) – Michael Andrews

第四种人　观看者

- Piano Sonata No. 30 in E Major, Op. 109: III Andante – Ludwig van Beethoven
- ‘I Am Not Alone’ – Kari Jobe，这是哈尼法 · 纳基若瓦的选择。

第五种人　侵略者

- ‘I’m Gonna Be (500 Miles)’ – The Proclaimers

- 'Shine Bright Like a Diamond' – Julie Anna

第六种人　部落主义者

- 'America' – Cast, West Side Story (Original Motion Picture Soundtrack)
- 'Wicked Game' – Chris Isaak

第七种人　养育者

- 'Time After Time' – Cyndi Lauper
- 'Reach Out, I'll Be There' – Four Tops

第八种人　求爱者

- 'Bang Bang (My Baby Shot Me Down)' – Déborrah 'Moogy' Morgane
- Mazurka in A Minor, Op. 68, No. 2: Lento – Frédéric Chopin
- 'Do You Love Me' – The Contours，弗朗索瓦的选择，献给玛丽埃尔。

第九种人　施救者

- 'I Wanna Be Your Dog' – The Stooges
- 'Weather With You' – Crowded House

第十种人　亲缘主义者

- 'Fix You' – Coldplay，安吉的选择，献给瑞奇。
- 'I'm Sticking With You' – (a) Velvet Underground; (b) The Decemberists

尾声

- 'Here Comes the Sun' – The Beatles
- Symphony No. 9 in D Minor 'Choral': Ode to Joy – Ludwig van Beethoven
- 'I Wish I Knew How It Would Feel To Be Free' – Nina Simone，这是乌巴的选择。

参考文献

下面是我在写作本书时参考的一系列重要文本的很小一部分。为了让你更方便查阅，我在按照章节将书单分为十部分的基础上，又按话题做了次级细分，这样你就可以对你真正感兴趣的话题深入钻研。每个话题中的文献以字母表 A–Z 顺序排列。下面列出的近 150 年的研究与分析，很多是影响深远、引人深思的。我要感谢约翰·图比和勒达·科斯米德斯在进化心理学领域的开创性工作，罗伯特·库尔兹班对模块化的研究，道格拉斯·肯里克和弗拉达斯·格里斯科维修斯对“次自我”的出色研究，还有史蒂芬·平克为世人阐释意识究竟如何运作。前面我也提到了，完整书单在企鹅官网（penguin.co.uk）上可以查到。敬请取用。

作者的话

方法论

Bourdieu, P. (1987), 'The Force of Law: Toward a Sociology of the Juridical Field', *Hastings Law Review*, 38, pp. 814–53.

Bourdieu, P. et al. (1999), *The Weight of the World: Social Suffering in Contemporary Society*, Cambridge: Polity Press.

Bourdieu, P. and Wacquant, L. (1992), *An Invitation to Reflexive Sociology*, Cambridge: Polity Press.

Chomsky, N. (1998), *Profit Over People: Neoliberalism and the World Order*, New York: Seven Stories Press.

Chomsky, N. (2012), *How the World Works*, London: Hamish Hamilton.

Foucault, M. (1984), 'Nietzsche, Genealogy, History', in P. Rabinow (ed.), *The Foucault*

Reader: An Introduction to Foucault's Thought, London: Penguin.
Lukes, S. (2005), *Power: A Radical View* (2nd edn), Basingstoke: Palgrave Macmillan.
Singer, P. (2000), *A Darwinian Left: Politics, Evolution and Cooperation*, New Haven, CT: Yale University Press.
Wacquant, L. (2004), *Body and Soul: Notebooks of an Apprentice Boxer*, Oxford: Oxford University Press.
Wacquant, L. (2005), 'Carnal Connections: On Embodiment, Apprenticeship and Membership', *Qualitative Sociology*, 28(4), pp. 445–74.

保护措施

Berendt, J. (1994), *Midnight in the Garden of Good and Evil*, London: Chatto & Windus.
le Carré, J. (2016), *The Pigeon Tunnel: Stories from My Life*, London: Viking.
Obama, B. (2007), *Dreams From My Father: A Story of Race and Inheritance*, Edinburgh: Canongate Books.
Sacks, O. (1991), *Awakenings*, London: Picador.
Sacks, O. (1985/2015), *The Man Who Mistook His Wife For a Hat*, London: Picador Classic.
Yalom, I. (1991), *Love's Executioner and Other Tales of Psychotherapy*, London: Penguin.

序言

概论

Castells, M. (2009), *Communication Power*, Oxford: Oxford University Press.
Delbrück, M. (1949), 'A Physicist Looks at Biology', *Transactions of the Connecticut Academy of Arts and Sciences*, 38, pp. 173–90.
Dick, P. (1987/2000), *We Can Remember It For You Wholesale*, London: Millennium.
Wilson, E. (2013), *The Social Conquest of Earth*, New York: Liverlight.

少年保护管制与迈亚特事件

Carlile, Lord (2006), *An independent inquiry into the use of physical restraint, solitary confinement and forcible strip searching of children in prisons, secure training centres and local authority secure children's homes*, London: Howard League for Penal Reform.
Carlile, Lord (2011), *House of Lords public hearings on the restraint of children*, London:

Howard League for Penal Reform.
Carlile, Lord (2016), *The Carlile Inquiry 10 Years On: The Use of Restraint, Solitary Confinement and Strip-searching on Children*, London: Howard League for Penal Reform.
Foucault, M. (1977), *Discipline and Punish: The Birth of the Prison*, London: Penguin.
Goldson, B. (2006), 'Damage, harm and death in child prisons in England and Wales: questions of abuse and accountability', The Howard Journal of Criminal Justice, 45(5), pp. 449–67.
Goldson, B. and Coles, D. (2005), *In the Care of the State? – Child deaths in penal custody in England & Wales*, London: INQUEST.
Howard League (2011), *Twisted: The Use of Force on Children in Custody*, London: Howard League for Penal Reform.
Medway Improvement Board (2016), *Final Report of the Board's Advice to the Secretary of State for Justice*, [online]. Available at https://www.gov.uk/government/uploads/system/uploads/attachment_data/file/523167/medway-report.pdf [most recently accessed 6 October 2016].
Office of the Children's Commissioner (2011), *Young people's views on restraint in the secure estate*, London: OCC.
Pounder, R. (on the application of) v HM Coroner for the North and South Districts of Durham and Darlington, the Youth Justice Board and others [2009], EWHC 76 (Admin), High Court.
United Nations Committee on the Rights of the Child (2002), *Concluding Observations of the Committee on the Rights of the Child: United Kingdom of Great Britain and Northern Ireland*, Geneva: United Nations.

第一种人　痛苦感知者

进化论

Coyne, J. (2009), *Why Evolution Is True*, Oxford: Oxford University Press.
Darwin, C. (1859/2004), *On the Origin of Species by Means of Natural Selection*, London: Macmillan Collector's Library.
Darwin, C. (1871), *The Descent of Man, and Selection in Relation to Sex*, London: Murray.
Darwin, C. (1872/2002), *The Expression of Emotions in Man and Animals*, New York:

Oxford University Press.

Dawkins, R. (1976), *The Selfish Gene*, Oxford: Oxford University Press.

Dawkins, R. (1986), *The Blind Watchmaker*, New York: W. W. Norton.

Dennett, D. (1995), *Darwin's Dangerous Idea: Evolution and the Meanings of Life*, New York: Simon and Schuster.

Dunbar, R. (1992), 'Neocortex size as a constraint on group size in primates', *Journal of Human Evolution*, 20, pp. 469–93.

Dunbar, R. (1993), 'Coevolution of neocortical size, group size and language in humans', *Behavioral and Brain Sciences*, 11, pp. 681–735.

Dunbar, R. and Shultz, S. (2007), 'Evolution in the social brain', *Science*, 317, pp. 1344–7.

Hamilton, W. (1964), 'The genetic evolution of social behaviour, I and II', *Journal of Theoretical Biology*, 7, pp. 1–52.

Pinker, S. (2002), *The Blank Slate: The Modern Denial of Human Nature*, New York: Viking.

Shermer, M. (2006), *Why Darwin Matters: The Case Against Intelligent Design*, New York: Times Books.

Tattersall, I. (1998), *Becoming Human: Evolution and Human Uniqueness*, New York: Harcourt Brace.

进化心理学

Barkow, J., Cosmides, L. and Tooby, J. (eds) (1992), *The Adapted Mind: Evolutionary Psychology and the Generation of Culture*, New York: Oxford University Press.

Barrett, L. et al. (2001), *Human Evolutionary Psychology*, Basingstoke: Palgrave Macmillan.

Buss, D. (2005), *The Handbook of Evolutionary Psychology*, Hoboken, NJ: Wiley.

Buss, D. (2016), *Evolutionary Psychology: The New Science of the Mind*, New York: Routledge.

Workman, L. and Reader, W. (2014), *Evolutionary Psychology: An Introduction*, Cambridge: Cambridge University Press.

模块化

Barrett, H. (2012), 'Evolutionary Psychology', in Frankish, W. and Ramsey, W. (eds), *Cambridge Handbook of Cognitive Science*, Cambridge: Cambridge University Press (pp. 257–74).

Barrett, H. and Kurzban, R. (2006), 'Modularity in Cognition: framing the debate', *Psychological Review*, 113, pp. 628–47.

Carruthers, P. (2006), 'The Case for Massive Modular Models of the Mind', in Stainton, R. (ed.), *Contemporary Debates in Cognitive Science*, Oxford: Blackwell.

Chiappe, D. and Gardner, R. (2011), 'The modularity debate in evolutionary psychology', *Theory & Psychology*, 22(5), pp. 669–82.

Cosmides, L. and Tooby, J. (2002), 'Unraveling the enigma of human intelligence: evolutionary psychology and the multimodular mind', in Sternberg, R. and Kaufman, J. (eds), *The Evolution of Intelligence*, Mahwah, NJ: Erlbaum (pp. 145–98).

Fodor, J. A. (1983), *The Modularity of Mind: An Essay on Faculty Psychology*, Cambridge, MA: MIT Press.

Kenrick, D. and Griskevicius, V. (2013), *The Rational Animal: How Evolution Made Us Smarter Than We Think*, New York: Basic Books.

Kurzban, R. (2012), *Why Everyone (Else) Is a Hypocrite: Evolution and the Modular Mind*, Princeton, NJ: Princeton University Press.

Kurzban, R. and Aktipis, C. (2006), 'Modular minds, multiple motives', in Schaller, M., Simpson, J. and Kenrick, D. (eds), *Evolution and Social Psychology*, New York: Psychology Press (pp. 39–53).

Pinker, S. (1997), *How the Mind Works*, New York: W. W. Norton.

Ramachandran, V. S. and Blakeslee, S. (1999), *Phantoms in the Brain: Human Nature and the Architecture of the Mind*, London: Fourth Estate.

Sperber, D. (1994), 'The modularity of thought and the epidemiology of representations', in Hirschfeld, L. and Gelman, S. (eds), *Mapping the Mind: Domain-specificity in Cognition and Culture*, Cambridge: Cambridge University Press (pp. 39–67).

Tooby, J. and Cosmides, L. (1992), 'The Psychological Foundations of Culture', in Barkow, J. et al. (eds), *The Adapted Mind: Evolutionary Psychology and the Generation of Culture*, New York: Oxford University Press (pp. 19–136).

不同观点 / 批评与“适应论”

Dupre, J. (2012), 'Against Maladaptationism: or, what's wrong with evolutionary psychology?', in Dupre, J., *Processes of Life: Essays in Philosophy of Biology*, Oxford: Oxford University Press (pp. 245–60).

Fehr, C. (2012), 'Feminist Engagement with Evolutionary Psychology', *Hypatia*, 27, pp. 50–72.

Gould, S. and Lewontin, R. (1979), 'The Spandrels of San Marco and the Panglossian

Paradigm: A Critique of the Adaptationist Programme', *Proceedings of the Royal Society of London*, B 205.

先天与后天

Gander, E. (2003), *On Our Minds: How Evolutionary Psychology Is Reshaping the Nature-Versus-Nurture Debate*, Baltimore, MD: Johns Hopkins University Press.

Pinker, S. (2004), 'Why nature & nurture won't go away', *Daedalus*, 133(4), pp. 5–17.

Ridley, M. (2003), *Nature Via Nurture: Genes, Experience, and What Makes Us Human*, London: Fourth Estate.

Smith, A. et al. (2016), 'Food fussiness and food neophobia share a common etiology in early childhood', *Journal of Child Psychology and Psychiatry* (October 2016).

Tooby, J. and Cosmides, L. (1990), 'On the Universality of Human Nature and the Uniqueness of the Individual: The Role of Genetics and Adaptation', *Journal of Personality*, 58, pp. 17–67.

Wertz, A. and Wynn, K. (2014), 'Selective social learning of plant edibility in 6- and 18-month-old infants', *Psychological Science*, 25(4), pp. 874–82.

儿童劳工与儿童奴隶

Acred, C. (2014), *Child Labour & Exploitation*, Cambridge: Independence Educational Publishers.

International Labour Office (2012), *ILO Global Estimate of Child Labour*, Geneva: ILO Publications.

同理心与同情心

de Waal, F. (2012), *The Age of Empathy: Nature's Lessons For a Kinder Society*, New York: Three Rivers Press.

Faulkner, W. (1936/1995), *Absalom, Absalom!*, London: Vintage Classics.

Pegna, A. et al. (2005), 'Discriminating emotional faces without primary visual cortices involves the right amygdala', *Nature Neuroscience*, 8, pp. 24–25.

Pegna, A. et al. (2008), 'Visual search for facial expressions of emotion is less affected in simultanagnosia', *Cortex*, 44(1), pp. 46–53.

Pegna, A. et al. (2008), 'Electrophysiological evidence for early non-conscious processing of fearful facial expressions', *International Journal of Psychophysiology*, 70(2), pp. 127–136.

Russell, C. et al. (2016), 'Motivation and attention following hemispheric stroke',

Progress in Brain Research, 229, pp. 343–66.

Slovic, P. (2007), '"If I Look at the Mass I Will Never Act": Psychic Numbing and Genocide', *Judgment and Decision Making*, 2, pp. 79–95.

Singer, P. (1972), 'Famine, Affluence and Morality', *Philosophy and Public Affairs*, 1, pp. 229–43.

Singer, T. et al. (2004), 'Empathy for pain involves the affective but not sensory components of pain', *Science*, 303, pp. 1157–62.

Smith, A. (1759/2010), *Theory of Moral Sentiments*, London: Penguin Classics.

第二种人　驱逐者

对鱼类和其他动物的研究

Clutton-Brock, T. (2009), 'Cooperation between non-kin in animal societies', *Nature*, 462, pp. 51–7.

Clutton-Brock, T. et al. (2002), 'Evolution and development of sex differences in cooperative behaviour in meerkats', *Science*, 297, pp. 253–6.

Clutton-Brock, T. et al. (2005), '"False feeding" and aggression in meerkat societies', *Animal Behaviour*, 69, pp. 1273–84.

Solomon, N. and French, J. (1997), *Cooperative Breeding in Mammals*, Cambridge: Cambridge University Press.

Wong, M. et al. (2007), 'The threat of punishment enforces peaceful cooperation and stabilizes queues in a coral-reef fish', *Proceedings of the Royal Society B: Biological Sciences*, 274 (1613), (pp. 1093–9).

Wong, M. and Balshine, S. (2011), 'The evolution of cooperative breeding in the African cichlid fish, Neolamprologus pulcher', *Biological Reviews*, 86, pp. 511–30.

排斥和驱逐

Baumeister, R. et al. (2002), 'Effects of social exclusion on cognitive processes: anticipated aloneness reduces intelligent thought', *J. Personal. Soc. Psychol*, 83, pp. 817–27.

Baumeister, R. et al. (2006), 'Social exclusion impairs self-regulation', *J. Personal. Soc. Psychol.*, 88, pp. 589–604.

Bolkovac, K. and Lynn, C. (2011), *The Whistleblower: Sex Trafficking, Military Contractors and One Woman's Fight for Justice*, Basingstoke: Palgrave Macmillan.

Gruter, M. and Masters, R. (1986), 'Ostracism: a social and biological phenomenon', *Ethol. Sociobiol.*, 7, pp.149–395.

Kurzban, R. and Leary, M. (2001), 'Evolutionary origins of stigmatization: the functions of social exclusion', *Psychological Bulletin*, 127(2), pp. 187–208.

Eisenberger, N. et al. (2003), 'Does rejection hurt: an fMRI study of social exclusion', *Science*, 302, pp. 290–2.

Eisenberger, N. and Lieberman, D. (2004), 'Why rejection hurts: the neurocognitive overlap between physical and social pain', *Trends in Cognitive Sciences*, 8, pp. 294–300.

Hobbes, T. (1651/2008), *Leviathan*, Oxford: Oxford World Classics.

Leary, M. et al. (2003), 'Teasing, rejection, and violence: case studies of the school shootings', *Aggressive Behavior*, 29, pp. 202–14.

MacDonald, G. and Leary, M. (2005), 'Why does social exclusion hurt? The relationship between social and physical pain', *Psychol. Bull.*, 131, pp. 202–23

Williams, K. (2001), *Ostracism: The Power of Silence*, New York: Guilford.

Williams, K. (2007), 'Ostracism', *Annual Review of Psychology*, 58, pp. 425–52.

Williams, K. (2007), 'Ostracism: the kiss of social death', *Social and Personality Compass*, 1, pp. 236–24.

Williams, K. et al. (2000), 'CyberOstracism: effects of being ignored over the Internet', *J. Personal. Soc. Psychol.*, 79, pp. 748–62.

第三种人　恐惧驯服者

恐惧与恐惧管理理论

Becker, E. (1973), *The Denial of Death*, New York: The Free Press.

Gilderdale, K. (2011), *One Last Goodbye: Sometimes Only a Mother's Love Can Help End the Pain*, London: Ebury Press.

Hirschberger, G. et al. (2010), 'Looking away from death: defensive attention as a form of terror management', *Journal of Experimental Social Psychology*, 46, pp. 172–8.

Landau, M. et al. (2006), 'The Siren's Call: Terror Management and the Threat of Men's Sexual Attraction to Women', *Journal of Personality and Social Psychology*, 90(1), pp. 129–46.

Landau, M. et al. (2007), 'On the compatibility of terror management theory and perspectives on human evolution', *Evolutionary Psychology*, 5(3), pp. 476–519.

Owen, A. et al. (2006), 'Detecting Awareness in the Vegetative State', *Science*, 313, p. 1402.

Rosenblatt, A. et al. (1989), 'Evidence for Terror Management Theory: I. The Effects of Mortality Salience on Reactions to Those Who Violate or Uphold Cultural Values', *Journal of Personality and Social Psychology*, 57(4), pp. 681–90.

Roth, P. (2002), *The Dying Animal*, London: Vintage.

Solomon, S. et al. (1991), 'Terror management theory of self-esteem', in Snyder, C. and Forsyth, D. (eds), *Handbook of Social and Clinical Psychology: The Health Perspective*, New York: Pergamon Press (pp. 21–40).

Solomon, S. et al. (1991), 'A terror management theory of social behavior: the psychological functions of self-esteem and cultural worldviews', in M. P. Zanna (ed.), *Advances in Experimental Social Psychology*, New York: Academic Press (vol. 24, pp. 93–159).

Solomon, S. et al. (2016), *The Worm at the Core: On the Role of Death in Life*, London: Penguin.

闭锁综合征

Laureys, S. et al. (2005), 'The locked-in syndrome: what is it like to be conscious but paralyzed and voiceless?', *Progress in Brain Research*, 150, pp. 495–511.

Nizzi, M. C. et al. (2012), 'From armchair to wheelchair: how patients with a locked-in syndrome integrate bodily changes in experienced identity', *Consciousness and Cognition*, 21(1), pp. 431–7.

第四种人　观看者

酸暴力

Acid Survivors Trust International (2016), *Justice? What Justice? Tackling Acid Violence and Ensuring Justice for Survivors*, London: ASTI.

Kalantry, S. and Getgen, E. (2011), 'Combatting Acid Violence in Bangladesh, India and Cambodia', *Cornell Legal Studies Research Paper*, pp. 11–24.

面孔

Aharon, I. et al. (2001), 'Beautiful Faces Have Variable Reward Value: fMRI and Behavioral Evidence', *Neuron*, 32, pp. 537–51.

Daly, M. and Wilson, M. (2005), 'Carpe Diem: adaptation and devaluing the future', *The Quarterly Review of Biology*, 80(1), pp. 55–60.

Eberhardt, J. et al. (2006), 'Looking Deathworthy: Perceived Stereotypicality of Black Defendants Predicts Capital-Sentencing Outcomes', *Cornell Law School research paper*, no. 06–012, Ithaca, NY: Cornell Law School.

Foucault, M. (1988), 'Technologies of the Self', in Martin, L. et al. (eds), *Technologies of the Self: A Seminar with Michel Foucault*, London: Tavistock.

Halberstadt, J. and Rhodes, G. (2000), 'The attractiveness of nonface averages: implications for an evolutionary explanation of the attractiveness of average faces', *Psychological Science*, 11, pp. 285–9.

Langlois, J. et al. (1987), 'Infant preferences for attractive faces: rudiments of a stereotype', *Developmental Psychology*, 23, pp. 363–9.

Langlois, J. and Roggman, L. (1990), 'Attractive faces are only average', *Psychological Science*, 1, pp. 115–21.

Langlois, J. et al. (1991), 'Facial diversity and infant preference for attractive faces', *Developmental Psychology*, 27, pp. 79–84.

Quinn, P. et al. (2008), 'Preference for attractive faces in human infants extends beyond conspecifics', *Developmental Science*, 11(1), pp. 76–83.

Slater, A. et al. (2000), 'Newborn infants' preference for attractive faces: the role of internal and external facial features', *Infancy*, 1, pp. 265–74.

Slater, A. and Quinn, P. (2001), 'Face recognition in the newborn infant', *Infant and Child Development*, 10, pp. 21–24.

Slater, A. et al. (2003), 'The role of facial orientation in newborn infants' preference for attractive faces', *Developmental Science*, 3, pp. 181–5.

Wilson, M. and Daly, M. (2004), 'Do Pretty Women Cause Men to Discount the Future?', *Proceedings of the Biological Society*, 271(4), pp. 177–9.

第五种人　侵略者

攻击性

Adams, D. et al. (1990), 'The Seville Statement on Violence', *American Psychologist*, 45, p. 1167.

Anderson, C. A. and Bushman, B. (2002), 'Human aggression', *Annual Reviews of Psychology*, 53, pp. 27–51.

Batson, D. et al. (2003), '"As you would have them do onto you": does imagining yourself in the other's place stimulate moral action?', *Personality and Social Psychology Bulletin*, 29, pp. 1190– 201.

Buss, D. (2006), *The Murderer Next Door: Why the Mind is Designed to Kill*, New York: Penguin.

Cushman, F. et al. (2012), 'Simulating Murder: the aversion to harmful action', *Emotion*, 12(1), p. 2.

Grossman, D. (1995), *On Killing*, Boston: Little, Brown.

Hammes, T. (2006), *The Sling and the Stone: On War in the 21st Century*, St Paul, MN: Zenith Press.

LeDoux, J. (1996), *The Emotional Brain*, New York: Simon & Schuster.

Martens, A. et al. (2007), 'Killing begets killing: evidence from a bug-killing paradigm that initial killing fuels subsequent killing', *Personality and Social Psychology Bulletin*, 33, pp. 1251–64.

Pinker, S. (2011), *The Better Angels of Our Nature: Why Violence Has Declined*, New York: Viking.

Singer, T. et al. (2004), Empathy for pain involves the affective but not sensory components of pain', *Science*, 303, pp. 1157–62.

Webber, D. et al. (2013), 'Using a Bug-Killing Paradigm to Understand How Social Validation and Invalidation Affect the Distress of Killing', *Personality and Social Psychology Bulletin*, 39(4), pp. 470–81.

Wrangham, R. et al. (2006), 'Comparative rates of violence in chimpanzees and humans', *Primates*, 47, pp. 14–26.

中非共和国

Gide, A. (1995), *Voyage au Congo*, Paris: Gallimard Éducation.

Lombard, L. (2016), *State of Rebellion: Violence and Intervention in the Central African Republic (African Arguments)*, London: Zed Books.

Titley, B. (2002), *Dark Age: The Political Odyssey of Emperor Bokassa*, Montreal: McGill-Queen's University Press.

儿童兵、欲求性攻击

Amone-P'Olak, K. et al. (2007), *South African Psychiatry Review*, 10, pp. 76–82.

Brett, R. and Sprecht, I. (2004), *Young Soldiers: Why They Choose to Fight*, Boulder, CO: Lynne Rienner.

Child Soldiers International (2017), 'What are child soldiers?', [online]. From https://www.child-soldiers.org/about-the-issue [most recently accessed 8 March 2017].

Coalition to Stop the Use of Child Soldiers (2010), *Mai Mai child soldier recruitment and use: entrenched and unending*, London: Coalition to Stop the Use of Child Soldiers, pp. 1–17.

Elbert, T. and Schauer, M. (2002), 'Psychological trauma: burnt into memory', *Nature*, 419, p. 883.

Elbert, T. et al. (2006), 'The influence of organized violence and terror on brain and mind – a co-constructive perspective', in Baltes, P. et al. (eds), *Lifespan Development and the Brain: The Perspective of Biocultural Co-constructivism*, Cambridge: Cambridge University Press (pp. 1–36).

Elbert, T. et al. (2010), 'Fascination violence: on mind and brain of man hunters', *European Archives of Psychiatry and Clinical Neuroscience*, 260(1), pp. 100–5.

Friedman, M. (2001), *Post Traumatic Stress Disorder*, Kansas City: Compact Clinicals.

Heckler, T. et al. (2012), 'Appetitive aggression in former combatants – derived from the ongoing conflict in DR Congo', *International Journal of Law and Psychiatry*, 35(3), pp. 244–9.

Maclure, R. and Denov, M. (2006), '"I Didn't Want to Die So I Joined Them": Structuration and the Process of Becoming Boy Soldiers in Sierra Leone', *Terrorism and Political Violence*, 18, pp. 119–35.

Pham, P. N. et al. (2009), 'Returning home: forced conscription, reintegration, and mental health status of former abductees of the Lord's Resistance Army in northern Uganda', *BioMed Central Psychiatry*, 9, p. 23.

Song, S. and de Jong, J. (2013), 'The Role of Silence in Burundian Former Child Soldiers', *International Journal of Adv. Counselling*, 36, pp. 84–95.

Tottenham, N. et al. (2009), 'A developmental perspective on human amygdala function', in Phelps, E. and Whalen, P. (eds), *The Human Amygdala*, New York: Guilford Press (pp. 107–17).

Tottenham, N. et al. (2010), 'Prolonged institutional rearing is associated with atypically large amygdala volume and emotion regulation difficulties', *Developmental Science*, 13(1), pp. 46–61.

Tottenham, N. (2012), 'Human Amygdala Development in the Absence of Species-Expected Caregiving', *Developmental Psychobiology*, 54, pp. 598–611.

Weierstall, R. et al. (2013), 'Relations among appetitive aggression, post-traumatic stress and motives for demobilization: a study in former Colombian combatants', *Conflict and Health*, 7, p. 9.

第六种人　部落主义者

噪声

Dunbar, R. (2004), 'Gossip in Evolutionary Perspective', *Review of General Psychology*, 8(2), p. 100.

Étienne, D. et al. (2004), 'Public Information: From Noisy Neighbors to Cultural Evolution', *Science*, 305 (5683), pp. 487–91.

Hansjoerg, P. et al. (2007), 'Vocal Interactions in Common Nightingales (Luscinia megarhynchos): Males Take It Easy after Pairing', *Behavioral Ecology and Sociobiology*, 61(4), pp. 557–63.

Otter, K. et al. (1999), 'Female birds then seek extra-pair fertilisation from the "winner"', *Proc. R. Soc. London*, Ser. B266, p. 1305.

群体

Allport, G. (1954), *The Nature of Prejudice*, Cambridge, MA: Addison-Wesley.

Brewer, M. (1979), 'Ingroup bias in the minimal intergroup situation: a cognitive motivational analysis', *Psychological Bulletin*, 86(2), pp. 307–24.

Sherif, M. (1967), *Group Conflict and Co-operation*, London: Routledge.

Sidanius, J. et al. (2004), 'Social dominance theory: its agenda and method', *Political Psychology*, 25, pp. 845–80.

Tajfel, H. (1970), 'Experiments in intergroup discrimination', *Scientific American*, 223(5), pp. 96–102.

Tajfel, H. (1974), 'Social identity and intergroup behaviour', *Social Science Information*, 13, pp. 65–93.

Tajfel, H. (1981), *Human Groups and Social Categories*, Cambridge: Cambridge University Press.

Tajfel, H. and Turner, J. (1986), 'The social identity theory of intergroup behaviour', in Austin, W. and Worchel, S. (eds), *Psychology of Intergroup Relations* (2nd edn), Chicago: Nelson-Hall (pp. 7–24).

海地

Dandicat, E. (1999), *The Farming of Bones*, London: Abacus.

Farmer, P. (2011), *Haiti After the Earthquake*, New York: Public Affairs.

Kidder, T. (2011), *Mountains Beyond Mountains: From Harvard to Haiti*, London: Profile.

Paulino, E. (2005), 'Erasing the Kreyol from the Margins of the Dominican Republic: The Pre- and Post- Nationalization Project of the Border, 1930–1945', *Wadabagei: Journal of the Caribbean and Its Diaspora*, 8(2), pp. 35–71.

Paulino, E. (2006), 'Anti-Haitianism, Historical Memory, and the Potential for Genocidal Violence in the Dominican Republic', *Genocide Studies and Prevention*, 1(3), pp. 265–88.

种族

Kurzban, R. et al. (2001), 'Can race be erased? Coalitional computation and social categorization', *Proceedings of the National Academy of Sciences*, 18 December 2001, 98(26), pp. 15387–92.

Voorspoels, W. et al. (2014), 'Can race really be erased? A pre-registered replication study', *Frontiers in Psychology*, 5, p. 1035.

第七种人　养育者

母性、养育和亲代投资

Basil of Caesarea (1998), in Boswell, J., *The Kindness of Strangers: The Abandonment of Children in Western Europe from Late Antiquity to the Renaissance*, Chicago, IL: University of Chicago Press (pp. 165–66).

Crittenden, P. (1988), 'Family and dyadic patterns of functioning in maltreating families', in Browne, K. et al. (eds), *Early Prediction and Prevention of Child Abuse*, Chichester, England: Wiley (pp. 161–89).

Bugental, D. et al. (2013), 'Outcomes of parental investment in high-risk children', J. Exp. Child Psychol., 116(1), pp. 59–67.

Daly, M. and Wilson, M. (1981), 'Abuse and neglect of children in evolutionary perspective', in Alexander, R. and Tinkle, D. (eds), Natural Selection and Social Behavior, New York: Chiron.

Daly, M., and Wilson, M. (1984), 'A sociobiological analysis of human infanticide', in Hausfater, G. and Hrdy, S. (eds), *Infanticide: Comparative and Evolutionary Perspectives*, New York: Aldine de Gruyter (pp. 487–502).

Daly, M. and Wilson, M. (1988), 'The Darwinian psychology of discriminative parental solicitude', *Nebraska Symposium on Motivation*, 35, pp. 91–144.

Daly, M. and Wilson, M. (1995), 'Discriminative parental solicitude and the relevance of evolutionary models to the analysis of motivational systems', in Gazzaniga, M. (ed.), *The Cognitive Neurosciences*, Cambridge, MA: MIT Press (pp. 1269–86).

Dozier, M. et al. (2001), 'Attachment for infants in foster care: the role of caregiver state of mind', *Child Development*, 72(5), pp. 1467–77.

Daly, M. and Wilson, M. (1995), 'Discriminative parental solicitude and the relevance of evolutionary models to the analysis of motivational systems', in Gazzaniga, M. (ed.), *The Cognitive Neurosciences*, Cambridge, MA: MIT Press (pp. 1269–86).

Dozier, M. et al. (2001), 'Attachment for infants in foster care: the role of caregiver state of mind', *Child Development*, 72(5), pp. 1467–77.

Gibran, K. (1926/2013), *The Prophet*, London: Vintage Classics.

Hrdy, S. (1999), *Mother Nature: Natural Selection and the Female of the Species*, London: Chatto & Windus.

Hrdy, S. (2011), *Mothers and Others: The Evolutionary Origins of Mutual Understanding*, Cambridge, MA: Harvard University Press.

Lupien, S. (2009), 'Effects of stress throughout the lifespan on the brain, behaviour and cognition', *Nature Reviews Neuroscience*, 10(6), pp. 434–45.

Mann, J. (1995), 'Attachment and maternal compensation with high-risk infants: an ethological study', *Human Behavior and Evolution Society*, Santa Barbara, CA (June–July).

Mann, J. and Plunkett, J. (1992), 'Home observations of extremely low birthweight infants: maternal compensation or overstimulation', paper presented at the International Conference on Infant Studies, Miami, FL (May).

Main, M. and Hesse, E. (1990), 'Parents' unresolved traumatic experiences are related to infant disorganized attachment status: is frightened and/or frightening parental behaviour the linking mechanism?', in Greenberg, M. et al. (eds), *Attachment in the Preschool Years*, Chicago, IL: University of Chicago (pp. 161–82).

Quinlan, R. (2007), 'Human parental effort and environmental risk', *Proceedings of the Royal Society of London*, B274, pp. 121–5.

Quinlan, R. (2008), 'Human pair-bonds: evolutionary functions, ecological variation, and adaptive development', *Evolutionary Anthropology*, 17, pp. 227–38.

Sear, R. and Mace, R. (2008), 'Who keeps children alive? A review of the effects of kin on child survival', *Evolution and Human Behavior*, 29, pp. 1–18.

Tottenham, N. et al. (2010), Prolonged institutional rearing is associated with atypically large amygdala volume and difficulties in emotion regulation', *Developmental Science*, 13(1), pp. 46–61.

Trivers, R. (1972), 'Parental investment and sexual selection', in Campbell, B. (ed.),

Sexual Selection and the Descent of Man 1871–1971, Chicago, IL: Aldine (pp. 136–79).

Wells, P. (2000), 'Medea or Madonna?', *Times Literary Supplement*, London, England (17 March).

Winking, J. et al. (2007), Why do men marry and why do they stray?', *Proceedings of the Royal Society*, B274, pp. 1643–9.

弃婴轮

Boswell, J. (1988), *The Kindness of Strangers: The Abandonment of Children in Western Europe from Late Antiquity to the Renaissance*, New York: Pantheon.

Fuchs, R. (1984), *Abandoned Children: Foundlings and Child Welfare in Nineteenth Century France*, Albany: SUNY Press.

Kertzer, D. (1993), *Sacrificed for Honor: Italian Infant Abandonment and the Politics of Reproductive Control*, Boston: Bantam Press.

Tilly, L. et al. (1992), 'Child abandonment in European history: a symposium', *Journal of Family History*, 17(1), pp. 1–23.

腓特烈二世

Abulafia, D. (1988), *Frederick II: A Medieval Emperor*, London: Allen Lane.

Einstein, D. (1949), *Emperor Frederick II*, New York: Philosophical Library.

Kantorowicz, E. (1967), *Frederick the Second, 1194–1250*. Authorized English version by E. O. Lorimer, New York: Frederick Unger.

Masson, G. (1957), *Frederick II of Hohenstaufen. A Life*, London: Secker & Warburg.

性剥削

Kaysen, D. et al. (2003), 'Living in danger: the impact of chronic traumatization and the traumatic context on post-traumatic stress disorder trauma', *Violence and Abuse*, 4, pp. 247–64.

Ling, D. et al. (2001), 'Silent killers of the night: an exploration of psychological health and suicidality among female street sex workers', *Journal of Sex and Marital Therapy*, 33, pp. 281–99.

狼群

Carter, A. (1979/2006), *The Bloody Chamber and Other Stories* ('The Company of Wolves'), London: Vintage Classics.

第八种人 求爱者

Anderson, S. (2007), 'The economics of dowry and brideprice', *The Journal of Economic Perspectives*, 21(4), pp. 151–74.

Buss, D. (1992), 'Mate preference mechanisms: consequences for partner choice and intrasexual competition', in Barkow, J. et al. (eds), *The Adapted Mind: Evolutionary Psychology and the Generation of Culture*, Oxford: Oxford University Press (pp. 249–66).

Buss, D. (1995), *The Evolution of Desire: Strategies of Human Mating*, New York: Basic Books.

Darwin, C. (1871), *The Descent of Man and Selection in Relation to Sex*, London: John Murray.

Fehr, E. and Fischbacher, U. (2003), 'The nature of human altruism', *Nature*, 425, pp. 785–91.

Griskevicius, V. et al. (2007), 'Blatant benevolence and conspicuous consumption: when romantic motives elicit strategic costly signals', *Journal of Personality and Social Psychology*, 93, pp. 85–102.

Kenrick, D. and Griskevicius, V. (2013), *The Rational Animal: How Evolution Made Us Smarter Than We Think*, New York: Basic Books.

Kimberley, J. et al. (2007), 'Chimpanzees share forbidden fruit', *PLOS ONE*, 2, p. 9.

Pan, Y. et al. (2011), 'Turning males on: activation of male courtship behavior in Drosophila melanogaster', *PLOS ONE*, 6(6), e21144.

Murdock, G. (1967), *Ethnographic Atlas*, Pittsburgh: University of Pittsburgh Press.

Smith, E. et al. (2003), 'The benefits of costly signaling: Meriam turtle hunters', *Behavioral Ecology* 14(1), pp. 116–26.

Van Vugt, M. and Dunbar, R. (2008), 'Showing off in humans: male generosity as a mating signal', *Evolutionary Psychology*, 6(3), pp. 386–92.

第九种人 施救者

伊莱恩（利他主义、同理心、利己主义）

Axelrod, R. and Hamilton, W. (1981), 'The evolution of cooperation', *Science*, 211, pp. 1390–6.

Batson, C. et al. (1981), 'Is empathic emotion a source of altruistic motivation?', *Journal of Personality and Social Psychology*, 40(2), pp. 290–302.

Batson, C. et al. (1988), 'Five studies testing two new egoistic alternatives to the empathy–altruism hypothesis', *Journal of Personality and Social Psychology*, 55(1), pp. 52–77.

Batson, C. and Shaw, L. (1991), 'Evidence for altruism: toward a pluralism of prosocial motives', *Psychological Inquiry*, 2(2), pp. 107–22.

Cialdini, R. (1991), 'Altruism or egoism? That is (still) the question', *Psychological Inquiry*, 2, pp. 124–6.

Cialdini, R. et al. (1973), 'Transgression and altruism: a case for hedonism', *Journal of Experimental Social Psychology*, 9, pp. 502–16.

Cialdini, R. et al. (1987), 'Empathy-based helping: is it selflessly or selfishly motivated?', *Journal of Personality and Social Psychology*, 52, pp. 749–58.

Cialdini, R. et al. (1997), 'Reinterpreting the empathy-altruism relationship: when one into one equals oneness', *Journal of Personality and Social Psychology*, 73(3), pp. 481–94.

Fehr, E. and Gächter, S. (2002), 'Altruistic punishment in humans', *Nature*, 415, pp. 137–40.

Fehr, E. and Fischbacher, U. (2003) , 'The nature of human altruism', *Nature*, 425(6960), pp. 785–91.

Hill, K. (2002), 'Altruistic cooperation during foraging by the Ache, and the evolved human predisposition to cooperate', *Human Nature*, 13, pp. 105–28.

Holmes, J. et al. (2002), 'Committing altruism under the cloak of self-interest: the exchange fiction', *Journal of Experimental Social Psychology*, 38(2), pp. 144–51.

Rilling, J. et al. (2002), 'A neural basis for social cooperation', *Neuron*, 35(2), pp. 395–405.

Trivers, R. (1971), 'The evolution of reciprocal altruism', *Quarterly Review of Biology*, 46, (March), pp. 35–57.

Van Lange, P. (2008), 'Does empathy trigger only altruistic motivation? How about selflessness or justice?', *Emotion*, 8(6), pp. 766–74.

蚁类、犬类

Hollis, K. and Nowbahari, E. (2013), 'A comparative analysis of precision rescue behaviour in sand-dwelling ants', *Animal Behaviour*, 85(3), pp. 537–44.

Ovodov, N. et al. (2011), 'A 33,000-year-old incipient dog from the Altai Mountains of Siberia: evidence of the earliest domestication disrupted by the last glacial maximum', *PLOS ONE*, 6(7), e22821.

第十种人　亲缘主义者

人类

Anderson, K. (2010), 'Life Expectancy and the Timing of Life History Events in Developing Countries', *Human Nature*, 21(2), pp. 103–23.

Anderson, K. (2015), 'Father absence, childhood stress, and reproductive maturation in South Africa', *Human Nature*, 26(4), pp. 401–25.

Chisholm, J. et al. (2005), 'Early stress predicts age at menarche and first birth, adult attachment, and expected lifespan', *Human Nature*, 16, pp. 233–65.

Del Guidice, M. (2014), 'Life history plasticity in humans: the predictive value of early cues depends on the temporal structure of the environment', *Proceedings of the Royal Society*, B281, 20132222.

Del Guidice, M. and Belsky, J. (2011), 'Parent-child relationships', in Salmon, C. and Shackleford, T. (eds), *The Oxford Handbook of Evolutionary Family Psychology*, New York, NY: Oxford University Press (pp. 65 et seq.).

Mayr, E. (1961), 'Cause and effect in biology kinds of causes, predictability, and teleology are viewed by a practicing biologist', *Science*, 134(3489), pp. 1501–6.

Mullainathan, S. (2014), *Scarcity: The True Cost of Not Having Enough*, London: Penguin.

Nettle, D. et al. (2013), 'The evolution of predictive adaptive responses in human life history', *Proceedings of the Royal Society*, B280, 20131343.

Quinlan, R. (2007), 'Human parental effort and environmental risk', *Proceedings of the Royal Society of London*, B274, pp. 121–5.

Quinlan, R. (2008), 'Human pair-bonds: evolutionary functions, ecological variation, and adaptive development', *Evolutionary Anthropology*, 17, pp. 227–38.

非人类动物

Armstrong, A. (1954), 'The ecology of distraction display', *The British Journal of Animal Behaviour*, 2(4), pp. 121–35.

Cameron, N. et al. (2008), 'Maternal influences on the sexual behavior and reproductive success of the female rat', *Hormones and Behavior*, 54(1), pp. 178–84.

Fernandez-Duque, E. et al. (2009), 'The biology of paternal care in human and nonhuman primates', *Annual Review of Anthropology*, 38, pp. 115–30.

Montgomerie, R. and Weatherhead, P. (1988), 'Risks and rewards of nest defence by parent birds', *Quarterly Review of Biology*, pp. 167–87.

Ricklefs, R. (1969), 'An analysis of nesting mortality in birds', *Smithson. Contrib. Zool.*, 9, pp. 1–48.

尾声

概述

Balzac, H. (1835/1951), *Old Goriot*, London: Penguin.

Delbrück, M. (1949), 'A Physicist Looks at Biology', *Transactions of the Connecticut Academy of Arts and Sciences*, 38, pp. 173–90.

Miller, M. and Taube, K. (1997), *The Gods and Symbols of Ancient Mexico and the Maya*, London: Thames & Hudson.

Neruda, P. (1924/2007), *Twenty Love Poems and a Song of Despair*, London: Penguin.

Olcott, M. (1995), *The Kazakhs*, Stanford, CA: Hoover Institution Press.

基因与文化的共同进化

Arjamaa, O. and Vuorisalo, T. (2010), 'Gene-culture coevolution and human diet: rather than acting in isolation, biology and culture have interacted to develop the diet we have today', American Scientist, 98(2), pp. 140–7.

Laland, K. et al. (2010), 'How culture shaped the human genome: bringing genetics and the human sciences together', *Nature Reviews Genetics*, 11, pp. 137–48.

Richerson, P. et al. (2010), 'Gene-culture coevolution in the age of genomics', *Proceedings of the National Academy of Sciences of the United States of America*, vol. 107, supplement 2: 'In the Light of Evolution IV: The Human Condition' (May 11, 2010), pp. 8985–92.

尤妮斯・凯瑟琳・韦蒙

Simone, N. and Cleary, S. (1991/2003), *I Put a Spell on You*, Cambridge, MA: Da Capo Press.

致谢

我认为还应该提到一种人：**受惠者**。显然，在为这本书做研究的过程中，我成了世界上亏欠最多的人之一。如果你和我一同走过这十个章节的旅行，你应能发觉有那么多伟大的人曾给予我重如泰山的恩惠。我无法一一具名，也无法逐个向他们充分表达我的谢意。这篇致谢是一名律师、研究者和作家为解决这一艰巨任务所做的尝试，但我乐意这样做。需要强调的是，无论下列人给予了我怎样的慷慨帮助，本书文责仍由我自负。

关于加雷斯·迈亚特的案子，我要感谢加雷斯的母亲帕姆、优秀的初级律师布伦达·坎贝尔（Brenda Campbell）、我们的诉讼律师马克·斯科特（Mark Scott）和拉居·巴特（Raju Bhatt），以及死因调查组织的副主任黛博拉·科尔斯和海伦·肖（Helen Shaw）。在此案审理过程中，我们的好友和同事吉利·芒迪（Gilly Mundy）不幸过世。所有认识他的人都深深怀念这位无所畏惧的人权斗士。

艾伦·佩格纳博士是一名杰出的研究员，也是一位热心肠的人。我感激他的慷慨与建议。无比感谢在加纳的凯特·丹弗斯、戴维·施利（David Schley）和约翰尼·怀特海德（Jonny Whitehead），还有 JA、W、奥斯汀·F.、LP，以及无与伦比的安东尼。基普·威廉姆斯和玛丽安·王是不可替代的，他们是重要的联系人，给人思想上的启发，而且才华横溢，从事着至关重要的研究。鲁斯·托马斯·苏（Ruth Thomas Suh）导演和出品了一部关于驱逐行为的电影《拒绝》（*Reject*），可以在 kanopystreaming.com 上观看。凯西·博尔科瓦不屈不挠的勇气鼓舞了很多人。谢尔登·所罗门总是不吝时间与想法，并且从事着重要的研究。我想感谢简·尼克尔森和贝德曼斯事务所的御用大律师塞默·查哈尔（Saimo Chahal）。费兹·韦伯斯特家的所有成员都令我印象深刻：亚力克、雪莉、亚历山大、马克，当然还有我的好朋友道恩——我还会再谈到她。

我要感谢拉娜、了不起的哈尼法·纳基若瓦，以及国际硫酸袭击幸存者信托基金会的贾夫•沙阿。发生在中非共和国（后又波及喀麦隆）的一切改变了我的世界观。我衷心感谢了不起的朱迪思·勒威易，以及达尼埃拉·L.、GH、赛琳娜、UL、弗朗索瓦、帕特里斯、赛拉、斯泰威·S.（Stevie S.）、M 先生，当然还有我的朋友与伙伴，不可思议的萨布丽娜·阿瓦基安——你鼓舞了我。同样感谢联合国儿童基金会驻英办事处的莎莉·戴维斯（Sally Davies）。托马斯·埃尔伯特及其团队的创造性工作为一些遭受严重创伤的孩子减轻了痛苦，我感激托马斯给予我的时间和建议。在海地，我要感谢珍妮·V.、约内尔、联合国工作人员耿·本杰明森（Gunn Benjaminsen）、阿妮娅牧师、内奥米、玛茜、RR、CB 和 MT。在哈萨克斯坦，我感谢那些让我看清人口贩运现实的联系人：T、AD、SK、KU、马尔然·L.，当然还有瓦西里。安吉和瑞奇在我们最困难的时刻提供了支持和陪伴，也是不动声色的勇气的典范。哥伦比亚大学的尼姆·托特纳姆不仅为我解答了很多神经科学和神经重塑方面的问题，还为我进一步的调研和阅读提供了宝贵建议。尽管日程很紧，尼姆总能挤出时间。我非常感谢苏塞克斯大学的佩吉·圣雅克关于记忆和创伤领域的建议。

作为本书研究的延伸，我在同期进行的法律工作中得到了一些顶尖初级律师的协助：克莱尔·戴维斯（Clare Davies）、彼得·达尔森（Peter Dahlsen）、伊姆然·沙非（Imran Shafi）、保罗·克拉克（Paul Clarke）、帕拉姆吉特·阿卢瓦利亚（Paramjit Ahluwalia）、办过多起出色案子的阿列克斯·罗斯（Alex Rose）、我剑桥的同事卡梅伦·迈尔斯（Cameron Miles），以及与我成功合作过三个案子的老战友理查德·雷诺兹（Richard Reynolds）。其中一个案子是杰克·哈代审讯案，其间我不仅让我们的法律团队在非人道的时间工作，还在博尔顿的假日酒店里每晚占用就餐时间逼迫他们思考这本书中涉及的困境。为此，也得感谢了不起的海伦·斯通（Helen Stone）、阿妮塔·沙玛（Anita Sharma）和肖娜·克拉兰（Shona Crallan）。

在律师协会人权委员会和我主持的女性生殖器割礼工作组，我要特别感谢我的法律界同事柯斯蒂·布赖姆洛御用大律师、欣兰·塞缪尔、夏洛特·普劳德曼（Charlotte Proudman）、希尔多拉·克里斯图（Theodora Christou）博士、萨姆·福尔斯（Sam Fowles）、费利西提·格里（Felicity Gerry）御用大律师以及考特尼·博尔马特（Courtney Perlmutter）。此外，Garden Court 的格瑞尼·梅隆（Grainne Mellon）在我们的联合国报告撰写方面给予了极大帮助，后续又在反暴力伤害妇女儿童（VAWG）的工作中协助我们。同样做出贡献的还有我们的高级文书科林·库克（Colin Cook），他从我进入律师界以来就一直与我合作。在我们向国会推动反女性割礼的抗争时，很高兴与莫莉·米彻（Molly Meacher）女男爵和希玛·马洛特拉（Seema Malhotra）议员及其团队并肩作战。在推动更广泛的反对女性生殖器割礼的抗争上，我也很荣幸与顽强的希拉里·伯瑞吉（Hilary Burrage）和图比·莱文（Tobe Levin），以及“给母亲的安全之手”（Safe Hands for Mothers）组织的南希·杜雷尔·麦肯纳（Nancy Durrell McKenna）合作。此外，感谢无与伦比的萨拉·简·莫里斯（Sarah Jane Morris）写了一首以女性割礼为主题的好歌，也感谢我的朋友御用大律师莫伦·培根（Maureen Bacon）介绍我们相识。我要感谢中央刑事法院的专职法官、御用大律师尼古拉斯·希利亚德（Nicholas Hilliard）一直以来的支持和鼓励。

在剑桥大学，我要感谢一群非凡的人：洛兰·盖尔斯索普教授、卡洛琳·兰斯凯博士、尼古拉·帕德菲尔德（Nicola Padfield）博士（菲茨威廉学院院长，与盖尔斯索普共同主持在该院举办的唤起关注女性割礼的活动）、本·克鲁（Ben Crewe）博士和阿利森·利布林（Alison Liebling）教授，感谢你们这些年来的思想启迪，以及各种讨论和演讲的邀请。他们都曾经或正在从事前沿且重要的研究。我还要感谢剑桥大学图书馆和拉契诺维奇图书馆的员工，尤其是斯图亚特·斯通（Stuart Stone）和早些时候的玛丽·高尔（Mary Gower）。

在哈佛大学，詹姆士·斯达纽斯教授给了我退一步思考的宝贵机会，也不吝给予我时间和智慧的建议。他无论做学者还是做人都是杰出的。玛瑞斯卡·卡帕迈尔博士是我的朋友和支持者，也提供了很多思考冲突与战区的新思路，在此表示感谢。

在七橡树中学，我很高兴能与温迪·海多恩（Wendy Heydorn）和克里斯·哈比森（Chris Harbinson）二位孜孜不倦的老师一起为年轻人开发探究人权问题的创新活动，也感谢校长凯蒂·里克斯（Katy Ricks）博士的支持。

我的亲密同事与友人蕾拉·侯赛因对女性生殖器割礼的勇敢抗争给了许多人精神支持。过去几年中，我的一大乐事就是在全国巡回并与蕾拉同台——她称之为我们的“双人搭档演出”——动员保护所有女孩和年轻女性的安全和身体完整性。我们将改变这种社会性危害。正如我从蕾拉和共事过的几十位杰出的撒哈拉以南非洲女性那里学到的：坚持相信。这句话应当成为这本书的一句格言。

我同样要感谢“世界法律行动”（Legal Action Worldwide）执行主任安东尼娅·穆尔维（Antonia Mulvey）以及她在联合国妇女署的联络人。说到这，我还要感谢图拉·尼米南（Tuula Niemenen）促成我们和联合国妇女署驻英办事处的合作。维多利亚和罗斯·麦克唐纳两位好友提供了关于非洲方方面面的建议。另一位挚友道恩·格兰瑟姆（Dawn Grantham）好心邀请我在英国心理治疗理事会发言。乔瑟琳·昆奈尔（Jocelyne Quennell）邀我在儿童与法律开放论坛发言。

我把本书的手稿外加自己强行塞给一小群投入的读者。他们当中没有人意识到这大部头将要耗费他们多少时间，但他们从未推脱或抱怨，总是回头向我索要更多。鼓舞人心的电视记者和社会正义运动家海伦·福斯佩罗（Helen Fospero）和才华横溢的摄影师尼古拉·本斯利（Nicola Bensley），二位对这项写作计划的热情始终令我动容。还要感谢尼古拉为我拍摄的肖像照。优秀制片人托尼·史塔克（Tony Stark）对细节和微妙差异的洞察力有助于我关注这个项目中最重要的核心和目标。凯特·维克（Kate Vick）在一开始就提出了决定性的建议，帮助实现了最富成效的写作走向，并且自始至终甘当我的参谋。尼科尔·布拉南（Nicole Brannan）和布里吉特·巴里克（Bridget Bullick）热心阅读过一份初期稿。艾玛·布鲁克斯（Emma Brookes）设法从繁重的家庭和工作事务中抽身阅读本书。

马克·马洛赫-布朗（Mark Malloch-Brown）阁下阅读了本书的提案并建议了投稿方向；崔西·马洛赫-布朗（Trish Malloch-Brown）在曼哈顿宏伟的中央车站与我共进了一顿意义重大的早午餐。我在威利经纪公司（Wylie Agency）的作家经济人——在纽约是安德鲁·威利（Andrew Wylie），在伦敦是詹姆斯·普伦（James Pullen）——始终孜孜不倦地宣传这本书以及它试图解决的问题有多么重要。我要感谢企鹅兰登的整个团队，尤其是杰出的营销总监凯特·麦克奎德（Kate McQuaid），以及第一个阅读本书提案并当即签下它的杰森·亚瑟（Jason Arthur）。作为出版人的杰森引导这个项目走过了三个紧张但愉快的年头。

特别感谢在第一线辛勤工作、包揽了脏活累活的编辑汤姆·艾弗里（Tom Avery），他是海尼曼（Heinemann）出版社的主编。我都说不出和汤姆究竟沟通了多少回，通过 Skype、WhatsApp、电话或邮件，从撒哈拉以南非洲的战区边缘、难民营、中亚草原、海地的震后废墟里、卡拉哈里沙漠边缘，以及有时就在熟悉的沃克斯豪尔桥路上。他的冷静、敏锐洞察和犀利思维大大提升了全文水准，帮助我从研究产出的大量文字和故事中挖掘出人权问题中核心的人，深得我心。谢谢你，汤姆，你的贡献至关重要。

自始至终，我都得到了母亲瓦莱丽（Valerie）、兄弟迈克尔（Michael）和他的妻子塔玛拉（Tamara）的支持。迈克尔和塔玛拉还和我一同参加了神经科学和心理学研究活动。最后，说回道恩·费兹·韦伯斯特：她在中风后仍要为人类知识做贡献的决心创造了历史，而她也正在为博士研究书写着（建筑）历史。她总能抽出时间给我发消息，语气玩世不恭，但从不偏离正题（总能连接到我们正在讨论的话题），为交流注满了幽默、启迪与欢乐。

我知道自己一定遗漏了很多特别的人。如果有这种情况，务必告诉我，我会在往后的版本中弥补我的疏忽。

最后，我必须感谢本书的献词对象，那三位了不起的、很不一样的人。如果没有你们，凯蒂（Katie）、法比（Fabi）、赫尔迈厄尼（Hermione），我不会写也无法写出这本书。我开启这项研究时，赫尔迈厄尼才两岁。现在她几乎是少女了。我提到这点是想说明这本书曾是她们生活的一部分，以及她们对我多么有耐心。在每一阶段，当我会见安东尼、安吉、道恩、瓦西里、弗朗索瓦、赛拉、帕特里斯、乌巴和安娜时，她们都耐心等待我最新的冒险消息。因此，在结束之际，我乐于毫无保留地宣告，这不仅是一本献给你们三人的书，它其实就属于你们。